诠释学 I
真理与方法
——哲学诠释学的基本特征
（修订译本）

〔德〕汉斯-格奥尔格·伽达默尔 著

洪汉鼎 译

Gadamer, Hans-Georg
Gesammelte Werke
Bd. 1 Hermeneutik: Wahrheit und Methode. — 1. Grundzüge einer philosophischen Hermeneutik.
1. Auflage 1960
2. Auflage 1965(erweitert)
3. Auflage 1972(erweitert)
4. Auflage 1975(unverändert)
5. Auflage 1986(durchgesehen und erweitert [für 〉Gesammelte Werke〈])
6. Auflage 1990(durchgesehen)

ⓒ1960/1986 J. C. B. Mohr (Paul Siebeck), Tübingen.
本书根据德国蒂宾根莫尔·西贝克出版社 1986 年版译出

中译本前言[①]

这是半个世纪以前的事。我感到极大的满意，我能在您访问海德堡期间与您认识，这对于我来说至今还是一件很罕见的事，一位像您这样很了解德国哲学的人曾把我自己的一些思考想法对您自己的国人开启。

的确，我自己很了解人们彼此进行交往和联系的活生生的话语的优越性。但是在这样一个远方的并具有古老文化的国度，尽管我的先辈康德、黑格尔、尼采和海德格尔的全集尚未完成，我自己的思想却能介绍给生生不息的中国文化，这确实是一种荣幸。

我们深刻地感到一种毕生的使命，这一使命我们为了人类文化的共同未来必须完成。

汉斯-格奥尔格·伽达默尔
2001年6月26日，海德堡

[①] 2001年6月，我在德国杜塞尔多夫大学卢茨·盖尔德塞策（Lutz Geldsetzer）教授陪同下拜访了当时已有101岁高龄的伽达默尔教授，在此次访问时，伽达默尔教授显得精神很好，足足谈了两个半小时。席间我请伽达默尔教授为《真理与方法》中译本写一序言，伽达默尔欣然允诺，并且一个多星期后就写出并寄给盖尔德塞策教授，请他转寄给我。从伽达默尔来信原件可看出，当时他还使用一台很古老的德国打字机，机械似乎不太灵活，字迹出现不清，而且有误。

——译者

译 者 序 言

伽达默尔的《真理与方法》出版于1960年。自它问世以来,不仅西方哲学和美学受到它的重大影响,而且这种影响迅速地波及西方的文艺批评理论、历史学、法学和神学等各人文科学领域。在当代西方哲学的发展中,这本书可以说是继胡塞尔的《逻辑研究》(1900年)、海德格尔的《存在与时间》(1927年)之后的又一部重要的经典哲学著作。

正如本书副标题所示,《真理与方法》乃是阐明"哲学诠释学的基本特征"。"哲学诠释学"(die philosophische Hermeneutik)这一名称不仅意味着它与以往的诠释学相比有着根本的性质转变,而且表明了它是当代西方哲学发展的一个新的趋向,以致我们可以用诠释学哲学(die hermeneutische Philosophie)来标志当代西方哲学人文主义思潮中的一个重要哲学流派。

诠释学(Hermeneutik)本是一门研究理解和解释的学科,其最初的动因显然是为了正确解释《圣经》中上帝的语言。诠释学一词的希腊文词根赫尔墨斯(Hermes)本是希腊神话中的一位信使的名字,他的职务是通过他的解释向人们传递诸神的消息,因此当教父时代面临《旧约圣经》中的犹太民族的特殊历史和《新约圣经》中的耶稣的泛世说教之间的紧张关系而需要对《圣经》作出统一解释时,人们发展了一种神学诠释学,即一种正确理解和解释《圣经》的技术学,而以后当这种理解和解释的学问被用于法律或法典时,便产生了相应的法学诠释学。但诠释学作为一门关于理解和解释的系统理论,是由19世纪德国哲学家施莱尔马赫(1768—1834年)和狄尔泰(1833—1911年)完成的。施莱尔马赫根据以往的《圣经》诠释学经验提出了有关正确理解和避免误解的普遍诠释学理论,从而使神学诠释学和法学诠释学成为普遍诠释学理论的具体运用。狄尔泰在施莱尔马赫的普遍诠释学理论设想的基础上试图为精神科学方法论奠定诠释学基础。按照他的看法,诠释学应当成为整个精神科学区别于自然科学的普遍方法论。不过,不论是施莱尔马赫,还是狄尔泰,他们的诠释学理论都没有超出方法论和认识论性质的研究,他们只属于古典的或传统的诠释学。

哲学诠释学正是在把传统诠释学从方法论和认识论性质的研究转变为本体论性质研究的过程中产生的。诠释学这种根本性转变的发动者乃是德国哲学家海德格尔。海德格尔通过对此在的时间性分析,把理解作为此在的存在方式来把握,从而使诠释学由精神科学的方法论转变为一种哲学。按照海德格尔的"事实性诠释学",任何理解活动都基于"前理解",理解活动就是此在的前结构向未来进行筹划的存在方式。伽达默尔秉承海德格尔的本体论转变,把诠释学进一步发展为哲学诠释学。按照他的看法,诠释学决不是一种方法论,而是人的世界经验的组成部分。他在《真理与方法》第2版序言中写道:"我们一般所探究的不仅是科学及其经验方式的问题——我们所探究的是人的世界经验和生活实践的问题。借用康德的话来说，我们是在探究：理解怎样得以可能？这是一个先于主体性的一切理解行为的问题，也是一个先于理解科学的方法论及其规范和规则的问题。我认为海德格尔对人类此在的时间性分析已经令人信服地表明：理解不属于主体的行为方式，而是此在本身的存在方式。本书中的'诠释学'概念正是在这个意义上使用的。它标志着此在的根本运动性，这种运动性构成此在的有限性和历史性，因而也包括此在的全部世界经验。"[①]正如康德并不想为现代自然科学规定它必须怎样做，以便使它经受理性的审判，而是追问使近代科学成为可能的认识条件是什么、它的界限是什么，同样，哲学诠释学也不是像古老的诠释学那样仅作为一门关于理解的技艺学，以便炮制一套规则体系来描述甚或指导精神科学的方法论程序，哲学诠释学乃是探究人类一切理解活动得以可能的基本条件，试图通过研究和分析一切理解现象的基本条件找出人的世界经验，在人类的有限的历史性的存在方式中发现人类与世界的根本关系。很显然，这里哲学诠释学已成为一门诠释学哲学。

《真理与方法》全书的基本内容和线索可以用伽达默尔自己在该书导言中的话来概括："本书的探究是从对审美意识的批判开始，以便捍卫那种我们通过艺术作品而获得的真理的经验，以反对那种被科学的真理概念弄得很狭窄的美学理论。但是，我们的探

[①] 《真理与方法》1975 年德文版第 XVII—XVIII 页，现载《诠释学 II 真理与方法》1986 年德文版，第 2 卷，第 439—440 页。(可参见中译本边码，下同。)

究并不一直停留在对艺术真理的辩护上,而是试图从这个出发点开始去发展一种与我们整个诠释学经验相适应的认识和真理的概念。"[①]这也就是说,伽达默尔试图以艺术经验里真理问题的展现为出发点,进而探讨精神科学的理解问题,并发展一种哲学诠释学的认识和真理的概念。与这种思考线索相应,《真理与方法》一书分为三个部分:1)艺术经验里真理问题的展现;2)真理问题扩大到精神科学里的理解问题;3)以语言为主线的诠释学本体论转向。这三个部分分别构成三个领域,即美学领域、历史领域和语言领域。

艺术经验里的真理问题

按照现代科学方法论,艺术经验乃是一种非科学的经验,因此艺术经验里的真理即使不说是非真理,也是一种很特殊的非科学的真理。但是按照伽达默尔的看法,这乃是现代科学方法论的偏见。事实上,科学认识乃是我们认识世界许多方式中的一种,我们决不能以近代自然科学的认识和真理概念作为衡量我们一切其他认识方式的标准。他在本书导言中写道:"本书探究的出发点在于这样一种对抗,即在现代科学范围内抵制对科学方法的普遍要求。因此本书所关注的是,在经验所及并且可以追问其合法性的一切地方,去探寻那种超出科学方法论控制范围的对真理的经验。这样,精神科学就与那些处于科学之外的种种经验方式接近了,即与哲学的经验、艺术的经验和历史本身的经验接近了,所有这些都是

[①] 1975年德文版第XXIX页。

那些不能用科学方法论手段加以证实的真理借以显示自身的经验方式。"①因此,艺术经验的真理问题的探讨就自然成为我们深入理解精神科学的认识和真理的出发点。

正如维特根斯坦的语言分析以游戏为出发点一样,伽达默尔探讨艺术真理的入门概念也是游戏(Spiel)。按照通常的理解,游戏的主体是从事游戏活动的人即游戏者,但按伽达默尔的看法,游戏的真正主体不是游戏者,而是游戏本身,游戏者只有摆脱了自己的目的意识和紧张情绪才能真正说在进行游戏。所以游戏本身就是具有魅力吸引游戏者的东西,就是使游戏者卷入到游戏中的东西,就是束缚游戏者于游戏中的东西。游戏之所以吸引和束缚游戏者,按照伽达默尔的分析,正在于游戏使游戏者在游戏过程中得到自我表现(Sich-ausspielen)或自我表演(Sichdarstellung),因此伽达默尔说:"游戏的存在方式就是自我表现。"②但是,游戏者要在游戏中达到自我表现,需要观赏者,或者说,游戏是"为观看者而表现",游戏只有在观赏者那里才赢得其自身的完全意义。事实上,最真实感受游戏、并且游戏对之正确表现自己所意味的,正是那种并不参与游戏、而只是观赏游戏的人。所以"在观赏者那里,游戏好像被提升到了它的理想性"。③ 在这种意义上,我们同样也可以说观赏者和游戏者一同参与了游戏,游戏本身乃是由游戏者和观赏者所组成的统一整体。

按照语词史,游戏(Spiel)一词迅速把我们带到了观赏游戏

---

① 1975年德文版第 XXVII—XXVIII 页。
② 1986年德文版第1卷,第113页。
③ 1986年德文版第1卷,第115页。

(Schauspiel)即戏剧一词。戏剧是文学作品本身进入此在的活动。文学作品的真正存在只在于被展现的过程(Gespieltwerden)，这也就是说，作品只有通过再创造或再现而使自身达到表现。伽达默尔通过绘画概念来阐明这一点。绘画(Bild)涉及原型(Urbild)和摹本(Abbild)。按照柏拉图的理念论，原型和摹本的关系乃是第一性东西(理念)和第二性东西(现象)的关系，原型优于摹本。但是按照伽达默尔的看法，绘画与原型的关系，从根本上说，完全不同于摹本和原型的关系，因为绘画乃是一种表现，原型只有通过绘画才能达到表现，因此原型是在表现中才达到自我表现，表现对于原型来说不是附属的事情，而是属于原型自身的存在，原型正是通过表现才经历了一种"在的扩充"(Zuwachs an Sein)。在这里我们看到了伽达默尔的现象学方法，即颠倒了以往形而上学关于本质和现象、实体和属性、原型和摹本的主从关系，原来认为是附属的东西现在起了主导的作用。

伽达默尔由此得出结论，艺术作品只有当被表现、被理解和被解释的时候，才具有意义，艺术作品只有在被表现、被理解和被解释时，它的意义才得以实现。他写道："艺术的万神庙并非一种把自身呈现给纯粹审美意识的无时间的现时性，而是历史地实现自身的人类精神的集体业绩。所以审美经验也是一种自我理解的方式。但是所有自我理解都是在某个于此被理解的他物上实现的，并且包含这个他物的统一性和同一性。只要我们在世界中与艺术作品接触，并在个别艺术作品中与世界接触，那么这个他物就不会始终是一个我们刹那间陶醉于其中的陌生的宇宙。"[1]

---

[1] 1986年德文版第1卷，第102页。

任何艺术作品的再现——不论是阅读一首诗,观看一幅画,还是演奏一曲音乐,演出一场戏剧——在伽达默尔看来,都是艺术作品本身的继续存在方式,因此艺术作品的真理性既不孤立地在作品上,也不孤立地在作为审美意识的主体上,艺术的真理和意义只存在于以后对它的理解和解释的无限过程中。他写道:"……对艺术作品的经验从根本上说总是超越了任何主观的解释视域的,不管是艺术家的视域,还是接受者的视域。作者的思想决不是衡量一部艺术作品的意义的可能尺度,甚至对一部作品,如果脱离它不断更新的被经验的实在性而光从它本身去谈论,也包含某种抽象性。"[①]按照伽达默尔的看法,这就是一种过去和现在之间的沟通,艺术的真理和意义永远是无法穷尽的,而只存在于过去和现在之间的无限中介过程中。

精神科学的理解问题

　　但是,《真理与方法》并不停留在对艺术真理的辩护上,而是试图从这个出发点去发展一种与我们整个诠释学经验相适应的认识和真理的概念。正如在艺术的经验中我们涉及的是那些根本上超出了科学知识范围外的真理一样,在精神科学中我们涉及的也是这样一些类似的真理的经验。精神科学研讨各种历史传承物,我们对历史传承物的经验经常居间传达了我们必须一起参与其中去获得的真理。

　　任何理解和解释都依赖于理解者和解释者的前理解(Vorver-

[①] 1975年德文版第 XIX 页。

ständnis),这是海德格尔在其《存在与时间》一书中就指出过的,他在那里写道:"把某某东西作为某某东西加以解释,这在本质上是通过先有、先见和先把握来起作用的。解释从来就不是对某个先行给定的东西所作的无前提的把握。如果像准确的经典释文那样特殊的具体的解释喜欢援引'有典可稽'的东西,那么最先的'有典可稽'的东西无非只是解释者的不言自明的无可争议的先入之见。任何解释一开始就必须有这种先入之见,它作为随同解释就已经'被设定了'的东西是先行给定了的,也就是说,是在先有、先见、先把握中先行给定了的。"① 对于这一点,伽达默尔通过对启蒙运动关于前见的成见的批判——在这方面,他认为启蒙运动对前见的批判,本身就是一种前见,因而他要求为权威和传统正名——得出结论说"理解甚至根本不能被认为是一种主体性的行为,而要被认为是一种置自身于传统过程中的行动,在这过程中过去和现在经常地得以中介",② 因此"一切诠释学条件中最首要的条件总是前理解,……正是这种前理解规定了什么可以作为统一的意义被实现,并从而规定了对完全性的先把握的应用"。③

前理解或前见是历史赋予理解者或解释者的生产性的积极因素,它为理解者或解释者提供了特殊的"视域"(Horizont)。视域就是看视的区域,它包括了从某个立足点出发所能看到的一切。谁不能把自身置于这种历史性的视域中,谁就不能真正理解传承物的意义。但是按照伽达默尔的看法,理解者和解释者的视域不

---

① 海德格尔:《存在与时间》,1979年德文版,第150页。
② 1986年德文版第1卷,第295页。
③ 1986年德文版第1卷,第299页。

是封闭的和孤立的,它是理解在时间中进行交流的场所。理解者和解释者的任务就是扩大自己的视域,使它与其他视域相交融,这就是伽达默尔所谓的"视域融合"(Horizontverschmelzung),"理解其实总是这样一些被误认为是独自存在的视域的融合过程"。① 视域融合不仅是历时性的,而且也是共时性的,在视域融合中,历史和现在、客体和主体、自我和他者构成了一个无限的统一整体。

这样,我们就达到伽达默尔所谓"效果历史"(Wirkungsgeschichte)这一诠释学核心概念了。他解释道:"真正的历史对象根本就不是对象,而是自己和他者的统一体,或一种关系,在这种关系中同时存在着历史的实在以及历史理解的实在。一种名副其实的诠释学必须在理解本身中显示历史的实在性。因此我就把所需要的这样一种东西称之为'效果历史'。理解按其本性乃是一种效果历史事件。"② 按照伽达默尔的看法,任何事物一旦存在,必存在于一种特定的效果历史中,因此对任何事物的理解,都必须具有效果历史意识。他写道:"理解从来就不是一种对于某个被给定的'对象'的主观行为,而是属于效果历史,这就是说,理解是属于被理解东西的存在。"③ 即使对于历史科学来说,效果历史的反思也是历史描述和历史研究的基础,如果想让历史描述和历史研究完全避开效果历史反思的判断权限,那么这就等于取消了历史描述和历史研究。在伽达默尔看来,效果历史这一诠释学要素是这样彻底和根本,以致我们在自己整个命运中所获得的存在从本质上

---

① 1986 年德文版第 1 卷,第 311 页。
② 1986 年德文版第 1 卷,第 305 页。
③ 1975 年德文版第 XIX 页。

说也超越了这种存在对其自身的认识。

效果历史概念揭示了诠释学另一重要功能即应用(Applikation)功能。按照浪漫主义诠释学的看法,诠释学只具有两种功能,即理解功能和解释功能,而无视它的应用功能。伽达默尔根据古代诠释学、特别是法学诠释学和神学诠释学的实践,强调了应用在诠释学里的根本作用。他认为,我们要对任何文本有正确的理解,就一定要在某个特定的时刻和某个具体的境况里对它进行理解,理解在任何时候都包含一种旨在过去和现在进行沟通的具体应用。伽达默尔特别援引了亚里士多德关于理论知识(Episteme)和实践知识(Phronesis)的重要区分,认为诠释学知识是与那种脱离任何特殊存在的纯粹理论知识完全不同的东西,诠释学本身就是一门现实的实践的学问,或者说,理解本身就是"一种效果(Wirkung),并知道自身是这样一种效果"。[①] 按照伽达默尔的看法,效果历史意识乃具有开放性的逻辑结构,开放性意味着问题性。我们只有取得某种问题视域,才能理解文本的意义,而且这种问题视域本身必然包含对问题的可能回答。这样我们可以看出,精神科学的逻辑本质上就是"一种关于问题的逻辑",[②]正如我们不可能有偏离意见的对于意见的理解,同样我们也不可能有偏离真正提问的对于可问性的理解,"对于某物可问性的理解其实总已经是在提问",[③]因而精神科学的真理永远处于一种"悬而

[①] 1986年德文版第1卷,第346页。
[②] 1986年德文版第1卷,第375页。
[③] 1986年德文版第1卷,第380页。

未决之中"。①

能被理解的存在就是语言

理解的实现方式乃是事物本身得以语言表达,因此对事物的理解必然通过语言的形式而产生,或者说,语言就是理解得以完成的形式。

与当代语言分析哲学的看法相反,伽达默尔不认为语言是事物的符号,而认为语言乃是原型的摹本。符号本身没有绝对的意义,它只有在同使用符号的主体相关时才有其指示意义,而且它的意义就是它所代表或指称的事物。反之,摹本决不是原型的单纯符号,它并不是从使用符号的主体那里获得其指示功能,而是从它自身的含义中获得这种功能,正是在摹本中,被描摹的原型才得到表达并获得继续存在的表现。伽达默尔写道:"语言并非只是标志对象世界的符号系统。语词并不只是符号,在某种较难理解的意义上说,语词几乎就是一种类似于摹本的东西。"②因此,语言和世界的关系决不是单纯符号和其所指称或代表的事物的关系,而是摹本与原型的关系。正如摹本具有使原型得以表现和继续存在的功能一样,语言也具有使世界得以表现和继续存在的作用。就此而言,"语言观就是世界观"。伽达默尔写道:"语言并非只是一种生活在世界上的人类所拥有的装备,相反,以语言为基础、并在语言中得以表现的乃是:人拥有世界。对于人类来说,世界就是存

---

① 1986年德文版第1卷,第380页。
② 1986年德文版第1卷,第420页。

在于那里的世界……但世界的这种存在却是通过语言被把握的。这就是洪堡从另外角度表述的命题的真正核心,即语言就是世界观。"①

世界本身是在语言中得以表现的,或者用伽达默尔的话来说,"能够理解的存在就是语言"。不过,这一命题并不是说存在就是语言,而是说我们只能通过语言来理解存在,或者说,世界只有进入语言,才能表现为我们的世界。所以伽达默尔在本书第 2 版序言中说这一命题必须在这个意义上去领会,即"它不是指理解者对存在的绝对把握,而是相反,它是指:凡是在某种东西能被我们所产生并因而被我们所把握的地方,存在就没被经验到,而只有在产生的东西仅仅能够被理解的地方,存在才被经验到"。② 语言性的世界经验是绝对的,它超越了一切存在状态的相对性。我们世界经验的语言性先于一切被认为是或被看待为存在的东西。因此语言和世界的基本关系并不意味着世界沦为语言的对象,倒不如说,一切认识和陈述的对象乃是由语言的视域所包围,人的世界经验的语言性并不意味世界的对象化,就此而言,科学所认识并据以保持其固有客观性的对象性乃属于由语言的世界关系所重新把握的相对性。这就是伽达默尔所谓的以语言为主线的诠释学本体论转向。

现在我们必须回到《真理与方法》一书的主题,即真理和方法的关系。这种关系显然是一种对峙关系,即科学的方法是不可能

---

① 1986 年德文版第 1 卷,第 446—447 页。
② 1975 年德文版第 XXIII 页。

达到理解的真理,伽达默尔以这样一段话作为本书的结束语:"我们的整个研究表明,由运用科学方法所提供的确实性并不足以保证真理。这一点特别适用于精神科学。但这并不意味着精神科学的科学性的降低,而是相反地证明了对特定的人类意义之要求的合法性,这种要求正是精神科学自古以来就提出的。在精神科学的认识中,认识者的自我存在也一起在起作用,虽然这确实标志了'方法'的局限,但并不表明科学的局限。凡以方法工具所不能做到的,必然并且能够通过提问和研究的学科来达到,而这种学科可以确保获得真理。"[①]

伽达默尔 1900 年 2 月 11 日生于德国马堡。1918 年至 1920 年代初就学于波兰布雷斯劳、德国马堡、弗赖堡和慕尼黑等大学,攻读德国文学、古典语言、艺术史和哲学。1922 年在纳托普(Natorp)教授指导下获博士学位,随后师从海德格尔,1928 年在马堡大学取得教授资格,讲授伦理学和美学,1937 年升为编外教授。1939 年在莱比锡大学获正式教授职位,1945 年任该校哲学系主任,1946—1947 年晋升为该校校长。1947 年转到法兰克福大学任首席哲学教授。1949 年在海德堡大学接替雅斯贝尔斯,自此之后一直在海德堡大学任教,1968 年退休后仍为该校名誉教授。自 1940 年起,曾相继任莱比锡、海德堡、雅典和罗马等科学院院士,1975 年任波士顿美国艺术和科学研究院荣誉院士。伽达默尔一生著述颇丰,主要著作有:《柏拉图的辩证伦理学——〈斐利布斯篇〉

[①] 1986 年德文版第 1 卷,第 494 页。

的现象学解释》(1931年初版,1968年以《柏拉图的辩证伦理学和柏拉图哲学其他方面的研究》为名扩充再版);《柏拉图与诗人》(1934年);《赫尔德思想中的民族与历史》(1941年);《歌德与哲学》(1947年);《论哲学的本源性》(1948年);《真理与方法》(1960年,1965年,1972年,1975年,1986年);《历史意识问题》(1963年);《短篇著作集》(四卷本,1967—1977年);《魏尔纳·索尔茨》(1968年);《黑格尔的辩证法——五篇诠释学研究论文》(1971年);《我是谁,你是谁?》(1973年);《柏拉图〈蒂迈欧篇〉里的理念和实在》(1974年);《科学时代的理性》(1976年);《诗学》(1977年);《美的现实性——作为游戏、象征和庆典的艺术》(1977年);《柏拉图和亚里士多德之间的善的观念》(1978年);《黑格尔遗产》(1979年)。其中《真理与方法》是他的代表作,先后再版了五次,1972年后被译成多种文字在世界各地发行。《伽达默尔著作集》共10卷,出版于1985年至1995年。

译者最早接触这本书是在1983年,记得那年我初次访问德国时,慕尼黑大学一位哲学教授曾向我推荐了这本书,认为要理解当代德国哲学的发展非读此书不可。继后我在德国几所大学的哲学教学中发现,尽管有些德国哲学家并不完全赞同伽达默尔的观点,但在他们的哲学讲课中总带有深厚的诠释学意识,甚而他们广泛地使用了一些哲学诠释学的术语。1985年回国后,在一次现代外国哲学年会上上海译文出版社编辑向我提出翻译此书的要求。为了不辜负出版社的期望,我在1986年就开始了此书的翻译工作,谁知此书的难度是这样大,以致在1990年底我只能交付前两部分的译稿,作为上卷出版。1989年我应邀参加了德国波恩举行的国际海德格尔研讨会,会议期间我与伽达默尔相识,并讨论了此书中的一些概念的译名。使我大为惊讶的是,伽达默尔本人对此书的翻译并不感兴趣,而且相反地提出了一条"不可翻译性"(Unübersetzbarkeit)的诠释学原理。如果从完满性和正确性的翻译要求出发,我们确实要承认这种不可翻译性,因为按照诠释学的观点,要把伽达默尔本人在写《真理与方法》时的意义内蕴全面而客观地表现出来,这是不可能的,任何翻译都带有翻译者的诠释学"境遇"和理解"视域",追求所谓的单一的真正的客观的意义乃是不可实现的幻想。但是按照我个人的看法,如果我们把翻译同样也视为一种理解、解释或再现的话,我们也不可因为翻译不能正确复制原书的原本意义而贬低翻译的价值。事实上,正如一切艺术作品的再现一样,一本书的翻译也是一种解释,因而也是该书继续存在的方式。[1] 当然由于翻译者的哲学修养或理解视域的限制,一部翻译作品是否是原书的一种好的解释或好的继续存在方式,乃是另外的一个问题。

特别是对于我们马克思主义哲学工作者,更需要用我们更高的理解视域——也就是我们所说的马克思主义哲学立场——来研究和批判当代西方哲学这一诠释学趋向。尽管这一趋向的后期发展特别是伽达默尔本人后期和法兰克福学派所提出的"实践哲学"与马克思主义哲学有某种类似的哲学观点,但我们应当注意,我们所理解的马克思主义与他们所谓的实践哲学在本质上是根本不同

---

[1] 伽达默尔在《真理与方法》第三部分就明确说过:"因此,一切翻译就已经是解释,我们甚至可以说,翻译始终是解释的过程,是翻译者对先给予他的语词所进行的解释过程。"(1986年德文版第1卷,第388页)

的,因此当我们阅读和研究这本书时,我们应有批判的观点。马克思主义哲学家应当是革命的、批判的和现实的哲学家。

洪汉鼎

1991年6月　于北京

序

原先版本的论文在收入本著作集时我又重新审阅一遍。除了个别细微的润色外,所收录的文章基本未加改动。原先的页码注在每页页边上面。附录(第1版第466—476页),以后版本的附录("诠释学与历史主义")(第2版第477—512页),第2版序(第XV—XXVI页)以及第3版后记(第513—541页)都收于本书第2卷附录中。

注释作了相当大的增加和增多。就我认为是有意义的而言,应当说它特别表示着研究的——不仅我自己的而且也有别人的——进展。所有的增加部分以及所有对原注释的增补都以方括号表示出来。多次所引的著作集第2卷应当被解读为是本书的继续、扩充和深入。因此两卷有一个扩充的共同的索引附在第2卷后,原先赖纳·维尔(Reiner Wiehl)先生所做的索引仍保留并在此表示致谢。

新的索引主要感谢这一版我的同事孔特·埃明(Kunt Eming)先生。我们的愿望是:在众多杂乱的概念里使主要的概念显示出来,特别是使第1卷与第2卷的相互隶属性明显表示出来。计算机将永远学不会的东西,应当说至少被我们以某种接近的方式做成了。

HGG

(汉斯-格奥尔格·伽达默尔)

目 录

导言 ……………………………………………………………… 3

第一部分　艺术经验里真理问题的展现

Ⅰ 审美领域的超越 …………………………………………… 11
1. 人文主义传统对于精神科学的意义 …………………… 11
   a) 方法论问题 ………………………………………… 11
   b) 人文主义的几个主导概念 ………………………… 19
      α) 教化（Bildung）………………………………… 19
      β) 共通感（Sensus communis）………………… 33
      γ) 判断力（Urteilskraft）………………………… 50
      δ) 趣味（Geschmack）…………………………… 55
2. 康德的批判所导致的美学主体化倾向 ………………… 66
   a) 康德关于趣味和天才的学说 ……………………… 66
      α) 趣味的先验特征 ……………………………… 66
      β) 关于自由美和依存美的学说 ………………… 70
      γ) 美的理想的学说 ……………………………… 72
      δ) 自然和艺术中美的功利性 …………………… 76
      ε) 趣味和天才的关系 …………………………… 81

b) 天才说美学和体验概念························· 85
    α) 天才概念的推广···························· 85
    β) "体验"一词的历史························· 91
    γ) 体验概念································ 97
c) 体验艺术的界限，为譬喻恢复名誉··················· 106
3. 艺术真理问题的重新提出···························· 121
  a) 审美教化质疑·································· 121
  b) 对审美意识抽象的批判··························· 131

Ⅱ 艺术作品的本体论及其诠释学的意义······················ 149
1. 作为本体论阐释主线的游戏·························· 149
  a) 游戏概念····································· 149
  b) 向构成物的转化与彻底的中介······················ 163
  c) 审美存在的时间性······························ 178
  d) 悲剧的例证··································· 189
2. 美学的和诠释学的结论······························ 197
  a) 绘画的本体论意义······························ 197
  b) 偶缘物和装饰品的本体论根据······················ 211
  c) 文学的边界位置································ 234
  d) 作为诠释学任务的重构和综合······················ 241

第二部分　真理问题扩大到精神科学里的理解问题

Ⅰ 历史的准备······································· 251
1. 浪漫主义诠释学及其在历史学中的应用质疑··············· 251
  a) 诠释学在启蒙运动和浪漫主义时期之间的本质转变······ 251
    α) 浪漫主义诠释学的前史······················· 252

   β) 施莱尔马赫的普遍诠释学设想 …………………… 265
  b) 浪漫主义诠释学之后的历史学派 ………………………… 283
   α) 面对整个世界史理想的困境 ……………………… 283
   β) 兰克的历史世界观 ………………………………… 292
   γ) 在 J. G. 德罗伊森那里历史学和诠释学的关系 …… 304
 2. 狄尔泰陷入历史主义困境 …………………………………… 312
  a) 从历史学的认识论问题到为精神科学奠定诠释学基础 … 312
  b) 在狄尔泰关于历史意识的分析中科学和生命哲学的冲突 … 331
 3. 通过现象学研究对认识论问题的克服 ……………………… 346
  a) 胡塞尔和约尔克伯爵的生命概念 ………………………… 346
  b) 海德格尔关于诠释学现象学的筹划 ……………………… 362

Ⅱ 一种诠释学经验理论的基本特征 ……………………………… 377
 1. 理解的历史性上升为诠释学原则 …………………………… 377
  a) 诠释学循环和前见问题 …………………………………… 377
   α) 海德格尔对理解前结构的揭示 …………………… 377
   β) 启蒙运动对前见的贬斥 …………………………… 385
  b) 作为理解条件的前见 ……………………………………… 392
   α) 为权威和传统正名 ………………………………… 392
   β) 古典型的例证 ……………………………………… 403
  c) 时间距离的诠释学意义 …………………………………… 411
  d) 效果历史原则 ……………………………………………… 424
 2. 诠释学基本问题的重新发现 ………………………………… 434
  a) 诠释学的应用问题 ………………………………………… 434
  b) 亚里士多德诠释学的现实意义 …………………………… 441
  c) 法学诠释学的典范意义 …………………………………… 459

3. 对效果历史意识的分析 ………………………………… 482
　　a) 反思哲学的界限 ………………………………… 482
　　b) 经验概念和诠释学经验的本质 ………………… 489
　　c) 问题在诠释学里的优先性 ……………………… 511
　　　α) 柏拉图辩证法的范例 ………………………… 511
　　　β) 问和答的逻辑 ………………………………… 522

第三部分　以语言为主线的诠释学本体论转向

1. 语言作为诠释学经验之媒介 …………………………… 539
　　a) 语言性作为诠释学对象之规定 ………………… 547
　　b) 语言性作为诠释学过程之规定 ………………… 556
2. "语言"概念在西方思想史上的发展 …………………… 569
　　a) 语言和逻各斯(Logos) ………………………… 569
　　b) 语言和话语(Verbum) ………………………… 588
　　c) 语言和概念构成(Begriffsbildung) …………… 602
3. 语言作为诠释学本体论的视域 ………………………… 617
　　a) 语言作为世界经验 ……………………………… 617
　　b) 语言中心及其思辨结构 ………………………… 642
　　c) 诠释学的普遍性观点 …………………………… 666

版本 ……………………………………………………………… 690

如果你只是接住自己抛出的东西,
这算不上什么,不过是雕虫小技;
只有当你一把接住
永恒之神
以精确计算的摆动,以神奇的拱桥形弧线
朝向你抛来的东西,
这才算得上一种本领,
但不是你的本领,而是某个世界的力量。

　　　　　　　　　　——R. M. 里尔克

导　　言

　　本书所要探讨的是诠释学问题。理解和对所理解东西的正确解释的现象，不单单是精神科学方法论的一个特殊问题。自古以来，就存在一种神学的诠释学和一种法学的诠释学，这两种诠释学与其说具有科学理论的性质，毋宁说它们更适应于那些具有科学教养的法官或牧师的实践活动，并且是为这种活动服务的。因此，诠释学问题从其历史起源开始就超出了现代科学方法论概念所设置的界限。理解文本和解释文本不仅是科学深为关切的事情，而且也显然属于人类的整个世界经验。诠释学现象本来就不是一个方法论问题，它并不涉及那种使文本像所有其他经验对象那样承受科学探究的理解方法，而且一般来说，它根本就不是为了构造一种能满足科学方法论理想的确切知识。——不过，它在这里也涉及知识和真理。在对传承物的理解中，不仅文本被理解了，而且见解也被获得了，真理也被认识了。那么，这究竟是一种什么样的知识和什么样的真理呢？

　　由于近代科学在对知识概念和真理概念的哲学解释和论证中占有着统治地位，这个问题似乎没有正当的合法性。然而，即使在科学领域内，这一问题也是完全不可避免的。理解的现象不仅遍及人类世界的一切方面，而且在科学范围内也有一种独立的有效性，并反对任何想把它归为一种科学方法的企图。本书探究的出发点在于这样一种对抗，即在现代科学范围内抵制对科学方法的普遍要求。因此本书所关注的是，在经验所及并且可以追问其合法性的一切地方，去探寻那种超出科学方法论控制范围的对真理的经验。这样，精神科学就与那些处于科学之外的种种经验方式接近了，即与哲学的经验、艺术的经验和历史本身的经验接近了，所有这些都是那些不能用科学方法论手段加以证实的真理借以显示自身的经验方式。

　　对于这一点，当代哲学已有了很清楚的认识。但是，怎样从哲学上对这种处于科学之外的认识方式的真理要求进行论证，这完全是另外一个问题。在我看来，诠释学现象的现实意义正在于：只有更深入地研究理解现象才能提供这样的论证。我认为，哲学史在现代的哲学研究工作中占有的重要性可以对此作出极其有力的证明。对于哲学的历史传统，我们接触到的理解是一种卓越的经验，这种经验很容易使我们看清在哲学史研究中出现的那种历史方法的假象。哲学研究的一个基本经验是：哲学思想的经典作家——如果我们试图理解他们——本身总是提出一种真理要求，而对于这种真理要求，当代的意识是既不能拒绝又无法超越的。当代天真的自尊感可能会否认哲学意识有承认我们自己的哲学见解低于柏拉图、亚里士多德、莱布尼茨、康德或黑格尔的哲学见解的可能性。人们可能会认为，当代哲学思维有一个弱点，即它承认自己的不足，并以此去解释和处理它的古典传统。当然，如果哲学家不认真地审视其自身的思想，而是愚蠢地自行充当丑角，那倒确实是哲学思维的一个更大的弱点。在对这些伟大思想家的原文的

导　言

理解中，人们确实认识到了那种以其他方式不能获得的真理，我们必须承认这一点，尽管这一点是与科学用以衡量自身的研究和进步的尺度相背离的。

类似的情况也适合于艺术的经验。这里所谓的"艺术科学"所进行的科学研究从一开始就意识到了：它既不能取代艺术经验，也不能超越艺术经验。通过一部艺术作品所经验到的真理是用任何其他方式不能达到的，这一点构成了艺术维护自身而反对任何推理的哲学意义。所以，除了哲学的经验外，艺术的经验也是对科学意识的最严重的挑战，即要科学意识承认其自身的局限性。

因此，本书的探究是从对审美意识的批判开始，以便捍卫那种我们通过艺术作品而获得的真理的经验，以反对那种被科学的真理概念弄得很狭窄的美学理论。但是，我们的探究并不一直停留在对艺术真理的辩护上，而是试图从这个出发点开始去发展一种与我们整个诠释学经验相适应的认识和真理的概念。正如在艺术的经验中我们涉及的是那些根本上超出了方法论知识范围外的真理一样，同样的情况也适合于整个精神科学。在精神科学里，我们的各种形式历史传承物尽管都成了探究的对象，但同时在它们中真理也得到了表述（in ihrer Wahrheit zum Sprechen kommt）。[1] 对历史传承物的经验在根本上超越了它们中可被探究的东西。这种对历史传承物的经验不仅在历史批判所确定的意义上是真实的或不真实的——而且它经常地居间传达我们必须一起参与其中去获取的（teil zu gewinnen）真理。[2]

所以，这些以艺术经验和历史传承物经验为出发点的诠释学研究，试图使诠释学现象在其全部领域内得到明显的表现。在诠释学现象里,我们必须承认那种不仅在哲学上有其合法根据,而且本身就是哲学思维一种方式的真理的经验。因此,本书所阐述的诠释学不是精神科学的某种方法论学说,而是这样一种尝试,即试图理解什么是超出了方法论自我意识之外的真正的精神科学,以及什么使精神科学与我们的整个世界经验相联系。如果我们以理解作为我们思考的对象,那么其目的并不是想建立一门关于理解的技艺学,有如传统的语文学诠释学和神学诠释学所想做的那样。这样一门技艺学将不会看到,由于传承物告诉我们的东西的真理,富于艺术技巧的形式主义将占有一种虚假的优势。如果本书下面将证明在一切理解里实际起作用的事件何其多,以及我们所处的传统被现代历史意识所削弱的情况何其少,那么其目的并不是要为科学或生活实践制定规则,而是试图去纠正对这些东西究竟为何物的某种错误的思考。

本书希望以这种方式增强那种在我们这个倏忽即逝的时代受到被忽视的威胁的见解。变化着的东西远比一成不变的东西更能迫使人们注意它们。这是我们精神生活的一条普遍准则。因此,从历史演变经验出发的观点始终具有着成为歪曲东西的危险,因为这种观点忽视了稳定事物的隐蔽性。我认为,我们生活在我们历史意识的一种经常的过度兴奋之中。如果鉴于这种对历史演变的过分推崇而要援引自然的永恒秩序,并且召唤人的自然性以论证天赋人权思想,那么这正是这种过度兴奋的结果,而且正如我要指出的,这也是一个令人讨厌的结论。不仅历史的传承物和自然的生活秩序构成了我们作为人而生活于其中的世界的统一,——而且我们怎样彼此经验的方式,我们怎样经验历史传承物的方式,我们怎样经验我们存在和我们世界的自然给予性的方式,也构成了一个真正的诠释学宇宙,在此宇宙中我们不像是被封闭在一个无法攀越的栅栏中,而是开放地面对这个宇宙。[3]

对精神科学中属真理事物的思考,一定不能离开它承认其制约性的传统而进行反思。因此,这种思考必须为自己的活动方式提出这样的要求,即尽其可能地去把握历史的自我透明性(Selbstdurchsichtigkeit)。为了比现代科学的认识概念更好地对理解宇宙加以理解,它必须对它所使用的概念找寻一种新的关系。这种思考必将意识到,它自身的理解和解释绝不是一种依据于原则而来的构想,而是远久流传下来的事件的继续塑造。因此这种思考不会全盘照收其所使用的概念,而是收取从其概念的原始意义内涵中所传承给它的东西。

我们时代的哲学思考并不表现为古典哲学传统的直接而不中断的继续,因而与古典哲学传统相区别。当代哲学尽管与它的历史源流有着千丝万缕的联系,但它已清楚地意识到它与它的古典范例之间有着历史的距离。这首先在其变化了的概念关系中表现出来。无论西方哲学思想由于希腊概念的拉丁化和拉丁文概念文字译成现代文字而发生的变化是多么重要和根本,历史意识在最近几个世纪的产生却意味着一种更为深刻的进展。自那时以来,西方思想传统的连续性仅以片断的方式在起作用,因为人们那种使传统概念为自己思想服务的质朴的幼稚性已消失了。自此之后,科学与这些概念的关系已令人奇怪地对科学本身变得毫无关系,不管它同这些概念的关系是属于一种显示博学的(且不说具有古风的)接受方式,还是属于一种使概念沦为工具的技术操作方式。其实这两者都不能满足诠释学经验。哲学研究用以展现自身的概念世界已经极大地影响了我们,其方式有如我们用以生活的语言制约我们一样。如果思想要成为有意识的,那么它必须对这些在先的影响加以认识。这是一种新的批判的意识,自那时以来,这种意识已经伴随着一切负有责任的哲学研究,并且把那些在个体同周围世界的交往中形成的语言习惯和思想习惯置于我们大家共同属于的历史传统的法庭面前。

  本书的探究力图通过使概念史的研究与对其论题的事实说明最紧密地联系起来而实现这种要求。胡塞尔曾使之成为我们义务的现象学描述的意识,狄尔泰曾用以放置一切哲学研究的历史视界广度,以及特别是由于海德格尔在几十年前的推动而引起的这两股力量的结合,指明了作者想用以衡量的标准,这种标准尽管在阐述上还有着一切不完善性,作者仍希望看到它没有保留地被加以应用。

第一部分

艺术经验里真理问题的展现

I
审美领域的超越

1. 人文主义传统对于精神科学的意义

a) 方法论问题

随同19世纪精神科学实际发展而出现的精神科学逻辑上的自我思考完全受自然科学的模式所支配。这一点只要我们考察一下"精神科学"(Geisteswissenschaften)这一词的历史就很清楚,尽管这一词仅在它的复数形式下才获得我们所熟悉的意义。[4]同自然科学相比较,精神科学理解自身是这样明显,以致那种本存在于精神(Geist)概念和精神的科学(Die Wissenschaft des Geistes)概念里的唯心主义意蕴在此消失不见。"精神科学"这个词首先是通过约翰·斯图加特·穆勒[5]的《逻辑学》的[德文]翻译者而成为一个通用的词。穆勒在其著作里曾想附带地概述一下归纳逻辑有应用于"道德科学"(moral sciences)的可能性,而翻译者把这种科学称之为"精神科学"。[1] 从穆勒的《逻辑学》的内容中我们可以清楚

---

[1] J. St. 穆勒:《演绎和归纳逻辑体系》,席尔(Schiel)译本,1863年第2版,第6卷:《论精神科学或道德科学的逻辑》。

地看出,问题根本不是要承认精神科学有某种自身的逻辑,而是相反地表明:作为一切经验科学基础的归纳方法在精神科学这个领域内也是唯一有效的方法。在这里穆勒是依据于一种英国式的传统,这个传统的最有成效的表述是休谟在其《人性论》导言中给出的。② 道德科学也在于认识齐一性、规则性和规律性,从而有可能预期个别的现象和过程。然而,即使在自然现象领域内,这一目标也不是到处可以同样的方式达到的。其原因仅在于:用以认识齐一性的材料并不是到处可以充分获得的。所以,尽管气象学所使用的方法完全类似于物理学的方法,然而由于它的材料不充分,它的预报也是靠不住的。这一点也同样适用于道德现象和社会现象领域。在这两个领域内对归纳法的使用,也是摆脱了任何形而上学假设的,并且完全不依赖于我们如何思考我们所观察的现象产生过程的方式。我们并不寻找某种特定结果的原因,而是简单地确定规则性。所以我们是否相信意志自由,这完全无关紧要,——我们仍然可以在社会生活领域内作出预见。凭借规则性去推断所期待的现象,这丝毫不包含对这样一种联系方式的假定,即这种联系方式和规则性使得人们有可能去进行预测。自由决定的加入——如果有这种决定的话——并不破坏合规则的过程,而是本身就属于那种可通过归纳法获得的普遍性和规则性。这就是我们在此纲领性地提出的某种关于社会的自然科学理想,这一理想在许多领域内已有了卓有成效的研究。我们只要想一想大众心理学,就可以知道。

---

② 大卫·休谟:《人性论》,导言。

但是,这就构成了精神科学向思维提出的真正问题,即如果我们是以对于规律性不断深化的认识为标准去衡量精神科学,那么我们就不能正确地把握精神科学的本质。社会-历史的世界的经验是不能以自然科学的归纳程序而提升为科学的。无论这里所谓科学有什么意思,并且即使一切历史知识都包含普遍经验对个别研究对象的应用,历史认识也不力求把具体现象看成为某个普遍规则的实例。个别事件并不单纯是对那种可以在实践活动中作出预测的规律性进行证明。历史认识的理想其实是,在现象的一次性和历史性的具体关系中去理解现象本身。在这种理解活动中,无论有如何多的普遍经验在起作用,其目的并不是证明和扩充这些普遍经验以达到规律性的认识,如人类、民族、国家一般是怎样发展的,而是去理解这个人、这个民族、这个国家是怎样的,它们现在成为什么——概括地说,它们是怎样成为今天这样的。

因为理解了某物是这样而来的,从而理解了某物是这样的,这究竟是怎样一种认识呢?这里"科学"指什么呢?尽管人们承认这种认识的理想是与自然科学的方式和目的根本不同的,人们仍然想以一种只是否定的方式把这种认识描述为"非精确科学"。甚至赫尔曼·赫尔姆霍茨[6]在他1862年著名讲演中对自然科学和精神科学所作的重要而公正的审察,虽然也是尽力强调精神科学的卓越的和人道的意义——但对精神科学的逻辑性质的描述仍然是一种基于自然科学方法论理想的消极的描述。③ 赫尔姆霍茨曾区

---

③ H.赫尔姆霍茨:《讲演和报告》,第4版,第1卷,"论自然科学与整个科学的关系",第167页以下。

分两种归纳法:逻辑的归纳法和艺术-本能的归纳法。但这意味着,他基本上不是在逻辑上,而是从心理学方面区分了两种处理方式。这两种处理方式都使用了归纳推论,但精神科学的推论方式是一种无意识的推断。因此精神科学的归纳程序就与独特的心理条件联在一起,它要求有一种机敏感(Taktgefühl),并且又需要其他一些精神能力,如丰富的记忆和对权威的承认,反之,自然科学家的自觉的推论则完全依赖于他自身的智力使用。——即使我们承认,这位伟大的自然研究家曾经反对那种想由自身的科学研究方式出发去制定一套普遍有效准则的企图,很显然,除了穆勒《逻辑学》告诉他的归纳概念外,他也并不掌握任何其他描述精神科学程序的逻辑可能性。近代力学及其在牛顿天体力学里的胜利对于18世纪科学所具有的那种实际的范例性,是赫尔姆霍茨视为理所当然的事,以致他根本未考虑这样一个问题:究竟是哪些哲学条件使得这门新科学能在17世纪得以产生。现在我们知道,巴黎的奥卡姆学派[7]对此曾有怎样大的影响。④ 对于赫尔姆霍茨来说,自然科学的方法论理想既不需要历史学的推导,也不需要认识论的制约,这就是他为什么不能把精神科学的研究方式理解为逻辑上不同于其他研究方式的原因。

这里有一项紧迫的任务,即把像"历史学派"那样的实际卓有成效的研究提升到逻辑的自我意识。早在1843年,J. G. 德罗伊森[8]这位古希腊文化史的作者和揭示者就已经写道:"没有任何一个科

---

④ 特别是自从P. 杜恒[9]的《莱奥纳多·达·芬奇研究》3卷本(1907年起)发表以来,该书现在由增至10卷本的遗著《世界体系——从柏拉图到哥白尼的宇宙学说史》(1913年起)所补充。[但也可参见安纳利斯·梅尔、A. 柯伊雷等人的著作。]

Ⅰ 审美领域的超越

学领域有如历史学那样无意于理论上的证明、限定和划界。"德罗伊森曾经求助于康德,因为康德在历史的绝对命令中"曾指明那种生发出人类历史生命的活的源泉"。德罗伊森提出了这样一个要求,"成为重力中心的应是更深刻把握的历史概念,在这概念中,精神科学的动乱不定性将得到稳固并且能有继续发展的可能性"。⑤

德罗伊森在此所提出的自然科学的模式,并不是指在内容上符合科学理论的要求,而是指精神科学必须让自身作为一门同样独立的科学群建立起来。德罗伊森的《历史学》(Historik)就是试图解决这一任务。

甚至狄尔泰,虽然自然科学方法和穆勒逻辑的经验主义对他发生了很强烈的影响,他却保留了精神概念里的浪漫主义-唯心主义的传统。他常常感到自己优越于英国经验主义,因为他深深理解了究竟什么使得历史学派区别于一切自然科学的和天赋人权的思维。"只有从德国才能产生那种可取代充满偏见的独断的经验主义的真正的经验方法。穆勒就是由于缺乏历史的教养而成为独断的。"——这是狄尔泰在他的一本穆勒的《逻辑学》里所写的一条评语。⑥ 事实上,狄尔泰为奠定精神科学基础所进行的几十年之久的艰辛工作,就是与穆勒那著名的最后一章为精神科学所提出的逻辑要求的一场持久的论战。

虽然狄尔泰想要为精神科学方法上的独立性进行辩护,但他却仍然深受自然科学模式的影响。有两个证据可以说明这一点,

---

⑤ J.G.德罗伊森:《历史学》(1925年新版,E.罗特哈克编),第97页。
⑥ W.狄尔泰:《全集》,第5卷,第LXXIV页。

这两个证据似乎也能为我们以后的研究指明途径。狄尔泰在其悼念威廉·舍勒尔[10]的文章中曾经强调说自然科学的精神主宰了舍勒尔的研究，而且他还想说明为什么舍勒尔如此强烈地受到英国经验论的影响："舍勒尔是一个现代的人，我们先辈的世界不再是他的精神和他的心灵的故乡，而是他的历史对象。"⑦从这些话里我们可以看到，在狄尔泰心目中，消除与生命的联系，即获得一种与自身历史的距离乃属于科学认识，唯有这种距离方使历史可能成为对象。尽管我们可以承认，狄尔泰和舍勒尔两人对归纳法和比较法的运用都是受真正的个人的机敏所主宰，而且这种机敏是以某种心理文化为条件的，这种心理文化实际表明了古典文化世界和浪漫主义个性崇拜在这两位作者心中的继续存在。然而，自然科学的模式仍然主宰了他们的科学的自我理解。

　　这一点在第二个证据里尤其明显，在这个证据里，狄尔泰提出了精神科学方法的独立性，并且通过对精神科学对象的考察来论证这种独立性。⑧ 这种主张看起来真像是亚里士多德派的，并且还能表明对自然科学模式的真正摆脱。但是在他对精神科学方法的这种独立性的说明中，他却援引了古老的培根派的话："只有服从自然法则才能征服自然"（Natura parendo vincitur）⑨——这是一个与狄尔泰本想掌握的古典的-浪漫主义的传统恰恰不相符的原则。所以我们可以说，甚至狄尔泰——虽然他的历史学识使他超过了他同时代的新康德主义——在其逻辑方面的努力中也并没

---

⑦　W. 狄尔泰：《全集》，第 11 卷，第 244 页。
⑧　同上书，第 1 卷，第 4 页。
⑨　同上书，第 20 页。

有从根本上远远超出赫尔姆霍茨所作出的素朴论断。不管狄尔泰是怎样急切地想维护精神科学在认识论上的独立性——人们在现代科学里称之为方法的东西仍是到处同一的,而且只有在自然科学中才得到其典范的表现。精神科学根本没有自己特有的方法。但是,我们可以和赫尔姆霍茨一样去追问,在精神科学领域内,究竟有多少东西意味着方法,以及精神科学所需要的其他条件对于精神科学的研究方式来说,是否就不比归纳逻辑更重要。当赫尔姆霍茨为了公正地对待精神科学而强调记忆和权威,并且讲到心理学上的机敏(它在这里替代了自觉的推理)时,他是正确地指明了这一点。这样一种机敏是依赖于什么呢?它是怎样获得的呢?精神科学中合乎科学的东西是否最终就在于这种机敏而不在于它的方法论呢?

由于精神科学引起了这个问题,并且由此抵制了对现代科学概念的顺应,精神科学便成为而且始终是哲学本身的一个难题。赫尔姆霍茨和他的世纪对这个问题所给出的回答是不充分的。他们跟随康德按照自然科学的模式去规定科学和认识的概念,并且在艺术的要素(艺术感受、艺术归纳)里找寻精神科学与众不同的特殊性。当赫尔姆霍茨并不相信,在自然科学研究里有"精神一闪念"(即人们称之为灵感的东西),并且只把科学工作视为"自觉推理的铁定般的工作程序"时,他所给出的自然科学研究的图画也可能是相当片面的。赫尔姆霍茨援引了约翰·斯图加特·穆勒的证据,按照这个证据,"最新的归纳科学对逻辑方法的进展所作出的贡献比所有专业哲学家还要来得多"。[10] 对于赫尔姆霍茨来说,归

---

[10] 赫尔姆霍茨,前引书,第178页。

纳科学绝对是科学方法的典范。

赫尔姆霍茨后来知道了，在历史认识中起决定性作用的是另外一种经验，这种经验完全不同于在自然规律研究中所需要的经验。因此他试图去说明为什么历史认识中的归纳方法与自然研究中的归纳方法处于不同的条件。为此他使用了作为康德哲学基础的自然和自由的区分。因此历史认识是另外一种不同的认识，因为在这个领域内不存在自然法则，而只存在对实践法则的自由依循，即对律令的自由依循。人类的自由世界并不承认自然法则的绝对普遍性（Ausnahmslosigkeit）。

但是，这种思路不是很有说服力的。当人们把对人类自由世界的归纳研究建立在康德关于自然和自由的区分上时，这既不符合康德的意图，也不符合归纳逻辑自身的思想。由于穆勒在方法论上不考虑自由问题，他在归纳逻辑方面是比较前后一致的；反之，赫尔姆霍茨为了公正地对待精神科学而援引康德，他这种前后不一致就不会有正确的结论。因为即使按照赫尔姆霍茨的看法，精神科学的经验主义也应像气象学的经验主义那样受到同样的评判，也即应当放弃和丢舍。

实际上，精神科学根本不会认为自己单纯从属于自然科学。精神科学在对德国古典文学精神遗产的继承中，更多地是发展了一种要成为人道主义真正继承人的带有傲气的自我感。德国古典文学时期不仅带来了文学和美学批评的革新——通过这种革新，消除了所流传下来的巴洛克[11]和启蒙运动理性主义的趣味理想，而且同时还赋予人性概念这一启蒙理性的理想以一种从根本上是崭新的内容。这首先表现在赫尔德[12]身上，他以其"达到人性的教育"(Bildung zum Menschen)这一新的理想超过了启蒙运动的至善论(Perfektionismus)[13],并因而为历史精神科学在19世纪能得到发展奠定了基础。⑪当时上升为主导地位的教化概念(Der Begriff der Bildung)或许就是18世纪最伟大的观念,正是这一概念表现了19世纪精神科学赖以存在的要素,尽管精神科学还不知道在认识论上如何为这一要素进行辩护。

b) 人文主义的几个主导概念

α) 教化(Bildung)[14]

在教化(Bildung)概念里最明显地使人感觉到的,乃是一种极其深刻的精神转变,这种转变一方面使我们把歌德时代始终看成是属于我们的世纪,另一方面把巴洛克时代视为好像远离我们的史前时期。可是,我们通常所使用的基本概念和语词却是在那时形成的,如果谁不想被语言所困惑,而是谋求一种有历史根据的自我理解,那么他就会看到自己必须面对整个一堆语词史和概念史的问题。下面的探讨只是本书整个研究工作的一个开端,有助于我们所进行的哲学探究。我们所认为的一些不言而喻的概念,如"艺术"、"历史"、"创造性"、"世界观"、"体验"、"天才"、"外在世界"、"内在性"、"表达"、"风格"和"象征",本身就具有极其丰富的历史内涵。⑫

---

⑪ [参见我的论文"赫尔德和历史世界"(载《短篇著作集》,第3卷,第101—117页);该文也收入我的著作集,第4卷。]

⑫ [关于政治-社会方面的语词,目前可参看奥托·布鲁纳、维纳·康策和赖因哈特·科泽勒克编辑出版的《历史基本概念辞典》,关于哲学的语词参阅J. 里特的《哲学历史辞典》。]

如果我们转而考察教化概念——我们已经强调过这一概念对于精神科学的重要性——我们便会幸运地受益于一个既存的考察。⑬ 这个考察对于这个词的历史作了很好的研究：它最初起源于中世纪的神秘主义，以后被巴洛克神秘教派所继承，再后通过克洛普施托克[15]那部主宰了整个时代的史诗《弥赛亚》而得到其宗教性的精神意蕴，最后被赫尔德从根本上规定为"达到人性的崇高教化"(Emporbildung zur Humanität)。19世纪的教化宗教(Bildungsreligion)保存了这个词的深层内容，而我们的教化概念则是从这里得到规定的。

对于"教化"这词我们所熟悉的内容来说，首先要注意到的是："自然造就"(natürliche Bildung)这个古老的概念——它意指外在现象(肢体的形成，臻于完美的形式)，并且一般意指自然所造成的形式(例如"山脉形成")——当时就几乎完全与这个新概念相脱离。教化后来与修养概念最紧密地联系在一起，并且首先意指人类发展自己的天赋和能力的特有方式。赫尔德所赋予这一概念的特征，是在康德和黑格尔之间才圆满完成的。康德还没有在这样一种意义上使用"教化"这个词，他讲到过能力(或"天赋")的修养(Kultur)，这样一种修养就是行为主体的一种自由活动。所以他在讲到人对自己的义务应当是不让自己的天赋退化时，只称之为修养，而不使用"教化"这个词。⑭ 反之，黑格尔在人对自身的义务

---

⑬ 参见 I. 沙尔施米特：《造就和教化两词的意义变化》，博士论文，柯尼斯堡，1931 年。

⑭ I. 康德：《道德形而上学》，第 2 部分"德性学说的形而上学最先根据"，第 19 节。

问题上采纳类似康德的观点时,却已经讲到了自我造就(Sichbilden)和教化,⑮而威廉·冯·洪堡[16]以他那与众不同的灵敏感觉已完全觉察到修养和教化之间的意义差别。他说:"但是如果我们用我们的语言来讲教化,那么我们以此意指某种更高级和更内在的东西,即一种由知识以及整个精神和道德所追求的情感而来、并和谐地贯彻到感觉和个性之中的情操(Sinnesart)。"⑯教化在这里不再指修养,即能力或天赋的培养。教化这词的这种意义提升实际上是唤醒了古老的神秘主义传统,按照这种传统,人是按照上帝的形象创造的,人在自己的灵魂里就带有上帝的形象,并且必须在自身中去造就这种形象。对应于教化这个词的拉丁文是"formatio",而在其他语言,如在英语里的对应词(在沙夫茨伯里[17])则是 form(形式)和 formation(形成)。在德语里与 forma 这个概念相应的推导词,例如 Formierung(塑形)和 Formation(成型),很长时间与教化这个词处于竞争之中。自从文艺复兴时期的亚里士多德主义以来,forma 就已完全脱离了其技术方面的意义,并以一种纯粹能动的和自然的方式加以解释。尽管如此,"教化"这词对"形式"这词的胜利看来仍不是偶然的,因为在教化(Bildung)里包含形象(Bild),形象既可以指摹本(Nachbild),又可以指范本(Vorbild),而形式概念则不具有这种神秘莫测的双重关系。[18]

与通常的从变异(Werden)到存在(Sein)的演变相适应的,教化这词[如同今天所用的"成型"(Formation)]与其说表示变异过

---

⑮ G. F. W. 黑格尔:《著作集》(1832年起),第18卷,《哲学纲要》,第一教程,第41节以下。

⑯ 威廉·冯·洪堡:《全集》,科学院版,第7卷,第1部,第30页。

程本身，不如说更多地表示这种变异过程的结果。这种演变在教化这里是特别明显的，因为教化的结果并不是在技术构造的方式里完成的，而是从塑形和教化的内在过程中产生的，因此教化的结果总是处于经常不断的继续和进一步教化之中。就这方面来说，教化这词决非偶然地与希腊语里的 physis（自然）相类似。正如自然一样，教化没有自身之外的目的。[我们将对"教化目的"（Bildungsziel）这词及其所指内容持怀疑的态度，这只能是来自教化的从属的意思。教化本身根本不可能是目的，它也不能作为这样的目的被追求，因为这样的目的只存在于人们所探究的教育者的意图中。]在这里，教化概念超出了对天赋的自然素质单纯培养的概念，尽管它是从这样的概念推导出来的。对自然素质的培养乃是发展某种被给予的东西，因此自然素质的训练和培养只是一种达到目的的单纯手段。所以，一本语言教科书的教学内容乃是单纯的手段，而不是目的本身，掌握它只有助于语言能力的提高。反之，在教化中，某人于此并通过此而得到教化的东西，完全变成了他自己的东西。虽然就某种程度而言，所有被吸收的东西都是被同化了的，但是在教化里，被同化了的东西并不像是一个已丧失其作用的手段。在所获得的教化里，实际上没有什么东西是丧失了，而是一切东西都被保存了。教化是一个真正的历史性的概念，并且正是因为这种"保存"的历史性质，教化对于精神科学中的理解有了重要的意义。

所以，对"教化"这词的历史最初的考察，就把我们带进了历史性概念领域，有如黑格尔首先在他的《第一哲学》[19]中对教化所作的卓越考察。实际上，黑格尔对什么是教化已经作出了最清楚的说明。我们将首先跟随他。⑰ 他已经看到,哲学"在教化中获得了其存在的前提条件",而且我们还可以补充说,精神科学也是随着教化一起产生的,因为精神的存在是与教化观念本质上联系在一起的。

人之为人的显著特征就在于,他脱离了直接性和本能性的东西,而人之所以能脱离直接性和本能性的东西,就在于他的本质具有精神的理性的方面。"根据这一方面,人按其本性就不是他应当是的东西"——因此,人就需要教化。黑格尔称之为教化的形式本质的东西,是以教化的普遍性为基础的。从某种提升到普遍性的概念出发,黑格尔就能够统一地把握他的时代对于教化所作的理解。向普遍性的提升并不是局限于理论性的教化,而且一般来说,它不仅仅是指一种与实践活动相对立的理论活动,而是在总体上维护人类理性的本质规定。人类教化的一般本质就是使自身成为一个普遍的精神存在。谁沉湎于个别性,谁就是未受到教化的,例如,他没有节制和分寸地听任其盲目的愤怒。黑格尔指出,这样一种人根本缺乏抽象力:他不能撇开自己本身,而且不能看到某种普遍性,而他自身的特殊性却是由这种普遍性出发才得到正确而恰当的规定。

因此,教化作为向普遍性的提升,乃是人类的一项使命。它要求为了普遍性而舍弃特殊性。但是舍弃特殊性乃是否定性的,即对欲望的抑制,以及由此摆脱欲望对象和自由地驾驭欲望对象的

---

⑰ 黑格尔:《哲学纲要》,第 41—45 节。[现在可参见 J-E. 普莱内斯的汇编集《教化理论——问题和立场》,弗赖堡,1978 年。此集也包含了布克、普莱内斯和沙夫的继续研究成果。]

客观性。这里，现象学辩证法的演绎就补充了《哲学纲要》里所陈述的东西。在《精神现象学》里，黑格尔阐述了一个真正"自在和自为"的自由的自我意识的发生过程，并且指出了劳动的本质不是消耗（verzehren）而是塑造（bilden）物品。[13][20] 劳动着的意识在劳动赋予物品的独立存在中又发现自己是一个独立的意识。劳动是受到抑制的欲望。由于劳动塑造了对象，并且是无自我地活动着和企图得到普遍性的，所以劳动着的意识就超越了其自身此在的直接性而达到了普遍性——或者像黑格尔自己所说的，由于劳动着的意识塑造了物品，它也就塑造了自己本身。黑格尔的意思是这样：由于人获得了一种"能力"，一种技能，所以他于此中就获得了一种特有的自我感。在人整个地投入于某个生疏的对象中，由于无自我的劳动而舍弃的东西，在他成为劳动着的意识时，又重新归还予他了。作为这样的意识，他在自身中发现了他自己的意义，而且就劳动来说，说劳动在塑造事物，这是完全正确的。劳动着的意识的自我感就包含着构成实践性的教化的一切要素，即放弃欲望的直接性、放弃个人需求和私有利益的直接性，以及对某种普遍性的追求。

在《哲学纲要》里，黑格尔通过一系列例子论证了追求普遍性的这种实践性教化的本质。例如在节制里就有这种实践性教化的本质，节制通过某种普遍性东西——例如健康的考虑——限制了

---

[13] 黑格尔：《精神现象学》（"哲学丛书"114），霍夫迈斯特编，第148页以下。[也可参见我的论文"黑格尔的自我意识辩证法"（载《黑格尔辩证法》，第2版，第49—64页；现收入我的著作集，第3卷）以及L.希普的著作《对实践哲学原则的确认：对黑格尔耶拿时期精神哲学的探究》，弗赖堡，1979年。]

过分满足需求和过分使用力量。同样,在谨慎里也表现了这种本质,谨慎在面对个别的情况和事情时,常常总是让人考虑到其他也可能是必然的东西。不过,每一种职业选择都具有某种这样的本质。因为每一种职务总具有某种属命运的东西、某种属外在必然性的东西,并且指望给自身以一项人们将不视为私有目的的任务。因此,实践性的教化就表现在:人们整个地直至一切方面都从事其职业活动。但这也包括人们克服那种对他们作为人的特殊性来说是生疏的东西,并使这种东西完全成为他自己的东西。因此热衷于职业普遍性的活动同时"就知道限制自身,这就是说,使其职业完全地成为他自己的事情。这样一来,职业对他来说就不是一种限制"。

在黑格尔对实践性教化的这种描述中,我们已经认识到历史性精神的基本规定,即自己与自己本身和解,在他物中认识自己本身。这基本规定在理论性教化的观念里得到了完满的表现,因为采取理论性态度本身就已是异化(Entfremdung),即指望"处置一些非直接性的东西,一些生疏的东西,处置一些属于回忆、记忆和思维的东西"。这样,理论性的教化就超出了人类直接获知和经验的事物之外。理论性的教化在于学会容忍异己的东西,并去寻求普遍的观点,以便不带有个人私利地去把握事物,把握"独立自在的客体"。[19] 因此,一切教化的获得都包含理论兴趣的发展,黑格尔认为古代世界和古代语言特别适合于这一点,因为这个世界是相当遥远和陌生的,这必然使我们与自身相分离——"但是,这

---

[19] 黑格尔:《著作集》,第18卷,第62页。

个世界也同时包含着返回到自身、与自身相友善和重新发现自身的一切起点和线索,不过,这是一个按照精神的真正普遍本质的自身。"[20]

　　人们在作为文科中学校长的黑格尔[21]的这段话中,将看到古典主义的那种偏见,即精神的普遍本质正是在古代尤其易被发现。不过,这里的基本思想还是正确的。在异己的东西里认识自身、在异己的东西里感到是在自己的家,这就是精神的基本运动,这种精神的存在只是从他物出发向自己本身的返回。就此而言,一切理论性的教化,甚至包括对陌生的语言和表象世界的领会,也只是很久以前开始的某个教化过程的单纯延续。每一个使自己由自然存在上升到精神性事物的个别个体,在他的民族的语言、习俗和制度里都发现一个前定的实体,而这个实体如他所掌握的语言一样,他已使其成为他自己的东西了。所以,只要单个个体于其中生长的世界是一个在语言和习俗方面合乎人性地造就的世界,单个个体就始终处于教化的过程中,始终处于对其自然性的扬弃中。黑格尔强调说,民族就是在这样的属它自己的世界中表现自己此在。它从自身作出,因而也是从自身设定出它成为自在的东西。

　　由此可见,构成教化本质的并不是单纯的异化,而是理所当然以异化为前提的返回自身(Heim kehr zu sich)。因此教化就不仅可以理解为那种使精神历史地向普遍性提升的实现过程,而且同时也是被教化的人得以活动的要素。这是怎样的一种要素呢?这就是我们要向赫尔姆霍茨提出的问题。对此问题,黑格尔的答复

---

⑳ 黑格尔:《纽伦堡著作集》,J.霍夫迈斯特编,第312页(1809年讲演)。

将不会使我们满意。因为对于黑格尔来说，教化作为异化（Entfremdung）和同化（Aneignung）的运动是在某种完全充溢的实体中、在消除一切对象性的事物中实现的，而这种结果在哲学的绝对知识中才能达到。

正如我们不把意识历史性的见解与黑格尔的世界历史哲学联系起来一样，我们也不认为教化作为精神的一个要素同黑格尔的绝对精神哲学有联系。我们必须明确，即使对于已脱离黑格尔的历史精神科学来说，完满的教化（die vollendete Bildung）这一观念仍是一个必要的理想，因为教化是精神科学赖以存在的要素。即使在古老语言中对身体的外观称之为"完美形式"（vollkommene Bildung）的东西，与其说是指某种发展的最后阶段，还不如说是指那种开创一切发展并使所有肢体能和谐运动的成熟阶段。正是在这种意义上精神科学才假定：科学意识乃是一种已教化过的意识，并因此具有了正确的、不可学的和非效仿的机敏，而这种机敏像一个要素一样构成了精神科学的判断能力（Urteilsbildung）和认识方式。

赫尔姆霍茨关于精神科学的活动方式所描述的东西，特别是他称之为艺术家的情感和机敏的东西，实际上就是以教化这种要素为前提条件，在这种要素中，精神获得了一种特别自由的运动性。所以赫尔姆霍茨讲到了"随意性（Bereitwilligkeit），历史学家和语文学家由于这种随意性而在记忆中获得了截然不同的经验"。[21] 从自然研究者思考所遵循的"自觉推理的铁定般的工作程

---

[21] 赫尔姆霍茨，前引书，第 178 页。

序"的理想来看，赫尔姆霍茨这种描述可能是相当肤浅的。赫尔姆霍茨所运用的记忆概念，对于解释这里所包含的过程是不够的。如果人们在机敏或情感中所想到的是一种意外的心智能力——这种能力运用强有力的记忆并这样达到了并非可严格把握的知识，那么这种机敏或这种情感实际上就没有正确地被理解。使得这种机敏可能发生作用的东西、导致对这种机敏的获得和占有的东西，并不单纯是一种有益于精神科学认识的心理学设置。

此外，如果人们在记忆中所看到的只是某种一般的素质或能力，那么人们也就没有正确地把握记忆自身的本质。记住(Behalten)、遗忘(Vergessen)和再回忆(Wiedererinnern)属于人类的历史构成，而且本身就构成了人类的一段历史和一种教化。谁像训练一种单纯能力一样地训练记忆力——所有记忆技巧都是这样的训练——，他所获得的记忆力就不是他固有的东西。记忆力必定是被造就而成的，因为记忆力根本不是对一切事物的记忆。人们对有些东西有记忆，对另一些东西则没有记忆，而且人们像从记忆中忘却一些东西一样在记忆中保存了另一些东西。正是时间使记忆现象从能力心理学的平均化倾向中解放出来，并把这种记忆现象视为人类有限历史性存在的一个本质特征。遗忘实际上属于记忆和回忆，这一点长久以来未受到充分重视。遗忘不仅是一种脱落和一种缺乏，而且如 F. 尼采所首先强调的，它也是精神的一种生命条件。[22] 只有通过遗忘，精神才获得全面更新的可能，获得那种用新眼光去看待一切事物的能力，以致过去所信的东西和新

---

[22] F. 尼采：《不合时宜的思想》，第 2 卷，"历史学对生活的利弊论之一"。

见到的东西融合成一个多层次的统一体。"记住"乃是有歧义的。它作为记忆(mnēmē)包括对回忆(anamnēsis)的关系。㉓ 但是,这也同样适合于赫尔姆霍茨所使用的"机敏"概念。所谓机敏,我们理解为对于情境及其中行为的一种特定的敏感性和感受能力,至于这种敏感性和感受能力如何起作用,我们是不能按照一般原则来认识的。因此,不表达性(Unausdrücklichkeit)和不可表达性(Unausdrückbarkeit)属于机敏的本质。我们可以很机敏地(taktvoll)说某事,但这总是表示:我们很机敏地使某事被略过而不被表达,而不机敏地(taktlos)说某事则是指说出了人们只能略过的东西。但略过(übergehen)并不指不看某物,而是指这样去看某物,即不是正面触及它,而是旁敲侧击地触及它。因此,机敏就有助于我们保持距离,它避免了对人私有领域的冒犯、侵犯和伤害。

这样,赫尔姆霍茨所讲的机敏就不会与这种习惯的和日常交往的现象相等同了。但是它们两者之间也有某种本质上的共同点。因为就连在精神科学里起作用的机敏也并非只限于一种感情和无意识的东西,它同时也是一种认识方式和存在方式。这一点在上面对教化概念所进行的分析中,就更加明显地表现出来。赫尔姆霍茨称之为机敏的东西就包含教化,而且是一种既是审美性

㉓ 记忆的历史不是对记忆的训练史。记忆法虽然规定这个历史的一部分,但对那里出现的记忆(memoria)现象的实用主义考虑却意味着记忆现象的缩小。其实奥古斯丁本应处于这种记忆现象历史的中心,因为他完全改变了他所接受的毕达哥拉斯-柏拉图的传统。以后我们还要回到归纳问题中的记忆(mnēmē)功能问题。[参见《人文主义与象征主义》(卡斯特里编,1958年)里 P. 罗西的文章"文艺复兴时期艺术思想中的形象构造",以及 C. 范苏里的文章"在布鲁诺关于卢勒斯艺术思想的早期论文中的人文主义和象征学说"。]

教化又是历史性教化的功能。如果我们在精神科学研究中能信赖他的机敏,那么我们就一定对审美的东西和历史的东西有感觉,或者造就感觉。因为这种感觉不是简单地出自天性的东西,我们就有理由讲到审美的或历史的意识,而不真正讲到感觉。但或许这样的意识与感觉的直接性是有关系的,也就是说,这意识知道在个别事件中确切地作出区分和评价而无须说明其缘由。所以,谁具有了审美感觉,谁就知道区分美的和丑的,好的质量和糟的质量;谁具有了历史感觉,谁就知道对一个时代来说什么是可能的,什么是不可能的,而且他就具有对过去区别于现在的那种异样性的感觉。

如果所有这样都以教化为前提,那么这就意味着:教化不是一个程序或态度的问题,而是一个既成存在的问题(Frage des gewordenen Seins)。如果我们不事先具备一种对于艺术作品或过去的"他者"的接受性,那么我们就不能对传承物作出更精确的考察和更彻底的研究。我们追随黑格尔正是把这一点强调为教化的普遍特征,即这样地为他者、为其他更普遍的观点敞开自身。在这更普遍的观点中,存在着一种对于自身的尺度和距离的普遍感觉,而且在这一点上存在着一种超出自身而进入普遍性的提升。保持距离地看待自身和自己的个人目的,就是指看待这些东西如同其他东西看待这些东西一样。这种普遍性无疑不是一种概念的或知性的普遍性。从普遍性事物出发,特殊事物是得不到规定的,也没有什么东西令人信服地被证明。受到教化的人为其敞开自身的普遍观点对这个人来说,并不是一个适用的固定标准,对他来说,这个普遍观点只作为可能的他者的观点而存在。就这一点而论,受到教化的意识实际上就更具有某种感觉的特质。因为每一种感觉,例如视觉,当它达到了它的范围并为某个领域敞开自身,而且在对它如此开启的东西中把握了差异时,它就已是普遍的了。受到教化的意识之所以超越于所有的自然的感觉,就在于后者总是被限制于某个特定范围。受到教化的意识可以在一切方面进行活动,它是一种普遍的感觉(ein allgemeiner Sinn)。

我们所说的一种普遍的和共同的感觉,实际上就是对教化本质的一种表述,这种表述使得人们联想到某种广阔的历史关系。对教化这一概念的思考,如这概念作为赫尔姆霍茨的思想基础所考虑的,使我们重又回到了这个概念的广阔历史中。如果我们想把精神科学对哲学所表现的问题从那些人为地束缚了19世纪方法论的狭隘眼光中解放出来,那么我们就必须跟随这种历史关系一段路程。现代的科学概念以及与此相应的方法论概念是不充分的。精神科学之所以成为科学,与其说从现代科学的方法论概念中,不如说从教化概念的传统中更容易得到理解。这个传统就是我们所要回顾的人文主义传统。这个传统在与现代科学要求的对抗中赢得了某种新的意义。

分别地考察一下自人文主义时代以来对"学院派"科学的批判是怎样受到重视的,以及这种批判是怎样随着其论敌的变化而一同发生变化的,这倒是一桩有意义的事情。最初是一种想重新恢复古典文化的动机。人文主义者寻求希腊语言和博学之路的热情,除了好古的偏爱外,还意味着更多的东西。古典语言的复兴同时就导致了对修辞学的重新评价。因此,这种复兴一方面反抗"学院派",也就是反抗经院科学,另一方面支持一种在"学院派"中达不到的人类智慧的理想——这实际上是在哲学一开始时就已经存在的一种对抗。柏拉图对智者派的批判，尤其是他对伊索克拉底[22]的那种特有的心理矛盾的态度，指明了这里存在的哲学问题。面对17世纪自然科学的新方法论意识，这个古老的问题不可避免地更加尖锐化。鉴于这种新科学的独占性要求，人们便愈来愈迫切地提出了这样的问题，即在人文主义的教化概念中是否存在着真理的固有源泉。事实上我们将看到，这个问题就是人文主义教化思想的继续存活，19世纪的精神科学正是从这个思想的继续存活中才获得了其真正的生命，虽然它并没有承认这一点。

所以，在当时起决定性作用的不是数学而是人文主义研究，这从根本上说是不言而喻的事。那么，17世纪的新方法论对于精神科学来说究竟能有什么意义呢？对此，我们只需要阅读一下《波尔·罗亚尔逻辑》[23]有关章节就行了，这些章节论述了理性规则在历史真实里的应用，以便让人认识到这种方法论概念运用于精神科学其成效将是何等可怜。㉔ 如果17世纪的新方法论是指，要真实地判断某个事件，我们必须考虑该事件所伴随的情况，那么，这实际上是方法论上的一种陈词滥调。——詹孙教派[24]的信徒就是想以这种论证方式对于奇迹究竟在什么程度上值得相信这一问题给出一个方法论的指点。他们试图把新方法的精神运用到某种未受检验的奇迹信仰中，而且主张以这种方式使《圣经》传说和教会传统的真正奇迹合法化。新科学为旧教会服务，这是再清楚不过的了，不过，这种情况决不会继续，而且一旦基督教的前提本

㉔ 《波尔·罗亚尔逻辑》，第4部分，第13章以下。

身被人怀疑,人们就能想象必定会发生什么事。当自然科学的方法论理想被应用于证明《圣经》传说里的历史证据时,这种理想将不可避免地导致对基督教来说是灾难性的完全不同的后果。从詹孙教派的奇迹批判走向《圣经》的历史批判,其路程并不很遥远,对此,斯宾诺莎就是一个很好的例子[25]。以后我们将指明,这种方法如果被彻底地用作为精神科学真理的唯一准则,那就等于对这种真理的自我废弃。

β) 共通感(Sensus communis)[26]

在这种情况下,我们有必要回忆一下人文主义传统,并且追问从这种传统究竟对于精神科学的认识方式可以学到些什么。对此,维柯[27]的《论我们时代的研究方法》一书为我们提供了一个很有价值的出发点。⑤ 维柯对人文主义所进行的捍卫,正如书名所表示的,是通过耶稣会的教育学促成的,并且旨在反对笛卡尔和詹孙教派。维柯的这种教育学纲领,正如他的《新科学》的草案一样,是以古老的真理为基础的。因此他援引了共通感,即共同的感觉,以及人文主义的雄辩(eloquentia)理想,即古代传授智慧概念里已具有的要素。"绝妙的讲话"(eu legein)自古以来一直有一种双关的意思,它决不只是一种修辞学的理想。它也意味着讲出正确的东西,即说出真理。因此"绝妙的讲话"不仅是一门讲话的艺术,一门怎样讲得妙的艺术。

所以,在古代,这种理想不仅被许多修辞学教师声称是熟悉的,同样也被许多哲学教师声称是熟悉的。修辞学自古以来一直

---

⑤ J.B.维柯:《论我们时代的研究方法》,W.F.奥托的德译本,1947年。

与哲学发生冲突,并且为了反对"智者派"的空疏的思辨,它要求教导真正的生活智慧。因此,本身就是修辞学教师的维柯在这里自然就继承那种由古代而来的人文主义传统。显然,这种传统对于精神科学的自我理解来说有着重要意义,尤其是修辞学理想的那种积极的双关意义,这种理想不仅被柏拉图低估,而且也被近代的反修辞的唯方法论所忽略。就这方面而言,我们可以在维柯这里找到许多我们将要研究的东西。——但是,维柯对共通感的引用,除了修辞学的要素外,还包含古代传统里的另一个要素。这就是学者(Schulgelehrte)和学者所依赖的智者(Weise)之间的对立,这种对立在犬儒学派[28]的苏格拉底形象里就已获得了它的最早的形式,并且在 Sophia(理论智慧)和 Phronesis(实践智慧)的概念对立中具有其实际的基础。这种概念对立首先是由亚里士多德提出的,以后在逍遥学派[29]里被进一步发展成为一种对于理论的生活理想的批判,㉖并在希腊化时代,尤其是在希腊的教化理想与罗马政治统治阶层的自我意识结合在一起之后,共同规定了智者的形象。例如,众所周知,后期的罗马法权学说也是在某种法律技术和法律实践的背景下产生的,而这种法律技术和法律实践与其说与 sophia 的理论理想接近,毋宁说更多地与 phronēsis 的实践理想相近。㉗

随着古代哲学和修辞学的复兴,苏格拉底的形象完全变成了反对科学的对应语,尤其像 idiota,即无学问的人的形象所表现的

㉖ W. 耶格:《论哲学生活理想的起源和循环》,见《普鲁士科学院会议文件》,柏林,1928 年。

㉗ F. 维亚克尔:《论罗马法》,1945 年。

那样,这种人在学者和智者之间充当了一个完全新的角色。㉘ 人文主义的修辞学传统同样也知道援引苏格拉底和怀疑论斯多葛派对独断论者的批判。在维柯那里我们发现,他批判斯多葛派[30]是因为他们相信理性是真理规范(regula veri),反之他赞扬以无知作为知的旧学院派,并且格外赞扬新的学院派,是因为他们擅长论证艺术(这属于演讲术)。

当然,维柯对共通感的援引在这种人文主义传统内也表现了一种独特的性质。照维柯看来,在科学领域内也存在着古代人和现代人之争(die querelle des anciens et des modernes),不过他认为,这不再是与"经院派"的对立,而是与现代科学的一种特殊的对立。维柯并不否定近代批判性科学的长处,而是指出这种科学的界限。即使现在面对这种新科学和它的数学方法,我们也不应缺乏古代人的智慧和他们对于智慧(prudentia)与口才(eloquentia)的培养。现在对教育来说重要的东西仍是某种别的东西,即造就共通感,这种共通感不是靠真实的东西,而是由或然的东西里培育起来的。现在对于我们来说重要的东西就在于:共通感在这里显然不仅是指那种存在于一切人之中的普遍能力,而且它同时是指那种导致共同性的感觉。维柯认为,那种给予人的意志以其方向的东西不是理性的抽象普遍性,而是表现一个集团、一个民族、一个国家或整个人类的共同性的具体普遍性。因此,造就这种共同感觉,对于生活来说就具有着决定性的意义。

㉘ 参见库萨的尼古拉。他在4篇对话(《论智慧》,第1卷、第2卷;《论记忆》;《论静态实验》)里都援引一个无学问的人(idiota)作为对话者(海德堡科学院版,第5卷,1937年)。

维柯把口才的意义和独特权利建立在这种对真实东西和正确东西的共同感觉上，这种共同感觉虽然并不是一种有根据的认识，但允许我们寻求明显易懂的东西（verisimile）。他说，教育不能走批判研究的道路，青年需要形象去进行想象和培养记忆力。但是，在现代批判精神下的科学研究却不能达到这一点。所以维柯就用古老的论证法（Topica）来补充笛卡尔主义的批评法（critica）。论证法就是发现论据的技巧，它服务于造就一种对于可信事物的感觉，这种感觉是本能地并即时地（ex tempore）进行的，因而不能为科学所取代。

维柯是辩护性地作出这些规定。这些规定间接地认可了新的科学真理概念，因为它们只是维护了或然性事物的权利。正如我们所看到，维柯由此遵循了已退回到柏拉图的古代修辞学传统。但是维柯的意思远远超出了对修辞学女神菲托（Peithō）[31]的辩护。事实上维柯在这里所强调的，正像我们所指出的，乃是古老的亚里士多德派关于实践知识和理论知识之间的对立，这是一种不可以归结为真实知识和或然知识之间的对立。实践知识，即phronēsis，是另外一类知识，㉙它首先表示：它是针对具体情况的，因此它必须把握"情况"的无限多的变化。这正是维柯明确加以强调的东西。当然，他只是看到这种知识摆脱了理性的知识概念，但事实上这决不是一种单纯的顺应理想。亚里士多德派的对立，除了表示由一般原则而来的知识和具体事物的观知之间的对立外，

㉙ 亚里士多德：《尼各马可伦理学》，Z9，1141b33：Εἶδος μὲν οὺγ Τι ἂγ εἴη γνωσεως τὸ αὑιῶ εἰδεγαι（一般概念〔Eidos〕不是某种关于自身的知识）。

还表示其他的对立。亚里士多德派的对立也不仅仅是指这种把个别东西归于一般东西的我们称之为"判断力"的能力，而且其中还有一种积极的伦理的考虑在起作用，这种考虑以后就包含在罗马斯多葛派[32]关于共通感的学说里。这样一种把所给定的东西归入一般东西中、即归入我们所谋求的正确事物由之得出的目的中的概括，需要对具体情况的掌握和社会习俗上的适应。因而这种概括就以某种意向，即一种社会习俗上的存在（hexis）为前提条件。因此，按照亚里士多德的看法，phronesis 是一种"精神品性"。他在这种品性里看到的不只是一种能力（dynamis），而是一种社会习俗存在的规定性，这种规定性如果没有整个"道德品性"就不能存在，就像相反地"道德品性"如果没有这种规定性也不能存在一样。虽然这种品性在培养过程中能帮助人们区分应当做的事情和不应当做的事情，但它不只是一种实践性的智慧和一般的才智。这种品性关于应当做的和不应当做的区分，始终包含着适当和不适当的区分，并且由此假定了一种继续加深这种区分的社会习俗上的态度。

这就是从亚里士多德反对柏拉图的"善的理念"所发展而来的思想，事实上维柯援引共通感也是回到这种思想。在经院哲学里，例如托马斯——在其对《论灵魂》[30]的注疏里——那里，共通感是外在感觉的共同根源，或者说，是联结这些外在感觉，并对给予的东西进行判断的能力，一种人皆有之的能耐。[31] 反之，在维柯看来，共通感则是在所有人中存在的一种对于合理事物和公共福利

---

[30] 亚里士多德：《论灵魂》，425a14 以下。
[31] 托马斯·阿奎那：《神学大全》，第 1 集第 1 题 3ad2 以及第 78 题 4ad1。

的感觉，而且更多的还是一种通过生活的共同性而获得、并为这种共同性生活的规章制度和目的所限定的感觉。这种思想就像斯多葛派的 Koinai ennoiai（共同观念）一样，具有某种天赋人权的特色。但是，即使在这个意义上，共通感也不是希腊人的观念，它完全不表示亚里士多德在《论灵魂》里所讲的 Koinē dynamis（共同力），假如亚里士多德是试图用现象学的结论（这种结论指明每一种感知都是某种共相的区分和意向）来调解特殊感觉（aisthesis idia）学说的话。确切地说，维柯是返回到古罗马的共通感概念，尤其是罗马古典作家所理解的这一概念。这些古典作家面对希腊的文化而坚持他们自身政治和社会生活传统的价值和意义。因而这是一个具有批判性的声调，一个旨在反对哲学家理论思辨的批判性声调，这个声调在罗马人的共通感概念中就已经可以听得到，而维柯通过他反对近代科学（批评法）的另一种不同的立场使得人们又清楚地听到了这种声调。

这样，显然就有某种理由要把语文学-历史学的研究和精神科学的研究方式建立在这个共通感概念上。因为精神科学的对象、人的道德的和历史的存在，正如它们在人的行为和活动中所表现的，本身就是被共通感所根本规定的。所以，基于共相（普遍性）的推论和根据公理的证明都不能是充分的，因为凡事都依赖于具体情况。但是，这一点只是否定性地加以表述，实际上它是共同感觉所传导的某种特有的肯定性认识。历史认识的认知方式决不在于我们必须用"相信外来的证据"（特滕斯②）[33]去取代"自觉的推论"

---

② 特滕斯：《哲学探究》，1777年，康德学会重印版，第515页。

(赫尔姆霍茨)。但这也决不是说,这样的认识很少有真理价值。达兰贝尔③[34]正确地写道:"La probabilité a principalement lieu pour les faits historiques, et en général pour tous les événements passés, présents et à venir, que nous attribuons à une sorte de hasard, parce que nousn, en démêlons pas les causes. La partie de cette connaissance qui a pour odjet le présent et le passé, quoiqu'elle ne soit fondée que sur le simple témoignage, produit souvent en nous une persuasion aussi forte que celle qui naît des axiomes."("在历史事实里基本上是或然性在起作用,一般来说,对于所有过去、现在和未来的事件都是这样。我们之所以把这些事件归为一种偶然性的事件,是因为我们不能解释它们的原因。这类其对象是现在和过去事件的知识,虽然只可以根据证据而确定,然而常常在我们心里产生一种信念,这种信念就像那种产生于公理的信念一样强烈。")

历史(Historia)是与理论理性完全不同的真理源泉。西塞罗[35]早已看到了这一点,当时他把历史称之为记忆的生命(vita memoriae)。④ 历史自身存在的权利在于:人的激情是不能为理性的一般规则所支配。为此,我们更需要令人信服的事例,而这种事例只有历史才能提供出来。因此,培根就把提供这种事例的历史直截了当地称之为另一种哲学思辨之路(alia ratio philosophandi)。⑤

---

③ 《百科全书序言讨论》,克勒编,迈纳出版社,1955年,第80页。
④ 西塞罗:《论演说》,第2部,第9章,第36节。
⑤ 参见列奥·施特劳斯:《霍布斯的政治哲学》,第6章。

这也是一种足够否定性的表述。但是我们将会看到，在所有这些说法里，亚里士多德所认识的那种伦理习俗知识的存在方式都在起作用。记住亚里士多德的这种认识，对于精神科学的正当的自我理解来说将是重要的。

维柯对罗马人共通感概念的援引以及他为反对现代科学而对人文主义修辞学所作的辩护，对于我们来说有特别重要的意义，因为从这里我们接近了精神科学知识的一个真理要素，而这个要素在19世纪精神科学的自我反思里是不再可能达到的。维柯生活在一个尚未被中断的修辞学-人文主义文化传统中，而且他只需要重新肯定该传统的永恒的权利。最终他认识到，理性的证明和教导不能完全穷尽知识的范围。因此，维柯求诸共通感，正如我们所看到的，是依据于一种深远的一直可以追溯至古代的关系，这种关系直到现在还在继续起作用，而这种继续存在就构成了我们今天的课题。㊱

由于我们首先指出了把现代方法论概念运用于精神科学所引起的困难，我们必须相反地努力为自己开辟一条返回到这个传统的道路。为此目的，让我们探究这样两个问题：这个传统是怎样消失的，以及精神科学认识的真理要求怎样由此而受到那种对于它来说本质上是陌生的现代科学方法论思想尺度的支配。

对于这个本质上由德国"历史学派"所决定的发展过程来说，维柯以及一般意大利未被中断的修辞学传统并没有起直接的决定

㊱ 显然，卡斯蒂廖内[36]在介绍这种亚里士多德派思想方面起了一个重要作用。参见恩里希·洛斯："巴尔达萨雷·卡斯蒂廖内的论贵族书"（载《罗马论集》，F. 夏尔克编，第2卷）。

性作用。维柯对于18世纪的影响几乎很难觉察到。但是维柯并不是唯一援引共通感的人,对18世纪发生巨大影响的沙夫茨伯里是他的一个重要的同伴。沙夫茨伯里曾把对机智(wit)和幽默(humour)的社会意义的评价置于共通感这一名称之下,并明确地援引了罗马古典作家和他们的人文主义解释。㊲ 正如我们已经注意到的,共通感这个概念对于我们确实也带有一种斯多葛派天赋人权的色彩。然而我们却不能否认沙夫茨伯里所追随的这种依据于罗马古典作家的人文主义解释的正确性。按照沙夫茨伯里的看法,人文主义者把共通感理解为对共同福利的感觉,但也是一种对共同体或社会、自然情感、人性、友善品质的爱。他们从马克·奥勒留[37]那里采用了一个术语,㊳即 koinonoēmosynē(共同思想力)。这是一个非常生僻的人造词,由此就基本证实了共通感概念根本不是起源于希腊哲学家,而是一种听起来像泛音一样的斯多噶概念的回声。人文主义者萨尔马修斯[38]描述这个词的内容为"moderatam, usitatam et ordinariam hominis mentem, que in commune qnodam modo consulit nec omnia ad commodum suum refert, respectumque etiam habet eorum, cum quibus versatur, modeste, modiceque de se sentiens"(人们的一种谦逊的、适度的和通常的精神状态,这种精神状态是以某种共同的东西为准则,它不把一切归到自身的功利之上,而是注意到它所追求的东西,并有节制地谦逊地从自身去进行思考)。这与其说是赋予一切人的一种

㊲ 沙夫茨伯里:《论特征》,第2卷,尤其是第3部分第1节。
㊳ 《马克·奥勒留回忆录》,第Ⅰ部,第16节。

天赋人权的素质,毋宁说是一种社会的品性,一种沙夫茨伯里所认为的比头脑品性更丰富的心灵品性。如果沙夫茨伯里是从这里出发去理解机智和幽默的,那么他也是跟随古代罗马人的想法,即那种在人性里包含着优美的生活方式、包含着领会并造就快乐的人的行为方式的想法,因为沙夫茨伯里知道自己与他的前人有某种深刻的联系。(沙夫茨伯里明确地把机智和幽默限制在朋友之间的社会交往上。)如果共通感在这里几乎像是一种社会交往品性一样,那么共通感中实际包含着一种道德的、也就是一种形而上学的根基。

这就是同情(sympathy)这种精神的和社会的品性,沙夫茨伯里看到了这种品性,而且众所周知,他在这种品性上不仅建立了道德学,而且建立了一种完全审美性的形而上学。他的后继者,首先是哈奇森㊴[39]和休谟,曾把他的启示构造成为一种道德感学说,而这种学说以后就成为康德伦理学的一个出发点。

共同感觉(common sense,或译共通感)概念在苏格兰哲学里曾经起了一个实际上是核心的重要作用。苏格兰哲学致力于攻击形而上学及其怀疑主义的解决方案,并在日常感觉的原始而自然的判断基础上构造它的新体系(托马斯·里德[40])。㊵毫无疑问,

---

㊴ 哈奇森直截了当地用同情来解释共通感。
㊵ 托马斯·里德:《哲学著作集》,汉密尔顿编,1895年,第8版。在该书第2卷第774页以下有一个汉密尔顿关于共通感的详细注释,当然,这个注释不是历史地而更多是分类地处理一大堆史料。就像我从京特的友好指点中获得的启发一样,共通感在哲学里起系统作用的首先是在布菲尔[41]那里有据可查的。通过感觉而获得的对世界的认识摆脱了任何理论的困境,而且实际地可得到确认,这本身就表现了一种古老的怀疑派的动机。但是布菲尔把共通感提升到公理的高度,使得共通感成为我们认识外在世界(res extra nos)的基础,正如笛卡尔主义的我思(cogito)是我们认识意识世界的基础一样。布菲尔曾对里德产生影响。

在他们的新体系中,共通感概念的亚里士多德-经院哲学传统起了实际的作用。他们对感觉和感觉之认识功能的探讨就是从这个传统出发进行的,而且这种探讨的最终目的是要修正过度的哲学思辨。但是,与此同时,他们又把握了日常感觉与社会的联系:"它们(指日常感觉)有助于指导我们的日常生活,而在日常生活方面,我们的推理能力却使我们误入歧途。"在他们心目中,正常人类理智的哲学,即健全感觉(good sense)的哲学,不仅是一副医治形而上学"夜游症"的良药,而且也包含一种促成合理社会生活的道德哲学的基础。

共同感觉或健全感觉(bon sens)概念里的道德因素,直至今天仍然在起作用,并且使这个概念与我们的"正常人类理智"概念区分开来。作为一个例子我援引亨利·柏格森[42]1895年在巴黎大学隆重授奖大会上关于健全感觉所作的杰出演讲。[41] 柏格森对于自然科学的抽象和对于语言与法权思想的抽象所作的批判,以及他对于"一种随时返回自身、排除既存观念代之以新兴思想的内在理智能力"(第88页)的强烈呼吁,在法国就可以授名为"健全感觉"。尽管健全感觉这一概念的规定似乎天然地包含了对于感觉的关联,但对于柏格森来说,下面这一说仍然是不言而喻的,即健全感觉不同于感觉,它触及社会环境(das milieu social)。"其他感觉使我们与事物发生关系,而健全感觉则支配我们与人之间的关系"(第85页)。这是一种实践生活的才干,与其说是天赋,毋宁说是一项不断地"使我们适应新情况的调整性"任务;一种使一般原

---

[41] 亨利·柏格森:《著作和讲演》,第1编(R. M. 莫萨-巴斯蒂德版),第84页以下。

则适应于现实以实现正义的活动；一种"对于实际真理的机智"；一种"产生于公正心灵的正确判断"(第88页)。按照柏格森的看法，健全感觉作为思想和意愿的共同源泉，就是一种社会感（sens social），这种社会感既能避免形而上学玄想家的错误，也能避免那些找寻社会法则的科学独断论者的错误。"正确地说，也许它不是严格意义上的方法，而是一种行为方式。"柏格森尽管也论及古典主义研究对于造就健全感觉的意义——他把这种研究看成为一种破除"语言冰层"、发现底下自由思潮的努力（第91页）——但他无疑未追问相反的问题，即健全感觉对于这种古典主义研究本身是怎样必不可少的，也就是说，他并没有论及健全感觉的诠释学作用。他的问题根本不是针对科学，而是针对健全感觉对于生活的独立的意义。我们只是强调这个概念的道德和政治含义在他的思想和他的听众的思想里所具有的那种不言而喻的支配性。

值得注意的是，对于19世纪现代精神科学的自我认识起决定性影响的，并不是哲学的这种道德传统——维柯和沙夫茨伯里就属于这个传统，并且主要是以法国这个健全感觉的经典国家为代表——而是康德和歌德时代的德国哲学。在英国和拉丁语国家，共通感这一概念甚至直至今日还不是只表示一种批判的术语，而是表示一种国家公民的共同品性，而在德国，沙夫茨伯里和哈奇森的追随者即使在18世纪也没有采纳共通感这一概念所包含的政治-社会内容。18世纪［德国］学院派形而上学[43]和大众哲学（Popularphilosophie）[44]虽然也非常注意向启蒙运动的主要国家英国和法国学习和模仿，然而它们却不能吸收它们的社会政治条件完全缺乏的东西。人们虽然采纳了共通感概念，然而由于丢掉了它的一切政治内容,这一概念失去了它本来的批判意义。这样,人们把共通感只是理解为一种理论能力,一种与道德意识(良心)和趣味并列的理论判断力。因而共通感被归之于经院哲学的某种基本能力,对这种能力的批判则是由赫尔德完成的(见旨在反对里德的第 4 个批判性的《小树》),而且由于这种批判赫尔德在美学领域内成为历史主义的先驱。

然而,在共通感问题上也存在着一个明显的例外情况,即虔信派(Pietismus)[45]对共通感的引用。限制科学的、即论证的要求和求诸共通感,不仅对于像沙夫茨伯里这样的相对"学院派"的世俗之人来说是重要的,而且对于那些试图赢得其信徒的内心的牧师来说也是重要的。所以施瓦本地区的虔信派教徒厄廷格尔(Oetinger)[46]就明确地支持了沙夫茨伯里对共通感的维护。在厄廷格尔那里,我们发现共通感被直接翻译成"心地"(Herz),而且还有下面这段描述:"共通感所涉及的……是这样一些众所周知的东西,这些东西一切人日常都能看得见,它们彼此组合成一个完整的集体,它们既关系到真理和陈述,又关系到把握陈述的方式和形式。"[42]在这里厄廷格尔是想表明,问题不在于概念的明晰性——

I 33

---

[42] 我引自 M. 弗里德里希·克里斯多夫·厄廷格尔的《共通感或普遍感觉的真理——依据原文解释的〈旧约全书〉箴言和传道书或雅俗皆宜的最佳家庭读物、伦理读物》(爱曼新编版本,1861 年)。厄廷格尔为他的生成法援引了修辞学传统,并进而引证了沙夫茨伯里、费内伦[47]、弗勒里[48]。按照弗勒里(见《柏拉图论集》)的看法,演说家方法的长处在于"指出偏见",当厄廷格尔说演说家与哲学家共用这种方法,他是正确对待弗勒里的(前引书,第 125 页)。按照厄廷格尔,如果启蒙运动认为它超出了这种方法,那么这是启蒙运动的一个错误。我们的探究将使我们肯定厄廷格尔这种观点。因为如果厄廷格尔也反对一种现在不再具有或因此恰恰具有现实意义的几何学方法的形式,即启蒙运动的论证典范,那么同样的东西也适合于现代精神科学及其与"逻辑学"的关系。

概念的明晰性"不足以达到活生生的知识",而在于必须有"某种预感和意向"。"父亲无须任何论证就倾向于去照看他的小孩,这不是爱在显示,而是心灵不断地冲破了敌视所爱对象的理性。"因此厄廷格尔援引共通感以反对"学院派"的理性主义,对我们来说,就有特别的意义,因为这种援引在他那里有一种明显的诠释学的应用。对于像厄廷格尔这样的教会人士来说,重要的事情是理解《圣经》。因为在这方面数学的论证方法已无济于事,所以他要求另外一种方法,即"生成法"(generative Methode),这就是"培植性地解释《圣经》,以使正义能够像一株秧苗那样被培植出来"。

厄廷格尔也曾使共通感概念成为一门广博而有学问的探究的对象,这种探究同样也是旨在反对理性主义。[43] 在这里他与莱布尼茨相反,他在这个概念中看到了一切真理的源泉,即看到了真正的发现法(ars inveniendi),而莱布尼茨却把一切都建立在一种简单的形而上学演算上(以致每一种内在的趣味都被排除掉了)。按照厄廷格尔的看法,共通感的真正基础是 vita 概念,即生命概念(sensus communis vitae gaudens 使生命欢跃的共通感)。与用实验和计算强行地分割自然不同,厄廷格尔把从简单到复杂的自然进展看作为神圣创造的普遍生长规律,因而也是人类精神的普遍生长规律。为了说明一切知识皆起源于共通感,他援引了沃尔夫[49]、贝尔努利[50]和帕斯卡[51],援引了莫佩尔蒂[52]关于语言起源的研究,援引了培根、费内伦等人,并把共通感定义为"viva et

---

[43] F. ch. 厄廷格尔:《对共通感和理性的探究》(蒂宾根,1753年)[新版:斯图加特-巴德·康斯泰特,1964年]。参见《厄廷格尔是哲学家》,载《短篇著作集》,第3卷,《观念与语言》,第89—100页[我的著作集,第4卷]。

penetrans perceptio objectorum toti humanitati obviorum,ex immediato tactu et intuitu eorum,quae sunt simplicissima……"("通过直接地接触和观看最简单的事物而对明显展示给整个人类的对象所具有的一种富有生气而敏锐异常的感觉……")。

从这句话的前半句已看出,厄廷格尔从一开始就把共通感这个词的人文主义-政治的意义与逍遥学派的共通感概念联在了一起。上述定义在有些地方(直接地接触和观看)使人想起了亚里士多德的心灵学说。他采纳了亚里士多德关于统一视觉和听觉等的共同力(gemeinsame Dynamis)的探究,并用来证明本来的生命奥秘。生命的神性般的奥秘就在于它的简单性。如果人类由于原罪而丧失了这种简单性,那么人类通过上帝的恩惠又能重新返回到统一性和简单性:"operatio logou s. präsentia Dei simplificat diversa in unum"["逻各斯的行为,或者上帝的存在,把各种不同东西统一成一个东西"(162)]。上帝的存在正在于生命本身,在于这种使一切有生命东西区别于一切死东西的"共同感觉"。[53]——厄廷格尔决不是偶然地才提到珊瑚虫和海星的,这些东西不管怎样被切割仍不断再生并形成新的个体。——在人类身上,同样的一种神性力量也在发生作用,它作为一种本能的和内在的心灵激素,推动人们去发现上帝的踪迹,去认识与人的幸福和生命有密切关系的东西。厄廷格尔明确地把对于一切时间和一切地方皆有益于人的共同真理的感受作为"感性的"真理从理性的真理区分出来。共同感觉是一种本能的复合物,即一种对于生命的真正幸福所依赖的东西的自然渴望,就此而言,它就是上帝存在的效应。本能(Instinkte)不应按莱布尼茨那样被理解为情感(Affekte),即 confusae repraesentationes(混淆的表象),因为它不是倏忽即逝的,而是根深蒂固的倾向,并具有一种专横的、神圣的、不可抗拒的威力。[44] 依赖于这种本能的共通感之所以对于我们的认识有着特别的意义,[45]正是因为它们乃是上帝的恩赐。厄廷格尔写道:"理性是通过规则而常常不用上帝来控制自己,反之,感觉则始终伴随有上帝。所以,正如自然不同于艺术一样,感觉和理性也是不同的。上帝通过自然同时在全范围内有规则地发展而行事,——反之,艺术开始于某个个别部分……感觉模仿自然,理性模仿艺术"(247)。

这段话很重要,把我们引入一种诠释学的关系,就像在这部博学的著作中"所罗门的智慧"[54]一般地表现了认识的最终对象和最高例证一样。这就是关于共通感用法(usus)的一章。这里厄廷格尔攻击了沃尔夫派的诠释学理论。在厄廷格尔看来,比所有诠释学规则更为重要的东西乃是要有一种"丰满的感觉"(sensu plenus)。这样一种论点当然是一种纯粹的思辨,但它在生命概念即共通感概念中有其逻辑的基础。这个论点的诠释学意义可以通过下面这段话来说明:"那些在《圣经》和上帝的造化里出现的观念愈是丰富和纯粹,个别东西在一切事物中和一切东西在个别事物中就愈多被认识。"[46]这里,在19世纪和20世纪人们喜欢称之为"直觉"的东西被带回到它的形而上学基础上,即被带回到在每一个体里都包含有整体的这样一种有机生命存在的结构上:"cyclus vitae

---

[44] 原文是:radicatae tendentia... Habent vim dictatoriam divinam, irresistibilem.

[45] 原文是:in investigandis ideis usum habet insignem.

[46] 原文是:sunt foecundiores et defaecatiores, quo magis intelliguntur singulae in omnibus et omnes in singulis.

centrum suum in corde habet, quod infinita simul percipit per sensum communem"["生命循环的中心在于心灵,心灵通过共通感认识无限"(见序言)]。

比所有诠释学规则知识更为深刻的东西乃是对于自身的应用:"applicentur regulae ad se ipsum ante omnia et tum habebitur clavis ad intelligentiam proverbiorum Salomonis"["规则首先应运用于自身,然后才有理解所罗门《圣经》的钥匙"(207)]。[47] 厄廷格尔知道从这里去取得与沙夫茨伯里思想的一致性,如他所说的,沙夫茨伯里是唯一一个以这个名称写过关于共通感著作的人。可是,厄廷格尔也援引了其他一些曾注意到理性方法片面性的人,如援引了帕斯卡关于"几何学的精神"(esprit geometrique)和"微妙的精神"(esprit de finesse)的区分。[55] 然而促使这位施瓦本的牧师集中考虑共通感概念的,与其说是一种政治或社会的兴趣,毋宁说是一种神学的考虑。

当然,其他一些虔信派神学家也以与厄廷格尔同样的方式针对当时流行的理性主义提出了应用(applicatio)的重要性,正如我们在兰巴赫[56]的例子里所看到的。当时具有广泛影响的兰巴赫的诠释学也一起探讨了应用问题。但是,18世纪后期虔信派的保守倾向却使得共通感的诠释学作用降低为一种单纯的校正作用:凡是与情感、判断和推理中的consensus(一致意见)即共通感相矛盾的东西就不能是正确的。[48] 相对于沙夫茨伯里所讲的共通感对

---

[47] 正是在这里,厄廷格尔回想起了亚里士多德在道德哲学探究中对太年轻的听讲者的怀疑——这也是一个他怎样意识到应用问题的标志。参见本书第296页以下。

[48] 我援引马鲁斯[58]的《诠释学》,第1册,第2篇,第2章,第XXIII页。

于社会和国家的意义,共通感这种消极的作用表现了德国启蒙运动所产生的思想在内容上的空疏和抽象。

γ)判断力(Urteilskraft)

可能正是因为18世纪德国这种思想的发展使得共通感概念与判断力概念最紧密地结合了起来。"健全的人类理智",有时也被称之为"共同的理智",其特征实际上根本是由判断力所规定的。[57]愚昧的人之所以区别于聪明的人,就在于他不具有判断力,也就是说,他不能正确地进行概括,并因此不能正确地应用他所学到和知道的东西。在18世纪,人们引进"判断力"一词是想重新恰当地恢复曾经被认为是精神的一种基本品性的iudicium(判断)这一概念。在这样的意义上,英国的道德哲学家强调说道德的和审美的判断不服从理性,而是具有sentiment(感情)或taste(情趣)的特质。德国启蒙运动的代表人物之一特滕斯,同样也在共通感里看到一种"没有反思的判断"(iudicium ohne Reflexion)。⑭ 实际上,判断力的活动,即把某个特殊事物归入某种一般东西中,例如把某事认作为某个规则的实例,在逻辑上是不可证明的。因此,判断力由于需要某个能够指导它的应用的规则而处于一种根本的困境中。因为正如康德所尖锐地指出的,为了遵循这个规则它将需要一个其他的判断力。⑮[59] 所以判断力一般来说是不能学到的,它只能从具体事情上去训练,而且在这一点上,它更是一种类似感觉的能力。判断力是某种绝对学不到的东西,因为没有一种概念的

---

⑭ 特滕斯:《对人类天性及其发展的哲学试探》,莱比锡,1777年,第1卷,第520页。

⑮ 康德:《判断力批判》,1799年第2版,第Ⅶ页。

说明能指导规则的应用。

因此,德国启蒙运动哲学并不把判断力算作精神的高级能力,而是算作低级的认识能力。这样,判断力采取一种远远偏离共通感最初的罗马时期的含义而继续经院哲学传统的方向,这对美学来说应具有一种特别的意义。因为,在鲍姆加登[60]那里基本已完全确定:判断力所认识的东西是感性的个体,即单个事物,判断力在单个事物中所断定的东西则是该事物的完满性,或者说是非完满性。(51) 在这个关于判断的规定中我们必须注意,这里并没有简单地应用某个预先给予的事物概念,而是说感性的个别事物本身 Ⅰ37
之所以被把握,乃是由于在它们那里见出了多与一的一致性。所以这里不是对于某个普遍东西的应用,而是说内在的一致性乃是决定性的东西。[61]正如我们所看到的,这里已经涉及了康德以后称之为"反思判断力"并理解为按照真实的和形式的合目的性的判断的东西。这里并不存在任何概念,而是单个事物被"内在地"(immanent)判断。康德把这称之为审美判断,并且像鲍姆加登把感受性的判断(iudicium sensitivum)描述为趣味(gustus)一样,康德重复说:"一种完满性的感性判断就是趣味。"(52)

以后我们将会看到,判断(iudicium)概念的这种美学上的转换——在18世纪首先是通过哥特舍德(Gottsched)促进的——是怎样在康德那里获得了根本意义的,以及怎样表明了康德关于规

(51) 鲍姆加登:《形而上学》,§606:perfectionem imperfectionemque rerum percipio,i. e. diiudico(感知,即引导事物的完满性和非完满性)。

(52) 《康德的一个伦理学讲演》,门策尔编,1924年,第34页。

定的判断力和反思的判断力的区分并不是没有问题的。[53] 共通感的意义内涵很难被限制在审美判断上,因为从维柯和沙夫茨伯里对这一概念的使用来看,共通感并不首先是一种人们必须练习的形式能力或精神能力,而是始终包含了判断和规定判断内容的判断标准的总体。

健全的理性、共同的感觉,首先表现在它所做的关于合理和不合理、适当和不适当的判断里。谁具有一个健全的判断,他就不能以普遍的观点去评判特殊事物,而是知道真正关键的东西是什么,也就是说他以正确的、合理的、健全的观点去观看事物。一个骗子虽然能正确地算计人的弱点,并经常为了行骗而做正确的事,但他却不具有"健全的(即善良的)判断"(就这词的最高意义而言)。被归给判断能力的普遍性根本不像康德所认为的那样,是某种"共同的"东西。判断力与其说是一种能力,毋宁说是一种对一切人提出的要求。所有人都有足够的"共同感觉"(gemeinen Sinn),即判断能力,以致我们能指望他的表现"共同的意向"(Gemeinsinn),即真正的公民道德的团结一致,但这意味着对于正当和不正当的判断,以及对于"共同利益"的关心。这就是使维柯如此动人地依赖于人文主义传统的东西,面对共同感觉概念的抽象化倾向,他坚持这一词在罗马传统里的意义的全部价值(直到今天这还是拉丁民族的突出特征)。同样,沙夫茨伯里采用这一概念,也正如我们所看到的,是与人文主义的政治-社会传统相联系的。共通感就是公民道德存在的一个要素,即使这一概念在虔信派和苏格兰哲学里表示

---

[53] 参见本书第44页以下。

一种对于形而上学的公开攻击，它仍保留了其本来的批判功能。

与此相反，康德在其《判断力批判》里对这一概念的采用则有完全不同的强调重点。(54)[62]这一概念的基本道德含义在他那里不再有任何重要的地位。众所周知，正是为了反对英国哲学里出现的“道德情感”学说，康德提出了他的道德哲学。所以，共通感概念被他从道德哲学里完全排除出去了。

凡是涉及道德命令的无条件性的东西是不能建立在情感基础上的，即使人们并不是指个别的情感，而是指共同的道德感受性，情况也是这样。因为具有道德性的命令的性质，是根本地排除对其他事物的权衡考虑的。道德命令的无条件性确实并不意味着道德意识在对其他事物的判断中应固执己见，宁可说，它是一种要求放弃自己判断的主观私有条件而置身于他人判断的立场上的道德命令。但是这种无条件性也意味着道德意识不能避免对他人判断的顾及。道德命令的强制性在比感受的普遍性能达到的更严格的意义上说是普遍的。应用道德规则来决定意志是判断力的事情。但是因为这里涉及纯粹实践理性规则中的判断力，所以判断力的任务就在于防止那种“仅以经验结果……来定善恶实践概念的实践理性经验主义”。(55) 这是在纯粹实践理性模型论里所说的话。[63]

对于康德确实也有这样一个问题，即我们怎样才能使纯粹实践理性的严格规则进入人的情感。康德在“纯粹实践理性的方法论”里研讨了这一问题，这种方法论是“想简略地提供一个建立和

---

(54) 《判断力批判》，§ 40。

(55) 《实践理性批判》，1787 年，第 124 页。

培养真正道德情操的方法纲要"。[64]对于这一任务,康德实际上援引了共同的人类理性,并想培养和造就实践判断力,而在这里确实也有审美的因素在起作用。⑤ 但是,主张能以这种方式培养道德情感,这并不属于道德哲学的问题,而且无论如何也不涉及道德哲学的基础。因为康德的要求是,我们的意志决定只被那种依赖于纯粹实践理性的自我立法的动机所规定。对于纯粹实践理性的这种自我立法来说,任何单纯的感受共同性都不能构成它的基础,它的基础只是那种"即使模糊不明、但仍确切进行的实际理性行为",而说明和描述这种实际理性行为正是实践理性批判的任务。

即使就其逻辑意义而言,共通感这一词在康德那里也没有起什么作用。康德在判断力的先验学说里所论述的东西,即关于图式和公理的学说,⑰与共通感不再有任何关系,因为这里研讨的是那些涉及其先天对象的概念,而不是把单个事物归入一般事物的概括。反之,凡是真正涉及认单个事物为一般事物的实例的能力的地方,凡我们讲到健全的理智的地方,按照康德,我们是同某种"共同的"东西打交道(就这词的最真实的意义而言),即"某种我们在任何地方都可以找到的东西,占有这些东西绝不是功绩或优点"。⑱[65]这种健全的理智没有别的意义,唯一的意义在于它是已造就和已阐明了的理智的先行阶段。这种理智虽然活动在判断力(人们称之为情感)的模糊不明的分化中,但它总是按照概念,"固然通常只是按照

---

⑤ 《实践理性批判》,第272页;《判断力批判》,§60。
⑰ 《纯粹理性批判》,第171页以下。
⑱ 《判断力批判》,1799年第3版,第157页。

模糊不明表现的原理"[66]去进行判断的,⁵⁹并且确实不能被认为是一种特有的共同感觉。对判断力的一般的逻辑使用——人们把这种判断力归之于共通感——丝毫不包含某种自身的原则。⁶⁰

所以,在人们能称之为感性判断能力的整个范围内,对于康德来说,只剩下了审美的趣味判断。在这里我们可以讲到真正的共同感觉。尽管人们在审美趣味中是否触及认识还是值得怀疑的,而且审美判断确实不是按照概念进行判断的,我们仍可确信,在审美趣味中具有普遍规定的必然性,即使这种趣味是感性的,而不是概念的。所以康德说,真正的共同感觉就是趣味(Geschmack)。[68]

如果我们考虑到在18世纪人们怎样喜爱讨论人的趣味的差异性的话,上述表述是悖理的。但是,即使我们不从趣味的差异性中引出任何怀疑主义-相对主义的结论,而是坚持一种好的趣味观念,把"好的趣味"——区分有教养的社会成员与所有其他人的一种奇特标志——称之为一种共同感觉,这也是悖理的。就某种经验主义主张的意义而言,这事实上是无意义的。我们将看到,这种描述只有对于康德的先验目的、即为进行趣味批判作先天证明,才是有意义的。但是我们将必须探究,把共同感觉概念限制到关于美的东西的趣味判断上,对于这种共同感觉的真理要求究竟意味着什么,那种康德式的趣味的主观先天性怎样影响了精神科学的自我理解。

δ) 趣味(Geschmack)

我们必须再次从更远的地方谈起,因为这里的问题实际上不

---

⁵⁹ 《判断力批判》,1799年第3版,第64页。

⁶⁰ 参见康德把事例(以及历史)的意义认作判断力的"牵引车"(Gängelwagen)的论述(第173页)。[67]

仅涉及把共同感觉概念限制在趣味上,而且也关系到限制趣味概念本身。趣味这一概念在被康德作为他的判断力批判的基础之前就有很长的历史,这漫长的历史清楚地表明趣味概念最早是道德性的概念,而不是审美性的概念。趣味概念描述一种真正的人性理想,它的这一特征应当归功于那种对"学院派"的独断论采取批判立场的努力。只是到了后来,这一概念的用法才被限制到"美的精神性东西"上。

巴尔塔扎·格拉西安[69]处于这一历史的开端。[51] 格拉西安的出发点是:感性趣味是我们感觉里最动物性的和最内在的一种感觉,因而它已经包含了我们在对事物的高级判断里所作分辨的端倪。所以,趣味的感性差别——以最直接的方式享有的接受和拒绝——实际上并不是单纯的本能,而是介乎感性本能和精神自由之间的东西。这一点正表现了感性趣味的特征,即它对于那些属于生活最紧迫需要的东西具有选择和判断的距离。所以格拉西安已在趣味中看到了一种"动物性的精神活动",并正确地指出了不仅在精神(ingenio)中,而且在趣味(gusto)中,也存在着教化(cultura)。当然,这本身也适用于感性趣味。具有出色味觉的人,就是培养这种乐趣的优秀品尝家。趣味这一概念是格拉西安的社会理想教化的出发点,他的有教养的人(discreto)的理想在于,这种人,即hombre en su punto(完美的人),获得了同生活和社会的一切事物保

---

[51] 关于格拉西安和他的影响,特别是在德国的影响,基本读物是卡尔·波林斯基的《巴尔塔扎·格拉西安和德国的宫廷文学》,1894年。最近的补充读物是Fr.舒麦的《趣味概念在17和18世纪哲学里的发展》(《概念史文献》,第1卷,1955年)。[也可参见W.克劳斯的《德国和法国启蒙运动研究》,柏林,1963年。]

持正确距离的自由,所以他知道自觉而冷静地分辨和选择。

格拉西安由此所提出的教化理想可以说是划时代的。这个理想取代了基督教奉承者(卡斯蒂廖内)的教化理想。在西方教化理想的发展史上,格拉西安教化理想的卓越之处在于,它不依赖于等级制的前提。它是一种教化社会(Bildungsgesellschaft)的理想。[52]情况似乎是这样:随着专制制度的形成及其对世袭贵族制的压制,这种社会教化理想在各处产生了。因此,趣味概念的历史依循着专制制度从西班牙到法国和英国的历史,并且与第三等级的前期发展相一致。趣味不仅仅是一个新社会所提出的理想,而且首先是以这个"好的趣味"理想的名称形成了人们以后称之为"好的社会"的东西。好的社会之所以能被承认和合法化,不再是由于出身和等级,基本上只是由于它的判断的共同性,或者更恰当地,由于它一般都知道使自己超出兴趣的狭隘性和偏爱的自私性而提出判断要求。

趣味概念无疑也包含认知方式。人们能对自己本身和个人偏爱保持距离,正是好的趣味的标志。因此按其最特有的本质来说,趣味丝毫不是个人的东西,而是第一级的社会现象。趣味甚至能像一个法院机构一样,以这法院机构所指和代表的某种普遍性名义去抵制个人的私有倾向。人们可能对自身趣味所摈弃的东西有一种偏爱。在此,趣味的裁决具有一种特殊的坚定性。众所周知,在有关趣味的事情上并没有论证的可能性(康德说得对,在趣味事情上可能有争执,但没有论辩[53][71]),但这不只是因为其中不存在

---

[52] 我认为,F. 黑尔[70]关于现代教化概念起源于文艺复兴、宗教改革和反宗教改革时期的学院教化(Schulkultur)的观点是正确的。参见《欧洲的兴起》,第82、570页。

[53] 康德:《判断力批判》,1799年第3版,第233页。

一种所有人都必须承认的概念上的普遍标准,而且还因为即使存在这样的标准,我们也不可能一下子找到它,即它不是一下子被正确发现的。我们必须具有趣味——我们既不能向自身演示趣味,也不能以单纯的模仿去取代趣味。但是,趣味仍然不是单纯的个人特性,因为它要不断地成为好的趣味。趣味判断的坚定性就包含它的效用要求。好的趣味总是信赖它的判断,也就是说,按其本性来说,好的趣味是可信赖的趣味:要么接受,要么拒绝,从不摇摆、偏向他物,也不刨根问底。

所以,趣味是某种类似于感觉的东西,它的活动不具有任何有根据的知识。如果趣味对某物表现了否定的反应,那么它是不能说为什么的。但是它非常确切地知道这是为什么。因此趣味的可靠性就是不受无趣味东西侵害的可靠性。值得注意的是,在趣味的分辨选择中,我们对这种否定的现象表现了更大的敏感性。趣味所真正追求的,根本不是充满趣味的东西,而是那种不伤害趣味的东西。这首先就是趣味对之下判断的东西。趣味正是这样被定义的,即它被无趣味的东西所伤害,因此它要回避这种东西,有如一切受到伤害之威胁的事物一样。所以,"坏的趣味"这一概念不是"好的趣味"的原来的相反现象,宁可说,"好的趣味"的对立面是"毫无趣味"。好的趣味是这样一种敏感性,这种敏感性如此自然地回避一切古怪的东西,以致对于没有趣味的人来说,对它的反应是完全不可理解的。

同趣味最紧密关联的一种现象是时尚(Mode)。这里趣味概念所包含的社会普遍化的要素成了一种决定性的实在。通过与时尚的比较可以表明,趣味所含有的普遍化是立足于完全不同的基

I 审美领域的超越

础,它并不只是意味着经验的普遍性(这对于康德乃是一个关键)。从语言上看,时尚概念已有这样的意思,即它关系到在一个经常稳固的社会行为整体里的一种具有可变性的方式(Modus)。单纯只是时尚的东西,本身除了由所有人的行动给出的准则外,不包含任何其他的准则。时尚按其所愿只规范那些对于其他人也是同样能规范的事物。对于时尚来说,本质的东西实际上是经验的普遍性、对其他事物的顾及、比较,以及置身于一种普遍性的观点中。就此而言,时尚造就了一种社会的依赖性,而很少有人能摆脱这种依赖性。因此康德是完全正确的,当他认为做一个符合时尚的愚人要比反对时尚更好[64]——尽管太认真地对待时尚之物无疑还是愚蠢。

反之,趣味现象可以被规定为精神的一种分辨能力。趣味尽管也是活动于这样的社会共同体中,但是它不隶属于这种共同体——正相反,好的趣味是这样显示自己的特征的,即它知道使自己去迎合由时尚所代表的趣味潮流,或者相反,它知道使时尚所要求的东西去迎合它自身的好的趣味。因此趣味概念包含着:我们即使在时尚中也掌握尺度,不盲目跟随时尚的变化要求,而是使用我们自己的判断。人们掌握趣味的"风格"(Stil),即把时尚的要求同他们自己趣味所注视着的整体联系起来,并接受那种与这个整体相适合、相适应的东西。

所以,趣味的首要问题不仅是承认这个东西或那个东西是美的,而且还要注意所有美的东西都必须与之相适合的整体。[65] 因

---

[64] 《实用观的人类学》,§71。

[65] 参见 A. 波姆纳:《判断力批判入门》,第280页以下,尤其是第285页。

此趣味不是这种意义上的共同性感觉,即它使自身依赖于一种经验的普遍性,依赖于他人判断的完全一致性。趣味并不要求每个人都同意我们的判断,而是要求每个人都应当与我们的判断相协调(如康德所指出的那样)。⑯[72] 因此,相对于时尚所表现的专横,可靠的趣味保留了一种特殊的自由和优越性。趣味本来的和完全属其自身的规范力量就在于,它确切地知道一个理想共同体的同意(Zustimmung)。与时尚所形成的趣味规范化不同,我们在这里看到了好的趣味的理想性。由此可以推知,趣味做了某种认识行为——当然是以一种不能与它所应用的具体情况相脱离的方式,也就是说,它未顾及到规则和概念。

显然,正是这一点构成了趣味概念原来的广度,即它表现了一种特有的认识方式。趣味应归入这样一种认识领域,在这领域内是以反思判断力的方式从个体去把握该个体可以归于其下的一般性。趣味和判断力一样,都是根据整体对个别事物进行评判,例如,该个别事物是否与所有其他事物相适应,该个别事物是否也是"合适的"。⑰ 我们对此必须具有"感觉"——因为它是不能被论证的。

可见,凡是想到整体的地方都需要这样一种感觉,但是,这种感觉不是作为一个整体被给出,或者说,不是在目的概念中被设想的;所以趣味决不限制于在其装饰性质上被确定的自然美和艺术

---

⑯ 《判断力批判》,1799 年第 3 版,第 67 页。

⑰ 这里风格概念有其用武之地。它作为历史的范畴源出于:装饰性的东西相对于"美的东西"在起作用。参见本书第 36 页、第 290 页以下,以及补注 I(我的著作集,第 2 卷,第 375 页以下)。[同时参见我的论文"诠释学问题的普遍性"(《短篇著作集》,第 1 卷,第 101—112 页;我的著作集,第 2 卷,第 219 页以下)。]

I 审美领域的超越

美,而是包括了道德和礼仪的整个领域。甚至道德观念也从不是作为整体而给出的,或以一种规范的单义的方式被规定的。确切地说,用法律和道德的规则去调理生活是不完善的,这种调理还需要创造性的补充。这就需要判断力去正确评价具体情况。尤其在法学里我们熟悉判断力的这种作用,在法学里,"诠释学"对法律的补充作用正在于,使法律具体化。

这常常是一个远比正确运用普遍原理更广的问题。我们关于法律和道德的知识总是从个别情况得到补充,也就是创造性地被规定的。法官不仅应用法律于具体事件中,而且通过他的裁决对法律("法官的法律")的发展作出贡献,正如法律一样,道德也是鉴于个别情况的创造性而不断得以发展的。所以,认为判断力只有在自然和艺术领域内作为对美和崇高东西的判断才是创造性的,决不是真实的情况。我们甚至不能像康德那样说,⑱"主要"在这里我们才能承认判断力的创造性。自然和艺术中的美应当被那弥漫于人的道德现实中的美的整个广阔海洋所充实。[73]

只有在纯粹理论上的和实践上的理性训练中,我们才能讲到把个别事物纳入某个给定一般的归纳活动(康德的规定性判断力)。[74]但实际上这里本身就包含着某种审美的判断。这是康德所间接承认的,因为他承认事例对增强判断力的作用。当然康德也作了限制性补充:"就知性认识的正确性和准确性而言,事例对之多少有所损害,因为只有在很少情况下,事例才恰当地满足规则

---

⑱ 《判断力批判》,1799年第3版,第Ⅶ页。

的条件(作为限定格)。"⑲但是这个限制的反面显然告诉我们,作为事例而起作用的事情与仅仅作为这个规则的事情实际上还是有所不同的。真正公开地对待这种事情——不管这是否只是在技术性的或实践的判断里存在——因而就总是含有一种审美的要素。就此而言,康德用作于判断力批判基础的关于规定性判断力和反思性判断力的区分,就不是一种无条件的区分。⑳[75]

显然,这里所不断涉及的不仅仅是关于逻辑判断力的问题,而且也是关于审美判断力的问题。判断力活动的个别情况从不是一种单纯的情况,它不仅仅限于某种普遍规则或概念的特殊事例。它其实经常是一种"个别的情况",我们可以典型地称它为一种特殊情况,一种"独特情况"(Sonderfall),因为它并不通过规则来把握。每一个关于某种我们想在其具体个别性里加以理解的东西的判断,就像它要求我们具有亲身所及的行为情境一样,严格地说就是一个关于某种独特情况的判断。这无非只是表明,对情况的判断并不是简单地应用它据此而产生的普遍事物的准则,而是这判断本身一同规定、补充和修正了这准则。由此,我们最后可以推知:一切道德上的决定都需要趣味——虽然对这种决定的最个人化的平衡似乎并不就是唯一支配趣味的东西,但这种平衡却是一

---

⑲ 《纯粹理性批判》,第 173 页。
⑳ 显然,正是由于这种考虑黑格尔超出了康德关于规定性判断力和反思性判断力的区分。黑格尔承认康德判断力学说的思辨意义,因为在那里,普遍东西本身被康德设想为具体的,但是黑格尔又同时作了这样的限制,在康德那里,普遍和特殊的关系仍未表现为真理,而是作为一种主观的东西被对待[76](《百科全书》,§55 以下,以及拉松编《逻辑学》,Ⅱ,19)。库诺·费舍(Kuno Fischer)甚至说,在同一哲学里,被给予的普遍性和要发现的普遍性的对立被扬弃了(《逻辑学和科学学说》,第 148 页)。

I 审美领域的超越

个不可缺少的要素。这实际上就是一种不可论证的机敏行为,即抓住了正确的东西,并对普遍性和道德规则(康德)的应用给出了规范,而理性自身是不能给出这种规范的。所以趣味虽然确实不是道德判断的基础,但它却是道德判断的最高实现。视不合理的东西为反趣味的人,就有最高的确信去接受好的东西和拒绝坏的东西——其高度就像我们最富有生机的感官所具有的选择或拒绝食物的那种确信一样。

趣味概念在 17 世纪的出现——我们上面已经指出它的社会性的和联结社会的作用——是与那种可以追溯至古代的道德哲学联系在一起的。

这是一种人文主义的而且最终也是希腊的组成要素,这种要素是由基督教所规定的道德哲学里仍是有效的东西。希腊的伦理学——毕达哥拉斯学派和柏拉图的适度伦理学(Massethik)、亚里士多德所创立的中庸伦理学(Ethik der Mesotes)——在某种深层和广泛的意义上就是好的趣味的伦理学。⑦

---

⑦ 亚里士多德在解释德行和正当行为的特征时所说的最后一句话常常是 ὡs δεῖ (出自内心的行为)或 ὡs ὁ ὀρθὸs λόγοs(真诚的表达方式);在伦理实践中可以被教导的东西虽然是 λόγοs(表达方式),但这种表达方式超出了某个一般框架之外就不是 ἀκριβής(合适的)。关键的东西是把握正确的细微差别。主导这种把握的 φρόνησιs(实践智慧)是一种 ἕξιs τοῦ ἀληθεύειν(真实的生活方式),一种存在状态,在此状态中,某些隐蔽的东西成了可见的了,因而某种东西被认识了。尼古拉·哈特曼[77]在试图按照"价值"来理解伦理学的一切规范要素时,曾经由此提出了"情况价值"(Wert der Situation),这无疑是对亚里士多德的德行概念表的一种奇特的推广。[参见 N. 哈特曼:《伦理学》,柏林,1926 年,第 330—331 页,以及最近我的论文"价值伦理学和实践哲学",载 A.J. 布赫编:《尼古拉·哈特曼纪念文集(1882—1982)》,波恩,1982 年,第 113—122 页;也见我的著作集,第 4 卷。]

当然，这样一种论点在我们听起来是陌生的。这有一个原因，因为我们通常在趣味概念里看不到理想的规范要素，因而仍被关于趣味差异性的相对主义-怀疑论的论证所影响。但是，我们首先被康德的道德哲学的成就所支配，他使伦理学摆脱了一切审美的和情感的因素。如果我们现在看到了康德判断力批判在精神科学历史上所起的作用，那么我们一定会说，他对于美学所奠定的先验哲学基础在两个方面是富有成效的，并且表现出了一个转折。这种先验哲学基础一方面表示过去传统的终结，另一方面又同时表示新的发展的开始。它曾把趣味概念限制在这样的范围内，在此范围内趣味能作为判断力的一个特有原则而要求独立不倚的有效性——并因而相反地把认识概念限制在理论的和实践的理性使用上。主导康德的先验目的在关于美（和崇高）的判断的受限制的现象上得到了实现，而且这种先验目的把更一般的趣味经验概念和审美判断力在法权和道德领域内的活动从哲学的中心排除出去。⑫

这种意义很难被过高评价，因为由此所放弃的东西正是语文学-历史研究借以生存的东西。当语文学-历史研究试图在自然科学之外以"精神科学"名义从方法上确立自身时，只有从这种所放弃的东西中才能取得对自身的完全的自我理解。现在——由于康德的先验探究——要去承认传承物（语文学-历史研究正是从事于培养和研究这种传承物）自身特有的真理要求这条道路被阻塞了。

---

⑫ 当然，康德并非未看到趣味作为"外在现象里的道德性"对于教养行为的决定性作用（参见《人类学》，§69），但是他把趣味从纯粹理性的意志决定中排除出去。

Ⅰ 审美领域的超越

由此，精神科学的方法特征就在根本上丧失了它的合法性。

康德自己通过他的审美判断力的批判所证明和想证明的东西，是不再具有任何客观知识的审美趣味的主观普遍性，以及在"美的艺术"领域内天才（Genie）对一切规范美学的优越性。所以，浪漫主义诠释学和历史学认为对它们的自我理解的一个出发点仅在于这个通过康德美学而生效的天才概念。这是康德影响的另一个方面。审美判断力的先验证明确立了审美意识的自主性，从这种自主性历史意识也应当导出自身的合法性。康德所创建的新美学所包含的彻底主体化倾向确实开创了新纪元，一方面由于它不相信在自然科学的知识之外有任何其他的理论知识，从而迫使精神科学在自我思考中依赖自然科学的方法论，另一方面由于它提供了"艺术要素""情感"和"移情"作为辅助工具，从而减缓了这种对自然科学方法论的依赖。我们上面[73]已讨论过的赫尔姆霍茨关于精神科学特征的描述，在这两方面都是康德影响的一个卓越的例子。

如果我们想证明精神科学的这种自我解释的不足，并要为精神科学开辟更合适的前景，那么我们就必须进而研讨美学问题。康德赋予审美判断力的先验功能足以与概念性认识划清界限，并因此规定美和艺术的现象。但是，这与保留概念性认识的真理概念相关吗？难道我们不可以承认艺术作品有真理吗？我们还将看

---

[73] 本书第11页以下。

到，要对这些问题作肯定的回答，不仅要对艺术的现象，而且也要对历史的现象作新的考察。[74]

2. 康德的批判所导致的美学主体化倾向[78]

a) 康德关于趣味和天才的学说

α) 趣味的先验特征

康德在研讨有关趣味基础性东西时发觉一种超越于经验普遍性的先天因素，他本人曾把这一点作为一种精神性的惊异去加以感受。[75]《判断力批判》正是从这种见解产生的。对判断力的批判不再是对这样一种意义上的趣味的单纯批判，即趣味是他人所作出的批判性判断的对象。判断力批判乃是批判的批判，也就是说，这种批判探究在有关趣味事物中这样一种批判性行为的合理性。因而它也就不再单纯涉及那些用来证明某种广泛接受并起主导作用的趣味的合理性的经验原理——或者不再单纯涉及那些探讨趣味差异性根源的备受欢迎的问题，而是涉及一种一般而且总是证明批判可能性的真正的先天性问题。这样一种先天性能在何处呢？

显然，美的效用并非来自一种普遍原则，也不能由这种普遍原

---

[74] 我们要感谢阿尔夫雷德·波姆纳那本杰出著作《康德的判断力批判》，该书富有启发性地考察了康德探讨美学和历史问题之间联系的积极方面。但是我们也必须考虑这种联系的失误。

[75] 参见保罗·门策尔：《康德美学的发展》，1952年。

则所证明。对于趣味问题不能通过论证和证明来决定这一点,从没有人怀疑过。同样也是显然的,好的趣味从不会具有一种实际的经验普遍性,所以援引起主导作用的趣味将看不到趣味的真正本质。我们已看到,趣味自身的概念里就包含着不盲目顺从和简单模仿主导性标准及所选择样板的通行价值。在审美趣味领域内,样板和范例虽然有其特权作用,但是正如康德所正确指出的,这种作用并不在于模仿的方式,而在于继承(Nachfolge)的方式。⑯[79]样板和范例虽然给予趣味以获取其自身进程的踪迹,但它们却没有剥夺趣味自身本来的任务,"因为趣味必须是一种自身特有的能力"。⑰[80]

另一方面,通过我们对概念史的简短考察,这一点也是足够清楚的,即一当问题涉及审美判断时,在趣味中不是个别的偏爱被断定了,而是一种超经验的规范被把握了。因此我们可以说,康德把美学建立在趣味判断上顺应了审美现象的两个方面,即它的经验的非普遍性和它对普遍性的先天要求。

但是,康德为证明趣味领域内这种批判的合理性所付出的代价却是:他否认了趣味有任何认识意义。这是一种主体性原则,他把共通感也归结为这种原则。按照康德的看法,在被视为美的对象中没有什么东西可以被认识,他只主张,主体的快感先天地与被视为美的对象相符合。众所周知,康德把这种快感建立在合目的性基础上,对于我们的认识能力来说,对象的表象一般都具有这种

---

⑯ 《判断力批判》,1799 年第 3 版,第 139 页、第 200 页。

⑰ 同上书,§17(第 54 页)。

合目的性。这种合目的性是想象力和理解力的一种自由游戏,一种与认识根本相应的主体关系,它表现了对于对象的快感的根源。这种合目的性-主体性的关系,就理念而言,实际上对于所有人都是一样的,因而这种关系是普遍可传达的,由此它确立了趣味判断的普遍有效性的要求。[81]

这就是康德在审美判断力上所揭示的原则。这里审美判断力本身就是法则。就此而言,它是关于美的一种先天效用的问题,这种先天效用发生于趣味事物中单纯感性经验的一致性和理性主义的规则普遍性这两者中间。当然,如果我们认为趣味与"生命情感"的关系是趣味的唯一基础,那么我们就不能再把趣味称之为一种感性的认识(cognitio sensitiva)。在趣味中没有什么东西是从对象中认识的,但也没有发生一种单纯的主观反应,如感官愉悦事物的刺激所引起的那种反应一样。趣味就是"反思趣味"(Reflexionsgeschmack)。

如果康德就这样把趣味称之为真正的"共通感",⑬那么他就不再考虑共通感概念的那种我们前面所说的伟大的道德-政治的传统。[82]对于康德来说,共通感这个概念中其实包含了两个要素,其一,就趣味是我们所有认识能力自由活动的结果,并且不像某种外在感觉那样限制于某个专门领域而言,共通感就包含趣味所具有的普遍性;其二,就趣味如康德所述,摈弃了所有如刺激和情感骚动那样的主观的个人条件而言,共通感就包含趣味所具有的共有性(Gemeinschaftlichkeit)。所以,这种"感觉"的普遍性隐秘地

---

⑬ 《判断力批判》,1799年第3版,第64页。

Ⅰ 审美领域的超越

受到双向的规定,一方面受所摈弃的事物的规定,另一方面不积极地受确立共有性和设立共同体的事物的规定。

的确,康德还保留了趣味和社交性(Geselligkeit)之间古老的内在联系。但是"趣味的培养"(Kultur des Geschmacks)只是在"趣味方法论"这个标题下附带地加以研究。⑦ 在那里,Humaniora(古典学科),正如希腊范例所表现的,被规定为与人性相适合的社交性,[83] 而且道德情感的培养也被描述为真正的趣味如何才能采取一种特定的不变形式的道路。⑧[84] 因而趣味的内容规定也就从其先验功能的领域内产生了。康德所感兴趣的,仅在于有一个审美判断力的自身原则,因此,对康德来说,重要的只是纯粹的趣味判断。

与康德的先验目的相符合,"对趣味的分析"可以完全随意地从自然美、装饰事物以及艺术表现中获取审美愉悦的范例。对于审美判断的本质来说,没有什么东西依赖于其表象是令人愉悦的对象的具体存在特性(Daseinsart)。"审美判断力批判"不是一门艺术哲学——即使艺术也是这种判断力的一个对象。"纯粹的审美趣味判断"这一概念是一种方法上的抽象,这种抽象与自然和艺术的区分毫无关系。所以我们有必要通过对康德美学的更精确考察,把他那种特别与天才概念相联系的对艺术哲学的解释返真复

---

⑦ 《判断力批判》,§60。

⑧ 《判断力批判》,1799年第3版,第264页。对康德来说,至少——尽管他对英国道德情感哲学作了批判——这一点毋庸置疑,即这种道德情感现象就其亲缘关系来说是审美的。无论如何,在康德把自然美中的愉悦称作为"按亲缘关系说是道德的"地方,康德就能对道德情感这种实践判断力的结果说,它是一种先天的愉悦(《判断力批判》,第169页)。

原。为此目的,我们将考察康德的奇特而富有争议的关于自由美(Freie Schönheit)和依存美(anhängende schönheit)的理论。[31]

β) 关于自由美和依存美的学说

这里,康德讨论了"纯粹的"趣味判断和"理智的"趣味判断之间的区别,这种区别是与"自由的"美和"依存的"(依存于某个概念)美之间的对立[85]相对应的。由于自由的自然美以及——在艺术领域内——装饰品表现为纯粹的趣味判断本来的美(因为这两者是"自为地"美的),上述两种趣味判断的区分乃是一个对于艺术的理解来说极其致命的学说。凡是"预期"有概念出现的地方——并且这不仅仅在诗歌领域,而且在一切关于情境的表现艺术中——情境(die Sachlage)似乎就是与康德所援引的"依存"美的事例相类似的东西。康德所援引的事例——人、动物、建筑物——表示着自然事物,如它们存在于由人的目的所支配的世界中,或是表示着为人类目的所创造的事物。在所有这些情况中,目的规定(Zweckbestimmung)就意味着一种对审美愉悦的限制。这样,按照康德,文身(Tätowierung),也就是人体的装饰,就令人愤慨,尽管它能"直接地"使人欢悦。这里,康德确实未把这样的东西作为艺术来讲(不仅作为"一个事物的美的表象"),而是非常确实地把它们讲为(自然的,或者说,建筑艺术的)美的事物。

自然美和艺术美的区分,[86]正如康德自己后来所讨论的(§48),在这里不具有任何意义。但是,康德在自由美的事例中除了花朵外还援引了阿拉贝斯克[87]壁纸和音乐("无标题"、甚至"无

---

[31] 《判断力批判》,§16 以下。

歌词"的音乐),这就间接地说明了所有下面这些东西都表现了某个"在特定的概念下的客体",因而可以算作依存的、非自由的美:这些东西包括诗歌、造型艺术和建筑艺术整个领域,以及所有我们不是像看装饰花纹那样只看到其美的自然事物。在所有这些情形中,趣味判断被破坏和被限制了。对艺术的认可似乎不可能从"纯粹趣味判断"作为美学基础这一点出发——除非趣味的标准被降为一种单纯的先决条件。在这个意义上,我们就可以理解《判断力批判》后半部之所以引进天才概念的做法。但是,这只意味着一种推迟性的补充,因为前半部对此未加论述。这里(在§16),趣味的出发点看来很少是这样一种单纯的先决条件,以致康德需要详尽地阐释审美判断力的本质并维护它免受"理智的"标准的限制。即使康德看到在自由美和依存美这两种不同观点下所判断的东西可能是同一个对象,理想的趣味裁决者仍似乎是这样一种人,他是按照"他所感觉到的东西",而不是按照"他所想到的东西"去判断。真正的美是花朵和装饰品的美,这种美在我们的受目的支配的世界里从一开始而且从自身起就表现为美,因此这种美就没有必要有意识地回避任何概念或目的。

然而,如果我们更细致地考虑,那么这样一种见解就既不符合康德的话,也不符合他所看到的事实。康德的立足点从趣味到天才的所谓转变并不是这样产生的。我们必须学会在开端处见到后来发展的潜在准备。我们已经确实无疑地知道,那种禁止某人去文身或禁止某个教堂使用一种特定的装饰图案的限制,并不是康德所反对的,而是被康德所要求的,因而康德由道德立场出发,把那种对审美愉悦的损害视为有益的举动。自由美的事例显然不应是用来说明本来的美，而只是确保了这样一种看法，即自由美的愉悦不是一种对事物的完满性的判断。如果康德在这一节结尾深信通过区分两种美，或更确切地说，通过区分两种对美的关系，能够平息趣味裁决者对美的一些争执，那么这种对某个趣味争执的平息可能性就只是混合两种观察方式的结果现象，而且的确是如此，常见的情况将是这两种观察方式的合一。

这样一种合一总是在"基于某个概念的观察"（Hinaussehen auf einen Begriff）不排斥想象力的自由的地方出现的。康德可以把下面这一点描述为审美愉悦的一种合理条件，即没有一种争执是随着目的规定而出现的。这里康德并不自相矛盾。正如自为地形成的自由美的孤立化是一种人为的做法一样（看来，"趣味"总是最多地在那些不仅是合理东西被选出的地方，而且在合理东西为合理场所而选出的地方得到证实的），我们也能够而且必须超越那种纯粹趣味判断的立足点，我们只要说：关于美的论述确实不存在于某个特定的知性概念被想象力机械地感性化的地方，而是只存在于想象力与知性更自由地相协调的地方，即存在于想象力能够是创造性的地方。但是，想象力的这种创造性的造就并非在它绝对自由的地方（如面对阿拉贝斯克的蜿蜒曲线）是最丰富的，而是在想象力活动于某个游戏空间里的地方才是最丰富的，而这样一种游戏空间与其说是被知性的统一欲作为界限而对想象力设立的，毋宁说是知性的统一欲为促进想象力活动而预先规定的。

γ) 美的理想的学说

当然，这末了的话超出了康德原文所说的，但他的思想（§17）的继续发展却指明了这种解释的合理性。这一节的重点布局显然只有在作了细致的考察之后才会明确。在这里被详尽论述的美的规范观念，恰恰不是最主要的，而且也没有表现出趣味按其本质所要追求的那种美的理想。一个美的理想其实只是从人的形象中产生的：这在于“伦理情操的表现”(Ausdruck des Sittlichen)，“没有这种表现，对象一般就不会使人愉悦”。按照某个美的理想而作出的判断，正如康德所述，当然不是一种单纯的趣味判断。下面这一点将被证明是这一学说的富有意义的结论：某物要作为艺术作品 Ⅰ53
而使人愉悦，它就不能只是富有趣味而令人愉悦的。(82)

但实际上令人惊讶的是，如果真正的美似乎正是排除了由目的概念而来的每一种确定化，那么，在此对于一幢美的住宅、一棵美的树、一座美的花园等所说的本身正好相反，即它们并没有由目的概念设想出一个理想，“因为这些目的**没有充分地**(醒目点是我加的)被它们的概念所规定和固定，因而那合目的性就是那样松散自由，像在**流动的**美那里一样”。只有在人的形象中才存在某种美的理想！这正是因为只有人的形象才能达到由某个目的概念所固定的美。这个由温克尔曼[88]和莱辛(83)提出的学说在康德为美学奠定基础的工作中赢得了一个决定性的地位。因为正是这个论点表明了某种形式的趣味美学(阿拉贝斯克美学)是怎样少地与康德的思想相符合。

(82) [遗憾的是，康德关于艺术理论的趣味判断的分析总是被人滥用，同时也被T. W. 阿多尔诺的《审美理论》(《著作集》，第7卷，第22页以下)或H. R. 尧斯(《审美经验和文学诠释学》，法兰克福，1982年，第29页以下)所滥用。]

(83) 莱辛：《拉奥孔手稿》，第20b号，参见拉赫曼编：《莱辛全集》，1886年开始出版，第14卷，第415页。

关于美的理想的学说就是建立在规范观念（Normalidee）和理性观念（Vernunftidee）或美的理想的区分基础上的。[89] 审美的规范观念存在于自然的一切种类中。正如一个美的动物（例如，迈伦[90]的一头牝牛）所展示的，这就是对单个事例评判的一个标准衡量器。因而这种规范观念就是作为"悬浮于所有单个个体中的种类形象"的一种想象力的单个直观形象。但是，这样一种规范观念的表现之所以令人愉悦，并不是因为美，而只是"因为这种表现和决定这一种类中的一物能是美的那种条件不相矛盾"。这种表现不是美的原始形象（Urbild），而只是正确性的原始形象。[91]

这也适用于人的形象的规范观念。但是，在人的形象里存在着一种"表现伦理情操"的真实的美的理想。"表现伦理情操"就是：如果我们把伦理情操与后面关于审美理念和作为伦理象征的美的学说联系在一起，那么，我们就能认识到关于美的理想的学说也为认识艺术的本质提供了准备。[84] 这种学说于艺术理论方面的应用在温克尔曼的古典主义精神里是显而易见的。[85] 康德想讲的显然就是，在对人的形象的表现中，所表现的对象和在这种表现中作为艺术性内容向我们表达的东西乃是一个东西。这种表现除了已经在所表现事物的形象和外观中得到表现的东西外，就

㉘ 我们也注意到，康德从现在开始显然已想到了艺术作品，而且不再首先考虑自然美。[这已被视作"规范观念"及其有条理的表现，并且完全被视作理想："甚至于谁想表现它。"（《判断力批判》，§17，第60页）]

㉙ 莱辛《拉奥孔手稿》中关于"花草和风景画家"的论述："这位风景画家模仿了美，但这种美不能成为理想"；在造型艺术的等级排列中雕塑所处的主导地位是积极地与此相应的。

不可能存在其他的内容。用康德的话来说就是：对这种所表现的美的理想的理智上和功利上的愉悦并没有被排斥在审美愉悦之外，而是与这种审美愉悦结合在一起。只有在对人的形象的表现中，作品的整个内容才同时作为其对象的表达向我们显现出来。[86]

所有艺术的本质根本在于——如黑格尔所表述的——艺术"在人类面前展现人类自身"(den Menschen vor sich selbst bringt)。[87]同样，自然的其他对象——不仅仅是人的形象——也能够在艺术性表现中展示伦理观念。所有艺术性表现，不论是对景物的表现，还是对僵死自然的表现，甚至每一种对自然的心领神会的观察，都可以达到这种表现。然而，在这一点上康德正确地作了保留：伦理情操的表现乃是一种假借的表现。与此相反，是人把这种观念带进了他自身的存在中，而且，因为人之为人，他才使这种观念得以表现。一棵由于不幸的生长条件而枯萎的树木，对我们可能伤感地呈现出来，但是这种伤感并不是自身感受到伤感的树木的表现，而且从树木的理想来看，枯萎并不就是"伤感"。反之，伤感的人，就人类道德理想本身而言，却是伤感的（而且，这并不是因

---

[86] 这里康德追随祖尔策[92]，祖尔策在其《美的艺术一般理论》中题为"美"的这篇论文里以同样的方式突出人的形象。他指出，人的躯体"无非只是造就成可见的心灵"。同样席勒在其"论马西森[93]的诗"这篇文章中也写道——也许在同样的意义上——"特定形式的王国并不超越动物性的肉体和人的心灵，因而只有在这两个领域中[这也许指（如内在联系所暗示的）这两者即动物性的肉体和心灵的统一，这种统一就构成人的双重本质]某种理想才能被设立。"此外，席勒的工作正是借助于象征概念对景物画和风景诗作辩护，并且由此开了以后艺术美学的先河。

[87] 《美学讲演录》，拉松版，第57页。"由于艺术作品是一种在人类面前展示人类是什么的方式，因而在人类的思想中就可以找到艺术作品的普遍需求。"

为我们要求他具有一个对他来说根本不适合的人性理想,按此理想,虽然他本身并没有伤感,却对我们表现了伤感)。当黑格尔在其美学讲演录中把伦理的表现复述为"精神的显现"时,他已经完满地领会了这一点。[88]

因而,"纯粹愉悦"的形式主义便导致了不仅对美学中的理性主义,而且一般地对每一种包罗万象的(宇宙论的)美的学说的决定性的摈弃。康德正是利用这种关于规范观念和美的理想的古典主义区分,摧毁了那种完满性美学(Vollkommenheitsästhetik)由以从每个存在者的完满显现中寻找其无与伦比和独一无二的美的基础。至此,"艺术"才能成为一种自主的显现(autonome Erscheinung)。艺术的使命不再是自然理想的表现,而是人在自然界和人类历史世界中的自我发现(Selbstbegegnung)。康德关于美是无概念地令人愉悦的证明,并没有阻止这样一个结论,即只有那种意味深深地感染我们的美才引起我们的全部兴趣。正是这种对于趣味的无概念性的认识才超越了某种单纯趣味的美学。[89]

δ) 自然和艺术中美的功利性[94]

康德探讨了那种不是经验地而是先天地对待美的功利(Interesse)问题,[95]这种关于美的功利的问题相对于审美愉悦的非功利性的基本规定来说,就表现为一个新的问题,并且实现了从趣味观到天才观的过渡。这是一种在两种现象的内在联系中展开的同一

---

[88] 《美学讲演录》,拉松版,第213页。

[89] [康德明确地说道:"按照某个美的理想而作出的判断根本不是任何单纯的趣味判断。"(《判断力批判》,第61页)对此请参见我的论文"诗在黑格尔艺术体系中的地位"(《黑格尔研究》,第21卷(1986年)。]

学说。为了稳固基础,"对趣味的批判"必须摆脱感觉主义和理性主义的偏见。这是很正常的,即有关审美判断物的存在种类问题(以及关于自然美和艺术美之关系的整个范围的问题)在这里还根本没有被康德提出。如果人们想到要结束趣味立足点,即超越这个立足点,那么这个问题的整个范围就必然会展现出来。[90] 美的合功利的意味性是康德美学本来存在的难题。美的合功利的意味性对于自然和艺术来说乃是另外一种意味性,并且正是自然美与艺术美的比较才导致了这个问题的展开。

这里,康德最独特的东西就表现出来了。[91] 绝不像我们所指望的那样,康德是为了艺术的缘故才放弃了"无功利的愉悦",并探讨了美的功利问题的。我们从美的理想的学说中只是推断出了艺术相对于自然美的优越性:一种作为伦理情操更直接表现的优越性。反之,康德首先(在§42)强调了自然美相对于艺术美的优越性。[96] 自然美不仅仅对于纯粹的审美判断具有一种优越性,即它表明了美是依据于所表象事物对于我们一般认识能力的合目的性。这一点在自然美上显得尤为明显,因为自然美不具有任何一种内容上的意义,因而自然美是在其非理智的纯化状态中展示趣味判断。

但是,自然美不仅仅具有这种方法上的优越性——按照康德

---

⑨ 鲁道夫·奥德布莱希特的功绩在于他认识到了这种内在关系(《形式与精神——康德美学中辩证法思想的发展》,柏林,1930年)。[同时参见我的论文"直观和直观性",载《哲学新期刊》18/19(1980年),第 173—180 页;也见我的著作集,第 8 卷。]

⑨ 席勒就正确地感觉到这一点,当他写道:"谁学会了把作者只作为一位伟大的思想家来赞赏,他就会在此为把握到作者心灵的踪迹而感到喜悦。"("论素朴诗和感伤诗",载京特和维特科夫斯基编:《席勒文集》,莱比锡,1910 年起出版,第 17 卷,第 480 页)

的看法，它也具有一种内容上的优越性，而且康德对他学说中的这一点显然是尤为满意的。美的自然能唤起一种直接的兴趣，即一种道德上的兴趣。在自然的美的形式中发现美，反过来就导出了这样的思想，即"自然创造了那种美"。凡在这种思想引起某种兴趣的地方，就出现了道德情操的陶冶。当受过卢梭影响的康德反对把对美的高尚情绪普遍地退回到伦理情感上时，那种对自然美的感觉对于康德来说就是一种特有的东西。自然是美的这一点，只在那样一种人那里才唤起兴趣，这种人"已先期地把他的兴趣稳固地建立在伦理的善之上"。因而对自然中美的兴趣"按照亲缘关系来说是道德性的"。[97]由于这一点揭示了自然与我们超出一切功利的愉悦之间的无目的的一致性，也就是揭示了自然对于我们的一种神奇的合目的性，所以这一点就指向了作为造化最终目的的我们，指向了我们的"道德规定性"。

这里，对完满性美学的否定就与自然美的道德意味性最好地联系起来了。正是因为我们在自然中找不到任何一个自在的目的，而只是发现美，即一种旨在达到我们愉悦目的的合目的性，因而自然就由此给予了我们一个"暗示"，我们实际上就是最终目的、造化的终极目标。古代宇宙论思想——这种思想指出人在存在者的整个结构中的地位，并且给予每个存在者以他的完满性的目的——的崩溃就赋予这个不再作为一种绝对目的的秩序而是美的世界以合乎我们目的的新的美。这种新的美便成了"自然"，它的洁白无瑕就在于：它对人类以及人类社会的罪恶一无所知。虽然这样，这种作为自然的新的美还是对我们说了什么。鉴于人类的某种可理解的规定的理念，自然作为美的自然赢得了一种言语，这种言语就把这个理念传达给了我们。

当然,艺术的意义也是依据于艺术能和我们打招呼或攀谈(ansprechen),艺术能向人类展示他们在其道德规定存在中的自己本身。但是,艺术产品只是为了这样和我们打招呼或攀谈——反之,自然对象并不是为了这样和我们打招呼或攀谈。自然美的意味深长的功利性正在于:它还能使我们意识到我们自己的道德规定性。反之,艺术却不能在无目的的实在中向我们传达人类的这种自我发现。人在艺术中发现他自己本身,这对人来说,并不是从某个不同于他自身的他物出发而获得的确认。[32]

这一点本身是正确的。但是康德这种思想进程的封闭性的影响却是如此深刻——以致他没有把艺术现象纳入适合于他的标准中。我们可以作出相反的推论,自然美相对于艺术美的优越性只是自然美缺乏特定表述力的反面说法。所以人们能够在此相反地看到艺术相对于自然美的优越性,即艺术的语言乃是对我们富有感染力的语言(anspruchsvolle Sprache),这种语言不是随便而含糊地提供情绪性的解释,而是以富有意味而确切的方式和我们打招呼或攀谈。艺术的神奇和奥妙之处正在于:这种特定的要求(Anspruch)对于我们的情绪来说不是一副枷锁,而是正确地为我们认识能力的活动开启了自由的活动空间。因此康德说,[33]艺术必须要"作为自然

---

[32] [这里对崇高的分析似乎应当突出它的制约性的作用。参见 J. H. 特雷德的《理论的理性作用和实践作用的区别以及它们在判断力批判内的统一》,海德堡,1969年。同时参见我的论文"直观和直观性",载《哲学新期刊》18/19(1980年),第1—13页;也见我的著作集,第8卷。]

[33] 《判断力批判》,1799年第3版,第179页以下。

去看待",即无须显露规则的束缚而令人愉悦的,他是完全正确的。我们并不注意所表现事物与所认识的实在之间的有目的的契合,我们也不想在这里看到所表现事物与哪个实物相类似;我们并不是用一个我们已很熟悉的尺度去衡量所表现事物的愉悦意义,而是正相反,这个尺度、这个概念以非限制的方式被"审美地拓宽了"。㉞[98]

康德关于艺术是"某个事物的美的表象"的定义考虑到了下面这一点,即丑的东西通过艺术的表现也可成为美的。但是,艺术的本来本质在与自然美的对照中呈现得很不完满。如果某个事物的概念只是被美好地表现的,那么这个事物仍只是一种"有条理的"表现的事态,并且只是实现了一切美的必不可少的条件。按照康德的看法,艺术正是比"某个事物的美的表象"更多的东西:它是审美理念(ästhetische ldee)的表现,也就是说,艺术是某种超出一切概念的东西的表现。天才概念将表述康德这一见解。

不可否认,审美理念的学说对于当今的读者来说有一个不幸的特征,虽然艺术家通过对审美理念的表现无限地扩大了所与概念,并且使感受力的自由活动富有生气。从表面上看来,好像这些理念参与了已经起了主导作用的概念,如同神的属性参与了神的形象一样。理性概念对于不可解释的审美表象的传统优先地位是如此坚固,甚至在康德那里产生了一种好像概念先于审美理念而行的错误假象,虽然在能力的活动中居领先地位的根本不是理解

㉞ 《判断力批判》,1799 年第 3 版,第 194 页。

力,而是想象力。⑤[99]因此艺术理论家将可找到康德无能为力的足够证据,把他们对于美的不可理解性(这种不可理解性同时维护了美的制约性)的主导见解坚持到底,而无需违反本意地去追求概念的优先地位。

但是,康德思想发展的基本线索却摆脱了这种不足,并且展示了一种富有影响的合乎逻辑的思考,而这种合乎逻辑的思考在用天才概念创建艺术的活动中达到了顶点。即使不对这种"旨在表现审美理念的能力"作深入的解释,我们也可以指明,康德在这里决没有抛弃他的先验哲学立场,也没有被迫误入某种艺术创造心理学的歧途。天才的非理性化实际上使某种创造性的创作规则要素昭著于世,这种要素对于创作者和欣赏者都同样明显:即,面对美的艺术的作品,除了在该作品一度有过的形式中和在没有一种语言能完全达到的该作品影响的奥秘中去把握该作品的内容之外,不存在任何其他的可能性。因此,天才概念相应于康德在审美趣味上视为决定性的东西,也就是相应于感受力的轻快活动、生命情感的飞跃,而这些东西都是产生于想象力和理解力的相互协调,并停滞于美的出现。天才完全就是这种富有生气的精神的一种显现方式。相对于教书匠的呆板的规则,天才显示了自由的创造活动,并因而显示了具有典范意义的独创性。

ε)趣味和天才的关系

鉴于这种情况,出现了康德究竟是怎样规定趣味和天才相互

---

⑤ 《判断力批判》,第161页:"在那里想象力为其自由中唤醒理解力。"同样,第194页:"在这场合,想象力是创造性的,并且把理智诸观念(理性)的能力带进了运动。"

关系的问题。由于属天才艺术的美的艺术作品仍处于美的主导性观点下,所以康德就维护趣味在原则上的优先地位。相对于天才的创造,我们可以把趣味所提供的修补(Nachbesserung)视为拘谨不自然的——但是,趣味却是天才被要求具有的必要条件。就这一点来说,按照康德的看法,趣味在此斗争中就应具有优先地位。但是,这并不是一个具有根本性意义的问题,因为从根本上说,趣味与天才立于同一基础。天才的艺术正在于使认识能力的自由游戏成为可传达的,而天才所发明的审美理念正造就了这一点。但是,情绪状态的可传达性、快感的可传达性乃是趣味的审美愉悦的特征。趣味是一种判断的能力,因而也是一种反思趣味,但是它所反思的东西正是那种使认识能力富有生气的情绪状态,而这种情绪状态既得自于艺术美,又同样得自于自然美。因此,天才概念的根本意义是被限制在艺术美的特殊情形中,反之,趣味概念的根本意义却是普遍的。

康德使天才概念完全服务于他的先验探究,而且决不把天才概念引入经验心理学,这一点在他把天才概念限制于艺术创造上可以完全明显看出来。康德拒绝把天才这一名称赋予科学技术领域内的伟大发明家和发现者,[95]从经验心理学角度来看,这是完全没有根据的。[100]凡是在人们必须"想到某种东西"、而这种东西又是他们不可能单单通过学习方法技巧找到的地方,也就是说,凡是存在着创造(inventio)的地方,凡是某事要归功于灵感而不是归功于方法技巧的地方,关键的东西就是天赋(inge-

---

[95] 《判断力批判》,第183页以下。

nium),即天才。但是康德的意图还是正确的,只有艺术作品按照其意义来看才是被这一点所规定的,即艺术作品无非是天才的创造。只是在艺术家那里,情况才是这样,即他的"创造"、作品,就其自身的存在而言,不仅涉及进行判断和欣赏的精神,而且还涉及进行创造的精神。只有这种创造才可能不被模仿,因此,如果康德在这里只是讲到天才,并把美的艺术定义为天才的艺术,那么从先验观点来看,这是正确的。所有其他才气横溢的成就和创造按其本质不是由天才所规定的,尽管这些创造的才智也可能是非常伟大。

我们认为,天才概念对于康德来说,实际上只意味着对那种使他有兴趣于"先验目的里"的审美判断力的东西的一种补充。我们不可忘记,《判断力批判》在其第 2 部分中完全只涉及自然(以及从目的概念对自然的判断),而根本不涉及艺术。因此把审美判断力应用于自然中的美和崇高上,对于体系的总体目的来说就比艺术的先验基础更重要得多。"自然对于我们认识能力的合目的性"——正如我们所看到的,这种合目的性只能在自然美上(而不是在美的艺术上)表现出来——同时作为审美判断力的先验原则就具有了这样的意义,即使理解力为把某个目的概念运用于自然中而有所准备。[57] 就此而言,趣味批判,即美学,就是一种对目的论的准备。虽然《纯粹理性批判》曾经摧毁了目的论对自然知识的根本要求,但把这种目的论加以合法化以使之成为判断力的原则,则是康德的哲学意图,这种意图把他的整个哲学导向体系上的完

---

[57] 《判断力批判》,第 LI 页。

成。判断力表现了沟通知性和理性的桥梁。趣味所指向的可理解事物,人类的超感性的实体(Substrat),同时就包含了对自然概念和自由概念的沟通。⑱[101]这就是自然美问题对于康德所具有的整体意义,即,自然美确立了目的论的中心地位。只有自然美,而不是艺术,才能有益于目的概念在判断自然中的合法地位。正是出于这种体系上的理由,"纯粹的"趣味判断就还是第 3 个批判的不可或缺的基础。

但是,即使在审美判断力批判的范围内,康德也没有讲到天才的立足点最终排挤了趣味的立足点。我们只需注意康德是怎样描述天才的,即天才是自然的一个宠儿——就像自然美被看作自然的一种恩赐一样。美的艺术必须被看作自然。自然通过天才赋予艺术以规则。在所有这些表述中,⑲自然概念乃是毫无争议的标准尺度。[102]

因此,天才概念所成就的事只是把美的艺术的产品同自然美在审美上加以等同看待。甚而就是艺术也被在审美上加以看待,也就是说,艺术也是反思判断力的一种情形。有意图地——在这点上就是充满目的地——被产生的东西不应涉及某个概念,而是要在单纯的判断过程中——完全像自然美一样——使人愉悦。"美的艺术是天才的艺术",这无非是说,对于艺术中的美来说不存在其他的判断原则,除了在我们认识能力活动中的对自由情感的合目的性的尺度外,不存在任何其他的概念和认识尺度。自然或

---

⑱ 《判断力批判》,第 LV 页以下。
⑲ 《判断力批判》,第 181 页。

Ⅰ 审美领域的超越

艺术中的美[100]只有同样一种先天原则,这种原则完全存在于主体性中。审美判断力的自我立法(Heautonomie)绝不为审美对象的自主有效性领域提供任何基础。康德对判断力的某个先天原则的先验反思维护了审美判断的要求,但也从根本上否定了一种在艺术哲学意义上的哲学美学(康德自己说:这里的批判与任何一种学说或形而上学都不符合[101])。

b) 天才说美学和体验概念

α) 天才概念的推广

当先验哲学反思的含义在康德继承人那里发生变化的时候,把审美判断力建立在主体性的先天原则上就获得一种全新的意义。如果在康德那里曾建立自然美的优越性并把天才概念退回到自然上去的形而上学背景不再存在,那么艺术问题就可在一个新的意义上被提出来。席勒是怎样接受康德的《判断力批判》的,以及他是怎样为"审美教育"的思想而投入其整个富有道德教育气质的力量的方式,就已经使艺术的立足点获得了比康德的趣味和判断力的立足点更为重要的地位。

这样,从艺术的立足点来看,康德的趣味概念和天才概念的关系就从根本上发生了变化。天才概念必须成为更广泛的概念——反之,趣味现象则必须贬低自身。

实际上在康德那里已具备了进行这样一种再评价的可能

---

[100] 康德典型的方式是用"或"代替"和"。
[101] 《判断力批判》,第Ⅹ、LⅡ页。

性。即使按照康德的看法,美的艺术就是天才的艺术这一点对于趣味的判断功能来说,也不是无关紧要的。趣味恰恰是一同对此进行了判断:一部艺术作品是真正具有精神还是无精神的。康德曾对艺术美这样说过,"在评判这一类的对象时,必须要考虑"[102]它的可能性——因而必须要考虑天才,而在另一处地方这一点是完全不言而喻的,即没有天才,不仅美的艺术,而且一个正确的、判断这种美的艺术的趣味自身也不可能存在。[103] 因此,只要趣味被用于其最主要的对象,即美的艺术上,那么趣味的立足点就会从自身过渡到天才的立足点。理解的天才相应于创造的天才。虽然康德并没有这样讲过,但是他在这里[104]所使用的精神概念以同样的方式适用于这两个方面。这就构成了后来继续发展的基础。

事实上很明显,如果艺术的现象得到重视,那么趣味概念就失去了它的意义。相对于艺术作品来说,趣味的立足点只是一个次要的立足点。构成趣味的选择敏感性相对于天才艺术作品的独创性常常具有一种均一化的功能。趣味回避古怪的东西和非寻常的东西。它是一种表面感觉,它并不触及艺术生产的独创性东西。18世纪天才概念的发展已把反对趣味概念的斗争推到了顶点。发展天才概念当时是针对古典主义美学,因为当时人们指望法国古典主义的趣味理想能得到那种对莎士比亚的承认(莱辛!)。因此,当康德在先验目的中坚持趣味概念,他在这

---

[102] 《判断力批判》,§48。
[103] 同上书,§60。
[104] 同上书,§49。

I 审美领域的超越

一点上是落伍的,并且采取了一种调和的立场,因为那时趣味概念不仅在"狂飙与突进运动"影响下被激烈地加以摈弃,而且也受到猛烈的冲击。

但是,当康德从这种一般的基础出发过渡到艺术哲学的特殊问题时,他却超越了趣味立足点本身。因而,他能很好地论及某个完美趣味的理念(die Idee einer vollendung des Geschmacks)[⑮]。但这是怎样一种趣味呢?趣味的规范特征包含着对趣味的培养和完善化的可能性。按照康德的看法,完美趣味——造就这种趣味极关重要——将采取某个确定而不可改变的形式。[103]这一点——虽然在我们看来是如此荒谬——是完全合乎逻辑被思考的。因为如果趣味就其要求来看是好的趣味,那么这个要求的实现事实上也就必须结束美学上的怀疑论所引用的所有的趣味相对论。好的趣味将把握一切具有"质量"的艺术作品,因而也就将完全确实地把握一切由天才所创造的东西。

这样我们就可看到,康德所讨论的某个完美趣味的理念实际上将通过天才概念而更好地得到界定。显然,在自然美的领域内要一般地运用完美趣味的理念,这将是困难的。对于园艺来说,这一点也许行得通,但康德一贯是把园艺归入艺术美。[⑯]在自然美,如风景的美面前,完美趣味的理念却是完全缺乏立足之地的。完

---

⑮ 《判断力批判》,第 264 页。

⑯ 康德奇特地把园艺归入绘画艺术,而不归入建筑艺术(《判断力批判》,第 205 页)[104]——这是一种以从法国园林理想到英国园林理想的趣味改变为前提的分类。参见席勒的论文:"论 1795 年的园林建筑"以及施莱尔马赫《美学》,奥德布莱希特编,第 204 页)。施莱尔马赫曾把英国的园林艺术作为"水平面的建筑艺术"(horizontale Architektur)再次归入建筑艺术中。[参见本书第 162 页注释㉖。]

美趣味难道应当在于恰如其分地评价自然中一切美的东西吗？那里能够提供一种选择吗？那里存在一种等级秩序吗？一个阳光灿烂的景致比一个大雨瓢泼的景致要来得美吗？在自然中究竟是否存在有丑的东西？或者说，只是对变动不定的心境来说，才有变动不定的吸引人的东西，对于不同的趣味来说，才有不同的令人喜爱的东西？当康德从道德的意义上去探讨自然能否一般地使人喜爱，他也许是对的。但是人们对于自然能够用感觉去区分好的趣味和坏的趣味吗？凡是在这种区分完全毋庸置疑的地方，相对于艺术和人为的事物，正如我们所看到的，趣味相反地只是美的一种限制性的条件，它并不包含它的真正原则。所以，一个完美趣味的理念在自然面前如同在艺术面前一样，仍保留了一些可疑的东西。如果人们不把趣味的可变性归入趣味概念中，那么人们就赋予了趣味概念以威力；但如果人们把趣味的可变性确实归入趣味概念中，那么趣味就是所有人间事物的可变性和所有人间价值的相对性的标志。

由此可见，康德把美学建立在趣味概念上完全不能令人满意。但如果把康德作为艺术美的先验原则而提出的天才概念作为普遍的美学原则去运用，则会更容易使人接受。因为天才概念远比趣味概念更出色地实现那种面对时间变迁而自身永不改变的要求。艺术上的奇迹，成功的艺术创造所具有的那种神秘的完美，显然都是超时间的。因此我们似乎有可能把趣味概念隶属于艺术的先验根据之下，并把趣味概念理解为对艺术的天才的可靠感觉。康德的这句话："美的艺术就是天才的艺术"，因而就成了一般美学的先验原理。美学最终只有作为艺术哲学才

Ⅰ 审美领域的超越

有可能存在。

正是德国唯心论得出了这一结论。正如费希特和谢林曾经追随康德关于先验想象力的学说一样,他们在美学中也对这一概念作出了一种新的运用。但与康德不同,艺术的立足点是作为无意识的天才创造的立足点而成为包罗万象的,而且也包括了被理解为精神的产物的自然。[107]

因此,美学的基础曾经发生偏移。正如趣味概念一样,自然美概念也被抛弃,或者说,被加以不同理解。康德曾经竭力描述的自然美的道德兴趣,现在退回到艺术作品里人的自我发现的背后去了。在黑格尔庞大的《美学》中,自然美只作为"精神的反映"而出现。自然美在他的整个美学体系中根本不是一个独立的元素。[108][105]

显然,这是一种非规定性,美的自然就是以这种非规定性向为其作辩护的解释和理解的精神展现自身,用黑格尔的话来说,美的自然是"按其实质来说在精神中得到的"。[109] 这里从美学来看,黑

---

[107] 由于康德和他的追随者之间所发生的变化——这种变化我试图用"艺术的立足点"这一用语来表示——曾经掩盖美的普遍现象到这样一种程度,所以第1卷《施莱格尔残篇》(《弗里德里希·施莱格尔,残篇,出自"吕克昂"》,1797年)才能说:"人们把许多本来是自然的艺术作品的东西称之为艺术家。"在这句话里,虽然回响了康德把天才概念建立在自然恩赐基础上的想法,但这一想法却如此少地被人赏识,以致它反而成为对某种其自身很少是有意识的艺术家气质的反对。

[108] 霍托斯编辑的《美学讲演录》曾经给予自然美一个过于独立的地位,正如拉松根据笔记所提出的黑格尔原来的划分所证实的。参见拉松版《黑格尔全集》,第Ⅹa卷,第一分册(《理念和理想》),第Ⅻ页以后。[现在可参见 A. 格特曼-西弗特为准备一个新版本而作出的研究,载《黑格尔研究》,副刊第20卷(1985年),以及我的论文"诗在黑格尔艺术体系里的地位",载《黑格尔研究》,第21卷(1986年)。]

[109] 拉松版《美学讲演录》。

格尔得出了一个绝对正确的结论,这一结论当我们前面讲到趣味观念应用于自然的困难性时已经暗示给我们了。毋庸置疑,关于某个风景的美的判断是依赖于某个时代的艺术趣味。人们或许想到了对阿尔卑斯山风光的丑陋的描绘,这种描绘我们在18世纪还能看到——显然它是一种主宰专制主义世纪的人为对称精神的反映。所以,黑格尔的美学完全处于艺术的立足点上。在艺术中,人发现了自己本身,精神发现了精神性的东西。

现在,对于新美学的发展来说决定性的东西则是,就像在整个哲学体系中一样,思辨唯心论在此起了一个远远超出其被认可的效用的作用。众所周知,19世纪中叶对黑格尔学派独断论的形式主义的反感曾导致在"回到康德去"的口号下重新进行批判的要求。这种情况也同样适用于美学。为世界观的某个历史而利用艺术(这种利用是黑格尔在其《美学》里所给出的)曾是这样泛滥,以致这样一种先天历史建构方法(在黑格尔学派里可以找到许多对这种方法的运用——如罗森克兰茨[106]、沙斯勒[107]等)很快就名誉扫地。但由此而提出的"回到康德去"的要求,并不能意味着对包括有康德批判的视域的真正回复和复得。我们宁可说,艺术现象和天才概念仍构成美学的中心,而自然美问题以及趣味概念仍继续处于边缘。

这一点在语言用语上也表现出来。我们在上面所说的康德想把天才概念限制在艺术家身上的做法并未继续得到发展。相反,在19世纪天才概念发展成为一个普遍的价值概念,而且还经历了——与独创性概念一起——一种真正的神化(Apotheose)。这就是浪漫主义-唯心主义的无意识创造概念,这一概念展示了这一发展,并且通过叔本华和无意识哲学发生了一种巨大的广泛影响。虽然我们已经指出,天才概念相对于趣味概念所具有的那样一种根本的优先地位与康德美学完全不相符合,但是康德的根本愿望——给美学设立一个自主的、摆脱概念尺度的基础,不是根本提出艺术领域内的真理问题,而是在生命情感的主观先天性上建立审美判断、建立我们的能力与构成趣味和天才的共同本质的"一般认识"的和谐——却迎合了19世纪的非理性主义和天才崇拜。尤其在费希特把天才和天才创造的立足点提升为一个普遍的先验立足点之后,康德关于审美愉悦内的"增强生命情感"(Steigerung des Lebensgefühls)的学说促使天才概念发展成为一个包罗万象的生命概念。这样,新康德主义由于试图从先验主体性中推导出一切客体的效用而把体验概念标明为意识的本来事实。⑩

β) "体验"一词的历史

对"体验"(Erlebnis)一词在德国文献中的出现所进行的考察导致了一个令人惊异的结论,即这个词不像动词 erleben(经历),它只是在19世纪70年代才成为普通的用词。在18世纪这个词还根本不存在,就连席勒和歌德也不知道这个词。这个词最早的出处⑪似

---

⑩ 这是路易吉·帕勒松的《德国的唯心主义美学》(1952年)的功绩。该书揭示了费希特对唯心主义美学的重要意义。与此相应,在整个新康德主义运动内也可看到费希特和黑格尔的潜在发展。

⑪ 这是友好的柏林德意志科学院告知的消息。当然,迄今为止,他们对"体验"这一惯用词的收集还是很不够的。[最近科拉德·克拉默在 J. 里特编的《哲学历史辞典》中写有了关于"体验"一个条目(见该辞典,第2卷,第702—711页)。]

乎是黑格尔的一封信。⑫但是据我所知,这个词在[19世纪]30年代和40年代也完全只是个别地出现的[如蒂克[108]、亚历克西斯[109]和古茨科[110]],甚至在50年代和60年代这个词似乎也很少出现,只是到了70年代这个词才突然一下成了常用的词。⑬看来,这个词广泛地进入日常用语,是与它在传记文学里的运用相关联的。

由于这里所涉及的是一个已非常古老并在歌德时代就已经常使用的词即"经历"一词的再构造,所以人们就有一种想法,即从分析"经历"一词的意义去获得新构造的词。经历首先指"发生的事情还继续生存着"(noch am leben sein, wenn etwas geschieht)。由此出发,"经历"一词就具有一种用以把握某种实在东西的"直接性的特征"——这是与那种人们认为也知道、但缺乏由自身体验而来的证实的东西相反,因为后一种人们知道的东西或者是从他人那里获得,或者是来自道听途说,或者是推导、猜测或想象出来的。所经历的东西始终是自我经历的东西。

但是,"所经历的东西"这个形式同时也在下述意义上被使用,即在某处被经历的东西的继续存在的内容能通过这个形式

---

⑫ 黑格尔在关于一次旅行的报道中写过:"我的整个体验(meine ganze Erlebnis)"(《黑格尔书信集》,霍夫迈斯特编,第3卷,第179页)。在此人们必须注意,这是在书信中使用的,也就是说是在人们未找到一个更惯用的词汇,因而未加斟酌地采用了某个非惯用的术语,尤其是采用了那种出自口语表述的情况下使用的。所以黑格尔除此之外,还使用了一种类似的说法(《黑格尔书信集》,第3卷,第55页):"我在维也纳的生活"(nun von meinem Lebewesen in Wien)。显然,黑格尔是在找寻一个他尚未掌握的集合名词(就连上面第一个引文中Erlebnis作为阴性名词使用也说明了这点[111])。

⑬ 例如,在狄尔泰的《施莱尔马赫传》(1870年),尤斯蒂的《温克尔曼传》(1872年),赫尔曼·格里姆的《歌德传》(1877年),可能还有更多的地方。

I 审美领域的超越

得到表明。这种内容如同一种收获或结果,它是从已逝去的经历中得到延续、重视和意味的。显然,对"体验"一词的构造是以两个方面意义为根据的:一方面是直接性,这种直接性先于所有解释、处理或传达而存在,并且只是为解释提供线索、为创作提供素材;另一方面是由直接性中获得的收获,即直接性留存下来的结果。

与"经历"这种双重方面的意义相应的是传记文学,通过传记文学,"体验"一词才首先被采用。传记的本质,特别是 19 世纪艺术家传记和诗人传记的本质,就是从他们的生活出发去理解他们的作品。这种传记文学的功绩正在于:对我们在"体验"上所区分的两方面意义进行传导,或者说,把这两方面意义作为一种创造性的关系去加以认识。如果某个东西不仅被经历过,而且它的经历存在还获得一种使自身具有继续存在意义的特征,那么这种东西就属于体验。以这种方式成为体验的东西,在艺术表现里就完全获得了一种新的存在状态(Seinsstand)。狄尔泰那部著名论著的标题《体验和诗》则以一种给人深刻印象的方式表述了这种关系。事实上,正是狄尔泰首先赋予这个词以一种概念性的功能,从而使得这个词不久发展成为一个受人喜爱的时兴词,并且成为一个令人如此容易了解的价值概念的名称,以致许多欧洲语言都采用了这个词作为外来词。但是,我们也许可以认为,语言生命里的真正过程只是在词汇的精确化中进行的,正是由于这种词汇的精确化,才在狄尔泰那里出现了"体验"这个词。

但是,对"体验"这词要在语言上和概念上进行重新铸造的动机,在狄尔泰那里却以一种特别顺利的方式被孤立化了。《体验和诗》这个著作标题是以后(1905年)出现的。该著作中所包括的狄尔泰在1877年发表的关于歌德文章的最初文稿,虽然已经表现了对"体验"一词的确切运用,尚未具有该词以后在概念上的明确意义。因而精确地考察"体验"一词后期在概念上确定的意义的前期形式,是有益的。情况似乎是相当偶然,正是在一部歌德传记(以及一篇关于这个传记的论文)里,体验一词突然一下子被经常使用了。由于歌德的诗作通过他自己所经历的东西能在某种新的意义上被理解,因而不是其他人而是歌德本人诱发了人们对这个词的构造。歌德本人曾经对自己的创作这样说过,所有他的文学创作都具有某种相当的自白性质。[14] 赫尔曼·格里姆[112]的《歌德传》把这句话作为一个方法论原则加以遵循,这样一来,他就经常地使用了"体验"这个词。

狄尔泰关于歌德的论文可以使我们返回到这个词的无意识的前期历史,因为这篇文章在1877年的文稿中,[15]以及在后期《体验和诗》(1905年)的写作中已存在。狄尔泰在这篇文章里把歌德同卢梭[113]加以比较,并且为了从卢梭内心经验世界来描述卢梭新颖创作,他使用了"经历"这个措词,而以后在一篇对卢梭某部作品的解释中便使用了"往日的体验"这个说法。[16]

但是,在早期狄尔泰那里,体验一词的意义本身无论如何还是

---

⑭ 《诗与真理》,第2部,第7篇;《歌德著作集》,索菲版,第27卷,第110页。

⑮ 《大众心理学杂志》,第10卷。参见狄尔泰对《歌德与诗学想象》的注释(《体验和诗》,第468页以下)。

⑯ 《体验和诗》,第6版,第219页。参见卢梭的《忏悔录》,第2部,第9篇。这里,确切的对应词还未被指明。显然这涉及的并不是一种转译,而是对在卢梭那里阅读到的叙述的一种解释。

Ⅰ 审美领域的超越

不确定的。这可以从狄尔泰关于他在后期版本里删掉体验一词所说的一段话清楚地看出来："这是与他所经历的东西、与他由于不熟悉世界而作为体验一同想象的东西相符合的。"⑬话题又是讲卢梭。但是某个一同想象的体验并不完全地与"经历"一词本来的意义相符合——也不与狄尔泰自己后期的科学用语相符合。在狄尔泰后期，体验正是指直接的所与(das unmittelbar Gegebene)，而这种直接的所与就是一切想象性创作的最终素材。⑱ "体验"这个词的铸造显然唤起了对启蒙运动的理性主义的批判，这种批判从卢梭开始就使生命概念发挥了效用。这可能就是卢梭对德国古典文学时期的影响，这个影响使"所经历存在"(Erlebtsein)这个标准生效，而且由此也使"体验"一词的形成有了可能。⑲ 但是，生命概念也构成德国唯心论思辨思维的形而上学背景，并且像在黑格尔那里一样，在费希特那里，甚而在施莱尔马赫那里也起了一个根本的作用。相对于知性的抽象，正如相对于感觉或表象的个别性一样，生命这个概念就暗含对整体、对无限的关系，这一点在体验一词迄

---

⑬ 《大众心理学杂志》，第 10 卷。

⑱ 人们可以参见《体验和诗》中关于歌德论文的一些后期文稿，第 177 页："诗是生命的表现和表达。它表达了体验，并且它表现了生命的外在实在。"

⑲ 这里歌德的用语无疑起了一个决定性的作用。"你只能在每一首诗中问它是否包含了所经历的东西"(《歌德著作集》，纪念版，第 38 卷，第 326 页)，或者"著作也具有其所经历的东西"(同前书，第 38 卷，第 257 页)。如果知识界和读书界是以这样一种标准去衡量事物的话，那么知识界和读书界本身也被理解为一种体验的对象。下面这一点确实不是偶然的，即在一部新的歌德传中，也就是在弗里德里希·贡多尔夫[114]的歌德专著中，体验这个概念再次经历了一场词义方面的进一步发展。贡多尔夫对原始体验(Ur-Erlebnis)和教化体验(Bildungserlebnisse)的区分，正是传记文学里构造此概念的一种彻底的继续，而在这种继续中"体验"一词得到了它的发展。

今所有的特征中是显然可见的。

施莱尔马赫为反对启蒙运动的冷漠的理性主义而援引富有生命气息的情感,席勒为反对社会机械论而呼吁审美自由,黑格尔用生命(后期是用精神)反抗"实证性"(Positivität)[115],这一切都是对现代工业社会抗议的先声,这种抗议在本世纪初就使体验和经历这两个词发展成为几乎具有宗教色彩的神圣语词。反对资产阶级文化及其生活方式的青年运动就是在这种影响下产生的。弗里德里希·尼采[116]和亨利·柏格森的影响也是在这方面发生的。而且就连某种"精神运动",例如围绕斯忒芬·乔治[117]的运动,以及乔治·西默尔[118]用以对这种过程作出哲学反应的地震仪似的敏感性,都同样表明了这一点。所以,当代的生命哲学乃是继承其浪漫主义的先驱。对当代广大群众生活的机械化的反抗,在今天还是以这样一种理所当然性强调这个词,以致这个词的真正概念性内涵仍还隐蔽着。⑫

因而,我们必须从体验这个词的浪漫主义的前期历史去理解狄尔泰对这个词的概念铸造,并且将记住狄尔泰是施莱尔马赫的传记家。当然,在施莱尔马赫那里还没有出现"体验"这个词,甚至连"经历"这个词似乎也未出现过。但是,在施莱尔马赫那里并不缺乏与体验具有同一意义范围的同义词,⑫并且泛神论的背景始

---

⑫ 可参见罗特哈克对于海德格尔——完全以笛卡尔派的概念含义为目的——批判"经历"的惊奇:《精神科学中的独断论思维形式和历史主义问题》,1954年,第431页。

⑫ 如生命行为、共同存在的行为、环节、自身的情感、感觉、影响、作为情绪自身的自由规定的激动、原始的内心东西、精神振奋,等等。

终是明显可见的。每一种行为作为一种生命要素，仍然是与在行为中所表现出来的生命无限性相关联。一切有限事物都是无限事物的表达或表现。

事实上，我们在狄尔泰的《施莱尔马赫传》对宗教观点的描述中，发现了对"体验"这词的特别意味深长的运用，这个运用已指明这样的概念内涵："施莱尔马赫的每一个自为存在着的体验（Erlebnisse），都是一个被分离了的、从解释性关系里抽离出来的宇宙形象。"⑫

γ) 体验概念

现在，如果我们紧接在"体验"的语词史之后探讨"体验"的概念史，那么我们就可以从前面所述得知，狄尔泰的体验概念显然包含了两个要素：泛神论的要素和实证论的要素，即体验（Erlebnis）和它的结果（Ergebnis）。这确实不是偶然的，而是狄尔泰自己处于思辨和经验之间的中间地位的结果，这个中间地位我们以后还要探讨。因为对于狄尔泰来说，重要的问题是从认识论上去为精神科学

---

⑫ 狄尔泰：《施莱尔马赫传》，第 2 版，第 341 页。值得注意的，"体验"（Erlebnisse）这个异文（我认为这是正确的）是该书第 2 版（1922 年，穆勒特编）对 1870 年第 1 版中出现的"结果"（Ergebnisse）这个词（第 1 版，第 305 页）的修正。如果这里是第 1 版的一个排字讹误，那么我们在上面所坚持的体验和结果之间的意义相近就在这里起了作用。一个更进一步的事例可以解释这一点。我们在霍托那里（《生命和艺术的初步研究》，1835 年）就读到这样一段话："可是这样一种想象力与其说是自己在创造毋宁说更多地依据了对已经历过的情况的回忆，对已得出的经验的回忆。回忆保存和恢复了这种结果（Ergebnisse）在任何情况中出现的个别性和外在形式，而不让普遍的东西自为地出现。"如果在此原文中以"体验"（Erlebnisse）替代"结果"，那么没有一位读者会对此感到惊奇。[在最后为《施莱尔马赫传》所写的导论中，狄尔泰经常地使用"体验"一词，参见《狄尔泰全集》，第 13 卷，第 1 部分，第 XXXV—XLV 页。]

的活动进行辩护，所以探讨真正所与(das wahrhaft Gegebenen)这一动机到处支配着他。这也是一种具有认识论性质的动机，或者更确切地说，是一种认识论本身的动机，这个动机支配了他的概念构造，并且与我们上面所追溯的语言过程相符合。正如由于被工业革命所改造的文明复杂系统的弊端所产生的体验缺乏(Erlebnisferne)和体验饥渴(Erlebnishunger)，使"体验"一词在日常语言中得以流行一样，历史意识对流传下来的东西所具有的新距离，也使体验概念进入了它的认识论的功能中。这一点的确表明了19世纪精神科学发展的特征，即精神科学不只是外在地承认自然科学为范本，而且出于与近代自然科学由之产生的同样理由，像自然科学一样表现出对经验和研究的同样热情。如果力学时代对于作为非人世界的自然必须感到的那种陌生性，在自我意识的概念中和在发展成为方法的"清楚而且明晰知觉"的确实性规则中具有它的认识论的表现，那么19世纪精神科学也对历史的世界感到同样的一种陌生性。过去时代的精神创造物，即艺术和历史，不再属于现代的不证自明的内容，而是被抛掷给(aufgegebene)研究的对象或所与(Gegebenheiten)，从这些对象或所与出发，过去才可能让自身得到再现。[119]所以，正是这种所与概念主导了狄尔泰铸造体验概念。

精神科学领域内的所与当然是属于一种独特的种类，狄尔泰想通过"体验"(Erlebnisse)概念去表述这一点。与笛卡尔的 res cogitans(被思物)术语相联系，狄尔泰通过反思性(Reflexivität)、通过内在存在(Innesein)去规定体验概念，并且想从这种独特的所与方式出发在认识论上为历史世界的认识进行辩护。在解释历

I 审美领域的超越

史对象时所追溯到的最初的所与并不是实验和测试的数据,而是意义统一体(Bedeutungseinheiten)。这就是体验概念所要表达的东西:我们在精神科学中所遇到的意义构成物(Sinngebilde)——尽管还是如此陌生和不可理解地与我们对峙着——可能被追溯到意识中所与物的原始统一体,这个统一体不再包含陌生性的、对象性的和需要解释的东西。这就是体验统一体(Erlebniseinheiten),这种统一体本身就是意义统一体(Sinneinheiten)。

这一点将表明——对于狄尔泰思想来说具有决定性意义的——这个意义统一体作为原始的意识统一体(letzte Bewusstseinseinheit)并未被称之为感觉或感知,有如在康德主义以及在19世纪直至恩斯特·马赫[120]的实证主义认识论中那样理所当然所称呼的,狄尔泰把它称之为"体验"(Erlebnis)。因而狄尔泰就限制了由感觉原子构造知识的结构理想,并以一个更明确的所与物概念与之相对立。体验统一体(而不是它被分析成的心理要素)表现了所与物的真实统一。所以,某种限制机械论模式的生命概念便在精神科学的认识论中出现了。

这个生命概念是从目的论上被思考的:生命对狄尔泰来说,完全意味着创造性(Produktivität)。由于生命客观化于意义构成物中,因而一切对意义的理解,就是"一种返回(Zurückübersetzen),即由生命的客观化物返回到它们由之产生的富有生气的生命性(Lebendigkeit)中"。所以体验概念构成了对客体的一切知识的认识论基础。

体验这一概念在胡塞尔的现象学中所具有的认识论功能也是同样普遍的。在第 5 版《逻辑研究》(第 2 章)中,现象学的体验概念明确地与通常的体验概念区分了开来。体验统一体不被理解为某个自我的现实体验之流的一部分,而是被理解为一种意向关系。"体验"这个意义统一体在这里也是一种目的论的统一体。只有在体验中有某种东西被经历和被意指,否则就没有体验。虽然胡塞尔也承认非意向性的体验,但这些体验只是意义统一体即意向性体验的材料。就此而言,体验概念在胡塞尔那里就成了以意向性为本质特征的各类意识的一个包罗万象的称呼。[12]

因而,在狄尔泰这里就像在胡塞尔那里一样,在生命哲学中就像在现象学中一样,体验概念首先就表现为一个纯粹的认识论概念。这个概念在他们两人那里都是在其目的论的意义上被采用的,而不是在概念上被规定。生命就是在体验中所表现的东西,这将只是说,生命就是我们所要返归的本源(das Letzte)。对于这个由活动结果而来的概念铸造,语词史提供了一个确切的证明。因为我们看到,"体验"这个词的形成是与一个浓缩着、强化着的意义相适应的。如果某物被称之为体验,或者作为一种体验被评价,那么该物通过它的意义而被聚集成一个统一的意义整体。被视为某个体验的东西,不同于另一个体验——在这另一个体验中是另外的东西被经历——就像它不同于另一种生命历程一样——在这另一种生命历程中"没有什么东西"被经历。被视为某个体验的东西,不再只是一种在意识生命之流中短暂即逝的东西——它被视

---

[12] 参见 E. 胡塞尔:《逻辑研究》,第 2 卷,第 365 页注释;《纯粹现象学和现象学哲学的观念》,第 1 卷,第 65 页。

Ⅰ 审美领域的超越

为统一体,并且由此赢得了一种新的成为某物的方式。就此而言,下面这一点是完全可理解的,即体验这个词是在传记文学中出现的,而且最终来源于自传中的使用。凡是能被称之为体验的东西,都是在回忆中建立起来的。我们用这个词意指这样一种意义内涵,这种意义内涵是某个经验对于具有体验的人可作为永存的内涵所具有的。这就是关于意识所具有的意向性体验和目的论结构的论述所确认的东西。但是在另一方面,体验概念中也存在生命和概念的对立。体验具有一种摆脱其意义的一切意向的显著的直接性。所有被经历的东西都是自我经历物,而且一同组成该经历物的意义,即所有被经历的东西都属于这个自我的统一体,因而包含了一种不可调换、不可替代的与这个生命整体的关联。就此而言,被经历的东西按其本质不是在其所传导并作为其意义而确定的东西中形成的。被经历东西的意义内涵于其中得到规定的自传性的或传记性的反思,仍然是被熔化在生命运动的整体中,而且持续不断地伴随着这种生命运动。正是体验如此被规定的存在方式,使得我们与它没有完结地发生关联。尼采说:"在思想深刻的人那里,一切体验是长久延续着的。"⑬他的意思就是:一切体验不是很快地被忘却,对它们的领会乃是一个漫长的过程,而且它们的真正存在和意义正是存在于这个过程中,而不只是存在于这样的原始经验到的内容中。因而我们专门称之为体验的东西,就是意指某种不可忘却、不可替代的东西,这些东西对于领悟其意义规定

Ⅰ73

---

⑬ 《尼采全集》,穆沙里翁版,第14卷,第50页。

来说，在根本上是不会枯竭的。[125]

从哲学角度来看，我们在体验概念里所揭示的双重性意味着：这个概念的作用并不全是扮演原始所与和一切知识基础的角色。在"体验"概念中还存在某种完全不同的东西，这种东西要求得到认可，并且指出了一个仍需要研究的难题，即这个概念与生命的内在关系。[126]

首先，这是两个端点，由这两个端点出发，关于生命和体验的关系的这个不断扩展的课题就提了出来，而且我们以后将看到，不仅狄尔泰而且尤其胡塞尔都陷入了这里所面临的难题。这就是康德对于一切心灵实体说的批判和由此批判区分出的自我意识的先验统一（即统觉的综合统一）所具有的基本意义。一种依据批判方法的心理学的观念可能与这种对唯理论心理学的批判相联系，例如保罗·纳托普[121]早在1888年[127]就提出了这种心理学，并且以后理查德·赫尼希斯瓦尔德[122]还在它上面建立了思维心理学概念。[128]纳托普通过表明经历直接性的知觉（Bewusstheit）概念描述了批判心理学的对象，并且提出了一种普遍主体化的方法作为重构心理学的研讨方式。纳托普后来通过对同时代心理学研究的概

---

[125]　参见《狄尔泰全集》，第7卷，第29页以下。
[126]　因此当狄尔泰写了下面这段话时，他就因此限制了他自己在后期关于体验的定义："体验就是一种质地的存在＝一种现实性，这种现实性不能通过内在存在去定义，而是被降低到了未加分辨地被收取的东西之中。"（《狄尔泰全集》，第7卷，第230页）这里，主体性的出发点是很不充足的，这一点对狄尔泰来说本来是不清楚的，但是在语言思考的形式里他意识到了："难道人们能说'被收取'吗？"
[127]　《依据批判方法的心理学导论》，1888年；《依据批判方法的普通心理学》，1912年（重新修改版）。
[128]　《思维心理学基础》，1921年第2版，1925年。

念构造的深入批判,维护和继续发展了他的基本观点。但是早在1888年他已确定了这种基本思想,即具体的原始体验,也就是意识的整体,表现了一种未分化的统一体,这个统一体通过认识的客观化方法才得到分化和规定。"但意识意味着生命,也就是通常的相互联系。"这一点特别是在意识和时间的关系中表现出来:"不是意识作为时间过程中的事件,而是时间作为意识的形式。"⑫

在纳托普这样反对占统治地位的心理学的同一年,即1888年,亨利·柏格森的第一部著作《论意识的直接所与》出版了。[123]这部著作是对同时代的心理物理学的一个批判性抨击,这个抨击像纳托普一样坚决地使用了生命概念,以反对心理学概念构造的客体化,尤其是空间化的倾向。这里就像在纳托普那里一样,对于"意识"及其分解的具体有着完全类似的论述。柏格森对此还新造了 durée(所与)这一著名的术语,这个术语陈述了心理事物的绝对延续性。柏格森把这延续性理解为"机制"(organisation),也就是说,他是由生命体存在方式(êtrevivant)出发来规定延续性的,在这生命体中每一个要素对于整体都是重要的(représentatif du tout)。柏格森把意识中的一切要素的内在渗透与倾听一首乐曲时一切音调的渗透方式进行了比较。在柏格森那里,这就是反对笛卡尔主义的生命概念的要素,他为反对客观化的科学而捍卫了这一要素。⑬

如果我们现在考察一下这里称为生命的东西以及其中在体验

---

⑫ 《依据批判方法的心理学导论》,第32页。
⑬ H.柏格森:《论意识的直接所与》,第76页以下。

概念里起作用的东西的更精确规定,那么就可表明:生命和体验的关系不是某个一般的东西与某个特殊的东西的关系。由其意向性内容所规定的体验统一体更多地存在于某种与生命的整体或总体的直接关系中。柏格森讲到了整体的再现,而且纳托普所使用的相互关联概念同样也是对在此出现的部分和整体的"机制"关系的一种表述。首先作出这一点的正是乔治·西默尔,他曾把生命概念作为"生命超出自己本身的扩张"去分析。⑬

整体在短暂体验中的再现,显然远远超出该整体被其对象所规定的事实。用施莱尔马赫的话来讲,每一个体验都是"无限生命的一个要素"。⑬ 乔治·西默尔——此人不仅把"体验"这个词发展为一个时兴词,而且还同他人一起使这词臻于完美——正是在此看到了体验概念的显著特征,即"客体,例如在认识中,不仅成为图像和表象,而且成为生命过程本身的要素"。⑬ 西默尔就曾经指出过,每一个体验都具有某种奇遇(Abenteuer)。⑭ 但是,什么是奇遇呢? 奇遇决不只是一种插曲(Episode)。插曲是一串彼此并列的个别事件,这些个别事件不具有任何一种内在关系,而且也正因为这些个别事件只是插曲,所以不具有任何一种持久的意义。反之,奇遇则与此相反,虽然奇遇也同样打断了事物的通常进程,但是它是积极的,并且与它所打断的联系发生很有意味的关联。

---

⑬ 乔治·西默尔:《生命观》,1922年第2版,第13页。我们以后将看到,海德格尔是怎样迈出这决定性的一步的,他由生命概念的辩证玩味转入本体论的严格探讨(参阅本书第247页以下)。

⑬ F.施莱尔马赫:《论宗教》,第2段。

⑬ 乔治·西默尔:《桥和门》,朗德曼编,1957年,第8页。

⑭ 参见西默尔:"哲学文化",载《论文集》,1911年,第11—28页。

Ⅰ 审美领域的超越

所以,奇遇就可使生命作为整体,并在其广度和强度上为人所感受。奇遇的魅力就基于这一点。奇遇消除了日常生活所具有的条件性和制约性。奇遇敢于出现在不确定的事物中。

但是,奇遇同时也知道它作为奇遇所特有的例外性质,因此它仍与自身不能一起被置入的通常事物的回复发生关联。所以,奇遇就如同一个试验和一个检验一样被"通过了",而我们正是从这种试验和检验中得到充实和成熟。

这中间有些东西事实上是每一个体验所具有的。每一个体验都是由生活的延续性中产生,并且同时与其自身生命的整体相联。这不仅指体验只有在它尚未完全进入自己生命意识的内在联系时,它作为体验仍是生动活泼的,而且也指体验如何通过它在生命意识整体中消融而"被扬弃"的方式,根本地超越每一种人们自以为有的意义。由于体验本身是存在于生命整体里,因此生命整体此时也存在于体验之中。

在我们完成对"体验"的概念分析时,这一点也就随之清楚了,即在一般体验结构和审美特性的存在方式之间存在着怎样一种姻亲关系(Affinität)。审美体验不仅是一种与其他体验相并列的体验,而且代表了一般体验的本质类型。正如作为这种体验的艺术作品是一个自为的世界一样,作为体验的审美经历物也抛开了一切与现实的联系。艺术作品的规定性似乎就在于成为审美的体验,但这也就是说,艺术作品的力量使得体验者一下子摆脱了他的生命联系,同时使他返回到他的存在整体。在艺术的体验中存在着一种意义丰满(Bedeutungsfülle),这种意义丰满不只是属于这个特殊的内容或对象,而是更多地代表了生命的意义整体。一种审美体验总是包含着某个无限整体的经验。正是因为审美体验并没有与其他体验一起组成某个公开的经验过程的统一体,而是直接地表现了整体,这种体验的意义才成了一种无限的意义。

只要审美体验如我们上面所述,示范地表现了"体验"这一概念的内涵,下面这一点便是可以理解的,即体验概念对确立艺术的立足点来说就成了决定性的东西。艺术作品被理解为生命的完美的象征性再现,而每一种体验仿佛正走向这种再现。因此艺术作品本身就被表明为审美经验的对象。这对美学就有一个这样的结论,即所谓的体验艺术(Erlebniskunst)看来是真正的艺术。

c) 体验艺术的界限,为譬喻恢复名誉

体验艺术(Erlebniskunst)概念具有一种显著的两重性。本来,体验艺术显然是指,艺术来自于体验,并且是体验的表现。但在某种派生的意义上,体验艺术概念也被用于那种专为审美体验所规定的艺术。这两者显然是联系在一起的。凡是以某种体验的表现作为其存在规定性的东西,它的意义只能通过某种体验才能把握。

正如经常所看到的,"体验艺术"概念是由限制其要求的界限经验(Erfahrung der Grenze)所制约的。只有当一部艺术作品是体验的移置(Umsetzung)这一点不再是自明的,并且这种移置应归功于某个天才灵感的体验(这种天才灵感以一种梦游神式的自信创造了那种对于感受者来说已成为其体验的艺术作品)这一点不再是自明的时候,体验艺术概念才是轮廓清楚的。歌德的世纪对于我们来说正是标志上述两个条件已获得自明性的世纪,这个

I 审美领域的超越

世纪可以说构成一整个时代或时期。正是因为这个时代对我们来说已经结束,而且我们的视野能够超出其界限,我们才能够在其界限中看到该时代,并对该时代获得一个概念。

以后我们逐渐地意识到,这个时代在艺术和文学的整个历史中只是一个插曲。恩斯特·罗伯特·库丘斯[124]对中世纪美文学所作出的卓越研究就对此提供了一个很好的描述。[135] 如果我们的视野已开始超出体验艺术的界限并让其他的标准生效,西方艺术世界就会出现一个新的广阔天地,一个全陌生的艺术世界就会展现在我们眼前,因为西方艺术从古代一直到巴洛克时期是由完全不同于体验性(Erlebtheit)标准的另外一些价值标准所支配的。

的确,所有这一切对于我们来说都可能成为"体验"。这种审美的自我理解是经常地被使用的。但是我们不能误认为,对于我们来说这样地成为体验的艺术作品本身并不是为这种理解所规定的。我们关于天才和经历的价值概念在这里是不适合的。我们也能够回忆起完全不同的标准,并且也许还能说:使艺术作品成为艺术作品的,并不是体验的纯真性或体验表现的强烈性,而是固定的形式和表达方式的富有艺术性的安排。这种标准上的对峙虽然适用于一切种类的艺术,但在语言性的艺术中有它特别的证据。[136] 在18世纪,诗歌与修辞学还以一种令现代意识惊异的方式相互并列着,康德在诗歌和修辞学这两者中看到了"一种作为知解力事务

---

[135] E. R. 库丘斯:《欧洲文学与中世纪拉丁语》,伯尔尼,1948年。

[136] 参见比喻语言(Sinnbildsprache)和表现语言(Ausdrucksprache)之间的对峙。保罗·伯克曼曾把这种对峙作为他的《德国文学创作形式的发展史》的基础。

的想象力的自由活动"。⑬[125]只要在诗歌和修辞学中无意识地实现了感性和知性这两种认识能力的和谐,诗歌和修辞学对于康德来说就是美的艺术,并且是"自由的"。经历性和天才灵感的标准却必须针对这种传统开创一种相当不同的"更自由的"艺术概念,对于这种艺术概念,只有诗歌与之相适应,因为诗歌排除了一切暂时性的东西,反之,修辞学则完全被排除在这种艺术概念之外。

因而,19世纪修辞学的价值崩溃乃是运用天才无意识创造这一学说的必然结果。我们将在一个特定的事例上,即在象征(Symbol)和譬喻(Allegorie)的概念史上去探讨这一现象,因为象征和譬喻的内在关系在近代已发生了变化。

甚至对语词史感兴趣的研究者往往也没有足够重视这样的事实,即在我们看来是不言而喻的譬喻和象征之间在艺术上的对立,乃是上两个世纪哲学发展的结果,并且在发展的最初阶段,这种对立很少为人所认识,以致人们更多地提出这样的问题:作出这种区分和对峙的需要究竟是怎样产生的。我们不能忽视,对于我们时代的美学和历史哲学起了决定性影响的温克尔曼曾在相同的意义上使用了这两个概念,而这种用法是与整个18世纪的美文学相符合的。从词源来看,这两个词确实有某种共同的意义,即在这两个词中表现了这样的东西,该东西的涵义(sinn)并不存在于它的显现、它的外观或它的词文中,而是存在于某个处于它之外的所指(Bedeutung)中。某个东西这样地为某个别的东西而存在,这就构成了这两个词的共同性。这样的富有意义的关联,不仅存在于诗歌和造型艺术的领域中,而且也存在于宗教的神圣事物的领域内,

---

⑬ 《判断力批判》,第51节。

I 审美领域的超越

正是通过这种关联,非感觉的东西(die Unsinnliches)就成了可感觉的(sinnlich)了。[126]

我们必须作进一步的探讨,古代关于象征和譬喻这两个词的使用是怎样开创了我们现在所熟悉的关于这两个词以后的对立。这里我们只能确立几条基本线索。显然,这两个词最初是彼此根本不相关的。譬喻本来属于述说,即 Logos(讲话)领域,因此譬喻起一种修饰性的或诠释性的作用。它以某个其他的东西替代原来所意味的东西,或更确切地说,这个其他的东西使原来那个所意味的东西得到理解。⑬ 象征则与此相反,它并不被限制于 Logos(讲话)领域,因为象征并不是通过与某个其他意义的关联而有其意义,而是它自身的显而易见的存在具有"意义"。象征作为展示的东西,就是人们于其中认识了某个他物的东西。所以它是古代使者的证据和其他类似东西,显然,"象征"并不是单单通过其内容,而是通过其可展示性(Vorzeigbarkeit)起作用,因而它就是一种文献资料,⑭ 某个共同体的成员可以从该资料知道,它是否是宗教的象征,或是否在世俗的意义上作为一个记号或一个证件或一个口令而出现——在任何情况下,象征的意义都依据于它自身的在场,而且只是通过其所展示或表述的东西的立场才获得其再现性功能的。

虽然譬喻和象征这两个概念分属于不同的领域,但它们彼此还是很相近的,这不仅是因为它们都具有通过彼一物再现此一物的共

---

⑬ ἀλληγορία(譬喻)为原本的 ὑπόνοια(推测)进行辩护,参见普鲁塔克[127]:《音乐诗》,第 19e。

⑭ 作为"协议"的 σύμβολον(象征)的意义是否以"约定"本身的性质或它的文献记载为依据,我尚未确定。

同结构,而且还由于它们两者在宗教领域内都得到了优先的运用。譬喻产生于神学的需要,在宗教传说中——因而最初是在荷马那里——是为了摈除有害的东西,并认识其背后的有利的真理。凡在更合适表现婉言表述和间接表述的地方,譬喻在修辞学的应用中就获得了一个相应的功能。象征概念[最初似乎在克里西普[128]那里具有譬喻的意义⑩]首先通过新柏拉图主义的基督教的改造,也进入了这个修辞学-诠释学的譬喻概念的范围内。伪丢尼修[129]在其代表作的开首,根据上帝的超感性存在与我们习惯于感性事物的精神的不相应性,立即确立了象征性(Symbolikōs)表述的必要性。因而象征在这里获得了一个比类性功能。⑪ 这就导向了对神性事物的认识——完全就像譬喻的表述方式通向一个"更高的"意义一样。解释活动的譬喻方式和认识活动的象征方式具有相同的必然性基础,即不从感性事物出发,要认识神性的东西是不可能的。

但是,在象征概念里却显现了一种譬喻的修辞学运用完全不具有的形而上学背景。从感性事物出发导向神性的东西,这是可能的,因为感性事物并不是单纯的虚无和幽暗之物,而是真实事物的流溢和反映。现代的象征概念如果没有它的这种灵知性的功能和形而上学背景,就根本不可能理解。"象征"这一词之所以能够由它原来的作为文献资料、认识符号、证书的用途而被提升为某种神秘符号的哲学概念,并因此而能进入只有行家才能识其谜的象形文字之列,就是因为象征决不是一种任意地选取或构造的符号,

---

⑩ 《古代斯多葛残篇》,第 2 部,第 257 页以下。

⑪ συμβολικῶς καὶ ἀναγωγικῶς(象征性和比类性),参见《论天的本源》,第 1 章,第 2 节。

而是以可见事物和不可见事物之间的某种形而上学关系为前提。宗教膜拜的一切形式都是以可见的外观和不可见的意义之间的不可分离性,即这两个领域的"吻合"为其基础的。这样,它转向审美领域就可理解了。按照索尔格[130]的看法,⑭象征性的东西标志一种"其中理念可以以任何一种方式被认识的存在",因而也就是艺术作品所特有的理想和外在显现的内在统一。反之,譬喻性的东西则只是通过指出某个他物而使这种富有意义的统一得以实现。

然而,只要譬喻不只是表示讲话手段和解释含义(sensus allegoricus),而且也表示对艺术里抽象概念的相应的形象表现,那么譬喻概念在其自身方面就经历了一种特有的宽泛化。显然,修辞学和诗学的概念在此也是作为造型艺术领域内审美概念构造的样板而出现的。⑮当譬喻本来并非以那种象征所要求的形而上学的原始类似性为前提,而只是以某种由惯例和固定教条所造成的配列(Zuordnung)为前提时,譬喻概念的修辞学成分在这一点上对于这种意义的展开还是有效的,因为由惯例和固定教条所造成的

---

⑭ 《美学讲演录》,海泽编,1829 年,第 127 页。

⑮ 需要探讨的是,譬喻这个词最早是什么时候从语言领域转入造型艺术中去的,这个转入是由于象征学吗?(参见 P. 梅纳尔[131]的"象征主义和人文主义",载《人文主义与象征主义》,卡斯泰利编,1958 年)在 18 世纪情况正相反,当讲到譬喻时,首先总是想到造型艺术,而且莱辛所代表的诗歌从譬喻中的解放,首先就是指诗歌从造型艺术的样板中的解放。另外,温克尔曼对譬喻概念所抱的肯定态度决不是迎合时代的趣味,也不是迎合同时代理论家如迪博斯[132]和阿尔加洛蒂[133]的见解。温克尔曼似乎更多地受到沃尔夫-鲍姆加登的影响,例如他主张画家的笔"应饱蘸理智"。所以温克尔曼不是根本地摈弃譬喻,而是依据于古代的古典主义来贬低与古代相反的新的譬喻。19 世纪对譬喻的普遍诋毁——其理所当然性完全就像人们理所当然地用象征性概念去对抗譬喻一样——很少能正确评价温克尔曼,例如尤斯蒂就是例子(《温克尔曼著作集》,第 1 卷,第 430 页以下)。

配列允许对无形象的东西使用形象性的表现。

这样,我们也许就可以概述语言上的意义倾向,这种语言上的意义倾向在18世纪末导致了作为内在的和本质的意味的象征和象征性与譬喻的外在的和人为的意味相对立。象征是感性的事物和非感性的事物的重合,而譬喻则是感性事物对非感性事物的富有意味的关联。

由于天才概念和"表现"的主体化的影响,这种意义的区别就成为一种价值对立。象征作为无止境的东西(因为它是不定的可解释的)是绝对地与处于更精确意义关系中并仅限于此种意义关系的譬喻事物相对立的,就像艺术与非艺术的对立一样。当启蒙运动时期的理性主义美学屈服于批判哲学和天才说美学时,正是象征的这种意义不确定性使得象征性(Symbolische)这一词和概念得到成功的发展。因此我们有必要详细地考察这种发展。

这里决定性的东西是康德在《判断力批判》第59节中对象征概念所给出的逻辑分析,这个分析最明确地解释了这一点。象征性表现被康德视为图式性表现的对立面。[134]象征性表现之所以是表现(并不像所谓逻辑"符号主义"里的单纯符号),只是因为象征性表现不是直接地表现某个概念(如在康德先验图式论哲学中所做的那样),而是间接地表现概念的,"由此,表现不含有概念的本来图式,而只单纯含有对反思的一种象征"。这种关于象征性表现的观念乃是康德思想中最卓越的成果之一。[135]康德曾以此正确地评价神学真理[这种神学真理在Analogia entis(存在的类似性)[136]的思想中曾给予其经院哲学的形态],并使人的概念与神相脱离。从而康德揭示了——在他明确指出这种"事情"应得到"更深刻的研究"中——语言的象征性表述方式(即语言持久性的

I 审美领域的超越

譬喻作用),并最后特别地使用了类比概念,以便描述美对伦理善的那种既不能是隶属的又不能是并列的关系。"美是伦理善的象征",在这个既审慎又精辟的命题中,康德把审美判断力充满反思自由的要求与它的人道意义结合在一起——这是一个产生巨大历史影响的思想。在这里,席勒是康德的继承人。[14] 如果席勒把人类审美教育的观念建立在康德所表述的这种美与伦理情操的类比上,那么他就能遵循康德的一个明确的指示,即"趣味无须过分强烈的跳跃就使感官刺激向惯常性的道德兴趣的过渡成为可能"。[15]

现在出现了一个问题,即如此理解的象征概念是怎样以我们所熟悉的方式成为譬喻的对应概念的。席勒最初尚未触及这一问题,尽管他对冷漠的和人为的譬喻作了批判,这种譬喻当时被克洛普施托克、莱辛、青年歌德、卡尔-菲利普·莫里茨[137]等人用以反对温克尔曼。[16] 在席勒和歌德的书信交往中才出现对象征概念的

---

[14] 席勒在"优雅与庄重"中大略说过,美的对象应充当某个理念的"象征"(《席勒文集》,京特和维特科夫斯基编,1910 年起出版,第 17 卷,第 322 页)。

[15] 康德:《判断力批判》,1799 年第 3 版,第 260 页。

[16] 关于"象征"一词在歌德那里的用法所作的详尽的歌德语文学研究(库尔特·缪勒:《歌德艺术观中象征概念的历史前提》,1933 年)表明,深入地分析温克尔曼的譬喻美学对同时代人来说是如何重要,以及歌德艺术观具有何等的重要性。在温克尔曼著作中,费尔诺[138](第 1 卷,第 219 页)和亨利希·迈耶[139](第 2 卷,第 675 页以下)就假定了魏玛古典时期所提出的象征概念是理所当然的。因而这个词随即迅速地进入席勒和歌德的用语中——这个词在歌德以前似乎还根本不具有审美的意义。歌德对象征概念的铸造所作出的贡献,显然出自于其他的原因,即出自于新教诠释学和圣事学说,正如洛夫(《象征概念》,第 195 页)通过格哈德的提示所指出的。卡尔-菲利普·莫里茨对这一点曾作过特别出色的阐明。虽然他的艺术观充满了歌德的精神,但他在对譬喻的批判中却能指出,譬喻"接近于单纯的象征,而单纯的象征不再取决于美"(缪勒,前引书,第 201 页)。[现在在 W. 豪格(编辑的)文集《譬喻的形式和作用》(1978 年沃尔芬比特尔讨论会,斯图加特,梅兹纳出版社 1979 年版)里包含更丰富的资料。]

I 82　　最初的重新创立。歌德在1797年8月17日那封著名的信中描述了他对法兰克福的印象所引起的伤感情绪,并对产生这样一种效果的对象写道:"这种对象是真正象征性的,也就是说,我几乎无需指出,这是存在于某种可以作为许多其他东西再现的多样性特征中的奇特事情,其中包含某种整体性的事情……"歌德很重视这种感受,因为这种感受可能使他避免"百万倍的经验的祸害"。席勒在这方面支持歌德,并且认为这种伤感的感受方式是与"我们彼此对此感受所确信的东西"完全一致。可是,在歌德那里,这种感受显然不会是一种作为实在经验的审美感受,对于实在经验的审美感受,他似乎根据古代新教的用语取掉了象征性这一概念。

席勒对于这样一种实在的象征观点提出了他的唯心主义异议,并且因而把象征的意义挪到审美特性方面。歌德的艺术朋友迈耶为了确定真正的艺术作品与譬喻的界限,也同样遵循了对象征概念的这种审美运用。但是对于歌德自身来说,象征和譬喻在艺术理论上的对立仍只是指向有意义事物这个一般方向上的一个特殊现象,而歌德是要在一切现象中探寻这种一般方向。所以歌德把象征概念应用到例如色彩上,因为在这里"真实的关系同时表现了意义",在这里明显地表现出对于譬喻、象征、神秘化的传统诠释学的图式的依赖[⑭]——这一直到歌德能够写下最终对于他来说是如此独特的话:"所有出现的东西都是象征,并且由于这些东西完满地表现了自身,从而也就指出了其余的东西。"[⑮]

　　[⑭]　《色彩理论》,第1卷,开首的箴言部分,第916条。

　　[⑮]　参见1818年4月3日致舒巴特的信。同样,青年弗里德里希·施莱格尔也写道:"一切知识都是象征性的。"(《新哲学文集》,J.克尔纳编,1935年,第123页)

在哲学美学里,这种语言用法可能首先是在通过希腊"艺术宗教"的过程中出现的。这明确地表现在谢林艺术哲学从神话学的发展。谢林在艺术哲学里所援引的卡尔-菲利普·莫里茨虽然在其《神的学说》中已经驳斥了神话创作中的"单纯譬喻的解法",但他对于这种"幻想的语言"尚未使用象征这一术语。反之,谢林则写道:"一般神话,尤其是每一种神话创作,既不是图式化地,也不是譬喻性地,而是象征性地被领会。因为纯粹的艺术表现的要求,就是用完全中性的态度(mit völliger Indifferenz)去表现,也就是说,普遍性完全就是特殊性,而不是意味着特殊性,特殊性同时就是完全的普遍性,而不是意味着普遍性。"⑭当谢林这样(在对赫涅[140]的荷马观的批判里)提出神话和譬喻间的真正关系时,他同时就赋予了象征概念在艺术哲学中的中心地位。同样,在索尔格那里,我们也发现类似的表述,即所有艺术都是象征性的。⑮ 索尔格以此想说的是,艺术作品就是"理念"自身的存在——而不是说,一个"于真正的艺术作品之外所发现的理念"是艺术作品的意义。我们宁可说,对于艺术作品或天才的创作,具有本质特征的东西就是,它们的意义是存在于现象本身中,而不是任意地被置入于现象中。谢林用 Sinnbild(意义形象)这个德文词来解释象征:"它是如此具体的,仅其本身就完全与形象一样,并且它还是如此普遍的和富有意义的,就如同概念一样。"⑯事实上,在歌德那里,象征概念这一名称就已有了一个决定性的特征,即理念本身就是给予自身于其

---

⑭ 谢林:《艺术哲学》(1802 年)(《谢林全集》,第 5 卷,第 411 页)。
⑮ 埃尔温:《关于美和艺术的 4 篇对话》,第 2 篇,第 41 页。
⑯ 谢林:《艺术哲学》(1802 年)(《谢林全集》,第 5 卷,第 412 页)。

中存在的东西。只是因为在象征概念中包含着象征和所象征物的内在统一，这个概念才能发展成为普遍美学的基本概念。象征意味着感性现象与超感性意义的合一（Zusammenfall），这种合一，如希腊文Symbolon（象征）一词的本来意义和此意义在各种教派术语使用中的发展所表示的，并不是一种在制定符号时的事后的归并，而是归并的东西的结合。所以弗里德里希·克罗伊策[141]这样写道，"教士们用以演奏高级知识"的所有象征手段宁可说是依据于神和人之间的那种"最初联系"。⑬ 克罗伊策的《象征学》提出了这一充满争议的任务，即阐明远古时期的谜底不透的象征手法。

当然，象征概念向审美的普遍原则的扩展并不是没有障碍的，因为构成象征的形象和意义的内在统一并不是绝对无条件的统一。象征不是简单地摈弃理念世界和感性世界之间的对峙关系，这就是说，象征恰恰也使人想起形式和本质、表现和内容之间的不协调。特别是象征的宗教功能要依存于这种对峙关系。正是在这种对峙的基础上，宗教信仰中现象和无限东西的刹那间而且总体性的合一才有可能，这一点假定了它是一种使象征充满意义的有限物和无限物的内在合并关系。因此象征的宗教形式完全适应于Symbolon（象征）的本来规定性，即分一为二，再由二合一。

就象征是通过其意义而超越其可感性而言，形式和本质的不相称性对于象征来说就是本质性的。象征所特有的那种形式和本质之间的摇摆、不可决定性的特征正是来自于这种不相称性。显然，这种不相称性愈是强烈，象征就愈难以捉摸而充满意义，反之，这种不相称性愈是微弱，意义穿透形式就愈多。这就是克罗伊策所遵循

---

⑬ F.克罗伊策：《象征学》，第1卷，第19节。

I 审美领域的超越

的观点。⑬黑格尔把象征性的使用限制在东方的象征艺术上,基本上是依据于形象和意义的这种不相称性。所指意义过多应当是某种特别艺术形式的特征,⑭这种特别的艺术形式之所以区别于古典主义艺术,就在于古典主义艺术不包含这种不协调。显然,这是对下述概念的一种有意识的僵化和人为的狭窄化,这种概念正如我们所看到的,它所要表达的不再是形象和意义之间的不相称性,而是它们两者的合一。所以我们必须承认,黑格尔对象征性概念的限制(尽管有许多拥护者)是与新美学的发展趋势相违背的,这种新美学发展趋势自谢林以来正是试图在这种概念里思考现象和意义的统一,以便通过这种统一去维护审美自主性而反对概念要求。⑮

现在我们来考察与此发展相应的对譬喻的贬斥。在这里,自莱辛和赫尔德以来的德国美学对法国古典主义的反抗,从一开始就起了作用。⑯无论如何,索尔格还在一种对于整个基督教艺术非常重要的意义上保留了譬喻性这种表述,而且弗里德里希·施

---

⑬ F.克罗伊策:《象征学》,第1卷,第30节。

⑭ 《美学》,第1卷(《黑格尔著作集》,1832年起出版,第10卷,上册,第403页以下)。[参见我的论文"黑格尔与海德堡浪漫派",载《黑格尔辩证法》,第87—98页;以及我的著作集,第3卷。(其实此卷唯独此篇未收入,而是收入伽达默尔著作集,第4卷,第395页以下。——译者)]

⑮ 叔本华的例子至少将表明,1818年把象征理解为某个纯粹惯例性譬喻的特殊情形的语言用法,在1859年也还是存在的。参见《作为意志和表象的世界》,第50节。

⑯ 这里,在克洛普施托克看来(第10卷,第254页以下),甚至温克尔曼也还具有某种错误的依赖性:"大多数譬喻性绘画有两个主要缺点,一是它们常常根本无法理解或很费劲地被理解;一是它们就其本质而言是乏味的。……真正神圣的和现世的事情是那些最卓越的大师最喜爱从事的东西。……其他人可能关心他们祖国的事情。但无论怎样有趣的事,甚至古希腊和罗马的事情,与我有什么关系呢?"对譬喻(知性-譬喻)的低级意义的明确反抗,尤其在新法兰西人那里表现出来。参见索尔格:《美学讲演录》,第133页以下;埃尔温:《关于美和艺术的4篇对话》,第2篇,第49页;《遗著》,第1卷,第525页。

莱格尔还继续加以发展。施莱格尔说,一切美都是譬喻(《关于诗歌的对话》)。甚至黑格尔对象征性概念的使用(如克罗伊策的使用一样)也还是与这个譬喻性概念很接近的。但是,这种哲学家的用语已不再被 19 世纪的文化人文主义(Bildungshumanismus)所保留,因为这个用语依据于不可言说的东西与语言关系的浪漫主义观点,以及依据于"东方"譬喻诗的发现。人们援引了魏玛的古典主义,而事实上对譬喻的贬斥却是德国古典主义的中心任务,这个任务完全必然地产生于艺术从理性主义桎梏中的解放,产生于对天才概念的褒扬。譬喻确实不单纯是天才的事情,它依据于固定的传统,并时常具有一种特定的可说明的意义,而这种意义甚至并不与由概念而来的合乎知性的理解相矛盾——正相反,譬喻的概念和事情是紧密地与独断论相联系的,与神话的理性化(如在希腊启蒙时期)或与基督教为统一某种理论而对《圣经》作的解释(如在教父时期)相联系,而且最终是与基督教传统和古典文化的调和相联系,而这种调和正是现代欧洲艺术和文学的基础,其最后的普遍形式就是巴洛克风格。随着这种传统的破坏,譬喻也就消失了,因为当艺术的本质脱离了一切教义性的联系,并能用天才的无意识创造所定义时,譬喻在审美上势必会成为有问题的。

所以,我们看到歌德的艺术理论探讨对此所产生的强烈影响,即把象征性称为积极的艺术概念,把譬喻性称为消极的艺术概念。尤其是歌德自己的文学创作对此曾发挥作用,因为人们在他的文学创作中看到了生命的忏悔,也看到了体验的诗意塑造。歌德本人所提出的经历性标准在 19 世纪就成了主导的价值概念。凡在

I 审美领域的超越

歌德作品中与此标准不符合的东西——如歌德的古代诗歌——按照该世纪的现实主义精神,就被作为譬喻上的"累赘物"而不予考虑。

这一点最终也在哲学美学的发展中产生了影响,这种哲学美学虽然也吸收了歌德式的包罗万象意义上的象征概念,但它完全是从现实和艺术的对立出发的,也就是说,它想到了"艺术的立足点"和 19 世纪的审美教化宗教(die ästhetische Bildungsreligion)。对此,以后的 F. Th. 菲舍[142]是富有典型意义的,他愈是超越黑格尔,他就愈扩充黑格尔的象征概念,愈是在象征中看到了主体性的某种根本作用。"情绪的隐秘象征"赋予那种自身无生命的东西(自然或感性现象)以精神和意义。因为审美意识——相对于神话-宗教意识——自知是自由的,所以赋予一切事物以意识的象征手法也是"自由的"。既然一种多义的不确定性仍然与象征相符合,那么象征就不应再通过它与概念的密切联系而得到规定。宁可说,象征作为人类精神的创造而具有其自身特有的实证性。它是现象和理念的完满和谐(übereinstimmung),这种和谐现在——随着谢林——于象征概念中被思考,反之,不和谐则被保留给譬喻,或者说,被保留给神话意识。⑩ 在卡西尔[143]那里我们也发现,在类似的意义上审美的象征手法是通过下面这一点而与神话的象征手法表现对立的,即在审美的象征中,形象和意义的对峙被调和成均衡状态——这是古典主义"艺术宗教"概念的最

---

⑩ F. Th. 菲舍:《批判的进程:象征》。参见 E. 伏尔哈德的卓越分析:《黑格尔和尼采之间》,1932 年,第 157 页以下,以及 W. 欧尔缪勒的发生学的论述:《F. Th. 菲舍和黑格尔之后的美学问题》,1959 年。

后余波。⑱

我们从上述关于象征和譬喻的语词史的梗概中得出了一个实质性的结论。如果我们认识到"有机地生成的象征和冷静的合乎知性的譬喻"之对立是与天才说美学和体验美学相联系,那么象征和譬喻这两个概念间的僵死的对立就失去了它的约束力。如果巴洛克艺术的重新发现(在古玩市场上这是一种可以确切看见的事情),尤其是近几十年来巴洛克诗歌的重新发现,以及最近的艺术科学研究已经导致在某种程度上对譬喻恢复名誉,那么这种进程的理论基础现在也成为可以说明的了。19世纪美学的基础是情绪的象征化活动的自由。但这是一种主要的基础吗?这种象征化的活动果真在今天也没有受到某种继续存在的神话-譬喻传统的限制吗?如果我们认识到这一点,那么象征和譬喻的对立则又是相对的了,虽然这种对立由于体验美学的偏见而表现为是绝对的。同样,审美意识与神话意识的差别也很难被视为某种绝对的差别。

我们必须意识到,这样的问题的出现就包含对审美基本概念的某种根本性的修正。因为这里所涉及的显然不只是趣味和审美价值的再变迁问题。事实上,审美意识概念本身也是有疑问的——而且,审美意识概念所从属的艺术立足点由此也成了有疑问的。一般审美活动是否是一种相对于艺术作品的合适行为呢?或者,我们称之为"审美意识"的东西是否是一种抽象呢?我们所论述的对譬喻的新评价曾指明,就是在审美意识中,某种独断论的

---

⑱ E.卡西尔:《精神科学构造中的象征形式概念》,第29页。[同样,B.克罗齐:《作为表达科学和一般语言科学的美学》,蒂宾根,1930年。]

要素其实也是有其效用的。如果说神话意识和审美意识之间的区别不应是绝对的区别，那么，我们所看到的作为审美意识的创造物的艺术概念本身岂不也成了有疑问的吗？我们无论如何不能怀疑，艺术史上的伟大时代只是指这样的时代，在这些时代中，人们不受任何审美意识和我们对于"艺术"的概念的影响而面对［艺术］形象，这种形象的宗教或世俗的生命功能是为一切人所理解的，而且没有一个人仅仅是审美地享受这种形象。一般审美体验概念是否能运用到这种形象上去，而不削弱这种形象的真实存在呢？

3. 艺术真理问题的重新提出

a) 审美教化质疑

为了正确地衡量这个问题所涉及的范围，我们首先进行一种历史的考虑，这种历史的思考可以在某种特有的、历史上造成的意义上去规定"审美意识"概念。如果康德把时空学说称之为"先验感性学说（美学）"，而把关于自然和艺术中的美和崇高的学说理解为一种"审美判断力批判"，那么，我们今天用"审美的"一词所指的东西显然就不再完全地等同于康德赋予这个词的东西。这个转折点看来是存在于席勒那里，因为席勒将趣味的先验观点转化为一种道德要求，并把这一点视为无上命令：你要采取审美的态度！⑬

---

⑬　这样，我们就可以概述《论人类审美教育》书信中（大约是第 15 封信）所确立的观点："它应是理性（形式）冲动和感性（质料）冲动之间的某种共同东西，也就是一种游戏冲动（Spieltrieb）。"

席勒在其美学著作中曾把彻底的主体化从某种方法的前提条件改变为某种内容的前提条件,而康德曾用这种彻底的主体化先验地论证趣味判断及其对普遍有效性的要求。

由于康德已经给予趣味以这样一种从感官享受过渡到道德情感的意义,[159][144] 席勒在此本来可以以康德本人为出发点。但是,由于席勒把艺术说成是自由的一种练习,因而他与费希特的联系就比与康德的联系更紧密得多。对于康德曾作为趣味和天才的先天性基础的认识能力的自由游戏,席勒是从费希特的冲动(本能)学说出发人类学地加以理解,因为游戏冲动(Spieltrieb)将会引起理性(形式)冲动和感性(质料)冲动之间的和谐。这种游戏冲动的造就就是审美教育的目的。

这有广泛的结论。因为现在艺术作为美的现象的艺术是与实际的现实相对立的,而且艺术是由这种对立而被理解的。现在,现象和实在的对立取代了那种自古以来就规定了艺术和自然关系的所谓积极的互补关系。按照传统的看法,"艺术"的规定性就是在由自然所给予和提供的空间内去实现其补充和充实的活动,尽管这种规定性也包含着一切有意识地把自然改造成人为需要的活动。[160] 甚至"美的艺术",只要在这个视界中去看它,也是实在的某种完善化,而不是对实在的外在的修饰、遮掩或美化。但是,如果实在和现象的对立铸造了艺术概念,那么自然所构成的广阔框架就被打破,艺

---

⑮ 《判断力批判》,第 164 页。

⑯ 《判断力批判》,第 164 页。[《真理与方法》1975 年版本注是:"ἡ τέχνη τὰ μὲν ἐπιτελεῖ ἃ ἡ φύσις ἀδυνατεῖ ἀπεενάσασθαι τὰ δὲ μιμεῖται"(一般地说来,艺术部分地实现自然所不能实现的东西,部分地模仿自然)(亚里士多德:《物理学》,B8,199a15)。]

I 审美领域的超越

术成了一种特有的立足点,并确立了一种特有的自主的统治要求。

凡是由艺术所统治的地方,美的法则在起作用,而且实在的界限被突破。这就是"理想王国",这个理想王国反对一切限制,也反对国家和社会所给予的道德约束。这与席勒美学的本体论基础的内在变动相联系,因为在《审美教育书简》中,一开始的杰出观点在展开的过程中发生了改变,即众所周知的,一种通过艺术的教育变成了一种通向艺术的教育。在真正的道德和政治自由——这种自由本应是由艺术提供的——的位置上,出现了某个"审美国度"的教化,即某个爱好艺术的文化社会的教化。[16] 但是这样一来,就连对康德式的感性世界和道德世界二元论的克服,也不得不进入到一个新的对立中,因为这种克服是通过审美活动的自由和艺术作品的和谐来表现的。理想和生命通过艺术而来的调解只是一种部分性的调解。美和艺术赋予实在的只是一种倏忽即逝的薄暮微光。美和艺术所提升的情感自由只是在某个审美王国中的自由,而不是实在中的自由。所以,在审美地调解康德式的存在(Sein)和应在(Sollen)的二元论的基础上,分裂出一个更深层的未解决的二元论。这就是异化了的实在的散文诗(Prosa),审美调解的诗歌针对这种散文诗,必须找寻它自身特有的自我意识。

席勒以诗歌与之对立的实在概念,确实不再是康德式的实在概念。因为正如我们所看到的,康德经常是从自然美出发的。但是,就康德为了批判独断形而上学的缘故把知识概念完全限制在

---

[16] 《论人类审美教育》,第 27 封信。还可参见 H. 库恩对这个审美教育过程的杰出论述:《黑格尔对德国古典美学的完成》,柏林,1931 年。

"纯粹自然科学"的可能性上,并因而使唯名论的实在概念具有公认的效用而言,19世纪美学所陷入的本体论困境,最终就可追溯到康德本人。由于唯名论偏见的影响,审美存在只能够不充分地和意义模糊地加以理解。

从根本上说,我们应把对那些有碍于正确理解审美存在的概念的摆脱,首先归功于对19世纪心理学和认识论的现象学批判。这个批判曾经表明,所有想从实在经验出发思考审美特性的存在方式、并把它理解为实在经验的变相的尝试,都是错误的。[16] 所有这些概念,如模仿、假象、虚构、幻觉、巫术、梦幻等,都是以与某种有别于审美存在的本真存在的关联为前提的。但现在对审美经验的现象学还原却表明,审美经验根本不是从这种关联出发去思考的,而是审美经验在其所经验的东西里看到了真正真理。与此相应地还表明,审美经验按其本质是不能由于实在的真正经验而失望。与此相反,所有上面称之为实在经验的变相的东西,其本质特征就是有一种失望经验(Erfahrung der Enttäuschung)必然地与它们相符合。因为只是假象的东西终究要被识破,虚构的东西要成为现实的,属巫术的东西要失去其巫术性,属幻觉的东西要被看透,属梦幻的东西,我们由之而觉醒。如果审美性的东西也在这个意义上是假象,那么它的效用——如梦幻的恐怖性——也只能在我们尚未怀疑现象的实在性的时候才存在,而随着我们的觉醒将失去它的真理。

把审美特性的本体论规定推至审美假象概念上,其理论基础

---

[16] 参见 E. 芬克:《想象和形象》,载《哲学和现象学研究年鉴》,第11卷,1930年。

在于：自然科学认识模式的统治导致了对一切立于这种新方法论之外的认识可能性的非议。

我记得，赫尔姆霍茨在我们由之出发的那个著名地方，并不知道有比"艺术性的"（Künstlerisch）这个形容词更好的词可以去刻画精神科学相对于自然科学的独特要素的特征。积极地与这种理论关系相应的，就是我们能称之为审美意识的东西。这就提出了"艺术的立足点"，席勒是第一个确立这种立足点的人。因为，正如"美的假象"的艺术是与实在相对立的一样，审美意识也包含着一种对实在的离异（Entfremdung）——它是"离异了的精神"的某种形态，黑格尔曾把教化（Bildung）视为这种"离异了的精神"。能够采取审美态度，就是已得到教化的意识的要素。[64] 因为在审美意识里我们看到了表明已得到教化的意识特征的一系列特点：上升为普遍性，放弃直接接受或拒绝的个别性，认可那些并不与自身要求或爱好相适应的东西。

我们在上面已从这种关系讨论了趣味概念的意义。但是，识别和联结某个社会的统一的趣味理想与构成审美教化外形的东西在特征上是有区别的。趣味还遵循一种内容上的标准。在某个社会里有效的东西，在某个社会里主宰着的趣味，便构成了社会生活的共同性。这样的一个社会选择并知道什么东西是属于它的，什么东西不是属于它的。甚至对艺术兴趣的占有，对社会来说，也不是任意的、谁想有就有的，实际的情况是，艺术家所创造的东西和社会所推崇的东西，都是与生活方式和趣味理想的统一联系在一起的。

---

[64] 参见本书第 17 页以下。

反之,审美教化的理念——如我们从席勒那里推导出的——则正在于,不再使任何一种内容上的标准生效,并废除艺术作品从属于它的世界的统一性。其表现就是普遍扩大审美地教化成的意识自身所要求的占有物。凡是审美地教化成的意识承认有"质量"的东西,都是它自身的东西。它不再在它们之中作出选择,因为它本身既不是也不想是那种能够衡量某个选择的东西。它作为审美意识是从所有规定的和被规定的趣味中反思出来的,而它本身表现为规定性的零点状态。对它来说,艺术作品从属于它的世界不再适用了,情况相反,审美意识就是感受活动的中心,由这中心出发,一切被视为艺术的东西衡量着自身。

所以,我们称之为艺术作品和审美地加以体验的东西,依据于某种抽象的活动。由于撇开了一部作品作为其原始生命关系而生根于其中的一切东西,撇开了一部作品存在于其中并在其中获得其意义的一功宗教的或世俗的影响,这部作品将作为"纯粹的艺术作品"而显然可见。就此而言,审美意识的抽象进行了一种对它自身来说是积极的活动。它让人看到什么是纯粹的艺术作品,并使这东西自为地存有。这种审美意识的活动,我称之为"审美区分"(ästhetische Unterscheidung)。[145]

因此,与那种充满内容的确定的趣味在选取和拒斥中所作出的区分完全不同,这是一种单独从审美质量出发进行选择的抽象。这种抽象是在"审美体验"的自我意识中实现的。审美体验所专注的东西,应当是真正的作品——它所撇开的东西则是作品里所包含的非审美性的要素:目的、作用、内容意义。就这些要素使作品适应于它的世界并因而规定了作品原来所特有的整个丰富意义而言,这些要素可能是相当重要的,但是,作品的艺术本质必须与所有这些要素区分开来。这就正好给了审美意识这样一个本质规定,即审美意识乃进行这种对审美意指物(das ästhetisch Gemeinte)和所有非审美性东西(alle Ausser-Ästhetischen)的区分。审美意识抽掉了一部作品用以向我们展现的一切理解条件。因而这样一种区分本身就是一种特有的审美区分。它从一切内容要素——这些内容要素规定我们发表内容上的、道德上的和宗教上的见解——区分出了一部作品的审美质量,并且只在其审美存在中来呈现这种质量本身。同样,这种审美区分在再创造的艺术那里,也从其上演中区分出了原型(文学脚本、乐谱),而且由于这样,不仅与再创造相对立的原型,而且与原型或其他可能见解相区别的再创造本身,都能成为审美意指物。这就构成了审美意识的主宰性(Souveränität),即审美意识能到处去实现这样的审美区分,并能"审美地"观看一切事物。

因此,审美意识就具有了同时性(Simultaneität)特征。因为它要求一切具有艺术价值的东西都聚集在它那里。审美意识用以作为审美意识而活动的反思形式同样也不仅是一种现在性的形式。因为审美意识在自身中把它所认可的一切东西都提升到同时性,所以它同时规定自身也是历史性的意识。这不仅指,它包含有历史知识,并作为记号被使用⑯——审美意识作为审美意识而自身特有的对一切内容上被规定的趣味的摒弃,也强烈地表现在艺术家向历史性事物转向的创作中。历史画——其起源并不是由于

---

⑯ 这里富有特征的是,对于作为一种社会性游戏的成语的爱好。

同时代人对表现的要求,而是由于要从历史反思中进行再现,历史小说,但首先是那些引起19世纪建筑艺术不断进行风格探索的历史化的形式,都表现了审美要素和历史要素在教化意识中的内在相关性。

人们可能会否认说,同时性不是由于审美区分才出现的,而历来就是历史生活的一种组合产物。至少,伟大的建筑作品作为过去的生动见证深入到了当代生活中,并且对风俗和伦理、绘画和装饰中的继承物的所有保存,只要向现代生活传导了某种古老的东西,它们就做了同样的组合。但是审美教化意识与此完全不同,它并不把自己理解为这样一种时代的组合,它自身所特有的这种同时性乃是建基于它所意识到的趣味的历史相对性。随着不要简单地把一种偏离自身"良好趣味"的趣味视作低劣趣味这种基本认识,事实的共时性(die faktische Gleichzeitigkeit)就成了某种原则的同时性(eine prinzipielle Simultaneität)。因而某种灵活的质量感觉就取代了趣味的统一。⑯

审美教化意识作为审美意识而进行的"审美区分",也为自己创造了一个特有的外在的存在(Dasein)。由于审美区分为共时性提供了场所,即文献方面的"百科图书馆"、博物馆、耸立的剧院、音乐厅等,审美区分也就显示了它的创造性。人们使现在所出现的事物与古老的东西的区别更加明显,例如,博物馆就不仅仅是一个已成为公开的收藏馆。古代的收藏馆(宫廷的和城市的)反映了对

---

⑯ 同时可参见 W.韦德勒[146]对这一发展所给出的示范性的描述:《缪斯之死》。[参见本书第93页注释⑰。]

某种特定趣味的选择,并且优先收藏了可以视为典范性"流派"的同一类型的作品。反之,博物馆是这样的收藏馆的收藏馆,而且很明显地是在掩盖由这样的收藏馆而产生这一点才臻于完善的,尽管它事实上是通过对整体的历史的改造,或者通过尽可能广泛的补充而产生的。同样,上世纪耸立着的剧院或音乐厅也表明,演出计划是如何越来越远离当代人的创造,并且如何按照这些设施所承受的教化社会所特有的需求适应于自我确证。甚至看来如此地与审美体验的共时性相违背的艺术形式,如建筑艺术,也牵连进了这种教化社会中,而不管这种建筑艺术是通过建筑学和绘画的现代复制技术产生的,还是通过把旅游变成画册图片的现代旅游事业产生的。⑯

由于作品归属于审美意识,所以作品通过"审美区分"也就丧失了它所属的地盘和世界。与此相应的另一方面是,艺术家也丧失了他在世界中的立足之地。这一点在对所谓任务艺术(Auftragskunst)的非议中表现出来。对于由体验艺术时代所主宰的公众意识来说,必须要明确想到,出自自由灵感的创造是没有任务感的,预先给出的主题和已经存在的场合以前乃是艺术创造的例外情况,而我们今天对建筑师的感觉乃是另一种独特的形象,因为他对他的创造物来说,不像诗人、画家或音乐家那样独立于任务和场

---

⑯ 参见安德烈·马尔罗[147]的《失真的博物馆》和 W. 韦德勒的《阿里斯蒂的蜜蜂》,巴黎,1954年。不过,在韦德勒那里,还缺乏那种把我们的诠释学兴趣引到自身上来的真正结论,因为韦德勒还总是——在对纯粹审美特性的批判中——把创作行为作为规范去把握,这种行为"先于作品而发生,但它同时深入到作品本身中,并且当我观看和领会作品时,我把握这种行为,我观看这种行为"(引自德文译本《缪斯之死》,第181页)。

合。自由的艺术家是没有任务感地进行创造的。他似乎正是通过他的创造的完全独立性而被标志的,并因而在社会上获得了某种局外人的典型特征,这种局外人的生活方式不是用公众伦理标准去衡量的。19世纪出现的艺术家生活放荡(Boheme)的概念就反映了这一过程。流浪人的家乡对于艺术家的生活方式来说就成了其类概念。

然而,"如鸟如鱼一般自由的"艺术家却同时受制于某种使他成为双重角色的使命。因为某个从其宗教传统中生发出来的教化社会对艺术所期待的,随即就要比在"艺术的立足点"上与审美意识相符合这一点多得多。浪漫派新神话的要求——如在F.施莱格尔、谢林、荷尔德林[148]以及青年黑格尔那里所表现的,⑱但同样富有生气地出现在例如画家龙格[149]的艺术探索和反思中——给予艺术家及其在世界中的使命以一种新圣职的意识。艺术家就如同一个"现世的救世主"(伊默曼[150]),他在尘世中的创作应当造就对沉沦的调解,而这种调解已成为不可救药的世界所指望的。自此以来,这种要求规定了艺术家在世界中的悲剧,因为这个要求找到的兑现,始终只是某种个别的兑现。实际上这只意味着对这种要求的否定。对新的象征或对某个新的维系一切的"传说"的实验性的探寻,虽然可能吸引一批公众在身边,并形成一团体,但由于每个艺术家都是这样找到他的团体,因而这种团体教化的个别性只证明不断发生着的崩溃。这只是统一一切的审美教化的普遍

---

⑱ 参见 Fr. 罗森茨威格[151]:《德国唯心论最早的体系纲要》,1917年,第7页。[参阅 R. 布勃纳的新版本,见《黑格尔研究》,副刊第9卷(1973年),第261—265页;以及 C. 雅姆和 H. 施奈德:《理性的神话》,法兰克福,1984年,第11—14页。]

形态。

教化的真正过程,即向普遍性提升的过程,在此似乎是自我崩溃的。"沉思性反思的能力,是运动在普遍性中,把每一种任意的内容置入所移来的视点中,并赋予这内容以思想",按照黑格尔,这就是不参与思想的真正内容的方式。伊默曼把这种精神向自身的自由涌入称之为某种耽于享乐的东西。[169] 他以此描述了歌德时代的古典文学和哲学所开创的局面,在这种局面中,仿效者发现了精神的一切已经存在的形态,并因而把教化的真正成就、对陌生物和粗野物的涤除,改换为对这些东西的享受。这样,创作一首好诗,就成了轻而易举的事情,而造就一位诗人,则成了困难重重的难事。

b) 对审美意识抽象的批判

现在让我们转向我们已描述其教化作用的审美区分概念,并且讨论审美特性概念(Begriff des Asthetischen)所包含的理论困难。直至"纯粹审美特性"被留下的抽象显然要被抛弃。我认为,这在那种想以康德式区分为出发点去发展一种系统美学的最彻底的尝试上得到了明确的表现,这一尝试是由理查德·哈曼[152]作出的。[170] 哈曼的尝试是卓绝的,因为他实际上返回到康德的先验意图,并因而消除了体验作为艺术唯一标准的片面用法。由于哈曼在审美要素存在的一切地方都同样地指出了这些要素,因而与目的相联系的特殊形式,如纪念碑艺术或广告艺术,也获得了其审美的正当性。

---

[169] 例如,在《仿效者》里。[参见我的论文"伊默曼的仿效者小说"(《短篇著作集》,第 2 卷,第 148—160 页)。也见我的著作集,第 9 卷。]

[170] 理查德·哈曼:《美学》,1921 年第 2 版。

但是，即使在这里哈曼也确立了审美区分的任务，因为他在那些特殊形式里详尽地区分了审美特性和审美特性存在于其中的非审美关系，就像我们在艺术经验之外还能讲到某人采取审美的态度一样。因而这就使美学问题又重新恢复了它的充分广度，并且又重新提出它的先验课题，这一先验课题过去是由于艺术的立足点及其关于美的假象和丑的现实的区分而被抛弃了的。审美体验对这一点即它的对象是真实的、还是不真实的，场景是舞台、还是生活，是无所谓的。审美意识具有一种不受任何限制的对一切事物的主宰权。

但是，哈曼的尝试在相反的方面却遭到了失败，即失败于艺术概念上。哈曼始终是如此宽泛地由审美特性领域中抽挤出艺术概念，以致这种艺术概念与精湛技艺相吻合。⑰ 这里"审美区分"被推到了极端。它甚至舍弃艺术而不顾。

哈曼所由之出发的美学基本概念是"感知的自身意味性"(Eigenbedeutsamkeit der Wahrnehmung)。显然，这个概念所表达的东西与康德关于与我们一般认识能力状况合目的的协调这一学说是一样的。对于康德来说，那种对认识来说是本质的概念标准即意义标准应被取消，同样，对于哈曼来说，也是这样。从语言上看，"具有意味性"(Bedeutsamkeit)乃是对意义(Bedeutung)的两次造就，这种造就把与某种特定意义的关联有意味地推到了不确定的领域。[153]一个东西是"具有意味的"(bedeutsam)，就是说它的意义是(未说出的，或者)未认识的。而"自身意味性"则更超出这一点。一个东西是具有自身意味的(eigenbedeutsam)，而不是具有

---

⑰ "艺术和技能"，参见《逻各斯》，1933年。

I 审美领域的超越

他物意味的(Fremdbedeutsam),就是说,它将根本断绝与那种可能规定其意义的东西的任何关联。这样一种概念能为美学提供一个坚实基础吗？难道我们能对某个感知使用"自身意味性"这一概念吗？难道我们必须否认审美"体验"概念有与感知相适应的东西吗,也就是说,我们必须否认审美体验也陈述了真实东西,因而与认识有关联吗？

事实上,我们回忆一下亚里士多德是有好处的。亚里士多德曾经指出,一切感觉(aisthēsis)都通向某个普遍性东西,即使每一个感觉都有其特定的范围,因而在此范围中直接给予的东西不是普遍的,情况也是如此。但是,这样一种对某个感觉所与的特殊感知正是一种抽象。实际上我们总是从某个普遍性东西出发去观看感官个别地给予我们的东西,例如把某个白色现象认作为某个人。[12]

反之,"审美的"观看确实有这样的特征,即它并不是匆忙地把所观看的事物与某个普遍性的东西、已知的意义、已设立的目的或诸如此类东西相联系,而是自身作为审美的东西逗留在所观看的事物中。但我们并没有因此而中断这样的观看关系,例如把我们在审美上赞赏的这个白色现象仍然视为一个人。我们的感知从来不是对诉诸于感官的事物的简单反映。

其实,新的心理学,尤其是舍勒[154]跟随 W. 柯勒、[155] E. 施特劳斯[156]、M. 魏特海姆[157]等人对所谓刺激-反应的纯粹知觉概念所进行的尖锐批判,[13]已经指出这个概念来源于一种认识论上的

---

⑫ 亚里士多德:《论灵魂》,425a25。
⑬ M. 舍勒:《知识形态和社会》,1926 年,第 397 页以下。[现在可参见《舍勒文集》,第 8 卷,第 315 页以下。]

独断论。刺激反应这个概念的真实意义只是某种正常的意义,即刺激反应乃是消除一切本能幻觉的最终极的理想结果,即某种大清醒的结果,这种清醒最终能使我们看到那里真实存在的东西,而不是本能幻觉所想象的东西。但是这意味着,由合适刺激概念所定义的纯粹感知只表现了某种理想的极限情况。

不过,对此还有第二点。即使被认为合适的感觉也从不会是对存在事物的一种简单的反映。因为感觉始终是一种把某物视为某物的理解。每一种把某物视为某某东西的理解,由于它是把视线从某某东西转向某某东西,一同视为某某东西,所以它解释了(artikuliert)那里存在的事物,而且所有那里存在的东西都能够再度处于某个注意的中心或者只是在边缘上和背景上被"一起观看"。因此,这一点是毫无疑义的,即观看作为一种对那里存在的事物的解释性的了解,仿佛把视线从那里所存在的许多东西上移开了,以致这些东西对于观看来说不再存在。然而,下面这一点也是同样确实的,即观看被其预想(Antizipation)引导着"看出了"根本不存在的东西。我们也可以想一下观看本身所具有的那种不改变倾向,以致我们始终尽可能精确地这样观看事物。

这种从实用经验出发对纯粹感知学说的批判,以后被海德格尔转变成根本性的批判。但是这个批判由此也适用于审美意识,尽管在此观看不是简单地"越过"所看到的东西,例如看到了该东西对某物的普遍适用性,而是逗留在所看到的东西上。逗留性的观看和觉察并不简单地就是对纯粹所看事物的观看,而始终是一种把某物视为某某东西的理解本身。"审美上"被观看事物的存在方式不是现成状态。[158] 凡涉及有意味性表现的地方,如在造型艺术的作品里,

I 审美领域的超越

只要这种表现不是无对象的抽象，意味性对于所看事物的了解来说就显然是主导性的。只有当我们"认识到"所表现的东西，我们才能"了解"一个形象，而且也只有这样，所表现的东西才基本上是一个形象。观看就是划分。只要我们还检试变动不居的划分形式，或者在这样的形式之间摇摆不定，如在某种字谜画那里，我们就还看不到存在的东西。字谜画仿佛是人为地使这种摇摆永恒化，它是观看的"痛苦"(Qual)。字谜画的情况类似于语言艺术作品。只要我们理解了某个文本——也就是说，至少把握了它所涉及的语言——该文本对我们来说才能是一部语言艺术作品。甚至当我们听某种纯粹的音乐，我们也必须"理解"它。并且只有当我们理解它的时候，当它对我们来说是"清楚的"时候，它对我们来说才作为艺术的创造物存在在那里。虽然纯粹的音乐是这样一种纯粹的形式波动，即一种有声的数学，并且不具有我们于其中觉察到的具体的意义内容，但对它的理解仍保存着一种对意义性事物的关联。正是这种关联的不确定性才构成了对这种音乐的特殊意义关系。[⑭]

[⑭] 我认为，最近格奥加德斯所作出的关于声乐和纯粹音乐之间关系的研究（《音乐和语言》，1954年）就证实了这种关系[现在可参见格奥加德斯的遗著《声音和声响》，格丁根，1985年]。在我看来，当代关于抽象艺术的讨论流于概念争吵，即陷入了一种关于"具象性的"和"非具象性的"抽象对立之中。其实抽象性这一概念本身就具有论辩性的色彩。但是，论辩总是以共同性为前提条件。所以，抽象艺术并不全然脱离与具象性的关系，而是在隐秘形式里把握这种关系。只要我们的观看是而且总是对对象的观看，事情就决不会不是这样。只有抛弃了那种实际指向"对象"的观看的习惯，我们才能具有一种审美的观看——并且我们所抛弃的东西，我们必须观看它，即必须留意它。伯思哈德·贝伦松的说法与此类似："我们一般标明为'观看'的东西，是一种合目的性的协调……""造型艺术是我们所看到的东西和我们所知道的东西之间的一种妥协"（"观看和认识"，载《新展望》，1959年，第55—77页）。

单纯的观看,单纯的闻听,都是独断论的抽象,这种抽象人为地贬抑可感现象。感知总是把握意义。因此,只是在审美对象与其内容相对立的形式中找寻审美对象的统一,乃是一种荒谬的形式主义,这种形式主义无论如何不能与康德相联系。康德用他的形式概念意指完全不同的东西。在他那里,形式概念是指审美对象的结构,它不是针对一部艺术作品的富有意义的内容,而是针对材料的单纯感官刺激。[15] 所谓具象性的内容根本不是有待事后成型的素材,而是在艺术作品里已被系之于形式和意义的统一体之中。

画家语言中经常使用的"主题"这一术语就能够明确解释这一点。主题既能是抽象的,又同样能是具象性的——从本体论看,它作为主题无论如何都是非材料性的(aneu hyles),但这决不是说,它是无内容的。其实,它之所以是一个主题,是因为它以令人信服的方式具有了一个统一体,并且艺术家必须把这个统一体作为某种意义的统一体去加以贯彻,完全就像接受者把它理解为统一体一样。众所周知,康德在这方面就讲到过"审美理念",对这种"审美理念"康德补充了"许多不可名状的东西"。[16][159] 这就是康德超越审美特性的先验纯正性和承认艺术特殊存在的方式。正如我们前面所指出的,康德还根本未想到避免纯粹审美愉悦本身的"理智化"。阿拉贝斯克不是他的审美理想,而只是一种方法论上的特殊事例。为了正确对待艺术,美学必须超越自身并抛弃审美特性的

---

[15] 参见前面所引鲁道夫·奥德布莱希特之处。康德由于受古典主义偏见的影响,把色彩整个地与形式相对立,并把色彩视为刺激。不过这对于认识到现代绘画是以色彩所构成的人来说,不再会有迷惑。

[16] 《判断力批判》,第 197 页。

I 审美领域的超越

"纯正性"。[17] 但是,美学由此就找到了一个真正坚实的地盘吗?在康德那里,天才概念具有先验的功能,正是通过这种先验功能,艺术概念才建立起来。我们已经看到,这个天才概念在康德的后继者那里是怎样扩充成为美学的普遍基础的。但是,天才概念真正有这种作用吗?

今天,艺术家的意识似乎是与这个概念相矛盾的。这就出现了一种所谓天才朦胧(Geniedämmerung)。天才用以进行创造的梦游般的无意识的想象——至少通过歌德对其诗兴创作方式的自我描述而能合法存在的一种想象——今天在我们看来,只是一种虚幻的浪漫情调。诗人保罗·瓦莱利[160]曾经用艺术家和工程师莱奥纳多·达·芬奇的标准去反对这种情调,在达·芬奇的独特天资中,手工艺、机械发明和艺术天才是不可分割地统一在一起的。[18] 反之,普通意识今天还是受18世纪的天才崇拜的影响,并且受我们认为是19世纪市民社会典型特征的艺术家气质神秘化的影响。这就证明了,天才概念基本上是由观赏者的观点出发而构造的。这个古典时代的概念并不是对创造者的精神,而是对评判者的精神来说,才具有说服力。对于观赏者来说表现为奇迹的

---

[17] "纯正性"的历史一定要谈一下。H.泽德尔迈尔(《现代艺术中的革命》,1955年,第100页)就指出过加尔文教的纯正主义和启蒙运动的自然神论。对于19世纪哲学概念语言起了决定性作用的康德,无疑是直接从古代毕达哥拉斯-柏拉图的纯正性学说出发的[参见G.莫洛维茨的"康德对柏拉图的理解",载《康德研究》,1935年]。柏拉图主义是所有近代"纯正主义"的共同根源吗?关于柏拉图的净化,可参阅维尔纳·施米茨(未出版的)在海德堡大学申请学位的博士论文:《作为净化的驳议和辩证法》(1953年)。

[18] 保罗·瓦莱利:"莱奥纳多·达·芬奇的方法引论及其附注",载《瓦莱利文集》,第1卷。

东西，即某种人们不可能设想某人能做出的东西，将通过天才灵感反映到神奇的创造中去。不过就创造者专注于自己本身，创造者也可能使用同样的理解形式，所以，18世纪的天才崇拜确实也是由创造者所造就的。[129] 但是创造者在自我神化里从未走到像市民社会所允许的那样远。创造者的自我理解仍是相当客观的。在观赏者寻求灵感、神秘物和深邃意义的地方，创造者所看到的乃是制作和能力的可能性和"技巧"的问题。[130]

如果我们考虑一下这种对于天才无意识创造性学说的批判，我们将看到自身又重新面临康德通过赋予天才概念的先验功能所已解决的问题。什么是一部艺术作品呢？艺术作品与手工产品，或与一般"制作物"，即与审美质量低劣的东西是怎样区分开来的呢？对于康德和唯心主义来说，艺术作品是被定义为天才的作品。艺术作品作为完美的出色物和典范的标志，就在于它为享受和观赏提供了一个源源不尽的逗留和解释的对象。享受的天才是与创造的天才相适应的，这一点在康德关于趣味和天才的学说中就已经讲过了，而且 K. Ph. 莫里茨和歌德还更加明确地指明了这一点。

现在，如果我们抛开天才概念，我们应当怎样思考艺术享受的本质，以及手工制作物和艺术创造物之间的差别呢？

一部艺术作品的完成，即它的实现，我们又应当怎样思考呢？通常被制作和生产的东西，都具有它们实现其目的的标准，

---

[129] 参见我对普罗米修斯象征的研究，即"论人类的精神历程"，1949年。[参见《短篇著作集》，第2卷，第105—135页；或我的著作集，第9卷。]

[130] 正是在这一点上，德苏瓦尔和其他人在方法论上有权要求"艺术家美学"。

I 审美领域的超越

也就是说,这些东西是由它们应当作出的用途所规定的。当所制作之物满足了规定给它的目的时,制作活动就结束了,所制作之物就完成了。[181] 但是,我们应当怎样思考一部艺术作品完成的标准呢?如果人们还想如此理智而冷静地观看艺术的"制作过程",那么许多我们称之为艺术作品的东西就根本不会为某种用途所规定,并且也根本没有一种据以衡量一部艺术作品是否实现这个目的的标准。作品的存在难道只是表现某个实际上超出该作品的塑造过程的中断吗?作品在自己本身中就根本不可完成吗?

事实上,保罗·瓦莱利就是这样看问题的。他也没有畏惧这样的结论,这结论对于面对一部艺术作品并试图理解它的人来说,便是由此而得出的。如果一部艺术作品在自己本身中不是可完成的这一点应是成立的话,那么接受和理解的合适性应于何处衡量呢?一个塑造过程的偶然而任意的中断不能包含任何受制约的东西。[182] 由此也就得出,艺术作品必须向接受者提供接受者于自身方面从当下作品中所得出的东西。所以理解一个创造物的方式并不比其他活动方式更少合法性。并不存在任何合适性标准。这不仅是指诗人本身不具有这样一种标准——这一点天才说美学将承认的,实际上,对作品的每一次接触都有新创造的地位和权利——

---

[181] 参见柏拉图对求知过程的解释,这个过程适用于使用者,而不适用于制作者。参见《理想国》,第 10 卷,601c。

[182] 这就是促使我进行歌德研究的兴趣所在,参见"论人类的精神历程",1949 年;也可参见 1958 年我在威尼斯所作的讲演:"审美意识置疑"(《美学评论》,III—AIII 期,第 374—383 页)。[该文重印于 D. 亨利希和 W. 伊泽尔编的《艺术理论》,法兰克福,1982 年,第 59—69 页。]

我认为这是一种站不住脚的诠释学虚无主义。如果瓦莱利为了回避天才无意识创造的神话,有时对其作品得出了这样的结论,[⑱]那么在我看来,他实际上是更加陷入了这种神话之中。因为他现在交付给读者和解释者的乃是他自己并不想行使的绝对创造全权。理解的天才实际上并不比创造的天才更能提供一个更好的指导。

如果人们不是从天才概念,而是从审美体验概念出发,也会出现同样的困境。这里,格奥尔格·冯·卢卡奇[161]的重要论文"美学中的主客体关系"[⑱]早已揭示了这一难题。他把一种赫拉克利特式的结构[162]归给了审美领域,想以此说明,审美对象的统一根本不是一种实际的所与物。艺术作品只是一种空洞的形式,即众多可能的审美体验的单纯会聚点,而在这些审美体验里只有审美对象存在在那里。正如人们所看到的,绝对的非连续性,即审美对象的统一体在众多体验中的瓦解,乃是体验说美学的必然结果。奥斯卡·贝克尔[163]跟随卢卡奇的思想直截了当地表述说:"从时间上看,作品只属于瞬间存在(也就是说,当下存在),它'现在'是这部作品,它现在已不再是这部作品。"[⑱]事实上,这一点是确实无疑的。把美学建立在体验中,这就导致了绝对的瞬间性(Punktualität),这种瞬间性既消除了艺术家与自身的同一性以及理解者或享受者

---

⑱ 《瓦莱利文集》,第3卷,对魅力的注释:"我的诗歌具有那种人们所赋予它的韵味。"

⑱ 参见《逻各斯》,第7卷,1917/1918年。瓦莱利附带地把艺术作品与某种化学催化剂作了比较(同上书,第83页)。

⑱ 奥斯卡·贝克尔:"美的消失和艺术家的冒险性",载《胡塞尔纪念文集》,1928年,第51页。[现在收入奥斯卡·贝克尔的《存在和本质》,普福林根,1963年,第11—40页。]

Ⅰ 审美领域的超越

的同一性,又摈弃了艺术作品的统一性。⑩

我认为克尔凯郭尔已经指明这种立场是站不住脚的,因为他认识到主观主义的毁灭性的结论,并且第一个描述了审美直接性的自我毁灭。克尔凯郭尔关于存在的审美状态的学说是从道德学家立场出发设计出来的,因为道德学家看到了在纯粹的直接性和非连续性中的存在将有怎样的危害性和荒谬性。因此,克尔凯郭尔的批判性尝试具有根本性的意义,因为在此对审美意识作出的批判揭示了审美存在的内在矛盾,以致审美存在不能不超出自己本身。由于存在的审美状态在自身中站不住脚,所以我们承认,艺术现象向存在提出了这样一项不可避免的任务,即面对每次审美印象挑战着的和使人入迷的现在(在场)去获得自我理解的连续性,因为只有这种连续性才可能支持人类的此在。⑩[164]

如果我们仍然试图对审美此在作出这样的一种存在规定,这种存在规定是在人类存在的诠释学连续性之外构造审美此在——那么正如我所主张的,克尔凯郭尔所进行的批判的合理性就会被抹杀。即使人们能够承认,在审美现象中,此在的历史性自我理解的界限是显然可见的——这种界限类似于那种表现自然性事物的界限,自然性事物作为精神的条件以许多不同的形式一起被置入于精神中,作为神话、作为梦幻、作为有意识生命的无意识先期形式而进入精神性事物中——我们仍未获得这样一个立足点,使我

---

⑩ 在 K. Ph. 莫里茨的《论美的形象性模仿》(1788 年)第 26 页上,我们已经读到这样的话:"作品在其诞生中有其最高目的,而在其演变中则达到了这种目的。"

⑩ 参见汉斯·泽德尔迈尔的"克尔凯郭尔论毕加索",载《言语和真理》,第 5 卷,第 356 页以下。

们能从其本身出发去观察限制和制约我们的东西,并且从外面去观察受如此限制和制约的我们。而且,我们的理解难以达到的东西,也将被认为是限制我们的东西,因而从属于人类此在于其中运动的自我理解的连续性。所以,对"美的消失和艺术家的冒险性"的认识,实际上并不是在此在的"诠释学现象学"之外对存在状况的描述,而是表述了这样一项任务,即面对审美存在和审美经验的这种非连续性去证明那种构成我们存在的诠释学的连续性。[18]

艺术的万神庙并非一种把自身呈现给纯粹审美意识的无时间的现时性,而是历史地实现自身的人类精神的集体业绩。所以审美经验也是一种自我理解的方式。但是所有自我理解都是在某个于此被理解的他物上实现的,并且包含这个他物的统一性和同一性。只要我们在世界中与艺术作品接触(Begegnen),并在个别艺术作品中与世界接触,那么艺术作品就不会始终是一个我们刹那间陶醉于其中的陌生的宇宙。我们其实是在艺术作品中学会理解我们自己,这就是说,我们是在我们此在的连续性中扬弃体验的非

---

[18] 我认为,奥斯卡·贝克尔对于"反本体论"(Paraontologie)的很有见识的想法似乎把海德格尔的"诠释学现象学"太多地视为一种内容论述,而太少地视为一种方法论述。从内容上看,奥斯卡·贝克尔本人在对问题的彻底反思中所达到的这种超本体论高度又完全返回到海德格尔在方法上所确立的基本点。这里又重演了那场围绕"自然"所展开的争论,在这场争论中,谢林仍被置于费希特知识学的方法论结论之下。如果超本体论草案承认自己具有补充的性质,它就必须使自己超出那种包含这两者的东西,而成为对海德格尔所开创的存在问题的真正度向的一种辩证的展示。当然,贝克尔如果是为了由此从本体论上规定艺术天才的主体性而详细说明审美问题的"超本体论的"(hyperontologische)度向,他是不会对海德格尔所开创的存在问题的真正度向作这样的认识的(参见他的最后一篇论文"艺术家和哲学家",载《具体理性——埃里希·罗特哈克纪念文集》)。[现在收入《存在和本质》这一卷中,普福林根,1963年,特别要参看第 67—102 页。]

连续性和瞬间性。因此对于美和艺术,我们有必要采取这样一个立足点,这个立足点并不企求直接性,而是与人类的历史性实在相适应。援引直接性、援引瞬间的天才、援引"体验"的意义并不能抵御人类存在对于自我理解的连续性和统一性的要求。艺术的经验并不能被推入审美意识的非制约性中。

这种消极的见解有积极的意义:艺术就是认识,并且艺术作品的经验就是分享这种认识。[165]

这样一来就出现了这样一个问题,我们如何能够正确对待审美经验的真理,以及如何能够克服随着康德的"审美判断力批判"而开始的审美特性的彻底主体化倾向。我们已经指明,把审美判断力完全系之于主体状态,乃是为了达到某个完全受限制的先验根据(这是康德所执行的)这一目的的一种方法抽象。如果这种审美抽象以后却是在内容上被理解,并被转变到"纯粹审美地"理解艺术的要求,那么我们现在就看到,这种旨在达到真正的艺术经验的抽象要求是如何陷入了一种不可解决的矛盾之中。

在艺术中难道不应有认识吗?在艺术经验中难道不存在某种确实是与科学的真理要求不同、但同样确实也不从属于科学的真理要求的真理要求吗?美学的任务难道不是在于确立艺术经验是一种独特的认识方式,这种认识方式一方面确实不同于提供给科学以最终数据、而科学则从这些数据出发建立对自然的认识的感性认识,另一方面也确实不同于所有伦理方面的理性认识、而且一般地也不同于一切概念的认识,但它确实是一种传导真理的认识,难道不是这样吗?

假如我们是像康德一样按照科学的认识概念和自然科学的实

在概念来衡量认识的真理，上述这些就很难得到承认。对于经验概念我们有必要比康德所理解的更广泛地加以领会，这样即使是艺术作品的经验也能够被理解为经验。对此任务，我们可以援引黑格尔的值得赞赏的《美学讲演录》。在那里，一切艺术经验所包含的真理内容都以一种出色的方式被承认，并同时被一种历史意识去传导。美学由此就成为一种在艺术之镜里反映出来的世界观的历史，即真理的历史。这样，正如我们所表述的，在艺术经验本身中为真理的认识进行辩护这一任务就在原则上得到了承认。

我们所信赖的"世界观"概念——这概念在黑格尔那里首先出现在《精神现象学》中，[18]用以表示康德和费希特对某个道德世界秩序的基本道德经验的假设性补充——只有在美学中才获得其真正的意义。正是世界观的多种多样和可能的变化，才赋予了"世界观"概念以我们所熟悉的声调。[19]不过，艺术史对此才是主要的事例，因为艺术史的多样性在指向真正艺术的进步目的的统一中没有被扬弃。当然，黑格尔只是通过下面这一点才能认可艺术真理，即他让领悟性的哲学知识超过艺术真理，并且从已完成的现时自我意识出发去构造世界观的历史，如世界史和哲学史。但是，只要由此远远超越主观精神领域，人们于此中所能看到的就不只是某种不合情理的东西。在这种超越中就存在着黑格尔思想

---

[18] 黑格尔：《精神现象学》，霍夫迈斯特编，第424页以下。

[19] "世界观"这个词（参见 A. 格策：《论快感》，1924年）最初保留有与"可感世界"（mundus sensibilis）的关系，甚至在黑格尔那里，由于它是指艺术，因而根本性的世界观也属于艺术的概念（《美学》，第2卷，第131页）。但是按照黑格尔的看法，世界观的规定性对于当代艺术家来说乃是某种过去的东西，因而世界观的多样性和相对性也就成了反思和内在性的事情。

I 审美领域的超越

的一个永恒的真理要素。当然，只要概念真理由此成了万能的，并且在自身中扬弃了所有经验，黑格尔哲学就同时否认其在艺术经验中所认可的真理之路。如果我们想维护这一真理之路自身的合理性，我们就必须在原则上对于什么是这里所述的真理作出解释。整个来说，对这一问题的答复必须在精神科学里找到。因为精神科学并不想逾越一切经验——不管是审美意识的经验，还是历史意识的经验，是宗教意识的经验，还是政治意识的经验——的多样性，而是想理解一切经验的多样性，但这也就是说，精神科学指望得到这许多经验的真理。我们还必须去探讨，黑格尔和"历史学派"所表现的精神科学的自我理解是怎样彼此相关的，以及他们两者在关于什么东西使得对精神科学的真理的合理理解有了可能这一问题上是如何彼此对立的。无论如何，我们不能从审美意识出发，而只能在精神科学这个更为广泛的范围内去正确对待艺术问题。

由于我们试图修正审美意识的自我解释并重新提出审美经验为之作证的艺术真理问题，我们在这方向就只迈出了第一步。对于我们来说，关键的问题在于这样去看待艺术经验，以致把它理解为经验。艺术经验不应被伪造成审美教化的所有物，因而也不应使它自身的要求失去作用。我们将看到，只要所有与艺术语言的照面（Begegnung）就是与某种未完成事物的照面，并且这种照面本身就是这种事物的一部分，艺术经验中就存在有某种广泛的诠释学结论。这就是针对审美意识及其真理问题的失效而必须加以强调的东西。

如果思辨唯心论想使自己提升到无限知识的立足点以便克服

那种建立在康德基础上的审美主观主义和不可知论,那么正如我们所看到的,有限性的这样一种可知论的自我解脱包含了把艺术弃置于哲学之中。我们将要确立的不是这种无限知识的立足点,而是有限性的立足点。我认为,海德格尔对近代主观主义的批判的建设性成果,就在于他对存在的时间性的解释为上述立足点开辟了特有的可能性。从时间的视域对存在的解释并不是像人们一再误解的那样,指此在是这样彻底地被时间化,以致它不再是任何能作为恒在(Immerseiendes)或永恒的东西而存在的东西,而是指此在只能从其自身的时间和未来的关系上去理解。假如海德格尔的解释是带有这样一种意思,那么它就根本不涉及对主观主义的批判和克服,而是涉及对主观主义的一种"生存论上的"彻底化,而对这种彻底化人们一定能预见到它的集体主义的未来。但是,这里所涉及的哲学问题恰恰是对这种主观主义本身所提出的。仅由于此,人们把主观主义推向极端,以便使它成为有疑问的。哲学问题是探讨什么是自我理解的存在。由于这个问题,哲学也就从根本上超越了这种自我理解的视域。由于哲学揭示了时间是自我理解的隐秘根基,因而哲学不是教导一种出自虚无主义绝望的盲目的义务,而是开启了一种迄今是封闭的、超越出自主观性的思维的经验,海德格尔把这种经验称之为存在(Sein)。

为了正确地对待艺术经验,我们必须首先着手于审美意识的批判。艺术经验确实自己承认,它不能以某个终极的认识对它所经验的东西给出完满的真理。这里既不存在任何绝对的进步,也不存在对艺术作品中事物的任何最终的把握。艺术经验自身深知

I 审美领域的超越

这一点。可是,同时我们也决不要简单地接受审美意识认为是它的经验的东西。因为,正如我们所看到的,审美意识在最终结论上仍把经验视为体验的非连续性。但是这个结论我们认为是不能接受的。

与此相反,我们对待艺术经验,不是追问它自身认为是什么,而是追问这种艺术经验真正是什么,以及什么是它的真理,即使它不知道它是什么和不能说它知道什么——就像海德格尔在与形而上学自身认为是什么的对立中去探问什么是形而上学一样。我们在艺术经验中看到了一种对作品的真正的经验,这种经验并不使制作它的人有所改变,并且我们探问以这种方式被经验的事物的存在方式。所以,我们可以指望更好地理解它是怎样一种我们在那里所见到的真理。

我们将看到,这样便同时开辟了一个领域,在这领域内,在精神科学所从事的"理解"中,真理的问题重新又被提了出来。⑲

如果我们想知道,在精神科学中什么是真理,我们就必须在同一意义上向整个精神科学活动提出哲学问题,就像海德格尔向形而上学和我们向审美意识提出哲学问题一样。我们将不能接受精神科学自我理解的回答,而是必须追问精神科学的理解究竟是什么。探讨艺术真理的问题尤其有助于准备这个广泛展开的问题,因为艺术作品的经验包含着理解,本身表现了某种诠释学现象,而且这种现象确实不是在某种科学方法论意义上的现象。其实,理

---

⑲ [参见"精神科学中的真理",载《短篇著作集》,第1卷,第39—45页;以及我的著作集,第2卷,第37页以下。]

解归属于与艺术作品本身的照面,只有从艺术作品的存在方式出发,这种归属才能够得到阐明。

II
艺术作品的本体论及其诠释学的意义

1. 作为本体论阐释主线的游戏

a) 游戏概念

我们选取曾在美学中起过重大作用的概念即游戏(Spiel)[166]这一概念作为首要的出发点。但是重要的是，我们要把这一概念与它在康德和席勒那里所具有的并且支配全部新美学和人类学的那种主观的意义分割开。如果我们就与艺术经验的关系而谈论游戏，那么游戏并不指态度，甚而不指创造活动或鉴赏活动的情绪状态，更不是指在游戏活动中所实现的某种主体性的自由，而是指艺术作品本身的存在方式。我们在对审美意识的分析中已经看到，把审美意识看成面对某个对象(Gegenüber)，这并不与实际情况相符合。这就是游戏概念为什么对我们来说显得重要的原因所在。

确实，游戏者的行为与游戏本身应有区别，游戏者的行为是与主体性的其他行为方式相关联的。因而我们可以说，游戏对于游戏者来说并不是某种严肃的事情，而且正由于此，人们才进行游戏。我们可以从这里出发去找寻对游戏概念的规定。单纯是游戏的东西,并不是严肃的。但游戏活动与严肃东西有一种特有的本质关联。这不仅是因为在游戏活动中游戏具有"目的",如亚里士多德所说的,它是"为了休息之故"而产生的。[19] 更重要的原因是,游戏活动本身就具有一种独特的、甚而是神圣的严肃。但是,在游戏着的行为中,所有那些规定那个活动着和忧烦着的此在的目的关系并不是简单地消失不见,而是以一种独特的方式被掺和(Verschweben)。游戏者自己知道,游戏只是游戏,而且存在于某个由目的的严肃所规定的世界之中。但是在这种方式中他并不知道,他作为游戏者,同时还意味着这种与严肃本身的关联。只有当游戏者全神贯注于游戏时,游戏活动才会实现它所具有的目的。使得游戏完全成为游戏的,不是从游戏中生发出来的与严肃的关联,而只是在游戏时的严肃。谁不严肃地对待游戏,谁就是游戏的破坏者。游戏的存在方式不允许游戏者像对待一个对象那样去对待游戏。游戏者清楚知道什么是游戏,知道他所做的"只是一种游戏",但他不知道他在知道这时他所"知道"的东西。

如果我们指望从游戏者的主观反思出发去探讨游戏本身的本质问题,那么我们所探讨的这个问题就找不到任何答案。[20] 因此

---

[19] 亚里士多德:《政治学》,第 8 卷,第 3 章,1337b39 等,通常参见《尼各马可伦理学》,第 10 卷,第 6 章,1176b33: παιειν ὅπως σπουδάζη καὶ Ἀνάχαροιν ὀρθῶς ἔχειν δοκει(人们从事劳动,紧张之余需要休息,游戏正是为了使勤劳的人得以休息)。

[20] 库特·里茨勒在其充满思辨色彩的《论美》一书中,坚持以游戏者的主体性为出发点,并因此坚持游戏与严肃的对立,以致游戏概念对他来说显得太狭窄了,他不得不说:"我们怀疑,儿童的游戏是否仅是游戏"以及"艺术的游戏不仅仅是游戏"(第 189 页)。

我们不探问关于游戏本质的问题,而是去追问这类游戏的存在方式问题。我们确实已经看到,必须成为我们思考对象的,不是审美意识,而是艺术经验以及由此而来的关于艺术作品的存在方式的问题。但是,艺术作品决不是一个与自为存在的主体相对峙的对象,这恰恰就是我们为反对审美意识的衡量水准而必须把握的艺术经验。艺术作品其实是在它成为改变经验者的经验中才获得它真正的存在。保持和坚持什么东西的艺术经验的"主体",不是经验艺术者的主体性,而是艺术作品本身。正是在这一点上游戏的存在方式显得非常重要。因为游戏具有一种独特的本质,它独立于那些从事游戏活动的人的意识。所以,凡是在主体性的自为存在没有限制主题视域的地方,凡是在不存在任何进行游戏行为的主体的地方,就存在游戏,而且存在真正的游戏。

游戏的主体不是游戏者,而游戏只是通过游戏者才得以表现。游戏这一语词的使用,首先是该语词的多种比喻性的使用,已经表明了这一点,比登迪伊克[167]就特别重视这种语词的多种比喻性的使用。⑲

这里比喻性的使用一如既往地具有一种方法论上的重要性。如果某个语词被转用到它本来并不隶属的应用领域,真正的"本来的"意义就会一下子清晰地表现出来。语言在这里预先造成一种抽象,这种抽象本身乃是概念分析的任务。思想就只需要充分利用这种预先造成。

另外,词源学也表现了同样的情况。当然,词源学是远不可

---

⑲ F.J.J.比登迪伊克:《游戏的本质和意义》,1933年。

靠的,因为词源学不是通过语言而是通过语言科学才造成抽象,这种抽象是完全不能通过语言本身、语言的实际应用而被证实的。因此,即使在符合词源学的地方,词源学也不是证据,而是概念分析的预先造成,只有在预先造成中词源学才找到它的坚固的根据。⑱

如果我们因为偏重所谓转借的意义而去考察游戏的语词史,那么情况是:我们是讲光线游戏、波动游戏、滚珠轴承中的机械零件游戏、零件的组合游戏、力的游戏、昆虫游戏甚至语词游戏。这总是指一种不断往返重复的运动,这种运动决不能系在一个使它中止的目的上。就连作为舞蹈的游戏这一语词的原始意义——这种意义还继续存在于各种各样的语词形式中(例如沿街奏乐者)——也与此相符合。⑲ 诚属游戏的活动决没有一个使它中止的目的,而只是在不断的重复中更新自身。往返重复运动对于游戏的本质规定来说是如此明显和根本,以致谁或什么东西进行这种运动倒是无关紧要的。这样的游戏活动似乎是没有根基的。游戏就是那种被游戏的或一直被进行游戏的东西——其中决没有任何从事游戏的主体被把握住。游戏就是这种往返重复运动的进行。所以,当我们谈论某种色彩游戏时,在这种情况里我们并不是指那里存在着一种在另一种色彩里从事游戏的个别色彩,而是指一种表现了五彩缤纷的统一过程或景象。

所以,游戏的存在方式并没有如下性质,即那里必须有一个从

---

⑱ 这种自明性一定是与那样一些人相对立的,那些人想从海德格尔的词源学手法批判其陈述的真理内涵。

⑲ 参见 J. 特里尔:《德国语言和文学历史论文集》,第 67 篇,1947 年。

Ⅱ 艺术作品的本体论及其诠释学的意义

事游戏活动的主体存在,以使游戏得以进行。其实,游戏的原本意义乃是一种被动式而含有主动性的意义(der mediale sinn)。所以我们讲到某种游戏时,说那里或那时有游戏"在玩"(spielt),有游戏在发生(sich abspielt),有游戏在进行(im Spiele ist)。[19]

在我看来,这种语言上的考察间接地表明了,游戏根本不能理解为一种人的活动。对于语言来说,游戏的真正主体显然不是那个除其他活动外也进行游戏的东西的主体性,而是游戏本身。我们只是这样习惯于把游戏这样的现象与主体性及其行为方式相关联,以致我们对语言精神的这种提示总是置之不顾。

不管怎样,最近的人类学研究也如此广泛地把握了游戏这一课题,以致这种研究似乎由此被导致由主体性出发的观察方式的边缘。赫伊津哈[168]曾经在所有文化中探寻游戏元素,并首先提出儿童游戏、动物游戏与宗教膜拜的"神圣游戏"的关联。这使他看到了游戏活动者意识中的特有的非决定性,这种非决定性使得我们绝对不可能在信仰和非信仰之间作出区分。"野蛮人自身绝不可能知道存在(Sein)和游戏(Spielen)之间的概念差别,他绝不可能知道同一性、图像或象征。因此我们是否通过把握原始时代

---

[19] 赫伊津哈(《游戏的人——论游戏的文化起源》,洛弗特出版社版,第43页)注意到下述语言事实:"尽管人们可以用德语说'ein Spiel treiben'(从事游戏),用荷兰文说'een spelletje doen'(进行游戏),但真正的动词乃是游戏(Spielen)本身,即人们游戏一种游戏(Man spielt ein Spiel)。换句话说,为了表现这种活动,名词中所包含的概念必须用动词来重复。就所有这类现象来看,这就意味着,这种行动具有如此特别和独立的性质,以致它根本不同于通常所说的那种活动。游戏决不是通常意义上的活动"——与此相应,"ein Spielchen machen"(玩一会儿游戏或起一会儿作用)这种说法也只是描述一种游戏时间的用法,根本不是描述游戏。

的游戏活动就最好地接近了野蛮人在其宗教行为中的精神状态,这还是一个问题。在我们的游戏概念中,信仰和想象的区分消失不见了。"[18]

这里,游戏相对于游戏者之意识的优先性基本上得到了承认,事实上,假如我们从游戏的被动见主动的意义出发,心理学家和人类学家要描述的那种游戏活动的经验也得到了新的阐明。游戏显然表现了一种秩序(Ordnung),正是在这种秩序里,游戏活动的往返重复像出自自身一样展现出来。属于游戏的活动不仅没有目的和意图,而且也没有紧张性。它好像是从自身出发而进行的。游戏的轻松性在主观上是作为解脱而被感受的,当然这种轻松性不是指实际上的缺乏紧张性,而只是指现象学上的缺乏紧张感。[19]游戏的秩序结构好像让游戏者专注于自身,并使他摆脱那种造成此在真正紧张感的主动者的使命。这也表现在游戏者自身想重复的本能冲动中,这种本能冲动在游戏的不断自我更新上表现出来,而游戏的这种不断的自我更新则铸造了游戏的形式(例如诗歌的叠句)。

游戏的存在方式与自然的运动形式是这样接近,以致我们可以得出一个重要的方法论结论。显然,我们不能说动物也在游戏,我们甚至也不能在转换的意义上说水和光在游戏。相反,我们只

---

[18] 赫伊津哈:《游戏的人——论游戏的文化起源》,第32页。[也可参见我的论文"自我理解问题",载《短篇著作集》,第1卷,第70—81页、第85页以下;或我的著作集,第2卷,第121页以下;以及"人和语言",载《短篇著作集》,第1卷,第93—100页,特别是第98页以下;或我的著作集,第2卷,第146页以下。]

[19] 里尔克在其第5篇"杜伊诺哀歌"中写道:"……在纯粹的不足为奇的变化之处——突然变成了那种空泛的充足。"

能说人也在游戏。人的游戏是一种自然过程。正是因为人是自然,并且就人是自然而言,人的游戏的意义才是一种纯粹的自我表现。所以,在此范围内区分真正的用法和比喻的用法,最终简直就成了无意义的了。

然而,正是首先从游戏的这种被动见主动的意义出发,才达到了艺术作品的存在的。就自然不带有目的和意图,不具有紧张感,而是一种经常不断的自我更新的游戏而言,自然才能呈现为艺术的蓝本。所以弗里德里希·施莱格尔写道:"所有神圣的艺术游戏只是对无限的世界游戏、永恒的自我创造的艺术作品的一种有偏差的模仿。"[20]

赫伊津哈所探讨的另一个问题,即竞赛的游戏特征,也可以从游戏活动的往返重复这一基本作用得到解释。当然,就竞赛者自己的意识来看,说他在游戏,对于竞赛者来说是不适合的。但是,往返重复的紧张运动正是通过竞赛而产生的,这种紧张运动使获胜者得以出现,并且使整个活动成为一种游戏。所以,从本质上说,往返重复运动显然属于游戏,以致在某种最终的意义上,根本不存在任何单纯自为的游戏(Für-sich-allein-Spielen)。因此游戏的情形就会是:尽管它无须有一个他者实际地参与游戏,但它必须始终有一个他者在那里存在,游戏者正是与这个他者进行游戏,而且这个他者用某种对抗活动来答复游戏者从自身出发的活动。所

---

[20] 弗里德里希·施莱格尔:《关于诗歌的对话》,参见 J. 米诺尔(Minor)编:《弗里德里希·施莱格尔早期文选》,1882 年,第 2 卷,第 364 页。[也可参见汉斯·艾希纳重新出版的 E. 贝勒编的施莱格尔校勘本第 1 编,第 2 卷,第 284—351 页,在新版本里是第 324 页。]

以玩耍的猫选择一团线球来玩,因为这线球参与游戏,并且,球类游戏的永存性就是依据于球的自由周身滚动,球仿佛由自身作出了令人惊异的事情。

这样,游戏在从事游戏活动的游戏者面前的优先性,也将被游戏者自身以一种独特的方式感受到,这里涉及了采取游戏态度的人类主体性的问题。而且,正是语词的非真实的应用,才对该语词的真正本质提供了最丰富的说明。这样我们对某人或许可以说,他是与可能性或计划进行游戏。我们以此所意指的东西是显而易见的,即这个人还没有被束缚在这样一种可能性上,有如束缚在严肃的目的上。他还有这样或那样去择取这一个或那一个可能性的自由。但另一方面,这种自由不是不要担风险的。游戏本身对于游戏者来说其实就是一种风险。我们只能与严肃的可能性进行游戏。这显然意味着,我们是在严肃的可能性能够超出和胜过某一可能性时才参与到严肃的可能性中去的。游戏对于游戏者所施以的魅力正存在于这种冒险之中。由此我们享受一种作出决定的自由,而这种自由同时又是要担风险的,而且是不可收回地被限制的。我们也许想到了复杂拼板游戏、单人纸牌游戏等。但这种情况也适合于严肃的事物。谁为了享有自己作出决定的自由而回避紧迫的决定,或周旋于那种他根本不想严肃对待、因而根本不包含因为选择它而使自己承担受其束缚的风险的可能性,我们就把他称之为游戏过度(Verspielt)的人。

由此出发,对于游戏的本质如何反映在游戏着的行为中,就给出了一个一般的特征:一切游戏活动都是一种被游戏过程(alles Spielen ist ein Gespieltwerden)。游戏的魅力,游戏所表现的迷惑力,正在于游戏超越游戏者而成为主宰。即使就人们试图实现自己提出的任务的那种游戏而言,也是一种冒险,即施以游戏魅力的东西是否"对",是否"成功",是否"再一次成功"。谁试图这样做,谁实际上就是被试图者(der Versuchte)。游戏的真正主体(这最明显地表现在那些只有单个游戏者的经验中)并不是游戏者,而是游戏本身。游戏就是具有魅力吸引游戏者的东西,就是使游戏者卷入到游戏中的东西,就是束缚游戏者于游戏中的东西。

这也表现在如下这一点上,即游戏具有一种自身特有的精神。[20] 可是这并不是指从事游戏的人的心境或精神状况。其实,在不同游戏的游戏活动中或者在对某种游戏的兴趣中所存在的这种情绪状态的差异性,乃是游戏本身差异性的结果,而不是其原因。游戏本身是通过它们的精神而彼此有别的。这并不依赖于任何其他东西,而只依据于游戏对于构成其实质的游戏反复运动预先有不同的规定和安排。预先规定游戏空间界限的规则和秩序,构成某种游戏的本质。这普遍地适用于有游戏出现的任何地方,例如适用于喷泉游戏或游玩着的动物。游戏借以表现的游戏空间,好像是被游戏本身从内部来量度的,而且这游戏空间更多地是通过规定游戏活动的秩序,而很少是通过游戏活动所及的东西,即通过外在地限制游戏活动的自由空间界域,来限定自身的。

在我看来,相对于这些普遍的规定,对于人类的游戏来说,富有特征的东西是它游戏某种东西(es etwas spielt)。这就是说,游

---

[20] 参见 F.G.云格尔:《游戏》。

戏所隶属的活动秩序,具有一种游戏者所"选择"的规定性。游戏者首先通过他想要游戏这一点来把他的游戏行为明确地与他的其他行为区分开来。但是,即使在游戏的准备过程中,游戏者也要进行他的选择,他选择了这一项游戏,而不选择那一项游戏。与此相应,游戏活动的游戏空间不单纯是表现自身(Sichausspielen)的自由空间,而是一种特意为游戏活动所界定和保留的空间。人类游戏需要它们的游戏场所。游戏领域的界定——正如赫伊津哈正确地强调的,[202]完全就像神圣区域的界定一样——把作为一种封闭世界的游戏世界与没有过渡和中介的目的世界对立起来。所有游戏活动都是玩味某物的活动(Etwas-Spielen),这首先在这些地方运用,即这里所安排的游戏反复活动被规定为一种行为,而且是一种脱离其他行为的行为。尽管游戏的真正本质在于使游戏的人脱离那种他在追求目的过程中所感到的紧张状态,然而游戏的人本身在游戏活动中仍是一个采取某种行为的人。由此就更进一步决定了游戏活动为什么总是玩味某物的活动。每一种游戏都给从事游戏的人提出了一项任务。游戏的人好像只有通过把自己行为的目的转化到单纯的游戏任务中去,才能使自己进入表现自身的自由之中。所以儿童在玩球时就向自己提出了任务,而且这个任务就是游戏的任务,因为游戏的真实目的根本不是解决这一任务,而是对游戏活动本身的安排和规定。

显然,游戏行为所表现的那种特有的轻快和放松依据于任务的特别性质,这种特别性质是与游戏任务相适应的,而且它形成于

---

[202] 赫伊津哈:《游戏的人——论游戏的文化起源》,第 17 页。

游戏任务的成功解决。

我们可以说，某个任务的成功"表现了轻快和放松"。这种说法在涉及游戏的地方特别易于理解，因为在那里任务的完成并没有指向一种目的关系。游戏确实被限制在表现自我上。因此游戏的存在方式就是自我表现（Selbstdarstellung）。而自我表现乃是自然的普遍的存在状态（Seinsaspekt）。我们今天知道，生物学的目的论观点对于理解生物的形成是何等不充分。[㉓] 这种情况也适用于游戏，光探讨游戏的生命功能和生物学目的的问题是极为不够的。游戏最突出的意义就是自我表现。

人类游戏的自我表现，尽管像我们所看到的那样，基于某种与游戏表面显出的目的相联系的行为之上，但是游戏的"意义"实际上并不在于达到这个目的。我们宁可说，游戏任务的自我交付实际上就是一种自我表现。游戏的自我表现就这样导致游戏者仿佛是通过他游戏某物即表现某物而达到他自己特有的自我表现。只是因为游戏活动总是一种表现活动，人类游戏才能够在表现活动本身中发现游戏的任务。因而就存在一种我们必须称之为表现游戏的游戏，不管这种游戏是在隐约的暗示意义关联中具有某种属于表现本身的东西（如"皇帝、国王、达官贵人"），或者游戏活动正在表现某种东西（例如孩子们玩汽车游戏）。

所有表现活动按其可能性都是一种为某人的表现活动。这样一种可能性被意指出来，这就构成了艺术的游戏性质里特有的东

㉓ 特别是阿道夫·波尔特曼在许多论文中作出了这种批评，并重新确立了形态学观察方法的合理性。

西。这里游戏世界的封闭空间仿佛就使它的一堵墙倒塌了。[204] 宗教膜拜游戏(Kultspiel)和观赏游戏(Schauspiel)[169]显然并不是像游戏儿童所表现的那样去表现的。膜拜游戏和观赏游戏在它们表现时并不出现,而是同时越过自身指向了那些观看性地参与到表现活动中去的人。这里游戏不再是对某一安排就绪的活动的单纯自我表现,也不再是有游戏儿童于其中出现的单纯的表现,而"为……表现着"。这里一切表现活动所特有的这种指向活动好像被实现了,并且对于艺术的存在就成为决定性的东西。

一般来说,游戏并不为某人而表现,也就是说,它并不指向观众,尽管游戏按其本质是一种表现活动,尽管游戏者是在游戏中表现自身的。儿童是自为地游戏,尽管他们进行表现活动。甚至那些在观众面前所表现的体育活动一类的游戏,也不指向观众。的确,这些游戏由于要成为竞赛表现而面临着使自己丧失作为竞赛游戏的真正游戏性质的危险。那种作为膜拜行为一部分的宗教仪式行列也许要比一般游行队伍更庞大,因为它们按照自身的意义可以容纳整个宗教信徒团体。然而宗教膜拜行为乃是为整个信徒团体的实际表现,而且观赏游戏(Schauspiel)同样也是一种本质上需要观众的游戏行为。因此,宗教膜拜仪式中的神的表现,游戏中的神话的表现,也不仅是这种意义上的游戏,即参加活动的游戏者全部出现在表现性的游戏中,并在其中获得他们的更好的自我表

---

[204] 参见鲁道夫·卡斯纳:《数和面部表情》,第161页以下。卡斯纳指出:"儿童和玩具娃娃的最奇特的一致性和双重性"是与此相联系的,即在此缺乏第4堵"一直打开的观众之墙"(如在宗教膜拜行为中)。我则相反地推断,正是这第4堵观众之墙才封闭了艺术作品的游戏世界。

II 艺术作品的本体论及其诠释学的意义

现,而且也是这种意义上的游戏,即游戏活动者为观众表现了某个意义整体。这实际上根本不是缺乏那个能变游戏为观赏的第4堵墙。我们宁可说,通向观众的公在(Offensein)共同构成了游戏的封闭性。只有观众才实现了游戏作为游戏的东西。[205]

这就是把游戏规定为一种主动性过程(ein mediale Vorgang)的重要性所在。我们已经看到,游戏并不是在游戏者的意识或行为中具有其存在,而是相反,它吸引游戏者入它的领域中,并且使游戏者充满了它的精神。游戏者是把游戏作为一种超过他的实在性来感受。这一点在游戏被"认为"是这种实在性本身的地方更为适用——例如,在游戏表现为"为观看者而表现"(Darstellung für den Zuschauer)的地方。

甚至戏剧(Schauspiel)也总是游戏,这就是说,戏剧具有成为某种自身封闭世界的游戏结构。但是宗教的或世俗的戏剧,尽管它们所表现的是一种完全自身封闭的世界,却好像敞开一样指向观赏者方面。在观赏者那里它们才赢得它们的完全意义。虽然游戏者好像在每一种游戏里都起了他们的作用,而且正是这样游戏才走向表现,但游戏本身却是由游戏者和观赏者所组成的整体。事实上,最真实感受游戏的,并且游戏对之正确表现自己所"意味"的,乃是那种并不参与游戏、而只是观赏游戏的人。在观赏者那里,游戏好像被提升到了它的理想性。

对于游戏者来说,这就意味着:游戏者并不像在每一种游戏中那样简单地起着(ausfüllen)他们的作用——游戏者其实是表演

---

[205] 参见本书第114页注释[204]。

(vorspielen)他们的作用,他们对观赏者表现他们自己。游戏者参与游戏的方式现在不再是由他们完全出现在游戏里这一点决定的,而是由他们是在与整个戏剧的关联和关系中起着作用这一点来决定的,在这整个戏剧中,应出现的不是游戏者,而是观赏者。这就是在游戏成为戏剧时游戏之作为游戏而发生的一种彻底的转变。这种转变使观赏者处于游戏者的地位。只是为观赏者——而不是为游戏者,只是在观赏者中——而不是在游戏者中,游戏才起游戏作用。当然,这倒不是说,连游戏者也不可能感受到他于其中起着表现性作用的整体的意义。观赏者只是具有一种方法论上的优先性:由于游戏是为观赏者而存在的,所以下面这一点是一目了然的,即游戏自身蕴涵某种意义内容,这意义内容应当被理解,因此也是可与游戏者的行为脱离的。在此,游戏者和观赏者的区别就从根本上被取消了,游戏者和观赏者共同具有这样一种要求,即以游戏的意义内容去意指(meinen)游戏本身。

即使在游戏共同体拒绝一切观赏者——这或许是因为游戏共同体反对艺术生活的社会性的团体化——的地方,情况也是如此,例如在所谓要在某种纯真的意义上去演奏的室内音乐中就是这样,因为这种室内音乐是为演奏者而不是为观众进行的。谁以这种方式演奏音乐,实际上他也就力求使音乐更好地"表现出来"(herauskommt),但这也就是说,他正是力求使音乐为某个想倾听的人存在在那里。艺术的表现按其本质就是这样,即艺术是为某人而存在的,即使没有一个只是在倾听或观看的人存在于那里。

b) 向构成物的转化与彻底的中介

我把这种促使人类游戏真正完成其作为艺术的转化称之为向构成物的转化(Verwandlung ins Gebilde)。只有通过这种转化,游戏才赢得它的理想性,以致游戏可能被认为和理解为构成物。只有至此,游戏才显示出好像与游戏者的表现性行为相脱离,并且存在于游戏者所游戏之物的纯粹现象之中。作为这种现象的游戏——以及即兴作品的非预定因素——原则上是可重复的,并且就这一点看又是持久的。这样,游戏就具有了作品(Werk)的特质,即 Ergon(产品)的特质,而不仅只是(作者的)某种现实活动(Energeia)。⑳ 在这种意义上,我就称游戏为一种构成物(Gebilde)。

然而,可这样地与游戏者的表现性行为相脱离的东西,仍然指向了表现。不过这种指向并不意味着这样一种意义的依赖性,即只有通过当时的表现者,也就是说,只从正表现着的人或正观赏着的人出发,而不是从作为该作品的创造者而被称为该作品真正作者的人即艺术家出发,游戏才获得其意义规定性。其实,游戏只有在所有艺术家面前才具有一种绝对的自主性,而这一点正应通过转化(Verwandlung)概念表示出来。

如果我们认真地把握了转化的意义,我们对艺术本质的规定性所应指出的东西就表现出来了。转化(Verwandlung)并不是变化(Veränderung),或一种特别大规模的变化。其实,对于变化,

---

⑳ 这里我援引了古典主义的区分,亚里士多德利用这种区分,从 $πρᾶεις$(行为)中分出了 $ποίησις$(创造)(《欧德米亚伦理学》,第 1 卷;《尼各马可伦理学》,A1)。

人们总是想到，在那里发生变化的东西同时又作为原来的东西而存在，并被把握。尽管变化可能是整体的变化，但它总是自身某个部分的变化。从类别上看，一切变化（alloiōsis）均属于质的领域，也就是属于实体的某种偶性的领域。反之，转化则是指某物一下子和整个地成了其他的东西，而这其他的作为被转化成的东西则成了该物的真正的存在，相对于这种真正的存在，该物原先的存在就不再是存在的了。如果我们发现某人似乎转化了，那么我们以此所指的正是，他好像已成为另外一个人。这里不可能存在一个从一物过渡到另一物的渐变过程，因为彼一物的存在正是此一物的消灭。所以向构成物的转化就是指，早先存在的东西不再存在。但这也是指，现在存在的东西，在艺术游戏里表现的东西，乃是永远真实的东西。

首先，主体性的出发点如何违背事实在这里也是明显的。原先的游戏者就是不再存在的东西——这样，诗人或作曲家都可算在游戏者之列。所有这些游戏者都不具有一种特有的自为存在（Für-sich-sein），对于这种自为存在，他们是这样把握的，即他们的游戏活动意味着他们"只在游戏"。如果我们从游戏者出发去描述他们的游戏活动是什么，那么游戏活动显然就不是转化，而是伪装（Verkleidung）。谁伪装，谁就不愿被认出，而是想表现为另一个人并且被视为另一个人。他希望，在别人的眼里他不再是他本人，而是被视为某个其他人。因此他不愿意人们猜出他或认出他。他装扮其他人，但是以我们在日常实际交往中游戏某物的方式，也就是说，我们单纯地作假，伪装自己并造成假象。从表面上看，这样进行游戏的人似乎否认了与自身的连续性。但实际上这意味着，他自为地把握了这种与自身的连续性，并且他只是蒙骗那些他对之作假的其他的人。

按照我们关于游戏本质所谈的一切，游戏本身与其中存在作假的游戏之间的这种主观区分，并不是游戏的真实性质。游戏本身其实是这样一种转化，即在那里从事游戏的人的同一性对于任何人来说都不继续存在。每个人只是探问：游戏应当是什么，那里什么东西被"意味"。游戏者（或者诗人）都不再存在，所存在的仅仅是被他们所游戏的东西。

但是，不再存在的东西首先是我们作为我们自己本身所生存于其中的世界。向构成物的转化并不简单地就是转到另一个世界。的确，构成物就是另一个自身封闭的世界，游戏就是在此世界中进行。但是只要游戏是构成物，游戏就仿佛在自身中找到了它的尺度，并且不按照任何外在于它的东西去衡量自身。所以，某种戏剧的行为——完全类似于宗教膜拜行为——简直是作为某种依赖于自身的东西而存在在那里。这种行为不再允许任何与实在的比较作为一切模仿相似性的隐秘标准。这种行为超出所有这类比较——并因此超出了这类行为是否完全真实的问题——因为某种超然的真理正是从这种行为得以表现的。甚至像哲学史公认的艺术存在等级论的最彻底的批判者柏拉图有时也不加区别地像谈论舞台上的喜剧和悲剧一样地谈论生活中的喜剧和悲剧。[20][170] 因为假如一个人知道去感知在他面前所发生的游戏的意义，这种[艺术和实在的]区分就消失了。戏剧所提供的快感在这两种情况里都

---

[20] 柏拉图：《斐利布斯篇》，50b。

是相同的：这种快感是认识的快感。

这样，我们称之为向构成物的转化的东西就获得了它的完满意义。这种转化是向真实事物的转化。它不是指使用巫术这种意义的变幻，变幻期待着解巫咒语，并将回归原来的东西，而转化本身则是解救，并且回转到真实的存在。在游戏的表现中所出现的，就是这种属解救和回转的东西，被揭示和展现的，就是曾不断被掩盖和摆脱的东西。谁知道去感知生活的喜剧和悲剧，谁就知道使自己摆脱目的的强烈影响，这种目的掩盖了与我们一起进行的游戏。

"实在"（Wirklichkeit）总是处于这样一种可能性的未来视域中，这种可能性是人们既期待又担忧的，但无论如何仍是未被确定的。因此实在总是这样的情形，即相互排斥的期望能被唤起，而这些期望又不是全部能实现。正是由于未来的不确定性允许了这样过多的期望，以致实在必然落在期望之后。如果现在某种意义关联在某个特殊的事例中是这样实际地完成和实现了，以致没有任何意义线索消失在空无中，那么这种实在本身就好像是一种戏剧。同样，谁能把整个实在看作一个所有东西于其中实现的封闭的意义区域，谁就能谈论生活本身的喜剧和悲剧。在这些把实在理解为游戏的情况里所出现的，是那种属于游戏的实在的东西，我们把这种东西称之为艺术的游戏。所有游戏的存在经常是兑现（Einlösung），纯粹的实现，即在自身中具有其目的（Telos）的实现（Energeia）。艺术作品的世界——在此世界中游戏是这样完全地表现于其整个过程中——事实上就是一种完全转化了的世界。每一个人正是通过这世界认识到存在的东

Ⅱ 艺术作品的本体论及其诠释学的意义 *167*

西究竟是怎样的事物。

因此转化概念应当表明我们称之为构成物的那些东西的独立和超然的存在方式。从这个概念出发，所谓的实在就被规定为未转化的东西，而艺术被规定为在其真理中对这种实在的扬弃。因此把一切艺术建立在 mimesis，即模仿概念基础上的古代艺术理论，显然是从这样一种游戏出发的，即作为舞蹈的游戏就是神性东西的表现。[208]

但是，如果我们看到了模仿（Nachahmung）中存在的认识意义，那么模仿概念可能只描述了艺术的游戏。所表现的东西是存在于那里——这就是模仿的最原始关系。谁模仿某种东西，谁就让他所见到的东西并且以他如何见到这个东西的方式存在于那里。当幼童操弄他所看到的东西，并以此确认自己本身存在时，他就模仿性地开始了游戏活动。就连亚里士多德所援引的儿童装扮快感，也不是一种为了让人猜出和认出其背后真相的自身隐藏活动、伪装活动，而是相反，它是这样一种表现活动，其中只有所表现的东西存在。孩童无论如何是不愿在其装扮的背后被人猜出。他希望他所表现的东西应当存在，并且，假如某种东西应当被猜出，那么被猜出的东西正是他所表现的东西。应当被再认识的东西，就是现在"存在"的东西。[209]

---

[208] 参见柯勒的最新研究：《模仿》，1954 年，这个研究证实了模仿和舞蹈的原始联系。

[209] 亚里士多德：《诗学》，第 4 章，尤其是 1448b16："συλλογίζεσθαι τί ἕκαστον, οἷον οὗτος ἐκεῖνος"（看图画而感到愉快，其理由就在于我们在看它的时候，同时也是在学习着——认识着事物的意义）。

我们由这种思考就可确认：模仿的认识意义就是再认识（Wiedererkennung）。但什么是再认识呢？只有对现象更精确的分析才会完全清楚地向我们解释我们所谈及的表现活动的存在意义。众所周知，亚里士多德曾经强调过，艺术家的表现甚至使不愉快的东西令人愉快地显现出来。[210][171] 康德也因为艺术能使丑的东西显现为美的东西，从而把艺术定义为对事物的美的表象。[211][172] 但是这种美的艺术显然不是指做作性（Künstlichkeit）和技巧性（Kunstfertigkeit）。并不像对杂技表演家那样，我们对于用以制作某物的技巧并不感到惊叹。对于这种技巧我们只有附带的兴趣，正如亚里士多德所明确说过的。[212] 我们在一部艺术作品中所真正经验到的和所指望得到的，其实是这作品的真实性如何，也就是说，我们如何在其中更好地认识和再认识事物和我们自己本身的。

如果我们对于再认识只是看到，我们已经认识的某种东西又重新地被认识，也就是说，已认识的东西又被重新再认识，那么再认识按照其最深层本质来说究竟是什么，这一问题仍没有被理解。再认识所引起的快感其实是这样一种快感，即比起已经认识的东西来说有更多的东西被认识。在再认识中，我们所认识的东西仿佛通过一种突然醒悟而出现并被本质地把握，而这种突然醒悟来自完全的偶然性和制约这种东西的情况的变异性。这种被本质地把握的东西被认作某种东西。

这里我们达到了柏拉图主义的中心论点。柏拉图曾在其灵魂

---

[210] 《诗学》，1448b10。

[211] 康德：《判断力批判》，§48。

[212] [亚里士多德：《诗学》，第4章，1448b10以下。]

轮回说里把再回忆的神秘观念与其辩证法的途径连在一起思考，这种辩证法是在 Logoi 中，即在语言的理想性中探寻存在的真理。[23] 实际上，这样一种本质唯心论已存在于再认识的现象中。"被认识的东西"只有通过对它的再认识才来到它的真实存在中，并表现为它现在所是的东西。作为再认识的东西，它就是在其本质中所把握的东西，也就是脱离其现象偶然性的东西。这也完全适用于游戏中那样一种相对于表现而出现的再认识。这样一种表现舍弃了所有那些纯属偶然的非本质的东西，例如表演者自身的个别存在。表演者完全消失在对他所表现的东西的认识中。但是被表现的东西，著名的神话传说事件，通过表现仿佛被提升到其有效的真理中。因为是对真实事物的认识，所以表现的存在就比所表现的素材的存在要多得多，荷马的阿希里斯的意义要比其原型的意义多得多。[24]

我们所探讨的原始的模仿关系，因而不仅包含所表现的东西存在于那里，而且也包含它更真实地出现在那里。模仿和表现不单单是描摹性的复现（Wiederholung），而且也是对本质的认识。因为模仿和表现不只是复现，而且也是"展现"（Hervorholung），所以在它们两者中同时涉及了观赏者。模仿和表现在其自身中就包含对它们为之表现的每一个人的本质关联。

的确，我们还可以更多地指出：本质的表现很少是单纯的模仿，以致这种表现必然是展示的（zeigend）。谁要模仿，谁就必须

---

[23] 柏拉图：《斐多篇》，第 73 页以下。
[24] ［参见 H. 库恩：《苏格拉底——关于形而上学起源的试探》，柏林，1934 年。］

删去一些东西和突出一些东西。因为他在展示,他就必须夸张,而不管他愿意或不愿意[所以在柏拉图理念说里 aphhairein(删去)和 synhoran(突出)是联系在一起的]。就此而言,在"如此相像"的东西和它所想相像的东西之间就存在一种不可取消的存在间距。众所周知,柏拉图就曾经坚持这种本体论的间距,即坚持摹本(Abbild)对原型(Urbild)的或多或少的落后性,并从这里出发,把艺术游戏里的模仿和表现作为模仿的模仿列入第三等级。[215][173]不过,在艺术的表现中,对作品的再认识仍是起作用的,因为这种再认识具有真正的本质认识的特征,并且正是由于柏拉图把一切本质认识理解为再认识,亚里士多德才能有理由认为诗比历史更具有哲学性。[216]

因此,模仿作为表现就具有一种卓越的认识功能。由于这种理由,只要艺术的认识意义无可争议地被承认,模仿概念在艺术理论里就能一直奏效。但这一点只有在我们确定了对真实事物的认识就是对本质的认识的时候才有效,[217]因为艺术是以一种令人信服的方式服务于这种认识。反之,对于现代科学的唯名论以及它的实在概念——康德曾根据这一概念在美学上得出了不可知论的

---

[215] 柏拉图:《理想国》,第 10 卷。[参阅"柏拉图与诗人"(1934 年),见我的著作集第 5 卷。]

[216] 亚里士多德:《诗学》,第 9 章,1451b6。

[217] 安娜·图玛金已很详尽地指出 18 世纪的艺术理论中从"模仿"向"表现"(Ausdruck)的过渡(《纪念塞缪尔·辛格文集》,1930 年)。[参见 W. 拜尔瓦尔特《海德堡科学院会议报告》,1980 年,第一编论文集)。新柏拉图主义的概念 ἐκτύπωσις(摹本)成为它自身的"表现":Petrarca。参见本书第 341 页、第 471 页以及补注Ⅵ,该附录现收入我的著作集,第 2 卷,第 384 页以下。]

结论——来说,模仿概念却失去了其审美的职责。

美学的这种主体性转变的困境对我们来说成为明显的事实之后,我们看到自己又被迫退回到古代的传统上去了。如果艺术不是一簇不断更换着的体验——其对象有如某个空洞形式一样时时主观地被注入意义——"表现"就必须被承认为艺术作品本身的存在方式。这一点应由表现概念是从游戏概念中推导出的这一事实所准备,因为自我表现是游戏的真正本质——因此也就是艺术作品的真正本质。所进行的游戏就是通过其表现与观赏者对话,并且因此,观赏者不管其与游戏者的一切间距而成为游戏的组成部分。

这一点在宗教膜拜行为这样一种表现活动方式上最为明显。在宗教膜拜行为这里,与教徒团体的关联是显然易见的,以致某个依然那样思考的审美意识不再能够主张,只有那种给予审美对象自为存在的审美区分才能发现膜拜偶像或宗教游戏的真正意义。没有任何人能够认为,执行膜拜行为对于宗教真理来说乃是非本质的东西。

同样的情况也以同样的方式适合于一般的戏剧(Schauspiel)和那些属于文学创作的活动。戏剧的表演同样也不是简单地与戏剧相脱离的,戏剧的表演并非那种不属于戏剧本质存在、反而像经验戏剧的审美体验那样主观的和流动的东西。其实,在表演中而且只有在表演中——最明显的情况是音乐——我们所遇见的东西才是作品本身,就像在宗教膜拜行为中所遇见的是神性的东西一样。这里游戏概念的出发点所带来的方法论上的益处是显而易见的。艺术作品并不是与它得以展现自身的机缘条件的"偶然性"完全隔绝的,凡有这种隔绝的地方,结果就是一种降低作品真正存在的抽象。作品本身是属于它为之表现的世界。戏剧只有在它被表演的地方才是真正存在的，尤其是音乐必须鸣响。

所以我的论点是，艺术的存在不能被规定为某种审美意识的对象，因为正相反，审美行为远比它对自身的意识要多。审美行为乃是表现活动中出现的存在事件的一部分，而且本质上属于作为游戏的游戏。

这将得出哪些本体论上的结论呢？如果我们这样地从游戏的游戏特质出发，对于审美存在的存在方式的更接近的规定来说有什么结果呢？显然，戏剧（观赏游戏）以及由此被理解的艺术作品决非一种游戏藉以自由实现自身的单纯规则图式或行为法规。戏剧的游戏活动不要理解为对某种游戏要求的满足，而要理解为文学作品本身进入此在的活动（das Ins-Dasein-Treten der Dichtung selbst）。所以，对于这样的问题，即这种文学作品的真正存在是什么，我们可以回答说，这种真正存在只在于被展现的过程（Gespieltwerden）中，只在于作为戏剧的表现活动中，虽然在其中得以表现的东西乃是它自身的存在。

让我们回忆一下前面所使用的"向构成物的转化"这一术语。游戏就是构成物——这一命题是说：尽管游戏依赖于被游戏过程（Gespieltwerden，或译被展现过程），但它是一种意义整体，游戏作为这种意义整体就能够反复地被表现，并能反复地在其意义中被理解。但反过来说，构成物也就是游戏，因为构成物——尽管它有其思想上的统一——只在每次被展现过程中才达到它的完全存在。我们针对审美区分的抽象所曾经想强调的东西，正是这两方面的相互联系。

我们现在可以对这种强调给以这样的形式，即我们以"审美无

Ⅱ 艺术作品的本体论及其诠释学的意义

区分"(die ästhetische Nichtunterscheidung)反对审美区分,反对审美意识的真正组成要素。我们已看到,在模仿中被模仿的东西,被创作者所塑造的东西,被表演者所表现的东西,被观赏者所认识的东西,显然就是被意指的东西——表现的意义就包含于这种被意指的东西中——以致那种文学作品的塑造或表现的活动根本不能与这种被意指的东西相区别。而在人们作出这种区分的地方,创作的素材将与创作相区别,文学创作将与"观点"相区别。但是这种区分只具有次要性质。表演者所表现的东西,观赏者所认识的东西,乃是如同创作者所意指的那样一种塑造活动和行为本身。这里我们具有一种双重的模仿:创作者的表现和表演者的表现。但是这双重模仿却是一种东西:在它们两者中来到存在的乃是同一的东西。

我们可以更确切地说:表演的模仿性表现把文学创作所真正要求的东西带到了具体存在(Da-Sein)。某种作为人们在艺术游戏中所认识的真理统一体的双重无区别,是和文学创作与其素材、文学创作与表演之间的双重区别相符合的。如果我们从起源上去考察一下作为一部文学创作基础的情节,那么,这种区别是脱离文学创作的实际经验的,同样,如果观赏者思考一下表演背后所蕴涵的观点或作为这种表演的表现者的成就,那么这种区别也是脱离戏剧表演的实际经验的。而且,这样一种思考就已经包含了作品本身与它的表现之间的审美区分。但是,在某人面前所表演的悲剧的或喜剧的场面究竟是在舞台上还是在生活中出现——如果我们只是观赏者,那么正如我们所看到的,这一问题对于这种经验内容来说,甚至是无关紧要的。我们称之为构成物的东西,只是这样一种表现为意义整体的东西。这种东西既不是自在存在的,也不是在一种对它来说是偶然的中介中所能经验到的,这种东西是在此中介中获得了其真正的存在。

尽管这样一种构成物的多种多样的表演或实现还是要返回到游戏者的观点上去——但就连游戏者的观点也不总是封闭于其自认为的意见的主观性中,而是实实在在地存在于这多种多样的表演或实现之中。所以这根本不是一个关于观点的单纯主观的多样性的问题,而是一个关于作品自身存在可能性的问题,作品似乎把其自身陈列于它的多种多样的方面之中。

因此,我们不应否认,这里对于审美反思来说存在一个可能的出发点。在同一游戏的不同表现里,我们可以区分某一中介方式和其他的中介方式,就像我们可以用不同的方式去思考那些理解不同种类艺术作品的条件一样——例如,我们可以从这样一些问题出发去观察一幢建筑物:该建筑物是怎样"展现"它自身的,或它的周围环境应当怎样看,或者当我们面临修复一幅绘画的问题的时候。在所有这些情况里,作品本身是与它们的"表现"相区分的,[218]但是,如果我们把表现中可能出现的变异视为任意的和随便的,那么我们就忽视了艺术作品本身的制约性。实际上,表现中出

---

[218] 一个具有特殊意义的问题是,我们是否不应当在塑造过程本身中以同一意义去看待对作品已有的审美反思。不可否认,创作者在构思他的作品的观念时可能考虑、批判地比较和评判该作品组织构造的各种可能性。可是这种寓于创作本身的谨慎思考,在我看来,是与那种可能对作品本身进行的审美反思和审美批判完全不同的。虽然很有可能,成为创作者思考对象的东西,即塑造可能性,也可能是审美批判的出发点。但是,即使在创作反思和批判反思具有这种内容一致性的情况里,标准也是不同的。审美批判的基础在于破除统一理解,而创作者的审美思考则指向构造作品统一性本身。以后我们将看到,这种观点对于诠释学有哪些结论。

如果我们使创造过程和再创造过程同时在观念中进行,那么我认为,这始终是一种出自趣味说美学和天才说美学的错误的心理至上主义的残余。由此我们就看不到那种超出创作者和鉴赏者的主观性的事件,而这种事件正表现了一部作品的成功。

II 艺术作品的本体论及其诠释学的意义

现的可能变异全都服从于"正确的"表现这一批判性的主导标准。[19]

我们也许把这一点作为现代戏剧里的一种传统来认识,这种传统是以一次上演、一个角色的创造或一次音乐表演的实践而开创的。这里不存在任何随意的安排,或一种单纯的观点改变,而只有一种由不断遵循范例和创造性改变所形成的传统,每一种新的尝试都必须服从这种传统。对此传统就连再创造的艺术家也具有某种确切的意识。再创造的艺术家怎样接触一部作品或一个角色,这无论如何总是与从事同一活动的范例有关。但是这里所涉及的决不是一种盲目的模仿。虽然由伟大的演员、导演或音乐家所创造的传统总是作为典范而有效,但它并不是自由创造的一种障碍,而是与作品本身融合在一起,以致在促进每个艺术家的创造性的再塑造方面,对这个典范的研讨并不比对作品本身的研讨来得少。再创造的艺术具有这样的独特性,即它所要从事的那些作品对于这种再塑造是明显地开放的,并且因此使艺术作品的同一性和连续性显而易见地向着未来敞开了。[20]

---

[19] 虽然我认为 R. 英加登[174]对于文学艺术作品的"图式论"的分析太少地为人重视,但当他(在其"对审美价值判断问题的评注",载《美学评论》,1959 年)在"审美对象"的具体化过程中看到艺术作品的审美评价的活动余地时,我是不同意他的。审美对象并不是在审美的理解体验中构成,而是艺术作品本身通过它的具体化和创作过程在其审美的质量里被经验的。在这方面我与 L. 帕雷松的"形式活力"(formativita)美学完全一致的。

[20] 我们以后将表明,这并不仅限于再创造的艺术,而是包括了每一种艺术作品,甚至可以说包括了每一种意义构成物(Sinngebilde),只要这些作品和构成物被引起新的理解。[参见本书第 165 页以下讨论文学的界限以及以"生命"的普遍意义作为意义的暂时构造的论题。参见"在现象学和辩证法之间——一种自我批判的尝试",载我的著作集,第 2 卷,第 3 页以下。]

这里用以衡量某物是否"正确表现"的尺度或许是一种极其灵活和相对的尺度。但是表现的制约性并不由于它必须放弃一种固定的尺度而减少。所以我们确实不会允许对一部音乐作品或一个剧本的解释有这样的自由，使得这种解释能用固定的"原文"去制造任意的效果，而且我们也会相反地把那种对于某一特定解释——例如由作曲家指挥的唱片灌制或从最初一场典范演出而制定的详细表演程式——的经典化做法视为对某种真正解释使命的误解。一种这样被追求的"正确性"是不符合于作品本身的真正制约性的，作品本身的这种制约性以一种自身特有的和直接的方式制约了每一个解释者，并且不允许解释者通过对原型的单纯模仿而减轻自己的责任。

把再创造的选择"自由"限制在外表形式或边缘现象上，而没有更多地既是制约性地同时又是自由地去思考某个再创造的整体，这显然是错误的。解释在某种特定的意义上就是再创造（Nachschaffen），但是这种再创造所根据的不是一个先行的创造行为，而是所创造的作品的形象（Figur），解释者按照他在其中所发现的意义使这形象达到表现。因此历史化的表现，如用古代乐器演奏的音乐，就不是像它们所要求的那样是如实的。它们由于作为模仿的模仿而处于"与真理隔着三层远"（柏拉图语）的危险中。

鉴于我们的历史存在所表现的有限性，那种认为唯一正确的表现的观念似乎具有某种荒谬的东西。对于这一点我们还要在其

II 艺术作品的本体论及其诠释学的意义

他地方加以论述。[20] 每一种表现都力求成为正确的表现这一明显的事实,在这里仅作为这样一种证明,即中介活动(Vermittlung)和作品本身的无区别就是作品的真正经验。与此相应的,审美意识一般只能够以一种批判的方式,也就是在这种中介失效的地方,去实现作品和它的中介之间的审美区分。中介活动按其观念乃是一种彻底的中介活动。

彻底的中介意味着,中介的元素作为中介的东西而扬弃自身。这就是说,作为这种中介的再创造(例如戏剧和音乐,但也包括史诗或抒情诗的朗诵)并不成为核心的东西(thematisch),核心的东西是,作品通过再创造并在再创造中使自身达到了表现。我们将会看到,同样的情况也适合于建筑物和雕塑品得以表现自身的呈现性质(Zugangscharakter)和照面性质(Begegnungscharakter)。在这里,这样一种呈现本身也没有成为核心的东西,但也不能相反地说,我们为了把握作品本身必须抛开这些生命关联(Lebensbezügen)。作品存在于这些生命关联本身之中。作品产生于过去时代——作品正是作为从过去时代延续下来的文物耸立于现代之中——这一事实还远没有使作品的存在成为某种审美的或历史的意识的对象。作品只要仍发挥其作用,它就与每一个现代是同时的。的确,即使作品还仅仅作为艺术品在博物

I 126

---

[20] [H. R. 尧斯提出的接受美学[175]已包含这种观点,但是他由于过分强调这一点以致陷入了他本不愿意的德里达的"解构主义"(Dekonstruktion)的边缘。[176]参阅我的论文"文本和解释"(我的著作集,第 2 卷,第 330 页以下)以及"解毁(Destruktion)与解构(Dekonstruktion)"(我的著作集,第 2 卷,第 361 页以下),我在"在现象学和辩证法之间——一种自我批判的尝试"一文中已指出这一点(我的著作集,第 2 卷,第 3 页以下)。]

馆里有一席之地,它也没有完全与自身相分离。一部艺术作品不仅从不完全丧失其原始作用的痕迹,并使有识之士可能有意识地重新创造它,——而且在陈列的画廊里得其寄生之地的艺术作品还一直是一个特有的根源。作品使其自身发挥效力,而且它用以这样做的方式——即"致死"其他的作品或很好地利用其他作品以充实自身——也仍然是它自身的某种东西。[177]

我们要探究在时间和情况的变迁过程中如此不同地表现自己的这种作品自身(dieses Selbst)的同一性究竟是什么。这种作品自身在变迁过程中显然并不是这样被分裂成各个方面,以致丧失其同一性。作品自身存在于所有这些变迁方面中。所有这些变迁方面都属于它。所有变迁方面都与它共时的(gleichzeitig)。这样就提出了对艺术作品作时间性解释的任务。

c) 审美存在的时间性

这是一种什么样的同时性呢?属于审美存在的究竟是什么样的一种时间性呢?人们一般把审美存在的这种同时性和现在性称之为它的无时间性。但是我们的任务则是要把这种无时间性与它本质上相关的时间性联系起来加以思考。无时间性首先无非只是一种辩证规定,这种规定一方面立于时间性的基础上,另一方面又处于与时间性的对立中。甚至有关两种时间性的说法,即一种历史的时间性和一种超历史的时间性——例如,泽德尔迈尔[178]紧跟巴德尔[179]之后,并依据博尔诺[180],试图用这两种时间性去规定艺术作品的时间性㉒——也没有超出这两者之间的辩证对立。超历史的、"神圣的"时间——在此时间中,"现在"不是短暂的瞬间,而是时间的充满——是从"生存状态的"时间性出发而被描述的,尽管它可能是稳妥性、轻快性、纯洁无邪或任何它应推重的性质。如果我们遵循事实而承认,"真正时间"(die Wahre Zeit)就呈现于历史存在的"现象时间"(Schein-Zeit)之中,上述这两种时间的对立是如何地不充分恰恰就表现出来了。真正时间的这样一种呈现显然具有一种耶稣显灵的性质,但这意味着,这样一种呈现对于经验着的意识来说,不会具有连续性。

事实上,这里又重新出现了我们上面所描述的审美意识的困境。因为正是连续性才造就了对每一种时间的理解,即使是对艺术作品的时间性也是这样。这里,海德格尔对于时间视域的本体论阐述所遭到的误解,引起了不良的后果。人们没有把握对于此在进行生存论分析的方法论意义,而是把这种由忧烦直到死亡的进程、即由彻底的有限性所规定的此在的生存论上的历史时间性作为理解存在的许多可能性中的一种方式看待,并且忘记了正是理解本身的存在方式在这里被揭示为时间性。把艺术作品的真正的时间性作为"神圣的时间"从正在消失着的历史时间中分离出来,实际上仍然是人类有限的艺术经验的一种简单的反映。只有一种《圣经》里的时间神学——这种神学不知道从人类的自我理解立场出发,而只知道从神的启示出发——才有可能讲到某种"神圣

I 127

㉒ 汉斯·泽德尔迈尔:《艺术与真理》,罗沃尔特版《德国百科全书》,第 71 卷,1958 年,第 140 页以下。

的时间",并且从神学上确认艺术作品的无时间性和这种"神圣的时间"之间的类似。没有这种神学的确认,讲"神圣的时间"就掩盖了真正的问题,这问题并不在于艺术作品的脱离时间性,而在于艺术作品的时间性。

这样,我们就再次提出我们的问题:什么是审美存在的时间性呢?[22]

我们的出发点是:艺术作品就是游戏,也就是说,艺术作品的真正存在不能与它的表现相脱离,并且正是在表现中才出现构成物的统一性和同一性。艺术作品的本质就包含对自我表现的依赖性。这意味着,艺术作品尽管在其表现中可能发生那样多的改变和变形,但它仍然是其自身。这一点正构成了每一种表现的制约性,即表现包含着对构成物本身的关联,并且隶属于从这构成物而取得的正确性的标准。甚至某种完全变形了的表现这种极端情形也证实了这一点。只要表现是指构成物本身的表现,并且作为构成物本身的表现被判断,表现就被认为是变形。表现就是以一种不可摆脱、无法消除的方式具有复现同一东西的特质。这里复现(Wiederholung)当然不是指把某种东西按原来的意义复现出来,即把某个东西归之于原本的东西。每一种复现对于作品本身其实同样是本源的。

---

[22] 对于下面的论述,人们可以参阅 R. 克伯勒和 G. 克伯纳在《论美及其真理》(1957年)一书里的卓绝分析。我本人是在完成了我的著作之后才知道这个分析的。参见《哲学周刊》,第7期,第79页的简讯。[现在我已对此有了阐述:"论空和充满的时间"(《短篇著作集》,第3卷,第221—236页,现收入我的著作集,第4卷);"论西方的时间问题"(《短篇著作集》,第4卷,第17—33页,现收入我的著作集,第4卷);"庆典的艺术"(收入 J. 舒尔茨编:《人需要什么》,斯图加特,1977年,第61—70页);《美的现实性》,斯图加特,1977年,第29页以下。]

Ⅱ 艺术作品的本体论及其诠释学的意义

我们可以从节日庆典活动来认识这里所说的最神奇的时间结构。[29] 节日庆典活动是重复出现的,这一点至少适合于定期节日庆典活动。我们把这种重复出现的节日庆典活动称之为它的重返(Wiederkehr)。但是,重返的节日庆典活动既不是另外一种庆典活动,也不是对原来的庆典东西的单纯回顾。所有庆典活动的原本的神圣的特性显然是把这样的区分排除在外的,即我们是怎样在现在、回忆和期待的时间经验中认识到这些节日庆典活动的。节日庆典活动的时间经验,其实就是庆典的进行(Begehung),一种独特的现在(eine Gegenwart sui generis)。

从通常的演替时间经验出发难于把握庆典进行的时间特征。如果我们把节日庆典活动的重返与通常的时间及其度向的经验相联系,那么这种重返就表现为一种历史的时间性。节日庆典活动是一次次地演变着的,因为与它共时的总是一些异样的东西。不过,虽然有这种历史改变面,它仍然是经历这种演变的同一个节日庆典活动。节日庆典活动本来是具有某种性质,并以这种方式被庆祝,以后它演变为其他的性质和其他的方式,再以后又演变为其他更不同的性质和方式。

然而,这种改变根本未触及节日庆典活动的那种来自它被庆祝的时间特征。对于节日庆典活动的本质来说,它的历史关联是次要的。作为节日庆典活动它并不是以某一种历史事件的方式而成为某种同一的东西,但是它也并非由它的起源所规定,以致真正

---

[29] 瓦尔特·F. 奥托和卡尔·凯伦伊(Kerenyi)就曾经努力挖掘节日庆典活动对于宗教历史和人类学的意义(参阅卡尔·凯伦伊:《论节日庆典活动的本质》,帕多玛,1938年)。[现可参见我的论著《美的现实性》,第52页,以及上面所说的"庆典的艺术"。]

的节日庆典活动只是在从前存在——这不同于它后来怎样被庆祝的方式。从庆典的起源上看，例如通过它的创立或通过逐渐的引进，属于庆典活动的只是它应当定期地被庆祝。因此按照它的自身的原本本质来说，它经常是一种异样的活动（即使它是"这样严格地"被庆祝）。只是由于其经常是另外一种东西而存在的存在物，才在某种比所有属于历史的东西更彻底的意义上是时间性的。只有在变迁和重返过程中它才具有它的存在。㉕

节日活动仅仅由于它被庆祝而存在。但这决不是说，节日活动具有一种主体性的特征，它只是在庆祝者的主体性中才有它的

㉕ 亚里士多德正是在讨论阿那克西曼德时，即讨论日子和竞技会的存在时，也就是讨论节日庆典活动的存在时，才提到了始基（Apeiron）的存在方式的特征（《物理学》，第 3 卷，第 6 章，206a20）。阿那克西曼德是否已经试图在这种纯粹的时间现象的关系中去规定始基的不消失（Nicht-Ausgehen）呢？他是否在这里看到了比用亚里士多德的变易和存在概念去理解的东西更多的东西呢？因为日子的形象在其他人那里具有一种特别的作用：在柏拉图的《巴门尼德篇》（131b）中，苏格拉底想用对一切人都存在的日子的在场（Anwesenheit）去阐明理念与事物的关系。[181]这里用日子的存在来证明的东西并不是那种只在消失中才存在的东西，而是某种同一东西的不可分的存在和 Parousia（再现），尽管日子到处是不同的。如果早期思想家思考存在，即在场，那么对他们来说属现在的东西是否应出现在展示神性的神圣圣餐仪式之光中呢？神性的再现对亚里士多德来说，的确还是那种最真实的存在，也就是说，是不被任何可能性（δηνάμει）所限制的纯粹实在（Energeia）（《形而上学》，第 13 卷，第 7 章）。从通常的演替的时间经验出发，这种时间特征是不可领会的。时间的度向以及对此时间度向的经验使我们把节日庆典活动的重返只理解为一种历史性的重返：即同一个庆典活动一次一次地演变。但事实上，节日庆典活动不是同一个活动，节日庆典活动是由于它经常是另一种活动而存在。只是由于其经常是别的东西而存在的存在物才在某种彻底的意义上是时间性的：即它在变易中才有其存在。参见海德格尔论"瞬间"（Weile）的存在特性，在《林中路》第 322 页以下。[这里我认为探讨赫拉克利特与柏拉图的关系对此问题是有所裨益的。参见我的论文"论赫拉克利特的开端"（现收入我的著作集，第 6 卷，第 232—241 页）以及我的"赫拉克利特研究"，载我的著作集，第 7 卷。]

存在。人们庆祝节日,实际上是因为它存在于那里。同样的情况也适合于戏剧这样的观赏游戏,即观赏游戏必须为观赏者表现自身,然而它的存在绝不单纯是观赏者所具有的诸多体验的交点。情况正相反,观赏者的存在是由他"在那里的共在"(Dabeisein)所规定的。"共在"的意思比起那种单纯的与某个同时存在那里的他物的"同在"(Mitanwesenheit)要多。共在就是参与(Teilhabe)。谁共在于某物,谁就完全知道该物本来是怎样的。共在在派生的意义上也指某种主体行为的方式,即"专心于某物"(Bei-der-Sache-sein)。所以观赏是一种真正的参与方式。我们可以回忆一下宗教里的共享(Kommunion)概念,古希腊的 Theoria(理论)概念就是依据于这一概念的。众所周知,Theoros(理论研究者)就是指节日代表团的参加者。节日代表团的参加者,除了共在于那里,不具有任何其他的本领和作用。所以 Theoros 就是就词本来意义上的观赏者,这观赏者通过共在而参与了庆典活动,并且由此赢得了他的神圣合法的称号,例如赢得了他的不可侵犯性。

同样,希腊的形而上学还把 Theoria[26] 和 Nous(精神)的本质理解为与真实的存在物的纯粹的共在,[27]并且在我们看来,能从事理论活动的能力是这样被定义的,即我们能在某个事物上忘掉我们自己的目的。[28] 但是 Theoria(理论)并不首先被设想为主观性

---

[26] [关于"理论"概念可参见 H-G. 伽达默尔的《赞美理论》,法兰克福,1983 年,第 26—50 页。]

[27] 参见我的论文"形而上学的前史"关于巴门尼德那里的"在"和"思"的关系的论述(《参与》,1949 年)。[现收入我的著作集,第 6 卷,第 9—29 页。]

[28] 参见本书第 15 页以下关于"教化"的论述。

的一种行为,即设想为主体的一种自我规定,而是从它所观看的东西出发来设想的。Theoria 是实际的参与,它不是行动(Tun),而是一种遭受(Pathos),即由观看而来的入迷状态。从这里出发,格哈德·克吕格尔就使希腊人的理性概念的宗教背景得以理解了。[29]

---

[29] 参见格哈德·克吕格尔:《认识和激情,柏拉图式思维的本质》,1940 年第 1 版,尤其是该书导言包含着重要的见解。最近克吕格尔发表的一部讲演录(《哲学基本问题》,1958 年)已把作者的根本意图清楚地表现出来了。所以这里我们可以对其观点作一些评论。克吕格尔对现代思维及其从"存在者状态上的真理"(ontische Wahrheit)的一切关系中的解放的批判,在我看来,是没有根据的。不管现代科学怎样建设性地向前发展,它从未抛弃而且也不能抛弃对经验的根本联系,这一点近代哲学是从未能忘却的。我们只要想一下康德的提问:一种纯粹的自然科学如何可能。但是,如果我们像克吕格尔所作的那样,片面地理解思辨唯心主义,我们就会很不公正地对待思辨唯心论。思辨唯心论对于所有思想规定的整体构造决不是对某个任何的世界图画的自我设想,而是想把经验的绝对后天性纳入思维中。这就是先验反思的精确意义。黑格尔的例子能够表明,甚至古代的概念实在论也能通过先验反思加以更新。克吕格尔的现代思维概念完全是依据于尼采的绝望激进主义。但是这种激进主义的权力意志的观点并不与唯心主义哲学相一致,而是相反,它是在唯心主义哲学瓦解之后由 19 世纪历史主义所准备的土壤上形成的。因此我不可能像克吕格尔所想要的那样去评价狄尔泰的精神科学认识理论。在我看来,关键的问题在于修正迄今为止对现代精神科学的哲学解释,这种哲学解释甚至在狄尔泰那里也表现出非常严重地受精密自然科学的片面方法论思想的支配。[对此参见我的新发表的论文"150 年后的威廉·狄尔泰",载《现象学研究》,第 16 卷(1984 年),第 157—182 页(我的著作集,第 4 卷);《狄尔泰和奥特伽——欧洲思想史上的一章》,1983 年马德里狄尔泰讨论会报告(我的著作集,第 4 卷)以及《浪漫派与实证主义》,1983 年罗马狄尔泰讨论会报告(我的著作集,第 4 卷)。]的确,如果克吕格尔求助于生活经验和艺术家的经验,我是与他一致的。在我看来,这些经验对我们思维的继续有效性就证明了古代思维和现代思维之间的对立,就像克吕格尔所尖锐化的那样,它本身就是现代的一种构造。

如果我们的探究——这不同于哲学美学的主体化倾向——是思考艺术经验,那么我们所涉及的就不只是一个美学问题,而且是一个一般现代思维的正确自我解释问题。现代思维所包含的总是比近代方法论概念所承认的东西更多。

Ⅱ 艺术作品的本体论及其诠释学的意义

我们的出发点是,作为艺术游戏组成部分的观赏者的真正存在,如果从主体性出发,就不能恰当地被理解为审美意识的一种行为方式。但是这并不是说,甚至连观赏者的本质也不能从那种我们所强调的共在出发来描述的。共在作为人类行为的一种主体活动而具有外在于自身存在(Aussersichsein)的性质。柏拉图在其《斐德罗篇》中已经指出了这样一种无知,由于这种无知,人们从合理的理性出发经常对"外在于自身存在"的陶醉作错误的理解,因为人们在"外在于自身存在"里面看到的只是一种对"在自身内存在"(Beisichsein)的单纯否定,也就是一种精神错乱。事实上,外在于自身的存在乃是完全与某物共在的积极可能性。这样一种共在具有忘却自我的特性,并且构成观赏者的本质,即忘却自我地投入某个所注视的东西。但是,这里的自我忘却性(Selbstvergessenheit)完全不同于某个私有的状态,因为它起源于对那种事物的完全专注,而这种专注可以看作为观赏者自身的积极活动。[29]

---

[29] E.芬克曾经试图通过一个明显受柏拉图《斐德罗篇》影响的区分去解释人们热衷于外在于自身存在的意义。但是,当纯粹理性的对应理想在那里把这种区分规定为有益的和有害的精神错乱的区分时,如果芬克把"纯真人的精神激动"与使人入神的迷狂加以对立,那么他就缺乏一种相应的标准。因为"纯真人的精神激动"最终也是一种脱离自身的存在(Wegsein)和这样一种同在,即人不"能"达到这种同在,但这同在能来到人身上,就此而言,我认为同在不能与迷狂分开。我们说,存在一种对立于人的威力中的精神激动,反之,迷狂乃是某种绝对超越我们的超威力的经验,这就是说,主宰自己本身和自己本身被战胜的这种区分同样是从威力思想出发被思考的,因而未正确对待外在于自身存在和与某物同在的内在关系,这种关系适用于每一种形式的精神激动和迷狂。芬克所描述的"纯真人的精神激动"这一术语,如果我们并没有"自我陶醉地-心理学地"误解其意义,那么它自身就是"有限性的有限地自我超越"的方式(参见欧根·芬克:《论迷狂的本质》,尤其是第 22—25 页)。

显然，在完全陶醉于艺术游戏的观赏者与仅仅由于好奇心而观看某物的人之间存在某种本质的区别。好奇心的特征是，好像被它所注视的东西所支配，在所注视的东西中完全忘却自身并且使自己无法摆脱这种东西。但是，好奇心的对象的特征则是，它根本不与观赏者相关。好奇心的对象对于观赏者来说没有任何意义。在好奇心的对象里没有什么观赏者实际想返回和集中注意的东西。因为正是新奇的形式上的性质，即抽象的异样性的形式性质，才形成所注视东西的魅力。这一点表现在，无聊和冷漠作为辩证的补充而归属于它。反之，作为艺术游戏向观赏者表现的东西并不穷尽于瞬间的单纯陶醉，而是含有对持久的欲求以及这一欲求的持久存在。

这里"欲求"（Anspruch）一词并不是偶然出现的。在克尔凯郭尔所引起的神学思考——这种思考我们称之为"辩证神学"——里，这一概念并非偶然地曾经使克尔凯郭尔的共时性概念所意指的东西得到某种神学的解释。一种欲求就是某种既存事物（Bestehendes）。它的合法性（或假借的合法性）乃是最首要的东西。正是因为欲求持续地存在着，所以它能够随时地被提出。欲求是针对某个人而存在，因而必须在这个人这里被提出。显然，欲求概念也含有这样的意思，即欲求本身并不是一种需要双方同意才能满足的确定的要求（Forderung），而是这种要求的根据。欲求乃是某个不定要求的合法基础。正如欲求是以这样一种被偿还的方式被满足，所以，如果欲求被提出，它就必须首先取得某种要求的形式。与欲求的持续存在相适应的东西是，欲求具体化自身而成为一种要求。

Ⅱ 艺术作品的本体论及其诠释学的意义

对路德教派神学的应用在于：信仰的欲求自圣母预告以来就存在了，并且在布道说教中一再被重新提出。布道说教（Predigt）这一词造就了这样一种由宗教膜拜行为（例如神圣的弥撒活动）所执行的彻底中介。而且我们还将看到，布道说教这一词甚至负有造就共时性的中介的职责，因而在诠释学的问题上，它就占有首要的地位。

无论如何，"共时性"（Gleichzeitigkeit）是属于艺术作品的存在。共时性构成"共在"（Dabeisein）的本质。共时性不是审美意识的同时性（Simultaneität）。因为这种同时性是指不同审美体验对象在某个意识中的同时存在（Zugleichsein）和同样有效（Gleich-Gültigkeit）。反之，这里"共时性"是指，某个向我们呈现的单一事物，即使它的起源是如此遥远，但在其表现中却赢得了完全的现在性。所以，共时性不是意识中的某种给予方式，而是意识的使命，以及为意识所要求的一种活动。这项使命在于，要这样地把握事物，以使这些事物成为"共时的"，但这也就是说，所有的中介被扬弃于彻底的现在性中。

众所周知，这种共时性概念来自克尔凯郭尔，克尔凯郭尔曾赋予这一概念某种特殊的神学意蕴。[23] 在克尔凯郭尔那里，共时性并不是同时存在，而是表述了向信仰者提出的这样一种任务，即要完全联系在一起地传达两件并不是同时的事情，即自身的现在和基督的拯救，以使后者仍然像某种现在之事（不是作为当时之事）被经验并被认真地接受。与此相反，审美意识的同时性则依据于

---

[23] 克尔凯郭尔：《哲学片断集》，主要是第 4 章。

对提出这种共时性任务的回避。

在这种意义上,共时性就特别与宗教膜拜行为以及布道说教里的福音预报相适应了。这里,共在的意义就是指对救世行为本身的真正参与。没有人能怀疑,像"美的"礼仪或"好的"布道一类的审美区分,相对于我们所产生的欲求都是不适当的。现在我主张,在根本上这也同样适合于艺术的经验。因此,这里传介也必须被设想为一种彻底的传介。不论是创造性的艺术家的个人存在——例如他的传记,还是表现一部作品的表演者的个人存在,以及观看游戏的观赏者的个人存在,相对于艺术作品的存在来说,都不具有一种自身的合法证明。

在某人面前表演的东西,对于每一个人来说,就这样地从连续着的世界进程中抽取出来,并这样地联结成一个独立的意义圈,以致从未引起人想超出它而走向任何一个其他的未来和实在。接受者被放置在一种绝对的距离中,这种距离阻止他的任何一种充满实践目的的参与。不过,这种距离在本来的意义上就是审美的距离,因为它意味着对于观赏的距离,这种距离使得对在某人面前表现的东西进行真正的和全面的参与得以可能。因此,观赏者与自己本身的连续性是与观赏者的狂热的自我忘却性相适应的。正是从他作为观赏者而丧失自身这一点出发,他才有可能指望达到意义的连续性。这就是观赏者自身的世界的真理,他在其中生活的宗教世界和伦理世界的真理,这个世界展现在他面前,他在这个世界里认识了他自己。所以,正如基督的再现即绝对的现在标志着审美存在的存在方式,以及一部艺术作品无论在任何一处现在都是同一部作品一样,观赏者所处于的绝对瞬间也同时既是忘却自我又是与自身的调解。使观赏者脱离任何事物的东西,同时就把观赏者的整个存在交还给了观赏者。

因此,审美存在对表现的依赖性,并不意味着缺乏或缺少自主的意义规定。这种依赖性乃属于审美存在自身的本质。观赏者就是我们称为审美游戏的那一类游戏的本质要素。这里让我们回忆一下我们在亚里士多德的《诗学》中所发现的关于悲剧的著名定义,在那定义中,观赏者的态度明确地被一同包含在悲剧的本质规定中。

d)悲剧的例证

亚里士多德关于悲剧的理论,对于我们来说,应当作为一般审美存在的结构的例证。众所周知,亚里士多德的这一理论是与某种诗学相联系的,并且似乎仅对于诗剧才有效。在他的悲剧理论中,悲剧性是一种基本现象,一种意义结构(Sinnfigur),这种意义结构决不只存在于悲剧、即狭隘意义上的悲剧艺术作品中,而且也存在于其他的艺术种类中,首先在史诗中能有它的位置。事实上,只要在生活中存在着悲剧性,悲剧性就根本不是一种特殊的艺术现象。由于这种理由,悲剧性被最近的研究者(理查德·哈曼、马克斯·舍勒[23])直截了当地看作一种非审美的要素;这里悲剧性就是指一种伦理的-形而上学的现象,这种现象只是从外面进入到审

---

[23] 理查德·哈曼:《美学》,第97页:"因此悲剧性与美学毫不相干。"马克斯·舍勒《论价值的转变》中"关于悲剧性现象":"悲剧性是否是一种本质上的'审美的'现象,这是有待商榷的。"关于"悲剧"概念的特征可参阅 E. 施泰格:《解释的艺术》,第132页以下。

美问题领域内的。

但是,在审美特性概念向我们展示其可疑性之后,我们就必须反过来自问:悲剧性是否还是一种基本的审美现象。既然审美特性的存在对我们来说已明显地成了游戏和表现,所以我们也可以在悲剧游戏的理论、悲剧的诗学里探求悲剧性的本质。

从亚里士多德一直到现代关于悲剧性的充分思考里所得出的结论,当然不具有一成不变的性质。毫无疑问,在阿提克[182]的悲剧中,悲剧性的本质以一种唯一的方式表现出来,因为对于他,欧里庇得斯[183]是"最富于悲剧性的",㉓但对于亚里士多德来说,悲剧性的本质却是不同的,而对于那个认为埃斯库罗斯[184]揭示了悲剧现象的深刻本质的人来说又是不同的,不过,对于那个想到莎士比亚或黑贝尔[185]的人来说又更加不同。可是,这样的转变并不简单地意味着关于悲剧性的统一性本质的探讨成了无的放矢,而是正相反,它表明悲剧性现象是以一种使其聚集成一种历史统一体的粗略方式表现出来的。克尔凯郭尔所讲的现代派悲剧中对古典悲剧性的反思,㉔在一切关于悲剧性的现代思考里是经常出现的。如果我们从亚里士多德出发,那么我们将看到悲剧性现象的整个范围。由于亚里士多德在悲剧的本质规定中包括了对观看者的作用,所以他在其著名的悲剧定义中就对我们将要开始阐述的审美特性问题给出了决定性的启示。

详尽地论述这一著名的并且一再被讨论的关于悲剧的定义,

㉓ 亚里士多德:《诗学》,第13章,1453a29。

㉔ 克尔凯郭尔:《非此即彼》,第1章。

不能是我们这里的任务。但是观看者一同被包含在悲剧的本质规定中这一单纯事实,就把我们前面关于观赏者本质上归属于游戏所讲的东西解释清楚了。观赏者隶属于游戏的方式使艺术作为游戏的意义得到了呈现。所以观赏者对观赏游戏所持的距离并不是对某种行为的任意选择,而是那种在游戏的意义整体里有其根据的本质性关系。悲剧就是作为这种意义整体而被经验的悲剧性事件过程的统一体。但是,作为悲剧性事件过程被经验的东西,尽管与舞台上表演的戏剧不相关,而是与"生活"中的悲剧相关,它乃是一种自我封闭的意义圈,它从自身出发阻止了每一种对它的侵犯和干扰。作为悲剧性被理解的东西只需被接受。就此而论,悲剧性事实上就是一种基本的"审美"现象。

在亚里士多德那里,我们看到了悲剧性行为的表现对观看者具有一种特殊的作用。这种表现是通过 eleos 和 phobos 而发挥作用的。传统上用"怜悯"(Mitleid)和"畏惧"(Furcht)来翻译这两种情感,可能使它们具有一种太浓的主观色彩。在亚里士多德那里,Eleos 与怜悯或历代对怜悯的不同评价根本不相关。[29] Phobos 同样很少被理解为一种内在的情绪状态。这两者其实是突然降临于人并袭击人的事件(Widerfahrnisse)。Eleos 就是由于面临我们称之为充满悲伤的东西而使人感到的哀伤(Jammer)。所以俄狄浦斯的命运(这是亚里士多德经常援引的例子)就使人感到了哀

---

[29] 马克斯·科默雷尔(《莱辛和亚里士多德》)曾经卓越地描述了这种怜悯的发展过程,但他并没有从这种发展过程中充分地区分出 ἔλεος 的原始意义。现在可参见 W. 沙德瓦尔特:"畏惧和怜悯?",载《赫尔墨斯》,第 83 卷,1955 年,第 129 页以下;以及 H. 弗拉夏尔的补充,载《赫尔墨斯》,第 84 卷,1956 年,第 12—48 页。

伤。因此德文词 Jammer 是一个好的同义词,因为这个词不仅指内在性,而同样更指这种内在性的表现。同样,Phobos 不仅是一种情绪状态,而且正如亚里士多德所说的,也是这样一种寒噤(Kälteschauer),[28]它使人血液凝住,使人突然感到一种战栗。就亚里士多德的悲剧定义把 Phobos 与 Eleos 联系在一起的这种特殊讲法而言,Phobos 是指一种担忧的战噤,这种战噤是由于我们看到了迅速走向衰亡的事物并为之担忧而突然来到我们身上的。哀伤和担忧(Bangigkeit)都是一种"神移"(Ekstasis),即外于自身存在(Ausser-sich-sein)的方式,这种方式证明了在我们面前发生的事件的魅力。

亚里士多德关于这两种情感是这样说的,它们是戏剧借以完成对这两种情绪的净化作用(Reinigung)的东西。众所周知,这种翻译是有争议的,尤其是该句第 2 格的意思。[29] 但是我认为,亚里士多德所意指的东西是完全与此不相干的,并且对他的话的理解最终必须要表明,为什么这两种在语法上是如此不同的观点却能够一直坚固地对峙存在着。在我看来,这是清楚的,即亚里士多德想到了那种由于看到一部悲剧而突然降临到观看者身上的悲剧性哀伤(Wehmut)。但是哀伤是一种特有地混杂着痛苦和欢乐的轻快和解脱。亚里士多德为什么能把这种状态

---

[28] 亚里士多德:《修辞学》,第 2 卷,第 13 章,1389b32。
[29] 参见 M.科默雷尔:"畏惧和怜悯?",载《赫尔墨斯》,第 83 卷,第 262—272 页。科默雷尔使人们大致了解了古代人的各种观点。最近,客观的第 2 格的拥护者又出现了:在众多人中间首先是 K. H. 福尔克曼-施路克(《卡尔·赖因哈特纪念文集》,1952 年)。

称之为净化呢？什么是带有这种情感的或就是这种情感的非净化物，以及为什么这种非净化物在悲剧性的震颤中被消除了呢？我认为，答案似乎是这样，即哀伤和战噤的突然降临表现了一种痛苦的分裂。在此分裂中存在的是一种与所发生事件的分离（Uneinigkeit），也就是一种对抗可怕事件的拒绝接受（Nichtwahrhabenwollen）。但是，悲剧性灾祸的作用正在于，这种与存在事物的分裂得以消解。就此而言，悲剧性灾祸起了一种全面解放狭隘心胸的作用。我们不仅摆脱了这一悲剧命运的悲伤性和战栗性所曾经吸住我们的魅力，而且也同时摆脱了一切使得我们与存在事物分裂的东西。

因此，悲剧性的哀伤表现了一种肯定，即一种向自己本身的复归（Rückkehr），并且，如果像现代悲剧中所常见的那样，主人翁是在其自己的意识中被这种悲剧性的哀伤所感染，那么通过接受他的命运，他就分享了这种肯定的一部分。

但什么是这种肯定的真正对象呢？在这里是什么东西被肯定了呢？当然，这不是某种道德世界秩序的合理性。那种在亚里士多德那里几乎未起任何作用的声名狼藉的悲剧过失理论，对于现代悲剧来说，并不是一种合适的解释。因为凡是在过失和赎罪以一种似乎合适的程度彼此协调的地方，凡是在道德的过失账被偿还了的地方，都不存在悲剧。因此在现代悲剧里不可能而且也不允许有一种对过失和命运的完全主观化的做法。我们应当说，众多的悲剧结局乃是悲剧性本质的特征所在。尽管存在招致过失的所有主观性，但那种古代的命运超力元素仍在近代的悲剧里起着作用，这种超力正是在过失和命运的不均衡中作为对所有东西都同等的要素而表现出来。黑贝尔似乎还处于我们仍能称之为悲剧事物的范围中,因为在他那里,主观性的过失被这样细致地置入悲剧事件的进程中。根据同样的理由,关于基督教悲剧的想法也具有自身的可疑性,因为按照上帝的救世说,构成悲剧事件的幸和不幸不再决定人的命运。就连克尔凯郭尔[23]把古代灾祸(产生于基于某种情欲的厄运)与痛苦(摧毁了与自身不一致并处于冲突中的意识)加以巧妙对立的做法,只略而触及一般悲剧的范围。他改编的《安提戈涅》[24]将不再是一出悲剧。

因此,我们必须再重复这一问题,即在悲剧里究竟是什么东西为观看者所肯定了呢? 显然,正是那种由某种过失行为所产生的不均衡性和极可怕的结果,才对观看者表现了真正的期待。悲剧性的肯定就是这种期待的实现。悲剧性的肯定具有一种真正共享的性质。它就是在这些过量的悲剧性灾难中所经验的真正共同物。观看者面对命运的威力认识了自己本身及其自身的有限存在。经历伟大事物的东西,具有典范的意义。对悲剧性哀伤的赞同并不是对这种悲剧性过程或那种压倒主人翁的命运公正性的认可,而是指有一种适用于一切的形而上学的存在秩序。"这事就是这样的"乃是观看者的一种自我认识的方式,这观看者从他像任何人一样处于其中的迷惑中重新理智地返回来。悲剧性的肯定就是观看者自身由于重新置身于意义连续性中而具有的一

---

[23] 克尔凯郭尔:《非此即彼》,第1卷,第133页(迪德里赫斯版)。[参见新版本(E.希尔施)第1编第1卷,第157页以下。]

[24] 同上书,第139页以下。

Ⅱ 艺术作品的本体论及其诠释学的意义

种洞见力。

从这种关于悲剧性的分析中,我们不仅推知,只要观看者的存在间距属于悲剧的本质,悲剧性在此就是一个基本的美学概念,而且更重要的还可推知,规定审美特性存在方式的观看者的存在间距,并不包括那种我们认作为"审美意识"本质特征的"审美区分"。观看者并不是在欣赏表现艺术的审美意识的间距中,㉔而是在同在的共享中进行活动的。悲剧性现象的真正要点最终存在于那里所表现和被认识的事物之中,存在于显然并不是随意地被参与的事物之中。所以,尽管在舞台上隆重演出的悲剧性的戏剧确实表现了每一个人生活里的异常境遇,但这悲剧性的戏剧仍不会是像一种离奇的体验,并且不会引起那种使得人们重新返回其真正存在的心醉神迷,实际上,是突然降临观看者身上的震惊和胆战深化了观看者与自己本身的连续性。悲剧性的哀伤出自观看者所获得的自我认识。观看者在悲剧性事件中重新发现了自己本身,因为悲剧性事件乃是他自己的世界,他在悲剧里遇到这个世界,并且通过宗教的或历史的传承物熟悉这个世界,并且,即使对于后来人的意识来说——无疑对亚里士多德的意识早已是这样,对塞涅卡[186]或高乃依[187]的意识更是这样——这种传承物不再具有约束力,但是在这种悲剧性作品和题材的继续有效性中存在远比某种文学典范的继续有效更多的东西。这种悲剧性作品和题材的继续有效性

㉔ 亚里士多德:《诗学》,第 4 章,1448b18: διὰ τὴν ἀπεργαιαν ἢ τὴν χρόαν ἢ διὰ τοιαύτην τινὰ ἄλλην ἄλληναίταν("假如一个人以前未见过那东西,那他的愉快就将不是由作为那个东西的模仿的这幅画所引起的")——这与对所模仿东西的"认识"相反。

不仅以观看者熟悉这个传说为前提，而且还必须包含着这样的条件，即这部作品的语言还在实际上影响了他。只有这样，观看者与这种悲剧性题材和这种悲剧性作品的接触才能成为与自身的接触。

但是，这里适合于悲剧性的东西，实际上是在一个更广泛的范围内起作用。对于作者来说，自由创造始终只是某种受以前给出的价值判断所制约的交往关系的一个方面。尽管作者本人还是如此强烈地想象他是在进行自由创造，但他并不是自由地创造他的作品。事实上，古代模仿理论的一些基本东西直至今日仍然存在着。作者的自由创造乃是某种也束缚作者本人的普遍真理的表现。

这一点对于其他的艺术，特别是造型艺术，也是一样的。把体验转化成文学的那种自由创造想象的美学神话，以及同样属于这种神话的对天才的膜拜，只是证明神话-历史的传承物在 19 世纪不再是一种理所当然的所有物。但是，甚至想象的美学神话和天才发明也表现了一种经受不住实在事物检验的夸张。题材的选择和对所选择题材的安排永远不是来源于艺术家的自由意愿，而且也不是艺术家本人内心生活的单纯表现。艺术家其实是在与那些已具有思想准备的人攀谈，并且选择了他预期将对他们有效用的东西。在这里，艺术家自身就与他所针对和聚集的观众一样地处于同一传统之中。在这个意义上，他作为单个的人、作为思维着的意识，的确无需去明确地知道他做了什么和他的作品说了什么。作品从不会只是一个吸引演员、雕塑家或观赏者的属于魔术、陶醉或梦幻的陌生世界，作品始终是属于演员、雕塑家或观赏者自身的世界，演员、雕塑家或观赏者由于在这个世界更深刻地认识了自己，从而自己更本真地被转移到这个世界中去。作品永远保持一

II 艺术作品的本体论及其诠释学的意义

种意义连续性,这种连续性把艺术作品与实际存在的世界(Daseinswelt)联系在一起,并且即使教养社会的异化了的意识也从没有完全地摆脱这种意义连续性本身。

至此可以概括一下我们的观点。什么是审美存在呢?我们在游戏概念以及那种标志艺术游戏特征的向构成物转化的概念上,曾经试图指明某种普遍性的东西,即文学作品和音乐作品的表现或表演乃是某种本质性的东西,而绝不是非本质的东西。在表现或表演中所完成的东西,只是已经属艺术作品本身的东西:即通过演出所表现的东西的此在(Dasein)。审美存在的特殊时间性,即在被表现中具有它的存在,是在再现过程中作为独立的和分离的现象而存在的。

现在我们要问,上述这些观点是否真是普遍有效,以致审美存在的存在性质就能由此而被规定。这些观点是否也能被用于具有雕塑性质的艺术作品上去呢?让我们首先对所谓造型艺术提出这一问题。但是我们将表明,最具有雕塑性质的艺术,即建筑艺术,对于我们的提问特别富有启发性。

2. 美学的和诠释学的结论

a) 绘画的本体论意义[24]

从表面上看来,似乎首先在造型艺术中存在着具有如此明显同

---

[24] [目前可参见 G. 伯姆的"关于绘画的诠释学",载 H-G. 伽达默尔和 G. 伯姆编:《诠释学和科学》,法兰克福,1978 年,第 444—471 页;H-G. 伽达默尔:"论建筑和绘画",载纪念文集,伊姆达尔,1986 年。]

一性的作品,以致这作品不具有任何表现上的变异。变异的东西似乎不属于作品本身的东西,因而它具有一种主观的性质。所以,从主观方面出发,就会产生那种对正确体验作品有影响的限制,不过,这种主观的限制是可以被根本克服的。我们可以"直接地"、也就是说,无需某个进一步的中介,而把每一部造型艺术作品作为其本身来经验。只要在造型作品里存在再创造,这种再创造无疑就不属于艺术作品本身。但是,只要还存在着使某部造型作品可理解的主观条件,我们要经验该作品本身,就显然必须抛弃这些主观条件。这样一来,审美区分在这里就似乎具有它的完全正当性。

审美区分尤其会援引普遍语言词汇里称之为"绘画"(Bild)的东西作为例证。所谓绘画,我们首先理解为近代的框板画(Tafelbild),这种框板画不限于某个固定的场所,而且通过包围它的框架而完全自为地呈现自身——正是因为这样,正如现代美术馆所展示的,任意把它们加以并列才有可能。这样一种绘画本身显然根本不具有我们在文学作品和音乐里所强调的那种对于中介的客观依赖性。此外,为展览会或美术馆所作的绘画——这种绘画随着任务艺术(Auftragskunst)的消失而成了惯例——显然迎合了审美意识的抽象要求和天才说美学里所表述的灵感理论。所以"绘画"似乎完全证实了审美意识的直接性。绘画好像是审美意识的普遍性要求的有力证人,并且下面这一点显然也不是偶然发生的,即那种把艺术和艺术性概念发展成为对流传下来的创造物的理解形式、并因此实现了审美区分的审美意识,与那种把我们如此看到的一切东西聚集于博物馆中的收藏设置是同时存在的。由此我们使每一部艺术作品仿佛成了绘画。由于我们使艺术作品摆脱了其所有的生活关联以及我们理解它的特殊条件,艺术作品就像一幅绘画一样被嵌入了一个框架中,并且仿佛被挂置了起来。

所以,我们有必要更进一步探讨绘画的存在方式,并且追问我们通过游戏来描述的审美特性的本质规定是否对探讨绘画本质的问题有效。

我们这里所提出的探讨绘画存在方式的问题,就是探究那种对于绘画的所有各种不同的表现方式是共同的东西。这个问题包含着一种抽象,但这种抽象并不是哲学反思的专断性,而是哲学反思认为是由审美意识所实现的东西,对于审美意识来说,一切隶属于当代绘画技术的东西在根本上都成了绘画。在这种绘画概念的运用中,确实不存在任何一种历史真理。当代艺术史的研究可能非常充分地告诉我们,我们称之为"绘画"的东西具有一种变迁的历史。[24] 完美的"绘画顶峰"[特奥多尔·黑策][188]从根本上说是与西方绘画在文艺复兴盛期所达到的发展阶段的绘画内容相适应的。只有在这里我们才第一次有了那种完全立足于自身的绘画,这种绘画甚至无需框架和镶嵌空间而从自身出发就已是一个统一的和封闭的创造物。我们也许在 L. B. 阿尔贝蒂[189]对"绘画"所提出的风格要求(Forderung der concinnitas)里认识到对于新的艺术理想的一种好的理论表述,这种新的艺术理想规定了文艺复兴运动的绘画形式。

但是,我认为重要的问题是,这种新的艺术理想一般就是"绘画"理论家在这里所提出的关于美的古典主义的概念规定。亚里士

---

[24] 我为富有价值的证明和教益要感谢我在 1956 年明斯特新教学院(克利斯托弗罗斯修道院)艺术史家会晤时与沃尔夫冈·舍内的讨论。

多德早已经认识到,除非美不应作为美而被毁灭掉,否则美作为美,既不能从它抽掉什么,也不能对它添加什么。对于亚里士多德来说,无疑并不存在阿尔贝蒂意义上的绘画。[23] 这就表明,"绘画"概念可能仍具有一种普遍的意义,这种普遍意义不能只被限制在绘画史上某个特定的阶段上。就连鄂图式的小画像或拜占庭的圣像在某种更宽泛的意义上也是绘画,尽管在这种情况里绘画构造是按照完全不同的原则,并甚而可以用"形象符号"(Bildzeichen)[24]这一概念来表明其特征。在同样的意义上,美学里的绘画概念将总是必须一同包括属于造型艺术的雕塑。这不是一种任意的普泛化,而是相应于哲学美学在历史上所形成的问题,这种问题最终返回到图像在柏拉图主义里的作用,并且在图像一词的用法里表现出来。[25]

近代的绘画概念自然不能作为理所当然的出发点。我们这里的探讨其实就是要从这种前提中解放出来。我们的探讨是想为绘画的存在方式提出一种理解形式,这种理解形式一方面把绘画同其对审美意识的关系分开来,同现代画廊使我们习惯的绘画概念分开来,另一方面又让绘画与体验美学所指责的"装饰物"(Dekorativen)概念联系在一起。如果我们的探讨在这方面是与近代艺术史研究有联系,那么这种联系确实不是偶然的,因为近代艺术史研究结束了那些在体验艺术时代不仅统治审美意识而且也支配艺术史思考的关于绘画和雕塑的朴素概念。我们宁可说,艺术科学的研

---

[23] 参见《尼各马可伦理学》,第 2 卷,第 5 章,1106b10。
[24] 这个用语出于达戈贝特·弗赖。[参见他在扬岑纪念文集里的论文。]
[25] 参见 W. 帕茨:"论类型和哥特式的圆拱形的意义"(载《海德堡科学院论文集》,1951 年,第 24 页以下)。

究正如哲学反思一样,是以绘画的同样危机为基础的,这种危机是由现代工业和管理国家的存在及其职能的社会化所招致的。自从我们不再具有绘画的领地以来,我们才又认识到,绘画不仅是绘画,而且它也要求领地。㉖

但是,我们这里所进行的概念分析,其目的不是艺术理论的,而是本体论的。对于这种概念分析来说,它首先着眼的对传统美学的批判只是一个跳板,通过这跳板达到某种既包括艺术又包括历史的视域。我们在对绘画概念的分析中,只涉及两个问题:其一是,绘画(Bild)在哪些方面不同于摹本(Abbild)[这也就是说,我们在探讨原型(UrBild)的问题];其二是,绘画与其世界的关系是怎样从这里得出的。

所以,绘画概念超出了迄今所使用的表现概念,而且这是因为绘画与其原型具有本质的关系。

就第一个问题来看,表现概念在这里与涉及绘画原型的绘画概念交织在一起。在我们作为出发点的流动性艺术(transitorischen Künsten)[190]里,我们虽然讲到了表现,但没有讲到绘画。在流动性艺术中,表现似乎呈现出双重性。不仅文学创作是表现,而且它们的再现,如舞台上的演出,也是表现。对于我们来说,具有决定性意义的是,真正的艺术经验无须有所区分就经历了这种表现的双重性。在表现游戏中所呈现的世界并不像一个摹本那样接近于实在的世界,这种实在世界本身存在于那种所呈现的世界被提升的真理之中。再现,例如舞台上的演出,更不是这样的摹本,在此摹本之外,戏剧的原型本身还保留其自为存在。在这两种

㉖ 参见 W. 魏舍德尔:《实在性和诸实在性》,1960年,第158页以下。

表现方式中所运用的模仿概念，正如不是指所表现事物的显现一样，也更不是指摹绘（Abbildung）。没有作品的模仿，世界就不会像它存在于作品中那样存在于那里，而没有再现，作品在其自身方面也就不会存在于那里。因此所表现事物的存在完成于表现之中。假如在这里所获得的见解在造型艺术上也得到证明的话，我们将会把原本的存在和再创造的存在的这种本体论上的交织的基本意义，以及我们赋予流动性艺术的方法论上的优先权视为合法的。显然我们在这里不能说作品的本真存在就是再创造，正相反，绘画作为原型是拒绝再被创造的。同样清楚的是，在摹本中所摹绘的东西具有一种不依赖于绘画的存在，而且这一点是如此明显，以致绘画相对于所表现的事物似乎就是一种较次的存在。所以我们就使自己陷入了原型（Urbild）和摹本（Abbild）的本体论的难题之中。

我们的出发点是：艺术作品的存在方式就是表现（Darstellung），并且探问表现的意义如何能够在我们称为一幅绘画的东西上得以证实。这里表现不能意指摹绘。我们将必须通过下面这种区分去进一步规定绘画的存在方式，即我们把表现在绘画中如何涉及某个原型东西的方式，与摹绘关系即摹本与原型的关系加以区分。

这一点可以通过一种更精确的分析来说明，在这种分析中，我们首先可以看到生命物的，即 zōon（完整个体）的，特别是个人的古老的优先性。[24] 摹本的本质就在于它除了模拟原型外，不再具有任何其他的任务。因此，它的合适性的标准就是人们在摹本上

㉔ sῷον（完整个体）简单地叫作"Bild"（图像、绘画），这并不是没有道理的。我们以后必须考察由此得出的结论，看它们是否已摆脱了与这种模型的联系。同样，鲍赫（参阅第132页注释——此处有误，应是本书注释㉔。——译者）也强调了 imago（形象）："无论如何，这总是与人类形式中的图像相关的问题。这是中世纪艺术的唯一主题！"

认出原型。这就意味着,摹本的规定性就是扬弃其自身的自为存在,并且完全服务于中介所摹绘的东西。就此而言,理想的摹本就会是镜中之像(Spiegelbild),镜中之像实际上具有一种可消失的存在;它只是为了看镜子的人而存在,并且如果超出了它的纯粹的显现,它就什么也不是。但实际上这种镜中之像根本就不是图像(Bild)或摹本,因为它不具有任何自为存在;镜子反映出图像,也就是说,只有当人们在镜中看并于其中看到了他们自身的图像或镜中所反映的其他事物时,镜子才使它所反映的东西对于某人成为可见的。但这不是偶然的,即我们在这里仍讲图像(Bild),而不讲摹本或摹绘。因为在镜中之像中,存在的东西本身是显现于图像中,以致我在镜中之像中获得那个存在东西本身。反之,摹本总是只在涉及它所意指的东西时才被见出。摹本并不想成为任何其他东西,它只想成为某物的重现,并且在对这样的事物的辨认中才有它唯一的功用(例如,证件照或商品目录中的样品照)。摹本是作为手段而起作用,并且像所有手段那样,通过其目的的实现而丧失其作用,就此意义而言,摹本扬弃其自身。摹本是为了这样扬弃自身而自为地存在着。摹本的这种自我扬弃就是摹本本身存在上的一种意向性的要素。如果在意向上有变化,例如当我们想把摹本与原型加以比较,按其类似性去评价摹本,并在这一点上要把摹本从原型中区分开来时,摹本就表现出其自身的假象(Erscheinung),这就像每一种不是被使用而是被检验的其他手段或工具一样。但是,摹本并不是在比较和区分的这种反思活动中具有其真正作用的,它的真正功用在于通过其类似性指出了所摹绘的事物。因此,摹本是在其自我扬弃中实现自身的。

反之,凡是属绘画的东西,一般不是在其自我扬弃中获得其规定性的，因为它们不是达到目的的手段。这里绘画本身就是被意指的东西，因为对于绘画来说，重要的东西在于其所表现的东西如何在其中表现出来。这首先意味着，我们不是简单地被绘画引向所表现的东西。表现其实总是本质性地与所表现的事物联系在一起，甚至就包括在所表现的事物中。这也就是镜子为什么反映图像（Bild）而不反映摹本（Abbild）的理由所在：因为图像就是镜中所表现的东西的图像，并且与所表现东西的存在不可分离。镜子可以给出一个歪曲的图像，但这无疑只是它的缺陷：它没有正确地实现他的功能。就此而言，镜子证明了下述这个可以说是根本的观点：即面对于图像的意向着眼于表现和所表现事物的原始统一和无区别。镜中所表现的东西乃是所表现事物的图像——它是"它的"图像（而不是镜子的图像）。

如果说，以绘画和所摹绘的事物的同一性和无区别为基础的神秘的绘画魔力，只是存在于绘画史的开端，可以说属于绘画的史前史，那么这并不意味着，某种与神秘的同一性渐渐疏远而愈来愈强调区别的绘画意识，可以完全脱离绘画的历史。[28] 其实，无区别仍是所有绘画经验的一种本质特征。绘画的不可替代性，它的不可损害性，它的"神圣性"，就我所见，都可以在这里所阐述的绘画本体论中得到恰当的解释。就是我们所描述的 19 世纪"艺术"的宗教化倾向也可以从这里加以说明。

通过镜子之像这一模式，当然不能把握审美的绘画概念的全部本质。在镜子之像这一模式上，我们只是看到了图像与"所表现

---

[28] 参见库特·鲍赫最近的研究成果："'imago'（形象）概念从古代到中世纪的演变历史"，载《哲学和科学论文集》（纪念 W. 希拉西诞辰 70 周年），第 9—28 页。

事物"的本体论上的不可分离性。但是,只要我们明确,面对图像的最初意向并不区分所表现物和表现,那么图像与所表现物的这种本体论上的不可分离性就是相当重要的。正是在这种不可分离性上,附带地形成了那种特有的区分(我们称之为"审美的"区分)意向。这种区分意向把表现视为不同于所表现物的东西。当然,这种意向并不是以这样的方式进行的,即它像人们通常对待临摹那样对待在表现中所摹绘东西的摹本。这种意向并不要求图像为了使所摹绘物存在而扬弃自己本身。相反,图像是为了让所摹绘物存在而肯定其自身的存在。

这里,镜子之像的主导功能也就丧失了其效用。镜子之像是一种单纯的假象(Schein),也就是说,它没有任何真实的存在,并且在其短暂的存在里被理解为某种依赖于反映的东西。但是绘画(就此词的审美意义而言)却确实具有某种自身特有的存在。它的这种作为表现的存在,因而也就是在其中它与所摹绘物不相同的东西,与单纯的摹本不同,给予绘画以成为一幅绘画的积极标志。甚至当代绘画机械学方面的技巧,在这一点上也能艺术地被使用,即这种技巧由所摹绘物中挖掘出了一些在其单纯外观上并不作为艺术看待的东西。这样一种绘画就不是一个摹本,因为它表现了那种如果没有它就不是如此表现的东西。这也就涉及了原型(Urbild)的问题。[例如一张好的人像照片。]

所以,表现在某种本质的意义上总是与原型相关联,而这种原型正是在表现中达到了表现。但是,表现是比摹本还要多的东西。表现是图像(Bild)——而不是原型(Urbild)本身,这并不意味着任何消极的东西,不意味着任何对存在的单纯削弱,而是意味着某种自主的实在性。所以,绘画与原型的关系从根本上说完全不同于那种摹本与原型的关系。这不再是任何单方面的关系。绘画具有某种自身特有的实在性,这对于原型来说,相反地意味着,原型是在表现中达到表现的。原型是在表现中表现自身的。但是,这不一定是说,原型为了显现而依赖于这种特殊的表现。原型可以以不同于这种表现的其他方式来表现自身。但是,如果原型是这样表现的,那么这种表现就不再是一种附属的事情,而是属于它自身存在的东西。每一种这样的表现都是一种存在事件,并一起构成了所表现物的存在等级。原型通过表现好像经历了一种在的扩充(Zuwachs an Sein)。绘画的独特内容从本体论上说被规定为原型的流射(Emanation des Urbildes)。

流射的本质在于,所流射出的东西是一种剩余物。因此,流射出的东西所从之流射出的东西并不因为进行这种流射而削弱自身。这种思想通过新柏拉图主义哲学的发展——新柏拉图主义哲学就是用此思想突破了古希腊的实体本体论范围——就为绘画创立了积极的存在等级。因为,如果原始的"一"通过从其中流出"多"而自身没有减少什么,那就表示,存在变得更丰富了。

看来,希腊的前辈们在依据基督教学说拒斥《旧约》圣经对绘画的敌视时,已经运用了这种新柏拉图主义的思维方式。他们在上帝的化身成人中看到了对可见现象的基本认可,并因此为艺术作品赢得了某种合法性。我们也许在这种突破绘画禁律的过程中看到了这样的具有决定性的结果,即造型艺术在基督教的西方是怎样才有可能得以发展的。[24]

所以,绘画的本体论实在性是以原型(Urbild)和摹本(Abbild)

---

[24] 参见坎彭豪森[191]所写的"大马士革的约翰",载《神学和教会杂志》,第49卷,1952年,第54页以下,以及胡贝特·施拉德的《隐藏起来的上帝》,1949年,第23页。

Ⅱ 艺术作品的本体论及其诠释学的意义

的本体论关系为基础的。但是我们应当看到,柏拉图主义关于摹本和原型关系的看法并没有穷尽我们称之为绘画的东西的本体论意义(Seinsvalenz)。我认为,对于我们称之为绘画的东西的存在方式,除了通过某个宗教法律学的概念,即通过代表(Repräsentation)概念外,我们再找不到更好的方式去阐明。㉔

㉔ "代表"这个词的意义发展史是极富有启发性的。使罗马人所信服的这个词正是凭借基督教关于道成肉身和肉体神化的思想经历了一场崭新的意义转变。Repräsentation(代表)现在不再是指摹绘和形象表现,也就是不再是指商人支付购买金意义上的"展示"(Darstellung),而是指替代(Vertretung),如某人"替代"另一个人。显然,代表这个词之所以有这种意义,是因为所代表的东西存在于摹本本身里。Repraesentare 就是指使(让)在场(Gegenwärtigseinlassen)。教会律则就是在法权代表的意义上使用了这一词。库隆的尼古拉也是在这样的意义上采纳了这个词,并且像对绘画概念一样,对于这个词作了全新的系统的考虑。参见 G. 卡伦:"库隆的尼古拉哲学体系里的政治理论",载《历史杂志》,第 165 期(1942 年),第 275 页以下,以及他关于《论全权代表》的注释,载《海德堡科学院哲学历史组会议报告》,1935/1936 年,第 3 辑,第 64 页以下。法学上的代表概念的重要性是,所代表的个人只是所设想和所表现的人(das nur Vor-und Dargestellte),而行使其权利的代表则是依赖于其所代表的人。值得注意的是,代表的这种法权上的意义在莱布尼茨的再现概念形成过程中似乎不具有任何作用。莱布尼茨关于每一单子都具有宇宙代表(repraesentatio universi)的深奥形而上学学说,显然依据了这一概念在数学上的应用。所以 repraesentatio 在这里指对某种东西的数学"表现",诸如像单义的配列那样的东西。反之,在我们的"表象"(Vorstellung)概念里完全是自明的那种向主观性的转化,则产生于 17 世纪理念概念的主观化倾向。在这方面马勒伯朗士对于莱布尼茨是有决定性影响的。参见马恩克:《现象学年鉴》,第 Ⅶ 卷,第 519 页以下、第 589 页以下。[就舞台上"表演"意义而言的 repraesentatio(再现)——在中世纪只能指这种东西;在宗教戏剧里——早在 13 世纪和 14 世纪就出现了,如 E. 沃尔夫的《中世纪戏剧的术语》(安思格里亚,第 77 卷)所证明的。可是,repraesentatio 并不因此就指"演出",一直到 17 世纪都是指上帝本身在礼拜祷告戏剧中所表现的在场。正如宗教律则概念的情况一样,这里也是一种古代拉丁语词由于受到宗教的教会的新的神学理解而发生的变化。把这个词应用于游戏本身——而不应用于游戏中所表现的东西——乃是一个完全附属的过程;这过程是以戏剧脱离其宗教功用为前提的。]

[目前从法学方面来阐述 Repräsentation(代表)概念发展史的乃是哈索·霍夫曼的大部头著作(《从古代到 19 世纪"代表"一词的概念史研究》,柏林,1974 年)。]

显然，如果我们想相对于摹本去规定绘画的存在等级，那么代表概念就不是偶然地出现的。如果绘画是"代表"的一个要素，并因此具有某种自身的存在价值，那么，绘画就必须要有一种本质的变形，有一种几乎可以说是原型和摹本的本体论关系的倒转。因此绘画就具有一种对原型也有影响的独立性。因为严格说来，只是通过绘画（Bild），原型（Urbild）才真正成为原始-绘画（Ur-Bilde），也就是说，只有从绘画出发，所表现物才真正成为绘画性的（bildhaft）。

这一点在表象绘画（Repräsentationsbild）这一特殊情况中很容易被揭示。君主、政治家、英雄是怎样展示和表现自己的，这在绘画中得以表现。这意味着什么呢？这不是指所表现的人物通过绘画获得了某种新的更真实的显现方式。而是相反地指，正是因为君主、政治家、英雄必须展现自身和表现存在，因为他们必须进行表现活动（repräsentieren），所以绘画才获得其自身的实在性。尽管这样，这里也有一个突破点。当君主、政治家、英雄展现自身时，他们自身必须满足绘画向他们提出的期望（Bilderwartung）。只是因为他们是这样在展现自身中具有存在，所以他们才在绘画中专门得以表现。因此，第一位的无疑是自我表现（Sich-Darstellen），第二位的才是在这种自我表现的绘画中的表现。绘画的再现（Repräsentation）则是一个作为公开事件之再现的特殊情形。不过，第二位的东西对于第一位的东西也有反作用。谁的存在如此本质地包含着自我展现（SichZeigen），谁就不再属于他自己本身。㊿ 例如，他不再能避免

㊿ 这里，国家法律上的代理（Repräsentation）概念有一种特殊的转变。显然，由此概念所规定的 Repräsentation 的意义在根本上始终是指替代性的存在。只是因为某个官方职能的承担者，君主、官员等在他们所展现之处不是以个人身份出现，而是在他们的职能中出现——并且这种职能得以表现——所以我们才可以对他们本身说，他们在进行代理活动（Repräsentiere）。

Ⅱ 艺术作品的本体论及其诠释学的意义

在绘画中被表现出来——而且,由于这种表现规定了我们关于他而具有的形象,所以他最终必须像他的画像所规定的那样来展现自身。这样一来,就出现了矛盾:原型(Urbild)只有通过绘画(Bild)才成为绘画(Bild)——而绘画(Bild)却无非只是原型(Urbild)的显现(Erscheinung)。[㉒]

至此,我们已在世俗的关系里证实了这种绘画的"本体论"(Ontologie)。但是,显然只有宗教的绘画才使绘画的真正存在力(Seinsmacht)[㉓]完全地表现出来。因为对于神性的显现实际有效的,乃是这种显现唯独通过语词和形象(Bild)才获得其形象性(Bildhaftigkeit)。所以宗教绘画的意义就是一种示范性的意义。在宗教绘画里显然可见,绘画不是某种所摹绘事物的摹本,而是与所摹绘事物有存在方面的联系。从它的例证我们可以清楚看出,艺术一般来说并在某种普遍的意义上给存在带来某种形象性的扩充(einen Zuwachs an Bildhaftigkeit)。语词和绘画并不是单纯的模仿性的说明,而是让它们所表现的东西作为该物所是的东西完全地存在。

Ⅰ 148

在艺术科学中,绘画的本体论问题是在类型(Typen)的形成和演变这个特殊问题上表现出来。在我看来,这种关系的特殊性是依据于这一事实,即只要造型艺术面对诗歌-宗教的传承物再一次造就了这些传承物本身所已经做出的东西,这里就存在一种双

[㉒] 关于绘画概念丰富的多义性及其历史背景,请参见第141页注释。原型对于我们的语感来说不是一种绘画,这显然是以后的一种对存在的唯名论理解的结果——正如我们的分析所指出的,绘画的"辩证法"的本质方面正表现在这里。

[㉓] 这似乎确定了古高地德语的 bilidi 首先总是意味着"力"(Macht)(参见克卢格-格策的著作,第Ⅴ页)。

重的形象创造(Bildwerdung)。众所周知,希罗多德[192]曾说过,荷马和赫西俄德[193]曾为希腊人创造了他们的诸神,他这话正意味着,荷马和赫西俄德在希腊人的多种多样的宗教传说中引进了某种神学上的诸神家族谱系,并由此按照形式(eidos)和功能(timē)确定了不同的外形。㊴ 这里诗歌做了神学的工作。由于诗歌表述了诸神的彼此关系,它也就建立了某种系统整体。

只要诗歌对造型艺术赋予给出造型(Gestaltung)和改造造型(Ausgestaltung derselben)的任务,诗歌就使得固定类型的创造有了可能。正如诗的语言把某种最初的、干预局部膜拜仪式的统一性带进了宗教意识一样,诗的语言也就赋予了造型艺术一项新的使命。由于诗歌在语言的理智普遍性中使某种充满任意幻想的东西达到了表现,所以诗歌总是保留了一种特有的非确定性。至此,造型艺术才固定并在这一点上创造了类型。如果我们没有把神性的"画像"的创造与神祇的发明混为一谈,并且摆脱了费尔巴哈所引进的对《创世记》里的神的观念的颠倒,那么上述这点也是清楚的。㊵ 这种在19世纪占统治地位的人类学的转变和对宗教经验的重新解释其实源自于同样的主观主义,这种主观主义也是现代美学思想方式的基础。

与这种现代美学的主观主义思维方式相反,我们在前面已提出游戏概念作为真正艺术事件概念。这种观点在下面这一点上已经得到了证实,即绘画——以及不依赖于再创造的全部艺术——

㊴ 希罗多德:《历史》,第2部,第53页。

㊵ 参见卡尔·巴尔特:"路德维希·费尔巴哈",载《时代之间》,第5卷,1927年,第17页以下。

也是一种存在事件(本体论事件),因此不能恰当地被理解为某种审美意识的对象,而是要从诸如再现这样的现象出发,在其本体论的结构中被把握。绘画是一种存在事件——在绘画中存在达到了富有意义的可见的显现。因此,原型性(Urbildlichkeit)并不限制于绘画的"摹绘"功能上——因而也不限制于完全排斥建筑艺术的"对象性"绘画和雕像的个别领域。原型性其实是一种被建立在艺术的表现特征中的本质要素。艺术作品的"理想性"不是通过与某种理念的关系而被规定为一种需要模仿的、再次给出的存在,而是像黑格尔所指出的,被规定为理念本身的"显现"(Scheinen)。从绘画的这种本体论的基础出发,属画馆收藏品并与审美意识相适合的框板画的优先地位将失去意义。绘画其实包含了一种与其世界不可分离的联系。

b) 偶缘物和装饰品的本体论根据

如果我们以此为出发点,即艺术作品不应从"审美意识"出发去加以理解,那么对现代美学具有边缘意义的许多现象就消除了其自身的可疑性。而且,这些现象甚至还成了某种不能人为地加以取消的"美学的"提问的中心。

我所指的是这些现象,如肖像画、献诗或当代喜剧中的隐喻。当然,肖像画、献诗、隐喻这些美学概念本身都是从审美意识出发而形成的。对于审美意识来说,所有这些现象的共同点就表现在这类艺术形式自身所要求的偶缘性特质(Charakter der Okkasionalität)中。[194] 偶缘性指的是,意义是由其得以被意指的境遇(Gelegenheit)从内容上继续规定的,所以它比没有这种境遇要包含更多的东西。㉖例如,肖像画就包含一种对所表现人物的关系,这不是我们硬加给肖像画的关系,而是肖像画表现本身所明确意指的关系,并且是表明该表现具有肖像画特征的关系。

在这里最为关键的一点是,我们所指出的这种偶缘性乃是作品本身要求的一部分,并且不是由作品的解释者硬加给作品的。正因为此,像肖像画这类艺术形式(肖像画显然是属于这类形式)在以体验概念为基础的美学中就找不到任何正确的位置。一幅肖像画或许在其自身的画像内容中就包含对原型(Urbild)的关系。这不仅仅是指画像实际上是按照这个原型绘制的,而且也包含这样的意思,即画像就是意指这个原型。

这一点在肖像画与画家为一幅风俗画或一幅人物构图所使用的模型(Modell)的区别中就很明显地表现出来。在肖像画中,所画的人物的个性得到表现。反之,如果一幅绘画把模型作为个性来表现,或作为一种出现在画家笔下的有趣的类型(Type)来表现,那么这模型就会毁坏了这幅画。因为这样一来,我们在这幅画中所看到的,不再是画家所表现的东西,而是某种未经改变的素材。如果一位画家所认识的模特儿在一幅人物画中被人认出来了,这个模特儿就破坏了这幅人物画的意义。因为模型是一种要消失的图式(Schema)。同样,与画家所用的原型的关系也必须在绘画中消失不见。

的确,我们通常也把这样的东西称为"模型",即某种使本身并不可见的他物于其中成为可见的东西。例如,一幢设计房屋的模

㉖ 这就是我们以之为出发点的、现代逻辑中惯用的偶缘性意义。以荷尔德林1826年发表的《莱茵河颂》的窜改,就是体验美学败坏偶缘性的一个很好的例子。对辛克莱的献诗是如此令人诧异,以致人们宁可删去最后两节,而把整体作为片断看待。

型或原子模型。画家的模型并不是画像所意指的东西。画家的模型只用于衣饰装扮或表现姿态——就像一个装扮了的服装模特儿。反之,肖像画中所表现的人物却明显就是这个人本身,以致他并不起装扮的作用,即使这个人所穿着的华丽外装吸引着人们注意:因为外观的华丽乃属于他本身的东西。这个人就是他对其他人所实际是的那个人。㊿ 利用传记性的或渊源史的文献研究来解释一部基于体验或生活源泉的文学作品,往往只是做了那种从其模型来探讨一位画家作品的艺术研究所做的事。

模型和肖像画的区别就使这里所说的偶缘性的意思清楚了。这里所指的偶缘性显然是存在于一部作品本身的意义要求之中,它不同于所有那些能在作品里被观察到的和能由作品推出的违反这种要求的东西。一幅肖像画是想作为肖像画被理解,甚至在其与原型的关系几乎被绘画自身的形象内容所压倒之时,它也仍然如此。这一点在那些根本不属肖像画、但如人们所说却包含肖像画特征的绘画中,表现得尤为明显。这些绘画迫使我们去探讨在绘画后面可以被看到的原型,因而这些绘画的内涵就比那种只是要消失的图式的单纯模型的意思要多得多。同样的情况也出现在文学作品(文学性的肖像画就可以包括在文学作品内)中,因此文学作品没有必要成为伪艺术的影射小说(Schlüsselroman)的轻率的牺牲品。㊽

㊿ 柏拉图谈到过合乎礼仪的人($πρέπον$)近于美的东西($καλόν$),参见《大希比阿斯》,293e。

㊽ J.布龙的值得赞赏的著作《希腊人的文学性肖像画》在这一点上就犯有不明确的毛病。

尽管这样一种具有偶缘性意思的隐喻与一部作品的其他历史文献内容之间的界限还是如此不确定并常有争议,人们是否接受作品所提出的意义要求,或者人们是否认为作品单纯只是一种我们试图探究的历史文献,这仍是一个原则性的问题。历史学家将到处去探寻所有能告诉他一些历史往事的关系,尽管这样做是违背作品的意义要求的。历史学家好像到处在艺术作品上找寻模型,也就是说,追踪那些被汇入作品里的历史联系(Zeitbezügen),尽管这些联系尚未被他同时代的观赏家所认识,而且对于整个作品的意义并不重要。我们这里所指的偶缘性并不是指这种情况,而是指,揭示某个特定的原型乃是作品自身意义要求的一部分。因此,决定一部作品是否具有这种偶缘性要素,并不取决于观赏者的意愿。一幅肖像画就是一幅肖像画,而且它并不是由于和为了那些在画中认出所画人物的人才成为肖像画的。尽管与原型的关系存在于作品自身中,把这种关系称之为偶缘性的还是正确的。因为肖像画本身并未说出谁是它所表现的人,而只是指出了它所表现的人乃是一个特定的个人(但不是类型)。只有当所表现的人是某人所熟悉的,这人才能"知道"所画的人是谁,只有当肖像画告知某人某种附带的称号或附带的信息,这人才能了解所画的人是谁。无论如何,绘画自身中存在着一种尚未实现、但基本上是可实现的指令,这个指令一起构成了绘画的意义。这种偶缘性就属于"绘画"的核心意义内涵,它完全独立于这种意义内涵的实现。

我们可以通过下面这一事实来认识这一点,即如果我们不认识一幅肖像画所画的人物,这幅肖像画对我们来说仍作为肖像画而出现(而且一幅人物画中的人物表现也是作为具有肖像画性质

Ⅱ 艺术作品的本体论及其诠释学的意义

出现的)。在绘画中似乎有某种不可实现的东西,这就是那种属于境遇性的东西。但是,这样不可实现的东西,并不是某种不存在的东西;它甚至以完全明确的方式存在于那里。同样的情况也适合于某些诗的表现。品达[195]的凯旋诗、总是带有讥讽时代的喜剧,但也包括像贺拉斯的[196]颂诗和讽刺作品这类文学性的创作,这些作品就其整个本质来看都具有偶缘的性质。偶缘性在这些艺术作品里已获得了这样永久的形式,即使它未被实现或未被理解,它也仍是整个意义的一部分。解释者可能向我们解释的实际历史关系,对于整个诗来说,只是附属性的。解释者只是实现了诗本身中已存在的某种意义预示(Sinnvorzeichnung)。

我们必须看到,我们这里称为偶缘性的东西,决不是表现了一种对这类作品的艺术性要求和艺术性意义的削弱。因为那种对于审美主体性表现自身为"时间在游戏里的中断"[29]的东西,以及那种在体验艺术时代表现为对作品的审美意义有损害的东西,实际上只是我们前面所论述的本体论关系的主观反映。一部艺术作品是如此紧密地与它所关联的东西联系在一起,以致这部艺术作品如同通过一个新的存在事件而丰富了其所关联东西的存在。绘画中所把握的东西、诗歌中所交流的东西、舞台上所暗示的对象,这些都不是远离本质的附属性东西,而是这种本质自身的表现。我们上面关于一般绘画本体论意义所说的东西,也包括这种偶缘性要素。所以,在所说的这些现象中所遇到的偶缘性要素表现自身为某种普遍关系的特殊情形,这种普遍关系是与艺术作品的存在

---

[29] 参见补注Ⅱ,载我的著作集,第2卷,第379页以下。

相适应的,即从其达到表现的"境遇"出发去经验某种对其意义的进一层规定。

这一点无疑在再创造艺术中,首先在舞台艺术和音乐中表现得最明显。舞台艺术和音乐为了存在期待境遇,并且通过其所遇到的境遇才规定了自身。

舞台之所以是一种极好的政治机构,是因为戏剧中存在的所有东西、戏剧所影射的东西、戏剧所唤醒的反响,所有这一切都是在演出中呈现出来的。没有人预先知道,什么东西将会"出现",什么东西无论如何将会逐渐消失。每一次演出都是一个事件,但不是一个与文学作品相脱离的自行出现和消失的事件——作品本身就是那种在演出事件中所发生的东西。作品的本质就在于它是如此具有"偶缘性的",以致演出的境遇使作品里存在的东西得以表达并表达出来。把文学作品变为舞台演出的导演,就是在他善于把握境遇这一点上显示其才能的。但是他的活动却是按照作者的指令,而作者的整个作品就是一种舞台指令。显然,这种情况也完全适用于音乐作品——乐谱实际上就只是一种指令。审美区分虽然可以按照由乐谱里读出的声音形象的内在结构去衡量所演奏的音乐——但是,没有人会怀疑,听音乐并不是读乐谱。㉖

所以,正是戏剧或音乐作品的本质使得这些作品在不同时代和不同境遇中的演出是而且必然是一种改变了的演出。我们必须

㉖ [关于"读"请参见我的论文"在现象学和辩证法之间——一种自我批判的尝试",载我的著作集,第 2 卷,第 3 页以下;以及我在该论文中所引用的著作。]

看到,这样一种必然的改动(mutatis mutandis)即使对于雕塑艺术也是适合的。因为在雕塑艺术那里,作品不会是"自在"存在的,也不会只是效果上的改变——艺术作品本身就是那种在不断变化的条件下不同地呈现出来的东西。今日之观赏者不仅仅是以不同的方式去观看,而且他也确实看到了不同的东西。我们只需想一想,古代灰白色的大理石观念是如何主宰着我们的趣味以及如何主宰着我们自文艺复兴时代以来所保持的行为态度,或者想一想古典主义情感在北部浪漫派中的反映是怎样表现在哥特式大教堂的纯粹主义*精神性中。

但是,特殊的偶缘性的艺术形式,如古代喜剧中的帕拉巴斯(Parabase)[197]或政治斗争中以某种完全特定的"境遇"为目标的讽刺画——最后以及肖像画——从根本上说也都是艺术作品所特有的普遍偶缘性的表现形式(Ausformungen),正是由于艺术作品不断随着境遇的变迁而重新规定自身。就连使这种严格意义上的偶缘性要求在艺术作品中得以实现的一次性的规定性,在艺术作品的存在里也成功地参与到那种使作品能达到新的实现的普遍性之中——以致,尽管艺术作品与境遇关系的一次性从未可能实现,但这种不可实现的关系在作品本身中仍是存在的和生效的。在此意义上,就连肖像画也是独立于其与原型关系的一次性的,而且甚至在超越这种关系时也在自身中同样包含了这种关系。

肖像画只是绘画的某种普遍本质规定的极端情况。每一幅绘

---

* 纯粹主义(purism,亦可译为纯粹派)系法国 20 世纪初以 Amédée Ozen lant 和 Le Corbusier 为代表的一个与立体派抗衡的艺术流派,主张用具像画法来表现机器时代的精神。——译者

画都是一种存在扩充(ein Seinszuwachs)，并且本质上被规定为再现(Repräsentation)，规定为来到表现(Zur-Darstellung Kommen)。在肖像画这种特殊情形中，只要某个个人富有代表性地(repräsentativ)被表现，这种再现就获得一种个人性的意义。因为这意味着，所表现的人物是在其肖像画中表现自身，并且以其肖像画再现自身。绘画不仅仅是图像，或者甚而不仅仅是摹本，绘画乃属于所表现的人的现时存在(Gegenwart)或者所表现的人的现时记忆(gegenwärtigen Gedächtnis)。这就构成了绘画的真正本质。就此而言，肖像画就是我们曾经归诸于这类绘画的普遍存在价值的特殊情形。在绘画中来到存在的东西，并不包含在熟悉绘画的人于被摹绘的人身上看到的东西中——一幅肖像画的真正评判者从来就不是最熟悉它的人，甚至也不是被表现的人本身。因为一幅肖像画根本不想像它在这一个或那一个最熟悉它的人的眼中所看到的那样去再现它所表现的个人。肖像画必然地展现一种理想性，这种理想性能够经历从再现物直到最接近物的无限层次。不过这种理想性并不改变这一事实，即，尽管肖像画中所画的个人可以摆脱偶然性和个人性的东西而进入其真实显现的本质性事物中，但在肖像画中所表现的还是一个个人而不是一个类型。

因此，属宗教或世俗文物的绘画作品，比起熟悉的肖像画更明显地证实了绘画的普遍存在价值，因为这些作为文物的绘画的公开功能正是依据于绘画的这种存在价值。一件文物就是在某个特定的现时性中保存其中所表现的东西，而这种特定的现时性显然是与

II 艺术作品的本体论及其诠释学的意义

审美意识的现实性完全不同的东西。[26] 文物并不单独根据绘画的自主表达力(Sagkraft)而生存。这一点可以通过下述事实来得知,即不同于绘画作品的其他东西,例如符号或碑文,也能具有同样的功能。对于由文物所回想的事物的认识,好像总是以其潜在的现时性为前提条件。所以,即使神像、君王像、为某人所竖立的纪念碑也都预先假定了神、君王、英雄或者事件、胜利或和约已具有一种制约一切事物的现时性。表现这些东西的绘画作品,在这一点上无非只是起了某种类似碑文的作用,即它现时性地保存了这些东西的普遍意义。然而——假如它是艺术作品,那么这不仅意味着它对某种东西赋予了这种预先给与的意义,而且也意味着它能表达某些自己的东西,并因此就不依赖于其所承担的前知(Vorwissen)。

即使绘画是通过其自主表达力使其所表现的东西达到显现的,但是作为一幅绘画总是——不顾所有审美区分——保存了它所表现东西的展现形式(Manifestation)。这一点在宗教绘画上是公认的。但是,宗教的和世俗的区别在艺术作品本身中却是一种相对的区别。甚至个人肖像画——假如它是一部艺术作品的话——也分享了神秘的存在之光(Seinsaustrahlung),这种神秘的存在之光来自于该画所表现事物的存在等级。

我们可以用一个例子来说明这一点:尤斯蒂[26]曾经相当动听地把委拉斯开兹[198](Velasquez)的"布列达的投降"称为"一种军人的圣事"。他的意思是说,这幅绘画不是一幅众人肖像画,也不

---

[26] 参见本书第 81 页。
[26] 卡尔·尤斯蒂:《委拉斯开兹与他的时代》,第 1 卷,1888 年,第 366 页。

是一幅单纯的历史画。在这幅画中所把握的东西并不只是这样一种庄严事件。实际上,这种隆重仪式的庄严性之所以在绘画中得以这样现时性的表现,乃是因为隆重仪式本身具有一种形象性(Bildhaftigkeit),并且像一件圣事那样被实现。存在这种需要绘画并且值得绘画的东西,只有当它们被表现在绘画里,它们好像才能使自己的本质得以完成。

I 155

如果我们想捍卫美的艺术作品的存在等级以反对审美的均一化,那么宗教词汇的出现就决不是偶然的。

这里与我们关于世俗和宗教的对立只是一种相对的对立的假定是完全一致的。我们只需回忆一下"世俗性"(Profanität)这一概念的意义和历史:"世俗的"(Profan)就是置于圣地之前的东西。世俗物概念以及由此概念推导出的世俗化概念总是预先已假定了宗教性。事实上,世俗和宗教的对立在其所从出的古代世界里只能是一种相对的对立,因为在那时生活的全部领域都是宗教性地被安排和规定的。只是从基督教开始,才有可能使我们按照一种严格的意义去理解世俗性。因为《新约圣经》曾这样地否认世界的神化,以致为世俗事物和宗教事物的绝对对立提供了地盘。教会的来世祈祷就意味着,世界只还是"这个现世"。教会的这种特殊性要求同时也开创了教会和国家的敌对关系,这种敌对关系随着古代世界的结束而出现,并且世俗性概念由此赢得其真正的现实性。众所周知,中世纪的整个历史就是由教会和国家的这种敌对关系所主宰。正是基督教教会思想的深化精神才最终解放了尘世的国家。中世纪盛期的世界历史意义就在于它开创了世俗世界,

Ⅱ 艺术作品的本体论及其诠释学的意义

而这个世界给予世俗概念以其广泛的现代意义。[83] 但是这一点并不改变这一事实,即世俗性仍是一种合乎宗教性的概念,并且只能为宗教性所规定。完全的世俗性乃是一个虚假观念。[84]

世俗和宗教的相对性不仅仅属于概念的辩证法,而且在绘画现象上还可以视为一种现实关系。一部艺术作品本身总是具有某种宗教性的东西。虽然我们可以正确地说,一部在博物馆中陈列的宗教艺术作品,或者一尊在博物馆中展示的纪念雕像,不再会受到像它们在其原始地点所曾受到的同样的损害,但这只是意味着,只要这部艺术作品已成为博物馆中的一件陈列品,实际上它就已经受到了损害。显然,这并非仅仅适用于宗教艺术作品。我们有时在古玩商店里也有同样的感觉,例如有些还带有某种浓厚生活气息的古玩被付诸拍卖时,它们无论如何是作为受损害的、作为一种对虔诚的损害或一种世俗化而被看待的。总而言之,每部艺术作品都具有某种反对世俗化的东西。

我认为,对此具有决定性证明力的事实是,甚至某种纯粹的审美意识也知道了这种世俗化概念。这种审美意识总是把艺术作品的损害视作亵渎[Frevel(亵渎)这个词今天几乎只适用于"Kunst-Frevel"(对艺术的亵渎)]。这就是现代审美的教化宗教所具有的一种典型特征。对于这种特征存在许多其他证据。例如,汪达尔主义(Vandalismus,意思即破坏文物、蹂躏艺术)这个词[199]——其本来意

---

[83] 参见弗里德里希·黑尔:《欧洲的形成》,维也纳,1949年。
[84] W. 卡姆拉(《世俗中的人类》,1948年)为了表明现代科学的本质曾试图赋予世俗性概念以这种意义,但是对于他来说,这个概念也由它的对立概念,即"美的接受"所规定。

思一直要追溯至中世纪时代——正是在反对法国革命雅各宾党人的破坏行为的过程中才获得真正的认可。对艺术作品的毁坏就如同侵犯一个由神圣性所维护的世界一样。因此就连一种自主形成的审美意识也不能否认，艺术比审美意识所要认可的东西还要多。

所有这些思考都证明了一般由表现（Darstellung）概念去表明艺术存在方式特征的正确性，表现概念包括游戏和绘画、共享（Kommunion）和再现（Repräsentation）。因此艺术作品被设想为一种存在事件（Seinsvorgang），而且那种由审美区分加诸作品的抽象也被取消。因而绘画就是一种表现事件。绘画与原型的关系非但不是对其存在自主性的削弱，反而使我们更有理由对绘画讲到某种存在的扩充。借用宗教性概念因而也成为必要的。

当然，关键的问题在于我们不要简单地把适用于艺术作品的特殊意义的表现与那种适用于象征之类的宗教表现混为一谈。并不是所有的"表现"形式都具有"艺术"的性质。表现形式也有象征，也有符号。这些东西同样也具有使其达到表现的指示结构（die Struktur der Verweisung）。

属于所有这些表现形式的这种指示结构，在近几十年所从事的关于表达（Ausdruck）和意义（Bedeutung）的本质的逻辑研究中，被相当详尽地加以探讨。㉖ 我们这里可以回顾一下这些分析，当然是出于其他的目的。我们首先涉及的不是意义问题，而是绘画的本质问题。我们要不受审美意识所作出的抽象的影响去把握

㉖ 这首先表现在 E. 胡塞尔的《逻辑研究》第 1 卷中，在受其影响的狄尔泰关于《历史世界的构造》（《狄尔泰全集》，第 7 卷）的研究中，以及在 M. 海德格尔对于世界的世界性（Weltlichkeit）的分析中（《存在与时间》，第 17、18 节）。

Ⅱ 艺术作品的本体论及其诠释学的意义

绘画的特性。因此，我们应当去考察这类指示现象，以便发现它们的共同性和区别。

绘画的本质似乎处于表现的两个极端之间。表现的这两个极端是纯粹的指示（das reine Verweisen）和纯粹的指代（das reine Vertreten），前者是符号（Zeichen）的本质，后者是象征（Symbol）的本质。在绘画的本质中就存在某种具有这两种功能的东西。绘画的表现活动包含对绘画所表现东西的指示要素。我们已经看到，这种要素在诸如以与原型的关系为本质特征的肖像画这样的特殊形式中得到最明显的表现。然而，一幅绘画并不是符号，因为符号无非只是其功能所要求的东西；并且符号的这种功能乃是从自身去指出什么（wegverweisen）。为了能够实现这种功能，符号当然必须首先有吸引力。符号一定是引人注目的，也就是说，它必须明显地突出自身，而且必须在其指示内容中表现自身——就像广告画一样。但是，不论是符号，还是广告画，都不是绘画。符号不可以这样吸引人，以致它使人们停留于符号本身中，因为符号只应使某种非现时的东西成为现时的，并且是以这样的方式，使得非现时的东西单独地成为被意指的东西。⑳ 因而，符号不可以通过其自身的形象内容而使人逗留不前。这一点适用于所有符号，例如交通标志符号或标记符号以及诸如此类的符号。所有这些符号

---

⑳ 这里所使用的绘画概念本身，正如我们前面所指出的（见本书第139页以下），在现代框板画中获得了其历史性的实现。但是我认为，对这概念的"先验的"运用是不成问题的。如果我们出于历史的考虑，通过"绘画符号"（Bildzeichen）概念把中世纪的表现与以后的"绘画"区别出来（D. 弗赖），那么，尽管有些在文本中被说成"符号"的东西运用于这样的表现，但是这些表现与单纯的符号的区别仍然是极明显的。绘画符号并不是一种符号，而是一种绘画。

都具有某种图式和抽象的东西，因为它们并不想展现自身，而是想展现非现时的东西，例如未来的曲线或一本书被读至的页码(符号只是通过抽象才获得其指示功能的，这一点甚至也适用于自然符号，例如天气的征兆。当我们仰望穹苍而被天空中某种现象的美所吸引并且凝注于它时，我们就感到一种使其符号性质消失的意向转移)。

在所有符号中似乎纪念物(Andenken)最具有自身的实在性。纪念物固然是意指过去的东西，并因此实实在在地是一个符号，但它对我们来说是同样宝贵的，因为它把过去的东西作为一种未过去的东西置于我们眼前。不过，这一点仍是清楚的，即它的这种性质并不是建立在纪念对象自身特有的存在上。纪念物只是对于曾经而且现在还仍旧留恋过去的人来说才具有作为纪念物的价值。如果纪念物所回顾的过去不再具有意义，纪念物就失去了它的价值。反之，那种不仅用纪念物来追忆，而且用纪念物来从事一种膜拜行为，并且有如生活在现在一样与过去生活在一起的人，却处于一种被扰乱的现实关系中。

因此，一幅绘画确实不是一种符号。即使纪念物，实际上也没有让我们逗留于它本身中，而是让我们逗留于它向我们表现的过去之中。反之，绘画只是通过它自身的内容去实现它对所表现事物的指示功能。我们由于专注于绘画，我们就同时处于所表现的事物之中。绘画通过让人逗留于它而成为指示的。因为，正如我们所强调的，绘画的存在价值正在于它不是绝对地与其所表现的事物分开，而是参与了其所表现事物的存在。我们已说过，所表现事物是在绘画中达到存在的。它经历了一种存在的扩充。但这就

Ⅱ 艺术作品的本体论及其诠释学的意义

是说,它是存在于绘画中。只是由于一种审美反思——我称之为审美区分——才抽象掉了原型在绘画中的这种现时存在。

所以,绘画和符号的区别具有一种本体论的基础。绘画并不是消失在其指示功能里,而是在其自身存在中参与了它所摹绘的东西的存在。

当然,这种本体论的参与(Teilhabe)不仅仅适用于绘画,而且也适用于我们称之为象征的东西。不管是象征,还是绘画,它们都不指示任何不是同时在它们本身中现时存在的东西。所以我们有这样的任务,即要把绘画的存在方式与象征的存在方式彼此区别开来。㊹

在象征和符号之间存在一种明显的差别,即象征更接近于绘画。象征的表现功能并不是单纯地指示某种非现时的东西。象征其实是使那种基本上经常是现时的东西作为现时的东西而出现。"象征"的原始意义就表明了这一点。当人们把象征用作为分离的友人之间或某个宗教团体的分散成员之间的认知符号以表明他们彼此间的相关性时,这样一种象征无疑就具有了符号功能。但是,象征却是比符号还要多的东西。象征不仅仅指出了某种相关性,而且也证明和清楚地表现了这种相关性。古代来访者的信物(tessera hospitalis)就是过去生活的遗物,通过它的存在证明了其所展示的东西,也就是说,它使逝去了的东西本身再度成为现时存在的,并被认作为有效的。尤其对于宗教性的象征来说,象征不仅仅起了作为标记的作用,而且这些象征的意义就在于它被所有人

㊹ 参见本书第 77—86 页关于"象征"和"譬喻"在概念史上的区分。

理解，并使所有人联系起来，因而能承担一种符号功能。因此，只要所象征的东西是非感性的、无限的和不可表现的（不过这也是象征的能力），那么所象征的东西无疑就是需要表现的。因为只是由于所象征的东西本身是现时存在的，它才能在象征中成为现时存在的。

象征不仅指示某物，而且由于它替代某物，也表现了某物。但所谓替代（Vertreten）就是指，让某个不在场的东西成为现时存在的。所以象征是通过再现某物而替代某物的，这就是说，它使某物直接地成为现时存在的。正是因为象征以这种方式表现了它所替代的东西的现时存在，所以象征会受到与其所象征的事物同样的尊敬。诸如十字架、旗帜、制服这类的象征，都是这样明显地替代了所尊敬的事物，以致所尊敬的事物就存在于这些象征里面。

我们在前面用以表明绘画特征的代表（Repräsentation）概念在这里能发挥其原本的作用，这一点可以通过绘画中的表现和象征的表现功能之间存在的实际相近性来加以说明。在绘画和象征中，它们所表现的东西本身都是现时存在的。不过，这样一种绘画仍然不是象征。这倒不只是因为象征根本不需要形象地存在——象征是通过它的纯粹的此在和自我展现而实现其替代功能的，而是因为象征自身对于它所象征的东西并未说出什么。如果我们应遵循象征的指示，我们就必须像我们必须知道符号那样知道象征。因此，象征并不意味着对所代表的东西的一种存在的扩充。尽管让自身这样在象征中成为现时存在的，乃属于所代表物的存在，但是所代表物自身的存在在内容上却不是由于象征在那里存在和被展现这一事实而规定的。当象征存在于那里，所代表物就不再存在于那里。

Ⅱ 艺术作品的本体论及其诠释学的意义

象征只是单纯的替代者。因此，即使象征具有其自身的意义，它自身的意义也不是关键的东西。象征就是代表（Repräsentanten），并且是从它们应当代表的东西那里接受其代表的存在功能的。反之，绘画尽管也是代表，但是它是通过自身，通过它所带来的更多的意义去代表的。然而这就意味着，所代表的东西即"原型"，在绘画中是更丰富地存在于那里，更真实地存在于那里，就好像它是真正的存在一样。

这样，绘画实际上就处于符号和象征之间。它的表现既不是一种纯粹的指示，也不是一种纯粹的替代。正是这种与绘画相适应的中间位置使绘画提升到一个完全属其自身的存在等级上。艺术性符号和象征都不像绘画那样是从其自身的内容出发而获得其功能意义的，它们必须被认作符号或象征。我们把它们的这种指称功能的起源称之为它们的创建（Stiftung）。而在属绘画的东西中则不存在这种意义的创建，这一点对我们所探究的绘画的存在价值的规定来说，则是具有决定性意义的。

所谓创建，我们理解为符号或象征功能的诞生。即使所谓自然符号，例如某个自然事件的所有迹象和预兆，也是在这种基本意义上被创建的。这就是说，只有当它们被认作符号时，它们才有一种符号功能。但是，它们只是由于符号和其所标示物的某种先行关系而被认作为符号的。同样的情况也适用于所有的艺术性符号。在艺术性符号那里，符号是通过惯例而实现其功能的，并且语言把这种创立符号的起源行动称之为创建。符号的指示意义首先也是依赖于符号的创建，例如，交通标志符号的意义就依赖于交通规则的公布，纪念符号的意义就依赖于对其保存的解释。同样，象征也必须回到赋予其再现特质的创建上,因为赋予象征以意义的,并不是象征自身的存在内容,而是创建、设立、赋予,这些东西给予那些本身并无意义的东西(例如王徽、旗帜、十字架)以意义。

我们必须看到,一部艺术作品并没有把其真正意义归功于这样一种创建,即使它事实上是作为宗教绘画或世俗纪念碑而被创建的,它也不会这样做。给予作品以其目的规定的公开的落成仪式或揭幕典礼,也没有将其意义给予作品。作品其实在其被赋予作为纪念物的功能之前,就已经是一种与其自身作为形象的或非形象的表现的指称功能相联的构成物(Gebilde)。所以,纪念碑的落成和揭幕典礼——假如历史距离已经使建筑物神圣化,那么我们决不是偶然地在谈宗教的和世俗的建筑作品时也谈及建筑纪念物——也只是实现了一种在作品自身内容本身中已有要求的功能。

这就是艺术作品为什么能够承担某种特定的现实功能、并拒绝其他的诸如宗教的或世俗的、公开的或隐秘的功能的根源所在。艺术作品之所以作为虔诚、尊敬或敬重的标记而被创建和推出,只是因为它们由自身出发就规定了并一同造就了这样一种功能关系。艺术作品自身就要求它们的位置,即使它们被误置了,例如被误放到现代收藏馆里,它们自身中那种原本的目的规定的痕迹也不可能消失。艺术作品乃属于它们的存在本身,因为它们的存在就是表现。

如果我们思考一下这些特殊形式的示范意义,那么我们将认识到,那些由体验艺术观点来看处于边缘的艺术形式反倒变成了中心:这里就是指所有那些其自身固有的内容超出它们本身而指

向了某种由它们并为它们所规定的关系整体的艺术形式。这些艺术形式中的最伟大和最出色的就是建筑艺术。㉘

一个建筑物以某种双重的方式规定其本身。它一方面受其必须在某个整体空间关系中占据的位置所规定,另一方面它也同样受其应当服务的目的所规定。每一个建筑师必须考虑这两者。建筑师的设计本身是被这一事实所决定的,即建筑物应当服务于某种生活目的,并且必须适应于自然的和建筑上的条件。因此我们把一幢成功的建筑物称之为"杰作",这不仅是指该建筑物以一种完满的方式实现了其目的规定,而且也指该建筑物通过它的建成给市容或自然景致增添了新的光彩。建筑物正是通过它的这种双重顺应表现了一种真正的存在扩充,这就是说,它是一件艺术作品。

如果一个建筑物是胡乱地建在一个任意的地方,并成了一个有损环境的东西,这个建筑物就不是艺术作品。只有当某个建筑物表现出解决了某个"建筑任务"时,该建筑物才成为艺术作品。所以,艺术科学只认可那些包含某种值得纪念的东西的建筑物,并把这种建筑物称之为"纪念建筑物"。如果一个建筑物是一件艺术作品,它就不只是表现为艺术地解决了某个由它本来所从属的目的要求和生活要求所提出的建筑任务,而且它是以这种方式把握了这种要求,即使建筑物的现时显现对于那本来的目的规定乃是完全生疏的,这种要求仍是明显可见的。在现时显现中存在某种

㉘ [参见我的论文"论建筑和绘画的读",载 G. 伯姆编的《H. 伊姆达尔纪念文集》,维尔茨堡,1986年。]

东西回指原本的东西。凡在原本的规定已经成了完全不可辨认的，或者它的统一规定由于后来所发生的实在太多的变化而被破坏的地方，一个建筑物本身也会成为不可理解的。所以，在所有艺术种类中这种最具有雕塑性的建筑艺术就完全说明了"审美区分"如何是附属性的。一个建筑物从不首先是一件艺术品。建筑物借以从属于生活要求的目的规定，如果要不失去建筑物的实在性，就不能与建筑物本身相脱离。如果建筑物还只是某种审美意识的对象，它就只具有虚假的实在性，而且只以旅游者要求和照相复制这种变质形式过一种扭曲的生活。"自在的艺术作品"就表现为一种纯粹的抽象。

事实上，往日的大纪念建筑物在现代快节奏生活以及在现代设立的建筑群中的出现，提出了一种在石块上对过去和现在进行综合的任务。建筑艺术作品并不是静止地耸立于历史生活潮流的岸边，而是一同受历史生活潮流的冲击。即使富有历史感的时代试图恢复古老时代的建筑风貌，它们也不能使历史车轮倒转，而必须在过去和现在之间从自身方面造就一种新的更好的中介关系。甚至古代纪念物的修复者或保管者也总是其时代的艺术家。

建筑艺术对我们的探究所具有的特殊意义就在于：那种中介正是在建筑艺术中表现得最为明显，没有这种中介，一件艺术作品就根本不具有真正的现时性。所以，即使在表现尚未通过再创造而出现的地方（每一个人都知道再创造是属于表现自身的现在），过去和现在在艺术作品中仍是联系在一起的。每一部艺术作品都有它自身的世界，这并不意味着，当它原本的世界发生变化时，它只有在某个疏异的审美意识中才具有实在性。建筑艺术能够证明这一点，因为它与世界的从属关系乃是它的不可更改的本质。

不过，这也包含一个进一层的观点。建筑艺术完全具有空间形式。空间就是那种囊括了所有在空间中存在之物的东西。因此建筑艺术就囊括了所有其他的表现形式：所有造型艺术作品、所有装饰物——而且建筑艺术也给诗歌、音乐、戏剧和舞蹈的表现提供了它们的场所。建筑艺术由于囊括了整个艺术，它就使自身的观点到处适用。这种观点就是装饰（Dekoration）观点。建筑艺术为捍卫这种观点而反对那样一些艺术形式，这些艺术形式的作品不是装饰性的，而是通过其封闭的意义圈聚集于它们自身中。新的研究已经开始想到，这一点适合于一切造型艺术作品，造型艺术作品的位置就是在赋予任务过程中被预先规定的。即使立于座基之上的自由的立式雕塑，也没有真正地摆脱装饰关系，而是为再现地拔高某种它装饰性地顺应的生活关系而服务的。[29] 甚至具有自由灵活性并能到处演唱的诗歌和音乐，也并不是适应于任何空间，它们只是在这一个或那一个空间，在戏院、音乐厅或教堂里才找到其合适的场所。这并不是说我们应当为某个自身完成的创造物找到一个以后表演的外在场所，而是说我们必须顺应作品本身的空间造型的可能性，正如作品要有它自身的前提条件一样，作品也必须同样适应于所给予的东西（我们或许想到音响效果问题，这个问题不仅是一个技术上的课题，而且也是一个建筑艺术上的课题）。

---

[29] 出于同样的理由，施莱尔马赫正确地强调，园林艺术不属于绘画艺术而属于建筑艺术之列，以此反对康德（《美学》，第201页）。[关于"风景和园林艺术"这一题目前可参见 J. 里特：《风景——论审美特性在现代社会中的功用》，明斯特，1963年，尤其是富有启发的注释㊶，第52页以下。]

由这种考虑可以看到，建筑艺术相对于所有其他艺术而具有的这种综合性地位，包含着一种双重的中介过程。建筑艺术作为空间造型艺术，既是塑型于空间，又是腾空于空间。它不仅包括空间造型的所有装饰性观点，直至装饰图案，而且它本身按其本质也是装饰性的。装饰的本质正在于它恰恰造就了这两重中介，它既把观赏者的注意力吸引到自身上来，满足观赏者的趣味，同时又把观赏者从自身引进到它所伴随的生活关系的更大整体中。

这一点适用于整个装饰事物行列，从市政建筑直至个别装饰图案。一件建筑作品无疑应当是对某个艺术课题的解决，而且以此引起观赏者的惊叹和赞赏。不过，它也应当顺应某种生活要求，而不应成为目的自身。它将作为装饰物、作为心情背景、作为组成在一起的框架而适应某种生活关系。同样的情况适用于建筑艺术家所创造的所有单个作品，直至那种根本不应具有吸引力、而只是实现其伴随的装饰功能的装饰图案。但是，就连装饰图案的极端情形也仍具有装饰性中介自身的某种双重性，尽管装饰图案不应使人逗留于它，而且本身不应作为装饰性动机去看待，而只能起一种伴随性的效果。因此，装饰图案一般将不具有任何对象性的内容，或者将通过其风格技巧或重复变化去平衡这种内容，以使我们的目光掠过这内容。对装饰图案中所使用的自然形式的"认识"是无意中进行的。假如重复的图案被看作装饰图案实际的东西，那么装饰图案的重复就成了令人讨厌的乏味东西。但另一方面，装饰图案也不应是无生气地或单调地发挥作用，因为它作为伴随物应当具有一种有生气的效果，它也必须在某种程度上把观赏者的目光吸引到自身上来。

II 艺术作品的本体论及其诠释学的意义

如果我们以这种方式了解了对建筑艺术提出的装饰要求的全部范围,那么我们将会很容易地看到,那种审美意识的偏见将在建筑艺术上最明显地遭到破产,按照这种偏见,真正的艺术作品就是那种外在于一切空间和一切时间而在体验过程中成为某个审美体验对象的东西。我们所习惯的关于真正艺术作品和单纯装饰的区分需要进一步验证,这在建筑艺术上是不容置疑的。

这里,装饰物概念显然是从它与"真正艺术作品"的对立、从它起源于天才灵感出发而被思考的。人们也许是这样进行论证的:这种仅仅是装饰性的东西并不是天才的艺术,而只是工匠的技巧;这种仅仅是装饰性的东西是作为工具从属于它应装饰的东西,因此它与所有那些从属于某个目的的工具一样,也能够被另一个合乎目的的工具所替代;这种仅仅是装饰性的东西丝毫也不能分享艺术作品的性质。

事实上,装饰概念必须摆脱这种与体验艺术概念相对立的关系,并且必须在我们曾经视为艺术作品存在方式的表现的本体论结构中去找寻其根据。我们只要回忆一下,装扮的东西,装饰的东西,按其原本的意义,完全是美的东西。我们必须重新提出这种古老的见解。所有作为装扮和进行装扮的东西,都是由它们与它们所装扮的东西、所依靠的东西、作为它们穿戴者的东西的关系所规定的。它们并不具有自身独特的审美性内涵,这种内涵只是在后来由于它们与其穿戴者的关系才获得一种受限制的条件。就连似乎赞成这种观点的康德在其关于文身的著名判断中也看到了这一事实,即装饰只有当它与其穿戴者一致并相适应时才是装饰。[20]

---

[20] 康德:《判断力批判》,1799 年第 3 版,第 50 页。

所谓趣味不仅指人们知道在自身中去发现美的东西，而且也指人们知道何处有美的东西和何处没有美的东西。装饰品不是某种自为的、又被应用于其他事物的东西，装饰品属于其穿戴者的自我表现。对于装饰品来说，它们一定属于表现。但是，表现乃是一种存在事件，是再现。一个装饰品、一种装饰图案、一尊立于受偏爱地方的雕像，在这同样的意义上都是再现的，有如安置这些东西的教堂本身也是再现的一样。

因此，装饰物概念有助于充实我们关于审美特性存在方式的探讨。我们以后将会看到，重新提出美的古老的先验的意义从其他方面来说将有什么意义。我们用"表现"所意指的东西，无论如何乃是审美特性的一种普遍的本体论结构要素，乃是一种存在事件，而不是一种体验事件，体验事件是在艺术性创造的刹那间出现的，而且总是只在观赏者的情感中重复着。从游戏的普遍意义出发，我们曾经在这一事实中认识到表现的本体论意义，即"再创造"乃是创造性艺术本身的原始存在方式。现在我们已经证明了，绘画和雕塑艺术，从本体论上看，一般都具有同样的存在方式。艺术作品的独特存在方式就是存在来到了表现（ein Zur-Darstellung-Kommen des Seins）。

c) 文学的边界位置

我们所提出的本体论观点是否也涉及文学（Literatur）的存在方式，现在似乎成了一个需要认真检验的问题。从表面上看，这里似乎不再存在一种能要求其自身存在价值的表现。阅读（Lektüre）是一种纯粹内在性的事件。在阅读中，似乎完全脱离一切境遇和偶然性,而这些境遇和偶然性在公开的朗诵或演出中是存在的。文学所依据的唯一条件就是它的语言传承物以及通过阅读理解这些东西。审美意识用来使自己独立于作品的那种审美区分难道不是通过阅读着的意识的自主性来确认自身的吗?文学似乎是脱离了其本体论价值的散文诗。书本是为一切人而不是为一人的,这是针对每一本书——并不仅仅是针对某本著名的书[20]——而说的。

[但这是对于文学的正确看法吗?或者说,这种看法最终是来源于一种出自疏异了的教化意识的逆向投影(Rückprojektion)吗?毫无疑问,文学作为阅读的对象乃是一种后来出现的现象。但是,文学这词不是指阅读,而是指书写,这决不是没有理由的。最新的研究(如帕里[200]和其他人)——这种研究使得我需要对我以前所写的这段文字进行改写[201]——已经更改了浪漫派关于荷马以前的叙事诗是口诵的看法,因为我们知道了阿尔巴尼亚的叙事诗有着长期口诵的历史。凡有文字的地方,文字固定史诗的工作也出现了。"文学"产生于行吟诗人的工作,当然这不是指作为阅读材料的文学,而是指作为朗诵材料的文学。无论如何,当我们看到阅读对于朗诵的优先性时(如我们以后所观察的),这并不是什么根本新的东西(我们或许想到了亚里士多德对剧院的忽视)。]

只要阅读是一种有声朗读,这一点便是直接明显的。但是,显然并不存在与无声阅读区别的严格界限;所有理解性的阅读始终是一种再创造和解释。重音、节奏以及诸如此类东西也属于全无

---

[20] 弗里德里希·尼采:《查拉图斯特拉如是说,为一切人而不是为一人的书》。

声的阅读。意义性事物以及对它们的理解是如此紧密地与语言的实际物理性能相联,以致理解总包含一种内在的言语活动。

如果情况是这样,我们就根本不能回避这一结论:文学——例如,文学自身独特的艺术形式即小说——在阅读中就具有一种同样原始的存在,有如被行吟诗人朗读的史诗,或被观赏者观看的绘画一样。据此,书本的阅读仍是一种使阅读的内容进入表现的事件。的确,文学以及在阅读中对它的接受表现了一种最大程度的自由性和灵活性。㉒ 这一点可以通过下面这一事实来证明,即我们并不需要一口气地读完一本书,以致如果我们想继续读它,我们必须重新开始。这种情况与倾听音乐或观看绘画完全不同。但是,这却表明"阅读"是与文本的统一相适应的。

只有从艺术作品的本体论出发——而不是从阅读过程中出现的审美体验出发——文学的艺术特征才能被把握。阅读正如朗诵或演出一样,乃是文学艺术作品的本质的一部分。阅读、朗诵或演出,所有这些东西都是我们一般称之为再创造的东西的阶段性部分,但这种再创造的东西实际上表现了一切流动性艺术(alle transitorische Künste)的原始存在方式,并且对于一般艺术存在方式的规定提供了典范证明。

但是,这可以推出一个进一层的结论。文学概念决不可能脱

㉒ R.英加登在他的《文学艺术作品》(1931年)中对于文学艺术作品语言层次以及文学词汇视觉效应的灵活性作了卓越的分析。但也可参见本书第124页注释。[目前我已经发表了一系列的研究论文。参见"在现象学和辩证法之间——一种自我批判的尝试",载我的著作集,第2卷,但首先是该卷印出的论文"文本和解释"以及我的著作集第8卷将收集的一些论文。]

II 艺术作品的本体论及其诠释学的意义

离接受者而存在。文学的此在并不是某种已疏异了的存在的死气沉沉的延续，好像这种存在可以作为同时发生的东西提供给后代体验实在的。文学其实是一种精神性保持和流传的功能，并且因此把它的隐匿的历史带进了每一个现时之中。从亚历山大语文学家所创立的古代文学构造法则开始，"古典作品"的复制和保持的整个结果，乃是一种富有生气的文化传统，这种传统不只是保存现存的东西，而且承认这种东西为典范，把它们作为范例流传下来。在所有的趣味变迁中，我们称之为"古典文学"的整个范围一直作为一切后来人（直至古代和现代莫须有之争的时代以及其后的时代）的永恒范例而存在。

正是历史意识的发展，才使得世界文学这一富有生气的统一体从其规范性统一要求的直接性中转变成为文学史的历史探究。但是，这是一个未结束的、或许从不可完结的过程。众所周知，歌德用德语第一次提出了世界文学（Weltliteratur）这个概念，[72]但是对于歌德来说，这一概念的规范性意义还是理所当然的。这一意义即使在今天也还没有消失，因为今天我们还对一部具有永恒意义的作品说它属于世界文学。

属世界文学的作品，在所有人的意识中都具有其位置。它属于"世界"。这样一个把一部属世界文学的作品归于自身的世界可以通过最遥远的间距脱离生育这部作品的原始世界。毫无疑问，这不再是同一个"世界"。但是即使这样，世界文学这一概念所包

---

[72] 歌德：《艺术和古代社会》，纪念版，第38卷，第97页；以及1827年1月31日与爱克曼的谈话。

含的规范意义仍然意味着：属于世界文学的作品，尽管它们所讲述的世界完全是另一个陌生的世界，它依然还是意味深长的。同样，一部文学译著的存在也证明，在这部作品里所表现的东西始终是而且对于一切人都有真理性和有效性。因此世界文学绝不是那种按作品原本规定构造该作品存在方式的东西的一种疏异了的形式。其实正是文学的历史存在方式才有可能使某种东西属于世界文学。

以作品归属于世界文学来给出的规范性标志，现在把文学现象带到了一个新的视点中。因为，如果只有那种以其自身价值可以列入文学创作或语言艺术作品行列中的文学作品才可以被承认属于世界文学，那么从另一方面看，文学概念就远远比文学艺术作品概念来得宽广。所有语言传承物都参与了文学的存在方式——这不仅指宗教的、法律的、经济的、官方的和私人的各种文本，而且也指这些传承下来的文本被科学地加以整理和解释的著作，也就是说，整个精神科学。的确，只要科学探究与语言有本质的联系，那么所有科学探究都具有文学的形式。正是一切语言性东西的可书写性（Schriftfähigkeit），才使得文学具有最宽广的意义范围。

现在我们可以探究，我们关于艺术存在方式所获知的东西，是否还根本地适用于文学的这种宽广意义。我们是否必须把我们上面提出的文学的规范性意义保留给那些可被认为是艺术作品的文学作品呢？我们是否只可以对这些文学作品说它们分享艺术的存在价值呢？是否所有其他的文著作品存在形式都不分享艺术的存在价值呢？

或者说，在这里并不存在一个如此明确的界限吗？实际上有这样的科学著作存在,这些科学著作凭借其文字的优美使自己实现了那种可被视为文学艺术作品和可属于世界文学之列的要求。这一点从审美意识角度来看是明显的,因为审美意识在艺术作品中并不把其内容意义、而只把其造型质量认为是决定性的。但是,自从我们对审美意识的批判从根本上限制了这种观点的有效范围之后,这种关于文学艺术和文著作品之间的区别原则对于我们来说就有问题了。我们已经看到,审美意识并不是一下子把握一部文学艺术作品的本质性真理的。文学艺术作品其实与所有文著作品文本有共同之点,即它是用它的内容意义向我们述说的。我们的理解并不特别关注于作品作为艺术作品应具有的形式成就,而是关注于作品究竟向我们述说了些什么。

就此而言,文学艺术作品和任何其他文著作品文本之间的差别就不是一种如此根本性的区别。的确,在诗歌语言和散文语言之间存在差别,而且在文学性的散文语言和"科学性的"语言之间也存在差别。毫无疑问,我们可以从著作塑造(literarische Formung)观点来观察这些差别。但是,这些不同的"语言"之间的本质区别显然存在于别处,即存在于这些语言所提出的真理要求的差异之中。只要语言塑造使得应当被陈述的内容意义得以发挥作用,所有文著作品之间都存在一种深层的共同性。所以,对文本的理解,例如历史学家所进行的理解,与艺术经验根本不是全然不同的。如果在文学概念中不仅包括了文学艺术作品,而且一般也包括一切文字传承物,那么这绝不是一种纯粹的偶然。

无论如何,艺术和科学相互渗透的情况绝不是偶然地存在于文著作品现象中的。文著作品存在方式具有某种唯一性的不可比较的东西。文著作品存在方式提出了一种转为理解（Umsetzung in Verstehen）的特殊任务。没有什么东西有如文字这样生疏而同时需要理解。甚至与操陌生语言的人的接触,也不能与这样一种生疏性和陌生性相比较,因为不论表情语言还是发音语言总包含直接理解的元素。文字以及分享文字的东西即文著作品,就是转移到最生疏事物中去的精神理解性。没有什么东西像文字这样是纯粹的精神踪迹,但也没有什么东西像文字这样指向理解的精神。在对文字的理解和解释中产生了一种奇迹：某种陌生的僵死的东西转变成了绝对亲近的和熟悉的东西。没有一种我们往日所获得的传承物能在这方面与文字相媲美。往日生活的残留物,残存的建筑物、工具、墓穴内的供品,所有这些都由于受到时间潮水的冲刷而饱受损害——反之,文字传承物,当它们被理解和阅读时,却如此明显地是纯粹的精神,以致它们就像是现在对我们陈述着一样。因此阅读的能力,即善于理解文字东西的能力,就像一种隐秘的艺术,甚至就像一种消解和吸引我们的魔术一样。在阅读过程中,时间和空间仿佛都被抛弃了。谁能够阅读留传下来的文字东西,谁就证实并实现了过去的纯粹现时性。

因此,尽管所有审美上的界限划分,最宽广的文学概念在我们所确定的关系中仍是有效的。正如我们能够指明的,艺术作品的存在就是那种需要被观赏者接受才能完成的游戏。所以对于所有文本来说,只有在理解过程中才能实现由无生气的意义痕迹向有生气的意义转换。因此我们必须探讨这样的问题,即被证实为艺术经验的东西是否也整个适用于对文本的理解,是否也适用于对那些不是艺术作品的东西的理解。我们已看到,艺术作品是在其所获得的表现中才完成的,并且我们不得不得出这样的结论,即所有文学艺术作品都是在阅读过程中才可能完成。这一点是否也适用于对所有文本的理解呢?所有文本的意义是随着理解者的接受才完成的吗?换句话说,是否像倾听属于音乐的意义事件那样,理解也是属于文本的意义事件?如果我们像再创造性艺术家对待他的原型那样极端灵活地对待文本的意义,这还能叫做理解吗?

d) 作为诠释学任务的重构和综合

研讨对文本的理解技术的古典学科就是诠释学。如果我们的考虑是正确的,那么诠释学的真正问题与人们一般所认为的是完全不同的。诠释学问题指明的方向与我们对审美意识的批判把美学问题移入其中的方向是相同的。事实上,诠释学本来就必须这样宽泛地加以理解,它可以包括整个艺术领域及其问题。正如任何其他的需要理解的文本一样,每一部艺术作品——不仅是文学作品——都必须被理解,而且这样一种理解应当是可行的。因此诠释学意识获得一个甚至超出审美意识范围的广泛领域。美学必须被并入诠释学中。这不仅仅是一句涉及问题范围的话,而且从内容上说也是相当精确的。这就是说,诠释学必须整个反过来这样被规定,以致它可以正确对待艺术经验。理解必须被视为意义事件的一部分,正是在理解中,一切陈述的意义——包括艺术陈述的意义和所有其他传承物陈述的意义——才得以形成和完成。

在19世纪,诠释学这个原本古老的神学和语文学辅助学科经历了一个重要的发展,这一发展使得诠释学成为整个精神科学活动的基础。诠释学从根本上已经超出了它原来的实用目的,即使人们能够理解文著作品文本或使这种理解简易化。不只是文字传承物是生疏的、需要重新更正确地加以同化，而且所有那些不再直接处于其世界而又于该世界中并对该世界进行表述的一切东西——这就是说，一切传承物、艺术以及往日的其他精神创造物、法律、宗教、哲学等等——都脱离了它们原来的意义，并被指定给了一个对它们进行解释和传导的神灵。我们与希腊人一样，把这种神灵称之为赫尔墨斯（Hermes），即上帝的信使（Götterboten）。正是历史意识的出现，才使得诠释学在精神科学范围内起了根本的作用。但是，我们必须探究这样一个问题：诠释学所提出的问题的整个涉及面，如果从历史意识的前提出发，是否能正确地被我们所把握。

迄今为止对这个领域的探讨——这首先是由威廉·狄尔泰为精神科学奠定诠释学基础的工作[24]以及他对诠释学起源的研究[25]所规定的——已经以其特定的方式确立了诠释学问题的范围。我们现在的任务就是要摆脱狄尔泰探究的这种占统治地位的影响，摆脱由他所创立的"精神史"（Geistesgeschichte）的偏见。

为了预先指明诠释学问题所涉及的范围，并把我们迄今为止探究的重要结论与我们现在重新扩大的问题结合在一起，首先让我们考虑一下由艺术现象提出的诠释学任务。虽然我们非常清楚地指明了"审美区分"乃是一种抽象、它并不能够舍弃艺术作品对其世界的隶属关系，然而下面这一点仍然是不容置疑

---

[24] 威廉·狄尔泰：《全集》，第7卷、第8卷。
[25] 同上书，第5卷。

Ⅱ 艺术作品的本体论及其诠释学的意义

的,即艺术从不只是逝去了的东西,艺术能够通过它自身的现时意义(Sinnpräsenz)去克服时间的距离。就此而言,艺术从这两方面为理解提供了卓越例证。艺术虽然不是历史意识的单纯对象,但是对艺术的理解却总是包含着历史的中介。那么面对艺术,诠释学的任务该怎样规定呢?

对于这个问题的两种可能回答的极端情形在施莱尔马赫和黑格尔那里表现了出来。我们可以用重构(Rekonstruktion)和综合(Integration)两个概念来描述这两种回答。[202]不论对施莱尔马赫还是对黑格尔来说,一开始就存在着面对传承物的某种失落和疏异化的意识,这种意识引起他们的诠释学思考。然而,他们却以非常不同的方式规定了诠释学的任务。

施莱尔马赫——他的诠释学理论我们以后还要加以讨论——完全关注于在理解中重建(wiederherstellen)一部作品的原本规定。因为从过去流传给我们的艺术和文学已被夺去其原来的世界。正如我们在分析中所指出的,这一点既适用于所有艺术,当然也适用于文字性艺术,但是在造型艺术里表现得特别明显。所以施莱尔马赫写道:"当艺术作品进入交往时,也就是说,每一部艺术作品其理解性只有一部分是得自于其原来的规定",它们就不再是自然的和原来的东西。"因此当艺术作品原来的关系并未历史地保存下来时,艺术作品也就由于脱离这种原始关系而失去了它的意义。"他甚至直截了当地说:"因此,一部艺术作品也是真正扎根于它的根底和基础中,扎根于它的周围环境中。当艺术作品从这种周围环境中脱离出来并转入到交往时,它就失去了它的意义。它就像某种从火中救出来但具有烧伤痕迹的东

西一样。"㉖

由此不是就能得出艺术作品只有在它原来所属的地方才具有其真实的意义吗？因而对于艺术作品的意义的把握不就是一种对原本的东西的重建吗？如果我们知道并承认艺术作品不是审美体验的永恒对象，而是属于一个完满地规定其意义的"世界"，那么随之而来的结论似乎就是：艺术作品的真实意义只有从这个"世界"、首先是从它的起源和发祥地出发才能被理解。对艺术作品所属的"世界"的重建，对原本艺术家所"意指"的原来状况的重建，以原本的风格进行的表演，所有这些历史重构的手段都要求揭示一部艺术作品的真正意义，并阻止对它的误解和错误的引申——这实际上就是施莱尔马赫的思想，他的整个诠释学就是暗暗地以这种思想为前提。按照施莱尔马赫的看法，只要历史知识追溯出了偶缘的情况和原本的东西，历史知识就开辟了弥补所丧失的东西和重建传承物的道路。所以，诠释学的工作就是要重新获得艺术家精神中的"出发点"（Anknüpfungspunkt），这个出发点将使一部艺术作品的意义得以完全理解，这正像诠释学通过努力复制作者的原本创作过程而对本文所做的工作一样。

对于一部流传下来的作品借以实现其原本规定的诸种条件的重建，对理解来说，无疑是一种根本性的辅助工程。但是我们必须要追问，这里所获得的东西是否真正是我们作为艺术作品的意义（Bedeutung）所探求的东西，以及如果我们在理解中看到了一种第二次创造，即对原来产品的再创造，理解是否就正确地得以规定

㉖ 施莱尔马赫：《美学》，R.奥德布莱希特编，第84页以下。

了？这样一种诠释学规定归根结底仍像所有那些对过去生活的修补和恢复一样是无意义的。正如所有的修复一样，鉴于我们存在的历史性，对原来条件的重建乃是一项无效的工作。被重建的、从疏异化唤回的生命，并不是原来的生命。这种生命在疏异化的延续中只不过赢得了派生的教化存在。新近广泛出现的趋势，即把艺术作品从博物馆中再放回到其规定的本来之处，或者重新给予建筑纪念物以其本来的形式，只能证明这一点。甚至由博物馆放回到教堂里去的绘画或者按其古老状况重新设立的建筑物，都不是它们原本所是的东西——这些东西只成了旅游观光者的意愿。与此完全一样，这样一种视理解为对原本东西的重建的诠释学工作无非是对一种僵死的意义的传达。

与此相反，黑格尔提出了另一种可能性，即使诠释学工作的得和失相互补充。黑格尔极其清楚地意识到所有修复的无效性，当他鉴于古代生活及其"艺术宗教"的衰亡而写道[27]：缪斯的作品"现在就是它们为我们所看见的那样，——是已经从树上摘下的美丽的果实，一个友好的命运把这些艺术品给予了我们，就像一个姑娘端上了这些果实一样。这里没有它们具体存在的真实生命，没有长有这些果实的树，没有土壤和构成它们实体的要素，也没有制约它们特性的气候，更没有支配它们成长过程的四季变换——同样，命运把那些古代的艺术作品给予我们，但却没有把那些作品的周围世界给予我们，没有把那些作品得以开花和结果的伦理生活的春天和夏天一并给予我们，而给予我们的只是对这种现实性的朦

---

[27] 黑格尔：《精神现象学》，霍夫迈斯特编，第524页。

胧的回忆"。而且黑格尔还把后人对待流传下来的艺术作品的态度称之为"外在的活动","这种活动类似于从这些果实中擦去雨珠或尘埃,并且在环绕着、创造着和鼓舞着伦理生活的现实性的内在因素上建立了它们的外部存在、语言、历史性等等僵死因素之详尽的架构,这并不是为了让自身深入生活于它们之中,而只是为了把它们加以表象式的陈列"。[28] 黑格尔这里所描述的东西,正是施莱尔马赫的历史保存要求所包含的东西,不过在黑格尔这里,这些东西一开始就具有一种否定性的强调。对于那些充实艺术作品意义的偶缘性东西的研究,并不能重新产生这些作品。作品仍是从树上摘下的果实。我们通过把这些东西放回到它们的历史关系中去所获得的,并不是与它们活生生的关系,而是单纯的表象关系。黑格尔这里并不是否认对往日艺术采取这种历史态度是一个合理的工作,而是说明了艺术史研究的原则,这个原则在黑格尔看来,就像所有"历史的"活动一样,无疑是一种外在的活动。

不过,按照黑格尔的看法,只要精神看到了自身在历史中以一种更高的方式表现出来,那么面对历史也包含面对艺术史的思维着的精神的真正使命,就不会是一种外在的活动。在进一步描述那位端上了从树上摘下的果实的姑娘时,黑格尔继续写道:"但是,正如那位把摘下来的果实捧出给我们的姑娘超过那个提供它们的

---

[28] 但是,黑格尔的《美学》中有段话(霍托版,第Ⅱ卷,第233页)表明,对于黑格尔来说,"自身深入生活于"(das Sichhineinleben)也并不是一种解决办法:"这是毫无用处的,即实质上去适应过去的世界观,也就是说,企图通过例如做一个天主教徒,去安居于那些世界观中的一种。这就像现代许多人为了让自己的精神得以安宁而对艺术所做的……"。

条件和元素、树木、空气、日光等等并且直接生长出它们来的自然界，因为她是以一种更高的方式把所有这些东西聚集到具有自我意识的眼神和呈递的神情的光芒之中，同样，把那些艺术作品提供给我们的命运之神也超过了那个民族的伦理生活的现实性，因为这个精神就是那个外在化于艺术作品中的精神的内在回忆（Er-Innerung）——它是悲剧的命运之神，这命运把所有那些个别的神灵和实体的属性集合到那唯一的万神庙中，集合到那个自己意识到自己作为精神的精神中。"[203]

这里，黑格尔就超出了理解问题在施莱尔马赫那里所具有的整个范围。黑格尔把理解问题提高到这样一个基础上，正是在这个基础上他建立了他的作为绝对精神最高形式的哲学。在哲学的绝对知识中，精神的那种自我意识就完成了，那个精神，正如引文中所说的，"以一种更高的方式"在自身中把握了艺术的真理。因此对于黑格尔来说，正是哲学，也就是说，精神的历史性的自我渗透，才实现了诠释学的使命。哲学是历史意识的自我遗忘的最极端的对立面。对于哲学来说，表象的历史态度转变成了对于过去的思维态度。这里黑格尔说出了一个具有决定性意义的真理，因为历史精神的本质并不在于对过去事物的恢复，而是在于与现时生命的思维性沟通(in der denkenden Vermittlung mit dem gegenwärtigen Leben)。如果黑格尔不把这种思维性沟通认作某种外在的和补充性的关系，而是把它与艺术真理本身同等看待，那么他就是正确的。这样，黑格尔就在根本上超出了施莱尔马赫的诠释学观念。只要我们去探讨艺术和历史中展现出来的真理问题，艺术真理问题就迫使我们去进行对审美意识和历史意识的批判。[204]

第二部分

真理问题扩大到精神科学里的理解问题

"谁不认识某物,谁就不能从它的词得出它的意义。" I 177
——M. 路德*

I
历史的准备

1. 浪漫主义诠释学及其在历史学中的应用质疑

a) 诠释学在启蒙运动和浪漫主义时期之间的本质转变

假如我们认识到以跟随黑格尔而不是施莱尔马赫为己任,诠释学的历史就必须有全新的着重点。它的最终完成不再是历史理解摆脱一切独断论的先入之见,而且我们也将不能再按照狄尔泰跟随施莱尔马赫所描述的方式来看待诠释学的产生。我们必须从狄尔泰所开创的道路走向新的道路,并找寻另一种不同于狄尔泰的历史自我意识所追求的目的。可是,我们将完全不考虑独断论对诠释学问题的兴趣,这种兴趣早先是由《旧约圣经》提供给早期教会的,[①]我们将满足于追随近代诠释学方法的发展,而这种发展

---

* WA 饭桌谈话 5;26,11—16,编号 5246。
① 我们可以考虑奥古斯丁的《基督教教义》,参见最近 G. 埃贝林的论文"诠释学",载《历史和当代的宗教》,第 3 版。

最后导致历史意识的形成。

α) 浪漫主义诠释学的前史

理解（Verstehen）和解释（Auslegung）的技艺学曾经由于一种类似的动机而沿两条路线——神学的和语文学的——加以发展。[205]正如狄尔泰很好地指出的，②神学诠释学的产生是由于宗教改革家要维护自己对《圣经》的理解以反对特利恩特宗派[206]神学家的攻击及其对传统必要性的辩护，而语文学的诠释学则是作为复兴古典文学这一人文主义要求的工具。这两条路线都是关系到重新发现（Wiederentdeckung），而且是重新发现某种并非绝对不知道、但其意义已成为陌生而难以接近的东西：古典文学虽然经常地作为人文教材出现，但完全被归并入基督教的世界；同样，《圣经》虽然也是教会经常阅读的圣书，但对它的理解则是由教会的独断论传统所规定的，而且按照宗教改革家的论证，是被教会的独断论传统所掩盖了的。在古典文学和《圣经》这两个历史传承物中所涉及的都是陌生语言，而不是罗马中古时代的那种普遍的学者语言，因此要对原本获得的传承物进行研究，就必须精通希腊文和希伯来文，并且还必须纯化拉丁文。在这两个传承物领域内，诠释学的要求就是通过精巧的程序为人文主义文学和《圣经》提示其文本的原本意义。具有决定性意义的事件是，通过路德[207]和梅兰希顿[208]，人文主义传统和宗教改革的诱因结合了起来。

《圣经》诠释学的前提——就《圣经》诠释学作为现代精神科学

---

② 狄尔泰：《诠释学的起源》，载《狄尔泰全集》，第5卷，第317—338页。[目前狄尔泰的很有价值的原件发表在《施莱尔马赫传》第2卷里。参见我的评论，载我的著作集，第2卷（《真理与方法》，第3版后记），第463页以下。]

I 历史的准备

诠释学的前史而言——是宗教改革派的《圣经》自解原则（das Schriftprinzip）。路德的立场③大致如下：《圣经》是自身解释自身（sui ipsius interpres）。我们既不需要传统以获得对《圣经》的正确理解，也不需要一种解释技术以适应古代文字四重意义学说，《圣经》的原文本身就有一种明确的、可以从自身得知的意义，即文字意义（sensus literalis）。特别是隐喻的方法——这种方法以前对于《圣经》学说的教义统一似乎是不可缺少的——现在只有在《圣经》本身已给出了隐喻意图的地方才是有效的。所以在讲到隐喻故事时它才适合。反之，《旧约圣经》却不能通过一种隐喻的解释而获得其特殊的基督教要义。我们必须按照字义理解它，而且正是由于我们按照字义去理解它，并把它视为基督拯救行为所维护的法则的表现，《旧约圣经》才具有一种基督教义的重要性。

当然，《圣经》的字面意义并非在任何地方和任何时候都是明确可理解的。因为正是《圣经》的整体指导着对个别细节的理解，反之，这种整体也只有通过日益增多的对个别细节的理解才能获得。整体和部分这样一种循环关系本身并不是新的东西。古代的

---

③ 路德派解释《圣经》的诠释学原则，在 K. 霍尔之后，主要是被 G. 埃贝林加以深入研究（G. 埃贝林《福音派的〈圣经〉解释——路德诠释学探究》〔1942 年〕和"路德诠释学的发端"〔《神学和教会杂志》，第 48 卷，1951 年，第 172—230 页〕，以及最近发表的"上帝的话和诠释学"〔《神学和教会杂志》，第 56 卷，1959 年〕）。我们这里只是一种概括性的说明，目的是突出一些必要的看法，并解释诠释学进入历史学（这是 18 世纪出现的）的转变。关于"只有一部《圣经》"（Sola scriptura）的本身问题，也可参见 G. 埃贝林的"诠释学"，载《历史和当代的宗教》，第 3 版。[参见 G. 埃贝林《词与信仰》，第 2 卷，蒂宾根，1969 年，第 99—120 页。也可参见我的论文"古典诠释学和哲学诠释学"，载我的著作集，第 2 卷，第 92—117 页；以及 H.-G. 伽达默尔和 G. 伯姆合编的《哲学诠释学》，法兰克福，1976 年。]

修辞学就已经知道这种关系,它把完满的讲演与有机的身体、与头和肢体的关系加以比较。路德和他的追随者④把这种从古代修辞学里所得知的观点应用到理解的过程,并把它发展成为文本解释的一般原则,即文本的一切个别细节都应当从上下文(contextus)即从前后关系以及从整体所目向的统一意义、即从目的(scopus)去加以理解。⑤

由于宗教改革派的神学是为了解释《圣经》而依据于这种原则,从自身方面它当然仍束缚于一种本身以独断论为基础的前提。它预先假设了这样一个前提,即《圣经》本身是一种统一的东西。从18世纪所确立的历史观点来判断,宗教改革派的神学也是独断论的,它排除了对《圣经》的任何可能考虑到其文本相互关系、目的

---

④ 在弗拉丘斯那里也可找到 caput(头)和 membra(肢体)的比较。

⑤ 与诠释学的起源一样,系统概念(Systembegriff)的起源显然也是基于同样的神学方面的原因。对此,O. 里奇尔的探究《科学语言词汇史和哲学方法论里的系统和系统方法》(波恩,1906年)是非常有教益的。他的研究表明,宗教改革派的神学由于不再愿意成为独断论传统的百科全书式的加工物,而是想根据《圣经》里的重要章节(共同之处)对基督教学说重新加以组织,从而趋于系统化——这样一种观点是有双重意义的,假如我们想到系统这一词是后来在17世纪哲学里出现的话。在17世纪哲学里,也是某种新的东西破坏了经院哲学的整个科学的传统结构,这就是新兴的自然科学。这种新的成分迫使哲学趋于系统化,即协调旧的东西和新的东西。自那时以来已成为一种方法论上必不可少的哲学工具的系统概念同样在近代初期哲学和科学的分裂中有其历史根源。系统概念之所以表现为某种显然是为哲学所需要的东西,只是因为哲学和科学的这种分裂自那时以来就向哲学提出了它的经常的任务。[关于系统一词的语义史:最早出现于《爱比诺米斯》991e,在这里系统($σύστημα$)一词是与数($ἀριθμός$)及和谐($ἁρμονία$)相联系的,这似乎是从数的关系和声的关系转到天体秩序(参见《早期斯多葛派著作残篇》,片辑II,168,11以下)。我们也可以考虑赫拉克利特的想法(《前苏格拉底哲学家残篇》,第12篇,B54):不协调出现于和谐的间隔"被克服"(überwunden)。与分裂相结合,这一点同样也出现在天文学和哲学的"系统"概念里。]

和组织结构的正当的个别解释。

而且,宗教改革派的神学似乎也是不彻底的。由于它最后要求以新教派的信仰形式作为理解《圣经》统一性的指南,它也抛弃了《圣经》自解原则——尽管这一原则曾有利于某种诚然是短暂的宗教改革传统。所以,不仅是反对宗教改革派的神学,而且就是狄尔泰本人也对它进行了批判。[⑥] 狄尔泰从一种历史精神科学的完全自我感觉出发,曾讽刺性地评注了新教派诠释学的这些矛盾。不过,我们还将提出这样的问题,即这种自我意识——这正涉及《圣经》诠释学的神学意义——是否真正是有根据的,由文本自身来理解文本的语文学-诠释学原则是否本身也有某种不能令人满意的东西,是否总是需要从独断论主导思想那里得到一种一般不承认的补充。

在历史上的启蒙运动完全测度了这一问题的可能性之后,今天这个问题才可能被提出来。狄尔泰对于诠释学起源的研究发展了一种明显一致的、按照近代科学概念是令人信服的关系。首先,诠释学必须使自己解除一切独断论的限制,解放自己,以便使自己能提升到历史研究原则的普遍意义。这发生在 18 世纪,当时像塞梅勒[209]和埃内斯蒂[210]这样的大人物已认识到,要正确地理解《圣经》,必须以承认它的作者之间的差别和放弃教义的独断论统一性为前提。由于这种"使解释从教条中解放出来"(狄尔泰),基督教神圣著作集开始被看作具有历史源泉的著作集,它们作为文

---

⑥ 参见《狄尔泰全集》,第 2 卷,第 126 页,注释 3,关于理查德·西蒙对弗拉丘斯所进行的批判。

字的著作不仅必须遵从语法的解释,而且同时也要遵循历史的解释。⑦ 由整体关系来进行的理解现在也必须要求历史地再现文献所属的生活关系。旧有的以整体来理解个别的解释原则现在不再关系到和限制于教义的独断论统一,而是涉及全部的历史实在,而个别的历史文献正构成这种实在整体的部分。

正如现在在神圣著作或世俗著作的解释之间不再有任何差别,因而只存在一种诠释学一样,这种诠释学最终不仅对一切历史研究有一种预备的作用——如作为正确解释古文字的技术——而且也包含整个历史研究事业本身。因为古文献中的每一个语句只能够从上下文关系加以理解,这不仅适合于古文字,而且也适合于它们所报道的内容。语句的意义本身不是固定不变的。历史研究的个别对象(不论是重大的还是微不足道的)得以表现自身真正的相对意义的世界史关系本身就是一个整体,只有借这一整体,一切个别东西的意义才能得以完全理解,反之,也只有通过这些个别东西,整体才能得到完全的理解:世界史好像就是一部大部头的晦涩不明的书,是用过去的语言所撰写的一部人类精神的集体著作,它的本文应当被我们所理解。历史研究是按照它所利用的语文学解释模式理解自身。我们将看到,这种模式事实上就是狄尔泰用以建立历史世界观的范式。

所以,在狄尔泰看来,诠释学仅当从服务于一种教义学任

---

⑦ 塞梅勒——他曾提出这种要求——当然以此还意味着服从《圣经》的拯救意义,因为历史地理解《圣经》的人"现在也能够按照一种由不同的时代和我们周围人的另一种不同的环境所决定的方式讲到这些对象"(引自 G. 埃贝林:"诠释学",载《历史和当代的宗教》,第 3 卷)——即那种服务于 applicatio(应用)的历史研究。

I 历史的准备

务——对于基督教神学家来说,这是一项正确宣告新教福音的任务——转向历史推理法作用时,它才获得自己真正的本质。但是,如果狄尔泰所追随的历史启蒙运动的理想应被证明是一种幻觉的话,那么他所概述的诠释学的前史也将得到一种完全不同的意义;因此,历史意识的转向就不是指它从教条桎梏中的解放,而是指它的本质的转变。这种情况也完全适合于语文学-诠释学。因为语文学的考证术(ars critica)首先就是以未加反思的古希腊罗马文化的典范性为前提的,语文学就是研讨这一时期的传承物。所以当古代和现代之间不再存在明确的榜样和仿效的关系时,语文学-诠释学就必须进行本质的转变。这种情况可以通过古今之争(die querelle des anciens et des modernes)来加以证明,这场古今之争乃是从法国古典主义一直到德国古典时期这一整个时代的普遍主题。这一主题发展了历史反思,这种反思终于摧毁了以古希腊罗马文化为典范的要求。所以,就语文学和神学这两条路线而言,它们都经历了同样的发展过程,这种发展终于导致建立普遍诠释学的想法,对于这种普遍诠释学来说,传承物的特殊典范性不再表现为诠释学任务的先决条件。

诠释学这门科学的发展,如施莱尔马赫在与语文学家 F. A. 沃尔夫[211]和 F. 阿斯特[212]的争论以及继续发展埃内斯蒂的神学诠释学时所作出的,也并不只是理解技术历史本身中的一种继续的步伐。实际上这种理解技术历史本身自从古典语文学的时代以来就已经被理论反思所伴随。不过,这种理论反思具有一种"技艺学"(Kunstlehre)的性质,即它想服务于理解技术,有如修辞学服务于演讲技术,诗学服务于作诗的技巧和品鉴。就这个意义而言,教父时代的神学诠释学和宗教改革时代的神学诠释学也都是一种技艺学。但现在这样一种理解已成问题了。这个问题的普遍性证明了：理解已经变成了一种具有新意义的任务，因此理论反思也获得了一种新意义。理论反思不再是一门服务于语文学家实践或神学家实践的技艺学。的确，施莱尔马赫最后仍称他的诠释学为"技艺学"，但他是在一种完全不同的重要意义上这样称呼的。他试图越过神学家和语文学家的要求而返回到思想理解的更原始的关系，从而去获取神学家和语文学家所共用的方法的理论基础。

语文学家——施莱尔马赫的直接先驱——当时仍站在不同的立场上。对于他们来说，诠释学是由要理解的东西的内容所规定的——并且，这是古代-基督教文学不言而喻的统一性。阿斯特的普遍诠释学的目的是论证："希腊和基督教时代所产生的生活的统一性"表现了一切"基督教人文主义者"根本所思想的东西。[8]——反之，施莱尔马赫不再在理解所必应用于的传承物的内容统一性里寻求诠释学的统一性，而是摆脱所有内容上的特殊性，在一种甚至不为思想怎样流传的方式（不管是文字的还是口头的，是用陌生的语言还是用自己同时代的语言）所影响的方法统一性中寻求诠释学的统一性。凡是在没有出现直接理解的地方，也就是说，必须考虑到有误解可能性的地方，就会产生诠释学的要求。

施莱尔马赫的普遍诠释学观念就是从这里开始的。这种观念

---

[8] 狄尔泰正确地注意到这一点，但对此评价不同，他在1859年曾写道："我们应当很好地注意，语文学、神学、历史和哲学……当时还没有像我们通常所认为的那样产生。可是，既然赫涅曾经使语文学成为一门具体学科，沃尔夫才首先称自己是语文学的学生。"（《青年狄尔泰》，第88页）

产生于这样一种想法,即陌生性的经验和误解的可能性乃是一种普遍的现象。的确,相对于非艺术性的讲话和口头的讲话(口头的讲话好像经常被一种富有生气的语调所解释)来说,在艺术性的讲话和文字固定下来的讲话里,这种陌生性更大,这种误解也更容易。但是,诠释学任务向"有意义的对话"(das bedeutsame Gespräch)的扩展——这对于施莱尔马赫是特别典型的——正表明诠释学本要克服的陌生性的意义相对于迄今为止的诠释学任务观来说曾发生怎样根本的转变。在一种新的普遍的意义上,陌生性与你的个性是不可解开地一起被给予的。

但是,我们不应当把这种表现施莱尔马赫特色的富有生气和才智的人的个性感认作是一种影响他的理论的个人的癖性。这种个性感其实是对所有那些在启蒙运动时期以"合理性的思想"这一名称被认作是人性的共同本质的东西的批判性拒绝,这种个性感迫使施莱尔马赫对传承物的关系采取了一种崭新的观点。[9] 他认为理解的技术需要加以根本的理论考察和普遍的训练,因为不管是根据《圣经》确立的同意还是靠理性建立的同意都不再构成对一切文本理解的独断论的指南。因此,对于施莱尔马赫来说,我们需要为诠释学反思提供一种根本的动因,并因而把诠释学问题置于一个迄今诠释学尚未认识的视域内。

为了对施莱尔马赫给予诠释学历史的这一特殊转折提供正确

---

[9] 克里斯蒂安·沃尔夫及其学派合乎逻辑地把"一般解释技术"算作哲学,因为"一切最后都集中于:如果我们理解了他人所讲的话,那么我们就可能认识和检验他们的真理"(瓦尔希,165)。本特利同样也这样主张,他曾要求语文学家:"他的唯一的向导是理性——即作者思想之光及其强制的力量"(引自韦格纳:《古代文化研究》,第 94 页)。

的背景知识,让我们考虑一个施莱尔马赫自己尚未完全处理的问题。这一问题虽然自从施莱尔马赫以来完全从诠释学的探究中消失了(这奇特地使狄尔泰对诠释学历史的历史兴趣变得相当狭窄),实际上却支配了诠释学的问题,并且使施莱尔马赫在诠释学历史上的地位能得以理解。我们从这一命题开始:"理解(Verstehen)首先指相互理解(sich miteinander verstehen)。"了解(Verständnis)首先是相互一致(Einverständnis)。所以,人们大多是直接地相互理解的,也就是说,他们相互了解直到取得相互一致为止。了解也总是对某物的了解。相互理解(Sich verstehen)就是对某物的相互理解(Sichverstehen in etwas)。语言已经表明:谈论的东西(Worüber)和涉及的东西(Worin)并不只是一个本身任意的相互理解不必依赖于它的谈论对象,而是相互理解本身的途径和目的。如果两个人是不依赖于这种谈论的东西和涉及的东西而相互理解的,那么这意味着:他们两人不仅是在这一方面或那一方面相互理解,而且在统一人类的所有本质事物方面都相互理解。只有在任何人都能意指和理解同一事物这种自然生活受到妨碍时,理解才成为特有的任务。哪里产生了误解,或哪里意见表达使人惊奇地感到不可理解,哪里意指事物的自然生活就这样受到阻碍,以致意见由于作为意见——也就是作为他人的意见、你的意见或文本的意见——而一般就成为某种固定的给予的东西。甚至在这里一般所寻求的也是同意(Verständigung)——而不只是了解(Verständnis),这样,我们重新又走到了关于事情的路上。只有当所有这种去路和回路——这些道路构成了对话的艺术、论证的艺术、提问的艺术、回答的艺术、反对和拒绝的艺术,并相对于文本作为探求理解的灵魂的内在对话——都是徒劳的,问题才会重新被提出。只有到此时,理解的努力才注意到你的个性,考虑到这种个性的特有性。就一种陌生的语言而论,文本当然永远是一种语法-语言解释的对象,但这只是一种初步的条件。在努力去理解所说的内容时,如果提出他怎样得出他的意见这样的反思问题,那么理解的真正问题显然就被揭开了。因为很清楚,这样一种提问表现了一种完全不同种类的异样性,最终意味着放弃共同的意义。

斯宾诺莎的《圣经》批判对此就是一个卓越的例证(同时也是最早的文献之一)。在《神学政治论》第 7 章里,斯宾诺莎提出了他的基于自然解释的《圣经》解释方法:我们必须从历史资料推出作者的意思(mens)——因为这些书里所讲到的东西(奇迹和启示的故事)都不能从那些我们凭自然理性而知道的原则中推导出来。在这些本身是不可理解的(imperceptibiles)事物中——尽管《圣经》著作整个来说无可争议地具有一种道德的意义——所有重要的东西也都是可以被理解的,只要我们"历史地"理解了作者的精神,也就是说,只要我们克服我们的偏见,除了作者所能想到的意义外不考虑别的东西。[213]

因此,"以作者的精神"来进行历史解释的必要性来自于内容的晦涩暧昧和不可理解性。斯宾诺莎说,从没有人这样解释过欧几里得,以致我们会注意这位作者的生平、研究和习惯(vita, studium et mores),[10]这同样也适用于《圣经》论述道德问题的精神(circa documenta moralia)。只是因为《圣经》的故事里具有不可理解的东西(res imperceptibiles),所以我们对它们的理解才依赖

---

⑩ 对于历史思想的胜利,下述一点是有征兆性的,即施莱尔马赫至少在其诠释学里考虑到有可能按照"主观方面",从欧几里得的天才思维上来解释欧几里得(151)。

于：我们能够从作者的整个著作去弄清作者的意思（ut mentem auctoris percipiamus）。这里，作者所意味的东西是否符合我们的观点，这事实上是无关紧要的——因为我们所想知道的只是命题的意义（den sensus orationum），而不是它们的真理（veritas）。为此，我们需要排除一切先入之见，甚至是通过我们理性（更正确地说，是通过我们的成见）而得来的东西（§17）。[214]

《圣经》理解的"当然性"（Natürlichkeit）也依赖于这一事实，即明显的东西可以清楚地被理解，不明显的东西可以"历史地"被理解。对事物的真理不能直接理解，就促成走历史研究之路。这样表达的解释原则对于斯宾诺莎自己对《圣经》传统的关系究竟意味着什么，这是另一个问题。无论如何，在斯宾诺莎看来，《圣经》里仅以这种方式可以历史地被理解的东西的范围是很大的，即使整个《圣经》的精神（quod ipsa veram virtutem doceat）是明确的，而明确的东西是具有压倒一切的重要性。

如果我们以这种方式回顾历史诠释学的前史，那么首先要注意的事情是，在语文学和自然科学之间（就它们早先的自我思考而言）存在一种紧密的相应关系，这种相应关系具有双重的意义：一方面，自然科学方法程序的"当然性"被认为也可应用于对《圣经》传统的态度，并且被历史方法所支持；但另一方面，《圣经》诠释学里所运用的语文学技巧，即从上下文关系去理解的技巧的当然性也给予自然研究以一项解释"自然之书"的任务。[①] 就此而言，语

[①] 所以培根把他的新方法理解为自然解释（interpretatio naturae），参见本书第353页以下。[也可参见 E. R. 库丘斯：《欧洲文学和罗马中世纪》，伯尔尼，1948年，第116页以下，以及 E. 罗特哈克：《自然之书——隐喻历史的资料和基础》，根据 W. 佩尔佩特编辑加工的《遗著》，波恩，1979年。]

文学的模式对于自然科学方法是具有指导性的。

这反映在这一事实上,即由《圣经》和权威取得的知识正是新兴自然科学必须进行反对的敌人。为反对这一敌人,新兴科学必须具有它自己特有的方法论,这种方法论通过数学和理性导向对本身是可理解的东西的洞见。

正如我们在斯宾诺莎那里所看到的,18世纪对《圣经》进行的彻底的历史批判在启蒙运动的理性信仰中完全有其独断论的基础。同样,历史思维的其他先驱——其中在18世纪有很多现在早已被忘记了名字的人——也曾试图为理解和解释历史著作提供指南。在这些人中间浪漫主义诠释学先驱克拉顿尼乌斯(Chladenius)[12][215]特别突出,[13]事实上在克拉顿尼乌斯那里,我们发现确立"我们为什么这样而不是那样认识事物"的"观点"(Sehepunkt)这一重要概念,这本是来自光学的概念,显然这位作者是从莱布尼茨那里借用了这一概念。

但是,正如我们从他著作的名称得知的,克拉顿尼乌斯容易给人一种错误的假象,假如我们把他的诠释学看成一种历史方法论的早期形式的话。这不仅指"解释历史著作"的事情对他来说根本不是最重要的事情——在任何情况下这都是关于著作的实际内容的问题——,而且也指整个解释问题在他看来基本上都是教育性的,具有偶缘的性质。解释显然与"合乎理性的讲话和著作"有关。对于他来说,解释就是指"增加那些对于完善理解一段原文是必要

---

[12] 《对合乎理性的讲话和著作的正确解释导论》,1742年。
[13] 根据J.瓦赫(Wach),瓦赫的三卷本著作《理解》完全停留在狄尔泰的视域内。

的概念"。所以,解释并不"指明对一段原文的真正理解",而是明显地被规定为排除原文中那些阻碍学生"完善理解"的晦涩疑点(序言)。在解释中我们必须使自己适应于学生的见解(§102)。

所以,在克拉顿尼乌斯看来,理解和解释不是一回事(§648)。很清楚,对于克拉顿尼乌斯来说,一段原文需要解释,完全是一种例外情况,只要我们知道了一段原文所涉及的东西——不管我们是从原文回忆起这些东西,还是仅通过这段原文才获得对这些东西的知识——我们一般就直接理解了这段原文(§682)。毫无疑问,这里对于理解来说重要的东西仍是对事物的理解(Sachverständnis),即有关实际事物的见解——这绝不是历史学的处置方法,也不是心理学-发生学的处置方法。

不过,这位作者仍然完全相信,只要解释艺术同时证明了解释的正当性,解释艺术就具有一种新的和特殊的迫切性。只要"学生有了与解释者同样的知识"(这样,所要理解的东西无需论证就是清楚明显的),或者"因为对解释者已有了很好的信任",解释显然就没有必要。不过,在他看来,这两个条件在他那时代似乎都不能得以实现,因为就(在启蒙运动的精神影响下)"学生想以他们自己的眼光来看"而言,对解释者不可能有信任,而就随着知识的发展——即随着科学的进展——要理解的事物的奥秘变得愈来愈多而言,学生也不可能有与解释者同样的知识(§668以下)。因此,随着自明的理解(Vonselbst-Verstehen)的消失,诠释学的需要产生了。

这样,本来是偶然的解释动机终于获得了一种根本的意义。克拉顿尼乌斯达到了一个非常重要的结论。他确信,完善地理解一位作者和完善地理解一次讲话或一篇著作并不是同一回事(§86)。理解一本书的标准绝不是知道它的作者的意思。因为"既然人们不能知道任何东西，他们的言辞、讲话和著作便可能意味着某种他们自己未曾想去说或写的东西"，因而，"如果我们试图去理解他们的著作，我们可以有理由地去想那些作者自己还未曾想到的东西"。

即使情况相反，即"作者所意味的东西比我们所能理解的东西要多"，诠释学的真正任务对于克拉顿尼乌斯来说，也不是最终去理解这些"多出的东西"，而是理解书本身的真实的即客观的意思。因为"所有人们的著作和讲话都有某种不可理解的东西"——这就是说，都有某些由于缺乏客观知识而来的晦涩疑点——所以必然需要正确的解释。"对我们无收益的章节可以变成有收益的，"也就是说，"引起了更多的思想"。

不过，我们应当注意，在所有这些方面，克拉顿尼乌斯都没有考虑如何加强《圣经》的注释，而是明显地无视于"神圣的著作"，对于这些神圣著作来说，"哲学的解释技术"只是一个过道。他也不想以他的阐述来论证，凡是我们能思考的东西（所有"应用"）都属于一部书的理解，而是认为，只有那些符号作者意向的东西才属于一本书的理解。但是对于他来说，这种符合显然不具有那种历史-心理学限制的意义，而是指一种（如他所明确确信的）注释性地考虑新神学的实际符合关系。⑭

β) 施莱尔马赫的普遍诠释学设想

正如我们所看到的，假如我们不再用狄尔泰的观点去看待 19

---

⑭ 这确实适合于塞梅勒，前面注释⑦所引的他的话表明，他的历史解释要求怎样具有神学的意义。

世纪诠释学的前史,这段前史实际上就会显得很不一样。在斯宾诺莎和克拉顿尼乌斯这一方同施莱尔马赫这另一方之间发生了多么大的转变啊！那种促成斯宾诺莎转向历史研究并促使克拉顿尼乌斯在一种完全指向对象的意义上去构造解释技术的不可理解性,对于施莱尔马赫来说,具有了完全不同的普遍的意义。

如我所正确看到的,首先一个重要差别是:施莱尔马赫与其说在讲不理解(Unverständnis),毋宁说在讲误解(Missverstand)。他所想到的东西不再是那种帮助他人或学生理解的解释的教导作用。在他看来,解释和理解是最紧密地交织在一起的,有如外在的话语和内在的话语紧密地交织在一起一样,所有解释的问题实际上都是理解的问题。⑮ 他唯一研讨的是理解的技巧(die subtilitas intelligendi),而不是解释的技巧(die subtilitas explicandi)⑯[对于应用(applicatio)他更是沉默不言⑰]。但是,施莱尔马赫首先明确地区分了宽弛的诠释学实践和严格的诠释学实践,按照宽弛的诠释学实践,理解是自发出现的,而严格的诠释学实践的出发点则是:凡是自发出现的东西都是误解。⑱ 施莱尔马赫的特殊成就——发展一种真正的理解技艺学以代替"观察的聚集"——就是建立在

---

⑮ [这种把理解和解释加以融合的做法——我认为这种做法遭到 D. 希尔施这样的作者所反对——我可能从施莱尔马赫自己那里得到证实。《施莱尔马赫全集》,第 3 系列,第 3 卷,第 384 页(=苏尔康姆普版《哲学诠释学》卷,第 163 页):"解释与理解的区别只是像外在的讲话与内在的话语的区别一样"——这一般就表明思想具有语言性的必然性。]

⑯ 埃内斯蒂在《解释规则》NT(1761 年)第 7 页另外提出的。

⑰ J.J. 兰巴赫:《神学诠释学规则》,1723 年,第 2 页。

⑱ 《诠释学》,§15 和 §16,载施莱尔马赫:《著作集》,第 1 系列,第 7 卷,第 29 页以下。

Ⅰ 历史的准备

这种区分之上的。这意味着某种崭新的观点。因为从现在开始,我们不再把理解疑难和误解认为是偶然的,而认为是可被排除的组成要素。所以施莱尔马赫下了这样的定义:"诠释学是避免误解的技艺。"这个定义超出了解释实践的偶尔教导作用,使诠释学获得了一种方法论的独立性,因为"误解是自发地出现的,并且理解在任何时刻都必须被欲求和追求"。⑲ 避免误解——"一切任务都包含在这句否定性的话里。"施莱尔马赫在语法学的和心理学的解释规则系统里看到了诠释学的积极的解决办法,因为这套解释规则即使在解释者的意识里也是完全与一切独断论内容束缚相脱离的。

Ⅰ 189

当然,施莱尔马赫并不是第一个把诠释学任务限制于使别人在讲话和著作中所意味的东西成为可理解的人。诠释学技艺从来就不是研讨事物的工具论。这一点使得诠释学从一开始就与施莱尔马赫称之为辩证法(Dialektik)的东西相区别。可是,凡是在我们致力于理解——例如对《圣经》或古典文学进行理解——的地方,我们总是要间接地涉及隐藏在原文里的真理问题,并且要把这种真理揭示出来。事实上,应当被理解的东西并不是作为某种生命环节的思想,而是作为真理的思想。正是因为这一理由,诠释学才具有一种实际的作用,保留了研讨事物的实际意义。就施莱尔马赫至少基本上使诠释学——在科学系统内——与辩证法相关而言,他是考虑到这一点的。

然而,他给自己制定的任务却是孤立理解过程的任务。他认为诠释学应当独立地成为一门特有的方法论。对于施莱尔马赫来

---

⑲ 《诠释学》,§15 和 §16,载施莱尔马赫:《著作集》,第 1 系列,第 7 卷,第 30 页。

说,这种方法论也包含使诠释学摆脱那种在他的先驱者沃尔夫和阿斯特看来构成诠释学本质的受限制的目的。他不承认诠释学应当限制于陌生的语言或书写的文字,"好像在会话和直接的听讲里就不会出现同样的东西"。[20]

这意思还不只是说诠释学问题从理解写下的文字东西扩展到理解一般的讲话,而且它还指明了一种根本的转变。应当被理解的东西现在不只是原文和它的客观意义,而且也包括讲话人或作者的个性。施莱尔马赫认为,只有返回到思想产生的根源,这些思想才可能得到真正的理解。对于斯宾诺莎来说是理解的界限、因而需要转向历史研究的东西,对于施莱尔马赫来说,则是正常的东西,并构成他由以发展其理解学说的前提。他认为"大多被忽视、甚至大部分完全被轻视"的东西,乃是"去理解一系列既作为一种迸发出来的生命环节,又同时作为一种与许多其他人甚至以不同方式相联系的活动的思想"。[21]

这样,在语法的解释之外,施莱尔马赫又提出了心理学的(技术性的)解释——这是他的创造性的贡献。[22] 下面我们将略去施莱尔马赫对于语法解释很有卓识的论述。它们包括既存的语言整体对于著作家、因而也是对于他的解释者所起作用的卓绝论述,以及文学整体对于一部个别著作有怎样的意义的卓绝论述。从最近关于

---

[20] F.施莱尔马赫:《著作集》,第3系列,第3卷,第390页。

[21] [施莱尔马赫:《著作集》,第3系列,第3卷,第392页(=苏尔康姆普版,第177页以下)。]

[22] [参见 M.弗兰克对我的说法所作的批评以及我在"现象学和辩证法之间——一种自我批判的尝试"里的答复,载我的著作集,第2卷,第13页以下。]

施莱尔马赫未发表著作的研究来看,[23]似乎心理学的解释在施莱尔马赫思想的发展中只是逐渐才占据了重要位置。但不管怎样,这种心理学解释对19世纪理论形成——对于萨维尼[216]、伯克[217]、施泰因塔尔[218]、当然首先是对于狄尔泰——产生了决定性的影响。

甚至就《圣经》来说——这里对个别作者的心理学-个性的解释相对于教义学的统一意见和共同意见来说,其意义显得微不足道[24]——施莱尔马赫仍把语文学和教义学之间的方法论差别认为是本质的。[25]诠释学包括语法的解释技艺和心理学的解释技艺。但是施莱尔马赫的特殊贡献是心理学解释。这种解释归根结底就是一种预感行为(ein divinatorisches Verhalten),一种把自己置于作者的整个创作中的活动,一种对一部著作撰写的"内在根据"的

---

[23] 我们关于施莱尔马赫诠释学的认识至今仍依据于他在1829年科学院的讲演和吕克出版的《诠释学讲义》。这篇讲义是根据1819年的手稿、特别是施莱尔马赫最后10年的讲课笔记形成的。这一外在的事实就已经表明,我们所知道的诠释学理论属于施莱尔马赫思想发展的晚期阶段,而不属于他的早期与弗里德里希·施莱格尔交往的富有成效的时期。这种理论——首先是通过狄尔泰——发生了历史的影响。上述讨论也是依据于这些文件,并试图得出它们的本质倾向。但是吕克的版本还保留了一些想指出施莱尔马赫诠释学思想发展的东西,这些东西值得我们注意。在我的建议下,海因茨·基默尔重新整理了收藏在柏林德意志科学院里的未发表的材料,并出版了附有一篇导论的《海德堡科学院论文集》校订本(1959年,修订论文)。H. 基默尔在那里所引的其博士论文中作了一个重要的尝试,他试图重新规定施莱尔马赫思想发展的方向。参阅他在《康德研究》上写的文章,1951年,第4册,第410页以下。[H. 基默尔的新版本看来要付出很大代价才能获得它的权威性,因为相对于吕克编辑的版本(目前重新由M. 弗兰克加以整理,使之易读),基默尔的新版本很少有人读。参见M. 弗兰克(编):《F. D. E. 施莱尔马赫——诠释学与批判》,法兰克福,1977年。]

[24] 施莱尔马赫:《著作集》,第1系列,第7卷,第262页:"即使我们从不能够完全理解所有《新约》作者的个人的癖性,但最高的任务,即愈来愈完善地把握这些作者之间共同的生命,仍是可能的。"

[25] 同上书,第1系列,第7卷,第83页。

把握,㉖一种对创造行为的模仿。这样,理解就是一种对原来生产品的再生产,一种对已认识的东西的再认识(伯克),㉗一种以概念的富有生气的环节、以作为创作组织点的"原始决定"(Keimentschluss)为出发点的重新构造(Nachkonstruktion)。㉘

但是,这种孤立地描述理解的做法意味着:我们试图作为言辞或文本去理解的思想构成物(das Gedankengebilde)并不能按照它的客观内容去理解,而是要理解为一种审美构成物、艺术作品或"艺术性的思想"。如果我们坚持这一点,那么我们就会理解,这里为什么根本不是一个与某物(施莱尔马赫的"存在")的关系的问题。施莱尔马赫遵循康德的美学基本规定,他曾说"艺术性的思想""只能按照较大或较小的愉悦而区分",并且"真正说来只是主体的瞬息间的活动"。㉙ 当然,理解任务得以进行的前提是:这种"艺术性的思想"不是一种单纯的瞬息间的活动,而是表现自身。施莱尔马赫在"艺术性的思想"里看到了极妙的生命要素,这些生命要素包含这样大的愉悦,它们突然表现了出来,但是它们仍保留了——不管它们在"艺术性的作品的原型"里引起了怎样强烈的愉悦——个体的思想,这是一种不受存在制约的自由构造。这正是那种使诗意的文本区别于科学的文本的东西。㉚ 施莱尔马赫确实

㉖ 施莱尔马赫:《著作集》,第3系列,第3卷,第355、358、364页。

㉗ 《语言学百科全书和方法论》,布拉士希克编,1886年第2版,第10页。

㉘ 狄尔泰在研究诗人的想象力时曾使用"影响点"(Eindruckspunkt)这一词,并明确把它从艺术家那里转用到了历史学家(第4卷,第283页)。我们以后将解释从思想史观点来看这种转用的意义。转用的基础是施莱尔马赫的生命概念:"但何处有生命存在,那里功能和作用就结合在一起。""原始决定"这一术语见施莱尔马赫:《著作集》,第1系列,第7卷,第168页。

㉙ 施莱尔马赫:《辩证法》(奥德布莱希特编),第569页以下。

㉚ 同上书,第470页。

想以此说明,诗人的言辞不受制于我们上面已经描述过的那种关于某物了解的标准,因为诗中所说的东西不能同它说的方式相分离。例如,特洛伊战争存在于荷马的诗中——一位研究历史客观实在性的人绝不再把荷马读成为诗的言辞。甚至没有人会主张荷马的诗已经通过考古学家的发掘赢得了艺术性的实在。这里应当要理解的东西决不是一种共同的关于事物的思想,而是个体的思想,这种个体思想按其本质是一个个别存在的自由构造、表达和自由表现。

但是,施莱尔马赫独特的地方在于,他在任何地方都追求这种自由创造的元素。甚至刚才我们所讲到的对话也被施莱尔马赫以同样的方式加以区分,除了一种"真正的对话"——这种对话涉及对意义的共同探究(das gemeinsame Wissenwollen des Sinns),是辩证法的原始形式——外,他还讲到了"自由的对话",他把这种对话称之为艺术性的思想。在这后一种对话里,思想的内容"几乎完全不加考虑"——这种对话无非是思想的相互促进("并且除了逐渐地耗尽被描述的过程外,没有任何其他的自然目的"),[31]一种在相互的信息交往中的艺术性的构造。

因为话语不仅是内在的思想产物,而且也是交往关系,本身具有一种外在的形式,所以话语就不只是思想的直接显现,而且还预设了思考过程(Besinnung)。当然,这也适合于文字写下的东西,适合于一切文本。一切文字的东西总是通过艺术的表现。[32] 哪里话语是艺术,哪里话语也就成了理解。所有话语和所有文本基本上都涉及理解的技艺,即涉及诠释学。这就解释了修辞学(美学的一个分支)和诠释学

---

[31] 《辩证法》,第572页。
[32] 《美学》(奥德布莱希特编),第269页。

的相属关系：每一种理解活动，按照施莱尔马赫，都是某种话语活动的回返（Umkehrung），即对一种构造的再构造（Nachkonstruktion）。因此，诠释学相应地也是修辞学和诗学的一种回返。

对于诗以这种方式与讲话艺术相联系，[33]我们可能感到有些奇怪。因为在我们看来，诗这门艺术的标志和地位似乎正在于它那里的语言不是话语，也就是说，诗不依赖于任何一种对话语和所谈东西或所开导东西的理解而具有一种意义和形式的统一性。但是，施莱尔马赫的"艺术性的思想"概念——他把诗艺术和讲话艺术包括在这一概念里——并不涉及产品，而是涉及主体的行为方式。所以，这里话语纯粹地被认为是艺术，它不涉及任何目的和事实关系，它被认为是创造性的生产性的表现。当然，非艺术性的东西和艺术性的东西之间的界线不是明确的，正如非艺术性的（直接的）理解和通过特殊艺术技巧而进行的理解之间的界线是不明确的一样。就这种产品是机械地遵照规律和规则而不是无意识的灵感所生产出来而言，创作过程将被解释者有意识地加以再思考；但就这种产品是个体性的、是天才的真正创造性的产品而言，就不能有这样一种按照规则的再思考。天才自身创造模式和给予规则：他创造新的语言使用方式和新的文学创作形式等等。施莱尔马赫充分考虑到了这种差别。就诠释学这一方面来说，与天才的作品相配应的，它需要预感（Divination）、直接的猜测（das unmittelbare Erraten），这归根结底预先假设了一种与天才水平相当的能力。但是，假如非艺术性的产品和艺术性的产品、机械的产品和天才的产品之间的界限是不确定的（因为个性常常得到表现，因而一种摆脱规则

---

[33] 《美学》（奥德布莱希特编），第384页。

支配的天才因素在起作用——如儿童学习语言的情况),那么由此就可推知,一切理解的最后根据一定是一种同质性的预感行为(ein divinatorischer Akt der Kongenialität),这种行为的可能性依据于一切个性之间的一种先在的联系。

这事实上就是施莱尔马赫的前提,即一切个性都是普遍生命的表现,因此"每一个人在自身内与其他任何人都有一点关系,以致预感可以通过与自身相比较而引发出"。因此施莱尔马赫能够说,作者的个性可以直接地被把握,"因为我们似乎把自身转换成他人"。由于施莱尔马赫以这种方式使理解与个性问题相关,诠释学任务在他看来就显现为普遍的任务。因为陌生性和熟悉性这两个极端都是与一切个性的相对差别一起被给出的。理解的"方法"将同样地既注意到共同的东西——通过比较,又注意到个别的东西——通过猜测,这就是说,它既是比较的又是预感的。但是在这两方面,它都是"技艺",因为它不能变成机械地应用规则。预感的东西(das Divinatorische)总是不可缺少的。㉞

基于这种关于个性的美学形而上学,语文学家和神学家所使用的诠释学原则经历了一场重要的改变。施莱尔马赫跟随弗里德里希·阿斯特和整个诠释学-修辞学传统,他承认理解的本质特征之一是:部分的意义总只是由上下文关系、即最终由整体而得出的。显而易见,这个命题适合于对任何语句的语法理解,直至把语句安置在一部文学作品的整体关系之中,甚至安置在整个文学或者有关的文字大类之中——但是施莱尔马赫却把这个命题应用于心理学的理解,心理学理解必须把每一个思想创造物理解为这个人的整个生命关系的一个要素。

㉞ 施莱尔马赫:《著作集》,第 1 系列,第 7 卷,第 146 页以下。

很显然,这在逻辑上产生了一个循环,因为理解个别所依赖的整体并不是先于个别而被给予的——不管这整体是以一种独断论的教规方式(如天主教对《圣经》的理解,或者如我们所看到的,在某种程度上宗教改革派对《圣经》的理解),还是以一种与此相类似的时代精神这一先在概念的方式(如阿斯特假定因果报应作为古代精神的特征)被给出的。

但是,施莱尔马赫解释道,这两种独断论指南不能要求任何先天的有效性,因此它们只是循环的相对限制情况。从根本上说,理解总是一种处于这样一种循环中的自我运动,这就是为什么从整体到部分和从部分到整体的不断循环往返是本质性的道理。而且这种循环经常不断地在扩大,因为整体的概念是相对的,对个别东西的理解常常需要把它安置在愈来愈大的关系之中。施莱尔马赫把他经常运用的两极性的辩证法描述方法应用于诠释学,并根据古老的关于全体和部分的诠释学原则发展这一方法,从而考虑了理解的内在的暂时性和无限性。但是,这种对于他来说富有典型特征的思辨相对性与其说是一个基本原则,毋宁说是关于理解过程的一种描述程式。这表现在他假定了某种似乎完全理解的东西,这种完全理解发生在预感的转换出现、"所有个别东西终于一下子突然地获得了它们的完全照明"之时。

人们可能会问,这种说法(在柏克那里我们也发现了同样意义的说法)应当在严格的意义上去理解呢?还是只是描述了一种相对的理解完全性?的确,施莱尔马赫——甚至更明确的,是威廉·冯·洪堡——把个性看作一种永不能完全解释明白的神秘物。不过,即使上述说法只应相对地被理解,这里为理性和理解所设立的障碍无论如何也不是不可逾越的。它应当被情感(Gefühl),即一种直接的同情性的和同质性的理解所超越。诠释学是一门艺术,而不是机械的过程。所以它使它的作品即理解像一部艺术作品那样臻于完成。

这种基于个性概念的诠释学的界限表现在:施莱尔马赫并不认为语文学和《圣经》诠释学的任务,即理解用陌生语言撰写的、出自过去时代的文本,比任何其他理解在根本上更成问题。的确,按照施莱尔马赫的看法,凡在需要克服时间差距的地方,就有一种特别的任务。施莱尔马赫把这任务称之为"与原来读者处于同一层次"(Gleichsetzung mit dem ursprünglichen Leser)。但是,这种"同一层次的操作",即从语言方面和历史方面建立这种同层次性的活动,在他看来,只是真正理解活动的一种理想的先决条件,因为他认为,真正的理解活动并不是让自己与原来读者处于同一层次,而是与作者处于同一层次,通过这种与作者处于同一层次的活动,文本就被解释为它的作者的生命的特有表现。施莱尔马赫的问题不是历史的晦涩难理解性这个问题,而是"你"的晦涩难理解性问题。

但是,人们可能会提出这样的问题,即我们是否可能这样区分与原读者建立同层次性的活动和与作者建立同层次性的活动。其实,使自己与原读者处于同一层次的理想先决条件并不是先于真正的理解努力而实现的,而是完全与这种努力交织在一起的。我们不熟悉其语言也不了解其内容的过去时代的文本的意思,只能用我们已描述的方式,用整体和部分的循环往返运动才能表现出来。施莱尔马赫承认这一点。常常正是由于这种运动,我们才学会了理解陌生的意思、陌生的语言或陌生的过去。循环运动之所以必要,是"因为要解释的东西没有一个是可以一次就被理解的"。㉟ 因为即使属于我们自己语言范围内的东西,读者也一定要

㉟ 施莱尔马赫:《著作集》,第1系列,第7卷,第33页。

从作者的书中把他的词汇完全占为己有,更要把作者的特有意思完全占为己有。但是,从这些说法——这些说法在施莱尔马赫那里都可以找到——我们可以推知:使自己与原来读者处于同一层次的过程——这是施莱尔马赫所讲的——并不是一种可以和真正的理解努力(施莱尔马赫把这种理解努力理解为与作者处于同一层次的活动)相脱离的先行操作活动。

让我们更详细地考察施莱尔马赫这种建立同层次性活动(Gleichsetzung)的意思。因为这种活动当然不能意指简单的同一化。再创造活动本质上总是与创造活动不同的。所以施莱尔马赫主张,**我们必须比作者理解他自己更好地理解作者**——这是以后一再被重复的一句名言,近代诠释学的全部历史就表现在对它的各种不同的解释中。事实上,这个命题包含了诠释学的全部问题。因此,我们必须进一步考察这句名言的意思。在施莱尔马赫那里,这句名言的意思是很清楚的。施莱尔马赫把理解活动看成对某个创造所进行的重构(den rekonstruktiven Vollzug einer Produktion)。这种重构必然使许多原作者尚未能意识到的东西被意识到。显然,施莱尔马赫在这里是把天才说美学应用于他的普遍诠释学。天才艺术家的创造方式是无意识的创造和必然有意识的再创造这一理论得以建立的模式。㊱

事实上,如此理解的这句名言可以被看作是所有语文学的一条原则,假如我们把语文学看成是对艺术性话语的理解的话。使解释

㊱ H.帕希(Patsch)在此期间已经比较精确地解释了浪漫主义诠释学的早期历史:"弗里德里希·施莱格尔的'语文学哲学'和施莱尔马赫的早期诠释学设想"(参见《神学与教会杂志》,第63卷,1966年,第434—472页)。

者区别于作者的那种更好的理解,并不是指对文本所讲到的内容的理解,而是只指对文本的理解,即对作者所意指的和所表现的东西的理解。这种理解之所以可以称为"更好的",是因为对于某个陈述的明确的——因而也是突出的——理解包含比这个陈述的实际内容更多的知识。所以,这句名言讲的几乎是不言而喻的东西。谁从语言上理解了一个用陌生语言写的文本,谁就明确认识到了这个文本的语法规则和撰写形式,文本的作者虽然遵循这种规则和形式,但并未加以注意,因为他生活在这种语言以及这种语言的艺术表现手段中。同样的情况也基本上适合于一切真正天才性的创造和别人对此创造的接受。在对于诗的解释中,我们必须特别记住这一点。在那里我们对诗人的理解必然比诗人对自己的理解更好,因为当诗人塑造他的文本创造物时,他就根本不"理解自己"。

由此也可以推知——但愿诠释学永远不要忘记这一点——创造某个作品的艺术家并不是这个作品的理想解释者。艺术家作为解释者,并不比普通的接受者有更大的权威性。就他反思他自己的作品而言,他就是他自己的读者。他作为反思者所具有的看法并不具有权威性。解释的唯一标准就是他的作品的意蕴(Sinngehalt),即作品所"意指"的东西。㊲ 所以,天才创造学说在这里完成了一项重要的理论成就,因为它取消了解释者和原作者之间的差别。它使这两者都处于同一层次,因为应当被理解的东西并不是原作者反思性的自我解释,而是原作者的无意识的意见。这就是

㊲ 现代那种以作者的自我解释作为解释规则的看法,乃是一种错误的心理主义的产物。但从另一方面说,"理论",如音乐理论、诗理论和讲演术理论,也可以是一种合法的解释规则。[首先参见我的论文"现象学和辩证法之间——一种自我批判的尝试",载我的著作集,第 2 卷,第 3 页以下。]

施莱尔马赫以他那句背理的名言所想表示的意思。

在施莱尔马赫之后,其他人如奥古斯特·伯克、施泰因塔尔和狄尔泰,也在同样的意义上重复施莱尔马赫这句名言:"语文学家对讲话人和诗人的理解比讲话人和诗人对他们自己的理解更好,比他们同时代人的理解更好。因为语文学家清楚地知道那些人实际上有的、但他们自己却未曾意识的东西。"[38]按照施泰因塔尔的看法,通过"心理学规则的知识"语文学家可能使认识性的理解深化成为把握性的理解,因为他们深入探究了文字著作的原因、起源以及作者思想的构造。

施泰因塔尔对施莱尔马赫那句名言的复述已经表现了心理学规则研究的作用,这种研究以自然研究作为它的模式。狄尔泰在这里更加自由些,因为他更坚决地维护与天才说美学的联系。他特别把施莱尔马赫这句名言应用于对诗人的解释。从诗的"内在形式"去理解诗的"观念",当然可以称之为"更好地理解"。狄尔泰正是在这里看到了诠释学的"最辉煌的胜利",[39]因为只有当人们把伟大诗作的哲学意蕴理解为自由创造时,伟大诗作的哲学意蕴才被阐释出来。自由的创造不受外在的或对象的条件所限制,因而只可以被理解为"内在的形式"。

但我们可以提出这样的问题,这种"自由创造"的理想对于诠释学问题是否真能有权威性,甚至对艺术作品的理解是否按照这种尺度可以充分地被把握。我们也必须提出这样的问题,"对作者的理解比作者对自己的理解更好"这句话在天才说美学的前提下是否仍

---

[38] 施泰因塔尔:《心理学和语言学导论》,柏林,1881年。
[39] 《狄尔泰全集》,第5卷,第335页。

保留它本来的意义,或者这句话是否转变成某种完全新的东西。

事实上,施莱尔马赫这句话有一个前史。曾经研究过这一问题的博尔诺[40]曾指出在施莱尔马赫之前有两处地方可以找到这句话,即在费希特[41]和康德[42]那里。更早的证据他尚未能发现。[43] 根据这种理由,博尔诺推测说,这是一种口头的传统,一种民间广为流传的手艺人的语言学规则(Handwerksregel),被施莱尔马赫采用了。

我认为,不论根据外在的理由还是根据内在的理由,这种看法都不能成立。这句精心炮制的方法论名言——甚至直到今天它还经常被滥用为任意解释的特许证,因而相应地受到人们的攻击——似乎与语文学家的精神相矛盾。作为"人文主义者",语文学家以承认古典文献的绝对范例性为自豪。对于真正的人文主义者来说,他的作者确实完全不是这样的人,所以他们有可能想比作者自己更好地理解他的作品。我们一定不要忘记,人文主义者的最高目的根本不是原样地去"理解"他的范例,而是去模仿他的范例,甚而超出他的范例。因此,语文学家不仅作为解释者而且作为模仿者(假如不是竞争者的话)本来就与他的范例联系在一起的。正如教义学者对《圣经》的信奉一样,人文主义者对古典文化的信

---

[40] O. F. 博尔诺:《理解》。

[41] 《著作集》,第6卷,第337页。

[42] 《纯粹理性批判》,第370页。

[43] [M. 雷德克在狄尔泰的《施莱尔马赫传》新版本导论中(参见该书第2卷,第1册,第LIV页)还补充了同时代的赫尔德的证据(《关于神学研究的书信》,第5部分,1781年),并指出早先路德的表述(《克莱门》,第5卷,第416页),这一表述我在本书第281页注释㊻里引用过:看吧,亚里士多德在其神学哲学里是怎样机智地思考的,即使并不是如他自己所愿望的那样,而是如他被我们更好地理解和使用的那样。]

奉也一定要保持一种疏远的关系，假如解释者的工作是要达到上述名言所表现的那种极端的自信程度的话。

因此情况很有可能是，并不是直到施莱尔马赫——他使诠释学成为一种摆脱一切内容的独立方法——这个如此彻底地要求解释者优越于他的对象的命题才能被采用。如果我们更细致地考察，费希特和康德那里先已有了这样的想法。因为这个被认为是手艺人的语文学规则的命题被使用的情况表明，费希特和康德完全是在另一种意义上使用它的。对于他们来说，这一般不是语文学原则，而是一种哲学要求，即通过更大的概念清晰性，摆脱一种理论里含有的矛盾。所以这是一条完全表述唯理论要求的原则：即唯一通过思考、通过发展作者思想里已有的结论，去获取那种符合作者真正意图的见解——如果作者是足够清楚而且明晰地思考的话，他是一定会具有这些见解的。甚至费希特在反对占统治地位的康德解释的斗争中所坚持的被诠释学看作不可能的论点，即"体系的发明者是一回事，而体系的解释者和跟随者则是另一回事"，㊹以及他要"按照精神去解释"康德的要求，㊺都充满了那种对于对象进行批判的要求。这样，这句有争议的命题无非是表达了对对象进行哲学批判的要求。谁能知道更好地去深入考虑作者所讲的东西，谁就可能在对作者本人还隐蔽着的真理光芒之中理解作者所说的东西。就这个意义而言，我们一定会比作者理解自己更好地理解作者这一原则是一条古老的原则——古老得有如科学

㊹ 《知识学第2篇导论》，参见《著作集》，第1卷，第485页。
㊺ 同上书，第479页注释。

批判一样。⁴⁶但是，它打下了以唯理论精神进行客观哲学批判的公式的烙印。作为这样一个公式，当然它在施莱尔马赫那里就具有一种完全不同于语文学规则的意义。我们可以作这样一种推测，即施莱尔马赫重新把这条哲学批判的原则解释为语文学解释技艺的一条原则。⁴⁷这将清楚地说明施莱尔马赫和浪漫主义所处的立场。他们在创造普遍诠释学的过程中，把基于对象理解的批判从

---

⁴⁶ 我要感谢 H. 博恩卡姆给我们提供了一个极妙的例证，说明这条被认为是手艺人的语文学技艺的公式在人们进行论战时如何自发地得以表现的。路德在把亚里士多德的运动概念应用于三位一体学说之后说道(1514 年 12 月 25 日布道辞，魏玛版，第 1 卷，第 28 页)：“看吧，亚里士多德在其神学哲学里是怎样机智地思考的，即使并不是如他自己所愿望的那样，而是如他被我们更好地理解和使用的那样。因为他曾经正确地讲到这一事情，并且我认为，他相当炫耀他所说和称赞的东西，他是从其他人那里窃取来的。"我不能想象，语文学批评家会承认他们自己这样应用他们的“规则"。

⁴⁷ 施莱尔马赫引进这条公式的方式暗示了这一点：“是的，如果公式有某种真的东西的话⋯⋯它所能意指的一切就是这⋯⋯。"在他的科学院讲演里(《著作集》，第 3 系列，第 3 卷，第 364 页)，他以“那么，他能给自己一个关于他自己的说明"这样的话来避免矛盾。在同一时期的讲演手稿(1828 年)里，我们也发现有这样的话：“首先要很好地理解讲话，然后要比它的原作者更好地去理解它。"(《海德堡科学院论文集》，1959 年，修订论文，第 87 页)刚刚第一次发表的弗里德里希·施莱格尔的《格言集》(出自他的《哲学习艺时代》)对上述推测提供了一个很好的证明。正是在与施莱尔马赫过从甚密的年代，施莱格尔才作了下述注释：“为了理解某人，我们首先必须比那人更聪明，然后才同样的聪慧和同样的愚蠢。光比作者本人更好地理解一部杂乱不堪的作品的意义，这是不够的。所以我们必须从原则上来认识、描绘和解释这种混乱"(《著作和残篇》，贝勒编，第 158 页)。

虽然这段注释证明了，"更好地理解"仍是完全指对象而说的，即"更好"意味着不"杂乱"，但是，由于杂乱本身被提升为理解和"解释"的对象，我们在这里也看到了导致施莱尔马赫的新诠释学原则的转变。我们这里已经达到了启蒙运动所理解的这一命题的一般意义和新浪漫派对该命题的解释之间的精确转折点。[海因里希·尼塞(《F. 施莱格尔的语言理论》，第 92 页以下)确信施莱尔的话乃是忠实于历史的语文学者的话：他必须用作者的意义(《"半个"雅典娜问题》，第 401 页)去"刻画"作者。而施莱尔马赫并不是这样看，他是用一种浪漫主义新含义的"更好地理解"而作出真正的贡献。]在谢林的《先验唯心论体系》里也有一个同样的转折点(《著作集》，第 3 卷，第 623 页)，在那里他写道：“如果某人陈述和断言某事物，无论就他所生活的时代来说，还是就他所发表的其他言论来说，他都不可能完全看清他所说事物的意义，所以他在这里似乎是有意识地说出了他只能在无意识中说出来的某种东西⋯⋯"参见前面第 187 页所引

科学解释领域内驱逐出去了。

施莱尔马赫这个命题,正如他自己对它的理解那样,不再涉及讲话的对象本身,而是注意到了这样一种说法,即把文本表现为脱离它的认识内容的一种自由的产物。因此他建立了这样的诠释学,对于他来说,这种诠释学就是根据语言的标准范例对于任何语言性事物的理解。个别人的话语事实上就是一种自由的创造活动,但其可能性也受语言的固定形式所限制。语言就是一种表达场地,对于施莱尔马赫来说,语言在诠释学领域的优先权意味着:作为解释者的人把文本看成独立于它们真理要求的纯粹的表达现象(Ausdrucksphänomene)。

在施莱尔马赫看来,甚至历史也只是这种自由创造的戏剧(Schauspiel),当然,这是一种神圣的创造性的戏剧,他把历史家态度理解为对这场伟大戏剧的观看和享受。狄尔泰所翻印的施莱尔马赫日记[48]极美地描述了浪漫派这种历史反思的乐趣:"真正的历史意蕴超出于历史。一切现象就如上帝的奇迹一样,只是为了引导我们注意那个嬉戏地制造这些现象的精神。"

当我们读了这样一段话,我们可能会明白,从施莱尔马赫的诠释学过渡到历史精神科学的普遍理解将会是怎样惊人的一步啊!但是,施莱尔马赫所发展的诠释学也是普遍的——这是一种很可

的克拉顿尼乌斯关于理解作者和理解本文的差别。下面这一点也可以作为该命题原本的启蒙运动意义的证明:最近[但同样在 A. 叔本华,第 2 卷,第 299 页(多伊森版)]我们在一位完全是非浪漫派的思想家那里发现了一种很接近这一命题的想法,他毫不犹豫地把这个命题与对象批评的标准联系在一起,参阅《胡塞尔文库》,第 6 卷,第 74 页。

㊽ 《施莱尔马赫传》,第 1 版,附录,第 117 页。

能觉察到其限制的普遍性。他的诠释学实际上是考虑那些其权威性已确定的文本。在历史意识的发展中,这无疑是一个重要的阶段,它表明:对《圣经》和古希腊罗马古典文学的理解和解释现在完全摆脱了一切独断论的兴趣。无论是《圣经》的神圣真理还是古典文学的范例性,都不可能对这种既能知道在每一种文本中去把握其生命表现又能忽视该文本所说东西的真理的处置方法发生影响。

但是,促使施莱尔马赫有这种方法论抽象的兴趣,并不是历史学家的兴趣,而是神学家的兴趣。施莱尔马赫之所以想教导我们如何理解话语和文字传承物,是因为信仰学说依据于一种特殊的传承物,即《圣经》传承物。因此,施莱尔马赫的诠释学理论同那种可以作为精神科学方法论工具的历史学的距离还很远。这种诠释学理论的目的是精确地理解特定的文本,而历史脉络的普遍性应当服务于这种理解。这就是施莱尔马赫的局限性,而历史世界观决不能停留在这种局限性上。

b) 浪漫主义诠释学之后的历史学派

α) 面对整个世界史理想的困境

我们必须提出这样一个问题,即历史学家怎样能根据他们的诠释学理论来理解他们自己的工作。他们探究的主题不是个别的文本,而是整个世界史(Universalgeschichte)。这就规定了历史学家将以理解整个人类历史关系为己任。对于历史学家来说,每一个个别的文本并没有自身的价值,它们就像所有过去时代遗留下来的缄默无言的残渣瓦砾一样,只是作为认识历史关系的源泉,

即中介的材料。所以,历史学派根本不能继续建立在施莱尔马赫的诠释学基础上。⁴⁹

但是,追求理解世界史这一大目标的历史世界观却一直依靠于浪漫主义的个性理论以及与这种理论相应的诠释学。我们也可以用否定的方式来表述这一点,即历史传承物对于现代所呈现的那种历史生活关系的先在性,即使在现在还不能在方法论反思中被采纳。历史学家宁可把他们的任务只看作为:通过研究传承物把过去的东西转达给现时代。因此,历史学派用以设想世界史方法论的基本格式实际上并不是别的格式,而只是那种适用于每一个文本的格式。这就是整体和部分的格式。虽然人们是否试图把一个文本从其目的和组成结构出发理解为某种文学构成物(literarisches Gebilde),或者人们是否试图把文本用作为认识某种重大历史关系的文献——因为文本对于这种历史关系提供了某种可以批判地加以考察的信息——这两者之间确实存在差别,然而这种语文学的兴趣和那种历史学的兴趣彼此却是相互隶属的。例如,历史学解释可以被用作为理解某个既存文本的工具,即使从另一种兴趣看,这种历史学解释在文本中只是注意那种作为历史传承物整体一部分的单纯原始资料。

我们发现,用清楚的方法论反思来陈述这一点的,既不在兰克[219]那里,也不在敏锐的方法学家德罗伊森那里,而首先是在狄尔泰这里,狄尔泰有意识地采用了浪漫主义诠释学,并把它发展成

---

⁴⁹ [关于历史连续性这一实际问题可参见我的同题目的论文,载《短篇著作集》,第1卷,第149—160页,尤其是第158页以下;也可参见我的著作集,第2卷,第133页以下。]

为一种历史学方法,甚而发展成为一门精神科学的认识理论。狄尔泰对于历史里的联系(Zusammenhang)概念的逻辑分析,事实上乃是把这样一条诠释学原则——我们只能从文本的整体去理解其个别,以及我们只能从文本的个别去理解其整体——应用于历史世界。我们发现,不仅原始资料是文本,而且历史实在本身也是一种要加以理解的文本。但是,在把诠释学转用于历史研究这种过程中,狄尔泰只是历史学派的解释者。他所表述的乃是兰克和德罗伊森基本上已想到的东西。

所以,浪漫主义诠释学及其背景,即泛神论的个性形而上学,对于19世纪历史研究的理论思考是起了决定性作用的,而这一点对于精神科学的命运和历史学派的世界观具有致命的影响。我们还将看到,历史学派所极力反对的黑格尔世界史哲学关于历史对于精神存在和真理认识的意义的认识远比那些不愿承认自己对黑格尔的依赖性的大历史学家来得深刻。施莱尔马赫那种与神学、美学和语文学问题如此紧密联系的个性概念,不仅可以用作反对先天构造历史哲学的批判范畴,而且也同时为历史科学提供了一种方法论的指南,这种指南,不亚于自然科学,指导历史科学进行研究,使历史科学不断依赖于经验这唯一基础。这样,对世界史哲学的反抗运动就推动了历史科学进入语文学的航道。这曾经是历史科学的骄傲,即历史科学既不是目的论地、也不是用前浪漫主义或后浪漫主义启蒙运动的格式从某种终极状态出发去思考世界史的关系,因为终极状态仿佛意味着历史的终结、世界史的末日。对于历史科学来说,其实并不存在任何历史的终结和任何超出历史之外的东西。因此,对于世界史全部历程的理解只能从历史传承物本身才能获得。但是，这一点却正是语文学诠释学的要求，即文本的意义由文本本身才能被理解。所以，历史学的基础就是诠释学。

当然，由于历史的书籍对于每一个现代来说都是一种突然中断于黑暗中的片断，世界史的理想对于历史世界观来说就必然成为一种特殊的难题。普泛的历史关系缺乏一种封闭性（Abgeschlossenheit 也可意译为自我包含性），这种封闭性在语文学家看来是文本应当具有的，而在历史学家看来，这种封闭性似乎使某种生命历史——其中包括某个已逝去的、从世界史舞台消失了的民族的历史，甚至还包括某个已结束了的、已被抛在我们后面的时期的历史——成为某个完整的意义整体，成为某种自身可理解的文本。

我们将看到，即使狄尔泰也曾经从这些相对的单元出发思考过，并因此完全继续立足于浪漫主义诠释学的基础上。在狄尔泰和浪漫主义诠释学那里，应当被理解的东西乃是意义整体，这个意义整体在他们两者那里同样都与要理解的人本身相脱离。总是存在一种陌生的、必须按照它自己的概念和价值标准等加以判断的个性，然而这种个性却能够被理解，因为"我"和"你"都是同一生命的"要素"。

至此，诠释学基础可能有效。但是，不论是对象与其解释者的这种脱离，还是某个意义整体内容上的封闭性，都不可能支持历史学家的最根本任务，即世界史。因为历史不仅是没有尽头的，而且我们自身是作为理解者本身立于历史之中的，我们是一个连续转动的链条中的一个有条件的和有限的环节。根据世界史问题的这种充满疑虑的情况，我们很有理由怀疑诠释学是否能一般成为历史学的基础。世界史并不是历史研究的单纯边缘问题和剩余问题,而是历史研究的真正中心问题。就连"历史学派"也认识到,根本不存在任何其他不同于世界史的历史,因为个别的唯一意义只能由整体所规定。经验主义研究家——对于他们来说,整体是永不能给出的——应当怎样对付这一问题而不失却他们对于哲学家的权利和他们先天的任意性呢?

首先,让我们探究一下"历史学派"是怎样试图研讨世界史问题的。为此我们必须从远处讲起,虽然是在历史学派所表现的理论性的关系内,但我们只探求世界史问题,并因而把我们限制于兰克和德罗伊森。

我们回忆一下历史学派曾经是怎样与黑格尔划清界限的。与那种先天构造世界史做法决裂仿佛是历史学派的出生卡(Geburtsbrief)。历史学派的新要求是:不是思辨哲学,而只是历史研究,才能导致某种世界史的观点。

赫尔德对于启蒙运动时期的历史哲学模式的批判为这种转变准备了决定性的前提条件。他对于启蒙运动时期的理性骄傲的攻击,在古典文化的典范性里,特别是在温克尔曼曾经大声疾呼过的古典文化的典范性里,找到了其最锐利的武器。《古代艺术史》一书显然不只是一种历史的叙述,它是当代的批判,它是一种纲领。但是,由于一切当代批判所具有的含糊性,对希腊艺术典范性的呼吁——希腊艺术应为自己当代树立一种新的理想——仍意味着通往历史认识的一个真正步伐。这里作为模式提供给当代的过去,由于我们探究和认识它这种特殊存在的原因,而被认为是某种不可重复的一次性东西。

赫尔德只需要很小一步就可超出温克尔曼所建立的基础,他需要认识一切过去中的典范性和不可重复性之间的辩证关系,以便用某个普遍的历史世界观来反对启蒙运动时期的目的论历史观。历史性地思考现在就意味着,承认每一个时期都具有它自身存在的权利,甚而具有它自己的完美性。赫尔德基本上做到了这一步。当然,只要古典主义成见还承认古典文化具有典范性的特殊地位,历史的世界观就仍不能得以完全的形成。因为承认某种超出历史之外的标准的,不仅是一种以启蒙运动理性信仰形式出现的目的论,而且还包括那种把完美的东西保留给过去或历史开端的相反的目的论。

存在许多按照历史本身之外的标准来思考历史的方式。威廉·冯·洪堡的古典主义把历史视为希腊生活完美性的丧失和衰落。歌德时代诺斯替派[220]的历史神学——这种神学对青年时代兰克的影响最近已得到证明[50]——把未来设想为原始时代某种已失落的完美性的重新建立。黑格尔把希腊人的艺术宗教描述为精神的一种已被克服的形式,并宣告在自由的普遍自我意识中历史在现代得以完美的实现,从而以现代的自我意识来调和古典文化在审美上的典范性。所有这些都是思考历史的方式,它们都假定了一个超出历史之外的标准。

19世纪的历史研究从一开始就否认这样一种先天的非历史性的标准,因为它把自身理解为科学研究,但是它对这种先天非历

---

[50] C.欣里希斯:《兰克和歌德时代的历史神学》(1954年)。参见我写的简讯,载《哲学评论》,第4卷,第123页以下。

史性标准的否认,并不像它所认为和主张的那样摆脱了形而上学的假定。这一点通过对这种历史世界观的一些主导概念的分析可以看出来。这些概念虽然按其自身的意图是为了修正先天历史构造的先入之见(Vorgreiflichkeit),但是由于它们指向对唯心主义的精神概念的攻击,它们仍与这种先行之见发生关联。这一点最清楚地表现在狄尔泰对这种世界观所作出的透彻的哲学分析上。

这种世界观的出发点当然完全是由其与"历史哲学"的对立所规定的。这种历史世界观的所有代表,不论是兰克,还是德罗伊森,甚至狄尔泰,他们共同的基本假定就在于:理念、存在和自由在历史实在中找不到任何完全和恰当的表现。不过,这一点不能在一种单纯的缺乏或缺陷的意义上去理解。相反地他们从理念在历史中总是只有一种不完全的表象这一事实发现了历史的构造原则。恰恰是因为这一事实,就需要一种向人类启示他们自身及其在世界中位置的历史研究来替代哲学。把历史视为理念的纯粹表象这一观念将包含这样的意思,即对历史的抛弃乃是通向真理的特有之路。

但从另一方面说,历史实在也不是一种单纯的不透明的手段、缺乏精神的材料或精神徒劳地反抗而被扼杀于其镣铐中的僵死的必然性。这样一种把事件作为外在现象世界中的事件加以看待的诺斯替派-新柏拉图派的观点,并不符合历史的形而上学的存在价值,因而也不符合历史科学作为知识的地位。正是人类存在在时间中的展开才具有它自身的创造性。正是人类的丰富多彩和多种多样才使人类自身在人类命运的无限变迁中不断达到高一级的实在。历史学派的基本假定可能就是这样被表述的。它与歌德时代的古典主义的联系是不能忽视的。

这里主导的东西基本上是一种人文主义的理想。威廉·冯·洪堡在希腊文化所呈现的丰富多彩的伟大个性形式里看到了希腊文化的特殊完满性。当然,大历史学家们并不想限制于这样一种古典主义理想。他们宁可追随赫尔德。但是,以赫尔德为出发点的历史世界观,既然现在不再承认古典时代的优越性,如果不用威廉·冯·洪堡为了论证古典时代优越性而使用的同一标准来看全部世界史,它应当做什么其他的事呢?丰富多彩的个性现象不只是希腊人生命的标志,它也是一般历史性生命的标志,正是这一点构成了历史的价值和意义。这样一个使人焦虑不安的问题,即探究这一充满辉煌胜利和可怕失败的历史生命表现的那种令人心灵震惊的意义,应当在这里找到一个答案。

这个答案的优点是,它的人文主义理想并不包含任何特定的内容,而是以最大的多样性(Mannigfaltigkeit)这一形式理念为基础。这样一种理想是真正普遍性的,因为任何历史经验、任何仍如此令人惊讶的人间事物的短暂性都根本不能使这种理想受到动摇。历史自身内就有一种意义。对于这种意义似乎要说的东西——一切尘世间东西的短暂性——实际上就是它的本真根据。因为历史生命源源不断的创造性的奥秘就存在于这种不断消逝的过程本身之中。

现在的问题是,怎样用这种标准和历史的形式理想来设想世界史的统一性,以及怎样才能证明关于这种统一性的认识。我们首先跟随兰克。"每一种真正世界史的行为,从来就不只是单纯的消失(Vernichtung),而是能够在当代匆匆易逝的瞬间去发展某种

I 历史的准备

未来的东西,因此这种行为本身就包含一种对其自身不可毁坏的价值的完全而直接的感觉。"[51]

不论是古典时代的优越地位,还是现代或该现代所导向的某个未来的优越地位,不论是衰落,还是前进,所有这些传统的世界史基本模式,都不能与真正的历史思想相谐调。一切时代与上帝之间的众人皆知的直接性反而很容易与世界史的联系(Zusammenhang)理念相吻合。因为联系——赫尔德称之为"连续秩序"(Folgeordnung)——就是历史实在本身的表现。历史上实际存在的东西是"按照严格的发展规律"而出现的,"继后的东西把刚才先行东西的后果和性质置于明亮的共同的光亮之中"。[52] 在人类命运的变迁中不断坚持存在的乃是一种不可中断的生命联系,这是关于历史的形式结构——即在消逝过程中得以存在——的第一个表述。

无论如何,从这里我们可以理解兰克所谓"真正世界史的行为"究竟指什么,以及世界史的联系真正依据于什么。真正世界史的行为并没有任何可在它之外被发现和被把握的目的。就此而言,并没有一种先天可认识的必然性支配着历史。但是,历史联系的结构却是一种目的论的结构。标准就是后果(Erfolg)。我们确实看到,先行东西的意义正是由后继的东西所决定。兰克可能把这一点设想为历史认识的一个单纯条件。实际上,历史意义本身所具有的真正重要性正是依据于这一点。成功的东西或失败的东

---

[51] 兰克:《世界史》,第9卷,第270页。
[52] 兰克:《路德残篇》,第1卷。

西，不仅决定这种行为的意义，让它产生一个持久性的结果或让它毫无结果地消失，而且这种成功的东西或失败的东西也使得整个行为和事件的联系成为有意义的或无意义的。所以，历史的本体论结构本身虽然没有目的，但却是目的论的。[53] 兰克所使用的真正世界史的行为这一概念正是这样被定义的。真正世界史的行为之所以是这样一种行为，就是因为它创造历史，也就是说，它具有某种赋予这行为以持久历史性意义的结果。因此，历史联系的要素事实上被一种无意识的目的论所规定，这种目的论统一这些要素，并且把无意义的东西从这种联系中排斥出去。

β) 兰克的历史世界观

这样一种目的论当然不能用哲学概念来证明。它并不使世界史成为这样一种先天的系统，行动者被放置在这个系统中，就像被放置在一个无意识操纵他们的机械装置中一样。这样一种目的论其实是与行动的自由相谐调的。兰克本可能直截了当地说，历史联系的结构性链节就是"自由的场景"(Szenen der Freiheit)。[54] 这个用语意味着，在无限的事件网里存在某种重要的场面，而历史的决定仿佛就集中于这些场面之中。凡在自由地行动的地方，虽然都有决定被作出，但是这种决定实际上是某物被决定，这就是说，某种决定创造历史，并在自己结果里显示其完全而持久的意义，乃是真正历史瞬间的标志。历史瞬间给予历史联系以其鲜明的节奏(Artikulation)。我们把这样一些自由行动可以在其中起历史决

---

[53] 参见格哈德·马苏尔:《兰克的世界史概念》，1926年。
[54] 兰克:《世界史》，第9卷，第XIV页。

定性作用的瞬间称之为划时代的瞬间或转换期(Krisen),而把那些其行动能起这种决定性作用的个人,用黑格尔的用语,称之为"历史性的个人"。兰克称这些人为"创造性的人物,他们独立地参加观念和世界权力的斗争,并且把那些能决定未来的最有力量的人集中在一起"。这就是黑格尔精神的精神。

我们知道兰克关于历史联系如何得自这种自由决定这一问题极有教益的思考:"让我们承认历史永不能具有一种哲学系统的统一性;但是历史并不是没有一种内在的联系。在我们面前我们看到一系列彼此相继、互为制约的事件。当我们说'制约',这当然不是指由于绝对的必然性。最重要的事情是:在任何地方都需要人的自由。历史学追求自由的场景,这一点就是它的最大的魅力。但是,自由是与力、甚至与原始的力联系在一起的。如果没有力,自由就既不出现于世界的事件中,又不出现于观念的领域内。在每一瞬间都有某种新的东西能够开始,而这种新东西只能在一切人类活动的最初和共同的源泉找寻其起源。没有任何事物完全是为某种其他事物的缘故而存在;也没有任何事物完全是由某种其他事物的实在所产生。但是同时也存在着一种深层的内在联系,这种联系渗透于任何地方,并且没有任何人能完全独立于这种联系。自由之旁存在着必然性。必然性存在于那种已经被形成而不能又被毁灭的东西之中,这种东西是一切新产生的活动的基础。已经生成的东西(das Gewordene)构成了与将要生成的东西(das Werdenden)的联系。但是,即使这种联系本身也不是某种任意被接受的东西。这种联系是以一种特定的方式,如此这般而不是另一番模样地存在的。这种联系同样也是认识的对象。一长系列的

I 209 事件——彼此相继、互为毗邻——以这样一种方式彼此相联系，从而形成一个世纪，一个时代……”。(55)

在这个说明里意味深长的东西乃是，自由概念怎样在这里与力这一概念相联系的。力显然是历史世界观的核心范畴。赫尔德为了摆脱启蒙运动时期的进步模式(Fortschrittsschema)，特别是为了克服作为启蒙运动基础的理性概念，曾经使用了这一范畴。(56)力这一概念之所以在历史世界观里具有一个如此核心的地位，是因为在这概念内内在性和外在性是处于一种特有的对立统一关系中。任何力只存在于它的外现(Ausserung)中。外现不仅仅是力的抉择，而且也是力的实在。当黑格尔辩证地阐述力和外现的内在归属关系时，他是完全正确的。但从另一方面说，这种辩证法也包含着：力是比其外现更多的东西。力具有作用潜能(Wirkungsmöglichkeit)，这就是说，力不仅仅是某种特定结果的原因，而且不管它出现于何处，它也是产生这种结果的能力(Vermögen)。所以力的存在方式是不同于结果的存在方式。力具有“犹豫”(Anstehen)方式——“犹豫”这词之所以适合，是因为，面对力可能表现自己于其中的东西的不可决定性，它显然表现了力的自为存在。由此可以推知，力是不可以从其外现而认识或量度的，而只能在一种内在的方式中被经验。对某个结果的观察总是只达到原因，而不是力，假如力是某种比属于结果的原因更多的内在东西的话。我们在原因东西里

(55) 兰克：《世界史》，第9卷，第XIII页以下。

(56) 在我的论文“赫尔德思想中的人民和历史”(1942年)[《短篇著作集》，第3卷，第101—117页；现收入我的著作集，第4卷]里我曾经指明：赫尔德已经使莱布尼茨的力概念转用于历史世界。

所知觉的这种更多的东西，的确，也可以从结果、对立（Widerstand）中来理解，因为对立本身就是力的外现。但即使这样，经验力的东西也是一种内在知觉（Innesein）。内在知觉是力的经验方式，因为力按其自身本质而言是只与自身相关联。黑格尔在《精神现象学》中令人信服地证明了力的思想在生命的无限性中的辩证的扬弃过程，生命是与自身相关联，并居于自身之内。(57)[221]

因此，兰克的表述获得了某种世界史的特征，即一种在思想和哲学的世界史领域内的特征。在这方面柏拉图是最早讲到**能力**（Dynamis）反思结构的人，从而以后有可能把这种能力转用于灵魂的本质上，例如亚里士多德在他的灵魂力论，即关于灵魂的能力 Ⅰ210
的学说里就开始进行了这种研究。(58) 力按其本体论的本质而言就是内在性（Innerlichkeit）。所以当兰克写道“自由是与力相联系的”时候，他是完全正确的。因为力——这是比其外现更多的东西——始终就已经是自由。这一点对于历史学家来说具有决定性的意义。他们知道：所有东西都可能以另外一种方式存在，任何行动的个人都可能以另外一种方式去行动。创造历史的力不是一种机械的元素。为了得出这一结论，兰克特别提到“甚至与原始的力”，并且讲到“一切人类活动的最初和共同的源泉”——按照兰克的看法，这种源泉就是自由。

自由要受约束和限制，这一点并不与自由相矛盾。从力的本质就可看出这一点，因为力知道实现自身。因此兰克能够说：“自

(57) 黑格尔：《精神现象学》，第120页以下（霍夫迈斯特版）。

(58) 柏拉图：《卡尔米德篇》，169a。［也可参见“反思的先期形式”，载《短篇著作集》，第3卷，第1—13页；我的著作集，第6卷，第116—128页。］

由之旁存在着必然性。"因为在这里必然性并不指一种排除自由的原因,而是指自由的力所具有的一种对抗性(Widerstand)。黑格尔所揭示的力的辩证法的真理就表现在这里。[59] 自由的力所具有的对抗性本身是从自由而来。这里所说的必然性,乃是某种突然来到的东西和作相反行动的他物的力量,而这种他物在自由活动每一开端就预先被给予的。由于自由活动把许多东西作为不可能的东西排除掉,自由活动也把行动限制在那种是敞开的可能性的东西上。必然性本身是从自由而来,并且本身受自由制约,必然性总是与自由联系在一起。从逻辑上看,这里涉及的是一种假定的必然性(die hypothetische Notwendigkeit)[即由假设而来的必然性(das ex hypotheseōs anankaion)],从内容上看,这里涉及的不是自然的存在方式,而是历史存在的存在方式:已经生成的东西不是简单地被抛弃。就此而言,如兰克所说的,它就是"一切新产生的活动的基础",并且本身就是由活动而来的被生成的东西。由于已经生成的东西坚持作为基础,它就在统一的联系中形成新的活动。兰克说:"已经生成的东西构成了与将要生成的东西的联系。"这句很含糊的话明显地表现了什么东西构成历史实在:正要生成的东西虽然是自由的,但它所出自的这种自由每一次都是通过已经生成的东西、即自由得以活动的环境,而得到其限制。历史学家所使用的力、权力、决定性的趋势等等概念都想使历史存在的本质成为可见的,因为这些概念隐含着这样的意思,即历史里的理念总

---

[59] 黑格尔:《百科全书》,第 136 节以下。同样,参见《精神现象学》(霍夫迈斯特编),第 105 页以下;《逻辑学》(拉松编),第 144 页以下。

是只有一种不完全的表象。表现事件意义的，不是行动者的计划和观点，而是效果历史，效果历史使得历史的各种力成为可认识的。作为历史发展的真正承担者的历史力，并不是类似于单子论的个人主体性。一切个体化本身其实已经被相反的实在所影响，因而个体性不是主体性，而是富有生气的力。在兰克看来，国家就是这样的富有生气的力。他关于国家曾这样明确地说道，它们不是“普遍东西的部分”，而是个体性东西，“真正的精神存在”。(60) 兰克把国家称为“上帝的思想”，以便表明，正是这个创造者的特有生命力，而不是任何一种人的设想和愿望或任何一种可以被人们领会的计划，才使国家得以真实存在。

力这一范畴的使用现在使得我们有可能把历史中的联系设想为一种原始的给予物。力始终只是作为力的活动(Spiel)而实际存在的，而历史就是力的这样一种产生连续性的活动。兰克和德罗伊森都是在这种联系中讲到历史是一种“正在生成的总和”(eine werdende Summe)，以便拒绝一切先天构造世界史的要求，并想以此完全立于经验的基础之上。(61) 但问题是，除了他们自己知道的东西外，这里是否还假定了更多的东西。世界史是一种正在生成的总和，这句话却意味着，世界史——即使未完结——是一个整体。但这却决不是自明的。在性质上不可比较的单位是不能总括在一起的。其实，总和需有这样的前提，即各单元被总括成的统一体已先行地造就了它们的总和关系。但是，这个前提是一种

(60) 兰克:《政治语录》(罗特哈克编)，第19、22、25页。

(61) 兰克:《政治语录》(罗特哈克编)，第163页；德罗伊森:《历史学》(罗特哈克编)，第72页。

武断。历史的统一性理念其实并不像它看上去那样是形式的,是独立于某种对历史"的"内容性理解的。⁶²

我们并不总是完全从世界史的统一方面去思考历史世界。例如,历史世界也能够——如在希罗多德(Herodot)那里——被看作为一种道德现象。作为道德现象的历史世界可以提供大量的范例,但不具有统一性。这样,关于世界史的统一性的论述怎样得到论证呢?这个问题以前是很容易回答的,那时人们假定历史中有某种目的的统一性,因而有某种计划的统一性。但是,如果我们假定历史里有这样一种目的和这样一种计划,那么什么是承担这种总算的大将呢?

如果历史实在被设想为力的活动,那么这种思想显然不足以使历史的统一成为必然的。所以赫尔德和洪堡所引导的东西,即丰富多彩的人类现象的理想,也建立不了真正的统一性。在事件的连续性中一定有某种作为方向性的目的而出现的东西。事实上,宗教起源的历史哲学末世论及其各种世俗化变形的种种说法,首先在这里是空洞的。⁶³ 没有任何关于历史意义的先入之见能使历史研究有偏见。不过,尽管如此,历史研究的不言而喻的前提仍然是:历史形成一种统一性。所以德罗伊森能够明确地把世界史统一性思想本身——即使对于天命的计划没有内容上的观念——作为某种规范性的理念加以承认。

---

⁶² 兰克——不是作为唯一的人——把概括(subsumieren)设想和写为总和(summieren)(例如前引书,第63页),这一点对于历史学派的隐蔽思想是最富有典型性的。

⁶³ 参见 K. 勒维特的《世界史和救世说》(斯图加特,1953年)以及我的论文"历史哲学"(《历史和当代宗教》,第3版)。

Ⅰ 历史的准备

然而,在这个假设中却包含了一个从内容上规定它的进一层前提。世界史统一性的理念包含着世界史发展的不可中断的连续性。这种连续性观念首先也是具有形式的性质,不包含任何具体的内容。所以,这种观念就像是研究中的那种愈来愈深沉地进入世界史联系的紧密网中的先天物(Apriori)。就此而言,当兰克讲到历史发展"值得赞赏的连续性"(bewundernswerten Stetigkeit)时,我们只可以把它作为兰克的一种方法论的幼稚性来判断。[64] 实际上兰克以此所意指的东西,根本不是这种连续性的结构本身,而是在这种连续的发展中所形成的具有内容的东西。正是最终从历史发展的极为多样的整体中形成的某种唯一的东西,即那种通过日耳曼-罗马民族的开创而遍及整个地球的西方文化世界的统一性,引起兰克的赞赏。

当然,即使我们承认兰克对"连续性"的赞赏的这种内容性的意义,兰克的幼稚性总还是表现出来。世界史曾经在连续的发展中开创了这种西方文化世界,这一点决不是历史意识所把握的单纯经验事实,而是历史意识本身的条件,也就是不是某种能不存在或能够被新的经验所取消的东西。情况是这样,只是因为世界史已经走上了这个行程,关于历史意义的问题才能被某种世界史意识所提出,并且才能意指历史的连续性的统一。

对于这一点,我们可以援引兰克自己的看法。兰克认为东西方体系的最主要差别在于:在西方是历史的连续性形成文化的存

---

[64] 兰克:《世界史》,第9卷,第2部,第XIII页。

在形式。(65) 就此而言，世界史的统一依赖于西方文化世界（这包括整个西方科学，特别是作为科学的历史）的统一，这一点决不是偶然的。而且，这种西方文化是由那种只在独一无二的拯救事件中有其绝对时间点的基督教义所影响的，这一点也决不是偶然的。兰克承认其中有些观点，因为他在基督教里看到了人重新返回到“面对上帝的直接性”中，面对上帝的直接性是他以一种浪漫主义方式放置在一切历史原始开端的东西。(66) 但是我们仍将看到，这一事实情况的基本意义在历史世界观的哲学反思里仍未完全被认识到。

即使就历史学派的经验主义观点来说，也不是没有哲学前提的。富有洞察力的方法学家德罗伊森的贡献是，他剥掉了历史学派的经验主义伪装，并承认历史学派的基本意义。他的基本观点是：连续性是历史的本质，因为历史不同于自然，它包含时间的要素。对此德罗伊森总是一再援引亚里士多德关于心灵的论述，即心灵不断在自身内增值（epidosis eis hauto）。与自然的单纯重复形式不同，历史是由这种不断提升自己的过程（Steigerung）来表现自身特征的。但这种提升过程既是保留过程，又是对所保留东西的超越过程。但这两者都包含自我认识（Sichwissen）。所以历史本身不仅仅是一种认识对象，而且它的存在也是被自我认识所规定的。“历史的认识就是历史本身”（《历史学》，§15）。兰克所讲的世界史发展的值得赞赏的连续性，就是由连续性的意识而引

---

(65) 兰克：《世界史》，第9卷，第1部，第270页以下。

(66) 参见欣里希斯：《兰克和歌德时代的历史神学》，第239页以下。

起的,这是一种使历史成为历史的意识(《历史学》,§48)。

把这点只看成一种唯心主义的偏见,这完全是错误的。这种历史思想的先天原则(Apriori)本身其实就是一种历史实在。当雅各布·布尔克哈德[222]把西方文化传统的连续性视为西方文化 I 214
本身的存在条件时,他是完全正确的。(67) 这种传统的瓦解,即雅各布·布尔克哈德曾多次阴森森预言过的某种新野蛮状态的闯入,对于历史世界观来说,并不是一种世界史范围内的灾难,而是这种历史本身的末日——至少就这种历史试图把自身理解为统一的世界史而言。阐明历史学派关于世界史探究的这种具有内容的前提之所以显得重要,正是因为历史学派本身基本上否认了这样一种前提。

这样,正如我们在兰克和德罗伊森那里能找到证明的,历史学派的诠释学自我理解在世界史思想里找到了它的最终基础。但是,历史学派却不能接受黑格尔通过精神概念对世界史统一性所做的解释。说那种构成历史意义的精神之目的是在已完成的历史当代自我意识中得以实现的——这是一种末世论的自我解释,这种解释通过把历史转入一种思辨概念而从根基上毁灭了历史。历史学派由此被迫进入对自身的神学理解。如果历史学派不想抛弃它自身特有的本质,即把自己视为继续进行的研究,它就必须把自身有限的受限制的认识与某种上帝的精神联系起来,因为对于上帝的精神来说,事物是在其完美性中被认识的。这里无限理解(das unendliche Verstehen)这一古老的理想被应用于历史的认

(67) 参见勒维特:《世界史和救世说》,第1章。

识。所以兰克写道:“我自己对上帝——假如我敢于这样说的话——是这样想的,即上帝——因为在上帝面前不存在时间——是在人类整体中通观整个历史的人类,并且发现任何人都具有同样价值。”(68)

这里,无限知性(intellectus infinitus)的观念——对于这种无限知性来说,万物都是同时存在的(omnia simul)——被转变成历史公道的准绳(Urbild),历史学家很接近于这种准绳,因为他们知道,一切时期和一切历史现象在上帝面前都具有同样的权利。所以,历史学家的意识表现了人类自我意识的完美性。历史学家愈能够认识每一种现象特有的不可毁灭的价值,也就是说,愈能够历史地去思考,他的思想就愈接近上帝的思想。(69) 正是因为这一点,兰克曾经把历史学家的职业同牧师的职业相提并论。对于路德派
I 215 兰克来说,“面对上帝的直接性”(Unmittelbarkeit zu Gott)就是基督教福音的真正内容。重新建立这种先于原罪而存在的直接性,并不只是由于教会的神恩手段而产生的——历史学家就曾经分享了这种直接性,因为他们使曾经堕落于历史中的人类成为他们研究的对象,并且在人类永不会完全丧失的直接性中去认识人类。

普遍史即世界史——这实际上不是意指过程整体的形式性的总概念,而是指在历史性的思考里,宇宙作为上帝的创造物被提升到对自己本身的意识。当然,这不是一种概念性的意识:历史科学的最终结果是“对万物的共同感觉、共同认知”(Mitgefühl,

(68) 兰克:《世界史》,第9卷,第2部,第5、7页。

(69) “因为这仿佛是上帝知识的一部分”(兰克,罗特哈克编,第43页,以及第52页)。

Mitwisserschaft des Alls)。[70] 正是在这种泛神论的背景里我们才能理解兰克所说他想消除自身这句著名的话。当然,正如狄尔泰所攻击的,[71]这种自我消除实际上乃是把自我扩充成某个内在宇宙。但是,兰克没有进行这种曾把狄尔泰引导到其精神科学的心理学基础上的精神反思决非偶然。对于兰克来说,自我消除乃是一种实际参与的形式。我们不可以从心理学上主观地理解参与(Teilhabe)这一概念,而必须从更为根本的生命概念出发去思考参与概念。因为所有历史现象都是大全生命(Allleben)的显现,所以,参与历史现象就是参与生命。

从这里,理解一词就具有了其近乎宗教性的色彩。理解就是直接地参与生命,而无需任何通过概念的思考中介过程。对于历史学家来说最为重要的东西是:不让实在与概念相关,而是在任何地方都达到这样一个要点,即"生命在思想着以及思想在生存着"。历史生命的诸现象在理解过程中都被视为大全生命的显现,上帝的显现。这样一种对大全生命的理解性的渗透,事实上比起人类对某个内在宇宙的认识成就来说还有更多的意思,所以狄尔泰为反对兰克重新表述了历史学家的理想。当兰克说"清楚的完全的生动的见解,乃是存在成为透明的和通观自身的标志"时,[72]这是一种形而上学的陈述,它使得兰克更接近于费希特和黑格尔。从这样一句话显然可以看出,兰克在根本上是怎样接近于德国的唯心主义。黑格尔在哲学的绝对知识里所想到的存在的完全

---

[70] 兰克(罗特哈克编),第52页。
[71] 《全集》,第5卷,第281页。
[72] 《路德残篇》,13。

自我透明性，就是兰克意识自己为历史学家的根据，尽管兰克本人是极力反对思辨哲学要求的。正是由于这一点，诗人的形象更接近于他，他感觉不到有什么必要非区分自己是历史学家而不是诗人。因为历史学家和诗人都有共同之点，这就是，历史学家与诗人一样，都把万物生活于其中的要素作为"某种处于它们之外的东西"来表现。[73] 完全放弃对事物的直观，某个试图讲世界史故事的人[74]的庄严行为，事实上可以被称之为诗人的行为，因为对于历史学家来说，上帝并不是以概念的形式，而是以"外在的表象"的形式存在于一切事物之中。事实上，我们不能比用黑格尔这一概念更好地描述兰克的自我理解。正如兰克所理解的那样，历史学家乃是属于那种黑格尔曾称之为艺术宗教的绝对精神的形式。

γ) 在 J. G. 德罗伊森那里历史学和诠释学的关系

对于某个思想敏锐的历史学家来说，这种自我理解的问题一定是可明显看出的。德罗伊森的历史学的哲学意义正在于：他试图把理解概念从它在兰克那里所具有的交织着美学和泛神论的含糊性中解脱出来，并表述它的概念性的前提。第一个这样的前提就是表达（Ausdruck）概念。[75] 理解乃是对表达的理解。在表达中，内在的东西是直接出现的。但是这种内在的东西，即"内在的本质"，却是第一个本真的实在。在这里德罗伊森完全站在笛卡尔

---

[73] 《路德残篇》，1。

[74] 致海因里希·兰克，1828 年 11 月（参见《自传》，第 162 页）。

[75] [参见本书第 341 页以下、第 471 页以下；以及我的著作集，第 2 卷，补注Ⅵ，第 384 页以下。]

的地基上,并且处于康德和威廉·冯·洪堡的传统之中。个别的"自我"类似于现象世界里的一个孤立的点。但是在自我的表现中,首先在语言中以及基本在它能够表现自身的所有形式中,它却不再是一个孤立的点。自我属于可理解东西的世界。但是,历史性的理解并不具有与语言性的理解根本不同的性质。正如语言一样,历史世界并不具有某种纯粹精神性存在的特征。"要想理解伦理的、历史的世界,首先意味着我们认识到,这个世界既不只是诗意想象的,又不只是新陈代谢的。"[76]虽然这是针对巴克尔的粗鄙经验主义而说的,但是反过来它也适用于反对例如黑格尔的历史哲学的唯灵论。德罗伊森认为历史的双重性质是由于"人性的奇特的超凡魅力,人性是这样幸运地不完善,以致人性在精神和肉体两方面都必须伦理地行事"。[77]

德罗伊森以这些从威廉·冯·洪堡那里借用来的概念试图要说的,确实不是别的什么,而只是兰克在强调力时所意指的东西。德罗伊森也不把历史实在看作为纯粹的精神。伦理地行事,其实包含这样的意思,即不把历史世界认作是意志在某种完全是韧性的材料上的纯粹铸造。历史世界的实在性在于某种总是重新由精神进行的对于"无休止变化的有限系统"——每一行动者都属于这种有限系统——的把握和形成。德罗伊森现在能够在某种完全不同的程度上从这种历史的双重性质得出关于历史性行为的结论。

像兰克所满足的那种依据于诗人行为的做法,对于德罗伊森

---

[76] 德罗伊森(罗特哈克编),第65页。
[77] 同上。

来说不再是充分的。在观看或讲述过程中的自我消失并不引导到历史实在。因为诗人"对事件只撰写某种心理学的解释，但在实在中除了个性（Persönlichkeit）外，没有其他要素在起作用"（《历史学》，§41）。诗人把历史实在处理成好像是被行动着的个人所意愿和计划的。但这样被"意指"的东西根本不是历史实在。因此，行动者的实际愿望和计划根本不是历史理解的真正对象。对个别个人的心理学解释不能够穷尽历史事件本身的意义。"在这种事实情况里出现的，既不是意愿着的个人，也不是那种只是由于这个人的意志力、这个人的知性而产生的东西；它既不是这个个性的纯粹表现，也不是这个个性的完全表现"（§41）。因此，心理学解释在历史理解中只是一种从属的要素，而且这不只是因为这种解释不能实际达到其目的才这样的。这里不只是经验了一种限制。在历史学家看来，个人的内在性，道德心的神圣位置，并不只是不可达到的。只靠同情和爱所达到的东西其实根本不是历史学家研究的目的和对象。历史学家不需要探究特殊个人的内心奥秘。他探究的东西并不是像这样的一些个别人，而是他们作为道德力运动中的元素所具有的意义。

　　道德力（die sittlichen Mächte）概念在德罗伊森这里占有核心的地位（§55以下）。它既奠定了历史的存在方式，又确立了对这种方式进行历史认识的可能性。兰克关于自由、力和必然性的不确切的思考现在获得了它们的实际证明。同样，兰克关于历史事实概念的使用在德罗伊森这里也找到了某种更正。处于特殊追求和目的的偶然性中的个别人并不是历史的要素，个别人之所以成为历史要素，只是由于他提升自身到道德共同体的领域并参与了这种共同体。通过人类共同工作而形成的这些道德力的运动构成了事物的发展。可能的东西确实是被这种运动所限制的。但是，如果我们因此讲到自由和必然性之间的某种对抗，那么这意味着剥夺自身的历史有限性。行动者坚定地站在自由的假定之下。事物的发展并不是一种对人的自由的外在限制，因为它不依赖于僵死的必然性，而是依赖于道德力的运动，而我们总是已经与这些力相关联的。事物的发展提出了行动者的伦理能力要维护自身的任务。[78] 因此，当德罗伊森完全从历史地行动着的人出发去规定必然性和自由的关系时，他是非常正确地规定了那种在历史中起支配作用的必然性和自由的关系。他把必然性与无条件的"应当"(Sollen)联系起来，把自由与无条件的"意愿"(Wollen)联系起来：必然性和自由都是道德力的表现，通过这两种表现个别人隶属于道德领域(§76)。

如我们所看到的，按照德罗伊森的看法，正是力的概念揭示了一切思辨的历史形而上学的局限性。他完全像兰克一样，就黑格尔的发展概念并不是一种只在历史过程中生长的胚胎这一意义批判了黑格尔这一概念。但是他更明确地规定了这里力指什么："力与工作一起生长。"个人的道德力由于积极进行一项具有伟大共同目标的工作而成为历史的力量。个人的道德力之所以成为历史的力量，因为道德的领域乃是事物发展过程中的持续的东西和有力量的东西。所以，力不再像在兰克那里那样是大全生命的一种原始的和直接的表现，而只是存在于这种中介过程中，并且只通过这种中介过程达到历史实在。

---

[78] 参见德罗伊森与巴克尔的争论(罗特哈克新版本，第61页)。

起中介作用的道德世界是这样运动的,即每一个人都参与这个世界,但是以不同的方式参与这个世界。某些人通过继续做习惯的事而保留原存在状态,另一些人则预感和表现新思想。历史过程的连续性就在于对那种通过批判仅按应当怎样存在而存在的东西的经常不断的克服过程(§77以下)。所以德罗伊森不愿讲到单纯的"自由的场景",因为自由是历史生命的基本脉搏,而不只是在例外情况里才有的。历史的伟大个性只是道德世界前进过程中的一种要素,道德世界作为整体以及在每一个个别东西中都是一个自由的世界。

在反对历史先验论方面,德罗伊森与兰克是意见一致的,即我们不能认识目的,而只能认识运动的方向。历史是人类无休止工作所追求的一切目的的最终目的,是不能通过历史认识而识别出来的。这个最终目的只是我们预感和相信的对象(§80—86)。

历史认识的地位是符合于这种历史图画的。但是,我们也不能像兰克所理解的那样,把这种历史认识理解为一种像在伟大史诗诗人那里出现的审美上的自我忘却和自我消失。兰克那里的泛神论特征是为了要求某种普遍而直接的参与,是为了要求某种对万物的共知(Mitwisserschaft)。反之,德罗伊森却想到了理解运动于其中的诸种中介过程。道德力不只是个人在行动中所提升到的真正历史实在。道德力同时也是历史提问者和历史研究者超越自身特殊性而提升的那种东西。历史学家是由其对某个特定的伦理领域、其祖国、其政治主张和宗教信仰的归属所规定和限制的。但是,他的参与正依据于这种不可抛弃的片面性。在他自身历史存在的具体条件内——而不是悬空在事物之上——他向自身提出了要公正的任务。"他的公正就是,他试图去理解"(§91)。

因此,德罗伊森关于历史性认识的名言是"探究性地理解"(forschend verstehen)(§8)。这里不仅包含一种无限的中介过程,而且也包含一种最终的直接性。德罗伊森在这里如此意味深长地与理解概念相联结的探究概念,应当作为这样一种任务的无限性的标志,这种任务使历史学家不仅脱离了由你我之间的同情和爱所产生的完美和谐,同样也与艺术家创作的完美性完全分开。只有在对传承物的"无休止地"探究中,在对愈来愈新的原始资料的开启中,以及在对这些原始资料所做的愈来愈新的解释中,历史研究才不断地向"理念"迈进。这听起来好像依赖于自然科学的程序,并且好像是预先认识到新康德派对"物自体"的解释是"无限的任务",但是只要深入一考察,我们就可看出这里也包含某种不同的东西。德罗伊森的名言使历史学家的活动不仅脱离了艺术的完美理想性和心灵的内在交往,而且似乎与自然科学的程序也不相干。

在1882年讲演末尾,[79]我们发现这样一段话:"我们不能像自然科学那样使用实验手段,我们只能探究,并且除了探究外不能做任何别的。"所以,对于德罗伊森来说,探究概念里一定还有另一个要素是重要的,而不只是任务的无限性,因为作为某个无限过程标志的任务是历史研究与自然研究共同具有的,并且相对于18世纪的"科学"和更早一些时期的"学说"(Doctrina)来说,这任务有助于"探究"概念在19世纪的兴起。这种"探究"概念——大概是从

---

[79] 约翰·古斯塔夫·德罗伊森:《历史学》,R. 许布纳编,1935年,第316页。根据弗里德里希·迈内克的笔记。

深入到未知领域的考察旅行者的概念出发的——以同样的方式既包括自然的认识,又包括历史世界的认识。世界认识的神学和哲学的背景消失得愈多,科学被设想为进入未知领域就愈多,因而科学被称之为研究就愈多。

但是,这种考虑并不足以解释德罗伊森怎样能通过说历史学是"探究,并且除了探究外不能做任何别的"这种方式使历史方法与自然科学的实验方法相区别的。这里一定有另一种无限性不同于未知世界的无限性,这种无限性在德罗伊森眼里是历史认识成为探究的主要标志。他的想法似乎是这样的:如果探究的东西本身永远不能成为可见的,那么探究就具有一种不同的、仿佛是质上的无限性。这事实上适合于历史的过去——与自然研究里的实验所表现的那种自我给予性相反。历史研究为了总是不同地认识传承物,它总是愈来愈新地、不断更新地被询问。它的答复从不像实验那样具有自我看见的单义的明确性。

如果现在我们问探索概念里的这种意义要素——德罗伊森在一种令人吃惊的实验和探索的对立中所追求的——的根源是什么,那么在我看来,我们将被引导到良知探究(Gewissensforschung)概念上。历史世界依据于自由,而这一点却保留了个人的一种最终不可深究的神秘性。[30] 只有对良知的自我探究才能接近

---

[30] 〔不过,研究概念里的神学附加物不仅与不可探究的个人及其自由有关,而且也与历史中我们永不能完全揭示的存在于上帝"所意指物"领域内的那种隐蔽了的"意义"有关。就此而言,这里历史学并不完全受诠释学过多影响,这一点对于"古希腊文化"的发现者来说应当是恰如其分的。参见我的著作集,第 2 卷,第 123 页以下,以及"海德格尔之路",载《马堡神学》,第 35 页以下;或者我的著作集,第 3 卷。〕

I 历史的准备

于这种神秘性,只有上帝才能知道这里的真理。由于这种理由,历史研究将不想追求规律的知识,并无论如何不能要求实验的决定。因为历史学家通过无限的传承物的中介而与他们的对象有着距离。

但从另一方面来说,这种距离也是近在眼前的。虽然历史学家不能像明确掌握实验那样观看他们的"对象",但他们与他们的"对象"却是联系在一起的,只不过他们是通过他们的方式,即通过道德世界的可理解性和熟悉性,与其对象相联系,这种联系方式完全不同于自然研究者与其对象的联系方式。这里"传说"(Hörensagen)不是一种坏的证据,而是唯一可能的证据。

"每一个自我封闭在自身内,每一个人在其表达(Äusserun-gen)中向每一个他人敞开自身"(§91)。因此被认识的东西在这两方面是完全不同的:对于自然认识来说是规律的东西,对于历史学家来说就是道德力量(16)。在道德力量里面历史学家找到了他们的真理。

在对传承物的无休止的探究过程中,理解最终总是可能的。尽管有一切中介,理解概念对于德罗伊森来说仍保留了某种最终直接性的特征。"理解的可能性在于那些作为历史材料而存在的表现乃是与我们同质的","面对人、人的表达和人的形式,我们是并且感觉我们是在本质的相同性(Gleichartigkeit)和相互性(Gegenseitigkeit)之中"(§9)。正如理解使个别的自我与该自我所隶属的伦理共同体联系在一起一样,这些伦理共同体本身、家庭、民族、国家、宗教作为表现也是可理解的。

所以通过表达(Ausdruck)概念,历史实在被提升到非常重要的领域,因而在德罗伊森的方法论的自我分析中诠释学成为历史学的主角:"个别的东西在整体里被理解,而整体则由个别的东西来理解"(§10)。这就是古老的修辞学诠释学基本原则,现在这一原则被转变成内在的东西:"因为进行理解的人像他所要理解的人那样,也是一个自我,一个自身内的整体,所以他通过个别的表现来补充这个整体,而且通过这个整体来补充个别的表现。"这是施莱尔马赫的公式。在应用这一公式时,德罗伊森分享了它的前提,也就是说,那种他视为自由活动的历史,对于他来说,像一个文本那样是可深入理解的和有意义的。正如文本理解一样,历史理解的顶点乃是"精神的在场"(geistige Gegenwart)。所以,我们看到德罗伊森比兰克更精确地规定了什么中介元素被包含在研究和理解过程中,虽然最终他也只能用审美-诠释学的范畴去设想历史学的任务。按照德罗伊森的看法,历史学追求的目的也是从断编残简的传承物中去重构伟大的历史文本。

2. 狄尔泰陷入历史主义困境[81]

a) 从历史学的认识论问题到为精神科学奠定诠释学基础[82]

历史学派里存在的审美-诠释学因素和历史哲学因素之间的

---

[81] [对此请参见我早期的论文"近代德国哲学里的历史问题"(1943年),载《短篇著作集》,第1卷,第1—10页;我的著作集,第2卷,第27页以下。]

[82] [对此节请参见"历史意识问题"(《短篇著作集》,第4卷,第142—147页)以及1983年为纪念狄尔泰而新撰写的论文(我的著作集,第4卷)。狄尔泰研究首先是通过出版那些为《精神科学导论》续篇作准备的论文(《狄尔泰全集》,第18卷、第19卷)而重新开展起来的。]

Ⅰ 历史的准备

对抗，在威廉·狄尔泰这里达到了顶点。狄尔泰的重要性在于：他真正认识到历史世界观相对于唯心主义所包含的认识论问题。狄尔泰作为施莱尔马赫的传记家，作为以浪漫主义理解理论探究诠释学起源和本质这一历史问题并撰写西方形而上学历史的历史学家，虽然仍运动在德国唯心主义的问题视域之内——但他作为兰克和该世纪新经验哲学的学生却同时立于一个如此不同的地基上，以致不论是施莱尔马赫的审美-泛神论的同一哲学，还是黑格尔的与历史哲学相结合的形而上学，对于他来说，都不能保持其有效性。的确，我们在兰克和德罗伊森那里已经发现他们都同样存在着一种唯心主义态度和经验主义态度之间的冲突，但是在狄尔泰这里，这种冲突变得特别尖锐。因为在狄尔泰这里，已经不再是单纯地以一种经验主义的研究态度去继续古典主义-浪漫主义精神，这种继续着的传统反而由于有意识地重新采用先是施莱尔马赫的后是黑格尔的思想而被过量充塞了。

即使我们把英国经验论和自然科学认识论对狄尔泰的早期的巨大影响作为对他的真正意图的损害而避而不谈，我们仍然不容易理解他的这些意图究竟是什么。我们感谢格奥尔格·米施[223]在这方面所作的重要进展。⑱ 但是，由于米施的目的是想把狄尔泰的立场与胡塞尔的现象学及海德格尔的基本本体论的哲学倾向相对照，狄尔泰的"生命哲学"倾向的内在矛盾就被他用这些当代的相反立场加以描绘。同样的情况也适合于 O.F. 博尔诺对于狄

---

⑱ 这不仅指格奥尔格·米施为狄尔泰《全集》第 5 卷所写的内容广泛的导论，而且也指他在《生命哲学和现象学》（1930 年第 1 版）这本书里所作的狄尔泰解释。

尔泰的有价值的描述。[84]

我们在狄尔泰这里将论证的这种冲突性的根源，早已存在于历史学派那种典型的哲学和经验两栖的立场里。这种冲突性并没有由于狄尔泰想建立一个认识论基础的尝试而被消除，反而由于狄尔泰这一尝试变得更为尖锐。狄尔泰为精神科学提供一个哲学基础的努力，就是试图从兰克和德罗伊森为反对德国唯心论而主张的东西推导出认识论上的结论。这一点狄尔泰自己是完全意识到的。他认为历史学派的弱点在于他们的反思缺乏彻底性："历史学派不是返回到自身的认识论前提，或者返回到从康德直到黑格尔的唯心论的认识论前提，从而认识这些前提的不可统一性，而是无批判地把这两种观点结合在一起。"[85]所以，狄尔泰能够为自身制定这样一个任务，即在历史学派的历史经验和唯心主义遗产中间建立一个新的认识论上可行的基础。这就是他通过历史理性批判去补充康德的纯粹理性批判这一目的的意义。

这个任务本身就已经表明他背离了思辨唯心论。这一任务曾经提出了一种可以完全从语词上去理解的类比关系。狄尔泰是想说：历史理性需要一种完全像纯粹理性所需要的那样一种辩护。《纯粹理性批判》的划时代的成就不仅是摧毁了作为世界、灵魂和上帝的纯粹理性科学的形而上学，而且同时也揭示了这样一个领域，在此领域内我们不仅可以合法地使用先天的概念，而且认识也有了可能。这种纯粹理性批判不仅摧毁了精神观看者的梦幻，而

---

[84] O. F. 博尔诺：《狄尔泰》，1936年。
[85] 《狄尔泰全集》，第7卷，第281页。

且同时也答复了纯粹自然科学如何是可能的这一问题。在此期间，思辨唯心论曾把历史世界一起放入理性的自我解释之中，而且特别是通过黑格尔，在历史领域内作出了独创的成就。因此，纯粹理性科学的要求基本本上被推广到历史认识上。历史认识成为精神百科全书的一部分。

但是在历史学派看来，思辨的历史哲学乃是一种同样粗鄙的独断论，有如理性的形而上学一样。所以，历史学派必须对历史认识的哲学基础要求一种类似于康德曾经为自然认识所要求的东西。

这种要求是不能通过单纯地返回康德而实现的，尽管面对自然哲学的过分放纵我们可能采取这种途径。康德曾经结束了关于认识问题——由于17世纪新科学的出现而提出的问题——的各种努力。新科学所运用的数学-自然科学的构造在康德那里获得了有关其认识价值的合法证明，新科学之所以需要这种数学-自然科学构造，是因为新科学的概念除了理性存在（entia rationis）的要求外，并没有任何其他的存在要求。古老的表象理论（Abbildtheorie）显然不再是合法的。㊱ 所以，通过思想和存在的不可比较性，认识问题以一种新的方式被提出来。狄尔泰清楚地看到了这一点，并且在他与约尔克伯爵（Grafen Yorck）[224]的通信里讲到了

㊱ 我们可能在德谟克利特那里找到的，而新康德派的历史著作硬说在柏拉图那里也有的古代关于认识问题的早期形式，是处于一个不同的地基上。对于从德谟克利特那里可能引出的认识问题的讨论，其实在古代怀疑论那里就结束了。（参见保罗·纳托普的《古代认识问题研究》[1892年]，以及我在"关于前苏格拉底的概念世界"里的研究，1968年，第512—533页）[现收入我的著作集，第5卷，第263—282页。]

17世纪认识论问题所具有的唯名论背景,这一背景通过杜恒[225]以来的现代研究已得到出色的证实。[57]

现在,认识论问题通过历史科学获得了新的现实性。语词史已经证明了这一点,因为认识论(Erkenntnistheorie)一词是在黑格尔之后的时期里才出现的。当经验研究使黑格尔体系威信扫地时,认识论一词才得到了使用。19世纪之所以成为认识论世纪,是因为随着黑格尔哲学的瓦解,逻各斯(Logos即理性)和存在之间的自明的符合关系最终被摧毁了。[58] 由于黑格尔在一切地方,甚至在历史上强调理性,他成为古代逻各斯(即理性)哲学的最后一位最全面的代表。鉴于对先验历史哲学的批判,人们现在看到自己重新又被束缚在康德批判的桎梏下,在世界史的纯粹理性构造的要求被取消以及历史认识同样被限制于经验之后,康德批判的问题也对历史世界提出来了。如果历史被认为与自然一样,并不是精神的显现方式,那么人的精神怎样能够认识历史就成了一个问题,正如通过数学构造方法的自然认识对于人的精神也是一个问题一样。所以,相对于康德答复纯粹自然科学如何是可能的这一问题,狄尔泰必然试图对历史经验怎样可能成为科学这一问题进行答复。因此在与康德问题作清楚的比较之中,狄尔泰探究了那些能够支持精神科学的历史世界的范畴。

---

[57] P. 杜恒:《莱奥纳多·达·芬奇研究》,3卷本,巴黎,1955年;《世界体系》,第10卷,巴黎,1959年。[参见本书第11页,注释④。]

[58] 对此参见 E. 策勒的论文"认识论的意义和任务"(1862年),载他的《演讲和论文集》,第2卷,莱比锡,1875—1884年,第446—478页;以及我的论文"E. 策勒——一位从神学走向哲学的自由主义者之路",载 W. 德尔编辑出版的《森柏·阿佩特斯-鲁普莱希特-卡尔600年——海德堡大学1386—1986纪念文集》(6卷本),海德堡,1985年,第2卷。

Ⅰ 历史的准备

在这里使得狄尔泰成为重要人物、并使他与那些试图把精神科学包含在重新构造的批判哲学里面的新康德派相区别的关键在于，他没有忘记经验在这里是某种根本不同于自然认识领域内的经验的东西。在自然认识领域内所涉及的，只是通过经验而产生的可证实的观点（die verifizierbaren Feststellung），也就是说，是那种与个人的经验相脱离，并且总是构成经验知识中可靠部分的东西。对于这种"认识对象"的范畴分析，在新康德派看来，乃是先验哲学的积极成果。[89]

对于这种构造只略加改变，并且把它转用于历史认识领域，有如新康德派以价值哲学的形式所作出的，这在狄尔泰看来是远远不够的。狄尔泰曾经把新康德派的批判哲学本身视为独断论的，并且正如他把英国经验论称之为独断论一样，他有同样的正确性。因为承担历史世界构造的东西，并不是由经验而来、而后又在一种价值关系中出现的事实（Tatsachen），历史世界的基础其实是那种属于经验本身的内在历史性（die innere Geschichtlichkeit）。内在历史性是一种生命的历史过程，它的范例不是确定事实，而是那种使回忆和期待成为一个整体的奇特组合，我们把这种组合称之为经验，而且由于我们作出经验，我们获得了这种组合。所以，尤其是痛苦的实在经验给予见解正趋成熟的人的那种苦难（Leiden）和教训（Belehrung），才最先形成历史科学的认识方式。历史科学只是继续思考那种生活经验里已经被思考的东西。[90]

------

[89] 参见 H.李凯尔特同名的书：《认识对象》，弗赖堡，1892年。
[90] 参见本书第352页以下关于经验历史性的分析。

这样,认识论问题在这里就有了另一个出发点。在某种方式里,它的任务是容易解决的。它不需要首先探究我们的概念与"外在世界"相一致的可能性的基础。因为历史世界——我们这里涉及的就是对这一世界的认识——始终是一个由人的精神所构造和形成的世界。由于这个理由,狄尔泰并不认为普遍有效的历史综合判断在这里是成问题的,[91]并且他还在这里援引了维柯。我们回忆一下,维柯在反对笛卡尔派的怀疑论以及由这种怀疑论而确立的自然数学知识的确实性的斗争中,曾经主张人类所创造的历史世界在认识论上的优先地位。狄尔泰重复这同样的论据。他写道:"历史科学可能性的第一个条件在于:我自身就是一种历史的存在,探究历史的人就是创造历史的人。"[92]正是主体和客体的这种同质性(Gleichartigkeit)才使得历史认识成为可能。

但是,这种观点却丝毫未解决狄尔泰所提出的认识论问题。而且,这种同一性条件还总是掩盖了历史的真正认识论问题。这问题就是:个别人的经验及其对这种经验的认识怎样提升为历史经验的。在历史中我们不再涉及那些像这样被个别人所体验的或像这样被其他人再体验的联系(Zusammenhänge)。而狄尔泰的论证首先只适合于个别人的体验和再体验。这就是狄尔泰认识论的出发点。狄尔泰提出个别人怎样得到某种生命联系的办法,并试图从这里出发去获取那些对于历史联系及其认识能承担作用的构造性的概念。

---

[91] 《狄尔泰全集》,第7卷,第278页。
[92] 同上。[但是谁真正创造历史呢?]

Ⅰ 历史的准备

与自然认识的范畴不同,这些概念都是生命概念(Lebensbegriffe)。因为按照狄尔泰的看法,认识历史世界——在这世界里意识等同于对象这一唯心主义的思辨假设还总是可指明的实在——的最终前提是体验(Erlebnis)。这里是直接的确实性。因为属体验的东西不再被分解成一种行为,即某种内在意识(das Innewerden),和一种内容,即我们内在意识到的东西。[33] 属体验的东西其实是一种不可再分解的内在存在(Innesein)。即使说在体验中有某种东西被占有,这也是做了过多的区分。狄尔泰现在探究联系是怎样从这种直接确实性的精神世界的要素形成起来的,以及对这种联系的认识是怎样可能的。

早在他的"描述的和分析的心理学"的观念里,狄尔泰就有这样一个任务,即推导那种不同于自然认识解释模式的所谓"由某个人内在生命而获取的联系"(den erworbenen Zusammenhang des Seelenlebens)。[34] 他使用了结构(Struktur)概念,以便使对内心生命联系的体验性与自然事物的因果联系相区别。"结构"一词的逻辑特征就在于:它在这里意指一种关系整体(Beziehungsganz),这整体不依赖于事物(Erwirkseins)的时间性的因果次序,而依赖于内在的关系。

根据这一点,狄尔泰认为他已找到了一种特有的和有效的出发点,并且已经克服了那种使兰克和德罗伊森方法论反思混乱不堪的矛盾性(Unausgeglichenheit)。但是,他认为历史学派在这一

---

[33] 《狄尔泰全集》,第 7 卷,第 27 页以下、第 230 页。
[34] 同上书,13a。

点上是正确的：不存在一种普遍的主体，而只存在历史的个人。意义的理想性不可归入某个先验的主体，而是从生命的历史实在性产生的。正是生命自身在可理解的统一性中展现自身和造就自身，正是通过个别的个人这些统一性才被理解。这就是狄尔泰分析的不言而喻的出发点。生命的联系，如它对个人所表现的（并且在传记知识里被其他人再体验和理解的），是由某种特殊体验的意义所建立的。从这些特殊体验出发，就像从某种组织化了的中心出发一样，统一的生命过程被形成，这正如一段旋律的意义形式的出现一样——它不是单纯由于连续演奏的音调排列，而是从规定该旋律的形式统一的音乐主题出发而产生的。

很显然，这里正如在德罗伊森那里一样，浪漫主义诠释学的处理方式又出现了，并且经历了一种普遍的扩展。正如某个文本的上下文关系一样，生命的结构联系也是由整体和部分的关系所规定的。这种联系的每一部分表现了生命整体的某种东西，因而对整体具有某种意义，正如这部分自己的意义是被这个整体所规定的一样。这就是古老的文本解释的诠释学原则，这一原则之所以能适用于生命联系，是因为在生命联系中同样也假定了某种意义的统一，而这种统一的意义在它的所有部分中都得到了表现。

狄尔泰为精神科学奠定认识论基础的工作所迈出的决定性步伐是，发现了那种从构造个人生命经验里的联系到<u>根本不为任何个人所体验和经验的历史联系</u>的转变。这里——尽管有对思辨的一切批判——必然要有"逻辑主体"替代实在主体。狄尔泰对于这种困难是意识到的，但是他认为这样做本身是允许的，因为个人的休戚相关性（Zusammengehörigkeit）——例如在某代人或某民族

Ⅰ 历史的准备

的统一体里——表现了某种精神性的实在(eine seelische Wirklichkeit),我们之所以必须承认这种精神性的实在,正是因为我们不可能返回到它背后去解释它。这里确实不涉及实在主体。它的界限的模糊性就表明了这一点;特殊个人只是以它的存在的一部分被包含在它里面。但是按照狄尔泰的看法,下面这点却是确切无疑的,即我们可以作出关于这个主体的陈述。历史学家经常作出这种陈述,例如他们讲到民族的行为和命运。[95] 现在问题是,这种陈述怎样能在认识论上得以证明呢?

我们不可以主张,狄尔泰关于这问题的思想已达到完全的清楚性,尽管他在这里看到了决定性的问题。这里关键性的问题乃是从精神科学的心理学基础转变到诠释学基础。在这方面狄尔泰从未超出概述一步。所以,在《构造》[96]的两个完整的部分即自传和传记里——这是历史经验和历史认识的两种特殊情形——保留了一种不完全有根据的优势。因为我们确实看到,真正的历史问题并不是,联系一般来说是怎样可体验和可认识的,而是这种从未有人这样体验过的联系怎样应当是可认识的。但是,狄尔泰怎样想从理解现象出发去解释这一问题,却是毫无疑问的。理解就是对表达的理解(Verstehen ist Verstehen Von Ausdruck)。在表达中,被表达的东西是以一种不同于原因在结果中的方式出现。当表达被理解了,被表达的东西就出现在表达本身中并且被理解。

Ⅰ 229

---

[95] 《狄尔泰全集》,第 7 卷,第 282 页以下。格奥尔格·西梅尔也试图通过体验主体性(Erlebnissubjektivität)和事实关系(Sachzusammenhang)的——最终也是心理学上的——辩证法解决这同样的问题。参见《桥和门》,第 82 页以下。

[96] 即《精神科学里的历史世界的构造》,载《全集》,第 7 卷。

狄尔泰从一开始就力求把精神世界的关系从自然领域内的因果关系里区别出来,因而表达概念和对表达的理解概念对他来说从一开始就处于核心位置。他由于胡塞尔影响而获得的新的方法论上的清晰性使他最后用胡塞尔的《逻辑研究》去综合那种由效果关系(Wirkungszusammenhang)而提升的意义概念。狄尔泰的精神生活的结构性(Strukturiertheit)概念相应于意识的意向性学说,因为这种结构性不仅从现象学方面描述了某种心理学事实,而且也从现象学方面描述了意识的本质规定。每一种意识都是对某物的意识,每一种关系都是对某物的关系。按照胡塞尔的看法,这种意向性的所指(das Wozu),即意向对象,并不是实在的心理成分,而是一种理想统一体,即这样的所意指物。所以,胡塞尔的第1卷《逻辑研究》为反对逻辑心理主义的偏见而维护一种理想的意义概念。胡塞尔这个证明对于狄尔泰有着决定性的意义。因为正是通过胡塞尔的分析,狄尔泰才能真正讲到那种使"结构"区分于因果关系的东西。

一个例子将清楚地表明这一点。心理的结构,如某个个人,是通过发展他的禀赋并同时经验到环境的条件性的效果而获得他的个性的。这里所出现的东西,即真正的"个性",也就是说,个人的特征,并不是一种单纯的原因要素的结果,它不能只通过这些原因去理解,而是表现了一种自身可理解的统一,一种生命的统一,而这种生命的统一表现在它每一次的外现中,并因而能通过每一次外现来理解。这里某物是不依赖于其生成的因果秩序而结合成某种特有的形象(Figur)。这就是狄尔泰以前以结构性关系(Strukturzusammenhang)所意指的东西,也是他现在用胡塞尔的术语称之为"意义"(Bedeutung)的东西。

Ⅰ 历史的准备

狄尔泰现在也能够说,在某种程度上结构性关系是被给予的(gegeben)——这是他与埃宾豪斯的主要争论点。虽然结构性关系并不是在某种体验的直接性中被给予的,但是它也不能简单地被说成是作用因素基于心理"机制"的结果。意识的意向性学说实际上为所与性(Gegebenheit)概念提供了新的基础。自此以后,我们可以不再由体验原子(Erlebnisatomen)去推导联系并以这种方式去解释联系。意识其实总是包含在这样的联系之中,并在这种联系的概念中有其自身的存在。所以狄尔泰认为胡塞尔的《逻辑研究》是划时代的,[57]因为像结构和意义这些概念都得到了合理的证明,虽然它们不是可由要素推导出来的。这些概念现在被证明比那些所谓要素更原始,以前曾经认为这些概念就是从这些要素并基于这些要素而构造的。

当然,胡塞尔关于意义理想性的证明乃是纯粹逻辑探究的结果。而狄尔泰对此的证明则是某种完全不同的东西。对于狄尔泰来说,意义不是一个逻辑概念,而是被理解为生命的表现。生命本身,即这种流逝着的时间性,是以形成永恒的意义统一体为目标。生命本身解释自身。它自身就有诠释学结构。所以生命构成精神科学的真实基础。在狄尔泰思想里,诠释学不是单纯的浪漫主义遗产,而是从哲学建基于"生命"之中合乎逻辑地产生出来的。狄尔泰认为正是由于这一点他已完全超越了黑格尔的"理智主义"。同样,从莱布尼茨那里产生的浪漫主义-泛神论的个性概念也不能使狄尔泰感到满足。因为把哲学建基于生命之中,这也反抗个体

---

[57] 《全集》,第 7 卷,13a。

形而上学，并且知道远远离开莱布尼茨的无窗户的单子论观点。按照这种单子论观点，只有单子才展现其自身的规律，所以对于这种观点来说，个性就不是一种植根于现象中的原始观念。狄尔泰宁可坚持所有"精神的生命性"都隶属于环境。[⑧] 根本不存在个性的原始力。个性是由于它肯定自身才成为它所是的东西。被效果的历史（Wirkungsverlauf）所限制，这属于个性的本质——正如属于所有历史的概念。即使像目的和意义这些概念，对于狄尔泰来说，也不是指柏拉图主义意义上或经院哲学意义上的观念。它们也是历史的观念，因为它们是被结果的历史所限制。它们必须是能概念（Energiebegriffe）。狄尔泰在这里依赖于费希特，[⑨]费希特对于兰克也同样有决定性的影响。就此而言，狄尔泰的生命诠释学将总是立于历史世界观的基础之上。[⑩] 哲学提供给他的只是那种陈述历史世界观真理的概念可能性。

但是，尽管有所讲的这些限制条件，狄尔泰把诠释学建基于"生命"里的做法是否已经真正避免了唯心主义形而上学所隐含了的结果，这还是不清楚的。[⑪] 对于狄尔泰来说，存在这样一些问题：个体的力怎样与超越于它的、先于它的东西，与客观的精神相联系？应当怎样设想力和意义的关系、力量和观念的关系、生命的事实性和理想性的关系？历史认识如何是可能的这一问题最终必

---

⑧ 《全集》，第5卷，第266页。
⑨ 《全集》，第7卷，第157、280、333页。
⑩ 同上书，第280页。
⑪ O. F. 博尔诺（《狄尔泰》，第168页以下）曾经正确看到，力概念在狄尔泰那里被放到非常次要的位置。这正表现了浪漫主义诠释学对狄尔泰思想的胜利。

须决定于对这些问题的解答。因为历史中的人都同样是由个性和客观精神的关系所根本决定的。

这种关系显然不是没有歧义的。一方面它是限制、压迫、抵抗的经验，通过这些经验个体意识到其自身的力。但另一方面它又不仅仅是个人经验到的实在的坚硬的墙。个体作为历史存在而经验到历史实在，而且这种历史实在同时也总是某种支持个体的东西；在历史实在里个体表现自身和重新发现自身。历史实在作为这样的东西就不是"坚硬的墙"，而是生命的客观化物（Objektivationen）（德罗伊森曾经讲到"道德力量"）。

这一点对于精神科学的性质具有根本方法论的意义。所与概念在这里具有一种根本不同的结构。精神科学里的所与与自然科学里的所与不同，其特征是："在这个领域内我们必须抛弃所与概念的所有那些如物理世界形象所具有的固定的东西、异己的东西。"[⑩]一切所与在这里都是被创造出来的。维柯早已赋予历史对象的那种古老的优越性，按照狄尔泰的看法，乃是建立普遍性的基础，由于这种普遍性，理解才占有了历史世界。

但是问题在于，从心理学立场到诠释学立场的转变是否能在这个基础上获得真正成功，或者狄尔泰在这里是否陷入了那些把他带到他本不希望得到和不想承认的思辨唯心论的近处的问题关系之中。

在上面所援引的这句话中，我们不仅听到了费希特的声音，甚至还在语词本身中听到了黑格尔的声音。黑格尔对"实证性"的批判[⑱]、自我异化概念、精神作为在他物中的自我认识的这一规定，

---

⑩ 《全集》，第7卷，第148页。
⑱ 《黑格尔早期神学著作》，诺尔编，第139页以下。

都能很容易地从狄尔泰这句话中推导出来,并且我们可以问,历史世界观针对唯心论所强调的、并且狄尔泰试图从认识论上证实的差别究竟存在于何处。

当我们考虑到狄尔泰用以刻画生命这一基本历史事实的特征的一些重要术语时,这个问题变得更加尖锐。众所周知,他讲到过"生命的形成思想的工作"。[14] 这个术语怎样区别于黑格尔,是不容易说明的。生命很可能强烈地表现一种"深不可测的面貌",[15] 狄尔泰还可能嘲弄那种对于生命的过分乐观的观点,这种观点在生命中只看到文化的进步——生命是用它所形成的思想来理解,所以它被隶属于一种目的论的解释模式,并且被设想为精神。因此,我们发现狄尔泰在后期愈来愈紧密地依赖于黑格尔,并且在他早期讲"生命"的地方改讲"精神"。他只是重复黑格尔自己曾经说过的概念的发展。根据这一事实,下面这点看来值得注意,即我们要把自己对黑格尔早期所谓"神学"著作的认识归功于狄尔泰。正是在这种有助于我们理解黑格尔思想发展过程的材料中,完全清楚地表明了黑格尔的精神概念是以某种精神性的生命概念为基础的。[16]

---

[14] 《全集》,第7卷,第136页。
[15] 《全集》,第8卷,第224页。
[16] 狄尔泰的重要著作《青年黑格尔发展史》1906年第一次发表,后根据遗著手稿加以补充收在《全集》第4卷(1921年)中,此书开创了黑格尔研究的一个新时期,这与其说是由于该著作的成就,毋宁说是由于它所提出的任务。继后不久(1911年)又出版了赫尔曼·诺尔编的《早期神学著作》,这部著作被特奥多尔·黑林有说服力的注释(《黑格尔》,第1卷,1928年)所解释。参见作者的"黑格尔和历史精神"和"黑格尔辩证法"(《全集》,第3卷)以及赫伯特·马尔库塞的《黑格尔本体论和历史性理论的建立》(1932年),这部著作证明了生命概念对于《精神现象学》有范例性的作用。

Ⅰ 历史的准备

狄尔泰自己曾经试图对于他与黑格尔有联系的东西以及他与黑格尔相区别的东西作一个说明。⑩ 但是,如果狄尔泰自己仍给"客观精神"概念以这样一个中心地位,他对黑格尔理性信仰的批判、对黑格尔世界史的思辨构造的批判、对黑格尔从绝对的辩证的自我发展得出一切概念的先天推导的批判又说明什么呢?诚然,狄尔泰反对这种黑格尔式的概念抽象构造:"我们今天必须从生命的实在出发。"他写道:"我们正试图理解生命的实在,并且以正确的概念来表现这种实在。以这种方式,客观精神不被我们看作是片面建立在那种表现世界精神本质的普遍的理性之上,并且摆脱了某种观念构造,所以关于它的新概念才变成可能的。它现在包括语言、习俗、所有各种生命的形式和方式,同样也包括家庭、市民社会、国家和法律。甚至黑格尔现在作为绝对精神而与客观东西相区别的东西,如艺术、宗教和哲学也包括在这个概念之内……"(《全集》,第7卷,第150页)。

毫无疑义,这是对黑格尔思想的一种改造。它意味着什么呢?究竟怎样说明"生命的实在"呢?最重要的显然是客观精神概念扩大到包括艺术、宗教和哲学。因为这意味着,狄尔泰并不把这些东西看作是直接的真理,而是看作为生命的表现形式。由于他把艺术和宗教与哲学同等看待,他同时也拒绝了思辨概念的要求。在这里狄尔泰并不完全否认,这些形式相对于客观精神的其他形式有一种优越性,因为"正是在它们的有力的形式中",精神才被客观

---

⑩ 详细的观点在狄尔泰死后发表的关于《青年黑格尔发展史》的注释中(第4卷,第217—258页),更深刻的观点在《构造》第3章中(第146页以下)。

化和被认识。正是这种精神的完美自我认识的优越性曾经使黑格尔把这些形式看成绝对精神的形式。在它们之中不再存在任何异己的东西,因而精神完全地返回到自己的家园。正如我们所看到的,艺术的客观化物对于狄尔泰来说也表现了诠释学的真正胜利。所以狄尔泰与黑格尔的对立最终可以归结为这样一种对立:按照黑格尔的看法,精神返回家园是在哲学概念里完成的,而对于狄尔泰来说,哲学概念并不具有认识意义,而只具有表现意义。

这样,我们必须探究一下,对于狄尔泰来说,是否就没有一种真正的"绝对精神"的精神形式,即那种具有完全的自我透明性、完全地摆脱一切异己性和一切他在性的精神形式。对于狄尔泰来说,毫无疑问有这样一种精神形式,并且这就是历史意识。历史意识符合这种理想,而不符合思辨哲学。历史意识把人类历史世界的所有现象只看作精神借以更深刻认识自身的对象。就这种意识把这些现象理解为精神的客观化物而言,它使它们返回到"它们本是由之而来的精神性的生命中"。[⑩] 客观精神的诸种形式对于历史意识来说也就是这个精神自我认识的诸对象。就历史意识把历史的一切所与理解为它们从之产生的生命的表现而言,历史意识扩大成为无所不包。"生命在这里把握生命。"[⑩] 就此而言,全部传承物对于历史意识来说就成为人类精神的自我照面(Selbstbegegnung)。历史意识把那些似乎保留给艺术、宗教和哲学的特殊创造的东西吸引到自身上来。不是在思辨的概念认识里,而是在历

[⑩] 《全集》,第5卷,第265页。
[⑩] 《全集》,第7卷,第136页。

史意识里,精神对于自身的认识才得以完成。历史意识在所有事物中都看到历史精神。即使哲学也只被认为是生命的表现。由于哲学意识到这一点,所以它抛弃了它那种试图通过概念成为知识的古老要求。哲学成为哲学的哲学,成为一种对于为什么在生命中除了科学外还有哲学的哲学说明。狄尔泰在其晚年工作中曾经筹划了这样一种哲学的哲学。在这种哲学的哲学里,他把各种类型的世界观都归诸那种在它们中展现自身的生命的多方面性(Mehrseitigkeit)。[10]

这样一种对形而上学的历史性克服是与对伟大文学创作的精神科学解释联系在一起的。狄尔泰把这一点视为诠释学的胜利。但是,这仍是哲学和艺术对于历史地进行理解的意识所具有的一种相对的优先性。哲学和艺术可能由于精神并不必从它们读出来而保留一种特别的位置,因为它们是"纯粹的表现",并且除此之外并不想是别的东西。但是,即使这样,它们也不是直接的真理,而只用作为生命关系的器官(Organ)。正如某种文化的某些繁荣时代更乐意揭示那种文化的"精神",或者,正如伟大个性的特征是在他们的计划和行为中使真正的历史决定得以表现,同样,哲学和艺术对于解释性的理解也特别易于开放。正是形式的优越性、意义整体纯粹形式的优越性,才曾摆脱精神史在这里所追随的生成过程。狄尔泰在其《施莱尔马赫传》的导论中写道:"精神运动的历史具有占据真正纪念碑的优点。我们可能有错误的是关于它的目

---

[10] 《全集》,第5卷,第339页以下,以及第8卷。

的,而不是那种被表现在著作中的内在自我的内容。"⑪ 狄尔泰并不是偶然地对我们写了下面这个施莱尔马赫的注释:"开花乃是真正的成熟,而果实只是那种不再属于有机植物的东西的杂乱的躯壳。"⑫ 狄尔泰显然分享了这种美学形而上学的论点。这个论点乃是他与历史的关系的基础。

这符合于客观精神概念的改造,这种改造使得历史意识替代了形而上学。但是我们可以提出这样的问题,即历史意识是否可能真正填补在黑格尔那里由思辨概念所把握的精神的绝对知识所占据的这个位置。狄尔泰自己曾指出,因为我们自身是历史的存在,所以我们只是历史地认识。这被认为是一种认识论上的自我安慰,但是这又能怎样呢?维柯常说的话究竟正确吗?它不是把人类艺术精神的经验转用于我们面对事物的发展一般不能讲到"创造"即计划和执行的这样一种历史世界吗?认识论的轻松感应从哪里来呢?实际上它不就是一种困难感吗?意识的历史条件性对于意识是在历史认识中臻于完成的这一点难道不是表现了一种不可克服的限制吗?黑格尔可能想把历史扬弃在绝对知识中从而克服这种限制。但是,如果生命如狄尔泰所设想的就是那种不可穷尽的创造的实在,历史的意义关系的经常变化难道不就必须排斥任何达到客观性的知识吗?历史意识最终不就也是一种乌托邦式的理想,本身包含着内在矛盾吗?

---

⑪ 《施莱尔马赫传》,米勒特编,1922年,第 XXXI 页。
⑫ 同上书,1870年第1版;《施莱尔马赫内心发展的纪念碑》,第118页。参见《独白》,第417页。

b)在狄尔泰关于历史意识的分析中科学和生命哲学的冲突

狄尔泰曾经不倦地思索这一问题。他的思索总是为了这样一个目的，即尽管认识者本身是受条件制约的，他总把对历史条件所制约的东西的认识证明为客观科学的成就。由其自身中心来构造其统一性的结构学说就是服务于这一目的的。某种结构关系可以从其自身中心出发来理解，这既符合古老的诠释学原则，又符合历史思维的要求，即我们必须从某个时代自身来理解该时代，而不能按照某个对它来说是陌生的当代标准来衡量它。按照这一格式——狄尔泰认为[13]——可以设想对愈来愈广泛的历史联系的认识，并且这种认识可以一直扩大到对世界史的认识，正像语词只可以从整个语句出发、语句只可以在整个文本的语境中甚而在全部流传下来的文献的关系中才被完全理解一样。

当然，应用这个格式是有前提的，即我们能够克服历史观察者的时空局限性（Standortgebundenheit）。但是，这一点正是历史意识的要求，即对所有事物应当具有一个真正的历史观点。历史意识认为这是它的最高成就。因此历史意识致力于造就"历史意义"，以便使自己超出自己时代的偏见。这样，狄尔泰感到自己是历史世界观的真正完成者，因为他力图证明意识提升为历史意识是正当的。狄尔泰的认识论反思试图证明的东西从根本上说无非只是兰克一类人的那种伟大的诗意的自我忘却。只是以一种全面

---

[13] 《全集》，第7卷，第291页："正如语词的字母一样，生命和历史都有一种意义。"

的和无限的理解的统治权替代了审美的自我忘却。把历史学建立在某种理解心理学上,正如狄尔泰所想到的,就是把历史学家置于那种与其对象的理想的同时性之中,而这种同时性就是我们所称的审美的同时性,并且在兰克那里我们还赞扬过。

当然,这种无限的理解对于有限的人的本性如何是可能的这一根本问题还存在着。这难道真是狄尔泰的看法吗?狄尔泰不是为反对黑格尔而坚持我们必须把握自己有限性的意识吗?

这里我们必须更详细地加以考察。狄尔泰对黑格尔的理性唯心主义的批判只涉及黑格尔的概念思辨的先验论——对于狄尔泰来说,精神的内在无限性并没有任何根本的可疑性,而是可以在某种历史地被阐明的理性(这种理性可能成为理解一切的天才)的理想中得以积极实现的。对于狄尔泰来说,有限性的意识并不指意识的有限化和局限性。有限性的意识其实证明了生命在力量和活动方面超出一切限制的能力。所以它正表现了精神的潜在的无限性。当然,这种无限性借以实现自身的方式不是思辨,而是历史理性。因为历史理解在精神的整体性和无限性中具有其稳固的根据,所以历史理解可以扩及一切历史所与,并且成为真正的普遍的理解。狄尔泰在这里追随一种古老的学说,这种学说认为理解的可能性在于人类本性的同质性(Gleichartigkeit)。狄尔泰把我们自己的体验世界看作是这样一种扩充的单纯出发点,这种扩充在富有生气的变迁中,通过重新体验历史世界而获得的东西的无限性去补充我们自身体验的狭隘性和偶然性。

在狄尔泰看来,由于我们存在的历史有限性而归给理解普遍性的限制,只具有一种主观的性质。不过,尽管这样,他仍能够在这些

I 历史的准备

限制中看到某种对于认识来说是富有成效的积极东西;所以他声称,只有同情(Sympathie)才使真正的理解成为可能。[14] 但是我们可以追问,这是否有任何根本的意义。首先,让我们规定:他把同情只看作为一种认识条件。我们可以像德罗伊森那样追问同情(这是一种爱的形式)是否指某种完全不同于认识的实际条件的东西。同情属于你我之间的关系形式。在这种实际的道德关系中确实存在认识,所以爱给予洞见。[15] 但是同情却是比单纯的认识条件更多的东西。通过同情,你同时得到转变。在德罗伊森那里有一句深刻的话:"因为我喜欢你这样,所以你必须是这样,这是一切教育的秘密。"[16]

如果狄尔泰讲到普遍的同情,并同时想到了老年的超然智慧,那么他确实不是指同情这种道德现象,而是指完美的历史意识的理想,这种理想基本上超出了那种由于偏爱和亲近某个对象这种主观偶然性而对理解所造成的界限。狄尔泰在这里追随兰克,因为兰克认为历史学家的职责在于对一切事物的同情(Mitleidenschaft des Alls)。[17] 不过,狄尔泰似乎在限制兰克的意思,他说历史理解的最好条件是这样一些条件,在这些条件中存在一种"通过

---

[14] 《全集》,第5卷,第277页。

[15] 参见马克斯·舍勒(Max Scheler)有关的论述,载《现象学和同情感理论,以及爱和恨》,1913年。

[16] 《历史学》,§41。

[17] 不过,他也跟随施莱尔马赫,因为施莱尔马赫只在很受限制的意义上把老年视为范例,参见下面的施莱尔马赫注释(狄尔泰:《施莱尔马赫传》,第1版,第417页);"老年人对于现实世界的特别不满足乃是对青年及其幸福的误解,因为青年人的幸福也是不涉及现实世界的。老年人对新时代的不满乃是属于一种挽歌。"

"因此历史意义对于达到永恒的青春是最为必要的,永恒的青春不是自然的赠品,而是自由的产物。"

伟大对象而来的对自己生命性的继续不断的制约性",因为他在这些条件中看到了理解的最高可能性。[118] 但是,如果我们把这种对自身生命性的制约性理解为某种不同于主观认识条件的东西,那么这将是错误的。

我们可以用例证来说明这一点。如果狄尔泰是说修昔底德(Thukydides)[226]与伯里克利(Perikles)[227]的关系,或兰克与路德的关系,那么他以此意指一种同质性的直觉联系,这种联系在历史学家身上自发地引起一种按其他方式很难达到的理解。但是他认为,这种在例外情况里以天才方式取得的理解常常可以通过科学方法达到。他明确地论证了精神科学可以使用比较方法,他说精神科学的任务就是克服我们自己经验范围所设立的偶然界限,"并且上升为伟大普遍性的真理"。[119]

这里是他的理论最成问题的论点之一。比较的本质已预先假定了那种支配两个比较者的认识着的主体性的非制约性。比较法以一种当然的方式使事物成为同时的。因此,我们必须对于比较方法是否真地满足了历史认识的观念这一点保持怀疑。这里在自然科学的某些领域内所习于采用并在精神科学的许多领域如语言研究、法律、艺术科学等领域内取得成功的某种处置方法,[120]是否真能从某种附属的工具发展成为对历史认识(这种认识常只为表面而无联系的反思提供一种虚假的证明)的本质具有根本重要性

---

[118] 《全集》,第5卷,第278页。
[119] 《全集》,第7卷,第99页。
[120] 这个"方法"的能言善辩的辩护人就是R.罗特哈克,但这个人自己对此的贡献却有利于证明相反的东西,即天才想象和大胆综合这种相反的方法。

的东西？这里我们必须赞同约尔克伯爵这样的观点，他写道："比较总是审美性的，它常涉及形式"，[121]并且我们可以回忆，黑格尔在他之前就曾经天才地对比较方法进行了批判。[122]

无论如何，这一点是明确的，即狄尔泰并不认为，有限的-历史性的人受制于特殊时空关系，对精神科学认识可能性乃是一种根本的损害。历史意识应当实现这种对自身相对性的超越，以使精神科学认识的客观性成为可能。我们必须探究，假如没有一种超出一切历史意识的绝对的哲学知识的概念，这种要求应当怎样被证明合法。究竟历史意识相对于历史的一切其他意识形式有怎样的特征，以致它自身的条件性不会取消客观认识的基本要求呢？

历史意识的特征不能在于：它实际上乃是黑格尔意义上的"绝对知识"，也就是说，不能在于它以某个当代的自我意识去统一精神生成物整体。试图把精神历史全部真理包含在自身内的哲学意识这一要求，正是被历史世界观所否认的。这其实就是为什么需要历史经验的理由，即人类意识不是无限的理智，对于无限的理智来说，一切事物才是同时的和同在的。意识和对象的绝对同一性对于有限的历史性的意识来说基本上是不可达到的。这种意识总是卷入历史的效果关系之中。那么，历史意识那种超越自身并能够获得客观历史认识的特征究竟依据于什么呢？

---

[121]《书信集》，1923年，第193页。
[122]《逻辑学》，第2卷，拉松版，1934年，第36页以下。

我们在狄尔泰这里找不到关于这个问题的任何明确的答复。但是,他的整个学术活动却间接地表现了这样一种答复。我们可以说,历史意识与其说是自我消失(Selbstauslöschung),不如说是对自身的不断增强的占有(Besitz),这种占有使它区别于所有其他精神形式。所以,尽管历史意识所从之产生的历史生命的基础是如此不可消解,历史意识仍能历史地理解它自身那种采取历史态度行事的可能性。因此它不像在胜利地发展成为历史意识之前的意识那样,它不是某种生命实在的直接表现。它不再把它自己生命理解的标准简单地应用于它所处的传统上,并且以朴素的同化传统的方式去继续发展传统。它宁可对自身和它所处的传统采取一种反思的态度。它从它自己的历史去理解自身。历史意识就是某种自我认识方式。

这样一种答复指明了我们必须更深刻地规定自我认识的本质。事实上正如我们将指出的,狄尔泰的努力虽然最终是失败的,却指出了"从生命出发"去解释科学意识是怎样从自我认识中产生出来的。

狄尔泰从生命出发。生命本身指向反思(Besinnung)。我们感谢格奥尔格·米施对于狄尔泰哲学思维的生命哲学倾向所作出的有力的说明。他的说明依据于这样的事实,即生命本身中就存在知识。甚至表明体验特征的内在存在(Innesein)也包含某种生命返回自身的方式。"知识就存在于这里,它是无需思考就与体验结合在一起的"(第7卷,第18页)。但是生命所固有的同样的反思性也规定了狄尔泰那种认为意义是从生命联系中产生的方式。因为意义被经验,只有当我们从"追求目的"走出之后。当我们使自己与我们自己活动的处境有一种距离时,这样一种反思才有可能。狄尔泰强调说——这里他无疑是正确的——正是在一切科学客观化之前,这样一种生命对自身的自然观点才这样被形成。这种自然观点客观化自身于格言和传说的智慧之中,但首先客观化于伟大的艺术作品中,于那种"精神东西从它的创作者脱离"的东西之中。[13] 艺术之所以是生命理解的某种特殊通道,是因为在它的"知识和行为的边界"中生命以某种观察、反思和理论所无法达到的深度揭示了自身。

如果生命本身是指向反思的,那么伟大艺术的纯粹体验表现就确实具有某种特殊的价值。但这并不排除这一事实,即在所有生命的表现中,知识总是已经在起作用,因而真理是可认识的。因为支配人类生活的表现形式乃是客观精神的所有形式。在语言、习俗、各种法律形式中,个人总是已经提升自己超出其特殊性。个人生存于其中的那种伟大的道德世界,表现了某种固定的东西,在这固定的东西上他能面对他的主观情感的匆匆易逝的偶然性去理解他自身。正是这种对于共同目标的献身,这种全力以赴致力于共同体的活动,"人们才摆脱了特殊性和短暂性"。

德罗伊森也可能说了同样的话,但在狄尔泰这里,它具有特定的声调。按照狄尔泰的看法,不论在抽象思考方面还是在实际思考方面,都表现了同样一种生命的倾向,即一种"对固定性的追求"。[14] 从这里我们就可理解,狄尔泰为什么能够把科学认识和哲学自我思考的客观性认作为生命的自然倾向的完成。在狄尔泰的思想里,决不存在一种精神科学方法论对自然科学程序的单纯外

---

[13] 《全集》,第 7 卷,第 207 页。
[14] 同上书,第 347 页。

在的适应，相反地，他在这两者之中发现了一种真正的共同性。实验方法的本质是超出观察的主观偶然性，由于凭借这种方法，自然规律性的知识才成为可能的。同样，精神科学也努力从方法论上超越由于所接近的传统而造成的自身的特殊时空立场的主观偶然性，从而达到历史认识的客观性。哲学自我思考也在同一方向内运动，因为它"作为人类历史事实本身也使自己成为对象"，并且抛弃了那种凭借概念的纯粹认识的要求。

因此，对于狄尔泰来说，生命和知识的关系乃是一种原始的所与。这一点使狄尔泰立场经受得住一切从哲学方面而来的攻击，尤其是那些唯心主义反思哲学可能用来反对历史"相对主义"的论据。狄尔泰把哲学建立于生命这一原始事实中，并不寻求一种无矛盾的命题集合以代替迄今为止的哲学思想体系。我们宁可说，被狄尔泰指明对于思考在生命中的作用是真的东西，也同样适合于哲学自我思考。由于哲学自我思考把哲学也理解为生命的某种客观化，所以它思考生命本身到了尽头。它成为哲学的哲学，但不是在唯心主义的意义上，也不具有唯心主义所提出的要求。它并不想从某种思辨原则的统一出发去建立那种唯一可能的哲学，而是继续沿着历史自我思考之路走去。就此而言，它根本不会为那种指责它犯有相对主义的攻击所挫败。

不过，狄尔泰本人还总是经常地考虑这种攻击，并试图对下面这些问题给出一种解答，即在所有相对性中客观性是如何可能，有限东西对无限东西的关系是如何被设想。"任务在于指出，这些各个时代的相对的价值概念如何发展成为某种绝对的东西。"⑮ 但

---

⑮ 《全集》，第7卷，第290页。

是,我们在狄尔泰这里不会找到对这种相对主义问题的任何真正的答复,这倒不是因为他从未找到正确的答案,而是因为这根本不是他自己的真正问题。他其实很知道,在使他从相对性走向相对性的历史自我思考的发展过程中,他总是一步步地接近于绝对。因此,恩斯特·特勒尔奇完全正确地把狄尔泰的毕生工作概括为这样一个口号:"从相对性走向整体性。"狄尔泰自己对此的名言是:"要有意识地成为某种条件性的东西"⑯——这句名言公开地反对反思哲学的这一要求,即在向精神的绝对性和无限性的提升过程中,在自我意识的完成和真理中,把一切限性的限制都弃之不顾。不过,他对于那种"相对主义"攻击的不倦的反思却表明,他实际上不能把握他的生命哲学反对唯心主义反思哲学的逻辑结论。否则他必会在相对主义的攻击中看到那种他自己的知识内在于生命的出发点将削弱其基础的"理智主义"。

这种含糊性在他思想的内在不统一里,即在他由之出发的未加分析的笛卡尔主义里,有其最终根据。他对于精神科学基础的认识论思考实际上并不与他的生命哲学出发点联系在一起。在他后期的笔记里对于这一点有一个有力的证明。狄尔泰在那里对于哲学基础曾作了这样的要求,即哲学基础必须扩大自身到每一个这样的领域,在此领域内"意识已经摆脱了权威,并且力求通过反思和怀疑立场达到有效知识"。⑰ 这句话看来好像是关于科学和近代哲学一般本质的一个不会使人怀疑的证词。笛卡尔主义的声音在这里完全可听得见。但事实上这句话是在完全不同的意义上

---

⑯ 《全集》,第5卷,第364页。
⑰ 《全集》,第7卷,第6页。

被使用的,因为狄尔泰继续说道:"在任何地方生命都通向对其自身内被给予的东西的反思,而反思又导向怀疑。如果生命能坚持反对怀疑,那么思想最终可以达到有效知识。"⑱这里不再是说哲学偏见可以通过那种按笛卡尔方式建立的认识论基础加以克服,而是说,生命的实在性,伦理、宗教和实证法律等传统被反思所摧毁,并需要一种新秩序。如果狄尔泰在这里讲到知识和反思,那么他不是指知识在生命中的普遍内在性,而是指一种指向生命的运动。反之,伦理、宗教和法律的传统本身却依赖于生命对自身的认识。的确,我们已经看到,在对某种确实是科学的传统的遵循中,个人实现了向客观精神的提升。我们将乐意地同意狄尔泰这样的观点,思想对生命的影响"来自这样一种内在需要,即要在感性知觉、欲望和情感的无休止的变化之中去稳定某种能使我们生命得以固定和统一的坚固东西"。⑲但是,这种思想的成就是生命自身内在所固有的,并且实现于精神的客观化物中,这些作为道德、法律和宗教的客观化物支持个人,如果个人遵循社会的客观性的话。我们必须采取"反思和怀疑立场",以及这个工作"只在所有科学反思的形式里得以完成(否则就不会完成)",这绝对不能与狄尔泰的生命哲学见解联系在一起。⑳这其实是描述了科学启蒙运动的特

---

⑱ 《全集》,第7卷,第6页。

⑲ 同上书,第3页。

⑳ 这一点米施已经在《生命哲学和现象学》第295页,尤其是第312页以下指出过。米施区分了Bewusstwerden(成为意识)和Bewusstmachen(使之意识)。哲学思考可能是这两种东西。但是(他说)狄尔泰错误地追求一种连续,从一个到另一个的过渡。"本质上是指向客观性的理论的方向不能单纯由生命客观化物概念推导出来"(第298页)。本书对米施的这种批判给予另一种价值,因为它已经在浪漫主义诠释学中发现了笛卡尔主义,这种笛卡尔主义使狄尔泰思想在这里表现了含糊不清。

殊理想,这种理想不像启蒙运动的"理智主义"那样,它很少与生命内在性的思考相谐调,而狄尔泰生命哲学的基础就是反对这种理智主义。

事实上,确实性有许多非常不同的类型。通过怀疑而进行证实所提供的确实性乃是一种不同于直接的生命确实性的类型。直接的生命确实性是一切目的和价值所具有的,假如它们以一种绝对的要求出现于人类意识中的话。但是,科学的确实性完全不同于这种在生命中获得的确实性。科学的确实性总是具有某种笛卡尔主义特征。它是某种批判方法的结果,而这种批判方法只想承认不可怀疑的东西。所以这种确实性不是从怀疑及对怀疑的克服所产生的,而总是先于任何被怀疑的过程。正如笛卡尔在其著名的论怀疑的《沉思》集里试图提出一种像实验一样的人为的夸张的怀疑法,以便使自我意识得到根本宁静一样,方法论科学也从根本上对我们一般能怀疑的东西表示怀疑,以便以这种方式达到它的结论的确切性。

下面这一点对于狄尔泰为精神科学奠定基础的工作所包含的问题是具有特征性的,即狄尔泰未区分这种方法论的怀疑和那种来自"自身"的怀疑。在他看来,科学的确实性意味着生命确实性的最高形式。这并不是说,他在历史具体的完全压力下不感觉到生命的不确实性。正相反,他愈多地熟悉现代科学,他就愈强烈地感觉到作为他的根源的基督教传统和现代生活所解放的历史力量之间的冲突。需要某种稳固的东西在狄尔泰那里具有一种抵御生命可怕实在的所谓防卫需要的特征。但是,他希望对生命的不确实性和不可靠性的克服不是来自于社会和生活经验所提供的稳定性,而是来自于科学。

笛卡尔主义那种通过怀疑达到确实知识的方式,对于狄尔泰这位启蒙运动的儿子来说,乃是明显正确的。他所讲的摆脱权威,不仅符合建立自然科学这一认识论的需要,而且也同样涉及价值和目的的知识。在他看来,价值和目的不再是由传统、伦理、宗教、法律组成的不可怀疑的整体,而"精神在这里也必须从自身产生一种有效的知识"。[130]

使狄尔泰这位神学学生转向哲学的那种个人世俗化过程,是与现代科学产生的世界史进程相一致的。正如现代自然研究不把自然视为一种可理解的整体,而视为一种异己的产物,在研究它的过程中科学研究投射了某种有限制的但却确实可靠的光,并因而使得控制自然成为可能,同样,致力于防卫和安全的人类精神把科学所造就的理解能力与"生命的不可探究性"这种"可怕的面貌"对立起来。理解能力应当把生命广泛地展现在其社会历史实在里,以致尽管生命具有最终不可探究性,知识仍给予防卫和安全。启蒙运动作为一种历史启蒙运动被完成。

从这里我们可以理解狄尔泰为什么要从浪漫主义诠释学出发。[132]借助于浪漫主义诠释学他成功地掩盖了经验的历史本质和科学的认识方式之间的差别,或者更正确地说,使精神科学的认识

---

[130] 《全集》,第7卷,第6页。
[132] 施莱尔马赫的一段富有独创性的原文未受注意地被放进了狄尔泰死后发表的关于《构造》的材料中(第7卷):第225页"诠释学"。狄尔泰曾经把这段原文印在他的《施莱尔马赫传》的附录中——这是一个间接的证明,证明狄尔泰从未真正地摆脱他的浪漫主义出发点。我们常常很难区分他自己的著作和他所摘录的别人的东西。

方式与自然科学的方法论标准相谐调。我们上面已经看到,[13]并不是什么外在的调整使他这样做的。而我们现在认识到,如果他未忽略精神科学特有的本质的历史性,他是不能这样做的。这一点可以在他为精神科学所确立的客观性概念上明确看出来。精神科学既然作为科学就应当具有像自然科学一样的客观性。因为狄尔泰喜爱使用"结果"(Ergebnisse)一词,[14]并且通过描述精神科学方法证明这门科学与自然科学具有同等地位。在这方面浪漫主义诠释学支持了他,因为正如我们看到的,浪漫主义诠释学也根本不注意经验本身的历史本质。它假定理解的对象就是那种要加以解码(entziffernde)并在其自身意义上被理解的文本。所以,每一次与某个文本的接触,对于浪漫主义诠释学来说,就是精神的一种自我照面。每一个文本既是非常陌生的,因为它提出了一个任务,又是非常熟悉的,因为该任务的根本可解决性已被确定,即使我们对于文本其他情况都不知道,而只知道它是文本、著作、精神。

　　正如我们在施莱尔马赫那里所看到的,他的诠释学模式是那种在你我关系中可实现的同质性的理解(das kongeniale Verstehen)。理解文本与理解你一样,都具有达到完全正确性的同样可能性。作者的意思可以直接地由其文本中看出。解释者与他的作者是绝对同时性的。语文学的方法的胜利就是:把过去的精神理解为当代的精神,把陌生的东西理解为熟悉的东西。狄尔泰完全

I 245

---

[13]　参见本书第240页以下。
[14]　参见上面所述的美妙的印刷错误,见本书第70页(注释[122])。

被这种胜利所感染。他用它去证明精神科学的同等地位。正如自然科学认识经常探究某个当前东西给予什么启发一样,精神科学的作者也这样考察文本。

至此,狄尔泰认为,由于他把历史世界理解为某个要解释的文本,所以他正在完成上天赋予他的使命,即从认识论上证明精神科学的合法性。正如我们所看到的,在这里他事实上得出了一个历史学派从未想完全承认的结论。的确,兰克曾经把解释历史象形文字称之为历史学家的神圣任务。但是,说历史实在是这样一种纯粹的意义踪迹,以致我们只需要把它解释为某个文本,这却与历史学派的内在倾向完全不符合。可是,这种历史世界观的解释者狄尔泰却被推到了这个结论(正如兰克和德罗伊森有时也这样),因为诠释学乃是他的范例。结果就是:历史最终被归结为精神史——这种归结,狄尔泰在其对黑格尔精神哲学的半否定半肯定中事实上所承认了的。施莱尔马赫诠释学依据一种人为的方法论抽象,这种抽象试图建立某种精神的普遍工具,并试图用这种工具去表现基督信仰的神圣力量,而对于狄尔泰建立精神科学的工作来说,诠释学就远比这种工具的意义更多。诠释学是历史意识的普遍手段,对于这种手段来说,除了理解表现和表现中的生命外,不再有任何其他的真理认识。历史中的一切东西都是可理解的,因为一切东西都是文本。"正如语词的字母一样,生命和历史都有一种意义。"[13]所以,对历史过去的探究,最后被狄尔泰认为是解码(Entzifferung),而不是历史经验。

---

[13] 《全集》,第7卷,第291页。

I 历史的准备

毫无疑问,这并不满足历史学派的目的。浪漫主义诠释学及其所基于的语文学方法,并不足以作为历史学的基础。同样,狄尔泰从自然科学借用来的归纳程序概念也不是令人满意的。历史经验,按照狄尔泰所给予的基本意义,既不是一种程序,也不是一种无名称的方法。的确,我们可以从它推导一般的经验规则,但是,它的方法论价值却不是一种可以明确概括一切正发生事情的规则知识的价值。经验规则其实需要使用它们的经验,并且基本上只在这种使用中才是它们所是的东西。鉴于这种情况,我们必须承认,精神科学的知识并不是归纳科学的知识,而是具有一种完全不同种类的客观性,并且以完全不同的方式被获得。[228] 狄尔泰为精神科学所建立的生命哲学基础以及他对一切独断论的批判,甚至包括对经验主义的批判,曾经试图证明这一点。但是,支配他的认识论的笛卡尔主义却表现得如此强烈,以致在狄尔泰这里,历史经验的历史性并不起真正决定性的作用。的确,狄尔泰并不是不能认识个人和一般生活经验对精神科学知识所具有的重要性——但这两者在他那里只是被私有地加以规定。正是非方法论的和缺乏可证实性的归纳法才指明了方法论的科学归纳法。

如果我们现在回溯一下我们作为出发点的精神科学自我思考状况,我们将看到狄尔泰对此的贡献是特别富有典型性的。但他力图要解决的冲突却清楚表明,现代科学的方法论思想施加了怎样的压力,以及我们的任务一定是更正确地描述精神科学内存在的经验以及精神科学所能达到的客观性。

3. 通过现象学研究对认识论问题的克服

a) 胡塞尔和约尔克伯爵的生命概念

当然，对于完成提交给我们的这样一个任务来说，思辨唯心论比施莱尔马赫及其所开创的诠释学提供了更好的可能性。因为在思辨唯心论中，所与(Gegeben)概念和实证性(Positivität)概念都遭到了根本性的批判。狄尔泰最后试图援引这一点来阐明他的生命哲学的倾向。他写道："费希特通过什么来标志新事物的开端呢？因为他从自我的理智直观(die intellektuelle Anschauung)出发，但这个自我不被看成一种实体、一种存在、一种所与，而是通过这种直观，即自我的这种深入自身的努力而被看成生命、活动或能力，从而指明有像对立这样的能动概念(Energiebegriffe)实现于自我之中。"[136]同样，狄尔泰最后在黑格尔的精神概念里认识到了一种真正的历史性概念的生命性。[137] 正如我们在分析体验概念时所强调的，他的一些同时代人也遵循着同一方向：尼采、柏格森（他是浪漫主义对力学思维方式批判的晚近后裔）和格奥尔格·西梅尔[229]。但是，对于历史存在和历史认识极为不恰当的实体概念

---

[136] 《全集》，第7卷，第333页。
[137] 同上书，第148页。

Ⅰ 历史的准备

要进行怎样彻底的思想挑战,这首先是由海德格尔带到一般意识的。⑬ 正是通过海德格尔,狄尔泰的哲学意旨才被发挥出来。海德格尔把他的工作建立在胡塞尔现象学的意向性研究的基础上,因为这种意向性研究意味着一次决定性的突破,它根本不是像狄尔泰当时所认为的那种极端的柏拉图主义。⑬

反之,我们通过胡塞尔大量著作的编辑出版,对胡塞尔思想的缓慢发展过程愈认识得多,我们就愈加明确在意向性这个题目下胡塞尔对以往哲学的"客观主义"——甚至也包括对狄尔泰⑭——所进行的愈来愈强烈的彻底性批判,这种批判最终导致这样的主张:"意向性现象学第一次使得作为精神的精神成为系统性经验和科学的领域,从而引起了认识任务的彻底改变。绝对精神的普遍性把一切存在物都包容在一种绝对的历史性中,而自然作为精神的创造物也适应于这种历史性。"⑭ 在这里,作为唯一绝对、即作为

---

⑬ 早在1923年海德格尔就同我谈过他很赞赏格奥尔格·西梅尔的后期著作。这不只是对西梅尔哲学个性的一般承认,而是指海德格尔曾经受到的内容上的鼓舞,这一点今天任何读过《形而上学》四论第一篇的人都会清楚的。西梅尔这篇文章的内容可以概述为"生命直观"这标题,去世前不久的格奥尔格·西梅尔曾把这看作哲学的任务。在那里他写道"生命的确是过去和未来",他称"生命的超越为真正的绝对",而且文章结尾说:"我非常知道,要对这种直观生命方式进行概念表达时会遇到怎样的逻辑障碍。在充满逻辑危险的现代,我试图系统地表述这些逻辑障碍,因为在这里我们可能达到这样一个层次,在此层次上,逻辑障碍毫无疑问地不能使我们沉默,——因为这个层次正是逻辑本身形而上学根源从中汲取养分的层次。"

⑬ 参见纳托普对胡塞尔《观念》(1914年)的批评(《逻各斯》,1917年)。胡塞尔本人在1918年6月29日致纳托普的一封私人信件中写道:"我或许可以指出,我早在十多年以前就已经摆脱了静止的柏拉图主义阶段,并把先验生成学的观念作为现象学的主要课题。"O. 贝克尔在《胡塞尔纪念文集》第39页的注释中也表示了同样的看法。

⑭ 《胡塞尔文集》,第6卷,第344页。

⑭ 同上书,第346页。

非相对者的精神决非偶然地与显现在精神面前的一切东西的相对性形成对照,甚至胡塞尔本人也承认他的现象学是继续了康德和费希特的先验探究:"但是公正地来说,我们必须补充,导源于康德的德国唯心主义已经热切地致力于克服那种已经变得相当敏感的朴素性(即客观主义的朴素性)了。"⑫

后期胡塞尔的这些论述可能已经受到他与《存在与时间》论辩的启发,但是在此之前他还有许多别的思想意图,这些意图表明胡塞尔总是想把他的思想应用于历史精神科学的各种问题。因此,我们这里所论述的不是与狄尔泰工作(或者稍后海德格尔工作)的外在联系,而是胡塞尔本人对客观主义心理学和意识-哲学的伪柏拉图主义进行批判的后果。自从《观念》第2卷出版以来,这一点是完全清楚的。⑬[230]

鉴于这种情况,在我们的讨论中必须插入胡塞尔的现象学。⑭

当狄尔泰把胡塞尔的《逻辑研究》作为他的出发点时,他的选择是完全正确的。按照胡塞尔本人的说法,⑮主导他在《逻辑研究》之后毕生工作的东西乃是经验对象和所与方式之间的先天相互关联(Korrelationsapriori)。早在《逻辑研究》第5篇中,胡塞尔就已经阐述了意向性体验的性质,并使——这是他探究的主题——"作为意向性体验"(这是该书第2章的标题)的意识与体验

---

⑫ 《胡塞尔文集》,第6卷,第339、271页。

⑬ 同上书,第4卷。

⑭ [关于下面论述现在可参见我的论文"现象学运动"(《短篇著作集》,第3卷,第150—189页;我的著作集,第3卷)和"生命世界的科学"(《短篇著作集》,第3卷,第190—201页;我的著作集,第3卷)。]

⑮ 《胡塞尔文集》,第6卷,第169页。

Ⅰ 历史的准备

的实际意识统一性以及与体验的内在知觉相区别。就此而言,他认为,意识不是"对象",而是一种本质性的协同关系(Zuordnung)——正是这一点对于狄尔泰很有启发。这种协同关系研究所揭示的东西就是克服"客观主义"的开始,因为语词的意义不能再与意识的实际心理内容(例如语词所引起的联想形象)相混淆了。意义的意向(Bedeutungsintention)和意义的充实(Bedeutungserfüllung)在本质上属于意义统一体,而且正如我们所使用的语词的意义一样,每一个对我有效的现存事物都相关地和本质必然地具有一种"实际经验和可能经验的所与方式的理想普遍性"。[46]

这样,就产生了"现象学"观念,即排除一切存在设定,只研讨主体的所与方式,并且现象学成为一种普遍的工作纲领,其目的是使一切客观性、一切存在意义从根本上可明白理解。这样,人类的主体性就具有存在的有效性。因此它也可以同样被看成"现象",也就是说,它也可以在其各种各样的所与方式里被探究。对作为现象的自我的这种探究,并不是对一个实在自我的"内在知觉",但它也不是对"意识"的单纯重构,即意识内容对一个先验的自我轴心的关系(纳托普),[47]而是一种十分精细的先验反思的主题。这种反思与客观意识现象的单纯所与、与意向性体验里的所与形成对比,表现了一种新研究方向的开拓。因为存在一种所与,其本身并不是意向性行为的对象。每一种体验都包含以前和以后的隐含的边缘域(Horizonte),并最终与以前

---

[46] 《胡塞尔文集》,第6卷,第169页。
[47] 《批判方法的心理学导论》,1888年;《批判方法的普通心理学》,1912年。

和以后出现的体验的连续统相融合,以形成统一的体验流(Erlebnisstrom)。

胡塞尔对时间意识的构成性(Konstitution)的研究产生于把握这一体验流存在方式的需要,因而也就是产生于把主体性引入对相关关系进行意向性研究的需要。自此之后,一切其他现象学研究都被看成是对时间意识的和时间意识里的诸单元的构成性的研究,这些时间意识的和时间意识里的单元从它方面说又是以时间意识的构成性本身为前提。因此很清楚,体验的单一性——不管它作为一种被构成的意义值的意向性相关项可能保留怎样的方法论意义——绝不是最终的现象学材料。反之,每一种这样的意向性体验却经常包含这样一种东西的双向空的边缘域,这种东西在它那里并非真正被意指的,但按其本质,一种实际的意义任何时候都可以指向这种东西,而且最终这是明显的,即体验流的统一性包含了可被如此论述的一切这类体验的全体。所以,意识的时间性构成乃是一切构成性问题的基础。体验流具有一种普遍的边缘域意识的特性,由这种边缘域意识实际上只有个别项——作为体验——被给出。

毋庸置疑,边缘域(Horizont 或译视域)概念和现象对于胡塞尔现象学研究具有重要的意义。显然,胡塞尔用这个概念——我们也将有必要使用这一概念——是试图在整体的基本连续性中捕捉一切有限的意见意向性的转化。边缘域不是僵死的界限,而是某种随同变化而继续向前移动的东西。所以,与构成体验流统一性的边缘域-意向性相适应的,乃是一种在客观对象方面同样广泛的边缘域-意向性。因为所有作为存在着的所与的东西都是在世界里被给予的,所以它们也连带着世界边缘域。胡塞尔在回忆他的《观念》第 1 卷时曾用明确的自我批评的语调强调说,当时(1923年)他还没有充分地认识到世界现象的重要性。[18] 他在《观念》里所阐述的先验还原论一定因此而变得愈来愈复杂。只是对客观科学有效性简单地加以否定,这是不够的,因为即使在这一完美的"悬置"(把科学知识所设立的存在放入括号)之中,世界仍然被看作某种预先被给予的东西。就此而言,有关探讨先天性和科学本质真理的认识论自我反思远远不是充分彻底的。

正是在这一点上,胡塞尔可能认识到他和狄尔泰的意图有某种一致性。狄尔泰也曾经同样反对过新康德派的批判哲学,因为他不认为批判哲学足以返回到认识论的主体。"在洛克、休谟和康德所构造的认识论主体的血管中并无真正的血液在流通。"[19]狄尔泰本人回到了生命统一体,回到了"生命的观点",同样地,胡塞尔的"意识生命"(Bewusstseinsleben)——这显然是他从纳托普那里接受的一个词——已经预示了后来广阔发展的倾向,即不仅研究个别的意识体验,而且也研究隐蔽的、匿名暗指的意识的诸意向关系,并以这种办法使一切存在的客观有效性全体得以理解。以后

---

[18] 《胡塞尔文集》,第 3 卷,第 390 页:"从自然世界(无需把它表示为世界)出发,这是个大错误"(1922 年),较详尽的自我批评见第 3 卷第 399 页(1929 年)。按照《胡塞尔文集》第 6 卷第 267 页,"边缘域"和"边缘域意识"等概念是受到 W. 詹姆士的"边缘"(fringes)概念的启发。[最近 H. 吕伯在《W. 西拉西(Szilasi)纪念文集》(慕尼黑,1960年)里已经注意到了 R. 阿芬那留斯(《人类世界概念》,莱比锡,1912 年)对于胡塞尔批判性地反对"科学世界"所起的作用(参见 H. 吕伯:"实证主义和现象学(马赫和胡塞尔)",载《W. 西拉西纪念文集》,第 161—184 页,尤其是第 171 页以下)。]

[19] 《狄尔泰全集》,第 1 卷,第 XVIII 页。

这就被叫作：阐明"有作为的生命"(das Leistende Leben)的作为。

胡塞尔处处关心先验主体性的"作为"(Leistung)，这是与研究构成性的现象学任务完全一致的。然而对于他真正目的来说最有特征性的是，他不再讲意识，甚而不再讲主体性，而是讲"生命"。他试图穿过赋予意义的意识的现实性，甚至穿过共同意义的潜在性，返回到某种作为的普遍性，只有这种作为才能衡量被成就的、即被正当构成的东西的普遍性。这就是一种基本上是匿名的、即不是以任何个人的名义所完成的意向性，正是通过这种意向性，无所不包的世界边缘域才被构成。胡塞尔为了反对那种包括可被科学客观化的宇宙的世界概念，有意识地把这个现象学的世界概念称之为"生活世界"(Lebenswelt)，即这样一个世界，我们在其中无忧无虑地自然处世，它对我们不成为那种对象性的东西，而是呈现了一切经验的预先给定的基础。这个世界边缘域在一切科学里也是预先设定的，因而比一切科学更原始。作为边缘域现象，这个"世界"本质上与主体性相关联，而这一关联同时意味着，这一世界是"在流逝的当时性中存在的"。[149] 生活世界存在于永久的相对有效性的运动之中。

正如我们所知道的，生活世界这一概念[150]是与一切客观主义相对立的。它本质上是一个历史性概念，这概念不意指一个存在宇宙，即一个"存在着的世界"。事实上，一个无限的真实世界的观

---

[149] 《胡塞尔文集》，第6卷，第148页。
[150] ［关于生活世界的问题，除了我的著作集第3卷里的论文（"现象学运动"和"生活世界的科学"）以及 L. 兰格雷伯同样内容的论文外，尚有许多新发表的论文：如 A. 许茨、G. 布兰德、U. 格莱斯根斯、K. 迪辛、P. 扬森等的论文。］

I 历史的准备

念甚至也不能在历史经验中、从人类历史世界的无限进展中被有意义地创造出来。确实,我们可以探究那种包括一切人类所经验过的周围世界并因而绝对是世界可能经验的东西的结构,在这种意义上我们甚至可能讲到一门世界本体论。但是,这样一门世界本体论始终还是完全不同于自然科学可能达到的那种被设想得完美无缺的本体论。这种本体论提出了一种以世界的本质结构为对象的哲学任务。——但是,生活世界却意味着另外一种东西,即我们在其中作为历史存在物生存着的整体。这里我们不能避免这样的结论,即鉴于其中所包含的经验的历史性,一种可能的诸历史生活世界的宇宙的观念是根本不能实现的。过去的无限性,首先是历史未来的敞开性,是不可能与这样一种历史性宇宙的观念相并容的。胡塞尔明确地指明了这一结论,而不害怕相对主义的"幽灵"。[13]

显然,生活世界总同时是一个共同的世界,并且包括其他人的共在(Mitdasein)。它是一个个人的世界,而且这个个人世界总是自然而然地被预先设定为正当的。但是,这种正当性怎样由主体性的某种作为而证明呢?对于现象学的构成性分析来说,这种正当性提出了一项最为困难的任务,而胡塞尔就是孜孜不倦地研讨这一任务的矛盾性。在"纯粹自我"中怎样会产生那种不具有客观正当性、但自身却企图成为"自我"的东西呢?

"彻底"的唯心论的原则,即那种到处返回到先验主体性的构成性行为的原则,显然必须阐明普遍的边缘域意识的"世界",尤其

---

[13] 《胡塞尔文集》,第6卷,第501页。

是阐明这个世界的主体间性(die Intersubjektivität)——虽然这种如此构成的东西,即这个作为众多个人共同具有的世界,本身也包含主体性。先验反思虽然要消除世界的一切正当性和任何其他东西的预先给予性,但另外它也必须把自己设想为被生活世界所包围。反思的自我知道自身是生存于有目的的规定性中,生活世界正表现了这种规定性的基础。所以,构造生活世界(如主体间性世界)的任务乃是一项荒谬的任务。但是,胡塞尔把所有这些都认为是表面的荒谬。按照他的论证,如果我们实实在在一贯地坚持现象学还原的先验意义,并且不害怕一种先验唯我论的幼稚恐吓,那么这些荒谬是可以消除的。鉴于胡塞尔思想形成过程中的这些明确的倾向,我认为,背后议论胡塞尔构成性概念的含糊性是错误的,它不是一种介于定义和幻想之间的东西。[13] 他坚信,他思想后来的发展一定可以完全克服这种对生成论唯心论的担心。他的现象学还原理论宁可说是第一次彻底地探讨了这种唯心论的真实意义。先验主体性是"原始自我"(Ur-Ich),而不是"某个自我"。对于这种先验主体性来说,预先给予的世界的基础被废除了。它是绝对的非相对者,而一切相对性,甚至包括探究的自我的相对性,都与这个绝对的非相对者相关。

然而,在胡塞尔那里也存在着一种事实上不断威胁要破坏这种构架的因素。实际上他的立场决不只是为使先验唯心论彻底化,他有更多的要求,这种"更多的"要求是以"生命"概念在他那里

---

[13] 正如 E.芬克在其讲演"意向分析和思辨思想问题"中所说的,该报告载《现象学的当前问题》,1952年。

所起的作用为标志的。"生命"不只是自然态度的"正-去那里-生存"(Gerade-Dahin-Leben)。生命也是而且正是作为一切客观化物源泉的被先验还原的主体性。在"生命"这一名称下有着胡塞尔在批判以往一切哲学的客观主义朴素性时强调为他自己成就的东西。他认为，他的成就在于揭示了唯心论和实在论之间通常认识论争执的虚假性，而以主体性和客体性的内在协调代替这种争执作为主题。[⑭]这就是他之所以提出"有作为的生命"这一术语的理由。"对世界的彻底思考乃是对那种表现自身于'外界'的主体性的系统而纯粹的内在思考。[⑮]正如对有生命的统一有机体一样，我们当然可以从外部去考察和分析它，但只有当我们返回到它的隐蔽的根源时才能够理解它……"[⑯]所以，在这种方式下主体对世界的态度的可理解性就不存在于有意识的体验及其意向性里，而是存在于生命的匿名性的"作为"里。胡塞尔在此所用的有机体的比喻不只是一个比喻。正如他明确地说的，这个比喻应当按字的本义进行理解。

如果我们跟随胡塞尔著作里这一类偶尔可以发现的语言的和概念的指点，那么我们将觉得自己向德国唯心论的思辨的生命概念靠近了。可是，胡塞尔想说的东西是，我们可以不把主体性看成客观性的对立面，因为这样一种主体性概念本身可能被客观地思考。为此，他的先验现象学试图成为"相关关系的研究"。但这就

[⑭] 《胡塞尔文集》，第 6 卷，第 34 节，第 265 页以下。

[⑮] 同上书，第 116 页。

[⑯] 很难想象最近那些利用"自然"的存在反对历史性的尝试，在这种具有方法论意味的判决面前怎样可以站住脚跟。

是说:关系是首要的东西,而关系在其中展开的"项极"(Pole)是被关系自身所包围,[15]正如有生命的东西在其有机存在的统一性中包含着它的一切生命表现一样。"那种完全忽略了进行经验的、进行认知的、实际进行具体作为的主体性,光谈论'客观性'的素朴观,那样一些科学家——这些科学家看不到他们所获得的一切所谓客观真理以及作为他们表述基础的客观世界本身都是在他们自身内部形成的他们自己的生命创造物——关于自然和一般世界的素朴观,一当生命展现时,当然就不再可能存在了。"胡塞尔在谈到休谟时写了这段话。[16]

生命概念在这里所起的作用在狄尔泰关于体验关系概念的探究中有其明显的对应物。所以,正如狄尔泰在那里只从体验出发以便获得心理联系概念一样,胡塞尔也把体验流的统一性证明为过渡的和本质必然的,以同体验的个别性相对立。以意识生命为主题的研究,正如在狄尔泰那里所表现的,必须克服个别体验的出发点。就此而言,这两位思想家间存在着真正的共同性。他们两人都返回到生命的具体性。

但是问题在于,他们两人是否公正地对待生命概念所包含的思辨要求。狄尔泰试图从内在于生命的反思性中导出历史世界的构造(Aufbau),而胡塞尔则试图从"意识生命"里推出历史世界的构成(Konstitution)。我们可以问,在这两人的情况里,生命概念

---

[15] [参见 C.沃尔措根:《自主关系,关于保罗·纳托普后期著作中的关系问题——一篇有关关系理论史的论文》,1984年;以及我在《哲学评论》第32卷(1985年)第160页发表的书评。]

[16] 《胡塞尔文集》,第6卷,第99页。

的真正内容是否过多地受到这种由最终的意识所与而进行推导的认识论模式的影响。首先主体间性的问题和对陌生自我的理解提出的困难可能引出这个问题。在胡塞尔和狄尔泰两个人那里都表现了这同样的困难。被反思加以考察的意识的内在所与性并不是直接地和原始地包含"你"。胡塞尔完全正确地强调,"你"不具有那种属于外在经验世界对象的固有的内在超越性。因为每一个"你"都是一个他"我",即它是根据"我"被理解的,同时又是与"我"脱离的,并且像"我"本身一样是独立的。胡塞尔在其极为艰苦的探究中试图通过共同世界的主体间性来阐明"我"和"你"的类似性——对此狄尔泰借助移情类推法(Analogieschluss der Einfühlung)从纯粹心理学来加以解释。胡塞尔极其彻底地决不以任何方式去限制先验主体性在认识论上的优先性。但是他的本体论偏见却与狄尔泰一样。首先他人被理解为知觉对象,然后这个对象通过移情作用"变成"你。在胡塞尔那里,这样一种移情概念确实具有纯粹先验的意义,⑲但它仍然朝向自我意识内在性,而且未能达到远远超越于意识的生命作用圈的方向,⑳虽然它声称要返回到这里。

因此,生命概念的思辨内容实际上在他们两人那里都未能得

------

⑲ 这是 D. 辛恩的功绩,他在其海德堡博士论文《胡塞尔的先验主体间性及其存在边缘域》(海德堡,1958 年)里看出了主体间性构成背后的"移情"概念所具有的方法论的先验意义,而阿尔弗雷德·许茨在其"胡塞尔先验主体间性的问题"(《哲学评论》,第 4 卷,1957 年,第 2 册)中却未看到这一点。[另外,D. 辛恩在《哲学评论》第 14 卷(1967 年)第 81—182 页发表的评述海德格尔的文章也可以看作对后期海德格尔意旨的一篇卓越的概述。]

⑳ 这里我暗指维克托·冯·魏茨泽克的"格式塔圈"概念所开启的广阔视域。

以发展。狄尔泰只是为了反对形而上学思想而利用了生命观点，而胡塞尔则绝对没有把此概念与形而上学传统、特别是与思辨唯心论相互联系的想法。

在这一点上，1956年出版的、可惜过于零散的约尔克伯爵的遗著却具有令人惊异的现实意义。[16]虽然海德格尔曾经着重地援引了这位重要人物的卓越见解，并认为他的思想甚至比狄尔泰的工作更为重要，[231]然而事实仍然是：狄尔泰完成了一项毕生的伟大工作，而伯爵的信件却未发展成为某种重要的体系。最近发表的他生前最后几年的遗著基本上改变了这种情况。尽管这些著作只是不完整的散篇，但他的系统构思却足够彻底地得以展现，以致我们不再能低估他的工作在思想史上的地位。

约尔克伯爵的研究正好完成了我们上面在狄尔泰和胡塞尔那里未能发现的东西。他在思辨唯心论和本世纪的新经验观点之间架设了一座桥梁，因为生命概念在这两个方向上都证明是无所不包的东西。对生命性（Lebendigkeit）的分析是约尔克伯爵的出发点，这一分析虽然听起来像是思辨的，但它却受了当时自然科学的思维方式的影响——显然受了达尔文的生命概念的影响。生命是自我肯定。这是基础。生命性的结构在于它是一种原始的区分（Urteilung），即在区分和分解自身中仍肯定自己是统一体。不过，原始区分仍被看成是自我意识的本质，因为即使它经常地把自己区分为自己和他者，但作为一种有生命性的东西，它仍存在于这些构成它的因素的作用和反作用之中。对它和对一切生命来说，

---

[16] 《意识态度和历史》，蒂宾根，1956年。

它是一种试验(Erprobung)，即一种实验。"自发性和依存性是意识的基本特性，无论在肉体联结的领域还是在心理联结的领域，它们都是基本的组成成分，正如没有对象存在，不管是观看、身体感觉，还是想象、意愿或情感都不会存在。"[⑬]所以意识可以被理解为一种生活态度。这是约尔克伯爵向哲学提出的基本方法论要求，在这一点上他感到自己与狄尔泰是一致的。思想必须被引回到这个隐蔽的基础（胡塞尔会说"被引回到这个隐蔽的作为"）。因此，哲学反思的努力是必须的。因为哲学与生活倾向相反。约尔克伯爵写道："现在我们的思想运动于意识结果内"（即：它不知道这种"结果"和结果所依赖的生活态度的真实关系）。"这个前提条件就是所完成的区分。"[⑮]约尔克伯爵以此想说，思想的结果之所以是结果，只是因为它们脱离了和被脱离了生活态度。约尔克伯爵由此得出结论说：哲学必须使这种脱离过程颠倒过来。哲学必须按相反的方向重复生活实验，"以便认识生活结果的条件关系"。[⑯]这可以说是非常客观主义的和自然科学式的表述。与此相反，胡塞尔的还原理论却求诸其纯粹先验的思想方式。然而事实上，在约尔克伯爵的大胆而自信的思考里，不只是很明确地表现了狄尔泰和胡塞尔两人共同的倾向，而且也表现了他的思想更优越于他们两人。因为他的思想实际上是在思辨唯心论的同一哲学水平上展开的，因而狄尔泰和胡塞尔所探求的生命概念的隐蔽根源被清楚地揭示出来了。

[⑬] 《意识态度和历史》，第39页。
[⑮] 同上。
[⑯] 同上。

如果我们继续追随约尔克伯爵的这种思想，那么持续存在的唯心论动机就会一目了然。约尔克伯爵这里所陈述的就是黑格尔《精神现象学》里已经提出的生命和自我意识的结构对应关系。在保存的手稿残篇中，我们可以看到，早在黑格尔在法兰克福的最后几年里，生命概念就对他的哲学具有极大的重要性。在他的《精神现象学》里，生命现象完成了从意识到自我意识的决定性的过渡，而且事实上这种过渡不是人为的联系。因为生命和自我意识确实有某种类似性。生命是被这样的事实所决定的，即有生命的事物使自己区别于它在其中生存并与之保持联系的世界，并且继续使自己保留在这种自我区分的过程之中。有生命物的自我保存，是通过把外在于它的存在物投入它自身之中而产生的。一切有生命的东西都是靠与己相异的东西来滋养自身。生命存在的基本事实是同化。因此区分同时也是非区分。异己者被己所占有。

正如黑格尔已经指出和约尔克伯爵继续坚持的，生命物的这种结构在自我意识的本质里有其对应面。自我意识的存在在于：自我意识知道使所有东西成为它的知识的对象，并且在它所知的一切东西里认识它自身。因此，自我意识作为知识，它是一种自身与自身的区分，但作为自我意识，它同时又是一种合并，因为它把自己与自己结合在一起。

当然，我们这里所关心的不只是生命和自我意识的结构对应关系。黑格尔以辩证的方式从生命推导出自我意识，他是完全正确的。有生命之物事实上决不可能被对象意识、被企图探究现象法则的理智努力所真正认识。有生命之物不是那种我们可以从外界达到对其生命性理解的东西。把握生命性的唯一方式其实在于我们内在于它(man ihrer inne wird)。黑格尔在描述生命和自我意识的内在自我客观化过程时,影射了扎伊斯蒙面像的故事:[232]"这里是内在的东西在观看内在的东西。"⑯这是自我感觉的方式,即对自己生命性的内在意识,正是在这种内在意识中生命才唯一地被经验到。黑格尔指出这种经验怎样在欲望的形成中突然闪现,又怎样在欲望的满足中熄灭。这种生命活力的自我感觉——在这里生命性认识了自身——是一种不真实的先期形式(Vorform),即自我意识的最低形式,因为在欲望中获得的对自身的意识,同时又被欲望的满足所消灭。所以相对于对象的真理,相对于某种异己物的意识而言,它是不真实的,然而作为生命活力感觉,它是自我意识的第一真理。

我认为这里就是约尔克伯爵研究最有成效的东西。他的研究从生命和自我意识的对应中获得了一种方法论准则,按照这种准则它规定了哲学的本质和任务。它的主导概念是投射(Projektion)和抽象(Abstraktion)。投射和抽象构成了首要的生命行为,但它们也同样适合于重复性的历史行为。因此,如果哲学反思与生命性的这种结构相对应,并且只要哲学反思做到这一点,那么它就获得它自身的合法性。哲学反思的任务就是从意识成就的根源去理解意识成就,这是通过它把意识成就理解为结果,即理解为原始生命性的投射及其原始分化而做到的。

因此,约尔克伯爵把胡塞尔后来要在其现象学中广为发展的东西提高到方法论原则。这样我们理解了胡塞尔和狄尔泰这两位

---

⑯ 《精神现象学》,霍夫迈斯特版,第128页。

如此不同的思想家何以能走到一起来的。返回到新康德主义的抽象背后,这对于他们两人是共同的。约尔克伯爵虽然与他们一致,但实际上他所获得的成就更多。因为他不只是以一种认识论的目的返回到生命,而是维持生命和自我意识的形而上学关系,有如黑格尔所曾经作出的。正是这一点,他既高于狄尔泰,又高于胡塞尔。

正如我们所看到的,狄尔泰的认识论反思的错误在于,他过于轻率地从生命行为和他对固定东西的渴望中推导科学的客观性。胡塞尔则完全缺乏有关生命是什么的任何详尽的规定,虽然现象学的核心——即相关关系研究——实际上是遵循生命关系的结构模式。但是,约尔克伯爵却在黑格尔的精神现象学和胡塞尔的先验主体性现象学之间架设了一座一直被人忽视的桥梁。[166] 当然,由于他的遗著过于零散,我们无法得知他是怎样设法避免他责备黑格尔犯过的那种对生命加以辩证形而上学化的错误。

b) 海德格尔关于诠释学现象学的筹划[167]

狄尔泰和约尔克伯爵表述为他们共同"从生命来把握"的、并在胡塞尔返回到科学的客观性背后的生活世界这一行动中得以表现的那种倾向,对于海德格尔自己最初的探讨也是具有决定性的。但是,海德格尔却不再纠缠于那种认识论的蕴涵,按照这种认识论

---

[166] 关于这种事实联系,参见 A. de. 瓦尔亨斯(Waelhens)在《存在和意谓》(卢万,1957 年,第 7—29 页)中的绝妙的评论。

[167] [关于本节请参见我的著作《海德格尔之路——后期著作研究》,蒂宾根,1983 年,现收入我的著作集,第 3 卷。]

I 历史的准备

蕴涵,不论是返回到生命(狄尔泰)还是先验还原(胡塞尔绝对彻底的自我反思方法)都在自我所与的体验里有其方法论的根据。其实,所有这些东西都成了海德格尔批判的对象。在"事实性诠释学"(Hermeneutik der Faktizität)这一名称下,海德格尔把胡塞尔的本体论现象学及其所依据的事实和本质的区分同一种矛盾的要求加以对照。现象学探究的本体论基础,应当是那种不能证明和不可推导的此在的事实性,即生存(Existenz),而不是作为典型普遍性本质结构的纯粹我思——这是一种既大胆而又难于实现的思想。

这种思想的批判性方面的确不是绝对新的东西。这种批判性方面已经被青年黑格尔派以批判唯心主义的方式加以设想过,所以这决不是偶然的,即从黑格尔主义的精神危机里出现的克尔凯郭尔在当时同样被海德格尔和其他新康德派唯心论的批判者所接纳过。但从另一方面说,这种对唯心论的批判不论在当时还是在现在都面临先验探究的广泛要求。由于先验的反思不想忽视在精神的内容发展中任何可能的思想动机——并且这是自费希特[233]以来的先验哲学的要求——所以它把每一种可能的反对都已经纳入精神的整个反思中。这一点也适用于胡塞尔借以为现象学建立那种构造一切存在价值的普遍任务的先验探究。显然,这种探究也一定包括海德格尔所提出的事实性(Faktizität)。所以,胡塞尔能够把"在世界中的存在"(das In-der-Welt-sein)承认为先验意识的境域意向性(Horizontintentionalität)问题,因为先验主体性的绝对历史性必定能证明事实性的意义。因此彻底坚持其核心观念"原始自我"的胡塞尔能够立刻反对海德格尔说,事实性的意义本身就是一个理念(Eidos),因而在本质上它就属于本质普遍性的本体论领域。如果我们对胡塞尔后期著作的草稿,特别是那些集中于第7卷里关于"危机"的初稿加以考察的话,那么我们实际上将在那里发现对于在《观念》一书问题逻辑展开中的"绝对历史性"的许多分析,这些分析相应于海德格尔的革命性和论战性的新开端。[168]

I 260　　我回忆起胡塞尔自己就曾经提出过在贯彻他的先验唯我论的过程中所产生的矛盾问题。因此,要把海德格尔能与胡塞尔现象学唯心论相抗衡的重要之点标示出来,实际上是根本不容易的。我们甚至必须承认,海德格尔的《存在与时间》一书的最初设计并不完全超出先验反思的问题范围。基础本体论(Fundamentalontologie)[234]的观念、这种本体论以与存在打交道的此在作为基础以及对这种此在的分析,最初似乎只实际标志一种在先验现象学范围内的新的问题度向。[169]存在和客观性的全部意义只有从此在的时间性和历史性出发才能被理解和证明——这无论如何是对于《存在与时间》主要倾向的一种可能的表述——对于这一点,胡塞尔至少也以他自己的方式、即从他的"原始自我"的绝对历史性的基础出发,加以要求过。如果海德格尔的方法论纲领批判性地针

---

[168]　值得注意,在迄今出版的全部《胡塞尔文集》中,几乎找不到任何明确提到海德格尔名字的评论。这确实不只是编辑方面的原因。其实,胡塞尔很可能看到自己总是不断地陷入这样一种含糊性中,这种含糊性使他把海德格尔的《存在与时间》的出发点时而视为先验现象学,时而视为对这种现象学的批判。胡塞尔本可能在海德格尔这里重新认识他自己的思想,但这些思想是在一种完全不同的前沿位置上出现的,也就是在他看来,似乎是在敌对的歪曲中出现的。

[169]　正如 O. 贝克尔不久所强调的,参见《胡塞尔纪念文集》,第 39 页。

对胡塞尔用以归纳一切最终基础的先验主体性概念，那么胡塞尔将会说，这是对于先验还原的彻底性缺乏认识的表现。胡塞尔确实曾经主张过，先验主体性本身已经克服了和摆脱了实体本体论的一切关联，从而克服和摆脱了传统的客观主义。所以，胡塞尔认为自己是与整个形而上学相对立。

然而，值得注意的是，对于胡塞尔来说，这种对立在涉及康德及其先驱者和追随者所承担的先验探究的地方，却很少有其尖锐性。这里胡塞尔找到了他自己的真正先驱者和先行者。作为他最深刻的追求并且他认为是现代一般哲学本质的彻底的自我反思，使他返回到笛卡尔和英格兰人，并遵循康德式批判的方法论模式。当然，他的"构成性的"现象学是由那种对康德来说是陌生的而新康德主义也不可能达到的（因为新康德主义并不探究"科学的事实"）任务的普遍性来表明其特征的。

但是，正是在胡塞尔与他的先驱者的这种相一致的地方却表现了他与海德格尔的差别。胡塞尔对迄今为止一切哲学的客观主义的批判乃是现代倾向在方法论上的一种继续，而且也被他认为是这样一种继续。反之，海德格尔的要求从一开始就是一种带有倒转预兆的目的论要求。海德格尔认为他自己的工作与其说是实现一种已经长期准备和规定了的倾向，毋宁说是返回到西方哲学的最早开端并重新引起那场已被遗忘的古希腊人关于"存在"的争论。当然，即使在《存在与时间》出版的当时，就已经肯定了这次向最古老时代的返回同时也是对当代哲学立场的一次超越。所以，当海德格尔在当时把狄尔泰的研究和约尔克伯爵的思想归入现象学哲学的发展中时,这确实不是任意的联系。⑰ 事实性问题确实是历史主义的核心问题——至少是以对黑格尔关于历史中存在理性这一辩证前提的批判的形式。

所以,很清楚,海德格尔关于基础本体论的筹划必须把历史问题放在首位。但马上我们需要表明,并不是对历史主义问题的解决,而且一般也不是任何更为原始的科学建立,甚至也不是某种最终彻底的哲学自我建立(如在胡塞尔那里),构成这种基础本体论的意义,而是相反,整个建立思想本身经历了一次完全的转向。当海德格尔也致力于从绝对的时间性去解释存在、真理和历史时,其目的不再是与胡塞尔一样的,因为这种时间性不是"意识"的时间性或先验的原始自我的时间性。虽然在《存在与时间》的思想展开过程中,最初让人觉得好像只是一种先验反思的增强,好像达到了某个高级的反思阶段,时间被显示为存在的境域。但海德格尔指责胡塞尔现象学的先验主体性在本体论上的无根据性,却似乎正是通过重新唤起存在问题而被消除。凡称为存在的东西,应当由时间境域来规定。所以时间性的结构显现为主体性的本体论规定。但是情况还不只是这样。海德格尔的论点是:存在本身就是时间。这样一来,近代哲学的全部主观主义——事实上如我们不久将指出的,形而上学(这是由作为在场者(Anwesenden)的存在所占据的)的全部问题境域,就被毁于一旦。此在是与其存在打交道,此在首先是通过存在领悟(Seinsverständnis)而与其他在者相区别,这些论点正如在《存在与时间》中所表现的,它们并不构成某

---

⑰ 《存在与时间》,§77。

个先验探究必须以之为出发点的最终的基础。它们讲到一个完全不同的基础(Grunde)，只有这个基础才使所有存在领悟得以可能，这个基础就是：有一个"此"(Da)，一种在的开显(eine Lichtung im Sein)，也就是说，一种存在者和存在的区分。这个指向这一基本事实即"有"这个的问题，虽然本身就是一个探究存在的问题，但是在所有迄今探究存在者存在的问题里必然从未想到的一种方向上，被形而上学所提出的探究存在的问题所掩盖和隐蔽了。众所周知，海德格尔曾经由于无的问题在西方思想所造成的本体论困境而揭示了本质性的在的遗忘(Seinsvergessenheit)——这种在的遗忘自希腊形而上学之后统治了西方思想。由于海德格尔把探究存在的问题同时证明为探究无的问题，从而他把形而上学的开端和结尾彼此联结起来。探究存在的问题可以从探究无的问题那里提出来，这一点就预先设定了形而上学所拒绝的无的思想。

因此，使海德格尔提出存在问题并因而走向与西方形而上学相反的问题方向的真正先驱，既不能是狄尔泰，也不能是胡塞尔，最早只能是尼采。海德格尔可能在后来才意识到这一点。但是在回顾时我们可能看到，要把尼采对"柏拉图主义"的彻底批判提升到被他所批判的传统的高度上，要按西方形而上学自身的水准去面对西方形而上学，并且要把先验探究作为近代主观主义的结果去加以认识和克服——这乃是《存在与时间》一书一开始就已经包含的使命。

海德格尔最后称之为"转向"(Kehre)的东西，并不是先验反思运动中的一种新的回转，而正是使上述这些使命成为可能和得以执行。虽然《存在与时间》批判地揭示了胡塞尔的先验主体性概念缺乏本体论规定，但是它仍然用先验哲学工具来表述其自身对于存在问题的解释。海德格尔作为使命向自己提出的对存在问题的重新探讨，其实意味着他在现象学的"实证主义"中又认识到了形而上学的不能解决的基本问题，而这个问题最终发展的顶点则是隐蔽在精神概念里，正如思辨唯心论对精神概念所设想的。因此，海德格尔的目的是试图通过对胡塞尔的批判达到对思辨唯心论的本体论批判。在他建立"实存性诠释学"过程中，他既超越了古典唯心论曾经发展了的精神概念，又超越了现象学还原所纯化了的先验意识的论域（Themenfeld）。

海德格尔的诠释学-现象学以及他对此在历史性的分析，目的是为了普遍地重新提出存在问题，而不是为了建立某种精神科学理论或克服历史主义疑难论。这些都是特殊的当代现实问题，它们只能证明他重新彻底提出存在问题的结果。但是，正是由于他的提问的彻底性，他才能摆脱狄尔泰和胡塞尔对于精神科学基本概念的研究所曾经陷入的那种错乱。

狄尔泰试图从生命出发来理解精神科学并以生活经验为出发点，正如我们指出的，这一努力永远不能与他坚持的笛卡尔派的科学概念真正相容的。但不管他怎样过分强调生命的沉思倾向以及生命"趋向于稳定"，科学的客观性——他把这种客观性理解为结果的客观性——仍然来自于另一种源泉。因此狄尔泰不能完成他给自己所选择的任务，这任务就是从认识论上去证明精神科学的独特方法论性质，并因而把精神科学与自然科学同等看待。

但是，海德格尔可以从一个完全不同的立场开始，因为正如我们所看到的，胡塞尔早已使"返回到生命"成为一种绝对普遍的工作方法，并因而抛弃了单纯探究精神科学方法论问题的狭隘性。

胡塞尔对于生活世界和无名称的意义建立（这构成一切经验的基础）的分析给予精神科学的客观性一个全新的背景。这种分析使科学的客观性概念表现为一种特殊情况。科学可以是任何东西，但决不是那种要从其出发的事实（Faktum）。科学世界的构成性其实表现了一项特殊的使命，即去解释随同科学一起被给予的理想化（Idealisierung）。但是这一使命并不是首要的使命。当我们返回到"有作为的生命"（das leistende Leben），自然和精神的对立就被证明不是最终有效的。不论精神科学还是自然科学都必须从普遍生命的意向性的作为（Leistung），也就是从某种绝对的历史性中推导出来。这就是那种唯一满足于哲学自我反思的理解。

对于这一点，海德格尔根据他所重新唤起的存在问题给予一种新的和彻底的转折。他之所以跟随胡塞尔，是因为历史存在并不像狄尔泰所认为的那样可以与自然存在相区别，以便对历史科学的方法论性质给予一个认识论的证明。反之，自然科学的认识方式可以表现为理解的一种变体。"这种变体误以为它的正当任务就是在现成东西的本质上的不可理解性中去把握现成东西。"⑳理解并不是像狄尔泰所认为的那样，是在精神老年时代所获得的人类生活经验的顺从理想，同时也不是像胡塞尔所认为的那样，是相对于"非反思生活"（Dahinleben）素朴性的哲学最终方法论理想，而相反地是此在，即在世界中的存在的原始完成形式。在理解按照各种不同的实践的兴趣或理论的兴趣被区分之前，理解就是此在的存在方式，因为理解就是能存在（Seinkönnen）和"可能性"。

---

⑳ 《存在与时间》，第153页。

面对对此在的这样一种生存论分析的背景,以及这种分析对于一般形而上学的要求所带来的一切深远的和不可测量的后果,精神科学的诠释学问题圈就突然显得很不一样。本书就是致力于探究诠释学问题这种新的方向。由于海德格尔重新唤起存在问题并因此超越了迄今为止的全部形而上学——这不只是指形而上学在近代科学和先验哲学的笛卡尔主义里所达到的顶峰——因而他不仅避免了历史主义的绝境,而且还获得了一种根本不同的新立场。理解概念不再像德罗伊森所认为的那样是一种方法论概念。理解也不是像狄尔泰在为精神科学建立一个诠释学基础的尝试中所确立的那样,只是跟随在生命的理想性倾向之后的一种相反的操作。理解就是人类生命本身原始的存在特质。如果说米施曾经从狄尔泰出发,把"自由地远离自身"认为是人类生命的一种基本结构,所有理解都依赖于这种基本结构,那么海德格尔的彻底本体论思考就是这样一个任务,即通过一种"对此在的先验分析"去阐明此在的这种结构。他揭示了一切理解的筹划性质,并且把理解活动本身设想为超越运动,即超越存在者的运动。

这对于传统的诠释学是一个过分的要求。[172] 的确,在德语里我们有时用理解一词来指一种实际取得的能力("er versteht nicht zu lesen"——这与"er versteht sich nicht auf das Lesen"意思相同,即"他不能读")。从表面上看来,这似乎与科学中进行的、与认识相联系的理解在本质上是不相同的。但是,如果我们精确

---

[172] 参见贝蒂在其学识渊博、才气横溢的著作《一般解释学基础》第 91 页注释 14b 里的近乎愤怒的抗议。

I 历史的准备

地考察这两种理解，那么我们可以看出它们有某种共同的东西。在理解的这两种意义里都包含对某物的认识（Erkennen）、通晓（Sich-Auskennen）。谁"理解"一个文本（或者甚至一条法律！），谁就不仅使自己取得对某种意义的理解，而且——由于理解的努力——所完成的理解表现了一种新的精神自由的状态。理解包含解释（Auslegen）、观察联系（Bezüge-sehen）、推出结论（Folgerungen-ziehen）等的全面可能性，在文本理解的范围内，通晓就正在于这许多可能性。所以，谁通晓（auskennt sich）一部机器，也就是说，谁知道（versteht sich）怎样去使用它，或者说，谁能具有（versteht sich）一种手艺——让我们假定：理解一般人为的事情和理解生命的表现或文本具有不同的标准——即使这样，情况仍然是：所有这种理解最终都是自我理解（Sichverstehen）。即使对某个表达式的理解，最终也不仅是对该表达式里所具有的东西的直接把握，而且也指对隐蔽在表达式内的东西的开启，以致我们现在也了解了这隐蔽的东西。但是这意味着，我们知道自己通晓它。这样，在任何情况下都是：谁理解，谁就知道按照他自身的可能性去筹划自身。⑱ 传统的诠释学曾经以不适当的方式使理解所属的问题境

---

⑱ 即使"理解"一词的语义史也指出了这一点。理解在法学上的意义，即在法庭上代表某种事情，似乎是理解一词的原始意义。这个词后来转用于精神方面，显然可以由下述事实来说明，即在法庭上代表某种事情，也包含着理解这种事情，也就是说，掌握这种事情到这种程度，以致我们能识别对方的所有可能的说法，并提出自己的公正立场。[海德格尔归给"理解"的作为"代表……"（Stehen für……）的意义，其实也表示立在对方的他者能够去"答复"，并与其一起去"判决"：这就是在真正的"对话"中所进行的论战要素，这种对话在本书第三部分里是明确地与黑格尔的"辩证法"相对立的。也可参见我的论文"自我理解的疑难性"（《短篇著作集》，第 1 卷，第 70—81 页；我的著作集，第 2 卷，第 121—132 页。）]

域变得很狭窄。这就是海德格尔所作出的超出狄尔泰的进展为什么对于诠释学问题也是富有成果的理由。的确,狄尔泰曾经反对自然科学对于精神科学具有范例的作用,并且胡塞尔甚至指出把自然科学的客观性概念应用于精神科学乃是"荒谬的",并且确立了一切历史世界和一切历史认识的本质相对性。[⑬]但现在由于人类此在在生存论上的未来性,历史理解的结构才在其本体论的全部基础上得以显现。

因为历史认识是从此在的前结构(Vor-Struktur)得到其合法性的,所以任何人都没有理由去动摇所谓认识的内在固有标准。即使对于海德格尔来说,历史认识也不是有计谋的筹划,不是意愿目的的推断,不是按照愿望、前见或强大事物的影响对事物的整理,而永远是某种与事物相适应的东西,mensuratio ad rem。只是这个事物在这里不是 factum brutum,即不是单纯的现成东西,单纯的可确定和可量度的东西,而首先本身是具有此在的存在方式。

当然,关键问题在于正确地理解这句常常重复的话。这句话并不意味着在认识者和被认识物之间有一种单纯的"同质性"(Gleichartigkeit),在此同质性基础上可以建立作为精神科学"方法"的心理转换的特殊性。如果是这样,那么历史诠释学将成为心理学的一个部分(正如狄尔泰事实上所设想的)。但实际上,一切认识者与被认识物的相适应性并不依据于它们具有同样的存在方

---

⑬ [E.胡塞尔:《欧洲科学危机和先验现象学》,载《胡塞尔文集》,第6卷,第91页(219)。]

Ⅰ 历史的准备　　373

式这一事实,而是通过它们两者共同的存在方式的特殊性而获得其意义。这种特殊性在于:不管是认识者还是被认识物,都不是"在者状态上的"(ontisch)"现成事物",而是"历史性的"(historisch),即它们都具有历史性的存在方式。因此,正如约尔克伯爵所说的,任何东西事实上都依赖于"在者状态东西和历史性东西之间的一般差别"。[15] 由于约尔克伯爵把"同质性"与"隶属性"(Zugehörigkeit)对立起来,[16]海德格尔曾经以完全彻底性加以展开的那个问题才得以揭示出来:我们只是因为我们自己是"历史性的"才研究历史,这意味着:人类此在在其当下和遗忘的整个活动中的历史性,乃是我们能根本再现(vergegenwärtigen)过去的条件。最初似乎只是有损于科学传统概念和方法的障碍东西,或者作为取得历史认识的主观条件而出现的东西,现在成了某种根本探究的中心。"隶属性"并不是因为主题的选择和探究隶属于科学之外的主观动机而成为历史兴趣的原始意义的条件(否则隶属性只是对同情这种类型的情感依赖性的特殊事例),而是因为对传统的隶属性完全像此在对自身未来可能性的筹划一样,乃是此在的历史有限性的原始的本质的部分。海德格尔曾经正确地坚持说,他称之为被抛状态(Geworfenheit)的东西和属筹划的东西是结合在一起的。[17] 所以根本不存在那种使得这种生存论结构整体不起

---

[15] 《与狄尔泰的通信》,第191页。

[16] 参见 F. 考夫曼:"瓦滕堡的保罗·约尔克伯爵的哲学",载《哲学和现象学年鉴》,第9卷,哈雷,1928年,第50页以下。[最近在《狄尔泰研究——1982年》里有许多文章讲到狄尔泰的新贡献。对此也可参见我的著作集第4卷里的一些论文。]

[17] 《存在与时间》,第181页、第192页以及其他地方。

作用的理解和解释——即使认识者的意图只是想读出"那里存在着什么",并且想从其根源推知"它本来就是怎样的"。[17]

因此,我们在这里提出这样一个问题,即海德格尔所带来的本体论上的彻底化倾向是否有益于构造某种历史诠释学。海德格尔自己的打算确实不是这个目的,我们必须留神,别从他对此在历史性的生存论分析里推出轻率的结论。按照海德格尔的看法,对此在的生存论分析决不包含任何特殊的历史的生存理想(Existenzideal)。因此对于人及其在信仰中的生存的任何神学命题,这种生存论分析都要求某种先天的中立的有效性。这对于信仰的自我理解来说可能是一种难以满足的要求,正如关于布尔特曼[235]的争论所表明的。[19]但是这也决不排斥这一事实,即对于基督教神学和历史精神科学来说,在内容上存在某些它们要承认的特殊的(生存状态上的)前提。但正因为这样,我们就必须承认生存论分析本身按其自身目的而言决不包含任何"生存状态的"理想教化,因而不能作为这样一种东西而加以批判(尽管有人常常试图这样做)。

如果我们在烦(Sorge)的时间性结构中发现了某种生存理想——我们可能把这种理想与更可喜的情绪(博尔诺)、[20]即某种无烦的理想加以对照,或与尼采一样,把它与动物和儿童的天性上

---

[17] O. 福斯勒在《兰克的历史问题》中曾经指出,这种兰克式的用语并不像它听起来那样简单,而是针对某些道德说教的历史著作的自以为是态度。[对此请参阅"诠释学问题的普遍性"。(《短篇著作集》,第 1 卷,第 101—112 页;现收入我的著作集,第 2 卷,第 219 页以下。)]

[19] 参见本书第 335 页以下。

[20] O. F. 博尔诺:《情绪的本质》,弗赖堡,1943 年。

的无邪加以对照——那么这只是一种误解。但是我们不能否认,即使这也是一种生存理想。不过这在于它的结构是生存论的结构,有如海德格尔曾经指出的。

然而,儿童或动物的存在本身——与那种"无邪"理想相反——确实仍是一个本体论问题。⑱ 无论如何,他们的存在方式不是像海德格尔对人的此在所要求的那种意义上的"生存"和历史性。所以我们可以探问,人的生存被某个外在于历史的东西、自然的东西所负载,这究竟意味着什么。如果我们真想彻底消除唯心主义思辨的迷惑力,那么我们显然不能从自我意识出发去思考"生命"的存在方式。当海德格尔着手修改他在《存在与时间》中的先验哲学自我观时,这就表明他认为生命的问题必须重新加以注意。所以他在《论人道主义的信》里曾经讲到人和动物之间存在的巨大鸿沟。⑲ 毫无疑问,海德格尔自己对基础本体论的说明——他把这种基础本体论先验地建立在对此在的分析上——尚未提出对生命存在方式的积极说明。这里是一个有待研究的问题。但是所有这些都不改变这一事实,即如果我们认为任何一种不管是怎样的生存理想都可以反对"烦"的生存论环节(Existenzial),那么海德格尔称之为生存论的(Existenzial)东西的意义就从根本上被误解了。谁这样做,谁就误解了《存在与时间》一开始就提出的探究度向(Dimension der Fragestellung)。面对这样一种肤浅论证的争论,海德格尔可以完全正当地在康德的探究是先验的这种意义上

---

⑱ 〔这是 O. 贝克尔的问题(参见《此在和此本质》,普富林根,1963 年,第 67 页以下。)〕

⑲ 《论人道主义的信》,伯尔尼,1947 年,第 69 页。

指出他自己的先验的目的。海德格尔的探究从一开始就超越一切经验主义的区分,并因而超越一切具有特殊内容的理想教化[至于这种探究是否满足于他那重新提出存在问题的目的,则是另外一个问题]。

因此,我们首先以海德格尔探究的先验意义为出发点。⑬ 通过海德格尔对理解的先验解释,诠释学问题获得了某种普遍的框架,甚至增加了某种新的度向。解释者对其对象的隶属性——这在历史学派的思考里得不到任何令人信服的证明——现在得到了某种可具体证明的意义,而诠释学的任务就是作出这种意义的证明。此在的结构就是被抛的筹划(geworfener Entwurf),此在按其自己存在实现而言就是理解,这些即使对于精神科学里所进行的理解行为也是适合的。理解的普遍结构在历史理解里获得了它的具体性,因为习俗、传统与相应的自身未来的可能性的具体联系是在理解本身中得以实现的。向其能存在(Seinkönnen)筹划自身的此在总是已经"存在过的"(gewesen)。这就是被抛状态的生存论环节的意义。实际性诠释学的根本点及其与胡塞尔现象学的先验构成性探究的对立就在于:所有对其存在的自由选择行为都不能回到这种存在的事实性。任何促使和限制此在筹划的东西都绝对地先于此在而存在。这种此在的生存论结构也必须在对历史传统的理解里找到它的表现,所以我们首先仍必须跟随海德格尔。⑭

---

⑬ [参见我在"诠释学与历史主义"(现收入我的著作集,第 2 卷,第 392 页以下)一文中与 E. 贝蒂的讨论。]

⑭ 参见附录 3,我的著作集,第 2 卷,第 381 页以下。

II
一种诠释学经验理论的基本特征

1. 理解的历史性上升为诠释学原则

a）诠释学循环和前见问题

α）海德格尔对理解前结构的揭示

海德格尔探究历史诠释学问题并对之进行批判，只是为了从这里按本体论的目的发展理解的前结构（Vorstruktur）。⑮ 反之，我们探究的问题乃是，诠释学一旦从科学的客观性概念的本体论障碍中解脱出来，它怎样能正确地对待理解的历史性。传统的诠释学的自我理解依赖于它作为技艺学的性质。⑯ 这甚至也适用于狄尔泰把诠释学推广为精神科学的工具的做法。虽然我们可以追问，是否存在这样一种理解的技艺学——我们将会回到这一问题——但无论如何，我们将必须探究海德格尔从此在的时间性推导理解循环结构这一根本做法对于精神科学诠释学所具有的后果。这些后果并不一

---

⑮ 海德格尔：《存在与时间》，第312页以下。
⑯ 参见施莱尔马赫的《诠释学》（基默尔编：《海德堡科学院论文集》，1959年，修订版）。在这篇论文里，施莱尔马赫明确地承认古老的技艺学理想（第127页注释："如果理论只是停留在自然和艺术的基础（自然就是艺术的对象）上，我……憎恨这种理论。"）。[参见本书第182页以下。]

定是说某种理论被用于某种实践,而这种实践现在可以用别的方式,即用技巧上正当的方式进行。这些后果可能在于:纠正经常所进行的理解用以理解自身的方式,并使之从不恰当的调整方式中纯化出来——这是一种最多只间接地有益于理解技巧的过程。

因此,我们将再次考察海德格尔对诠释学循环的描述,以便使循环结构在这里所获得的新的根本意义对于我们的目的更富有成效。海德格尔写道:"循环不可以被贬低为一种恶性循环,即使被认为是一种可以容忍的恶性循环也不行。在这种循环中包藏着最原始认识的一种积极的可能性。当然,这种可能性只有在如下情况下才能得到真实理解,这就是解释(Auslegung)理解到它的首要的经常的和最终的任务始终是不让向来就有的前有(Vorhabe)、前见(Vorsicht)和前把握(Vorgriff)以偶发奇想和流俗之见的方式出现,而是从事情本身出发处理这些前有、前见和前把握,从而确保论题的科学性。"

海德格尔这里所说的,首先不是要求一种理解的实践,而是描述那种理解性的解释得以完成的方式。海德格尔的诠释学反思的最终目的与其说是证明这里存在循环,毋宁说指明这种循环具有一种本体论的积极意义。这样一种描述对于每一个知道他做什么的解释者来说都是极易明了的。[⑱] 所有正确的解释都必须避免随

---

⑱ 参见 E. 施泰格在《解释的艺术》(第 11 页以下)里与此相一致的描述。但是我不能同意这种说法,即文艺批评工作只开始于"我们已经置身于某个同时代的读者的处境中"。这是我们永不能实现然而始终能够理解的事情,虽然我们永远不能实现某种与作者的稳固的"个人的或同时的同一性"。也可参见附录四,第 382 页。[以及我的论文"论理解的循环"(《短篇著作集》,第 4 卷,第 54—61 页;我的著作集,第 2 卷,第 57—65 页)。对此也可参见 W. 施特格米勒的批评,载他的《所谓理解循环》,达姆施塔特,1974 年。从逻辑学方面对"诠释学循环"说法的反驳,忽视了这里一般并没有提出科学的证明要求,而是涉及一种自施莱尔马赫以来的修辞学所熟悉的逻辑比喻(Logische Metapher)。对此问题,阿佩尔有正确的批评,参见《哲学的改造》,两卷本,法兰克福,1973 年,第 2 卷,第 83、89、216 等页。]

Ⅱ 一种诠释学经验理论的基本特征

心所欲的偶发奇想和难以觉察的思想习惯的局限性,并且凝目直接注意"事情本身"(这在语文学家那里就是充满意义的文本,而文本本身则又涉及事情)。的确,让自己这样地被事情所规定,对于解释者来说,显然不是一次性的"勇敢的"决定,而是"首要的、经常的和最终的任务"。因为解释者在解释过程中必须克服他们所经常经历到的起源于自身的精神涣散而注目于事情本身。谁想理解某个文本,谁总是在进行一种筹划。一旦某个最初的意义在文本中出现了,那么解释者就为整个文本预先筹划了某种意义。一种这样的最初意义之所以又出现,只是因为我们带着对某种特定意义的期待去读文本。作出这样一种预先的筹划——这当然不断地根据继续进入意义而出现的东西被修改——就是对这里存在的东西的理解。

当然,这种描述只是一个大致的略写。海德格尔所描述的过程是:对前筹划(Vorentwurf)的每一次修正是能够预先作出一种新的意义筹划;在意义的统一体被明确地确定之前,各种相互竞争的筹划可以彼此同时出现;解释开始于前把握(Vorbegriffen),而前把握可以被更合适的把握所代替:正是这种不断进行的新筹划过程构成了理解和解释的意义运动。谁试图去理解,谁就面临了那种并不是由事情本身而来的前见解(Vor-Meinungen)的干扰。理解的经常任务就是作出正确的符合于事物的筹划,这种筹划作为筹划就是预期(Vorwegnahmen),而预期应当是"由事情本身"才得到证明。这里除了肯定某种前见解被作了出来之外,不存在任何其他的"客观性"。标示不恰当前见解的任意性的东西,除了这些前见解并没有被作出来之外,还能是什么别的东西呢?但是

Ⅰ 272

理解完全地得到其真正可能性，只有当理解所设定的前见解不是任意的。这样，下面这种说法是完全正确的，即解释者无需丢弃他内心已有的前见解而直接地接触文本，而是只要明确地考察他内心所有的前见解的正当性，也就是说，考察其根源和有效性。

我们必须把这种基本要求设想为某种程序的彻底化，实际上这种程序当我们在理解时总是在进行着的。相对于每一个文本都有这样一个任务，即，不是简单地不加考察地使用我们自己的用语——或者在外来语言中使用我们所熟悉的来自著作家或日常交际的习语。我们宁可承认这样一种任务，即从当时的用语即作者的用语去获得我们对文本的理解。当然，问题在于这种普遍的要求如何可以被实现。特别是在语义学范围内我们面临着对我们自己用语的无意识的问题。我们究竟是怎样知道我们自己习惯的用语和文本的用语之间的区别呢？

我们必须说，正是我们一般对文本感到不满这一经验——或者是文本不产生任何意义，或者是它的意义与我们的期待不相协调——才使我们停下来并考虑到用语的可能的差别。某个与我讲同样语言的人，是在我所熟悉的意义上使用语词的，这是一个只能在特殊情况里才可能有疑问的一般前提——同样的情况也适用于外来语言，即我们认为我们具有这种语言的正常知识，并且在我们理解某个文本中假定了这种正常用法。

如此适合于用语的前见解的东西，也同样适合于我们用以读文本的内容上的前见解，这种内容上的前见解构成了我们的前理解。这里我们也可以同样地探问，我们究竟怎样才能够摆脱文本自己的前见解的诱惑力。的确，这不能是一般的前提，即在文本中

Ⅱ 一种诠释学经验理论的基本特征

所陈述给我们的东西将完全符合于我自己的见解和期待。正相反,某人说给我的东西,不管是通过对话、书信或书籍或者其他什么方式,一般都首先有这样一个前提,即他在那里所说的东西和我必须认识的东西,乃是他的见解,而不是我的见解,因而无须我去分享这种见解。但是,这种前提并不是使理解变得容易的条件,而是一种对理解的阻难,因为规定我自己理解的前见解仍可能完全不被觉察地起作用。如果它们引起了误解——那么在没有相反的看法的地方,对文本的误解如何能够被认识呢?文本应当怎样先行去避免误解呢?

但是,如果我们更仔细地考察这种情况,那么我们会发现,即使见解(Meinungen)也不能随心所欲地被理解。正如我们不能继续误解某个用语否则会使整体的意义遭到破坏一样,我们也不能盲目地坚持我们自己对于事情的前见解,假如我们想理解他人的见解的话。当然,这并不是说,当我们倾听某人讲话或阅读某个著作时,我们必须忘掉所有关于内容的前见解和所有我们自己的见解。我们只是要求对他人的和文本的见解保持开放的态度。但是,这种开放性总是包含着我们要把他人的见解放入与我们自己整个见解的关系中,或者把我们自己的见解放入他人整个见解的关系中。虽然见解都是流动性的多种可能性(这正好与某种语言和某个词汇所表现的一致性形成对照),但是,在这众多"可认为的见解"(Meinbaren)中,也就是在某个读者能有意义地发现、因而能期待的众多东西之内,并不是所有东西都是可能的,谁不能听他人实际所说的东西,谁就最终不能正确地把他所误解的东西放入他自己对意义的众多期待之中。所以这里也存在一种标准。诠释学的任务自发地变成了一种事实的探究,并且总是被这种探究所同时规定。这样,诠释学工作就获得了一个坚固的基础。谁想理解,谁就从一开始便不能因为想尽可能彻底地和顽固地不听文本的见解而囿于他自己的偶然的前见解中——直到文本的见解成为可听见的并且取消了错误的理解为止。谁想理解一个文本,谁就准备让文本告诉他什么。因此,一个受过诠释学训练的意识从一开始就必须对文本的另一种存在有敏感。但是,这样一种敏感既不假定事物的"中立性",又不假定自我消解,而是包含对我们自己的前见解和前见的有意识同化。我们必须认识我们自己的先入之见(Voreingenommenheit),使得文本可以表现自身在其另一种存在中,并因而有可能去肯定它实际的真理以反对我们自己的前见解。

当海德格尔在所谓对"这里存在"的东西的"阅读"中揭示理解的前结构时,他是给出了一种完全正确的现象学描述。他也通过一个例子来指明这里提出了一个任务。在《存在与时间》里他以存在问题为例具体地解释了那个对于他来说就是诠释学问题的一般陈述。[18] 为了按照前有、前见和前把握来解释存在问题的诠释学境遇,他曾经在形而上学历史的重要转折点上批判地检验了他的指向形而上学的问题。这里从根本上说他只是做了历史诠释学在任何情况下都要求的东西。一种受方法论意识所指导的理解所力求的,势必不只是形成它的预期,而是对预期有意识,以便控制预期并因而从事物本身获得正确的理解。这一点正是海德格尔的意

---

[18] 《存在与时间》,第 312 页以下。

II 一种诠释学经验理论的基本特征

思,因为他要求我们从事物本身推出前有、前见和前把握,以"确保"论题的科学性。

这里根本不是为了确保我们自己反对那种由文本可听到其声音的传承物,而是相反地为了使我们避免那种阻碍我们去客观地理解传承物的东西。正是隐蔽的前见的统治才使我们不理会传承物里所述说的事物。海德格尔曾经论证说,笛卡尔的意识概念和黑格尔的精神概念仍受那种从当下的和在场的存在去解释存在的希腊实体本体论所支配,这一论证虽然确实超出了近代形而上学的自我理解,但并不是任意的和随心所欲的,而是从某种"前有"出发,因为前有揭示了主体性概念的本体论前提,因而使这些传承物真正得以理解。另一方面,海德格尔在康德对"独断论的"形而上学的批判中发现某种有限性形而上学观念,这一观念对于他自己的本体论筹划乃是一种挑战。这样,由于他把科学论题置入对传承物的理解之内并甘冒此险,从而"确保"了论题的科学性。这就是理解中所包含的历史意识的具体形式。

一切理解都必然包含某种前见,这样一种承认给予诠释学问题尖锐的一击。按照这种观点,情况似乎是:尽管历史主义对唯理论和自然权利学说进行了批判,但历史主义却立于现代启蒙运动的基础上,并不自觉地分享了它的偏见。也就是说,它的本质里包含了并被规定了一种启蒙运动的前见:启蒙运动的基本前见就是反对前见本身的前见,因而就是对传统权力的剥夺。

概念史的分析可以表明,正是由于启蒙运动,前见概念才具有了那种我们所熟悉的否定意义。实际上前见就是一种判断,它是在一切对于事情具有决定性作用的要素被最后考察之前被给予的。在法学词汇里,一个前见就是在实际终审判决之前的一种正当的先行判决。对于某个处于法庭辩论的人来说,给出这样一种针对他的先行判断(Vorurteil),这当然会有损于他取胜的可能性。所以法文词 préjudice,正如拉丁文词 praeiudicium 一样,只意味着损害、不利、损失。可是这种否定性只是一种结果上的(konsekutive)否定性。这种否定性的结果正是依据于肯定的有效性,先行判决作为先见的价值——正如每一种先见之明的价值一样。

所以,"前见"(Vorurteil)其实并不意味着一种错误的判断。它的概念包含它可以具有肯定的和否定的价值。这显然是由于拉丁文词 praeiudicium 的影响,以致这个词除了否定的意义外还能有肯定的意义。说有 préjugés légitimes(正当的成见)。这与我们今天的语言用法相距很远。德文词(Vorurteil)——正如法文词 préjugé,不过比它更甚——似乎是通过启蒙运动及其宗教批判而被限制于"没有根据的判断"这一意义上的。[18] 给予判断以权威的,乃是其根据,其方法论上的证明(而不是它实际的正确性)。对于启蒙运动来说,缺乏这样一种根据并不意味可以有其他种类的有效性,而是意味着判断在事实本身里没有任何基础,即判断是"没有根据的"。这就是只有在唯理论的精神里才能有的一种结论。正是由于这一结论,一般前见丧失了信誉,而科学认识则要求完全排除前见。

接受这一口号的现代科学遵循着笛卡尔的怀疑原则,即不把

---

[18] 参见列奥·施特劳斯的《斯宾诺莎的宗教批判》,第 163 页:"'前见'这一词最恰当地表达了启蒙运动的伟大愿望,表达了想自由地、无偏见地进行考察的意愿。前见是意义太泛的'自由'一词的意义单一的对立相关词。"

任何一般可疑的东西认为是确实的,并且遵循着坚持这一要求的方法论思想。在我们导言性的考察中我们已经指出,我们很难使有助于形成我们历史意识的历史认识与这样一种理想进行协调,因而很难从现代方法概念出发去把握这一理想的真正性质。现在这里正是这些否定性的说法转变成肯定性的说法的地方。前见概念对此提供了一个最先的出发点。

β) 启蒙运动对前见的贬斥

如果我们追随启蒙运动所发展的关于前见的学说,那么我们将发现关于前见有下面这样一种基本划分:我们必须区分由于人的威望而来的前见和由于过分轻率而来的前见(das Vorurteil des menschlichen Ansehens und das der übereilung)。[19] 这种划分的基础是前见起源于具有前见的人。或者是他人的威望、他人的权威诱使我们犯错误,或者是我们自己过分轻率。权威是前见的一个源泉,这符合于启蒙运动那个著名的原则,康德曾把这个原则表述为:大胆使用你自己的理智。[19] 虽然上述所引的划分确实也不限制于前见在理解文本中所起的作用,但这种划分的主要应用仍在诠释学领域之内。因为启蒙运动的批判首先是针对基督教的宗教传承物,也就是《圣经》。由于《圣经》被理解为一种历史文献,所以《圣经》批判使《圣经》的独断论要求受到威胁。现代启蒙运动相

---

[19] Praeiudicium auctoritatis et precipitantiae(权威的前见和轻率的前见):早在克里斯蒂安·托马修斯的[236]《前见注释》(1689/1690年)和《理性学说引论》第13章§§39/40里就出现过。参见瓦尔希编的《哲学辞典》(1726年)的词条,见该书第2794页以下。

[19] 参见康德论文"答复这一问题:什么是启蒙运动?"开头部分(1784年)。

对于所有其他启蒙运动所特有的彻底性在于:它必须反对《圣经》及其独断论解释以肯定自身。[132] 因此诠释学问题特别成了它的中心问题。启蒙运动想正确地、即无成见地和合理地理解传承物。不过,这有其完全特别的困难,因为在用文字固定下来的单一东西中,具有非常重要的权威要素。书写下来的东西可能不是真的,这并不完全能容易地被看出。书写下来的东西具有可指明的明显性,并且就像是一种证明材料。因此我们需要一种特别的批判努力,才能使自己摆脱书写下来的东西所具有的前见,并像对所有口头陈述一样,区分其中的意见和真理。[133] 启蒙运动的普遍倾向就是不承认任何权威,并把一切都放在理性的审判台面前。所以,书写下来的传承物、《圣经》以及所有其他历史文献,都不能要求绝对的有效性,传统的可能的真理只依赖于理性赋予它的可信性。不是传统,而是理性,表现了一切权威的最终源泉。被书写下来的东西并不一定是真的。我们可以更好地知道它们。这就是现代启蒙运动反对传统的普遍准则,由于这一准则,现代启蒙运动最后转为历史研究。[134] 正如自然科学使感性现象的证明成为批判的对象一

---

[132] 古代启蒙运动——其成果是希腊哲学及其在智者派里所达到的顶峰——在本质上是完全不同的,因而它允许像柏拉图这样的思想家利用哲学神话去调和宗教传统和哲学研究的辩证方法。参见埃里希·弗兰克的《哲学知识和宗教真理》,第31页以下,以及我对此的评论,载《神学周刊》,1950年,第260—266页;另外还可特别参见格哈德·克吕格尔的《洞见和激情》,1951年第2版。

[133] 对此一个极妙的例子是,古代历史著作的权威在历史研究中逐渐受到破坏,而档案研究和基础研究逐渐发展(参阅例如 R. G. 科林伍德:《思想——一篇自传》,牛津,1939年,第11章,在这里他把转向基础研究直接与培根派的自然研究的革命进行对比)。

[134] 参见我们关于斯宾诺莎的《神学政治论》所说的话,在本书第184页以下。

样,启蒙运动也使传统成为批判的对象。不过,这并不一定是说,我们在任何地方都把这"反对前见的前见"认作是自由思想和无神论的最终结论——如在英国和法国那样。其实,德国启蒙运动大多都曾经承认基督宗教的"真实前见"。因为人类理性太软弱,不能没有前见去行事,所以,曾经受到真实前见的熏陶,乃是一种幸福。

探究一下启蒙运动的这样一种修正和节制态度[15]怎样为德国浪漫主义运动的形成作了准备——毫无疑问,例如,E. 伯克的启蒙运动和宗教批判所作出的——这是很有意义的一件事。但是,所有这些修正和节制态度都没有改变根本的东西。真实的前见最终必须通过理性承认来证明,即使这一证明任务可能永远得不到完成。

这样,现代启蒙运动的标准仍然规定了历史主义的自我理解。当然,这一规定并不是直接出现的,而是在一种奇特的、由浪漫主义精神所造成的折射中出现的。这一点特别明显地表现在历史哲学的基本格式里,即通过逻各斯(Logos,即理性)消除神话的格式。浪漫主义和启蒙运动都分享了这一格式,并且通过浪漫主义对启蒙运动的反动,这一格式被僵化成为一种不可动摇的前提。这就是继续不断地使世界得以清醒(Entzauberung)的前提,这种清醒化给予这一格式以有效性。我们应当认为,这表现了精神历史本身的前进法则,并且正是因为浪漫主义否定地评价了这种发展,它才把那种格式作为自明之物加以接受。浪漫主义分享了启蒙运动的前提,并且只是颠倒了对它的

---

[15] 例如,在 G. F. 迈耶的《人类前见学说论文集》(1766 年),就有这种态度。

评价，因为它认为只有古老的东西才有价值，例如："哥特式的"中世纪，欧洲基督教国家共同体，社会的封建等级结构，但也有农民生活的简朴性和接近自然。

与启蒙运动的完满性信仰相反——这种完满性信仰想完全摆脱"迷信"和过去的前见——我们现在发现，古老的时代，神话世界，意识无法分析的、并在"近乎自然的社会"（naturwüchsinge Gesellschaft）里未被中断的生命，基督教骑士风尚世界，所有这些都获得了一种浪漫主义魔力，甚至真理的优先性。[⑱] 颠倒启蒙运动的前提，曾经产生了复辟的荒谬倾向，这就是为古典而恢复古典的倾向、有意识地倒退到无意识的倾向等等，其登峰造极的表现就是承认原始的神话时代的卓越智慧。但是，正是通过这种浪漫主义对启蒙运动价值标准的颠倒，启蒙运动的前提，即神话和理性的抽象对立却被永恒化了。所有启蒙运动的批判现在通过浪漫主义对启蒙运动的这个反光镜大踏步地前进了。对理性完满性的信仰现在突然地变成了对"神话的"意识的完满性的信仰，并且在思想堕落（原罪）之前的某个原始乐园里进行反思。[⑲]

其实，富有神秘意味的洞黑无知——其中存在一种先于一切思想的神秘的集体意识——的前提，有如整个启蒙运动的完美状态和绝对知识的前提一样，也是独断论的和抽象的。原始智慧只是"原始愚昧"的反面说法。一切神秘意识本身总仍是知识，而且

[⑱] 我在一篇关于伊默曼的《千年王国十四行诗》的短论里（参见《短篇著作集》，第 2 卷，第 136—147 页；现收入我的著作集，第 9 卷）曾用一个例子分析了这一过程。

[⑲] ［参见我的论文"神话与理性"（《短篇著作集》，第 4 卷，第 48—53 页，现收入我的著作集，第 8 卷）和"神话和科学"（我的著作集，第 8 卷）。］

II 一种诠释学经验理论的基本特征

由于它知道神圣的力量,它就超出了对力量的单纯害怕(如果我们可以把这样一种害怕认为是原始状态 Urstadium),不过它也超越了那种陶醉于宗教仪式的集体生活(正如我们在早期东方国家那里看到的)。这种神秘意识知道自身,并且在这种知识中它已不再只是外于自身而存在。[18]

与此相关联的,甚至真正神话式的思考和伪神话式的诗意思考之间的对立,也是一种基于启蒙运动某个前见的浪漫主义幻觉,这个前见就是:因为诗人的行为是一种自由想象力的创造,所以诗人的行为不再包含神话的宗教约束性。这就是以适合于科学信仰时代的现代装束出现的诗人和哲学家之间的古老争论。现在不再说,诗人说谎话,而是说,诗人根本就无须说真理,因为他们只是想施以审美的影响,只是想通过他们的想象创造唤醒听众或读者的想象力和生命情感。

"近乎自然的社会"这一概念可能也是浪漫主义逆光镜中的另一种情况,按照拉登杜夫(Ladendorf,217)[238]的看法,这一概念是由 H. 莱奥(Leo)[19]提出的。在卡尔·马克思那里,这一概念似乎是作为一种限制其社会经济学的阶级斗争理论有效性的自然法残余而出现的。[20] 这一概念回到了卢梭关于劳动分工和财富出现之

---

[18] 我认为,霍克海默尔和阿多尔诺对于《启蒙运动辩证法》的分析是完全正确的(虽然我认为把像"资产阶级的"这样的社会学概念应用于奥德赛乃是一种历史思考的错误,这乃是由于把荷马与约翰·海因里希·福斯[237]混为一谈,而这种混淆早已被歌德批判过)。

[19] H. 莱奥:《国家自然学说的研究和概略》,1833 年。

[20] 参见 G. 冯. 卢卡奇以前在《历史和阶级意识》(1923 年)一书中对这一重要问题所作的思考。[239]

前的社会的描述。⑳ 无论如何，柏拉图在其关于自然状态的讥讽的描述中（这是在《理想国》第 3 卷中给出的）已经揭示了这种国家理论的虚妄性。㉑

浪漫主义的这种重新评价产生了 19 世纪历史科学的态度。这种态度不再用现代标准作为一种绝对去量度过去，它把某种特有的价值归给过去的时代，并且甚至能够承认过去时代这一方面或那一方面的优越性。浪漫主义的伟大成就——唤起早先的岁月，在民歌中倾听民众的声音，收集童话和传说，培养古老的风俗习惯，发现作为世界观的语言，研究"印度的宗教和智慧"——所有这些都促进了历史研究，而这种历史研究缓慢地、一步一步地把充满预感的重新苏醒转变为冷静枯萎的历史认识。历史学派正是通过浪漫主义而产生的，这一事实证明了浪漫主义对原始东西的恢复本身就立于启蒙运动的基础上。19 世纪的历史科学是浪漫主义最骄傲的果实，并把自己直接理解为启蒙运动的完成，精神从独断论束缚中解放出来的最后一步，以及通向客观认识历史世界（通过现代科学，认识历史世界与认识自然处于同等的地位）的步骤。

浪漫主义的复古倾向可以与启蒙运动要求历史精神科学实在性的基本倾向联系起来，这一事实只是表明，它同样是与作为这两者基础的传承物的意义连续性决裂的。如果说所有传承物——在理性面前传承物表现为不可能的东西即荒谬的东

---

⑳ 卢梭：《论人类不平等的起源和基础》。
㉑ 参见我的著作《柏拉图和诗人》，第 12 页以下。[现收入我的著作集，第 5 卷，第 187—211 页。]

II 一种诠释学经验理论的基本特征

西——只能被理解为历史性的,即返回到过去时代的想象方式,这对于启蒙运动来说是一种被确定的事实,那么随着浪漫主义而产生的历史意识就意味着启蒙运动的一种彻底化。因为对于历史意识来说,反乎理性的传承物这一例外情况变成了普遍的规则。既然通过理性一般可达到的意义是如此少地被人相信,所以全部过去,甚至归根到底,全部同时代人的思想最终也只被理解为"历史性的"。因此,浪漫主义对启蒙运动的批判本身最后在启蒙运动中告终,因为它本身发展成为历史科学并把一切东西都纳入历史主义的旋涡之中。对一切前见的根本贬斥——这使新兴自然科学的经验热情与启蒙运动结合起来——在历史启蒙运动中成了普遍的和彻底的倾向。

这里正是某种哲学诠释学[240]尝试必须开始其批判的关键。消除一切前见这一启蒙运动的总要求本身被证明是一种前见,这一前见不仅统治了我们人类本性,而且同样支配了我们的历史意识,而扫除这一前见就必然为某种正当理解有限性开辟了道路。

我们处于各种传统之中,这一事实难道首先意味着我们受前见所支配,以及自己的自由受限制吗?一切人的存在,甚至最自由的人的存在难道不都是受限制、并受到各种方式制约的吗?如果情况是这样,那么某种绝对理性的观念对于历史人性(Menschentum)就根本不可能。理性对于我们来说只是作为实际历史性的东西而存在,即根本地说,理性不是它自己的主人,而总是经常地依赖于它所活动的被给予的环境。这不仅适用于康德由于受到休谟怀疑论批判的影响把唯理论要求限制在自然知识里的先天要素上这一意义,而且对于历史意识和历史认识的可能性更有其重要性。因为人在这里是与他自身和他自己的创造物打交道（维柯），这一说法只是对历史知识向我们所提出的问题的一种表面的解答。人对其自身及其历史命运也感到生疏，不过其方式完全不同于自然使他感到生疏那样，因为自然对他是一无所知的。

这里认识论问题以一种根本不同的方式被提出来。我们前面已经指明狄尔泰大概看到了这一点，但是他并不能克服传统认识理论对他的影响。他的出发点，即"体验"的内在意识，不能架起一座通向历史实在的桥，因为伟大的历史实在、社会和国家，实际上对于任何"体验"总是具有先行决定性的。自我思考和自传——狄尔泰的出发点——并不是最先的东西，也不是诠释学问题的充分基础，因为通过它们，历史再次被私有化了。其实历史并不隶属于我们，而是我们隶属于历史。早在我们通过自我反思理解我们自己之前，我们就以某种明显的方式在我们所生活的家庭、社会和国家中理解了我们自己。主体性的焦点乃是哈哈镜。个体的自我思考只是历史生命封闭电路中的一次闪光。因此个人的前见比起个人的判断来说，更是个人存在的历史实在。

b) 作为理解条件的前见

α) 为权威和传统正名

诠释学问题在这里有它的出发点。这就是为什么我们先考察启蒙运动对于"前见"这一概念贬斥的理由。在理性的绝对的自我构造的观念下表现为有限制的前见的东西，其实属于历史实在本身。如果我们想正确地对待人类的有限的历史的存在方式，那么我们就必须为前见概念根本恢复名誉，并承认有合理的前见存在。

Ⅱ 一种诠释学经验理论的基本特征

所以我们能够这样来表述某种真正历史诠释学的中心问题及其认识论基本问题:前见的合理性的基础在于何处？什么东西可以使合理的前见与所有其他无数的前见区别开来？因为克服后一种前见乃是批判理性义不容辞的任务。

由于我们现在对于启蒙运动以批判目的所提出的前见学说(这一学说我们上面已作介绍)给予积极肯定的性质,我们可以更好地研讨这一问题。首先关于前见区分为权威的前见和轻率的前见,这一区分显然是基于启蒙运动的基本前提,按照这一前提,如果我们严格遵照方法论规则使用理性,我们就可以避免任何错误。这就是笛卡尔的方法论思想。轻率是我们在使用自己理性时导致错误的真正源泉。反之,权威的过失在于根本不让我们使用自己的理性。权威和理性之间的相经排斥的对立,正是上述区分的基础。对于古老东西,对于权威东西的错误的先入之见,乃是本身必须要打破的东西。所以启蒙运动认为路德的宗教改革行为在于:"使人有威望的前见,特别是对哲学家王(他意指亚里士多德)和罗马教皇的前见,得到根本的削弱。"[203]……因此,宗教改革带来了诠释学的繁荣兴盛,正是诠释学才教导我们在理解传承物时正确使用理性。不论是教皇的学术权威,还是求助于传统,都不能替代诠释学的工作,因为只有诠释学工作才知道保护文本的合理意义以反对所有不合理的揣想。

这种诠释学的结果不一定就是像我们在斯宾诺莎那里看到的那种彻底的宗教批判。其实,超自然的真理可能仍然完全存在。在这种意义上,启蒙运动,特别是在德国大众哲学(Popularphilo-

---

[203] 瓦尔希:《哲学辞典》(1726年),1013条目。

sophie)范围内的启蒙运动,曾经多方限制了理性的要求,并承认《圣经》和教会的权威。所以我们在瓦尔希[241]那里看到,他虽然区分了两类前见——权威和过分轻率——但他把这两类前见视为两个极端,因此在这两个极端之间我们必须找到正确的中间道路,即调和理性和《圣经》权威。与此相应,他把过分轻率造成的前见理解为偏爱新事物的前见,理解为一种只是因为真理是古老的、被权威所支持的而轻率地拒绝真理的先入之见。㉔ 所以,他深入研究了英国自由思想家[如柯林斯[242]和其他人],并且维护历史信仰以反对理性规则。这里,由轻率而来的前见的意义显然用一种保守的意义加以再解释。

但是,毫无疑问,启蒙运动的真正后果是完全不同的后果:即把所有权威隶属于理性。因此,由过分轻率而来的前见可以像笛卡尔所认为的那样去理解,即把它理解为我们在使用理性时造成一切错误的根源。与此相应,在启蒙运动胜利之后,即当诠释学摆脱了一切独断论束缚的时候,那种古老的区分又回到了一种被改变了的意义。所以我们在施莱尔马赫那里看到,他区分了偏颇(Befangenheit)和轻率作为误解的原因。㉕ 他把由偏颇而来的持久的前见与由轻率而来的短暂的错误判断加以并列,但是只有前者才使研讨科学方法的人感兴趣。关于在某个由于权威而偏颇的人所具有的种种前见中,可能也有些是真知灼见——当然这是包含在原先的权威概念之中的——对于施莱尔马赫来说,似乎并不

㉔ 瓦尔希:1006条目以下,词条是"回顾自由"。同时参见本书第276页。
㉕ 施莱尔马赫:《著作集》,第1系列,第7卷,第31页。

Ⅱ 一种诠释学经验理论的基本特征

重要。施莱尔马赫对于前见的传统区分的变更,乃是启蒙运动完成的标志。偏颇只意味着个人的一种理解限制:"对于近乎某个人自己观念的东西的一种片面的偏爱。"

但是,偏颇概念实际上隐藏了一个根本性的问题。制约我的前见乃产生于我的偏颇,这种看法本身就已经是一种从消除和澄清前见的立场而来的判断,它只适合于不合理的前见。如果相反也有合理的、有助于增进认识的前见,那么我们又重新回到了权威问题。因此启蒙运动的彻底结论——即使还包含在施莱尔马赫的方法论信仰里——并不是站得住脚的。

启蒙运动所提出的权威信仰和使用自己理性之间的对立,本身是合理的。如果权威的威望取代了我们自身的判断,那么权威事实上就是一种偏见的源泉。但是,这并不排除权威也是一种真理源泉的可能性。当启蒙运动坚决诋毁一切权威时,它是无视了这一点。为了证明这一情况,我们可以援引欧洲启蒙运动最伟大的先驱者之一,即笛卡尔。尽管笛卡尔的方法论思想有其彻底性,但众所周知,笛卡尔把道德性事物完全从理性重新完善地构造一切真理的要求中排除出去。这就是他所谓应急性道德(provisorische Moral)的意义。我认为下面这一点是具有代表性的,即笛卡尔实际上并没有提出他的明确的道德学,就我们从他给伊丽莎白的信件中所能判断的而言,他的道德学的基本原则几乎没有什么新的东西。期待现代科学及其发展能给我们提供某种新道德学,这显然是不可思议的。事实上,诋毁一切权威不只是启蒙运动本身所确立的一种偏见,而且这种诋毁也导致权威概念被曲解。因为根据启蒙运动所赋予理性和自由概念的意义,权威概念可以被看作为与理性和自由正好相对立的概念,即意味着盲目地服从。这就是我们从批判现代专制主义的用语里所认识的意义。

但是,这决不是权威的本质。的确,权威首先是人才有权威。但是,人的权威最终不是基于某种服从或抛弃理性的行动,而是基于某种承认和认可的行动——即承认和认可他人在判断和见解方面超出自己,因而他的判断领先,即他的判断与我们自己的判断具有优先性。与此相关联的是,权威不是现成被给予的,而是要我们去争取和必须去争取的,如果我们想要求权威的话。权威依赖于承认,因而依赖于一种理性本身的行动,理性知觉到它自己的局限性,因而承认他人具有更好的见解。权威的这种正确被理解的意义与盲目的服从命令毫无关联。而且权威根本就与服从毫无直接关系,而是与认可有关系。权威的存在确实是为了能够命令和得到服从,但这一点只是从某人具有的权威而得到的。即使由命令而来的无名称的和非个人的上级权威,最终也不是基于这种命令,而是那种使命令成为可能的东西。这里权威的真正基础也是一种自由和理性的行动,因为上级更全面了解情况或具有更多的信息,也就是说,因为上级具有更完善的认识,所以理性才从根本上认可上级有权威。[206]

---

[206] (我认为,除非承认这一命题的真理,否则卡尔·雅斯贝斯的《论真理》第766页以下和格哈德·克吕格尔的《自由和世界管理》第231页以下所说的那种承认权威的倾向是不能令人信服的。)因此"党派(或领导人)总是正确的"这一臭名昭著的命题并不是因为它主张领导的优越性而是错误的,它的错误是在于它旨在维护那种靠专制命令行事的领导免受任何一种可能是真实的批判。真正的权威并不需要权威者出现。[目前关于这个问题常有人讨论,尤其见我与J.哈贝马斯的争论。参见J.哈贝马斯编辑出版的论文集《诠释学和意识形态批判》,法兰克福,1977年;以及我在索洛图恩的讲演"论权威和批评自由的关系",载《瑞士新神经病学、新手足病治疗学、新神经学治疗学文献》,第133卷,1983年,第11—16页。A.格伦最早阐明了组织机构的作用。]

Ⅱ 一种诠释学经验理论的基本特征

因此,承认权威总是与这一思想相联系的,即权威所说的东西并不是无理性的和随心所欲的,而是原则上可以被认可接受的。这就是教师、上级、专家所要求的权威的本质。他们所培植的前见,虽然是被个人证明合理的,它们的有效性要求我们对代表它们的个人有偏袒,但是因为这些前见对于通过其他方式而能出现的东西,例如通过理性提供的坚固基础而出现的东西具有同样的偏袒,这些前见也可成为客观的前见。所以权威的本质与那种必须摆脱启蒙运动极端主义的前见学说有关。

这里,我们可以在浪漫主义对启蒙运动的批判中找到支持。因为存在一种浪漫主义特别要加以保护的权威形式,即传统。由于流传和习俗而奉为神圣的东西具有一种无名称的权威,而且我们有限的历史存在是这样被规定的,即因袭的权威——不仅是有根据的见解——总是具有超过我们活动和行为的力量。一切教育都依据于这一点,即使随着受教育者年龄成熟、教育者失去他的作用以及受教育者自己的见解和决定取代了教育者的权威,情况仍是这样。这种进入生命史成熟期的运动并不意味着某人已在下面这种意义上成为他自己的主人,即他摆脱了一切习俗和传统。例如,道德的实在性大多都是而且永远是基于习俗和传统的有效性。道德是在自由中被接受的,但决不是被自由的见解所创造,或者被自身所证明的。其实,我们称之为传统的东西,正是在于它们没有证明而有效。事实上,我们是把这样一种对启蒙运动的更正归功于浪漫主义,即除了理性根据外,传统也保留了权利,并且在一个相当大的范围内规定了我们的制度和行为。古代伦理学优越于近代道德哲学的特征在于:古代伦理学通过传统的不可或缺性证明了伦理学向"政治学"、即正确的立法艺术过渡的必然性。[20] 与此相比较,现代启蒙运动则是抽象的和革命的。

但是,传统概念与权威概念一样,也是很有歧义的,而且由于同样的理由,即因为它是启蒙运动原则的抽象对立面,规定了对传统的浪漫主义的理解。浪漫主义把传统视为理性自由的对立面,并且认为传统是历史上被给予的东西,有如自然一样。不管我们是想以革命的方式反对传统还是保留传统,传统仍被视为自由的自我规定的抽象对立面,因为它的有效性不需要任何合理的根据,而是理所当然地制约我们的。当然,浪漫主义对启蒙运动批判的情况并不是传统的不言而喻的统治——在这统治中传承下来的东西不受怀疑和批判的影响而被保存下来——的例证。这其实是一种特别的批判态度,这种态度在这里再次致力于传统的真理并试图更新传统,也就是我们称之为传统主义(Traditionalismus)的态度。

不过,我认为,传统和理性之间并不存在这样一种绝对的对立。不管有意识地恢复传统或有意识地创造新传统是怎样有问题的,浪漫主义对"发展了的传统"(die gewachsene Traditionen)的信念——在传统面前,一切理性必须沉默——仍是一样充满了偏见,并且基本上是启蒙运动式的。实际上,传统经常是自由和历史本身的一个要素。甚至最真实最坚固的传统也并不因为以前存在的东西的惰性就自然而然地实现自身,而是需要肯定、掌握和培养。传统按其本质就是保存(Bewahrung),尽管在历史的一切变迁中它一直是积极活动的。但是,保存是一种理性活动,当然也是

---

[20] 参见亚里士多德:《尼各马可伦理学》,第10章。

这样一种难以觉察的不显眼的理性活动。正是因为这一理由,新的东西、被计划的东西才表现为理性的唯一的活动和行为。但是,这是一种假象。即使在生活受到猛烈改变的地方,如在革命的时代,远比任何人所知道的多得多的古老东西在所谓改革一切的浪潮中仍保存了下来,并且与新的东西一起构成新的价值。无论如何,保存与破坏和更新的行为一样,是一种自由的行动。这就是启蒙运动对传统的批判以及浪漫主义对传统的平反为什么都落后于它们的真正历史存在的原因。

这些考虑导致了这样一个问题,即在精神科学的诠释学里是否应当根本不给传统要素以权利。精神科学的研究不能认为自己是处于一种与我们作为历史存在对过去所采取的态度的绝对对立之中。在我们经常采取的对过去的态度中,真正的要求无论如何不是使我们远离和摆脱传统。我们其实是经常地处于传统之中,而且这种处于决不是什么对象化的(vergegenständlichend)行为,以致传统所告诉的东西被认为是某种另外的异己的东西——它一直是我们自己的东西,一种范例和借鉴,一种对自身的重新认识,在这种自我认识里,我们以后的历史判断几乎不被看作为认识,而被认为是对传统的最单纯的吸收或融化(Anverwandlung)。

因此,对于占统治地位的认识论方法学主义(Methodologismus)我们必须提出这样一个问题,历史意识的出现是否真正使我们的科学态度完全脱离了这样一种对过去的自然态度?当精神科学内的理解把它自己的整个历史性都归到我们必须抛弃的前见方面,这样理解是否就真正正确地理解了自身?或者说"无前见的科学"是否与那种传统借以生存和过去得以存在的朴素的接受和反思还共同具有比它自身所知道的更多的东西?

无论如何,精神科学的理解与继续存在的传统共同具有某种基本前提条件,即感到自身是在与传承物进行攀谈(angesprochen)。[243]下面这一点难道就不适合于精神科学所研究的对象,这种对象的意义只有在以后才能被经验?——这一点对于传统的内容来说显然是非常正确的。尽管这种意义还很可能总是一种间接的意义,并且是从似乎与现在毫无关系的历史兴趣中产生出来——甚至在"客观的"历史研究这一极端情况里,历史任务的真正实现仍总是重新规定被研究东西的意义。但是这种意义既存在于这种研究的结尾,也同样存在于这种研究的开端:即存在于研究课题的选择中,研究兴趣的唤起中,新问题的获得中。

因此,在所有历史诠释学一开始时,传统和历史学之间的抽象对立、历史和历史知识之间的抽象对立必须被消除。继续存在的传统的效果(Wirkung)和历史研究的效果形成了一种效果统一体(Wirkungseinheit),而对这种效果统一体的分析可能只找到相互作用的一种结构。⑳ 因此,我们确实不把历史意识认作某种完全新的东西——好像它是第一次出现的,而是把它认作那种向来构成人类与过去的关系的东西里的一个新要素。换言之,我们必须在历史关系里去认识传统要素,并且探究这一要素在诠释学上的成效性。

---

⑳ 我不认为舍勒这种看法是正确的,即传统的前意识的压力可以随着历史科学的深入而减少(《人在宇宙中的地位》,第37页)。在我看来,这里所包含的历史科学的独立性似乎是连舍勒自己也一般能看透的一种任意的虚构(同样,参见他的《遗著》,第1卷,第228页以下,在那里他承认历史的启蒙运动或知识社会学的启蒙运动)。

Ⅱ 一种诠释学经验理论的基本特征

在精神科学里,尽管有其独特的方法论性质,但传统的要素总是在起作用,而且这一要素构成精神科学的真正本质及其鲜明的特征。如果我们考察研究的历史并注意到精神科学史和自然科学史之间存在的差别,上述这一点便是直接明显的。当然,人的任何有限的历史性的努力决不能完全消除这种有限性的痕迹,甚至数学的历史或自然科学的历史也是人类精神史的一部分,并反映人类精神的命运。然而,当自然科学家从当代知识状况来描述他们的科学的历史,这就不只是一种历史的幼稚性。对于自然科学家来说,错误和歧途只具有一种历史的兴趣,因为研究的进展乃是他们研究的不言而喻的标准。因此,考察自然科学或数学的进展怎样归属于它们出现的历史瞬间,这只具有附属的兴趣。这种兴趣并不影响自然科学或数学的发现的认识论价值。

所以,我们根本不必否认传统要素在自然科学里也能起积极的作用,例如,在某种地方特别喜爱某种研究方式。但是,这样的科学研究并不是从这种情况,而是从它正研究的对象的规律得出它的发展规律的。[209]

显然,精神科学是不能用研究和进展这样的概念来正确描述的。当然,我们可以写某一问题解决的历史,例如对某种难读铭文进行辨认的历史,在这里除了最后达到最终的结果外不存在任何其他兴趣。如果情况不是这样,那么精神科学就根本不可能像在上世纪我们所看到的那样在方法论上依赖自然科学。但是,自然

---

[209] [这一问题自托马斯·库恩的《科学革命的结构》(芝加哥,1963年)和《必要的张力——对科学传统和变化的研究》(芝加哥,1977年)出版以来似乎变得相当复杂。]

科学研究和精神科学研究之间的类比只是涉及精神科学里所进行的工作的一种附属的层次。

这一点表现在：精神科学研究的伟大成就几乎永不会陈旧。显然，今天的读者可以很容易地考虑到这一事实，即一百年以前的历史学家只能支配很少的一些知识，因此他们作出了某些在细节上不正确的判断，但整个来说，今天的读者仍宁愿读德罗伊森或莫姆森[244]的著作而不喜欢读某个当代历史学家关于这个领域所写的最新材料。什么是这里量度的标准呢？显然，我们不能简单地用我们量度研究价值和重要性的标准来作为我们问题的基础。实际上，只是由于那个能把事情（Sache）正确描述给我们的人，该事情才对我们真正表现出重要性。所以，虽然事情确实是我们的兴趣所在，但事情只是通过它在其中向我们呈现的方面（Aspekte）而获得它的生命。我们承认事情有在不同的时间或从不同的方面历史地表现自身的诸不同方面；我们承认这些方面并不是简单地在继续研究的过程中被抛弃，而是像相互排斥的诸条件，这些条件每一个都是独立存在的，并且只由于我们才结合起来。我们的历史意识总是充满了各种各样能听到过去反响的声音。只有在这些众多的声音中，过去才表现出来。这构成了我们所分享和想分享的传统的本质。现代的历史研究本身不仅是研究，而且是传统的传递。我们并不是只从进展的规律和确切的结果方面去看待现代的研究——在这种研究中好像也有了某种新的历史经验，因为在研究中我们每次都听到某种过去在反响的新的声音。

它的基础是什么呢？显然，我们不能在适合于自然科学的意义上——即研究愈来愈深入到自然里面——讲到精神科学的固定的研究目的。其实,在精神科学里,致力于研究传统的兴趣被当代及其兴趣以一种特别的方式激发起来。研究的主题和对象实际上是由探究的动机所构成的。[20] 因此历史的研究被带到了生命自身所处的历史运动里,并且不能用它正在研究的对象从目的论上加以理解。这样一种"对象"本身显然根本不存在。这正是精神科学区别于自然科学的地方。当自然科学的对象可以理想地被规定为在完全的自然知识里可以被认识的东西时,如果我们说某种完全的历史知识,就是毫无意义的,并且正因为这种理由,我们也根本不可能讲到这种研究所探讨的"对象本身"。[21]

β)古典型的例证[22]

当然,这是对精神科学的自我理解的一种苛求,即精神科学在其整个活动中能这样地使自己脱离自然科学的模式,并把它所研讨的任何东西的历史运动性不只认为是对它的客观性的一种损害,而且也认为是某种积极的东西。但是,在精神科学的最新发展过程中已存在这样一种可能正确思考此问题的出发点。历史研究的素朴方法论已不再能单独支配这一领域了。研究的进展不再普遍地以扩大和深入新领域或新材料这种模式加以理解,而是相反地以对问题达到某种更高的反思阶段加以理解。不过,即使这样,

---

[20] [K-G. 费伯在其《历史科学理论》一书(慕尼黑,1972年第2版,第25页)精辟的讨论中,不得不在"构成"一词后面加上一个讽刺的感叹号而引用这一命题。这迫使我提出这一问题,即我们怎样才可能正确地定义一个"历史事实"呢?]

[21] [今天我在经过30年科学研究工作之后乐意地承认我们甚至不必区分这种自然科学的"程式"(Stilisierung)。]

[22] [参见我的论文"在现象学和辩证法之间——一种自我批判的尝试",载我的著作集,第2卷。]

所谓研究的进展仍继续以一种适合于研究者的方式从目的论上加以思考。不过,一种充满自我批判精神的研究态度的诠释学意识同时在这里逐渐地发展。这首先适合于那些具有最古老传统的精神科学。所以,经典的古典科学在逐渐处理了它的最大范围的传承物之后,又继续以更精致的问题研讨它研究中特别喜爱的古老对象。因而它曾经导致某种像自我批判这样的东西,因为它曾经考虑到那种构成其特别喜爱对象的真正优点的东西。古典型概念——自德罗伊森发现希腊文化以来历史思想就曾经把这一概念归为单纯的风格概念——现在在科学里获得了某种新的合法性。

一个像古典型概念这样的规范性的概念何以可能保持一种科学的正当性或重又获得这种正当性,这自然要求一种细致的诠释学思考。因为从历史意识的自我理解中我们可以推出这样的结论,即过去的一切规范性的意义最后被现在成为统治者的历史理性所破坏。只是在历史主义的开端,例如在温克尔曼划时代的工作中,规范性要素才仍是历史研究本身的一种真正动机。

经典的古代(klassischen Altertum)概念和古典型(klassische)概念,正如其自德国古典主义时代以来首先支配着教育学思想那样,自身结合着规范性方面和历史性方面。人类历史发展的一个特定的发展阶段同时应当造就成熟的和完美的人的形象(Herausgestaltung)。在这概念的规范性意义和历史性意义之间存在的这种联系(Vermittlung),我们可以追溯到赫尔德。但是黑格尔仍坚持这种联系,虽然他对这种联系是以另一种历史哲学观点加以强调。古典艺术在黑格尔那里保持它的高贵性,因为它被理解为"艺术宗教"。由于精神的这一形态是一种过去的形态,所

Ⅱ 一种诠释学经验理论的基本特征

以它只是在某种有限制的意义上才是典范的。既然它是一种过去的艺术,它便证明了一般艺术的过去性质(Vergangenheitscharakter)。黑格尔通过这一点系统地论证了古典型概念历史化的正当性,并且开创了那种最后使古典型概念成为一种描述性的风格概念的发展过程。这种风格概念在古典的刻板和巴洛克的消解之间描述了一种尺度和丰富的短暂的和谐。既然古典型概念现在成了历史研究的风格史词汇,所以古典型概念仅以一种不为人承认的方式保留了一种与规范性内容的关联。[213]

当"古典语文学"在第一次世界大战之后以一种新人道主义的观点开始考察自身,并且非常犹豫地重新承认古典型概念里的规范性意义要素和历史性意义要素的结合时,这乃是历史自我批判开始的征象。[214] 当然,这同时也表明(无论我们怎样尝试)我们不可能从内容上这样解释这种起源于古代并在某个学院派作家成为圣徒过程中起过作用的古典型概念,好像它本身已表现了某种风格理想的统一。[215] 其实,作为风格符号的古典概念完全缺乏明确性。如果我们今天把"古典型"作为一种在区别以前和以后东西中都具有其明确性的历史性的风格概念加以使用,那么这个古代概念本有的历史内涵就完全消失了。古典型概念现在只表示一种历

---

[213] [关于"风格"概念请参见本书第43页注释以及补注Ⅰ,载我的著作集,第2卷,第375—378页。]

[214] 由维尔纳·耶格一手操办的关于古典型的瑙姆堡会议(1930年)以及"古典"杂志的创刊,都是这方面的例证。参见《经典和古典问题》(1931年)。

[215] 参见 A. 科尔特对 J. 施特鲁克斯在瑙姆堡会议上的报告所作的正确批评(载《萨克森科学院报告》,第86卷,1934年,以及我的评论,载《指南针》,第11卷,1935年,第612页以下。[目前重印在我的著作集,第5卷,第350—353页。]

史时期，一种历史发展的阶段，而不表示任何超历史的价值。

但是，古典型概念里的规范要素事实上从未完全消失。一直到今天它仍是"德国中等人文科学教育"观念的基础。语文学家不满足于把造型艺术史上曾经发展了的历史风格概念单纯地应用于他的文本是有道理的。荷马是否也是"古典型的"？这一显而易见的问题动摇了那种被用于与艺术史作比较的古典型历史风格范畴——这是一个例证，说明历史意识除了承认自身外总是还包含更多的东西。

如果我们想知道这些内蕴，那么我们可能说：古典型之所以是一种真正的历史范畴，正是因为它远比某种时代概念或某种历史性的风格概念有更多的内容，不过它也并不想成为一种超历史的价值概念（Wertgedanke）。它并不只表示一种我们可以归给某些历史现象的特性，而是表示历史存在本身的一种独特方式，表示那种——通过愈来愈更新的证明（Bewährung）——允许某种真的东西来到存在的历史性保存过程（den geschichtlichen Vorzug der Bewahrung）。这种情况完全不像历史的思考方式想使我们相信的情况，即某物得以有古典型称号的价值判断事实上被历史反思及其对一切目的论的构造历史过程的方式的批判所破坏。古典型概念里所包含的价值判断通过这种批判实际上获得了某种新的真正的合法性：古典型之所以是某种对抗历史批判的东西，乃是因为它的历史性的统治、它的那种负有义务要去传承和保存价值的力量，都先于一切历史反思并且在这种反思中继续存在。

我们可以举"经典的古代"这一重要例子来说明这种情况。当然，如果我们把希腊化时期贬低为古典主义衰败没落的时代，这是非历史主义的,德罗伊森就曾正确强调了希腊化时期在世界史上的重要地位以及对于基督教诞生和发展的意义。但是,假如并不总是存在一种偏爱古典的前见,假如"人文主义"文化并不坚持"经典的古代"以及不把它作为未丧失的古代遗产保存在西方文化中,那么德罗伊森大可不必承担历史神正论的辩护人。从根本上说,古典型完全不同于某个客观主义的历史意识所使用的描述性概念;它是一种历史实在,而历史意识就隶属于这种历史实在,并服从于这种历史实在。我们所谓古典型,乃是某种从交替变迁时代及其变迁的趣味的差别中取回的东西——它可以以一种直接的方式被我们接触,但不是以那种仿佛触电的方式,后一种方式我们有时用来刻画当代艺术作品特征,在此方式里,实现对某种超出一切有意识期望的意义预感是瞬间地被经验到的。其实,古典型乃是对某种持续存在东西的意识,对某种不能被丧失并独立于一切时间条件的意义的意识,正是在这种意义上我们称某物为"古典型的"——即一种无时间性的当下存在,这种当下存在对于每一个当代都意味着同时性。

因此,"古典型"概念中(这完全符合古代和现代对于该词的用法)首先存在的是规范性的意义。但是,就这种规范通过回顾与某种实现和表现它的一度曾有的过去整体相关联而言,这种规范总是已经包含了某种历史地表现它的时代声调。所以我们毫不奇怪,随着历史反思——正如人们所说的,这种历史反思把温克尔曼的古典主义视作它的标准——在德国的兴起,一种历史性的时期或时代概念从那种在温克尔曼意义上被认作古典型的东西分离了出来,以便指称某种内容上完全特殊的风格理想,同时以一种历史描述的方式指称某个实现这一理想的时期或时代。从创建标准的后裔们(Epigonen)[245]的距离来看,显然,这种风格理想的实现标志了世界史上某个属于过去的特定瞬间。与此相应,古典型概念在近代思想中开始被用来描述整个"经典的古代",当时人文主义重新宣布了这种古代的典范性。因此人文主义并不是毫无理由地采纳了某种古代的用语。因为那些被人文主义所"发现的"古代作家都是同一类的作者,这些作者为以后的古代构造了经典的标准。

这些作者之所以被保存在西方文化史上并受人尊重,正是因为他们变成了规范的"学院派"的著作家。但我们很容易看到,历史性的风格概念是怎样能够依赖于这种用法的。因为铸造这一概念的虽然是一种规范的意识,但这概念里同时也包含某种回顾的特征。这是一种显露古典规范的衰落和距离的意识。古典型概念和古典风格概念决不是偶然地出现在以后的时期:在这方面卡里马可斯(Kallimachos)[246]和塔西陀(Tacitus)[247]的"对话"曾起了决定性的作用。㉑ 但是也还有某种别的原因。正如我们所知道的,那些被认为古典型的作家常常是某种文学类型的代表。他们被人们认为是那种文学类型规范的完美实现,即一种在回顾文学批评中可以看见的理想。如果我们现在历史地考察这些文学类型规范,也就是说,如果我们考察这些文学类型的历史,那么古典型

㉑ 因此,在瑙姆堡关于古典型的讨论中,"关于演说的对话"(Dialogus de oratoribus)受到特别注意并不是没有理由的。演讲术衰落的原因包含对其以前的伟大的承认,即包含一种规范的意识。

B. 斯内尔正确地指出历史性的风格概念"巴洛克""古典式"等都预先假定了与古典型这一规范性概念的某种关联,并且只是逐渐地才脱离其贬低的意义(《人类的本质和实在》,载《H. 普莱斯纳纪念文集》,第 333 页以下)。

就成为某种风格方面的阶段概念,某种用以前和以后来表现这种类型历史的顶峰的概念。因为类型史的各顶峰曾大量地集中出现于同一个短暂时期中,所以古典型在经典的古代这整个历史发展中就指称这样一个阶段,并因而也成为一个与风格概念相结合的时代概念。

作为这样一种历史性的风格概念,古典型概念可以被推广到任何一种"发展",而内在固有的目的(Telos)给予这种发展以统一。事实上,一切文化都存在繁荣时代,在这些时代中,某种特殊的文化是通过各个领域内的特殊成就来标示的。所以古典型这一普遍的价值概念通过其特殊的历史实现又成为某种普遍的历史性风格概念。

虽然这是一种可以理解的发展,但概念的历史化同时也意味着它的根绝,因而历史意识在其开始从事自我批判时就要重新恢复古典型概念里的规范性要素和重视这一概念实现的历史一度性。每一种"新人文主义"都与最初的和最古老的人文主义一起意识到对其范例的直接而有义务的归属性,这种范例虽然作为某种到对其范例的直接而有义务的归属性,这种范例虽然作为某种过去的东西是不可达到的,但它是存在的。所以历史存在的某种普遍特质在"古典型"里达到顶点,这就是在时间的废墟中的保存(Bewahrung im Ruin der Zeit zu sein)。虽然传承物的一般本质就是,只有过去当中作为不过去的东西而保存下来的东西才使得历史认识成为可能,但是正如黑格尔所说的,古典型乃是"那种指称自身并因此也解释自身的东西"[20]——不过

---

[20] 黑格尔:《美学》,第2卷,第3页(此处有误,应为第13页。——译者)。

这归根到底就是说,古典型之所以是被保存的东西,正是因为它意指自身并解释自身,也就是以这种方式所说的东西,即它不是关于某个过去东西的陈述,不是某种单纯的、本身仍需要解释证明的东西,而是那种对某个现代这样说的东西,好像它是特别说给它的东西。我们所谓"古典型"的东西首先并不需要克服历史距离——因为它在其经常不断的中介中就实现了这种克服。因此,古典型的东西确实是"无时间性的",不过这种无时间性乃是历史存在的一种方式。

当然,这并不排除这一事实,即被认作为古典型的著作对某个意识到历史距离的发展了的历史意识提出了历史性的认识任务。历史意识的目的不再是像帕拉迪奥(Palladio)或高乃依那样以直接的方式要求古典的范例,而是把古典范例认作为一种只可从其自身时代去理解的历史现象。但是在这种理解中总是涉及比单纯历史地构造作品所属的过去"世界"更多的东西。我们的理解总是同时包含某种我们一起归属这世界的意识。但是与此相应,作品也一起归属于我们的世界。

"古典型"这词所表示的正是这样一点,即一部作品继续存在的直接表达力基本上是无界限的。[21] 所以,不管古典型概念怎样强烈地表现距离和不可企及性并属于文化的意识形态,"古典的文化"(Klassische Bildung)依然还总是保留着某种古典型的持久有效性。甚至文化的意识形态也还证明着与古典作品所表现的世界

---

[21] 弗里德里希·施莱格尔(《残篇》,Minor 20)推出这样的诠释学结论:"一部古典作品必定永远不能被完全理解。但是,那些受其熏陶并正在教导它们的人却必定总想从它们中学会更多的东西。"

II 一种诠释学经验理论的基本特征

有某种终极的共同性和归属性。

这种关于古典型概念的解释并不要求任何独立的意义,而是想唤起一个普遍的问题,这个问题就是:过去和现在的这种历史性的中介,正如我们在古典型概念里所看到的,最终是否作为有效的基石成为一切历史行为的基础? 当浪漫主义诠释学把人性的同质性(Gleichartigkeit)取为它的理解理论的非历史性的基石,并因此把同质性的理解者从一切历史条件性中解放出来时,历史意识的自我批判最后却发展成不仅在事件过程中而且也同样在理解中去承认历史性运动。理解甚至根本不能被认为是一种主体性的行为,而要被认为是一种置自身于传承物事件中的行动(Einrücken in ein Überlieferungs-geschehen),在这行动中过去和现在不断地进行中介。这就是必须在诠释学理论里加以发挥的东西,因为诠释学理论过多地被某个程序、某种方法的观念所支配。

c)时间距离的诠释学意义[219]

我们首先追问一下:诠释学究竟是怎样着手它的工作的? 由于诠释学的条件隶属于某个传统,这对于理解将导致什么结果呢? 这里让我们回忆一下这条诠释学规则,即我们必须从个别来理解整体,而又必须从整体来理解个别。这条规则源自古代修辞学,并且被近代诠释学从讲演技巧转用于理解的技术。这是一种普遍存在的循环关系。由于被整体所规定的各个部分本身同时也规定着这个整体,意指

---

[219] [这一节现在尤其要参阅我的论文"在现象学和辩证法之间——一种自我批判的尝试",载我的著作集,第2卷,第3页以下。]

整体的意义预期(Antizipation von Sinn)才成为明确的理解。

我们在学习古代语言时就认识到了这一点。在古代语言中我们知道，如果我们想理解某个语句在其语言意思方面的整个意义[248]，那么我们就必须首先对这个语句进行"语法分析"(konstruieren)。但是这种语法分析过程本身却已经是被某种意义预期(Sinnerwartung)所支配，而这种意义预期来自于以往一直如是的关系。当然，这种预期还必须受到修正，假如文本需要这种修正的话。这就意味着，这种预期有了改变，而文本从另一种意义预期中获得了某种意见的统一性。所以，理解的运动经常就是从整体到部分，再从部分返回到整体。我们的任务就是要在各种同心圆中扩大这种被理解的意义的统一性。一切个别性与整体的一致性就是正确理解的合适标准。未达到这种一致性就意味着理解的失败。

施莱尔马赫曾经把这种部分与整体的诠释学循环区分为客观的与主观的两方面。正如个别的词从属于语句的上下文一样，个别的文本也从属于其作者的作品的上下文，而这作者的作品又从属于相关的文字类即文学的整体。但从另一方面说，同一文本作为某一瞬间创造性的表现，又从属于其作者的内心生活的整体。理解只有在这种客观的和主观的整体中才能得以完成。以后狄尔泰根据这种理论提出"结构"和"集中心"(Zentrierung in einem Mittelpunkt)，试图从这里引出对整体的理解。狄尔泰由此(如我们讲过的[29])把历来是一切文本解释的一个原则应用于历史世界，这条原则就是：我们必须从文本自身来理解某个文本。

㉙ 参见本书第202页、第245页以下。

Ⅱ 一种诠释学经验理论的基本特征

然而问题在于,理解的循环运动是否这样就被正确理解了呢?这里必须回到我们对施莱尔马赫诠释学所作的分析的结果。我们可以对施莱尔马赫所提出的主观解释完全置之不顾。当我们试图理解某个文本时,我们并不是把自己置入作者的内心状态中,而是——如果有人要讲自身置入的话——我们把自己置入那种他人得以形成其意见的透视(Perspektive)中。但这无非只是表示,我们试图承认他人所言的东西有事实的正确性。甚至,如果我们想要理解的话,我们还将力求加强他的论证。这种情况在谈话中就已经发生,而在对文字的东西进行理解时就更加经常地出现,以致我们在这里进入了一个有意义物的领域,该有意义物自身是可理解的,并且作为这种自身可理解的有意义物无需要人再返回到他人的主观性中。诠释学的任务就是要解释这种理解之谜,理解不是心灵之间的神秘交流,而是一种对共同意义的分有(Teilhabe)。

但是,即使像施莱尔马赫所描述的这种循环的客观方面,也并未触及事情的核心。我们已经看到,一切了解和一切理解的目的都在于取得对事情的一致性(das Einverständnis in der Sache)。所以,诠释学始终有这样的任务,即建立那种尚未达到的或被打乱了的一致性。诠释学的历史能够证明这一点,例如,我们想一下奥古斯丁,他的愿望就是想用基督教的教义来解释《旧约》,[21]或者我们想一下面临同样问题的早期福音派新教,[22]以及

---

[21] [对此参见 G. 里庞蒂:《作为解释理论家的奥古斯丁》,布雷西亚,1980年。]

[22] [参见 M. 弗拉丘斯:《〈圣经〉要旨及其讲述方式》,第2卷,1676年。]

最后想一下启蒙运动的时代，对于这个时代来说，那种试图只靠历史的解释来获取对文本的"更好理解"，几乎就像是拒绝承认一致性。正是当浪漫主义和施莱尔马赫不再把他们由之而来并且生存于其中的这种传统约束形式看作为一切诠释学努力的坚固基础，从而建立了一种普遍范围的历史意识时，才出现了某种全新的东西。

施莱尔马赫的直接先驱者之一语文学家弗里德里希·阿斯特曾对诠释学任务有一个十分坚定的内容上的理解，因为他要求，诠释学应当在古代世界和基督教之间、在新发现的真正古典文化和基督教传统之间建立一致性。虽然与启蒙运动相比，这是某种新的东西，因为这种诠释学不再根据自然理性的标准来接受和拒绝传统，然而就其试图把这两种传统（它知道自己处于这些传统之中）带到某种有意义的一致性而言，这样一种诠释学仍然基本上坚持一切以往诠释学的任务，即要在理解中获得一种内容上的一致性。

施莱尔马赫以及他之后的 19 世纪科学由于超出了这种调解古典文化和基督教的"特殊性"，并以一种形式的普遍性看待诠释学任务，于是成功地确立了诠释学与自然科学的客观性理想的一致性，但是，这一点只是由于他们不让具体的历史意识在诠释学理论中发挥效力才做到的。

与此相反，海德格尔对诠释学循环的描述和生存论上的论证，表现了一种决定性的转折。19 世纪的诠释学理论确实也讲到过理解的循环结构，但始终是在部分与整体的一种形式关系的框架中，亦即总是从预先推知整体、其后在部分中解释整体这种主观的

II 一种诠释学经验理论的基本特征

反思中来理解循环结构。按照这种理论,理解的循环运动总是沿着文本来回跑着,并且当文本被完全理解时,这种循环就消失。这种理解理论合乎逻辑地在施莱尔马赫的预感行为学说(die Lehre von dem divinatorischen Akt)里达到了顶峰。通过这种预感行为,一个人完全把自身置于作者的精神中,从而消除了关于文本的一切陌生的和诧异的东西。与此相反,海德格尔则是这样来描述循环的:对文本的理解永远都是被前理解(Vorverständnis)的先把握活动所规定。在完满的理解中,整体和部分的循环不是被消除,而是相反地得到最真正的实现。

这样,这种循环在本质上就不是形式的,它既不是主观的,又不是客观的,而是把理解活动描述为传承物的运动和解释者的运动的一种内在相互作用(Ineinanderspiel)。支配我们对某个文本理解的那种意义预期,并不是一种主观性的活动,而是由那种把我们与传承物联系在一起的共同性(Gemeinsamkeit)所规定的。但这种共同性是在我们与传承物的关系中、在经常不断的教化过程中被把握的。这种共同性并不只是我们已经总是有的前提条件,而是我们自己把它生产出来,因为我们理解、参与传承物进程,并因而继续规定传承物进程。所以,理解的循环一般不是一种"方法论的"循环,而是描述了一种理解中的本体论的结构要素。

作为一切理解基础的这种循环的意义,还有一个进一层的诠释学结论,这个结论我想称之为"完全性的前把握"(Vorgriff der Vollkommenheit)。显然,这也是支配一切理解的一种形式的前提条件。它说的是,只有那种实际上表现了某种意义完全统一性的东西才是可理解的。所以,当我们阅读一段文本时,我们总是遵循这个完满性的前提条件,并且只有当这个前提条件被证明为不充分时,即文本是不可理解时,我们才对传承物发生怀疑,并试图发现以什么方式才能进行补救。这里我们可以把我们在对文本进行这种批判考虑中所遵循的规则暂置不论,因为关键的问题在于,这些规则的正确应用是不能脱离对文本的内容理解的。

因而,这种支配我们一切理解的完全性的前把握本身在内容上每次总是特定的。它不仅预先假定了一种内在的意义统一性来指导读者,而且读者的理解也是经常地由先验的意义预期所引导,而这种先验的意义预期来自于与被意指东西的真理的关系。所以,正如一个收信人理解了信中所包含的消息,并首先以写信人的眼光去看待事情,即把写信人所写的东西认为是真的——但并不是想把这个写信人的特别见解认为是真的——同样,我们根据从我们自己的先行实际关系中所获得的意义预期理解了传承下来的文本。而且,正如我们相信某个记者的消息是因为他当时在场或者他消息灵通,同样,我们基本上总是开启这样一种可能性,即对于在我们以前即已形成的意义,传承下来的文本作者要比我们知道得更多些。只有当把作者所说的东西认为是真的这种试图失败了,我们才力图——心理学或历史学地——把文本"理解"为他人的见解。[23] 所以完满性的前判断(Vorurteil)不仅包含了文本应当完全表现其见解这一形式要素,而且也意指文本所说的东西就是

---

[23] 在1958年于威尼斯会议上所作的关于审美判断的报告中,我曾经试图指出,即使这种审美判断——如历史学判断——也具有附属的性质,并且证明了"完全性的前把握"。该报告题为"关于审美意识的可疑性",发表在《美学评论》,3/3(1958年)。[D.亨利希、W.伊泽尔(编):《艺术理论》,1982年。]

完满真理。

这里再次证明了,理解首先意味着对某种事情的理解,其次才意味着分辨(abheben)并理解他人的见解。因此一切诠释学条件中最首要的条件总是前理解,这种前理解来自于与同一事情相关联的存在(im Zu-tun-haben mit der gleichen Sache)。正是这种前理解规定了什么可以作为统一的意义被实现,并从而规定了对完全性的前把握的应用。[24]

所以,隶属性的意义,亦即在我们的历史的-诠释学的行为中的传统因素,是通过共有基本的主要的前见(Vorurteile)而得以实现的。诠释学必须从这种立场出发,即试图去理解某物的人与在传承物中得以语言表达的东西是联系在一起的,并且与传承物得以讲述的传统具有或获得某种联系。另一方面,诠释学意识明白,它不可能以某种毫无疑问理所当然的完全一致性方式与这种东西相联系,正如它不可能与某种不中断的继续存在的传统相联系一

---

[24] 这种完全性的前把握有一种例外情况,即故意颠倒或伪装了的文章,这种情况提出了最棘手的诠释学问题(参看列奥·施特劳斯在《迫害与写作方式》一书中富有教益的考虑)。这种例外的诠释学情况是具有特别意义的,因为它以同样的方式超出了纯粹的意义解释,正如历史的源泉批判返回到传承物的背后。虽然这里涉及的不是历史学的任务,而是一种诠释学的任务,但这个任务只有在我们把某种事实的理解用作为关键东西才可完成。只有这样,我们才可以发现伪装后面的东西——正如在对话中我们可以按照自己与他人对于事情的一致性程度去理解其中的反语。因此表面上的例外却证明了理解蕴含着一致性。[L. 施特劳斯是否总是有权利贯彻他的原则,例如在斯宾诺莎那里,我是有怀疑的。"伪装"包含某种意识的最高标准。调节、顺应等不需要有意识地发生。这是施特劳斯未充分注意到的。参见前引书,第 223 页以下,以及我的论文"诠释学与历史主义",载我的著作集,第 2 卷,第 387 页以下。目前这个问题——我认为在太狭窄的语义学基础上——有很多的讨论,参见 D. 戴维森:《真理和解释探究》,牛津,1984 年。]

样。实际上存在着一种熟悉性和陌生性的两极对立,而诠释学的任务就是建立在这种两极对立上。只是对这种两极性我们不应当像施莱尔马赫那样从心理学上理解为隐蔽了个性秘密的两极距离（Spannweite）,而应从真正诠释学上看,即鉴于某种被言说的东西,理解为传承物借以向我们述说的语言、传承物告诉我们的故事。这里给出了一种对立关系。传承物对于我们所具有的陌生性和熟悉性之间的地带,乃是具有历史意味的枯朽了的对象性和对某个传统的隶属性之间的中间地带。诠释学的真正位置就存在于这中间地带内。

从诠释学取得其活动地盘的这种中间地位可以推知,诠释学的任务根本不是要发展一种理解的程序,而是要澄清理解得以发生的条件。但这些条件完全不具有这样一种"程序"的或方法论的性质,以致作为解释者的我们可以对它们随意地加以应用——这些条件其实必须是被给予的。占据解释者意识的前见（Vorurteile）和前见解（Vormeinungen）,并不是解释者自身可以自由支配的。解释者不可能事先就把那些使理解得以可能的生产性的前见（die Produktiven Vorurteile）与那些阻碍理解并导致误解的前见区分开来。

这种区分必须在理解过程本身中产生,因此诠释学必须追问这种区分是怎样发生的。但这就意味着,诠释学必须把那种在以往的诠释学中完全处于边缘地带的东西置于突出的地位上,这种东西就是时间距离（Zeitenabstand）及其对于理解的重要性。

这一点首先可以通过与浪漫主义诠释学理论作一比较来加以说明。我们会记得,在浪漫主义那里,理解被看成为对一原始产品

Ⅱ 一种诠释学经验理论的基本特征

的复制(Reproduktion)。因而也就使这样一种说法成为可能,即我们必须比作者理解他本人更好地理解作者。我们虽然已经考察过这种说法的根源及其与天才说美学的联系,但现在我们还必须回到这种说法上,因为按照我们现在的考虑,这句话有了一层新的意义。

后来的理解相对于原来的作品具有一种基本的优越性,因而可以说成是一种更好理解(ein Besserverstehen)——这完全不是由于后来的意识把自身置于与原作者同样位置上(如施莱尔马赫所认为的)所造成的,而是相反,它描述了解释者和原作者之间的一种不可消除的差异,而这种差异是由他们之间的历史距离所造成的。每一时代都必须按照它自己的方式来理解历史传承下来的文本,因为这文本是属于整个传统的一部分,而每一时代则是对这整个传统有一种实际的兴趣,并试图在这传统中理解自身。当某个文本对解释者产生兴趣时,该文本的真实意义并不依赖于作者及其最初的读者所表现的偶然性。至少这种意义不是完全从这里得到的。因为这种意义总是同时由解释者的历史处境所规定的,因而也是由整个客观的历史进程所规定的。就是像克拉顿尼乌斯[25]这样的作家——虽然他还没有把理解放入历史研究中——也已经完全自然地朴素地考虑到了这一点,因为他认为,作者并不需要知道他所写的东西的真实意义,因而解释者常常能够而且必须比这作者理解得更多些。不过,这一点具有根本的重要性。文本的意义超越它的作者,这并不只是暂时的,而是永远如此的。因

---

[25] 参见本书第 187 页。

此，理解就不只是一种复制的行为，而始终是一种创造性的行为。把理解中存在的这种创造性的环节称之为更好的理解，这未必是正确的。因为正如我们已经指明的，这个用语乃是启蒙运动时代的一项批判原则转用在天才说美学基础上的产物。实际上，理解并不是更好理解，既不是由于有更清楚的概念因而对事物有更完善的知识这种意思，也不是有意识的东西对于创造的无意识性所具有基本优越性这个意思。我们只消说，如果我们一般有所理解，那么我们总是以不同的方式在理解，这就够了。

这样一种理解概念当然完全破坏了浪漫主义诠释学所设定的范围。既然现在所关心的东西不是个人及其意见，而是事情的真理，所以文本就不被理解为单纯生命的表达，而是被严肃地放置在它的真理要求中。这就是"理解"的含义，这一点即使在以前也是不言而喻的——也许我们还记得前面所援引的克拉顿尼乌斯的话。[28] 但是，诠释学问题的这个方面却被历史意识和施莱尔马赫给予诠释学的心理学转向弄得威信扫地，只有当历史主义的绝境暴露出来并最后导致一种新的根本转变时，这个方面才会重新展示出来。在我看来，这种新的根本转变主要是由海德格尔激发起来的。因为只有当海德格尔赋予理解以"生存论的"（Existenzial）这种本体论转向之后，只有当海德格尔对此在的存在方式作出时间性的解释之后，时间距离的诠释学创新意蕴才能够被设想。

现在，时间不再主要是一种由于其分开和远离而必须被沟通的鸿沟，时间其实乃是现在植根于其中的事件的根本基础。因此，

---

[28] 参见本书第 186 页。

时间距离并不是某种必须被克服的东西。这种看法其实是历史主义的幼稚假定,即我们必须置身于当时的精神中,我们应当以它的概念和观念、而不是以我们自己的概念和观念来进行思考,并从而能够确保历史的客观性。事实上,重要的问题在于把时间距离看成是理解的一种积极的创造性的可能性。时间距离不是一个张着大口的鸿沟,而是由习俗和传统的连续性所填满,正是由于这种连续性,一切传承物才向我们呈现了出来。在这里,无论怎么讲一种事件的真正创造性也不过分。每一个人都知道,在时间距离没有给我们确定的尺度时,我们的判断是出奇的无能。所以对于科学意识来说,关于当代艺术的判断总是非常不确定的。显而易见,正是由于这些不可控制的前见,由于这些对我们能够认识这些创造物有着太多影响的前提条件,我们才走近了这些创造物,这些前见和前提能够赋予当代创造物以一种与其真正内容和真正意义不相适应的过分反响(Überresonanz)。只有当它们与现时代的一切关系都消失后,当代创造物自己的真正本性才显现出来,从而我们有可能对它们所说的东西进行那种可以要求普遍有效性的理解。

正是这种经验在历史研究中导致了这样一种观念,即只有从某种历史距离出发,才可能达到客观的认识。的确,一件事情所包含的东西,即居于事情本身中的内容,只有当它脱离了那种由当时环境而产生的现实性时才显现出来。一个历史事件的可综览性(Überschaubarkeit)、相对的封闭性,它与充实着当代的各种意见的距离——在某种意义上都是历史理解的真正积极的条件。因此历史方法的潜在前提就是,只有当某物归属于某种封闭的关系时,它的永存的意义才可客观地被认识。换句话说,当它名存实亡到了只引起历史兴趣时，它的永存的意义才可客观地被认识。只有到这时才似乎可能排除观察者的主观干扰。这实际上是一种悖论——是"某人在死前能否被称为幸福"这一古老道德问题在科学理论上的翻版。正如亚里士多德所指出的，这样一个问题可以促使人类判断能力何等地尖锐化。[27]同样，诠释学思考在这里也必须要抓住科学的方法论自我意识的尖锐化。完全确实的，只有当某种历史关系还只有历史兴趣时，某些诠释学要求才能自动地被实现，而某些错误源泉才会自动地被消除。但是问题在于，这是否是诠释学问题的终结。时间距离除了能遏制我们对对象的兴趣这一意义外，显然还有另一种意义。它可以使存在于事情里的真正意义充分地显露出来。但是，对一个文本或一部艺术作品里的真正意义的汲舀（Ausschöpfung）是永无止境的，它实际上是一种无限的过程。这不仅是指新的错误源泉不断被消除，以致真正的意义从一切混杂的东西被过滤出来，而且也指新的理解源泉不断产生，使得意想不到的意义关系展现出来。促成这种过滤过程的时间距离，本身并没有一种封闭的界限，而是在一种不断运动和扩展的过程中被把握。但是，伴随着时间距离造成的过滤过程的这种消极方面，同时也出现它对理解所具有的积极方面。它不仅使那些具有特殊性的前见消失，而且也使那些促成真实理解的前见浮现出来。

时间距离[28]常常能使诠释学的真正批判性问题得以解决，也

---

[27] 《尼各马可伦理学》，A7。

[28] ［这里我已经删减了原来的正文（"只有这种时间距离才能……"）：正是距离——而不只是时间距离——才使这种诠释学任务得以解决。也可参见我的著作集，第2卷，第64页。］

Ⅱ 一种诠释学经验理论的基本特征

就是说,才能把我们得以进行理解的真前见(die wahre Vorurteile)与我们由之而产生误解的假前见(die falsche Vorurteile)区分开来。因此,诠释学上训练有素的意识将包括一种历史意识。它将意识到自己的那些指导理解的前见,以致传承物作为另一种意见被分离出来并发挥作用。要把这样一种前见区分出来,显然要求悬搁起它对我们的有效性。因为只要某个前见规定了我们,我们就知道和考虑它不是一个判断。我们怎样区分这种前见呢?当某个前见不断地不受注意地起作用时,要使人们意识到它可以说是不可能的;只有当它如所说的那样被刺激时,才可能使人们意识到它。而能如此提供刺激的东西,乃是与传承物的接触(Begegnung)。因为引诱人去理解的东西本身必须以前已经在其他在(Anderssein)中起作用。正如我们前面说过的,[29]理解借以开始的最先东西乃是某物能与我们进行攀谈(anspricht),这是一切诠释学条件里的最首要的条件。我们现在知道这需要什么,即对自己的前见作基本的悬置。但是,对判断的一切悬置,因而也就是对前见的一切悬置,从逻辑上看,都具有问题的结构。

问题的本质就是敞开和开放可能性。如果某个前见是有问题的——由于另一个人或一个文本对我们所说的东西——那么这并不意味着,这前见被简单地搁置一边,而另一个前见或另一种东西直接取代它而起作用。其实,假定这种对自己的无视,乃是历史客观主义的天真幼稚。事实上,我们自己的前见正是通过它冒险行事才真正发挥作用。只有给前见以充分发挥作用的余地,我们才

---

[29] 参见本书第 295、300 页。

能经验他人对真理的主张,并使他人有可能也充分发挥作用。

所谓历史主义的素朴性就在于它没有进行这种反思,并由于相信它的处理方法而忘记了他自己的历史性。这里我们必须摆脱一种有害于理解的历史思维而要求一种更好地进行理解的历史思维。一种真正的历史思维必须同时想到它自己的历史性。只有这样,它才不会追求某个历史对象(历史对象乃是我们不断研究的对象)的幽灵,而将学会在对象中认识它自己的他者,并因而认识自己和他者。真正的历史对象根本就不是对象,而是自己和他者的统一体,或一种关系,在这种关系中同时存在着历史的实在以及历史理解的实在。㉘一种名副其实的诠释学必须在理解本身中显示历史的实在性。因此我就把所需要的这样一种东西称之为"**效果历史**"(Wirkungsgeschichte)。理解按其本性乃是一种效果历史事件。

d) 效果历史原则

历史学的兴趣不只是注意历史现象或历史传承下来的作品,而且还在一种附属的意义上注意到这些现象和作品在历史(最后也包括对这些现象和作品研究的历史)上所产生的效果,这一点一般被认为是对那类曾经引发出许多有价值历史洞见的历史探究[例如从赫尔曼·格林的《拉菲尔》到贡多尔夫及其后来的其他人]的一种单纯的补充。就此而言,效果历史(Wirkungsgeschichte)并不是什么新东西。但是,每当一部作品或一个传承物应当从传

㉘ [这里经常存在一种危险,即在理解中"同化"他物并因此忽略它的他在性。]

Ⅱ 一种诠释学经验理论的基本特征

说和历史之间的朦胧地带摆脱出来而让其真正意义得以清楚而明晰地呈现时,我们总是需要这样一种效果历史的探究,这事实上却是一种新的要求——但不是对研究的要求,而是对研究的方法论意识的要求——这个要求是从对历史意识的彻底反思中不可避免地产生的。

当然,这不是传统诠释学概念意义上的诠释学要求。因为我的意思并不是说,历史研究应当发展一种与直接指向理解作品的探究完全不相干的效果历史的探究。这种要求乃是一种更富有理论性的要求。历史意识应当意识到,在它用以指向作品或传承物的所谓的直接性中,还经常包括这另一种探究,即使这种探究还未被认识到,从而未被考虑。当我们力图从对我们的诠释学处境(hermeneutische Situation)具有根本性意义的历史距离出发去理解某个历史现象时,我们总是已经受到效果历史的种种影响。这些影响首先规定了:哪些问题对于我们来说是值得探究的,哪些东西是我们研究的对象,我们仿佛忘记了实际存在的东西的一半,甚而还严重,如果我们把直接的现象当成全部真理,那么我们就忘记了这种历史现象的全部真理。

在我们遵循可理解性标准的这种所谓我们理解的朴素性中,他者(das Andere)是这样强烈地通过我们自身而呈现出来,以致根本不再有像自我和他者的问题。历史客观主义由于依据于其批判方法,因而把历史意识本身就包容在效果历史之中这一点掩盖掉了。历史客观主义虽然通过其批判方法从根本上消除了与过去实际接触的任意性和随意性,但是它却以此安然自得地否认了那些支配它自身理解的并非任意的根本性前提,因而就未能达到真

Ⅰ306

理,实际上尽管我们的理解有限,这种真理仍然是可达到的。在这一点上,历史客观主义倒像那种统计学,因为统计学正是通过让事实说话、看上去像有客观性而成为最佳的宣传工具,不过,它的这种客观性实际上是依赖于对它的探究的正当性。

我们并不是要求效果历史应当发展成为精神科学的一种新的独立的辅助学科,而是要求我们应当学会更好地理解我们自己,并且应当承认,在一切理解中,不管我们是否明确意识到,这种效果历史的影响总是在起作用。凡是在效果历史被天真的方法论信仰所否认的地方,其结果就只能是一种事实上歪曲变形了的认识。我们从科学史中认识到,效果历史正是对某种明显虚假的东西的不可辩驳的证明。但是,从整个情况来看,效果历史的力量并不依赖于对它的承认。历史高于有限人类意识的力量正在于:凡在人们由于信仰方法而否认自己的历史性的地方,效果历史就在那里获得认可。这一要求,即我们应当意识到这种效果历史,正是在这里有其迫切性——它是科学意识的一种必不可少的要求。但是这并不意味着,这一要求在一种绝对的意义上是可以实现的。效果历史应当完美无缺地被意识到,这种说法乃是类似于黑格尔对绝对知识所要求的那样一种不伦不类的主张,在黑格尔所要求的绝对知识中,历史达到了完全自我透明性,并因此而被提升到概念的高度。效果历史意识其实乃是理解活动过程本身的一个要素,而且正如我们将看到的,在取得正确提问过程中,它就已经在起着作用。

效果历史意识首先是对诠释学处境的意识。但是,要取得对一种处境的意识,在任何情况下都是一项具有特殊困难的任务。

II 一种诠释学经验理论的基本特征

处境这一概念的特征正在于:我们并不处于这处境的对面,因而也就无从对处境有任何客观性的认识。[20] 我们总是处于这种处境中,我们总是发现自己已经处于某个处境里,因而要想阐明这种处境,乃是一项绝不可能彻底完成的任务。这一点也适合于诠释学处境,也就是说,适合于我们发现我们自己总是与我们所要理解的传承物处于相关联的这样一种处境。对这种处境的阐释,也就是说,进行效果历史的反思,并不是可以完成的,但这种不可完成性不是由于缺乏反思,而是在于我们自身作为历史存在的本质。所谓历史地存在,就是说,永远不能进行自我认识(Geschichtlichsein heisst, nie im Sichwissen Aufgehen)。一切自我认识都是从历史地在先给定的东西开始的,这种在先给定的东西,我们可以用黑格尔的术语称之为"实体",因为它是一切主观见解和主观态度的基础,从而它也就规定和限定了在传承物的历史他在(Andersheit)中去理解传承物的一切可能性。哲学诠释学的任务可能正是从这里出发而具有这样的特征:它必须返回到黑格尔的《精神现象学》的道路,直至我们在一切主观性中揭示出那规定着它们的实体性。

一切有限的现在都有它的局限。我们可以这样来规定处境概念,即它表现了一种限制视觉可能性的立足点。因此视域(Horizont)概念本质上就属于处境概念。视域就是看视的区域(Ge-

---

[20] 处境概念的结构主要是由 K. 雅斯贝斯(《时代的精神状况》)和埃里希·罗特哈克所阐明的。[参见"什么是真理",载《短篇著作集》,第 1 卷,第 46—58 页,特别是第 55 页以下;也可参见我的著作集,第 2 卷,第 44 页以下。]

sichtskreis),这个区域囊括和包容了从某个立足点出发所能看到的一切。把这运用于思维着的意识,我们可以讲到视域的狭窄、视域的可能扩展以及新视域的开辟等等。这个词自尼采和胡塞尔[22]以来特别明显地被用于哲学的术语里,以此来标示思想与其有限规定性的联系以及扩展看视范围的步骤规则。一个根本没有视域的人,就是一个不能充分登高远望的人,从而就是过高估价近在咫尺的东西的人。反之,"具有视域",就意味着,不局限于近在眼前的东西,而能够超出这种东西向外去观看。谁具有视域,谁就知道按照近和远、大和小去正确评价这个视域内的一切东西的意义。因此,诠释学处境的作用就意味着对于那些我们面对传承物而向自己提出的问题赢得一种正确的问题视域。

当然,在历史理解的范围内我们也喜欢讲到视域,尤其是当我们认为历史意识的要求应当是从每一过去的自身存在去观看每一过去时,也就是说,不从我们现在的标准和成见出发,而是在过去自身的历史视域中来观看过去,情况更是如此。历史理解的任务也包括要获得历史视域的要求,以便我们试图理解的东西以其真正的质性(Massen)呈现出来。谁不能以这种方式把自身置于这种使传承物得以讲述的历史视域中,那么他就将误解传承物内容的意义。就此而言,我们为了理解某个他物而必须把自身置于这个他物中,似乎成了一个合理的诠释学要求。然而,我们可以追问,这样一种说法是否也表明我们无法达到我们所要求的理解呢?

---

[22] [以前 H. 库恩已经指出了这一点,参见"现象学的'视域'概念"(《纪念胡塞尔哲学论文集》,M. 费伯编),剑桥,1940 年,第 106—123 页。也可参见我前面关于"视域"的解释,在本书第 250 页以下。]

Ⅱ 一种诠释学经验理论的基本特征

这种情形正如那种只是为了达到了解某人这一目的而与某人进行的谈话一样,因为在这种谈话中,我们只是要知道他的立场和他的视域。这不是一种真正的谈话,也就是说,在这里我们并不谋求对某件事达成一致,而只是把谈话的一切实质内容仅仅作为了解他人视域的一种手段。例如,我们想一下口头考试或医生的某种形式的谈话。当历史意识把自身置于过去的处境中并由此而要求获得正确的历史视域时,历史意识显然正是在做与口试或医生谈话同样的事。所以,正如在我们与他人的谈话中,当我们已经知道了他的立场和视域之后,我们就无需使自己与他的意见完全一致也能理解他的意见,同样,历史地思维的人可以理解传承物的意义而无需自己与该传承物相一致,或在该传承物中进行理解。

在这两种情况中,进行理解的人仿佛已经从相互了解这一处境中退出来了。这样他自身就不能被达到。由于我们一开始就把某人的观点包含在他向我们说的东西中,我们就使我们自己的观点成为一种确实不可达到的东西。㉓ 在历史思维的起源中我们已经看到,它实际上采取了从手段到目的的这种意义暧昧的过渡,亦即它使本来只是手段的东西成了一种目的。历史地被理解的文本实质上(förmlich)被迫离开了要说出真相的要求。由于我们是从历史的观点去观看传承物,也就是把我们自己置入历史的处境中并且试图重建历史视域,因而我们认为自己理解了。然而事实上,我们已经从根本上抛弃了那种要在传承物中发现对于我们自身有

㉓ [我早在1943年就在我的论文"近代德国哲学中的历史问题"中说明过这一问题的道德方面(《短篇著作集》,第1卷,第1—10页;我的著作集,第2卷,第27—36页)。以下应当特别注意这一方面。]

效的和可理解的真理这一要求。就此而言,这样一种对他者的异己性(Andersheit)的承认——这使异己性成为客观认识的对象——就是对他的要求的一种基本终止。

但是问题在于,这种描述是否真正符合诠释学现象。这里难道有两个彼此不同的视域——一个是进行理解的人自己生存在其中的视域和一个他把自己置入其中的当时的历史视域——吗?说我们应当学会把自己置于陌生的视域中,这是对历史理解艺术的正确而充分的描述吗?有这种意义上的封闭的视域吗?我们想起了尼采对历史主义的谴责,它毁坏了由神话所包围的视域,而文化只有在这种视域中才能得以生存。[㉓] 一个人自己现在的视域总是这样一种封闭的视域吗?具有如此封闭视域的历史处境可能被我们设想吗?

或者,这是一种荒诞的想法,一种鲁滨逊式的历史解释,一种对不可达到的岛屿的虚构,一种有如鲁滨逊自身作为所谓孤独自我的原始现象一样的虚构吗?正如一个个别人永远不是一个单个人,因为他总是与他人相互了解,同样,那种被认为是围住一种文化的封闭视域也是一种抽象。人类此在的历史运动在于:它不具有任何绝对的立足点限制,因而它也从不会具有一种真正封闭的视域。视域其实就是我们活动于其中并且与我们一起活动的东西。视域对于活动的人来说总是变化的。所以,一切人类生命由之生存的以及以传统形式而存在于那里的过去视域,总是已经处于运动之中。引起这种包围我们的视域进行运动的,并不是历史

[㉓] 尼采:《不合时宜的思想》,第 2 部分开始。

Ⅱ 一种诠释学经验理论的基本特征

意识。正是在这种视域中,这种运动才意识到自身。

当我们的历史意识置身于各种历史视域中,这并不意味着走进了一个与我们自身世界毫无关系的异己世界,而是说这些视域共同地形成了一个自内而运动的大视域,这个大视域超出现在的界限而包容着我们自我意识的历史深度。事实上这也是一种唯一的视域,这个视域包括了所有那些在历史意识中所包含的东西。我们的历史意识所指向的我们自己的过去和异己的过去一起构成了这个运动着的视域,人类生命总是得自这个运动着的视域,并且这个运动着的视域把人类生命规定为渊源(Herkunft)和传统(Überlieferung)。

所以,理解一种传统无疑需要一种历史视域。但这并不是说,我们是靠着把自身置入一种历史处境中而获得这种视域的。情况正相反,我们为了能这样把自身置入一种处境里,我们总是必须已经具有一种视域。因为什么叫做自身置入(Sichversetzen)呢?无疑,这不只是丢弃自己(Von-sich-absehen)。当然,就我们必须真正设想其他处境而言,这种丢弃是必要的。但是,我们必须也把自身一起带到这个其他的处境中。只有这样,才实现了自我置入的意义。例如,如果我们把自己置身于某个他人的处境中,那么我们就会理解他,这也就是说,通过我们把自己置入他的处境中,他人的质性、亦即他人的不可消解的个性才被意识到。

这样一种自身置入,既不是一个个性移入另一个个性中,也不是使另一个人受制于我们自己的标准,而总是意味着向一个更高的普遍性的提升,这种普遍性不仅克服了我们自己的个别性,而且也克服了那个他人的个别性。"视域"这一概念本身就表示了这一点,因为它表达了进行理解的人必须要有的卓越的宽广视界。获得一个视域,这总是意味着,我们学会了超出近在咫尺的东西去观看,但这不是为了避而不见这种东西,而是为了在一个更大的整体中按照一个更正确的尺度去更好地观看这种东西。如果我们像尼采那样说有许多变化着的视域是历史意识自身要置入进去的,这不是对历史意识的正确描述。谁这样避而不见自己,谁就根本没有历史视域,并且,尼采关于历史研究有害于人生的看法,其实并不是针对历史意识,而是针对历史意识所经受的自我异化,假如历史意识把现代历史科学方法认作为它的真正本质的话。我们已经指出,一个真正的历史意识总是一起看到自己的现在,而且是这样地去看自己的现在,以致它看自己就如同看待处于正确关系群中的历史性的他者一样。毫无疑问,历史意识为了获得历史视域,需要一种特别的努力。我们总是在希望和恐惧中被最接近我们的东西所影响,并且在这样一种影响中去接触过去的见证。因此,反对轻率地把过去看成是我们自己的意义期待(Sinnerwartungen),乃是一项经常的任务。只有这样,我们才会这样地倾听传承物,好像它能使自己的别的意义成为我们可听见的。

我们前面已经指出,这里产生了一种突出过程(ein Vorgang der Abhebung)。让我们看一下突出(Abhebung)[249]这个概念包含着什么。突出总是一种相互关系(Wechselbeziehung)。凡是被突出出来的东西,必定是从某物中突出出来,而这物自身反过来又被它所突出的东西所突出。因此,一切突出都使得原本是突出某物的东西得以可见。我们前面已把这称之为前见的作用(Ins-Spiel-bringen der Vorurteile)。我们开始原是这样说的,即一种诠

Ⅱ 一种诠释学经验理论的基本特征

释学处境是由我们自己带来的各种前见所规定的。就此而言,这些前见构成了某个现在的视域,因为它们表现了那种我们不能超出其去观看的东西。但是,现在我们需要避免这样一种错误,好像那规定和限定现在视域的乃是一套固定不变的意见和评价,而过去的他在好像是在一个固定不变的根基上被突出出来的。

其实,只要我们不断地检验我们的所有前见,那么,现在视域就是在不断形成的过程中被把握的。这种检验的一个重要部分就是与过去的照面(Begegnung),以及对我们由之而来的那种传统的理解。所以,如果没有过去,现在视域就根本不能形成。正如没有一种我们误认为有的历史视域一样,也根本没有一种自为的(für sich)现在视域。理解其实总是这样一些被误认为是独自存在的视域的融合过程。我们首先是从远古的时代和它们对自身及其起源的素朴态度中认识到这种融合的力量的。在传统的支配下,这样一种融合过程是经常出现的,因为旧的东西和新的东西在这里总是不断地结合成某种更富有生气的有效的东西,而一般来说这两者彼此之间无需有明确的突出关系。

然而,如果根本没有这种彼此相区别的视域,那么为什么我们一般要讲到"各种视域融合",而不是只讲某种可以把其界限推至传承物根深处的视域的形成呢? 提出这个问题就意味着,我们已经承认了那种使理解成为科学任务的处境的特殊性,并且必须首先把这种处境规定为一种诠释学处境。与历史意识一起进行的每一种与传承物的照面,本身都经验着文本与现在之间的紧张关系。诠释学的任务就在于不以一种朴素的同化去掩盖这种紧张关系,而是有意识地去暴露这种紧张关系。正是由于这种理由,诠释学的活动就是筹划一种不同于现在视域的历史视域。历史意识是意识到它自己的他在性,并因此把传统的视域与自己的视域区别开来。但另一方面,正如我们试图表明的,历史意识本身只是类似于某种对某个持续发生作用的传统进行叠加的过程(Überlagerung),因此它把彼此相区别的东西同时又结合起来,以便在它如此取得的历史视域的统一体中与自己本身再度相统一。

所以,历史视域的筹划活动只是理解过程中的一个阶段,而且不会使自己凝固成为某种过去意识的自我异化,而是被自己现在的理解视域所替代。在理解过程中产生一种真正的视域融合(Horizontverschmelzung),这种视域融合随着历史视域的筹划而同时消除了这视域。我们把这种融合的被控制的过程称之为效果历史意识的任务。虽然这一任务曾经被由浪漫主义诠释学所产生的美学-历史实证主义所掩盖,但它实际上却是一般诠释学的中心问题。这个就是存在于一切理解中的应用(Anwendung)问题。

2. 诠释学基本问题的重新发现

a) 诠释学的应用问题

即使在古老的诠释学传统里(后期浪漫主义科学学说的历史自我意识是完全忽视这种传统的),应用(Anwendung)这一问题仍具有其重要的位置。诠释学问题曾按下面方式进行划分:人们区分了一种理解的技巧(Subtilitas intelligendi),即理解(Verstehen),和一种解释的技巧(Subtilitas explicandi),即解释(Aus-

Ⅱ 一种诠释学经验理论的基本特征

legen）。在虔信派里，人们又添加了应用的技巧（Subtilitas applicandi），即应用（Anwenden），作为第三种要素（例如在 J. J. 兰巴赫那里）。理解的行动曾被认为就是由这三种要素所构成。所有这三个要素很有意义地被当时的人们称为"技巧"（Subtilitas），也就是说，它们与其说被理解为我们可以支配的方法，不如说被理解为一种需要特殊优异精神造就的能力（Können）。㉓

正如我们所看到的，诠释学问题是因为浪漫派认识到理解（intelligere）和解释（explicare）的内在统一才具有其重要意义的。解释不是一种在理解之后的偶尔附加的行为，正相反，理解总是解释，因而解释是理解的表现形式。按照这种观点，进行解释的语言和概念同样也要被认为是理解的一种内在构成要素。因而语言的问题一般就从它的偶然边缘位置进入到了哲学的中心。对此我们以后还将要加以考察。

但是，理解和解释的内在结合却导致诠释学问题里的第三个要素即应用（Applikation）与诠释学不发生任何关系。教导性的应用——例如《圣经》在基督教福音宣告和布道里所具有的应用——似乎与历史地和神学地理解《圣经》是完全不同的东西。如果我们反复思考一下，我们将达到这样一种观点，即在理解中总是有某种这样的事情出现，即把要理解的文本应用于解释者的目前境况。这样，我们似乎不得不超出浪漫主义诠释学而向前迈出一步，我们不仅把理解和解释，而且也把应用认为是一个统

㉓ 我认为兰巴赫的《〈圣经〉诠释学教本》（1723年）是通过莫鲁斯的概述而为人知晓的。那里有这样的话："Solemus autem intelligendi explicandique subtilitatem（soliditatem vulgo）."["理解和解释的精巧性（通常称为坚固性）。"]

一的过程的组成要素。这倒不是说我们又回到了虔信派所说的那三个分离的"技巧"的传统区分。正相反,因为我们认为,应用,正如理解和解释一样,同样是诠释学过程的一个不可或缺的组成部分。[26]

由于迄今为止的诠释学讨论的状况,我们突出强调了这一观点的根本重要性。我们首先可以诉诸已经被遗忘的诠释学的历史。早先,人们认为,诠释学具有一种使文本的意义适合于其正在对之讲述的具体境况的任务,乃是一件理所当然的事。那位能够解释奇迹语言的上帝意志的翻译者,是执行这一任务的原始典范。而直到今天,每一个翻译者的任务就不只是重新给出他所翻译的那位讨论对手所真正说过的东西,而是必须用一种在他看来对于目前谈话的实际情况似乎是必要的方式去表现这个人的意见,在这种谈话里,翻译者只把自己处理为两种讨论语言的认识者。

同样,诠释学的历史也教导我们,除了语文学的诠释学外,还有一种神学的诠释学和一种法学的诠释学,这两种诠释学与语文学诠释学一起构成了诠释学概念的全部内容。只是由于18世纪和19世纪历史意识的发展,语文学诠释学和历史学才解除了与其他诠释学学科的联系,而完全自为地把自己确立为精神科学研究的方法论。

语文学诠释学同法学的和神学的诠释学原先所形成的紧密联系依赖于这样一种承认,即承认应用是一切理解的一个不可

---

[26] [遗憾的是,双方关于诠释学的讨论都常常无视这个清楚的陈述。]

Ⅱ 一种诠释学经验理论的基本特征

或缺的组成要素。不仅对于法学诠释学,而且对于神学诠释学,在所提出的文本(不管是法律文本,还是福音布道文本)这一方和该文本被应用于某个具体解释时刻(不管是在判决里,还是在布道里)所取得的意义这另一方之间,都存在一种根本的对立关系(Spannung)。一条法律将不能历史地被理解,而应当通过解释使自身具体化于法律有效性中。同样,一份宗教布道文也不能只被看成是一份历史文件,而应当这样被理解,以致它能发挥其拯救作用。在这两种情况里,都包含这样的事实,即文本——不管是法律还是布道文——如果要正确地被理解,即按照文本所提出的要求被理解,那么它一定要在任何时候,即在任何具体境况里,以不同的方式重新被理解。理解在这里总已经是一种应用。

我们现在的出发点是这样一种认识,即在精神科学里所进行的理解本质上是一种历史性的理解,也就是说,在这里仅当文本每次都以不同方式被理解时,文本才可以说得到理解。这正表明了历史诠释学的任务,即它必须深入思考存在于共同事情的同一性和理解这种事情所必然要有的变迁境况之间的对立关系。我们已经说过,被浪漫主义诠释学推到边缘的理解的历史运动表现了适合于历史意识的诠释学探究的真正中心问题。我们关于传统在历史意识里的重要性的思想,是依据于海德格尔关于实存性诠释学所作的分析,并且试图把他这种分析有效地应用于精神科学的诠释学。我们已经指出,理解与其说是认知意识借以研讨某个它所选择的对象并对之获得客观认识的方法,毋宁说是这样一种以逗留于某个传统进程中为前提的活动。理解本身表明自己是一个事件。从哲学上看，诠释学的任务就在于探究，这样一种本身是被历史变化推着向前发展的理解活动究竟是怎样一门科学。

我们完全知道，我们这是在要求现代科学的自我理解所完全陌生的东西。整个来说，我们的想法是力图通过证明这一要求是大量问题会聚的结果而使这一要求易于实现。事实上，迄今为止的诠释学理论都土崩瓦解于它自身也不能维护的各种区分之中。凡在力求一种一般的解释理论的地方，这一点都是明显的。如果我们区分了认知的（kognitive）、规范的（normative）和再现的（reproduktive）解释，有如 E.贝蒂在他那部基于值得赞赏的认识和洞见而撰著的《一般解释理论》里所做的那样，㉓那么我们在按这种划分对现象进行整理时将遇到重重困难。这首先表现在科学中所进行的解释上。如果我们把神学的解释与法学的解释加以结合，并相应相予它们一种规范的功能，那么我们对此一定要回忆起施莱尔马赫，这个人与此相反地把神学的解释同一般的解释——这种一般的解释对于他来说就是语文学-历史的解释——最紧密地结合起来。事实上，认知的功能和规范的功能之间的裂缝贯穿于整个神学诠释学，并且可能很难通过区分科学认识和随后的教导性的应用而被克服。显然，这同样的裂缝也贯穿于整个法律的解释，因为对一条法律原文的意义的认识和这条法律在具体法律事件里的应用，不是两种分离的行为，而是一个统一的过程。

㉓ 参见上面第 264 页所引的贝蒂的论文以及他的纪念碑式的代表作《一般解释学基础》，1967 年。［对此首先参见"诠释学与历史主义"（我的著作集，第 2 卷，第 387—424 页）和我的论文"埃米利奥·贝蒂及其唯心主义遗产"，载《佛罗伦萨季刊》，第 7 卷，1978 年，第 5—11 页；现收入我的著作集，第 4 卷。］

Ⅱ 一种诠释学经验理论的基本特征   *439*

但是,甚至那种似乎与我们迄今所讨论的各种解释距离最远的解释,我意指再现的解释——这种解释表现在戏剧和音乐中,并且只有通过被演出才有它们的真正存在[23]——也很难是一种独立的解释方式。这种解释也普遍存在认知功能和规范功能之间的裂缝。如果不理解原文的本来意义,并且在自己的再现和解释中不表现这种意义,那么没有人能演一出戏剧、朗诵一首诗歌或演奏一曲音乐。但同样的,假如把原文翻译成可感的现象中没有注意到那种由于他自己时代的风格愿望而对风格上正确再现的要求加以限制的另外的规范要素,也就没有人能实现这种再现的解释。如果我们完全想到,陌生语言的文本的翻译,它们的诗意的模仿,或者甚至正确地朗诵原文,都像语文学解释一样,本身都包含了同样的解释成就(Erklärungsleistung),以致两者彼此互补,那么,我们 Ⅰ316就不能避免下面这一结论,即在认知的解释、规范的解释和再现的解释之间所强加的这种区分是毫无根据的,这种区分只能表明这三者乃是一个统一的现象。

如果情况正是这样,那么,我们就有了从法学诠释学和神学诠释学来重新规定精神科学的诠释学这一任务了。对此当然需要一种从我们的探究中得到的认识,即浪漫主义诠释学和它在心理学解释里所取得的辉煌成就(即揭示和探究了他人的个性)太片面地处理了理解的问题。我们的思考阻止我们用解释者的主观性和要解释的意义的客观性去划分诠释学问题。这样一种划分办法来自于一种错误的对立,而这种对立是不能通过承认主观性和客观性

---

[23] 参见本书第一部分对艺术作品的本体论分析(第 107 页以下)。

的辩证关系而被消除的。在规范的功能和认知的功能之间作出区分,就是分割那种显然是一体的东西。法律在其规范应用中所表现的意义,从根本上说,无非只是事实在文本理解中所表现的意义。把理解文本的可能性建立在那种所谓统一一部作品的创作者和解释者的"同质性"(Kongenialität)这一前提上,这是完全错误的。假如情况是这样的话,精神科学就会非常糟糕。理解的奇迹其实在于这一事实:为了认识传承物里的真正意思和本来的意义,根本不需要同质性。我们可能开启文本的高一级要求,并在理解上符合文本告诉我们的意义。一般来说,语文学和历史精神科学领域内的诠释学并不是"统治知识"(Herrschaftswissen),[29]即作为占有的同化(Aneignung),而是屈从于文本统治我们心灵的要求。但是,法学诠释学和神学诠释学对此却是真正典范。解释法权意志,或者解释上帝的预言,显然就不是一种统治的形式(Herrschaftsformen),而是服务的形式(Dienstformen)。在为有效的东西的服务里,它们就是解释,而且是包含应用的解释。我们的论点是:即使历史诠释学也有一种去履行的应用任务,因为它也服务于意义的有效性。在这方面它明显而自觉地在消除那种分离解释者和文本的时间间距,并克服文本所遭到的意义的疏异化(Sinnentfremdung)。[240]

---

[29] 参见马克斯·舍勒《知识和教化》(1927年)第26页所作出的区分。
[240] [在这里,解释还非常狭窄地被限制于历史精神科学的特殊情况和"文本的存在"上。只有在第三部分里我们才探讨那种其实是经常被考虑的向语言和谈话的推广——因而探讨间距(Abstand)和他在(Andersheit)的基本结构。所以特别要参见本书第303页以下。]

b) 亚里士多德诠释学的现实意义[24]

在这一点上出现了一个我们已经多次触及的问题。如果诠释学问题的真正关键在于同一个传承物必定总是以不同的方式被理解，那么，从逻辑上看，这个问题就是关于普遍东西和特殊东西的关系的问题。因此，理解乃是把某种普遍东西应用于某个个别具体情况的特殊事例。这样一来，亚里士多德的伦理学对我们来说就获得了一种特别的意义，他的这种伦理学我们已经在关于精神科学理论的导言性的考察中作了简短的讨论。[25] 其实，亚里士多德并没有涉及诠释学问题，或者说，根本没有涉及这一问题的历史度向，而是涉及了正确评价理性在道德行为中所必须起的作用。但是，今天使我们感兴趣的东西正是在于：他在那里所讨论的并不是与某个既成存在相脱离的理性和知识，而是被这个存在所规定并对这个存在进行规定的理性和知识。众所周知，由于亚里士多德在探讨善的问题时限制了苏格拉底-柏拉图的"唯智主义"（Intellektualismus），从而成为作为一门独立于形而上学学科的伦理学的创始人。亚里士多德批判柏拉图的善的理念乃是一种空疏的共相，他以对人的行为来说什么是善这个问题取代了[一般]人的善的问题。[26][250] 亚里士多德这种批判的方向证明，德行和知识、

---

[24] [参见我的论文"在现象学和辩证法之间——一种自我批判的尝试"，载我的著作集，第 2 卷，以及那里对"实践知识"一文的提示（第 12 页），该文现收入我的著作集，第 5 卷，第 230—248 页。]

[25] 参见本书第 19 页以下、第 37 页。

[26] 《尼各马可伦理学》，A4。[目前可参见我的著作集第 7 卷所预告的科学院论文"柏拉图和亚里士多德关于善的理念的区别"。]

"善"(Arete)和"知"(Logos)的等同——这种等同乃是苏格拉底-柏拉图的德行学说的基础——乃是一种言过其实的夸张。亚里士多德因为证明了人的道德知识的基础成分是 orexis，即"努力"，及其向某种固定的态度(hexis)的发展，所以他把德行学说带回到正确的尺度上。伦理学(Ethik)这一概念在名称上就指明了亚里士多德是把善建立在习行(Übung)和"Ethos"(习俗)基础之上的这一关系。[251]

人的道德文明之所以与自然秉性有本质的区别，乃是因为在这里起作用的不单纯是能力或力量，人其实是通过他做什么和他怎样行动才成为这样一个已成为如此地、但也是正在成为如此地以一定方式去行动的人。在这个意义上，亚里士多德认为"Ethos"(习俗)不同于"Physis"(自然)，因为它属于一个自然规律不起作用的领域，然而它又不是一个完全没有规则支配的领域，而是一个可以改变人的规章制度和人的行为方式、并且只在某种限制程度上具有规则性的领域。

现在的问题在于，是否能够有这样一种关于人的道德存在的理论知识，以及知识(即"逻各斯")对人的道德存在究竟起什么作用。如果人经常是在他所处的个别实际情况里遇见善，那么道德知识的任务就一定是在具体情况里考察什么是该情况对他所要求的东西，或者换另一种说法，行动的人必须按照那种一般要求他的东西去考察具体情况。但是用否定的方式来说，这就意味着，不能被应用于具体情况的知识一般来说总是无意义的，并且冒有掩盖情况所做的具体要求的危险。这种表现伦理思考本质的事实，不仅使哲学伦理学成为一种方法论上的难题，而且同时也给予方法

Ⅱ 一种诠释学经验理论的基本特征

问题以某种道德方面的关联。与那种受柏拉图理念学说所规定的善的学说相反,亚里士多德强调说,在"实践哲学"里不可能有那种数学家所达到的高度精确性。要求这样一种精确性其实乃是一种错误。这里需要做的事情只是概略地呈现事物,并且通过这种概观给予道德意识以某种帮助。[24] 但是,这样一种帮助如何应是可能的,这已经就是一个道德问题。因为道德现象的本质标志之一显然就是,行动者必须认识自身和决定自身,并且不能够让任何东西从他那里夺走这种职责。所以,对于正确地接触某种哲学伦理学来说具有决定性的东西乃是,这种伦理学决不侵占道德意识的位置,然而它并不追求一种纯粹理论的、"历史的"知识,而是通过对现象的概略性解释帮助道德意识达到对于自身的清晰性。这一点在那个应当接受这种帮助的人——即听亚里士多德讲演的人——那里已经预先有种种假设,如他的存在必须成熟到足以使他对给予他的指教只去要求该指教能够并且允许给予的东西,而不要求任何其他的东西。用肯定的方式来说,就是他自身必须已经通过训练和教育在自己身上造就了一种态度,而在他生活的具体境况中去保持这种态度并且通过正当行为去证明这种态度一直是他经常的愿望。[25]

正如我们所看到的,方法论问题是完全由对象所规定的——这是亚里士多德的一个普遍原则——,并且对于我们的兴趣来说,重要的东西乃是更精确地去考察亚里士多德在其伦理学中所发展

---

[24] 参见《尼各马可伦理学》,A7 和 B2。
[25] 《尼各马可伦理学》的结尾一章给予这种要求以最广泛的表现,并因此而提出转向《政治学》探究的根据。[252]

的道德存在与道德意识之间所特有的关系。亚里士多德之所以保留苏格拉底,是因为苏格拉底坚持知识是道德存在的本质要素,而且正是苏格拉底-柏拉图的遗产和亚里士多德提出的"Ethos"要素之间所存在的那种协调关系才使我们感兴趣。因为即使诠释学问题显然也是与那种脱离任何特殊存在的"纯粹的"知识完全不同的东西。我们曾经讲到过解释者和他所研讨的传统的隶属关系,并且在理解本身中看到了一种历史事件要素(ein Moment des Geschehens)。受现代科学的客观化方法所支配——这是19世纪诠释学和历史学的本质特征——在我们看来,乃是某种错误的客观化倾向的结果。援引亚里士多德伦理学这一例子,就是帮助我们认清和避免这种错误。正如亚里士多德所描述的,道德的知识显然不是任何客观知识,求知者并不只是立于他所观察的事实的对面,而是直接地被他所认识的东西所影响。道德知识就是某种他必须去做的东西。㉔

显然,这不是科学知识。就此而言,亚里士多德在"phronesis"(实践智慧)的道德知识和"Episteme"(纯粹科学)的理论知识之间所作出的区分乃是一种简单的区别,特别是当我们想到,对于希腊人来说,由数学范例所代表的科学乃是一种关于不可改变东西的知识,即一种依赖于证明并因而能够被任何人学习的知识。从道德知识与这类数学知识的这种区别,精神科学的诠释学确实不能学到任何东西。相对于这样一种"理论的"科学,

---

㉔ 下面凡是没有特别注明的地方,都是援引《尼各马可伦理学》第6卷。[我在1930年所写的题为"实践知识"的文章就是对亚里士多德这部著作第6卷的分析,该文第一次发表在我的著作集,第5卷,第230—248页。]

Ⅱ 一种诠释学经验理论的基本特征

精神科学宁可与道德知识紧密联系在一起。精神科学就是"道德的科学"。精神科学的对象就是人及其对于自身所知道的东西。但是人是作为一个行动者而认识自身,并且他对于自身所具有的这样一种知识并不想发现什么东西存在。行动者其实是与那种并不总是一样的,而是能发生变化的东西打交道。在这种东西上他能够找到他必须参与行动的场所。他的知识应当指导他的行动。

这里包含了一个亚里士多德在其伦理学中所研讨的关于道德知识的真正问题。因为行动受知识所指导,这首先而且典型地出现在希腊人讲到"Techne"(技艺)的地方。这是那种能够制造某种特殊事物的手艺人的技巧,或知识。问题在于道德知识是否也是这样一种知识。这是否意味着,道德知识也是一种关于人应当怎样造就他自身的知识。人类是否应当学会造就自身成为他们应当所是的东西,有如手艺人学会制造那种按照他的计划和愿望应当是那样的东西?人类是否按照他自身的"Eidos"(理念)去筹划自身,有如手艺人自身怀有某个他想制造的东西的"Eidos"并且知道怎样用材料把它呈现出来?众所周知,苏格拉底和柏拉图就曾经把 Techne(技艺)概念实际应用于人的存在概念上,并且我们不能否认,他们曾经在这里发现了某种真实的东西。技艺的模式至少在政治领域内具有一种卓越的批判作用,因为这种模式揭示了我们称之为政治艺术的东西的无根据性,按照这种政治艺术,每一个从事于政治事务的人,也就是每一个公民,都认为自己是一个精通的专家。很有意义的事情是,手艺人的知识在苏格拉底关于他和他的国民所具有的经验的著

Ⅰ 320

名说明中被承认为他领域内唯一的一种实在知识。[20] 当然,就连手艺人也使他失望。手艺人的知识并不是那种造就人和这种公民的真实知识。但是,它是实在的知识。它是某种实在的技艺和技能,而不只是高水平的经验。在这里显然与苏格拉底所追求的真实的道德知识相一致。两者都是实际的(Vorgängiges)知识,并且都想规定和指导行动。因此它们本身一定包含知识对每一次具体任务的应用。

这就是我们之所以能够把亚里士多德对道德知识的分析与现代精神科学的诠释学问题联系起来的关键。的确,诠释学意识既不研讨技艺的知识,又不研讨道德的知识。但是,这两种知识类型都包含我们认为是诠释学中心问题的同一种应用使命。当然,在它们两者那里"应用"一词的意思并不是一样的。在可以学会的技艺和人们通过经验而获得的东西之间存在一种非常奇特的对立关系(Spannung)。一个曾经学过手艺的人所具有的实际知识,在实践效果上并不一定就比那个没有受过教育、但具有丰富经验的人所具有的知识更优越。尽管情况是这样,我们也不能把关于技艺的实际知识称之为"理论的",特别是因为在使用这种知识时,经验是自动地被获得的。这种实际知识作为知识总是指一种实践,并且即使难加工的材料并不总是听从那个曾经学过其手艺的人,亚里士多德也仍能正确地引用诗人的话:"技艺(Techne)追随偶幸(Tyche),偶幸追随技艺。"[253]这就是说,曾经学过其行业的人就是具有最大幸福的人。这就是那

---

[20] 柏拉图:《申辩篇》,22cd。

II 一种诠释学经验理论的基本特征

种通过技艺而实际获得的东西的真正优越性,无论怎样只有这种东西才是道德知识所要求的。因为对于道德知识来说,要做出正确的道德决定,经验从不可能是充分的。这里被道德意识所要求的也是一种对于行为的实际指导,而且在这里我们也不能满足于那种存在于(有关技艺的)实际知识和每次的成功之间的不确定关系。毫无疑问,在道德意识的完美性和制造能力的完美性即技艺的完美性之间确实存在一种真正的类似关系,但它们两者显然又不是同一种东西。

它们之间的区别无论如何是明显的。很清楚,人不能像手艺人支配他用来工作的材料那样支配自身。人显然不能像他能生产某种其他东西那样生产自身。人在其道德存在里关于自身所具有的知识一定是另一种知识,这种知识将不同于那种人用来指导生产某种东西的知识。亚里士多德以一种大胆的、而且是独一无二的方式表述了这一差别,他曾经把这种知识称之为自我知识(Sich-Wissen),即一种自为的知识(Für-sich-Wissen)。[20] 因此,道德意识的自我知识以一种对我们来说是直接明显的方式区别于理论的知识。但是道德意识的自我知识也区别于技艺的知识,并且正是为了表述这两方面的区别,亚里士多德大胆地使用了自我知识这一奇特术语。

---

[20] 《尼各马可伦理学》,Z8,1141b33,1142a30;《欧德米亚伦理学》,θ2,1246b36。[我认为,假如我们在这里与戈捷(参阅他的《尼各马可伦理学评注》第 2 版的新导言,卢万,1970 年)一样不掌握 πολιτικὴ φρόνησις(具有特殊功能的实践知识),那么我们就无视了亚里士多德的伦理学和政治学在方法论上的本质同一性。也可参见我的评论,这个评论重新发表在我的著作集,第 6 卷,第 304—306 页。]

如果我们像亚里士多德那样在本体论上不把这种知识的"对象"规定为某种总是如此的普遍东西,而是规定为某种能够是别样的个别东西,那么要把这种知识与技艺的知识加以区别,便是一个极其困难的任务。因为初一看这两种知识似乎执行一种完全类似的任务。凡是知道制造某种东西的人,他也因此知道某种善的东西,而且他是这样"自为地"知道这种东西的,以致凡是存在这样做的可能性的地方,他都能实际地制造这种东西。为了完成制造,他选取了正确的材料并且选取了正确的工具。所以,他一定知道把他一般所学过的东西应用于具体的情况上。对于道德知识来说,是否也是这种情形呢?凡是必须作出道德决定的人,他一定总是已经学过某种东西的人。他是这样被教育和习惯所规定的人,以致他一般都知道什么是正当的。作出道德决定的任务正是在具体情况下作出正当行为的任务,即在具体情况中去观察那种是正当的东西,并且在具体情况中去把握那种是正当的东西。所以他也必须去做,必须选取正确的材料,并且他的行动必须完全像手艺人的行动那样得到卓越的指导。既然这样,它又怎么是一种完全不同种类的知识呢?

从亚里士多德关于 Phronesis(实践智慧)的分析里我们可以引出整个一堆论点来答复这一问题。因为亚里士多德那种从多方面来描述现象的能力正是他特有的天才。"在其综合中所把握的经验,乃是思辨概念"(黑格尔)。[24] 这里让我们只考虑一些对我们的讨论有重要意义的观点。

---

[24] 《黑格尔著作集》,1832年版,第14卷,第341页。

II 一种诠释学经验理论的基本特征

1. 我们学习一种技艺——并且也能够忘记这种技艺。但是我们并不学习道德知识,并且也不能忘记道德知识。我们并不是这样地立于道德知识的对面,以致我们能够接受它或不接受它,有如我们能够选取或不选取一种实际能力或技艺一样。我们其实总是已经处于那种应当行动的人的情况中(这里我不考虑儿童的特殊情况,对于儿童来说,服从教育他们的人取代了他们自己的决定),并且因此也总是必须已经具有和能够应用道德知识。正是因为这一点,应用概念是非常有问题的。因为我们只能应用某种我们事先已自为地具有的东西。但是我们却不这样自为地占有道德知识,以致我们已经具有它并随后应用它于具体情况。人对于他应当是什么所具有的观念(Bild),也就是他的正当和不正当的概念,他的庄重、勇敢、尊严、忠诚等概念(所有这些概念在亚里士多德的美德范畴表里都有它们的相应词),虽然在某种意义上都是人所注目的理想观念,但它们与那种要制作的对象的计划对于手艺人所表现的理想观念仍有某种区别。例如,属正当的东西并不是可以完全独立于那种需要我正当行动的情况而规定的,而手艺人意欲制作的东西的"观念"(Eidos)则是完全被规定的,并且是被它所意欲的使用所规定的。

的确,属正当的东西在一种绝对的意义上同样也是被规定的。因为属正当的东西是用法律来表述的,并且一般来说也同样包含伦理的行为规则,这种规则虽然没有编汇成法律,但却是很精确地被规定的,并且也具有普遍约束力。因此司法管理(Rechtspflege)乃是一种需要知识和技能的特殊任务。那么,它为什么就不是技艺呢?它为什么就不是把法律和规则应用于具体事例呢？我们为什么就不能讲法官的"技艺"呢？亚里士多德描述为法官的实践智慧形式（dikastikē phronesis）的东西为什么就不是一种技艺呢？[29]

当然，如果我们考虑一下这问题，我们将明白，法律的应用包含一种特殊的法学难题。手艺人的情况在这里是完全不同的情况。手艺人由于对他的对象具有计划并且又有执行规则，从而他着手执行这项计划，但是，他也可以被迫使自己适应于具体的情况和所与的条件，也就是说，他可以被迫不完全像他原来所想的那样去执行他的计划。但是这种改变决不意味着他关于他想要做的事情的知识因此而更加完善。他其实只是在执行过程中省略了某些东西。就此而言，这里所实际涉及的乃是他的知识的应用以及与此相联系的讨厌的不完善性问题。

反之，在"应用"法律的人那里完全是另一种情况。在具体情况里他将必须松懈法律的严厉性。但是，如果他这样做，并不是因为他没有别的更好办法，而是因为如果不这样做，他将不是正当的。由于他在法律上进行缓和，他并没有减低法律的声誉，而是相反地发现了更好的法律。亚里士多德在他对于"Epieikeia"，[30]即"公道"的分析中最清楚地表明了这一点：Epieikeia 就是法律的更正。[31] 亚里士多德指出，任何法律都处于与具体行动的必然对立之中，因为法律是普遍的，不能在自身内包括那种适合

---

[29] 《尼各马可伦理学》，Z8。

[30] 《尼各马可伦理学》，E14。

[31] 梅兰希顿在解释 Epieikeia 的根据时写道："所意欲的高级法律乃是低级法律"（见梅兰希顿《伦理学》的最早版本，H. 海内克编［柏林，1893 年］，第 29 页）。

Ⅱ 一种诠释学经验理论的基本特征

于一切具体情况的实际现实性。在本书一开始关于判断力的分析中我们就已经接触到了这一问题。㊳ 非常清楚,法学诠释学问题在这里找到了它的真正位置。㊴ 法律总是不完善的,这倒不是因为法律本身有缺陷,而是因为相对于法律所认为的秩序来说,人的实在必然总是不完善的,因而不允许有任何单纯的法律的应用。

从这些说明我们可以清楚看出,亚里士多德关于自然法(Naturrecht)问题的立场具有最微妙的性质,无论如何我们不能将它与以后时代的自然法传统相等同。这里我们只对自然法思想如何与诠释学问题发生联系给出一个概略的说明。㊵ 从我们至今所讨论的可以看出,亚里士多德并不是简单地拒绝自然法问题。他并不认为人们设定的法律就绝对是真正的法律,而是至少在所谓的公道考虑中看到一个法律补充的任务。所以通过他在本性上合乎法律的东西和法学上合乎法律的东西之间作出明确区分,他反对了极端的约定主义或法学实证主义。㊶ 不过,亚里士多德所设想的区别并不只是自然法的不可改变性和实证法律的可改变性之间的区别。的确,人们一般是这样理解亚里士多德的。但是人

㊳ 参见本书第43页以下。

㊴ Ideo adhibenda est ad omnés leges interpretatio quae flectat eas ad humaniorem ac leniorem sententiam,因此,解释应当被应用于每一种法律,以使它作出更合乎人性的宽宏大量的判决(梅兰希顿,第29页)。

㊵ 首先参见 H. 库恩对 L. 施特劳斯的《自然法和历史》(1953年)所作出的卓越的批判,载《政治学杂志》,第3卷,1956年,第4期。

㊶ 《尼各马可伦理学》,E10。当然,这种区分本身是起源于智者派,但是通过柏拉图的逻各斯的限制,它失去了它的破坏性意义,并且通过柏拉图的《政治学》(第294页以下)以及在亚里士多德那里,这种区别在法学上的积极意义变得明显了。

们忽略了他的见解的真正深刻意思。的确,亚里士多德接受了绝对不可改变的法律的观念,但是他明确地把这一观念只限制于上帝,并且解释说,在人间,不仅法学上制定的法律可以改变,而且自然法也是可以改变的。按照亚里士多德的看法,这种可改变性与下面这一点完全一致,即它是"自然的"法律。在我看来,他的这种主张的意义是这样:虽然存在那种完全只是单纯约定的法学上的法律(如交通规则或法规),但是也存在而且首先存在那种并不只是由于人们随意约定的法律,因为"事物的本性"要捍卫自身。所以把这样的法律称之为"自然的法律",完全是合理的。㊿ 因为事物的本性对于固定还留有某个活动的空间,所以这种自然的法律仍是可改变的。亚里士多德从别的领域引证的一些例子完全清楚地证明了这一点。按本性说,右手更为强壮,但没有什么东西阻止我们训练左手,以使它与右手一样强壮(亚里士多德明确地援引这个例子,因为这个例子是柏拉图经常喜欢引用的)。第二个例子更有说服力,因为它已经属于法学范围:尽管我们都是使用同一种量度,但当我们卖酒时所用的量度总是比我们买酒时所用的量度要大。亚里士多德在这里并不是说,我们在卖酒时经常想欺骗顾客,而是说这种行为符合法律范围内所允许的属正当事情的活动空间。他还举了一个最清楚的例子,即在最好的国家,"到处都是一样的",但并不是以这种方式:"如火到处都是以同一种方式燃烧,

---

㊿ 除非我们这样看,否则在《大伦理学》对应地方 A33 1194b30—95a7 的思考过程就不能被理解:μὴ εἰ μεταβάλλει διὰ τὴν ἡμεὶ εραν χρῆδιν, δια τοῦτ οὐκ ἔστι δικαιου φυσει, 千万不要认为,如果事物的改变是由于我们的用途,便不存在自然的法律,因为确实有自然的法律。

不论是在希腊,还是在波斯"。

尽管亚里士多德清楚地作了这种陈述,以后的自然法理论却是这样引用这段话,好像亚里士多德是在用自然法的不可改变性来对比人的法律的不可改变性![28]情况正相反。事实上,正如他的对照所表明的,自然法思想对于他来说只有一种批判的功能。我们决不能独断论地利用这段话,也就是说,我们不能使某种个别的法律内容带有自然法的庄严和不可侵犯性。按照亚里士多德的看法,由于一切有效的法律必然具有的不完善性,自然法思想是完全必需的,而且在涉及公道考虑(这首先就是实际上决定法律的东西)的地方,具有特别的重要性。但是,自然法的作用只是一种批判的作用,因为只有在一条法律和另一条法律之间出现了某种不一致的地方,援引自然法才是合法的。

亚里士多德详尽解答的自然法的特殊问题,除了它们的基本意义外,在这里并不使我们感兴趣。亚里士多德在这里所指出的东西适合于人对于自己应当是什么而具有的一切概念,而不只是适合于法律问题。所有这些概念不单纯是任意的约定的理想,尽管道德概念在最不同的时代和民族中表现了变异,但在所有这些变异中仍有某种像事物的本性这样的东西。这并不是说,这种事物的本性,例如勇敢的理想,是我们能够自为地认识和应用的固定标准。亚里士多德其实是在承认,按他意见一般适合于人的东西也完全适合于伦理学教师,即伦理学教师也总是已经处于某种伦理-政治的束缚中,并且从这里才获得他关于事物的观念。他并不

---

[28] 参见梅兰希顿,前引书,第28页。

自认为他所描述的理想观念就是可教导的知识。这些理想观念只具有图式（Schemata）的有效性。它们总是首先具体化自身于行动者的具体境况中。它们并不是那种可以在星球上找到或在某个伦理自然宇宙中具有其不可改变位置的规范，以致重要的问题只是觉察到它们。但是从另一方面说，它们也不是单纯的约定，它们其实是重新给出事物的本性，只不过事物的本性本身经常是由道德意识对它们进行的应用所规定的。

2.这里表现了手段和目的之间概念关系的一种根本变化，这种变化使得道德知识区别于技艺知识。这种差别不仅在于道德知识没有任何单纯的个别目的，而是关系到整个正确生活的大事——反之，所有技艺知识只是某种个别的东西并且服务于个别的目的。这种差别也不仅在于道德知识一定能够出现在一切地方，甚而在技艺知识只可被欲求而并不实际存在的地方，它也能够出现。的确，即使在技艺知识可能存在的地方，技艺知识也总是使我们无需自我协商去考虑何物为知识。凡是有技艺的地方，我们一定学习它，并且能够找到正确的手段。反之，我们看到道德知识——而且以不可取消的方式——要求这种自我协商（Mitsichzurategehen）。即使我们设想这种知识达到了理想的完满性，这种知识也不是一种技艺类型的知识，而是这种自我协商（euboulia）的完成。

所以，这里涉及了一种根本性的关系。对于道德知识的依赖性（Angewiesenheit），即对自我协商的依赖性，并不会由于技艺知识的扩充[254]而突然完全被取消。从根本上说，道德知识决不能具有某种可学知识的先在性（Vorgängigkeit）。手段和目的的

Ⅱ 一种诠释学经验理论的基本特征

关系在这里不是这样一种关系,以致关于正确手段的知识好像能够预先被获得,而且情况之所以这样,乃是因为正确目的的知识同样不是某种知识的单纯对象。并不存在整个正当生活所指向的东西的任何预先规定性。由于这种理由,亚里士多德关于实践智慧的定义显然带有模棱两可性,因为这种知识有时更多地与目的相关联,有时则更多地与达到目的的手段相关联。[29] 事实上这意味着,我们整个生命所趋向的目的以及这种目的向行动的道德原则的发展,正如亚里士多德在他的伦理学中所描述的,不能够是某种绝对可学会的知识的对象。正如我们不能对自然法进行独断论使用一样,我们也不能对伦理学进行独断论使用。亚里士多德的德行学说其实描述了一种典型的中庸之道,在人的存在和行为中去保持这一态度是非常重要,但是,那种指向这一理想观念的道德知识乃是那种同样必须答复当时情况要求的知识。

因此反过来说,也不存在任何服务于达到道德目的的单纯合

---

[29] 一般来说,亚里士多德强调 φρόνησις(实践智慧)与手段(τὰ πρὸς τὸ τέλος,达到目的的手段)相关,而不与 τέλος(目的)本身相关。这可能就是与柏拉图的善的理念学说相对立的结果,这种对立使他作出了这样一种强调。但是 φρόνησις(实践智慧)并不单纯是正确选择手段的能力,而本身就是一种道德 Hexis(行为),这种行为把目的视为行动者被其道德存在所指向的东西,这一点我们可以从它们在亚里士多德伦理学中所占据的重要位置清楚看出来。尤其要参阅《尼各马可伦理学》Z10,1142b33;1140b13;1141b15。我高兴地看到 H. 库恩在其"希腊人的当代"一文(《伽达默尔纪念文集》,1960年)中完全公正地对待这一事实,虽然他试图证明存在一种终极的"优选",从而使亚里士多德落后于柏拉图(第134页以下)。[用"prudentia"(预知,机智)拉丁文来译 φρόνησις,曾经导致对这一事实的无视,这种无视即使在今天的"道义"(deontischen)逻辑里也仍然可见。参见我在《哲学评论》第32卷(1985年)第1—26页(="最新伦理学研究的综合评论")所推重的例外,即 T. 恩格伯格-佩德逊的《亚里士多德的道德洞见理论》,牛津,1983年。]

目的性的考虑,而手段的考虑本身就是一种道德的考虑,并且自身就可以使决定性目的的道德正确性得以具体化。亚里士多德所讲的自我知识(Sich-wissen)之所以是被规定的,是因为它包含完满的应用,并且在所与情况的直接性中去证明它的知识。所以它是一种完成道德认识的具体情况知识(ein Wissen vom Jeweiligen),然而也是一种不被感官所看见的知识。因为,虽然我们必须从某个情况去观看它对我们所要求的东西,但这种观看并不意味着我们在这情况中知觉到了某种像这样的可见东西,而是意味着我们学会了把这种东西看成行动的情况,并根据正当的东西去观看。所以,正如我们在几何学的平面分析中"看到"三角形是最简单的平面图形,以致我们不再作进一步划分,而是必须停留在这里把这种图形作为最终图形,同样,在道德的考虑里,对直接可以做的东西的"观看"决不是任何单纯的观看,而是 Nous(思考)。这一点也可以从那种与这种观看形成对立的东西找到证明。[26] 与对属正当东西的观看相对立的东西并不是错误或者错觉,而是盲目性。谁被他的激情所压抑,谁就在所与情况里突然不再看到属正当的东西。他仿佛失去了他的自我控制力,因而丧失了他自己的正确性,即自身的正确度向(Gerichtetsein),以致由于受到激情的辩证法的驱赶,激情告诉他的东西在他看来仿佛就是属正当的东西。道德知识实际上是一种特殊种类的知识。它以一种奇特的方式掌握手段和目的,并因而使自己区别于技艺知识。正因为如此,在道德知识里区分知识和经验是毫无意义的,虽然在技艺方面我们可以

---

[26] 《尼各马可伦理学》,Z9,1142a25 以下。

Ⅱ 一种诠释学经验理论的基本特征

作出这种区分。因为道德知识本身就包含某种经验,并且事实上我们确实看到,这种知识或许就是经验的基本形式,与这种经验相比较,一切其他的经验表现了某种疏异性,假如我们不说变质性的话。㉖

3. 道德考虑的自我认识事实上具有某种与自身的卓越关系。我们从亚里士多德在分析实践智慧中所举出的种种情况可以得知这一点。在实践智慧、即谨慎的考虑这一德行之外,还存在"理解"(Verständnis 英译同情的理解)。㉖ 理解也是作为一种道德知识德行的变形而被引入的,因为在这里不是关系到要去行动的我本身。所以"Synesis"(理解)明确地指道德判断的能力。显然,只有当我们在判断中置身于某人借以行动的整个具体情况中时,我们才赞扬某人的理解。㉖ 所以这里不是关于某种一般的知识,而是关于某个时刻的具体情况。因而这种知识在任何意义上都不是一种技艺知识,或对这种技艺知识的应用。具有世界经验的人,如果作为那种知道一切伎俩和花招并对存在的一切事物有经验的人,他就对某个行动的人没有正确的理解,他要对此有理解,只有当他满足一个前提,即他亦想做正当的行动,他也与其他人一起被结合到这个共同关系中。这一点在所谓"良心问题"(Gewissensfrage)上的劝告现象表现出来。要求劝告的人和给予劝告的人都具有一

㉖ 参见本书第 363 页以下。

㉖ [σύνεσις]《尼各马可伦理学》,Z11)。

㉖ [这里我已经更改了我原来的陈述,ἄλλου λέγουτος 在 1145a15 只意味着它不是我的行动的事情。当某人叙述某事,我能够理解性地去倾听——即使我本人不应去听取他。][255]

个共同的前提,即对方与他有着某种友谊的联系。只有在朋友之间才能彼此劝告,或者用另一种方式说,只有那种意味着友谊的劝告才对被劝告的人有意义。这里再一次表明,具有理解的人并不是无动于衷地站在对面去认识和判断,而是从一种特殊的使他与其他人联系在一起的隶属关系去一起思考,好像他与那人休戚相关。

如果我们进一层考虑亚里士多德所举出的两种道德考虑方式,即洞见(Einsicht)和宽容(Nachsicht),[264]那么这一点将会完全清楚。洞见在这里指一种特性。当某人以正当的方式作出正确的判断,我们说他是有洞见的。凡是有洞见的人,都乐意公正对待他人的特殊情况,因而他也最倾向于宽容或谅解。很显然,这里也不涉及某种技艺知识。

最后,由于亚里士多德描述了这种实践知识的一种自然变质的变种,他使得道德知识和具有这种知识的德行的特性变得特别明显。[265]他讲到 Deinos 是这样一个人,这人对于道德知识天生地具有一切自然条件和禀赋,他有非凡的技能所以能适应每一种情况,能在一切地方去利用他的优点并在每一种情况里找到出路。[266]但是,实践智慧的这种自然对立物是通过下面事实来表明其特征的,即 Deinos "能对付任何情况",能无阻碍地利用他的技能达到一切目的,并且对于人不做各种事情没有任何感觉。他是 aneu aretēs(没有德行的)[256]。所以,这个有如此技能的人被给予了这

---

[264] γνώμη, ουγγνώμη。
[265] 《尼各马可伦理学》,Z13,1144a23 以下。
[266] 他是一个 πανοῦργος,即他是能对付任何情况的人。

II 一种诠释学经验理论的基本特征

样一个同样意味着"可怕"的名字决非偶然。没有什么东西有如一个无赖具有非凡才干那样可怕,那样不可思议,那样令人震惊。

如果我们把亚里士多德关于道德现象的描述,特别是他关于道德知识德行的描述与我们自己的探究联系起来,那么亚里士多德的分析事实上表现为一种属于诠释学任务的问题模式。我们已经证明了应用不是理解现象的一个随后的和偶然的成分,而是从一开始就整个地规定了理解活动。所以应用在这里不是某个预先给出的普遍东西对某个特殊情况的关系。研讨某个传承物的解释者就是试图把这种传承物应用于自身。但是这也不意味着传承下来的文本对于他是作为某种普遍东西被给出和被理解的,并且以后只有为特殊的应用才利用它。其实解释者除了这种普遍的东西——文本——外根本不想理解其他东西,也就是说,他只想理解传承物所说的东西,即构成文本的意义和意思的东西。但是为了理解这种东西,他一定不能无视他自己和他自己所处的具体的诠释学境况。如果他想根本理解的话,他必须把文本与这种境况联系起来。

c) 法学诠释学的典范意义

I 330

如果情况真是这样,那么精神科学诠释学与法学诠释学之间就不会像人们一般所认为的那样存在着巨大的差别。当然,占统治地位的观点是:只有历史意识才使理解提升为一种客观科学的方法,而诠释学只有当它以这种方式被扩建成为一门关于文本理解和解释的一般理论时,它才获得其真正的规定性。法学诠释学根本不属于这种情况,因为它的目的并不是理解既存的文本,而是想成为一种法律实践的补助措施以弥补法学理论体系里的某种缺陷和豁裂现象。因此从根本上说,法学诠释学与精神科学诠释学的任务即理解传承物,没有什么更多的关联。

但是,即使神学诠释学也不能要求这种独立的系统性的意义。施莱尔马赫曾经有意识地把神学诠释学归入普遍诠释学,并且只把它认作为这种普遍诠释学的一种特殊的应用。自那时以来,科学神学的那种想与现代历史科学并列的要求似乎就依据于这一事实,即除了那些被用于理解任何其他传承物的律则和规则外,不再有任何别的律则和规则可以被应用于《圣经》解释。因而根本不可能有一种特殊的神学诠释学。

可是,如果我们想以现代科学水准去恢复诠释学学科古老的真理和古老的统一性,那么这就是一种荒谬的论点。因为情况似乎是,要走向现代精神科学方法论,我们必须脱离任何独断论的束缚。法学诠释学之所以脱离整个理解理论,是因为它有一个独断论的目的,反之,正是由于松懈了与独断论的联系,神学诠释学才与语文学-历史学方法结合了起来。

在这种情况下,我们需要对法学诠释学和历史诠释学之间的区别具有特别的兴趣,并且必须探究那些法学诠释学和历史诠释学都在研讨同一对象的情况,也就是探究那些法律文本在法学内被解释并且历史地被理解的情况。这样,我们将探究法学史家(Rechtshistoriker)和法律学家(Juristen)对于同样给出的有效的法律文本各自采取的态度。在这里我们可能涉及 E. 贝蒂的一些卓越的著作,[30]

---

[30] 除了本书第 264 页和第 315 页所引的著作外,还有许多短篇论文。[对此参见附录"诠释学与历史主义",载我的著作集,第 2 卷,第 387 页以下;以及我的论文"埃米利奥·贝蒂和唯心主义遗产",载《佛罗伦萨季刊》,第 7 卷(1978 年),第 5—11 页。]

Ⅱ 一种诠释学经验理论的基本特征

并从这里出发进行我们自己的思考。因此我们的问题是：独断论的兴趣和历史学的兴趣之间的区别是否是一种明确的区别。

显然，它们之间存在一种区别。法律学家是从现存的情况出发并且是为了这种现存的情况而理解法律的意义。反之，法学史家没有任何他要从之出发的现存情况，他只是想通过建设性地考虑法律的全部应用范围去规定法律的意义。法律的意义只有在所有这些应用中才能成为具体的。所以法学史家不能满足于用法律的原本应用去规定该法律的原本意义。作为历史学家他将必须公正地对待法律所经历的全部历史变迁，他将必须借助于法律的现代应用去理解法律的原本应用。

如果我们只是这样地描述法学史家的任务，即当他"重构了法律公式的原本意义内容"，他便完成了他的任务，并且与之相反地说，法律学家还必须"使法律的原本意义与现代的现实生活相协调"，我认为这是不够的。在我看来，这样一种区分将意味着法律学家的定义太宽泛，包括了法学史家的任务。谁想对某个法律作正确的意义调整，他就必须首先知道该法律的原本意义内容。所以他必须自身作法学历史性的思考。不过，历史的理解在这里对于他来说只是作为达到目的的工具而起作用。反之，法学独断论的任务也与那种历史学家毫无关系。作为历史学家，他必须探究历史的客观性，以便认清它的历史价值，而法律学家还要超出这一点，他要把这样掌握的东西正当地应用于法律的现在。这就是贝蒂所描述的。

但是，我们可以问一下，这样历史学家的任务是否就被充分广泛地认清和描述了呢？在我们的例子中，向历史学的转向究竟是怎样出现的呢？关于某个有效的法律，我们自然而然地假定它的法学意义是明确的，现代的法律实践只是简单地追随原本的意义。如果情况总是这样，那么探究某个法律的意义的问题在法学上和历史学上乃是同一个问题。对于法律学家来说，诠释学的任务无非只是确立法律的原本意义，并把它作为正确的意义去加以应用。所以早在1840年，萨维尼在其《罗马法的体系》里把法学诠释学的任务认为是纯粹历史学的任务。正如施莱尔马赫把解释者必须使自己等同于原始的读者这一点认为是毫无问题的一样，萨维尼也忽略了原本的法学意义和现代的法学意义之间的对立关系。㉘

以后的发展足够清楚地表明，这是一种在法学上毫无根据的虚构。恩斯特·福斯特霍夫（Ernst Forsthoff）[257]曾经在一个很有价值的探究中指出，由于纯粹的法律学上的理由，我们必须提出一种特有的关于事物的历史变迁的思考，通过这种思考，某个法律的原本意义内容将与该法律被应用于法律实践的意义内容区分开来。㉙ 的确，法律学家经常是研讨法律本身。但是，法律的规范内容却必须通过它要被应用的现存情况来规定。为了正确地认识这种规范内容，他们必须对原本的意义有历史性的认识，并且正是为了这一点法律解释者才关注法律通过法律实践而具有的历史价值。但是，他不能使自己束缚于例如国会记录告诉他的当时制定

㉘ 施莱尔马赫的诠释学讲演正是在萨维尼的书出版前两年第一次发表在《遗著》版本里，这是否纯属偶然？我们必须在萨维尼自己的著作里特别考察诠释学理论的发展，福斯特霍夫在其探究中没有考虑这一问题。（关于萨维尼，首先参见弗兰茨·维亚克尔在《创立者和保持者》一书第110页的注释。）

㉙ "法律和语言"，载《柯尼斯堡科学家学会论文集》，1940年。

Ⅱ 一种诠释学经验理论的基本特征

法律的意图。他必须承认以后所发生的情况变化,并因而必须重新规定法律的规范作用。

法学史家的情况与此完全不同。表面上看,他似乎只研讨法律的原本意义,即某法律在第一次公布时意指什么,具有怎样的有效性。但是,他怎样能认识这一点呢？如果他不知道那种使他的现时代与当时分离的情况变化,他能够认识这一点吗？就此而言,他不是必须做法学家所做的完全同样的事情,即他必须区分法律文本的原始意义内容和他在现时代作为前理解自发接受的那种法学内容吗？在我看来,诠释学境况对于历史学家和法律学家似乎是同样的,因为面对任何文本,我们都生活于一种直接的意义期待之中。我们绝不可能直接地接触历史对象而客观地得知其历史价值。历史学家必须承担法律学家所进行的同样的反思任务。

所以,不论是以历史学家的方式,还是以法律学家的方式,他们所理解的东西的实际内容乃是同样的。因此上面关于历史学家态度所给出的描述是不正确的。历史性的认识只能这样才被获得,即在任何情况下都必须从过去与现代的连续性中去考察过去——而这正是法律学家在其实际的通常工作中所做的,因为法律学家的任务就是"确保法律的不可中断的连续性和保持法律思想的传统"。[20]

当然,我们还必须探究,我们曾经分析的范例是否真正表明一般历史理解问题的特征。我们作为出发点的模式乃是对某个仍有效的法律的理解。这里历史学家和理论家都研讨同一对象。但

---

[20] 贝蒂,前引书,注释62a。

是，这是否一种特殊的情况呢？致力于过去法学文化的法学史家，以及任何试图认识那种不再与现在有任何直接连续性的过去的历史学家，将不能在我们所讨论的某个法律继续有效的情况下重新认识自己。他们将会说：法学诠释学具有一种对于历史诠释学关系来说是完全生疏的特殊的独断论的任务。

事实上，在我看来，情况正好相反。法学诠释学能够指明精神科学的真正程序究竟是什么。这里我们对于我们所探究的过去和现在的关系有一个模式。使传承下来的法律适合于现代需要的法官无疑在解决某项实际的任务。但是他对法律的解释绝不因为这种理由而是一种任意的再解释。在这里，理解和解释依然就是认识和承认某种有效的意义。法官试图通过把法律的"法权观念"与现代联系起来去适应这种观念。这当然是一种法律上的联系。法官试图要认识的东西正是法律的法权意义——而不是法律公布时的历史意义或该法律任何一次应用时的历史意义。法官的态度并不是历史学家的态度——尽管对于他自己的历史（这就是他的现在）他具有一种很好的态度。因此他能够经常地作为历史学家去考虑那些他作为法官曾经隐含地想到的问题。

反之，历史学家虽然面前没有执法任务，而是试图得知这个法律的历史意义——正如他想得知历史传承物的每一种其他内容一样——但他却不能忽视这一事实，即他在这里是从事一种需要用法学方式来理解的法律创造行为。他必须能够不仅从历史学上而且从法学上进行思考。的确，如果某个历史学家在考察某个在今天还有效的法律文本，这乃是一种特殊情况。但是这种特殊情况却使我们明确了是什么东西规定我们与每一个传承物的关系。想

II 一种诠释学经验理论的基本特征

从法律的历史起源情况去理解法律的历史学家,根本不能无视该法律在法律上的连续作用。这种连续作用对他们呈现了他们在历史传承物上所提出的问题。文本必须用它所说的东西来理解,这一点是否适合于每一个文本呢?这是否不意味着,它经常需要某种改变(Umsetzung)呢?这种改变不是经常由于与现在的联系而出现吗?由于历史理解的真正对象不是事件,而是事件的"意义",当我们讲到某个自在存在的对象和主体对这个对象的接触时,就显然没有正确地描述这种理解。其实,在历史理解中总是包含这样的观念,即遗留给我们的传承物一直讲述到了现在(in die Gegenwart hineinspricht),必须用这种中介(Vermittlung)加以理解,而且还要理解为这种中介。所以法学诠释学其实不是特殊情况,而是相反,它正适合于恢复历史诠释学的全部问题范围,并因此重新产生诠释学问题的古老统一性,而在这种统一性中,法学家、神学家都与语文学家结合了起来。

我们上面[21]已把对传统的隶属性(Zugehörigkeit)描述为精神科学理解的条件。现在让我们通过考察这一理解结构要素怎样在法学诠释学和神学诠释学中得以表现来证明这一点。显然,这不是某种限制理解的条件,而是使理解成为可能的条件。解释者对于他的文本的隶属性类似于视点对于某幅图画的透视的隶属性。这并不是说我们应当找寻这个视点并取作我们的立足点,而是说,进行理解的人并不是任意地选取他的观点,而是发现他的位置已被事先给定了(Vorgegeben)。所以法学诠释学可能性的本质条

---

[21] 参见本书第266页。

件是，法律对于法律共同体的一切成员都具有同样的约束力。凡在不是这种情况的地方，例如在一个专制统治者的意志高于法律的专制主义国家，就不可能存在任何诠释学，"因为专制统治者可以违反一般解释规则去解释他的话"。㉒ 因为在这里，任务根本不是这样来解释法律，以使具体的事例能按照法律的法权意义得到公正的判定。情况正相反，君主那种不受法律约束的意志能够无需考虑法律——也就是不受解释的影响——而实现任何他认为是公正的事情。只有在某物是这样被制定，以致它作为被制定的东西是不可取消的并有约束力的地方，才能存在理解和解释的任务。

解释的任务就是使法律具体化㉓于每一种特殊情况，这也就是应用的任务。这里所包含的创造性的法律补充行为无疑是保留给法官的任务，但是法官正如法律共同体里的每一个其他成员一样，他也要服从法律。一个法治国家的观念包含着，法官的判决绝不是产生于某个任意的无预见的决定，而是产生于对整个情况的公正的权衡。任何一个深入到全部具体情况里的人都能够承担这种公正的权衡。正因为如此，在一个法治国家里存在法律保障。人们在思想上都能知道他们所涉及的真正问题应当是什么。任何一个律师和法律顾问在原则上都能给出正确的建议，也就是说，他

㉒ 瓦尔希，第158页。〔在启蒙思想家看来，专制主义国家的情况似乎是这样，即"统治者"这样解释他的话，以致法律不是被取消，而是被颠倒解释，结果无需注意解释规则，法律就符合于统治者的意志。〕

㉓ 这种法律具体化对于法理学非常重要，是它的中心论题，因而有大量关于这个论题的著作，参见卡尔·英吉希(Karl Engisch)的探究《具体化观念》(《海德堡科学院论文集》,1953年)。〔也可参见卡尔·英吉希最近的著作:《法律学方法》，慕尼黑，1972年，第39—80页;以及他的《法律和道德——法哲学主题》，慕尼黑，1971年。〕

Ⅱ 一种诠释学经验理论的基本特征

们能够根据现存的法律正确地预告法官的判决。当然,具体化的任务并不在于单纯地认识法律条文,如果我们想从法律上判断某个具体事例,那么我们理所当然地还必须了解司法实践以及规定这种实践的各种要素。但是,这里所要求的对于法律的隶属性唯一在于:承认法律制度对每一个人都有效,并且没有任何人可以例外。因此在原则上我们总是有可能把握这样的现存法律制度,这就是说,我们有可能在理论上吸收过去对法律的任何一次补充。因此,在法学诠释学和法学独断论之间存在一种本质联系,正是这种本质联系使诠释学具有更大重要性。一种完美无缺的法学理论的观念——这种观念将使每一个判断成为单纯的归属行动——是站不住脚的。[24]

现在让我们从这个问题来考察一下被新教神学所发展的神学诠释学。[25] 这里与法学诠释学有一种真正的类似关系,因为在神学诠释学里独断论也同样不能要求任何优先性。福音宣告的真正具体化产生于牧师的布道中。正如法律制度的具体化产生于法官的判决中一样。不过,它们两者之间也存在着很大差别。牧师的布道与法官的判决不同,它不是对它所解释的文本进行创造性的

---

[24] 参见 F. 维亚克尔的论点。他曾经从法官的判断技巧和规定这种技巧的要素出发,简短地陈述了非法律性的法治问题(《法律和法官技巧》,1957年)。

[25] 除了这里所讨论的观点外,对历史主义诠释学的克服——这是我整个探究的目的——在神学上有一个积极的结果,这个结果在我看来似乎接近于神学家恩斯特·富克斯和格哈德·埃贝林的观点(恩斯特·富克斯:《诠释学》,1960年第2版;G. 埃贝林:《历史和当代宗教辞典》,第3版,"诠释学"词条)。[也可参见我的论文"关于自我理解问题"(《短篇著作集》,第1卷,第70—81页;现收入我的著作集,第2卷,第121—132页)。]

补充。因此，救世福音从布道的宣告中并不能产生那样一种可以与法官判决的法律补充力量相比较的新的内容。而且一般来说，救世福音并不由于牧师的思想而更清楚地得到规定。牧师与法官不一样，他作为牧师并不能以一种独断权威对信徒们讲话。的确，布道也是在解释某种有效真理，但这个真理乃是福音宣告，它是否成功并不决定于牧师的思想，而是决定于上帝言辞本身的力量，例如，即使是很蹩脚的牧师也能使人悔过自新。福音宣告不能脱离它的实行过程。纯粹学说的所有教条固定工作乃是次要的工作。《圣经》就是上帝的言辞，并且这意味着，《圣经》具有远远超过解释它的人的思想的绝对优先性。

解释应当永不忽略这一点。即使神学家的博学解释也必须经常记住，《圣经》乃是上帝的神圣宣告。因此，对《圣经》的理解就不只是对其意义的科学探究。布尔特曼曾经写道："圣书的解释与所有其他文献一样，应当遵循同样的理解条件。"[26]但是，这句话的意义是有歧义的。因为问题在于任何文献是否除了那些对于每一个文本都必须要实现的形式的一般条件外，就不遵循任何其他的理解条件。布尔特曼自己强调说，所有理解都预先假定了解释者和文本之间存在着一种生命联系，解释者与他从文本中得知的事情之间有一种先行的关联。他把这种诠释学前提称之为**前理解**（Vorverständnis），因为它显然不是通过理解过程得到的，而是已经被预先设定。所以霍夫曼——布尔特曼赞同地引证他——写

---

[26] 《信仰和理解》，第 2 卷，第 231 页。

Ⅱ 一种诠释学经验理论的基本特征

道,《圣经》诠释学预先已假定了一种与《圣经》内容的关系。

但是我们可以问一下,这里是什么样的一种"前提"。这种前提是否与人的存在一起被给予的呢？在每一个人那里是否因为人被上帝问题所困缠而存在着一种与上帝启示真理的先行的实际关联呢？或者我们是否必须说,只有首先从上帝出发,也就是说,从信仰出发,人的存在才知道自身是被上帝问题所支配？但是这样一来,前理解所包含的前提的意义就成为有问题的了。因为这种前提显然就不是普遍有效的,而只是从真信仰观点来看才是有效的。

就《旧约圣经》而言,这是一个古老的诠释学问题。基督教从《新约圣经》出发对《旧约》的解释是正确的解释,还是犹太教对《旧约》的解释是正确的解释呢？或者,它们两者都是正确的解释,在它们之间存在着某种共同性呢？这是否就是解释所真正理解的东西呢？犹太人尽管对《旧约圣经》文本的理解不同于基督教徒的理解,但他与基督教徒分享同一个前提,即他也是被上帝问题所支配。虽然如此,犹太人对于基督教神学家的陈述仍保持这样一种看法,即如果基督教神学家是从《新约圣经》出发限制《旧约圣经》的真理,那么他们就不能正确理解《旧约圣经》。所以,我们被上帝问题所支配这一前提其实就已经包含认识真上帝及其启示的要求。甚至所谓非信仰也是由我们所要求的信仰规定的。生存论的前理解——这是布尔特曼的出发点——本身只能是一种基督教的理解。

我们也许试图避免这一结论,说我们只要认识到宗教文本只可被理解为答复上帝问题的文本就足够了。我们没有必要去要求解释者自身的宗教信仰。但是马克思主义者对此将说什么呢？因为马克思主义者认为，只有当他们把宗教说教视为社会统治阶级利益的反映时，他们才理解所有宗教说教。马克思主义者无疑不会接受这一前提，即人的此在是被上帝问题所支配。这样一个前提显然只对那些承认信仰真上帝或者不信仰真上帝的人才有效。所以我认为，神学里的前理解的诠释学意义本身就似乎是一种神学的意义。即使诠释学的历史也表明对文本的探究是怎样由一种最具体的前理解所决定。现代诠释学作为新教的一门解释《圣经》的技术学科，显然与天主教会的独断论传统及其公正无偏学说有一种敌对的关系。现代诠释学本身具有一种独断论教派的意义。这并不意味着，这样一种神学诠释学天生是独断论的，以致它从文本所读出的乃是它放入文本的东西。它其实是在孤注一掷。但是它假定了《圣经》是在对我们讲话，并且只有那些被允许去听这种讲话的人——不管他是持信仰态度还是持怀疑态度——才理解。就此而言，应用是首要的东西。

所以，我们可能提出这样一些事实作为各种形式的诠释学真正共同的东西，即所要理解的意义只有在解释过程中才能具体化和臻于完满，但是这种解释工作完全受文本的意义所制约。不管是法学家还是神学家，都不认为应用任务可以摆脱文本的制约。

尽管如此，使某种普遍的东西具体化并把它应用于自身这一任务，在历史精神科学内似乎仍具有一种完全不同的作用。如果我们探究应用在这里指什么以及它怎样出现于精神科学所进行的理解中，那么我们也许可以承认，存在着某类传承物，我们对它们可以采用与法律学家对法律、神学家对福音宣告所采取的同样应

Ⅱ 一种诠释学经验理论的基本特征

用方式。正如法官试图执行正义或牧师试图宣告福音的情况一样,并且正如在宣告正义和宣告福音这两种情况里被宣告的东西的意义得到其最完美的实现一样,我们也能对某个哲学文本或某个文学作品承认,这些文本要求读者和理解者有一种特殊的活动,并且对它们我们并不具有一种能采取历史距离的自由。我们将承认,这里理解总是包含对被理解的意义的应用。

但是,应用是否在本质上必然属于理解呢?从现代科学观点出发,我们可以对这个问题作出否定的答复,并且说这样一种使解释者作为文本的原本听讲人的所谓应用根本是非科学的。历史精神科学是完全排除这种应用的。可是现代科学的科学性正在于:它使传承物客观化,并在方法论上消除解释者的现在对理解所产生的任何影响。要达到这一目的,常常是困难的,并且在文本的情况里要去保留这种所谓历史兴趣和理论兴趣的区分也同样是难以做到的,因为文本并不是对某个特殊的人讲话,它要求对任何接受传承物的人都有效。科学神学及其与《圣经》传承物的关系的问题就对此提供了一个很好的例证。情况似乎是这样,历史科学的要求和独断论的要求之间的对比只在个人的私有世界里才能找到。哲学家可能是同样的情况,而且当我们感到艺术作品在对我们说什么时,我们的审美意识也可能是同样的情况。但是,科学却提出了这样的要求,即要通过它的方法使自身保持一种独立于一切主观应用的态度。

这就是我们从现代科学理论的立场出发必须要论证的东西。我们将援引那些解释者根本不能直接取代原本接受者的事例作为具有典范价值的事例。例如,某个文本有完全确定的接受人的事例,如签订协约的双方,票据或命令的接受者。这里我们完全能很好地理解文本的意义,我们能想象自己取代了接受者,并且就这种取代可以使文本获得其完全的具体形式而言,我们可以把这承认为解释的成就。但是,这种使自身处于原来读者立场的取代(施莱尔马赫)是完全不同于应用的东西。它实际上回避了在当时和今天、"你"和"我"之间进行中介的任务,而这种中介任务却是我们所谓应用意指的东西,并且法学诠释学也承认这是它自己的任务。

让我们以理解命令为例。命令只有在有某个应服从它的人的地方才存在。所以,这里的理解乃是其中必定有一个人给出命令的那些人之间的关系的一部分。所谓理解命令,就是指把该命令应用于它所关涉的具体情况。虽然我们能重复命令以促使它被正确理解,但是这并不改变这一事实,即只有当它"按照其意义"被具体实现时,它的真实意义才被规定。正是由于这种理由,存在一种明确的拒绝服从行为,这种行为不单纯是不服从,而是通过命令的意义及其在某人身上的具体实现而证明自身(legtimiert)。谁拒绝服从一个命令,谁就已经理解了它,因为他把命令应用于具体情况,并且知道在这种情况中服从将意味着什么,所以他拒绝。衡量理解的标准显然不是命令的实际言辞,也不是发出命令的人的实际意见,而是对情况的理解和服从命令的人的责任性。即使我们把一个命令用文字写下来,或者说,使它在书面上被给出,以便检验理解的正确性和对它的执行,我们也不能认为这样做就万事大吉。那种光按命令辞文而不按其意义去执行命令的行为,乃是一种荒唐可笑的行径。所以毫无疑问,命令的接受者一定履行了一种意义理解的创造性的行为。

Ⅱ 一种诠释学经验理论的基本特征

如果我们现在想到了那种认为传承物就是这样一种命令并试图去理解它的历史学家，他们的情况当然完全不同于原本接受者的情况。他们不是该命令所指的人，因而他们可以认为该命令与自身完全无干。但是，如果他们真想理解命令，他们就必须在思想上执行像该命令所指的接受者所执行的同样的行为。而该命令所指的接受者由于把该命令应用于自身，能够很好地区分命令的理解和命令的服从。甚至当他——而且正由于他——已经理解了命令，他才有可能不服从命令。对于历史学家来说，要重构他所讨论的命令所出自的原来情况，这可能是困难的。但是，只有当他已经执行了这种具体化的任务时，他才完全理解命令。这就是明确的诠释学要求：即要根据文本当时被写出的具体情况去理解文本的陈述。

按照科学的自我理解，历史学家无需区分文本是否有一个特别的接受对象或是否意指"属于一切时代"（Besitz für immer）。诠释学任务的普遍性其实依据于：我们必须从适合于文本的目的（Scopus）来理解每一个文本。但是这也就意味着，历史科学首先试图从其自身来理解每一个文本，并且不把文本所说的内容认为是真实的，而是让其真理搁置待决（in ihrer Wahrheit dahingestellt sein lässt）。理解无疑是一种具体化，但这是一种包含保持这样一种诠释学距离的具体化。只有当我们忘却了自己，理解才是可能的（Nur der versteht, der sich selber aus dem Spiele zu lassen versteht）。这就是科学的要求。

按照这样一种精神科学方法论的自我解释，我们一般可以说，解释者对每一个文本都联想了某个接受者（Adressat），而不管这个接受者是否被文本明确讲到过。这个接受者在任何情况中都是解释者知道与自身不同的原来读者。如果以否定的方式来说,这一点更清楚。谁试图作为语文学家或历史学家来理解某个文本,谁就无论如何不把该文本所说的东西应用于自身。他只试图理解作者的意见。如果他想的只是理解,他就对这个文本说的东西是否客观真理不感兴趣,即使文本自身声称教导真理,他也不会感兴趣。在这一点上语文学家和历史学家是意见一致的。

但是,诠释学和历史学显然不是完全一样的东西。由于我们深入地考察了它们两者之间的方法论区别,我们将认识到它们所具有的真正共同性并不是一般认为它们具有的共同性。历史学家对传承下来的文本具有一种不同的态度,他试图通过文本知道某种过去的事情。因此他试图通过其他传承物去补充和证实文本。他认为语文学家的工作有一种缺陷,因为语文学家把他的文本视为艺术作品。艺术作品乃是一个完全自足的世界。但是,历史学家的兴趣并不在于认识这种自足性(Selbstgenügsamkeit)。所以狄尔泰曾经反对施莱尔马赫道:"语文学想在各处看到圆满自足的此在。"[27]如果一部流传下来的文学作品对于历史学家产生了影响,这对他来说仍没有任何诠释学的意义。他根本不可能把自己理解为文本的接受者,并接受文本的要求。情况正相反,他是从文本自身不想提供的东西来考察文本。这一点也适合于那些本身想成为历史表现的传承物。即使历史著述家也要受到历史的批判。

就此而言,历史学家表现了一种对诠释学事业的超越。与此

---

[27] 《青年狄尔泰》,第94页。

Ⅱ 一种诠释学经验理论的基本特征

相应,解释概念在这里获得了一种新的明确的意义。它不再只是指一种明确理解所与文本的行动,有如语文学家曾经作出的那样。历史解释概念其实更符合于那种不被历史诠释学从古典的和传统的意义上去理解的——即作为某种指称语言和思想之间关系的修辞学术语——表达(Ausdruck)概念。表达所表达的东西不只是表达中应当得以表达的东西,即它所意指的东西,而首先是那种不是应得以表达而是在这种言辞和意见中一起得以表达的东西,即那种几乎可以说是表达"暴露"的东西。在这种广泛的意义里,"表达"概念所具有的内容远远超过语言学的表达概念。它其实包括了我们为理解一切事物而必须返回的一切东西。同样又包括了使我们有可能进行这种返回的东西。解释在这里不是指被意指的意义,而是指被隐蔽了的而且必须要揭示的意义。在这种意义上,每一个文本不仅表现了一种可理解的意义,而且本身在许多方面需要被揭示。文本本身就是一种表达现象。显然,历史学家有兴趣于文本的这一方面。因为(例如)一个报告作为证据的价值事实上也部分依赖于文本作为表达现象所表达的东西。从这里我们可以推知作者无需说而意指的东西,如他属于什么党派,他以什么立场观看事物,甚至我们还可以说他不真诚或不诚实到什么程度。这些影响证据可靠性的主观因素显然必须一起注意。但是,即使传承物的主观可靠性被确立了,传承物的内容本身也必须首先被解释,这也就是说,文本被理解为一种其真正意义只有超出其语词意义才能得知的证件(Dokument),例如通过与其他一些允许我们去评价某个传承物历史价值的材料进行比较。

所以,历史学家的基本原则是:传承物可以用一种不同于文本自身所要求的意义来进行解释。历史学家总是返回到传承物的背后，返回到传承物给予表达的意义的背后，以便探讨那种传承物不是自愿表达的实在。文本被置于所有其他历史材料即所谓过去遗物之中。所以它们必须被解释，即不仅按他们所说的东西被理解，而且按它们可以为之作证的东西被理解。

这里解释概念可以说臻于完成。凡是文本的意义不能直接被理解的地方，我们就必须进行解释。凡是我们不想信任某个现象直接表现的东西的地方，我们就必须进行解释。心理学家之所以进行解释，是因为他不接受生命表现自身所意指的意义而返回探究无意识里所出现的东西。同样，历史学家之所以解释过去的遗留材料，是为了发现其中被表现并同时被隐蔽的真正意义。

所以，在历史学家和那些只是为了美和真的缘故而想理解文本的语文学家之间存在一种天然的对立关系。历史学家是从文本自身没有陈说因而不需要包含在文本所意指的意义中的东西出发来进行解释。这里历史学的意识和语文学的意识陷入了一种根本的冲突之中——但是，自从历史学意识改变了语文学家的态度以来，这种对立几乎不复存在。自那时以来，语文学家抛弃了他的文本对他应具有某种规范有效性的要求。他不再把文本视作人类言辞的范式，不再认为文本具有人类所说东西的典范性，而是从文本自身根本不意指的东西出发去观看它们，也就是说，他把文本看作为历史学家。这样，语文学成了历史学的一门辅助学科。这一点可以在古典语文学那里看出来，古典语文学一开始就称自己为古代科学，如维拉莫维茨[258]所说的。语文学是历史研究的一个部门，它首先以语言和文学为自己研讨的对象。语文学家就是历史

II　一种诠释学经验理论的基本特征

学家,因为他从他的原始文学资料里获得一种特有的历史度向。对于语文学家来说,理解就是把某个所与文本纳入(einordnen)语言、文学形式、风格等的历史关系中,并且通过这种中介最后纳入历史的生命联系整体中。只是有时他自己的原本的品性仿佛在起显著作用。所以在评价古代历史著作家时,他倾向于给予这些大作家以比历史学家认为正确的更大的信任。这种思想上的轻信——使语文学家过高地评价了他的文本的证据价值——乃是语文学家要成为"美的讲话"之友和古典文学中介人这一古老要求的最后痕迹。

现在让我们提出这样的问题,今天的历史学家和语文学家都赞同的这种关于精神科学工作程序的描述是否正确,以及历史意识在这里所提出的普遍要求是否公正。首先就语文学而言,这似乎是有问题的。[20] 语文学家如果屈服于历史研究的标准,那么他们最终会误解他们自己作为美的讲话之友的本性。如果说他们的文本对于他们具有一种典范性,那么这首先可能是形式。古老的富有浪漫热情的人文主义曾经认为,在古典文学中一切都是以一种典范的方式被说出来。但是,以这样一种典范方式被说出的东西其实远远多于单纯形式的典范。美的讲话之所以是美的讲话,不仅是因为其中被说的东西是以美的方式被说出的,而且也因为被说的东西本身就具有美。它不只是想成为单纯的美的讲话技巧。下面这一点特别适合于各民族的诗歌传承物,即我们不仅惊

---

[20]　参见 H. 帕策尔的论文"作为古典语文学方法论问题的人文主义"(《一般研究》,1948 年)。

叹它们的诗的力量，它们表现的想象力和艺术性，而且也惊叹它们所讲出的伟大真理。

所以，如果在语文学家的工作中仍保留了某种属树立典范的东西，他实际上就不只是把他的文本与某个重构的接受者关联起来，而且也把他的文本与他自身关联起来（当然他是不愿承认这一点的）。虽然他承认典范的东西具有一种作为范例的力量，但是在他每一次树立典范的工作中总是已经包含这样一种理解，即不再自发地接受这些范例，而是对它们作了选择并知道对它们负有义务。因此他自身与范例的这种关系经常具有继承（Nachfolge）的性质。正如继承不只是单纯的模仿一样，语文学家的理解也是一种不断更新的照面形式（Form der Begegnung），并且本身具有一种事件性质，而这正是因为这种理解不是单纯的自发接受（kein blosses Dahingestelltseinlassen），而是包含了应用。语文学家仿佛是在不断编织一张由传统和习俗提供给我们的大网。

如果我们承认这一点，那么语文学一定可以通过我们把它与历史学区分出来而达到它的真正尊严和对它自身的正确理解。不过，我认为这只是一半真理。反之，我们必须探究这里所描绘的历史学态度的图画本身是否一幅歪曲的图画。也许不只是语文学家的态度，而且历史学家的态度亦然，他们与其说按照自然科学的方法论理想确立自己的行为方式，毋宁说按照法学诠释学和神学诠释学提供给我们的模式确定自己的行为方式。历史学家与文本的交往跟语文学家对其文本的原本依赖完全不同，这可能是符合实际情况的。历史学家试图返回到文本的后面，以便迫使文本产生它们不想给出并且自身也不能给出的解释，这也可能是符合实际情况的。如果我们用个别文本所表现的标准来衡量，情况似乎就是这样。历史学家对其文本的态度，类似于审讯官盘问证人的态度。但是，单纯地确立那些从证人一己之见而得到的事实，实际上并不使他成为历史学家；使他成为历史学家的东西是，理解他在确立的事实中所发现的意义。所以历史的证据类似于法庭上给出的证词。在德文中这两种情况使用同一个词决非偶然。在这两种情况里，Zeugnis都是指帮助确立事实的工具。但是，事实本身不是探究的真正对象，而只是为法官进行公正判决这一真正任务和为历史学家确立某个事件在其历史自我意识整体中的历史意义这一真正任务提供某种资料。

所以，整个区别也许只是一个标准问题。如果我们想把握真正的东西，那么我们不应太挑剔地选择标准。既然我们已经指明传统的诠释学曾经人为地限制了现象领域，那么这一点也许也适合于历史学的态度。这里不也是这种情况，即真正决定性的东西已经先于任何历史方法的应用而存在吗？那种并不使历史问题的本质成为中心、并且不探究促使历史学家转向传承物的动机的历史诠释学，缺乏其最本质的核心。

如果我们承认这一点，那么语文学和历史学之间的关系会突然变得完全不同。虽然我们可以说语文学过多地受到历史学的影响，但这不是事情的最终方面。在我看来，我们必须使语文学家想起的应用问题，即使对于历史学理解这一更为复杂的情况来说也是有决定性意义的。的确，所有表面现象似乎都反对这一点，因为历史学理解似乎根本拒绝传承物所提出的应用要求。但我们已经看到，历史学理解并不是用文本自己的意向，而是用它自身特有的意向偏移(Intentionsverschiebung)来接受它的文本,即把它的文本看作一种原始历史资料,试图从这种资料获得对某种文本自身根本不想说、但我们发现恰恰表现在文本中的东西的理解。

但是,如果我们更切近地加以考察,那么将有这样一个问题,即历史学家的理解在本质结构上是否真与语文学家的理解有区别。的确,历史学家是从另一种观点来观看他的文本。但是,这种意向的改变只适合于这样一些个别的文本。对于历史学家来说,个别的文本是与其他原始资料和证据一起构成整个统一的传统。这种整个统一的传统就是他的真正的诠释学对象。他必须在同样的意义上理解这种传统,有如语文学家在统一的意义中去理解他的文本一样。所以历史学家必须承担某种应用任务。这是关键之点。历史学理解可以说是一种广义的语文学。

但是,这并不是说我们赞成历史学派的诠释学态度,该学派的问题我们上面已经作了说明。在那里我们已经讲到过语文学图式在历史学自我理解中的统治地位,并特别援引狄尔泰为精神科学所做的奠基工作来表明,历史学派那种认为历史是实在而不是单纯观念关系展开的真正目的是不可能实现的。我们决不会像狄尔泰那样主张,所有事件都像一个可读的文本那样具有一种完美的意义内容。如果我们称历史学为广义的语文学,那么这并不是说,历史学应当被理解为精神史。

其实,我们的想法正相反。我们认为,我们已经更正确地理解了究竟何为读文本。的确,并不存在这样的读者,世界史这部大书只是单纯地打开在他的眼前。但是,同样也不存在这样的读者,当他面对他眼前的文本,他只是读那里有的东西。其实,所有的读都

Ⅱ 一种诠释学经验理论的基本特征

包含一个应用,以致谁读某个文本,谁就自身处于他所理解的意义之中。他属于他所理解的文本。情况永远是这样,即在读某个文本过程中他所得知的意义线索(Sinnlinie),必然被中断于一个开放的不确定性之中。他可能承认,而且他必须承认,未来的世代将以不同的方式理解他在文本中所曾读到的东西。凡是适合于每一个读者的东西,也适合于历史学家。只是历史学家是研讨整个历史传统,如果他想理解这个传统,他必须把这个传统与他自身现在的生命联系起来,并且他以这种方式使整个历史传统对未来保持开放。

Ⅰ 346

所以,我们也承认语文学和历史学之间有一种内在的统一性,但是我们既不是在历史学方法的普遍性中,也不是在以原来读者取代解释者的客观化做法中,又不是在对这种传统的历史批判中看到这种统一性,而是相反地在它们两者都履行了同样一个应用任务(区别只是程度上的)中看到了这种统一性。如果语文学家以我们所说的方式理解所与文本,即理解文本中的他自己,那么历史学家也理解他自己发现的世界史本身这个大文本——在这大文本中,每一个传承下来的文本只是一个意义片段,一个字母——并且他也理解在这个大文本中的他自己。语文学家和历史学家这两者都是从自我忘却(Selbstvergessenheit)中重返家园的,他们之所以被放逐到这种自我忘却中,乃是由于这样一种思想,对于这种思想来说,现代科学的方法论意识就是唯一的标准。他们两者现在都在效果历史意识中找到了它们的真正基础。

这表明法学诠释学模式实际上是富有成效的。如果法律学家认为他自己有责任像法官那样补充某个法律文本的原本意义,那么他正是做了所有其他理解中已有的事情。如果我们在语文学家和历史学家的所有诠释学活动中认识到效果历史意识，那么诠释学学科的古老统一性又重新恢复了它的权利。

包含在所有理解形式中的应用的意义，现在已经清楚。应用绝不是把我们自身首先理解的某种所与的普遍东西事后应用于某个具体情况，而是那种对我们来说就是所与文本的普遍东西自身的实际理解。理解被证明是一种效果（Wirkung），并知道自身是这样一种效果。

3. 对效果历史意识的分析

a) 反思哲学的界限[79]

我们现在必须探究：知识和效果究竟有怎样的关系？我们上面已经强调过，[80]效果历史意识不是探究一部作品所具有的效果历史，即不是探究一种仿佛是作品遗留在后面的痕迹——效果历史意识其实是作品本身的一种意识，因此是它本身产生效果。我们关于境域形成（Horizontbildung）和视域融合（Horizontverschmelzung）的全部说明旨在描述效果历史意识的作用方式（Vollzugsweise）。但是，这究竟是一种什么样的意识呢？这是一个关

---

[79] ["反思哲学"（Reflexionsphilosophie）概念是黑格尔为反对雅可比、康德和费希特而提出的。最早出现在《信仰和知识》里，不过是作为一种"主体性的反思哲学"。黑格尔自己以理性的反思与之相对立。]

[80] 参见本书第305页。

Ⅱ 一种诠释学经验理论的基本特征

键问题。我们还可以这样强调说,效果历史意识仿佛就包含在效果本身之内。效果历史意识既然作为意识,它在本质上似乎就能够使自己超越它是其意识的东西。反思性的结构基本上是一切意识所具有的。所以这种反思性的结构对于效果历史意识也一定有效。

我们也可以这样来表述这一点:当我们讲到效果历史意识时,我们是否不认为自己被束缚于那种消除一切直接关系(Betroffenheit)——我们意指效果——的内在的反思规则性呢?我们是否不会被迫承认黑格尔是正确的,以及我们必须不把黑格尔所认为的那种历史和真理的绝对中介关系认为是诠释学的基础呢?

如果我们想到了历史世界观及其从施莱尔马赫直到狄尔泰的发展,我们就根本不能轻视这一问题。任何地方都表现了这同样的问题。在任何地方,诠释学的要求只有在知识的无限性中,在全部传承物与现在的思维性的中介过程中才能实现。这种诠释学要求是根据完美的启蒙运动的理想,根据我们历史视域的完全开放,根据我们自己的有限性可在无限的知识中得以消除而提出的,简言之,是根据历史认知精神的无所不在(Allgegenwärtigkeit)而提出的。说19世纪的历史主义从未明确地承认这一结论,这显然没有什么重要意义。历史主义最终正是在黑格尔立场中才找到其合法根据,即使充满经验热情的历史学家所喜欢援引的不是黑格尔,而是施莱尔马赫和威廉·冯·洪堡。但是,不管是施莱尔马赫还是洪堡,他们都未真正彻底地思考他们的立场。尽管他们非常强调个体性,强调我们的理解必须克服的陌生性障碍,但理解最终只是在某种无限的意识中才找到它的完成,而这种无限的意识乃是个体性思想的基础。正是这种把一切个体都包含在绝对之中的泛神论观点，才使理解奇迹得以可能。所以，这里是存在和知识在绝对中的相互渗透。不管是施莱尔马赫的康德主义，还是洪堡的康德主义，他们对于唯心论在黑格尔的绝对辩证法中的思辨完成都没有给予独立的系统的肯定。适用于黑格尔的反思哲学批判，也适用于他们。

我们必须探究，我们自己关于某种历史诠释学的尝试是否受到同样的批判，或者，我们是否能使自己摆脱反思哲学的形而上学要求，并能通过记取青年黑格尔派对黑格尔的历史性批判来证明诠释学经验的合法性。

首先，我们必须要认识到绝对反思的强迫力量，并且承认黑格尔的批判家们从未能够真正破坏这种反思的魔力圈。只有当我们不满足于思辨唯心论的非理性主义的归并（Aufweichung），而能够保留黑格尔思想的真理，那么我们才能够使历史诠释学问题摆脱思辨唯心论的混杂结论。我们这里所说的效果历史意识是这样来思考的，即作品的直接性和优越性在效果意识中并不被分解成单纯的反思实在性，即我们是在设想一种超出反思全能的实在性。这一点是批判黑格尔的关键，正是在这一点上，反思哲学原则实际上证明自身优越于它的一切批判者。

黑格尔对康德"物自体"的著名批判可以明确地说明这一点。[20] 康德对理性所作的批判性界定已经限制了范畴对可能经验对象的应用，并且解释了作为现象基础的物自体在原则上是不可认识的。黑格尔辩证的论证反对说，理性由于作出这种限制并区分现象

---

[20] 参见《哲学百科全书》，第60节。

和物自体,其实也证明这种区分乃是它自己的区分。在作出这种区分时,理性决不达到对它自身的限制,而是通过它作出这种限制而完全自在地存在。因为这意味着,理性已经超出了这种限制。使一个限制成为限制的东西,其实总是同时包含被限制所界限的东西所限制的东西(wogegen das durch die Grenze Eingegrenzte grenzt)。限制的辩证法是:只有通过它扬弃自身才存在。所以,标示物自体区别于它的现象的自在存在(Ansichsein)只是对我们才是自在的。在限制辩证法中表现为逻辑普遍性的东西,在经验中特殊化为这样的意识,即被意识所区分的自为存在乃是它自身的他物。它的真理被认识,是当它被认识为自我,即当它在完全绝对的自我意识中认识自身。我们后面将讨论这个论证的正确性和限制性。

I 349

由于黑格尔批判而引起的对这种绝对理性哲学所进行的各种各样批判,并不能抵御黑格尔特别是在他的现象学(即现象知识科学)中所描述的那种总体辩证法自我中介的结论。说他人必须被认作为不是从纯粹自我意识所把握的我自身的他物,而是要被认作为他者、认作为你——这是所有反对黑格尔辩证法无限性的原型——,这并没有真正击中黑格尔的要害。《精神现象学》的辩证法过程也许不能被像承认你的问题这样的任何东西所决定。我们只需要提到这个历史过程中的一些阶段:对于黑格尔来说,我们自己的自我意识只有通过被他人所承认才达到它的自我意识的真理;男人和女人的直接关系是相互承认的自然而然的知识(325)。㉘

㉘ 〔最近我在《黑格尔辩证法——六篇诠释学研究论文》(蒂宾根,1980年第2版,现收入我的著作集,第3卷)第3章中对承认辩证法(《精神现象学》,第4章A,自我意识的独立性和依赖性,主人和奴隶)已作了一个精确的解释。〕

另外,良知表现了被承认(Anerkanntwerden)的精神要素,并且相互的自我承认(在这种承认中精神是绝对的)只有通过坦白和宽恕才能达到。我们不能否认费尔巴哈和克尔凯郭尔的反驳已经先期考虑到了黑格尔所描述的这些精神形式。

对这位绝对思想家的攻击本身是没有根据的。使黑格尔哲学彻底动摇的阿基米德点永远不会通过反思而找到。这一点正构成反思哲学的形式性质,即任何出发点都包含在回到自身的意识的反思运动中。求助于直接性——不管是肉体本性的直接性,还是提出要求的你的直接性,不管是历史改变的难以测知的事实性的直接性,还是生产关系实在性的直接性——总是一种自我反驳,因为它本身就不是一种直接的态度,而是一种反思的活动。黑格尔左派对单纯的理智和解(这种和解不能说明世界的真正变化)的批判,哲学转向政治的整个学说,在根本上不可避免都是哲学的自我取消。[28]

所以出现了这样一个问题,即反思哲学的辩证优越性在什么范围内符合某种事实真理,以及在什么范围内它只产生一种形式的现象。因为反思哲学的论证最终不能掩盖这一事实,即从有限的人的意识立场出发对思辨思想所进行的批判包含某种真理。这一点特别明显地表现在那种毫无创见的唯心主义形式上,例如新康德主义对于生命哲学和存在哲学的批判。海因里希·李凯尔特——此人在1920年试图通过论证摧毁"生命哲学"——根本不

---

[28] 这一点在马克思主义文献里直到今天还是明显可以看到的。参见 J.哈贝马斯在"关于马克思和马克思主义的哲学讨论"《哲学评论》,第 4 卷,第 3 期,1957 年,第 183 页以下)对于这一点的有力阐述。

Ⅱ 一种诠释学经验理论的基本特征

能获得在当时已开始蔓延的尼采和狄尔泰的那种影响。尽管我们能够很清楚地论证每一种相对主义的内在矛盾性——但是正如海德格尔所说的,所有这些得胜的论证本身却具有某种使我们不知所措的突然袭击的尝试。[24] 尽管这些论证似乎是有说服力的,但它们仍抓不住关键的东西。虽然在使用它们时,我们可能被证明是正确的,但是它们本身并未表现出任何富有价值的卓识洞见。说怀疑论或相对主义的论点一方面要求是真的,另一方面又反驳自己这种要求,这虽然是一个不可反驳的论证,但这究竟有什么成果呢?以这种方式被证明得胜的反思论证其实又回到了论证者,因为它使得我们对一切反思的真理价值产生怀疑。这里受到打击的不是怀疑论或取消一切真理的相对论的实在性,而是一般形式论证的真理要求。

就此而言,这种反思论证的形式主义只在外表上具有哲学的合法性。事实上它并未告诉我们什么。我们首先从古代智者派那里熟悉了这种论证的表面合法性。柏拉图就曾经证明了古代智者派的内在空虚。但柏拉图也曾经是这样的人,他清楚地认识到,根本不存在这样充分的论证标准足以真正区分哲学家的谈话和智者派的谈话。特别是他在第七封信中指出,一个命题的形式矛盾性并不必然排除它的真理性。[25]

一切空洞论证的模式是智者派的问题:我们一般怎么能够探

---

[24] 海德格尔:《存在与时间》,第229页。
[25] 这是343cd那段费解的话的意义,对于这段话,那些否认第七封信可靠的人一定认为有第二个匿名的柏拉图。[参见我的详细解释"柏拉图的第七封信里的辩证法和诡辩论"(我的著作集,第6卷,第90—115页)。]

究我们并不认识的东西呢。柏拉图在《美诺篇》[26]里表述的这个智者派的反驳,并不是通过一种卓越的论证解答,而是非常典型地通过援引灵魂预先存在的神话得到克服的。这当然是一种很富有讽刺意味的援引,因为用来解决问题和探究之谜的预先存在和重新回忆的神话,其实并不表现一种宗教的确实性,而是依据于探究知识的灵魂的确实性,而这种确实性胜过形式论证的空洞性。然而对于柏拉图在逻各斯里所承认的弱点具有典型特征的是,他不是逻辑地,而是神秘地确立对智者派论证的批判。正如真意见是一种上帝的恩惠和礼物一样,对真逻各斯的探究和认识也不是人类精神的自由的私有物。我们以后将会看到,柏拉图在这里赋予苏格拉底辩证法的神秘合法性是具有根本意义的。假如智者派并没有被反驳——而且这不能通过论证来反驳——那么这个论证就要被丢弃。这就是"懒散理性"(faule Vernunft)的论证,并且具有真正象征性的重要性,因为所有空洞的反思,尽管有其得胜的假象,但最终都促使一般反思丧失信誉。

柏拉图对辩证的诡辩论的神秘主义反驳,尽管看上去是令人信服的,但并不使现代思维感到满足。黑格尔并不认识哲学的神秘主义基础。对于他来说,神话其实属于教育学。哲学的基础最终只能是理性。由于黑格尔这样深入地把反思辩证法作为理性的整个自我中介来研究,他从根本上超越了论证的形式主义——我们和柏拉图一样把这种形式主义称为智者派的形式主义。因此,黑格尔的辩证法与柏拉图的苏格拉底论证一样,乃是反对理解的

---

[26] 《美诺篇》,80d 以下。

Ⅱ 一种诠释学经验理论的基本特征

空洞论证,他把这种空洞论证称之为"外在反思"。但是正因为这种原因,深入研究黑格尔对于诠释学问题来说就具有根本意义。因为黑格尔的精神哲学要求实现历史和现代的整个中介。在这种哲学里所研讨的问题并不是反思的形式主义,而是我们自身也必须坚持的同样事情。黑格尔深刻地思索了作为诠释学问题根源的历史度向。

因此,我们必须从黑格尔的观点以及与黑格尔相区别的观点来规定效果历史意识的结构。黑格尔对基督教的唯灵论解释——他用这种解释来规定精神的本质——并不受下面这种反对意见所影响,即这种解释没有为他人的经验和历史他在的经验留下地盘。精神的生命其实正在于:在他在中认识自身。旨在达到自我认识的精神知道自身与陌生的"实证东西"(Positiven)相分裂,并且必须学会使自身与这种实证东西相和解,因为它把这种实证东西认作为自己的和家乡的东西。由于精神消除了实证东西的坚固性,所以它与自身达到了和解。就这种和解乃是精神的历史性工作而言,精神的历史态度就既不是自我反映(Selbstbespiegelung),也不是对它所经历的自我异化单纯形式的辩证的取消,而是一种经验实在的并且本身也是实在的经验。

Ⅰ 352

b) 经验概念和诠释学经验的本质

这正是我们在分析效果历史意识时所必须坚持的东西:效果历史意识具有经验的结构。在我看来,经验概念——尽管看起来非常荒谬——乃是我们所具有的最难以理解的概念之一。因为经验概念在归纳逻辑中对自然科学起了主导的作用,所以它被隶属于一种认识论的解释图式，而这种解释图式在我看来似乎缩减了它原本的内容。我们可以想到，狄尔泰就曾经谴责英国经验论缺乏历史的教养。假如我们说他是在"生命哲学的"动机和科学理论的动机之间犹豫不决地摇摆的话，那么我们可以认为他这种谴责乃是半个批判。事实上，迄今为止的经验理论的缺点（也包括狄尔泰在内）在于：它们完全是从科学出发看问题，因而未注意经验的内在历史性。科学的目的是这样来客观化经验，以使经验不再包含任何历史的要素。自然科学实验是通过它的方法论程序做到这一点的。但是，历史批判方法在精神科学里也是执行这同样的任务。在这两种方法里，客观性都是这样得到保证的，即我们可以使这些基本的经验被每一个人重复。正如在自然科学里实验必须是可证实的一样，在精神科学里，全部程序也应当是可被检验的。就此而言，经验的历史性在科学里是没有任何地位的。

所以，现代科学在其方法论里只是继续贯彻一切经验已经追求的东西。一切经验只有当被证实时才是有效的。因此经验的威望依赖于它的原则上的可重复性。但这意味着，经验按其自身本性要丢弃自己的历史并取消自己的历史。这一点适合于日常生活的经验，并且对于任何一种科学的经验观来说也是正确的。因此，经验理论在目的论上是与这种理论所获知的真理完全相关，这决不是现代科学理论的偶然片面性，而是有事实根据的。

在当代，埃德蒙德·胡塞尔对这个问题给予特别的重视。他在其许多总是新的探究中试图解释那种在科学中出现的经验理想

Ⅱ 一种诠释学经验理论的基本特征

化的片面性。[28] 为了这个目的,胡塞尔给出了一个经验的系谱,以说明经验作为生命世界的经验在它被科学理想化之前就存在。不过,我认为他似乎仍被他所批判的片面性所支配。因为就他使知觉作为某种外在的、指向单纯物理现象的东西成为一切连续的经验的基础而言,他总是把精确科学经验的理想化世界投射进原始的世界经验之中。我可以引证他的话:"即使由于这种感性的在场(Anwesenheit)它立即引起了我们的实践的或情绪方面的兴趣,对我们立即表现为某种有用的、吸引的或排斥的东西——但所有这些东西都基于这样一个事实,即它是带有那些能够单独通过感觉加以理解的性质的支撑物(Substrat),对于这些性质任何时候都有一种可能解释的途径。"[29][我们可以看到,本体论的前概念"在场"是怎样强烈地支配着他。]胡塞尔试图从意义起源学上返回到经验的起源地并克服科学所造成的理想化,他这一尝试显然必须以一种特别的方式与这样一种困难相斗争,即自我的纯粹先验主体性实际上并不是作为这样的东西被给予的,而总是存在于语言的理想化中,而这种语言的理想化在所有获得经验的过程中已经存在,并且造成个别自我对某个语言共同体的隶属性。

事实上,如果我们返回到现代科学理论和逻辑的开端,我们将发现这样一个问题,即究竟在什么范围内能够对我们的理性有这

---

[28] 参见《经验和判断》第 42 页以及他的大部头著作《欧洲科学的危机和先验现象学》第 48 页以下,尤其是第 130 页以下的说明。[这里作为基础的是一个很不同的基本概念。我认为,"纯粹的"知觉在现象学上就是一种单纯的构造,这个构造相应于派生出来的现成性(Vorhandenheit)概念——因此表现了他的科学理论仍有理想化倾向的残余。]

[29] 《胡塞尔文库》,第 6 卷。参见本书第 251 页以下。

样一种纯粹的使用,使它按照方法论原则进行工作并摆脱一切前见和先入之见——首先是"语言方面的"前见和先入之见。在这个领域内,培根的特殊成就在于:他并不满足于那种把经验理论发展成为某种真归纳理论的固有的逻辑任务,而是相反地讨论了这种经验工作在道德上的全部困难和在人类学上的可疑性。他的归纳方法试图超出日常经验所具有的无规则性和偶然性,并且特别是超出日常经验的辩证使用。在这方面,他以一种预示方法论研究新时代的方式彻底地动摇了那种在当时仍被人文主义经院哲学所主张的基于简单枚举法的归纳理论。归纳概念利用了这样一种观念,即我们可以根据偶然观察进行概括,只要不出现相反事例,我们就可认为它有效。众所周知,培根用自然解释(interpretatio naturae),即对自然的真实存在的专门解释,来与这种预期(anticipatio),即这种对日常经验的草率概括相对立。[29] 自然解释应当通过按方法进行的实验允许我们一步一步地上升到真实的可靠的普遍性,即自然的简单形式。这种真实的方法的特征是精神在那里不能为所欲为。[30] 精神不能够像它所想的那样自由翱翔。为了获得一种有秩序的避免一切草率结论的经验,它只需要 gradatim(一步一步地)从特殊东西上升到普遍东西。[31]

培根自己把他所要求的方法称之为实验的方法。[32] 但是我们

---

[29] F. 培根:《新工具》,第 1 卷,第 26 页以下。
[30] 同上书,第 20 页以下、第 104 页。
[31] 《新工具》,第 1 卷,第 19 页以下。
[32] 同上书,特别要参见"distributio operist"("著作的分类")。

Ⅱ 一种诠释学经验理论的基本特征

必须记住,实验在培根那里并不总是指自然科学家的一种技术性的活动,即在孤立的条件下人为地引出事件过程并使之得以量度。实验其实是而且首先是对我们精神的一种巧妙的指导,阻止它纵情于草率的概括,并使它自觉地改变它对自然的观察,自觉地面对最遥远的、表面上最不同的事例,以致它可以学会以一种逐渐的和连续的方式,通过排除过程去达到公理。㉓

整个来说,我们将同意一般对培根的批判,并必须承认培根的方法论建议是令人失望的。他的这些建议太含混和一般了,特别是在应用于自然研究时很少有成效,有如我们今天所看到的。的确,这位反对空疏的辩证和诡辩的学者本身也总是深深地陷入在他所攻击的形而上学传统及其辩证的论证形式中。他那种通过服从自然而达到征服自然的目的,那种攻击和强迫自然的新态度,以及所有那些使他成为现代科学先驱的一切,只是他的工作的一个纲领性的方面,而在这方面他的贡献很难说是不朽的。他的真正成就其实在于,他广泛地研究了那种支配人的精神并使人的精神脱离事物真知识的成见,而且因此使精神进行了一场方法论上的自我纯化,而这种精神自我纯化与其说是方法毋宁说是训练(disciplina)。培根这种著名的"成见"学说的最重要意义就在于使我们有可能遵照方法来使用理性。㉔ 正是这一点使我们对他发生了兴趣,因为这里尽管是批判的、为了排斥的目的,却表述了那种与科学目的没有任何目的论关系的经验生命环节。例如,当培根在

㉓ 《新工具》,第 1 卷,第 22、28 页。

㉔ 同上书,第 38 页以下。

"种族假相"里讲到人的精神总是天生地倾向于记住肯定的东西和忘记否定的东西时,就是这样。如信仰神谕就是依靠这种人的遗忘性,人的这种遗忘性只使人记住真实的预言,而不注意不真实的预言。同样,在培根看来,人的精神与语言习惯的关系也是一种被空洞的传统形式所混淆的知识形式。它属于市场假相。[259]

这两个例子足以表明,在培根那里,支配我们问题的目的论方面并不是唯一可能的方面。肯定的东西在记忆中的优先性是否在任何地方都有效,忘记否定的东西这一生命倾向是否在任何地方都被批判地对待,这对我们来说乃是一个重要的问题。自从埃斯库罗斯[260]的《普罗米修斯》以来,希望的本质是一个如此清晰的人类经验的标志,以致我们——由于人类经验在人类学上的重要性——必须把那种承认目的论为知识成就唯一标准的原则认为是片面的。关于语言的重要性我们大概有同样的看法,因为语言是先于一切经验而存在的。所以,虽然虚假的语词问题可能得自于语言习惯的统治,但语言同时又确实是经验本身的积极条件和指导。此外,胡塞尔也和培根一样,在语言表达领域内更多注意的是否定的方式,而不是肯定的方式。

因此,在分析经验概念时,我们将不让自己受这些模式的指导,因为我们不能限制自己于这种至今已发现有很多问题的目的论方面。但这并不是说,这方面未正确地把握经验结构中的真正要素。经验只有在它不被新的经验所反驳时才是有效的(ubi non reperitur instantia contradictoria),这一点显然表现了经验一般本质的特征,不管我们是在讨论现代意义上的科学的经验活动,还是在讨论我们每一个人经常所具有的日常生活的经验。

Ⅱ 一种诠释学经验理论的基本特征

所以,这种特征与亚里士多德在他的《后分析篇》附录里对归纳概念所做的分析完全一致。㉙ 亚里士多德在那里(同样在《形而上学》第 1 章里)描述了一种统一的经验是怎样通过许多个体的记忆而从许多个别的知觉推导出来。这是一种什么样的统一呢?显然,这是一种共相的统一。但是,经验的普遍性不等于科学的普遍性。按照亚里士多德的看法,经验的普遍性其实是在许多个别的知觉和真正的概念普遍性之间占据了一个显然不确定的中间位置。科学和技术是以概念的普遍性为它们的出发点。但是,什么是经验的普遍性,以及它怎样过渡到新的逻各斯的普遍性呢?如果经验向我们表明,某种特殊的药剂具有某种特定的效果,那么这意味着,某种共同的东西已从许多观察里被看出来了,而且真正的医学问题、科学问题确实只有从某种有保证的观察出发才有可能:这就是逻各斯的问题。科学知道为什么、根据什么理由这种药剂才有治疗的效果。经验不是科学本身,但经验却是科学的必要前提。经验必须已经是确实的,也就是说,个别的观察必须表现同样的规则性。只有当那种在经验中所涉及的普遍性被达到了,我们才可能探讨原因的问题并因此走向科学。我们重新要问:什么是这样一种普遍性?它显然是涉及许多个别观察的无差别的共同东西。正是因为我们记住了这许多观察,我们才可能作出某种确实的预见。

经验(Erfahrung)、记忆(Behalten)与由之而得出的经验统一性之间的关系在这里显然仍是不清楚的。亚里士多德在这里显然

㉙ 《后分析篇》,B19(第 99 页以下)。

依据于一种在他的时代已具有某种经典特征的思想论证。我们首先可以在安那克萨哥拉[261]那里找到这种论证。按照普罗塔克的说法,安那克萨哥拉曾证明人之所以区别于野兽,在于人有 Empeiria(经验)、Mneme(记忆)、Sophia(智慧)和 Techne(技艺)。[29]在埃斯库罗斯的《普罗米修斯》对"Mneme"(记忆)的强调里我们也发现了同样的观点。[29]虽然我们在柏拉图的普罗塔哥拉斯故事里没有发现同样的对"Mneme"的强调,但柏拉图[29]和亚里士多德都指出这已经是一种确定的理论。保留重要的知觉(monē)显然是有一种相联系的动机,即使我们能从个别人的经验得到普遍东西的认识。所有具有这种意义——即过去意义和时间意义——的 Mneme(记忆)的动物,是与人类很相近的。我们需要一种特殊的探究,以考察记忆(mnēmē)和语言之间的关系怎样在我们已概述其踪迹的早期经验理论里发生作用。显然这种获得普遍概念的过程是与学习命名和讲话的过程联系在一起的,泰米斯修斯(Themistius)[262]毫不犹豫地通过语言学习和语词形成的例子来解释亚里士多德对归纳法的分析。不过,我们应当注意,亚里士多德所讲的经验普遍性无论如何决不是概念普遍性和科学普遍性。(我们由于这种理论而触及的问题无疑是智者派教育思想的问题。因为我们在所有可得到的文献中都发现这里所涉及的人类特征和自然的普遍安排之间有一种关系。但这种使人和动物彼此对立的动

㉖ 普罗塔克:《论幸运》,3P.98F = 第尔斯:《前苏格拉底哲学家残篇》,安那克萨哥拉,B21b。

㉗ 埃斯库罗斯:《普罗米修斯》,461。

㉘ 《斐多篇》,96。

Ⅱ 一种诠释学经验理论的基本特征

机正是智者派教育理想的当然出发点。)经验总是只在个别观察里才实际存在。经验在先在的普遍性中并不被认识。经验对于新经验的基本开放性(offen heit)正在于这里——这不仅是指错误得以更正这种一般的意义,而且也指这样的意思,即经验按其本质依赖于经常不断的证实,如果没有证实,经验必然会变成另外一种不同的东西(ubi reperitur instantia contradictoria)。

亚里士多德对于这种处置方法的逻辑给出了一个很美的图画。他把某人所做的许多观察与溃逃的(fliehenden)军队作比较。[263]这些观察是逃遁的(flüchtig,意即易变的),就是说,它们不是站得住的(stehenbleiben,意即不是固定不变的)。但是,如果在这种普遍的逃遁(Flucht,意即易变性)中一旦有某个观察被重复的经验所证明,这个观察就是站得住的(即固定不变的)。这样一来,在这一点上就好像在普遍的逃遁中出现了第一个停止。如果他人也这样停止,那么整个逃亡的军队最后都停止,并再服从统一命令。这里对整体的统一控制形象地说明了什么是科学。这个图画应当用来表明科学,即普遍真理怎么才是可能的,科学不可能依赖于观察的偶然性,而应当具有一种真正普遍的有效性。如果观察是这样依赖于偶然性,怎么能够从观察中产生科学呢?

这幅图画对于我们来说是重要的,因为它揭示了经验本质里起决定性作用的要素。正如所有图画一样,这幅图画也是不完美的。但是,图画的不完美并不是一个缺点,而是它所履行的抽象工作的反面情况。亚里士多德关于逃亡的军队的图画是不完美的,因为它从一个错误的前提出发,即在逃亡之前军队是站住不动的。这一点对于我们这里所应当描画的东西即知识产生方式当然是不适合的。但是,正是由于这个缺点我们看到了应当被这幅图画所说明的唯一东西:经验的产生是这样一个过程,对于这个过程没有一个人能支配它,并且甚至不为这个或那个观察的特殊力量所决定,而在这个过程中所有东西都以一种最终不可理解的方式被彼此组合整理在一起。图画敞开了这样一种获取经验的特有过程,即经验是突然地、不可预见地、然而又不是没有准备地从这个或那个对象所获得,并且从那时直到有新的经验为止都是有效的,即不仅对这个或那个事例,而是对所有这类东西都起决定性作用的。按照亚里士多德的看法,正是通过这种经验普遍性才产生真正的概念普遍性和科学的可能性。所以图画说明了经验的无规则的普遍性(经验的缀合)怎样实际导致 archē(始基)的统一[archē="命令"(Kommando)和"原则"(Prinzip)]。

如果我们现在和亚里士多德一样,只就"科学"着眼来思考经验的本质[——这当然不是指"现代"科学(Wissenschaft),而是指"知识"(Wissen)——],那么我们就简化了这种经验产生的过程。亚里士多德的图画虽然描述了这个过程,但他的描述是根据一些过分简单的前提,而这些前提又不是这样有效的。好像我们能够自发地对经验给出一种不包含矛盾的说明似的! 亚里士多德在这里已经作了这样一个假设,即在观察的逃遁之中站住的、作为一种共相而出现的东西,事实上就是它们中共同的东西;对于亚里士多德来说,概念的普遍性就是一种本体论上的在先东西(Prius)。亚里士多德之所以有兴趣于经验,只是因为经验对于概念的形成有贡献。

如果我们这样从经验的结果来考察经验,那么经验产生的真

Ⅱ 一种诠释学经验理论的基本特征

正过程就被忽略过去了。这个过程事实上是一个本质上否定的过程。它不能简单地被描述为典型普遍性的不中断的发展。这种发展其实是这样产生的,即通过连续的错误的概括被经验所拒绝,以及被认为典型的东西被证明不是典型的。㉙ 这一点在语言上已表现出来了,因为我们是在两种不同的意义上讲到经验,一是指那些与我们的期望相适应并对之加以证明的经验,一是指我们所"做出"(macht)的经验。后一种经验,即真正意义上的经验,总是一种否定的经验。如果我们对某个对象作出一个经验,那么这意味着,我们至今一直未能正确地看事物,而现在才更好地知道了它是什么。所以经验的否定性具有一种特殊的创造性的意义。经验不单纯是一种我们看清和做了修正的欺骗(Täuschung),而是我们所获得的一种深远的知识。所以,我们对之作出经验的对象不能是一种任意捡起的对象,它一定具有这样的性质,即我们通过它不仅获得对它本身的更好的知识,而且也获得对于我们事先已知道的东西,即某种共相的更好的知识。经验通过否定而做到这一点,因此这种否定乃是一种肯定的否定。我们称这种经验为**辩证的**(dialektisch)。

对于我们来说,对于经验的辩证要素最重要的见证人,不再是亚里士多德,而是黑格尔。在黑格尔那里,历史性要素赢得了它的权利。黑格尔把经验设想为正在行动的怀疑论(den sich vollbrin-

---

㉙ [这一点同样也可以用卡尔·波普尔[264]的 trial and error(试验除错)这个概念来解释。——但有一个限制,即这概念太多地从人类经验生活的意志出发,而太少地从激情出发。如果只是就《研究的逻辑》而言,这是正确的,但是,如果我们意指在人的经验生活中实际起作用的逻辑,则这是不正确的。]

genden Skeptizismus）。而且我们看到，某人所作出的经验改变他的整个知识。严格地说，我们不能两次"作出"同一个经验。当然，经验的本性就在于它不断地被证实。好像只有通过重复，经验才能被获得。但是，作为被重复和被证实的经验，它又不再"成为"新的经验。当我们已做出一个经验，这意味着，我们占有它。我们现在可以预见以前未曾期待的东西。同样的东西对于某人不能再变成一种新的经验。只有某个其他的未曾期待的东西才能对某个占有经验的人提供某种新的经验。所以正在经验的意识已经颠倒了它的方向——即返回到它自身。经验者（Der Erfahrende）已经意识到他的经验——他是一个有经验者（Erfahrender）。所以，他获得了一个某物对他能够成为经验的新的视域。

这就是黑格尔对我们来说成为一个重要的见证人的根本点。他在其《精神现象学》中曾经指出那种想确信自身的意识怎样作出它的经验的。对于意识来说，它的对象就是自在之物（das Ansich），但究竟什么是自在之物，总是只能以它对于经验着的意识怎样表现而被知道的。所以，经验着的意识具有这种经验：对象的自在性是"为我们"（für uns）而自在。[265]

黑格尔在这里分析了经验概念——这是一个曾经引起海德格尔特别注意的分析，海德格尔对这个分析既感兴趣又感到厌恶。黑格尔说："意识对它自身——既对它的知识又对它的对象——所实行的这种辩证的运动，就其潜意识产生出新的真实对象这一点

---

⑳ 黑格尔：《精神现象学》，导论（霍夫迈斯特编，第73页）。
㉑ 海德格尔："黑格尔的经验概念"（《林中路》，第105—192页）。

Ⅱ 一种诠释学经验理论的基本特征

而言,恰恰就是人们称之为经验的那种东西。"[266] 让我们回忆一下前面所说的东西,并且探究一下黑格尔究竟意指什么,因为他在这里显然想对经验的普遍本质作某种陈述。海德格尔曾经指出——我认为是正确的——黑格尔在这里不是辩证地解释经验,而是相反地从经验的本质来思考什么是辩证的东西。[302] 按照黑格尔的看法,经验具有一种倒转意识(Umkehrung des Bewusstseins)的结构,因此它是一种辩证的运动。虽然黑格尔是在说通常对经验所理解的东西好像是别的东西,即一般来说我们"是通过一个另外的对象而经验到这第一个概念的非真实性"(而不是说对象改变自身)[267]。但是,这种不同只是一种表面现象。实际上,哲学意识知道经验着的意识当它从一个对象过渡到另一个对象时究竟在做什么:它在倒转自身。所以黑格尔主张,经验本身的真实本质就在于这样倒转自身(sich so umzukehren)。[268]

正如我们所看到,经验实际上首先总是否定(Nichtigkeit)的经验。它不是像我们所认为的那样。鉴于我们对另外某个对象所作出的经验,我们的知识及其对象这两者都在改变。我们现在可以另一种方式而且更好地知道这一点,这就是说,对象本身"并不坚守住"(hält nicht ans)。新的对象包含关于旧的对象的真理。

黑格尔以这种方式描述为经验的东西,乃是意识对于它自身所作出的经验。"经验的原则包含一个无限重要的规定,就是为了要接受或承认某个内容为真,我们必须自身出现在那里(dabei),或更确切地说,我们必须发现那一内容与我们自身的确实性相结

---

[302] 《林中路》,第 169 页。

合和相统一",黑格尔在《哲学百科全书》中这样写道。[⑱] 经验概念正是意指这一点,即这种与我们自身的相结合首先被确立。这就是意识所发生的倒转(Umkehrung),即在陌生的东西中、在他物中认识自身。经验的运动不管是作为一种向内容的多样性的自我扩展,还是作为愈来愈新的精神形式的涌现(哲学科学就是理解这种精神形式的必然性),在任何情况下它都是意识的倒转。黑格尔对经验的辩证描述具有某种真理。

当然,按照黑格尔的看法,意识的经验运动必然导致一种不再有任何他物或异己物存在于自身之外的自我认识(Sichwissen)。对于他来说,经验的完成就是"科学"(Wissenschaft),即自身在知识(Wissen)中的确实性。因此他用以思考经验的标准,就是自我认识的标准。这样,经验的辩证运动必须以克服一切经验为告终,而这种克服是在绝对的知识里,即在意识和对象的完全等同里才达到。从这里我们就可理解黑格尔对于历史所作的应用为什么对于诠释学意识不是正确的,因为他把这种应用理解为哲学的绝对自我意识的一部分。经验的本质在这里从一开始就被用某种超出经验的东西来设想。经验本身从来就不能是科学。经验永远与知识、与那种由理论的或技艺的一般知识而来的教导处于绝对的对立之中。经验的真理经常包含与新经验的关联。因此,我们称为有经验的人不仅通过经验而成为那样一种人,而且对于新的经验也取开放的态度。他的经验的完满性,我们称为"有经验的"人的完满存在,并不在于某人已经知道一切并且比任何其他人更好地

[⑱] 《哲学百科全书》,§7。

Ⅱ 一种诠释学经验理论的基本特征

知道一切。情况其实正相反,有经验的人表现为一个彻底非独断的人,他因为具有如此之多经验并且从经验中学习如此之多东西,因而特别有一种能力去获取新经验并从经验中进行学习。经验的辩证运动的真正完成并不在于某种封闭的知识,而是在于那种通过经验本身所促成的对于经验的开放性。

但是这样一来,我们这里所讲的经验概念就包含某种性质上崭新的要素。它不只是指这一事物或那一事物给予我们教导这种意义上的经验。它意指整个经验。它是那种必须经常被获取并且没有人能避免的经验。经验在这里是某种属于人类历史本质的东西。虽然为了某种教育的目的,例如双亲在教导他们的孩子时,我们可以使某人免去某些经验,但经验作为整体却不是任何人能避免的东西。这种意义上的经验其实包含了各种各样期望的落空(mannigfache Enttäuschung von Erwartungen),并且只是由于这种期望落空,经验才被获得。说经验主要是痛苦的和不愉快的经验,这并不表示一种特别的悲观(Schwarzfärberei),而是可由经验的本质直接看出来。正如培根已经知道的,我们只是通过否定的事例才获得新的经验。每一种名副其实的经验都与我们的期望相违背。所以人类的历史存在都包含一种根本的否定性作为本质要素,而这种否定性在经验和洞见的本质关系中显露出来。

洞见(Einsicht)的意义远多于对这一情况或那一情况的认识。洞见经常包含从某种欺骗和蒙蔽我们的东西的返回(Zurückkommen)。就此而言,洞见总是包含某种自我认识的要素,并且表现了我们在真正意义上称之为经验的东西的某种必然方面。洞见是某种我们来到的东西(wozu man kommt)。所以洞见最终是人类存在本身

Ⅰ 362

的某种规定,即是有见识的(einsichtig)和富有洞见的(einsichtsvoll)。

如果我们想为我们这里所说的经验本质第三个要素同样举出一个见证人,那么最好的就是埃斯库罗斯。埃斯库罗斯发现了这样一个公式,或者更确切地说,认识到这一公式里那种表现了经验的内在历史性的形而上学意义:"通过受苦而学习"(pathei-mathos)。这个公式不只是意味着,我们通过灾难而变成聪明,以及对事物的更正确的认识必须首先通过迷惑(Täuschung)和失望(Enttäuschung)而获得。如果这样来理解,那么这个公式可能就像人类经验本身一样古老。但是埃斯库罗斯以此意味更多的东西。[34] 他意指事情为什么是这样的理由。人应当通过受苦而学习的东西,不是这个或那个特殊的东西,而是对人类存在界限的洞见,对人类与上帝之间界限的绝对性的洞见。它最终是一种宗教的认识——即那种促使希腊悲剧诞生的认识。

所以,经验就是对人类有限性的经验。真正意义上有经验的人是一个对此经验有认识的人,他知道他既不是时间的主人,又不

---

[34] H. 德里在其富有见识的研究"痛苦和经验"(《美国科学和文学研究院院刊》,1956年,第5卷)中曾经从谚语的角度探讨 πάθος μάθος 这对押韵词的起源。他推测,这个谚语的原始意义是,只有愚蠢的人为了成为聪明的人才必须受苦,而聪明人是小心谨慎的。他说,埃斯库罗斯赋予这对词以宗教意蕴,乃是后来的发展。这一点似不令人信服,假如我们想到埃斯库罗斯所举的神话是讲人类性格的缺点,而不只是讲个别愚蠢人的话。另外,我们人类预见的限制是一个如此早期的人类经验,并且与一般人类痛苦经验这样紧密地联系在一起,以致我们很难相信,这个洞见在埃斯库罗斯发现它之前一直隐藏在一个无关紧要的谚语里。[最近在《文科中学》第87卷(1980年)第283页以下有海因茨·奈策尔关于埃斯库罗斯的"基本词"的文章,按照他的看法,这里意指对傲慢的惩罚,正如"谁不想听取,谁就必须自己去感受"。]

是未来的主人。这也就是说，有经验的人知道一切预见的界限和一切计划的不可靠性。在有经验的人身上经验的真理价值得到实现。如果经验过程里的每一阶段都已表现了有经验的人对新的经验具有一种开放性这一特征，那么这一特征也完全适合于完满经验的观念。所谓完满经验，并不是说经验来到了终点和达到了一个更高级的知识形式（黑格尔），而是说经验第一次完全地和真正地得到了存在。在完满经验里，一切独断论——起源于人类心境中的那种展翅翱翔的欲望——达到了某种绝对的界限。经验教导我们承认实在的东西。正如所有一般的认识愿望一样，对存在东西（was ist）的认识乃是一切经验的真正结果。但是存在东西在这里不是指这个或那个事物，而是指那种"不再可推翻的东西"（兰克）。

真正的经验就是这样一种使人类认识到自身有限性的经验。在经验中，人类的筹划理性的能力和自我认识找到了它们的界限。说任何事物都能被倒转，对于任何事物总是有时间，以及任何事物都可以任意地重新出现，这只能被证明是一种幻觉。存在和行动于历史中的人其实经常经验到，没有任何东西可以重新出现。对存在东西的承认在这里并不意味着对一度存在于那里的东西的认识，而是意味着对这样一种界限的洞见，在这界限内未来对于期望和计谋仍是开放的——或者更彻底地说，意味着有限存在的一切期望和计谋都是有限的和有限制的。真正的经验就是对我们自身历史性的经验。所以，经验概念的讨论达到了这样一个对于我们探究效果历史意识的本质很有启发性的结论。效果历史意识作为一种真正的经验形式，一定反映了经验的普遍结构。所以我们必须在诠释学经验中找出那些我们在上面对经验的分析中已经识别的要素。

诠释学经验与传承物(Überlieferung)有关。传承物就是可被我们经验之物。但传承物并不只是一种我们通过经验所认识和支配的事件(Geschehen)，而是语言(Sprache)，也就是说，传承物像一个"你"那样自行讲话。一个"你"不是对象，而是与我们发生关系。如果认为在传承物中被经验的东西可以被理解为另一个人即"你"的意见，这将是错误的。我们宁可认为，对传承物的理解并不把传承的文本理解为某个"你"的生命表现，而是理解为某种脱离有意见的人、"我"和"你"的一切束缚的意义内容。尽管如此，对"你"的态度和这里出现的经验的意义一定能够有助于对诠释学经验的分析。因为传承物是一个真正的交往伙伴(Kommunikationspartner)，我们与它的伙伴关系，正如"我"和"你"的伙伴关系。

显然，"你"的经验一定是一种特殊的经验，因为"你"不是对象，而是与我们发生关联。就此而言，我们上面提出的经验结构要素在这里将有一种变更。因为经验对象本身在这里具有人的特征，所以这种经验乃是一种道德现象，并且通过这种经验而获得的知识和他人的理解也同样是道德现象。因此让我们考察当经验是"你"的经验和诠释学经验时，经验结构将发生怎样的改变。

存在这样一种"你"的经验，这种经验试图从同伴的行为中看出典型的东西，并且能够根据经验作出关于另一个人的预见。我们把这称之为人性知识(Menschenkenntnis)。我们理解另一个人，正如我们理解我们经验领域内的另外某个典型的事件。我们可以估量他。正如所有其他工具一样，他的行为也是作为工具服务于我们的目的。从道德上看，这种对"你"的态度意味着纯粹的

Ⅱ 一种诠释学经验理论的基本特征

自我关联性（Selbstbezüglichkeit），并与人的道德规范相抵触。众所周知，康德在解释无上命令时曾经特别这样说过，我们不应把其他人只作为工具来使用，而应当经常承认他们本身就是目的。

如果我们把对"你"的态度和对"你"的理解这种表现人性认识的形式应用于诠释学问题，那么对应的东西是对方法的素朴信仰以及通过方法可能达到的客观性。谁以这种方式理解传承物，谁就使传承物成为对象，但这也就是说，他以一种自由的无动于衷的方式面对传承物，并且由于他在方法上排除了与传承物关系中的一切主观因素，因而他知道传承物包含什么。我们曾经看到，他这样一来就使自己脱离了那种曾使他自身具有历史性实在的传统的继续影响（Fortwirken）。遵循 18 世纪方法论思想和休谟对此所作的纲领性表述的社会科学方法，其实是一种模仿自然科学方法论的陈词滥调。[36] 但是，这只是说明了精神科学实际工作程序的一个方面，甚至这一方面也极端地被简化，因为这里所认识的只是人类行为中典型的东西、合乎规则的东西。因此，正如我们在自亚里士多德以来的关于归纳概念的目的论解释中所认识到的，这同样也使诠释学经验的本质失去了固有的光泽。

对"你"的经验和"你"的理解还有第二种方式，这在于："你"被承认为一个人，但是，尽管此人在对"你"的经验中有牵连，对"你"的理解仍是一种自我相关（Ichbezogenheit）的形式。这种自我相关起源于我-你关系的辩证法所引起的辩证假象。我-你关系不是一种直接关系，而是一种反思关系。对于任何一个要求都有一个

---

[36] 参见本书导言关于这一问题的评论（第 1 页以下）。

相反的要求。这就是为什么关系中的每一方在反思上都能够巧妙地越过另一方的理由。一个人要求从自身出发去认识另一个人的要求,甚至要求比另一个人对自身的理解还要好地去理解这另一个人。这样,这个"你"就丧失了他对我们提出要求的直接性。他被理解了,但是这意味着,他是从另一个人的观点出发被预期和在反思上被截取了。就这是一种相互关系而言,它有助于构造我-你关系本身的实在性。人们之间的一切生命关系的内在历史性在于相互承认经常有斗争。相互承认可能采取不同程度的对立关系,一直到一个"我"被另一个"我"所完全统治。但是,甚至最极端的统治和奴役的形式也都是真正辩证的结构关系,正如黑格尔所曾经指出的。[306][269]

这里获得的对"你"的经验实际上比人性认识更恰当。因为人性认识只试图估量另一个人将怎样行动。要把另一个人看成一个可以绝对被认识和使用的工具,这是一种幻觉。甚至奴隶也存在反抗主人的权力意志,正如尼采所正确说过的。[307] 但是,这种支配一切我-你关系的交互性辩证法对于个体的意识必然是隐蔽的。通过服役而对主人横行霸道的奴隶,决不会认为他这样做有他自己个人的目的。事实上,他自己的自我意识正在于摆脱这种交互性的辩证法,从对他人的关系中反思他自身,并且因此成为他所不能企及的。由于我们理解了他人,要求认识他人,我们就从他那里

---

[306] 参见卡尔·勒维特在《同类角色中的个人》(1928年)中关于这种"我"和"你"反思辩证法的卓越分析,以及我的评论,见《逻各斯》,XVIII(1929年),第436—440页。[现收入我的著作集,第4卷。]

[307] 《查拉图斯特拉如是说》,第2部分(论自我超越)。

Ⅱ 一种诠释学经验理论的基本特征

取得他自己要求的一切合法性。特别是关怀照顾的辩证法是以这种方式起作用,因为它把人类之间的一切关系都识破为追求统治的一种反思形式。想预先理解他人的要求执行了这样一种功能,即对他人要求保持一种实际的距离。这一点我们从教育关系这一权威的关怀形式上就很为熟悉。在这些反思的形式里,我-你关系的辩证法得到更明确的规定。

在诠释学领域内,与这种对"你"的经验相对应的,乃是我们一般称之为历史意识的东西。历史意识知道他物的他性(Andersheit),知道在他物他性中的过去,正如对"你"的理解知道"你"为一个人。历史意识在过去的他物中并不找寻某种普遍规律性的事件,而是找寻某种历史一度性的东西。由于它在对他物的认识中要求超出它自己的一切条件,所以它被束缚于一种辩证的假象中,因为它实际上试图成为过去的统治者。这不一定是由于世界史哲学的思辨要求——它也可能作为一种启蒙运动的完美理想为历史科学的经验态度指明道路,有如我们在狄尔泰那里所认识的。在我们对诠释学意识的分析中我们已经指出,历史意识所创造的、与知识中所完成的经验的辩证假象相符合的辩证假象乃是历史启蒙运动的不可能实现的理想。谁因为他依据于他的方法的客观性并否认他自己的历史条件性而认为自身摆脱了前见,他就把不自觉支配他的前见的力量经验为一种 vis a tergo(从背后来的力)。凡是不承认他被前见所统治的人将不能看到前见光芒所揭示的东西。这种情况正如"我"和"你"之间的关系一样。谁在这样一种关系的交互性之外反思自己,谁就改变了这种关系,并破坏了其道德的制约性。同样,谁在与传统的生命关系之外来反思自己,谁就破坏了这种传统的真实意义。试图理解传统的历史意识无需依赖于方法上是批判的工作方式来接触原始资料,好像这种工作方式可以保证它不把自己的判断与前见相混淆似的。历史意识实际上必须考虑自己的历史性。正如我们已经表述的,立于传统之中,并不限制认识的自由,而是使这种自由得以可能。

正是这种认识和承认才构成诠释学经验的第三个也是最高的类型:效果历史意识具有对传统的开放性。所以,效果历史意识与对"你"的经验具有一种真正的符合关系。正如我们所看到的,在人类行为中最重要的东西乃是真正把"你"作为"你"来经验,也就是说,不要忽视他的要求,并听取他对我们所说的东西。开放性就是为了这一点。但是,这种开放性最终不只是为我们要听取其讲话的这个人而存在。而情况是这样,谁想听取什么,谁就彻底是开放的。如果没有这样一种彼此的开放性,就不能有真正的人类联系。彼此相互隶属(Zueinandergehören)总同时意指彼此能够相互听取(Auf-ein-ander-Hören-können)。如果两个人彼此理解了,这就不是说,一个人"理解"、即通观了另一个人。同样,"听取某人"(auf jemanden hören)也不只是指我们无条件地做他人所想的东西。谁这样做,我们就称他为奴隶。所以,对他人的开放性包含这样一种承认,即我必须接受某些反对我自己的东西,即使没有任何其他人要求我这样做。

这就是与诠释学经验相符合的东西。我必须同意传统要求的有效性,这不仅是在单纯承认过去的他在性的意义上,而且也是在传统必定有什么要对我说的方式上。所以,这要求一种根本的开放性。谁以这种方式对传统实行开放,谁就看清了历史意识[指历史主义]根本不是真正开放的,而是相反,当它"历史地"读它的文本时,它总已经先行地和基本地弄平了(nivelliert)传统,以致我们自身认识的标准从未被传统提出问题。这里我想起了历史态度一般进行的朴素比较方式。弗里德里希·施莱格尔的《吕克昂》第25节说道:"所谓历史批判的两个基本原则是平常公设和习惯公理。平常公设是:一切伟大的、善的和美的东西都是或然的,因为它们是异常的,至少是可疑的。习惯公理是:事物必须到处都像它们对我们所呈现的那样,因为这一点对于一切事物都是这样自然"——与此相反,效果历史意识超出这种适应(Angleichen)和比较(Vergleichen)的朴素性,因为它让自身经验传统,并对传统所具有的真理要求保持开放。诠释学意识并不是在它的方法论的自我确信中得到实现,而是在同一个经验共同体(Erfahrungsgemeinschaft)中实现——这共同体通过与受教条束缚的人的比较来区分有经验的人。这就是我们现在可以更精确地用经验概念来刻画效果历史意识特征的东西。

c) 问题在诠释学里的优先性

α) 柏拉图辩证法的范例

这预示了我们继续研究的方向。我们现在将考察那种刻画诠释学意识特征的开放性的逻辑结构,并且提示我们在分析诠释学境况时问题概念曾具有怎样一种重要性。显然,在所有经验里都预先设定了问题的结构。如果没有问题被提出,我们是不能有经验的。承认事情是不同的,不是像我们最初所想的那样,这显然预先假设了这样一个问题在进行,即该事情是这样还是不是这样。

经验本质所包含的开放性从逻辑上看就是这种非此即彼的开放性。开放性具有问题的结构。正如经验的辩证否定性是在完满经验的观念里得到它的实现——因为在完满经验的观念里我们意识到我们的绝对有限性和有限存在——同样,问题的逻辑形式和问题所包含的否定性也是在某种彻底的否定性即无知的知识中得到它的完成。这就是著名的苏格拉底式的 docta ignorantia（博学的无知）,这种无知在最极端的疑难否定性中开启了问题的真正优越性。如果我们想解释诠释学经验的特殊性质,我们就必须深入地考察问题的本质。

问题的本质包含：问题具有某种意义。但是,意义是指方向的意义（Richtungssinn）。所以,问题的意义就是这样一种使答复唯一能被给出的方向,假如答复想是有意义的、意味深长的答复的话。问题使被问的东西转入某种特定的背景中。问题的出现好像开启了被问东西的存在。因此展示这种被开启的存在的逻各斯已经就是一种答复。它自身的意义只出现在问题的意义中。

柏拉图关于苏格拉底的描述提供给我们的最大启发之一就是,提出问题比答复问题还要困难——这与通常的看法完全相反。当苏格拉底的对话者不能答复苏格拉底的麻烦问题,倒转矛头,主张他们所谓的提问者的有利地位时,他们是完全失败的。[108] 在柏拉图对话的这种戏谑性动机背后存在对真正谈话和非真正谈话的批判性区分。对于那些在谈话中只是想证明自身正确而不是想得到有关事情的见解的人来说,提出问题当然比答复问题更容易。

---

[108] 参见《普罗塔哥拉斯》第 335 页以下关于谈话形式的争论。

Ⅱ 一种诠释学经验理论的基本特征

他不能答复问题,对他来说构不成什么危险。但是谈话对方再次的拒绝却实际表明,那个认为自己更好地知道一切的人根本不能提出正确的问题。为了能够提出问题,我们必须要知道,但这也就是说,知道我们并不知道。因此在柏拉图所描述的问题和答复、知识和无知之间的戏谑性的替换中,包含承认问题对于一切有揭示事情意义的认识和谈话的优先性。应当揭示某种事情的谈话需要通过问题来开启该事情。

由于这种理由,辩证法的进行方式乃是问和答,或者更确切地说,乃是一切通过提问的认识的通道(Durchgang)。提问就是进行开放(ins Offene stellen)。被提问东西的开放性在于回答的不固定性(Nichtfestgelegtsein)。被提问东西必须是悬而未决的,才能有一种确定的和决定性的答复。以这种方式显露被提问东西的有问题性,构成了提问的意义。被问的东西必须被带到悬而未决的状态,以致正和反之间保持均衡。每一个问题必须途经这种使它成为开放的问题的悬而未决通道才完成其意义。每一个真正的问题都要求这种开放性。如果问题缺乏这种开放性,那么问题在根本上说就是没有真实问题意义的虚假问题(Scheinfrage)。我们在教育问题里看到了这类虚假问题,这类问题的困难和荒谬在于它们是没有真正提问者的问题。我们在修辞学问题里也看到这类虚假问题,这类问题不仅没有提问者,而且也没有被问的对象。

问题的开放性并不是无边际的。它其实包含了由问题视域所划定的某种界限。没有这种界限的问题乃是空的问题。没有界限的问题之所以变成为一个问题,就是因为指定该问题方向的流动不确定性被提成为(gestellt)某种"非此即彼"的确定东西。换句话说,问题必须被提出(gestellt)。提问(Fragestellung)既预设了开放性,同时也预设了某种限制(Begrenzung)。提问蕴含了对前提的明确确认,这些前提是确定的,并且正是由于这些前提,可疑问的东西、即还是开放的东西才表现出来。因此,提问可以是正确的或错误的,而且是根据它是否进入真正开放领域而确定的。当某个提问并未达到开放状态,而又通过坚持错误前提来阻止这种开放,我们便把这个提问称之为错误的。它是伪装问题具有开放性和可决定性。但是,如果有疑问的东西没有与实际上确立的前提区分或正确区分开来,它就不能真正被带进开放状态,而且没有任何东西能被决定。

这一点在我们于日常生活中如此熟悉的所谓歪曲问题的错误提问里表现得非常清楚。对于一个歪曲的问题,我们根本不能给出回答,因为歪曲的问题只是表面上而不是实在地使我们途经那种可得以作出决定的开放的悬而不决状态。我们之所以不把这种问题称之为错误的,而称之为歪曲的,就是因为在其后总是隐蔽了一个问题,也就是说,它意指了一种开放——但这种开放并不处于所提问题所指定的方向之内。歪曲(Schief)就是指那种偏离方向的东西。一个问题的歪曲性在于,问题没有真实的方向意义,因而不可能有任何回答。同样,对于那些并不完全错误、但也不是正确的主张,我们也说它们是歪曲的。这一点是被它们的意义,也就是说,被它们与问题的关系所决定的。我们之所以不把它们称之为错误的,是因为我们在它们那里发觉了某种真实的东西,但是我们也不能因此称它们为正确的,因为它们并不符合任何有意义的问题,因而除非它们本身被修正,否则它们不具有任何正确的意义。

II 一种诠释学经验理论的基本特征

意义总是某个可能的问题的方向意义。正确东西的意义必须符合问题所开辟的方向。

因为问题保持开放，所以问题经常包括肯定地被判断的东西和否定地被判断的东西。问题和知识之间的本质关系就依据于此。因为知识的本质不仅在于正确地判断某物，而且也在于同时并由于同样理由去排除不正确的东西。问题的决定是通向知识之路。决定问题的东西就是那些肯定一种可能性和反对另一种可能性的理由占据优势。但是这仍不是完全的知识。只有通过消除相反事例，只有当相反的论据被认为是不正确的时候，事情本身才被认识。

这一点特别明显地表现在中世纪的辩证法上。中世纪的辩证法不仅先列举了正和反，然后提出它自己的判决，而且最后还把全部论证放回原处。这种中世纪辩证法形式不仅是辩论教学体系的结果，而且相反地也依赖于科学和辩证法的内在联系，即答和问的内在联系。在亚里士多德的《形而上学》中有这样一句著名的话，[29]这句话曾经引起许多人注意，并且可以用我们这里所说的关系来解释。亚里士多德说，辩证法是这样一种能力，它不仅可以不依赖"是什么"（Was）去探究对立的东西，而且可以［探究］同一门科学是否能研讨对立的东西。[270]这里辩证法的某种普遍的特征（与我们在柏拉图的《巴门尼德篇》里所发现的完全一致）似乎与我们在《论辩篇》[30]里所熟悉的某种最特殊的"逻辑的"问题联系在一

㉙ 《形而上学》，M4,1078b25 以下。

㉚ 同上书，105b23。

起。同一门科学是否能研讨对立的东西,这确实似乎是一个很特别的问题。因而人们曾经想把这问题作为一种假问题而丢弃掉。[11] 事实上,如果我们接受了问题对于回答的优先性(这是知识概念的基础),那么这两个问题的联系就立刻可以得到理解。知识总是指同时研讨对立的东西(auf das Entgegengesetzte Gehen)。知识优于先入之见就在于它能够把可能性设想为可能性。知识从根本上说就是辩证的。只有具有问题的人才能有知识,但问题包含是和否、是如此和不是如此的对立。只是因为知识在这种广泛的意义上是辩证的,所以才能够有使是和否这种对立明确成为其对象的"辩证法"。所以,是否可能有研讨对立东西的同一门科学这一表面上非常特别的问题,事实上包含着辩证法真正可能性的根据。

甚至亚里士多德关于证明和推理的学说——这事实上使辩证法降低为认识的一个附属元素——也给予问题同样的优先性,正如恩斯特·卡普(Ernst kapp)在其论述亚里士多德三段论起源的卓越著作中所特别指出的。[12] 问题对于知识的本质所具有的优先性以一种最本源的方式证明了方法论观念对于知识的那种限制性——这一点正是我们整个思考的出发点。并不存在一种方法使我们学会提问,学会看出成问题的东西。苏格拉底的例子其实告诉我们,重要的东西乃是对自身无知的认识(das Wissen des Nichtwissens)。因此,苏格拉底的那种通过其使人误入歧途的艺

---

[11] H.迈尔:《亚里士多德的三段论》,Ⅱ,2,168。
[12] 主要参见他在《古典文化实用百科全书》(RE)里的词条"三段论"。

Ⅱ 一种诠释学经验理论的基本特征

术(Verwirrungskunst)导致这一认识的辩证法为提问确立了前提。一切提问和求知欲望都是以无知的知识为前提——这也就是说,正是某种确切的无知才导致某种确切的问题。

柏拉图在其令人难忘的论述里曾经向我们指出,要认识我们是无知的,究竟困难存在于何处。这就是意见(Meinung)的力量,由于反对这种意见,我们才能非常困难地达到对无知的承认。意见就是压制提问的东西。意见具有一种奇特的扩大自身的倾向。它经常想成为普遍的意见,正如希腊人所用的 Doxa(意见)这个词的词义所表示的,这个希腊文词同时意指议会大多数人所通过的决议。那么,怎样会出现无知和提问呢?

Ⅰ372

首先我们确认,它们只有以像我们突然有一种想法的方式出现。的确,我们一般不说对于提问有突然想法,而是说对于回答有突然想法,即突然想到了谜语的答案。而且以此我们想确认,没有什么方法的途径可以导致那种是解题的思想。但是,我们同时也知道,这种突然想法并不完全是无准备而出现的。它已经预先假定了某种使这种想法突然能出现的开启领域的方向,但也就是说,它已经预先假定了提问。突然想法的真正本质也许很少是使人突然想到谜语的答案,而更多的是使人突然想到那种推进到开放状态并因而使回答有可能的问题。每一个突然想法都具有一种问题的结构。但是,突然想到问题已经就是对普遍意见的平坦前沿的突破。因此我们更多地是说问题来到了我们面前,问题自己提出来了或自己表现出来了,而很少说我们提出或设立问题。

我们已经看到,经验的否定性从逻辑上看就包含了问题。事实上,正是通过不符合前见解的东西所给予我们的刺激,我们才具有经验。因此提问更多地是被动的遭受(Erleiden)，而不是主动的行动(Tun)。问题压向我们，以致我们不再能避免它或坚持我们习惯的意见。

当然，下面这一点似乎与这种看法相矛盾，即在苏格拉底-柏拉图的辩证法中，提问的艺术被提升为自觉的处理方式(Handhabung)。但是，关于这种艺术有这样一些特别的性质。我们看到，它被保留给那种想去认识的人，即那种已经有问题的人。提问的艺术并不是避免意见压力的艺术——它已经假定了这种自由。它根本不是希腊人讲到技艺(Techne)那种意义上的艺术，即不是一种我们可以掌握真理知识的可教导的能力。第7封信里的那句所谓认识论的离题话其实正是想使这种奇特的辩证法以其独一无二的特征区别于所有那些可教导的和可学到的东西。辩证法艺术并不是那种制服任何人的论证艺术。情况正相反，使用辩证法艺术、即使用提问和探究真理的艺术的人在听众眼里很可能论证失败。作为提问艺术的辩证法被证明可靠，只在于那个知道怎样去问的人能够掌握他的问题，也就是说，能够掌握开放的方向。提问艺术就是能继续提问的艺术(die Kunst des Weiterfragens)，但也就是说，它是思考的艺术(die Kunst des Denkens)。它之所以被称为辩证法，是因为它是进行某种真正谈话的艺术。

要进行谈话，首先要求谈话的伙伴彼此不相互抵牾。因此谈话必然具有问和答的结构。谈话艺术的第一个条件是确保谈话伙伴与谈话人有同样的发言权(Mitgehen)。我们从柏拉图对话中的对话者经常重复"是"这个情况可以更好地认识这一点。这种单调对答的积极方面是论题在谈话中得以向前进展的内在逻辑必然

Ⅱ 一种诠释学经验理论的基本特征

性。进行谈话,就是说,服从谈话伙伴所指向的论题的指导。进行谈话并不要求否证(niederzuargumentieren)别人,而是相反地要求真正考虑别人意见的实际力量。因此,谈话是一种检验的艺术(eine Kunst des Erprobens)。[313] 但是检验艺术就是提问艺术。因为我们已经看到,提问就是暴露(Offenlegen)和开放(ins Offene stellen)。针对意见的顽固性,提问使事情及其一切可能性处于不确定状态。谁具有提问"艺术",谁就是一个能阻止主导意见对于问题的压制的人。谁具有这种艺术,谁就会找寻一切支持意见的东西。辩证法并不在于试图发现所说东西的弱点,而是在于显露它的真正强大。辩证法并不是那种能使某个软弱东西成为强大东西的论证艺术和讲演艺术,而是那种能从事物本身出发增强反对意见的思考艺术。

柏拉图对话的无与伦比的现实意义应归功于这种强化艺术。因为在这种强化过程中被说的东西不断地变成最大可能的正确和真,并且克服所有想限制其有效性的反对论证。这里显然不是单纯地让论题逗留不决(Dahingestelltseinlassen)。因为凡是想认识某种东西的人,不能满足于单纯的意见,也就是说,他不能对那些有疑问的意见置之不顾。[314] 讲话者总是一直被要求着,直到所讲东西的真理最后涌现。苏格拉底对话的那种创造性的助产术(Maieutik)[271],即那种像助产士一样使用语言的艺术(Hebam-

---

[313] 《形而上学》,1004b25:"ἔστι δὲ ἡ διαλεκτικὴ πειραστική"(辩证法专务批评)。这里已经有进行指导的意思,这就是真正意义上的辩证法,因为检验和探究意见可提供赢得优势的机会,并因而使自己的前见解得以大胆考察。

[314] 参见本书第300页以下、第342页以下。

menkunst des Wortes),确实是针对那些是谈话伙伴的具体个人，但是它只涉及他们所表述的意见，而这些意见的内在的客观的一贯性是在谈话里被展开的。在其真理中所出现的东西是逻各斯，这种逻各斯既不是我的又不是你的，它是这样远远地超出谈话伙伴的主观意见，以致谈话的引导者自身也经常是无知的。辩证法作为一门进行谈话的艺术，同时是那种在某个统一方面通观（Zusammenzuschauen）事物的艺术（synhoran eis hen eidos），也就是说，它是阐明共同所指的概念构成的艺术（die Kunst der Begriffsbildung als Herausarbeitung des gemeinsam Gemeinten）。这一点正构成谈话的特征——相对于那种要求用文字写下来的陈述的僵硬形式——即这里语言是在问和答、给予（Geben）和取得（Nehmen）、相互争论（Aneinandervorbeireden）和达成一致（Miteinanderübereinkommen）的过程中实现那样一种意义沟通（Sinnkommunikation），而在文字传承物里巧妙地作出这种意义沟通正是诠释学的任务。因此，把诠释学任务描述为与文本进行的一种谈话（ein In-das-Gesprächkommen mit dem Text），这不只是一种比喻的说法——而是对原始东西的一种回忆。进行这种谈话的解释（Auslegung）是通过语言而实现，这一点并不意味着置身于陌生的手段中，而是相反地意味着重新产生原本的意义交往。因此，用文字形式传承下来的东西从它所处的异化中被带出来而回到了富有生气的正在进行谈话的当代，而谈话的原始程序经常就是问和答。

所以，如果我们要在诠释学现象中强调问题的优先地位，我们可以援引柏拉图。虽然柏拉图自己已经以某种特别的方式揭示了

Ⅱ 一种诠释学经验理论的基本特征

诠释学现象，但我们可以比他更好地做到这一点。我们应当探究他对文字著述东西的批判，他之所以进行这种批判，是因为诗歌传承物和哲学传承物在当时雅典人的眼中已成了文学。我们在柏拉图的对话里可以看到，智者派在谈话中所培育的对文本的"解释"（Interpretation），特别是为了教育目的对诗的解释，怎样遭到柏拉图的反对。另外，我们还可以看到，柏拉图怎样试图通过其对话诗克服 Logoi（语言）的弱点，特别是文字东西的弱点。对话的文学形式把语言和概念放回到谈话的原始运动中。这样，语词免受了一切独断论的滥用。

谈话的原始形式也可以在那些问和答之间的对应关系被掩盖了的派生形式中表现出来。例如通信（die Korrespondenz）就是一种有趣的过渡现象，它好像是这样一种同时展开相互争论和达成一致运动的书面谈话。通信的艺术在于不让文字的陈述成为论文，而是使它适合于通信者的相互接受（Entgegennahme）。但另一方面恰恰相反，它也在于正确地遵照和执行一切文字陈述东西所具有的最终有效的标准。寄出信件和收到回信之间的时间间距不只是一种外在因素，而且使这种通信交往形式具有作为特殊写作形式的真正特有的性质。所以我们曾指出，缩短邮寄时间根本不导致这种交往形式的增强，反而导致书信写作艺术的衰落。

谈话作为问答关系的原始性质，甚至在一个如此极端的事例中，如黑格尔的作为哲学方法的辩证法所表现的事例中也可以被看到。要展开思想规定的整体性——这是黑格尔的逻辑学的目的——就好像是试图在现代"方法"的伟大独白中去把握意义连续统（das Sinnkontinuum），而这种意义连续统本是个别地实现于正在进行的谈话中。当黑格尔提出要融化和精制抽象的思想规定的任务,这就意味着,把逻辑学融化于语言的程序(Vollzugsform)中,把概念融化于进行问和答的语词的意义力量之中——这是对于辩证法过去和现在究竟是什么的一个不成功的伟大提示。黑格尔的辩证法就是这样一种思想独白,它想先行地完成那种在每一次真正谈话中逐渐成熟的东西。

β) 问和答的逻辑

这样,我们就回到了下面这个论点上来,即诠释学现象本身也包含了谈话的原始性质和问答的结构。某个传承下来的文本成为解释的对象,这已经意味着该文本对解释者提出了一个问题。所以,解释经常包含着与提给我们的问题的本质关联。理解一个文本,就是理解这个问题。但是正如我们所指出的,这是要靠我们取得诠释学视域才能实现。我们现在把这种视域看作是文本的意义方向得以规定的问题视域(Fragehorizont)。

谁想寻求理解,谁就必须反过来追问所说的话背后的东西。他必须从一个问题出发把所说的话理解为一种回答,即对这个问题的回答。所以,如果我们返回到所说的话背后,我们就必然已经超出所说的话进行追问(hinausgefragt)。我们只有通过取得问题视域才能理解文本的意义,而这种问题视域本身必然包含其他一些可能的回答。就此而言,命题的意义是相对于它是其回答的问题的,但这也就是说,命题的意义必然超出命题本身所说的东西。由这种考虑可以看出,精神科学的逻辑是一种关于问题的逻辑。

尽管有柏拉图,我们仍然谈不上有这样一种逻辑。我们在这方面能够援引的几乎是唯一的人,乃是 R. G. 科林伍德[272]。他在

Ⅱ 一种诠释学经验理论的基本特征

一篇对实在论的牛津学派的机智而卓越的批判文章里,曾经提出一种关于"问和答的逻辑"的想法,只可惜他的这一想法并未得到系统的发挥。[315] 他曾经敏锐地认识到流行的哲学批判以之为基础的朴素诠释学所缺乏的东西。特别是科林伍德在英国各大学里所看到的那种讨论"陈述"(statements)的做法,尽管也许是一个很好的智力训练,但显然忽视了一切理解所包含的历史性。科林伍德是这样论证的:我们实际上只有在已经理解了文本是对其回答的问题之后,才能理解文本。但是,因为我们只有从文本才能引出这个问题,从而回答的恰当性表现为重构问题的方法论前提,所以我们从任何地方对这个回答所进行的批判纯粹是欺人之谈。这个情况与理解艺术作品的情况相似。只有当我们预先假定一件艺术作品充分表现了一个艺术理念(Adäquation)时,艺术作品才能被理解。在这里我们也必须发现艺术作品所回答的问题,如果我们想理解艺术作品——即把它作为一种回答来理解的话。事实上这里涉及了一切诠释学的某个公理,这个公理我们前面曾描述为"完全性的前把握"(Vorgriff der Vollkommenheit)。[316]

对于科林伍德来说,这是一切历史认识的要害。历史的方法

---

[315] 参见科林伍德:《自传》,第30页以下。这篇自传由于我的建议而以《思想》这一书名出版了德文译本。同时也可参见海德堡大学约阿希姆·芬克尔戴(Joachim Finkeldei)的尚未付印的博士论文《问题的根据和本质》(1954年)。克罗齐(此人曾影响过科林伍德)已经采取了同样的立场,他在其《逻辑》一书(德文版,第135页以下)中把每一个定义理解为对某个问题的回答,因而定义也是"历史性的"。

[316] 参见本书第299页以下以及我对瓜尔迪尼的批判,载《短篇著作集》,第2卷,第178—187页(我的著作集,第9卷),在那里我说:"对文学的一切批判总是解释的自我批判。"

要求我们把问答逻辑应用于历史传承物。只有当我们重构了有关人物的历史行动所回答的问题时,我们才能理解历史事件。科林伍德举了特拉法尔加之战和作为其基础的纳尔逊计划为例[273]。这个例子将表明,战役的进程之所以有助于我们理解纳尔逊的真正计划,正是因为这个计划被成功地实现了。反之,他的对手的计划却由于相反的理由,即因为计划失败,而不能从该事件加以重构。因此理解这次战役进程和理解纳尔逊在战役中所执行的计划,乃是同一个过程。⑪

事实上我们不能不看到,问和答的逻辑在这种情况里必须重构具有两种不同回答的两个不同的问题。某个重大事件进程的意义问题和这个进程是否按计划进行的问题。显然,只有当人的计划与事件的进程实际上都一样重要时,这两个问题才会同时发生。但这是一个我们不能把它作为方法论原则加以维护的前提,因为我们自己就是置身于历史中的人,并且面对某个同样讲述这种处于历史中的人的历史传承物。托尔斯泰对于战役前的军事会议的著名描述——人们详尽而透彻地估计了所有战略上的可能性并考虑到所有的计划,而那位将军当时却坐在那里睡着了,但在战役前夕他却巡视了所有前沿哨所——显然是非常精确地记述了我们称之为历史的事情。库图佐夫比参加军事会议的战略家更了解真实情况和起决定性作用的兵力[274]。我们从这个例子必须得出这个基本结论,即当历史的解释者把一组前后关系的意义认作是行动者和计划者实际所意图的目的时,他们总是冒着使这组关系实在

---

⑪ 科林伍德:《思想》,第 70 页。

Ⅱ 一种诠释学经验理论的基本特征

化的风险。[318]

这个结论只有在黑格尔的前提下才是合理的,即历史哲学可以得知世界精神的计划,并能根据这种所得到的知识认定某些个人在世界史上具有重要意义,因为在他们的个别思想和事件的世界史意义之间存在一种真正的一致性。但是从这些以历史中主客体相一致为标志的事例中,我们却不能推导出一个认识历史的诠释学原则。对于历史传承物来说,黑格尔的学说显然只具有部分的真理。构成历史的由各种动机所交织成的无限延伸的网络,只是暂时和短期内才在某个个人身上获得那种合乎计划东西的明亮性。所以,黑格尔所描述的那种非同寻常的情况乃依据于一个个别人的主观思想和整个历史进程的意义之间所存在的不相称关系这一普遍基础。一般来说,我们所经历的事物进程是某种可能不断改变我们的计划和期待的东西。谁试图顽固地坚持他的计划,谁恰恰就会发现他的理智是怎样的无能。只有非常罕见的场合,一切事情才会"自发地"发生,即事件自行地符合我们的计划和愿望。只有在这种场合我们才能够说一切都是按计划进行的。但是把这种经验应用于整个历史,就是作出了一个与我们的历史经验完全相矛盾的骇人听闻的推断。

科林伍德把问答逻辑应用于诠释学理论的做法,现在由于这种推断而变得意义含糊不清。我们对于以文字形式传承下来的东西本身的理解并不具有这样一种性质,即我们能够在我们于这种

---

[318] 关于这一点埃里希·泽贝格有一些很卓越的看法,参见他的《关于气体注释学问题》,载《塞林纪念文集》,第 127 页以下。[现收入 H-G. 伽达默尔和 G. 贝姆编:《诠释学和科学》,法兰克福,1978 年,第 272—282 页。]

文字传承物里所认识的意义和它的原作者曾经想到的意义之间简单地假定一种符合关系。正如历史事件一般并不表现出与历史上存在的并有所作为的人的主观思想有什么一致之处一样，文本的意义倾向一般也远远超出它的原作者曾经具有的意图。[⑲] 理解的任务首先是注意文本自身的意义。

这显然正是科林伍德根本否认在被认为是文本所回答的历史问题和哲学问题之间有任何区别时所想到的东西。然而我们必须坚持这一论点，即我们所想加以重构的问题首先并不涉及作者的思想上的体验，而完全只涉及文本自身的意义。所以，如果我们理解了某个命题的意义，即重构了该命题所实际回答的问题，那么我们一定可能追问提问者及其用意，对于后者来说，文本或许只是其所谓的回答。科林伍德的错误在于，他认为把文本应是其回答的问题和文本真正是其回答的问题区别开来的做法，在方法论上是荒谬的。他的这种讲法只有在下述情况里才是正确的，即当我们意指文本所讲述的事情时，对文本的理解一般才不包含这样一种区分。反之，重构某位作者的思想却是一项完全不同的任务。

我们必须追问，在什么条件下我们才提出这项不同的任务呢？因为下面这一点无疑是正确的，即对于理解文本意义的真正诠释学经验来说，重构作者事实上曾经想到的意图乃是一项还原的任务。正是历史主义的诱惑才使我们把这种还原视为科学性的美德，并把理解认作是一种仿佛重复文本形成过程的重构。因此，历史主义遵循我们在自然认识中所熟悉的认识理想，按照这种理想，

---

⑲ 参见本书第187页、第301页的解释。

Ⅱ 一种诠释学经验理论的基本特征

只有当我们能够人为地产生一种过程时,我们才理解这个过程。

我们前面已经指出,[20]维柯那种认为这种理想在历史中可得到最纯粹实现的说法是多么成问题,因为照他看来,正是在历史中人才接触他自身的人类历史实在。反之我们曾经强调,每一个历史学家和语文学家必须考虑他进行理解活动的意义境域的基本开放性(Unabschliessbarkeit)。历史传承物只有在我们考虑到它由于事物的继续发展而得到进一步基本规定时才能被理解,同样,研讨文学文本和哲学文本的语文学家也知道这些文本的意义是不可穷尽的。在这两种情况里,都是通过事件的继续发展,传承物才获得新的意义方面。通过在理解中新的强调,文本被带进某个真正进程之中,这正如事件通过其继续发展被带入真正进程之中一样。这正是我们所说的诠释学经验里的效果历史要素。理解的每一次实现都可能被认为是被理解东西的一种历史可能性。我们此在的历史有限性在于,我们自己意识到在我们之后别人将以不同的方式去理解。然而下面这一点对于我们的诠释学经验来说同样是确凿无疑的,即对于同一部作品,其意义的充满正是在理解的变迁之中得以表现,正如对于同一个历史事件,其意义是在发展过程中继续得以规定一样。以原作者意见为目标的诠释学还原正如把历史事件还原为当事人的意图一样不适当。

重构给定文本是其回答的问题,当然不能被认为是历史方法的纯粹成就。一开始出现的其实是文本向我们所提出的问题,即我们对于传承物的文字的反应(Betroffensein),以致对传承物的

---

[20] 参见本书第226页以下、第280页以下。

理解总是已经包含现代与传承物的历史自我中介的任务。所以问题和回答的关系事实上被颠倒了。对我们讲述什么的传承物——文本、作品、形迹——本身提出了一个问题,并因而使我们的意见处于开放状态。为了回答这个向我们提出的问题,我们这些被问的人就必须着手去提出问题。我们试图重构传承物好像是其回答的问题。但是,如果我们在提问上没有超出传承物所呈现给我们的历史视域,我们就根本不能这样做。重构文本应是其回答的问题,这一做法本身是在某种提问过程中进行的,通过这种提问我们寻求对传承物向我们提出的问题的回答。一个被重构的问题决不能处于它原本的视域之中。因为在重构中被描述的历史视域不是一个真正包容一切的视域。其实它本身还被那种包括我们这些提问、并对传承物文字作出反应的人在内的视域所包围。

就此而言,诠释学必然要不断地超越单纯的重构。我们根本不能不去思考那些对于作者来说是毫无疑问的因而作者未曾思考过的东西,并且把它们带入问题的开放性中。这不是打开任意解释的大门,而只是揭示一直在发生的事情。理解传承物的文字总是要求把重构的问题放入其可置疑的开放状态之中,即变成传承物对我们所呈现的问题。如果"历史的"问题自为地显现出来,那么这总是已经意味着,它本身不再"提升"自己成为问题。这种问题乃是不再理解的剩余产品,我们停滞不前的迂回之路。[20] 反之,真正的理解活动在于:我们是这样重新获得一个历史过去的概念,

---

[20] 参见我们前面关于斯宾诺莎《神学政治论》分析中对于这种历史东西的迂回之路的说明,在本书第184页以下。

以致它同时包括我们自己的概念在内。我在前面[22]曾把这种活动称之为视界融合。我们可以同意科林伍德的说法，即只有当我们理解了某物是其回答的问题，我们才理解该物，并且这样被理解的东西确实不能让其意义同我们自己的意见分开。重构那些把文本的意义理解为对其回答的问题其实变成了我们自己的提问。因为文本必须被理解为对某个真正提问的回答。

提问和理解之间所表现的密切关系给予诠释学经验以其真正的度向。谁想理解，谁就可能如此强烈地对于所意指东西的真理犹豫不决。他可能如此强烈地偏离事情的直接意见转而考虑深层的意义，但并不把这种深层意义认为是真实的，而只是把它当作有意义的，以致真理可能性仍处于悬而未决之中——进入这样一种悬而未决之中（Solches In-die-Schwebe-bringen），就是提问的特有的和原始的本质。提问总是显示出处于悬而未决之中的可能性。所以，正如不可能有偏离意见的对于意见的理解，同样也不可能有偏离真正提问的对于可问性（Fraglichkeit）的理解。对于某物可问性的理解其实总已经是在提问。对于提问不可能有单纯试验性的、可实现的态度，因为提问并不是设立（Setzen），而本身就是一种对于可能性的试验。这里提问的本质显示出柏拉图对话实践所证明的东西。[23]谁想思考，谁就必须提问。即使某人说"在这里我们可能提问"，这也已经是一个真正提问，不过由于谨慎或客气这一提问被掩盖起来罢了。

---

[22]　参见本书第 311 页以下。
[23]　参见本书第 368 页以下。

这就是一切理解为什么总是超出对某个他人意见的单纯再思考(Nachvollziehen)的理由。因为提出问题，就是打开了意义的各种可能性，因而就让有意义的东西进入自己的意见中。只有在不正确的意义上我们才能理解我们自己并未问的问题，例如那些我们认为过了时的或者无意义的问题。因此这意味着，我们理解某些问题是怎样在某些历史前提下被提出来的。因此，理解这类问题就等于说理解那些由于其消失而使问题变得无意义的具体前提。例如永恒运动就是一个实例。这类问题的意义境域只是表面看来还是敞开的。这类问题不再被人理解为问题。因为在这里我们所理解的东西恰恰就是：这里没有问题。

理解一个问题，就是对这问题提出问题(Eine Frage verstehen heisst, sie fragen)。理解一个意见，就是把它理解为对某个问题的回答(Eine Meinung verstehen heisst, sie als Antwort auf eine Frage verstehen)。

科林伍德提出的问答逻辑结束了那种作为"牛津实在论者"与古典哲学家关系基础的永恒问题(Problem)的谈论，并且同样结束了新康德主义提出的问题史(Problemgeschichte)概念。问题史只有在它承认问题的同一性是一种空疏的抽象并使自身转为提问时，才可能是真正的历史。事实上并不存在一种超出历史之外的立脚点，以使我们站在上面可以从历史上对某个问题的各种解决尝试中去思考该问题的同一性。诚然，对于哲学文本的一切理解都需要重新认识有关这些文本所知道的东西。没有这种知识我们就什么也不会理解。但是，我们却不能因此而超出我们所处的并由之而进行理解的历史条件之外。我们重新认识的问题，其实并

Ⅱ 一种诠释学经验理论的基本特征

不简单就是在一次真正提问中被理解的同一问题。我们只是由于自己的历史短见才会把它当成相同的问题。我们藉以设想问题真正同一性的所谓超立场的立场,乃是一种纯粹的幻觉。

我们现在可以理解为什么如此的理由。问题概念(Der Begriff des Problems)显然表述一种抽象,即把问题的内容与最初揭示该内容的问题(Frage)分离出来。问题概念是指那些真实的和真正有明确目的的问题(Frage)可以还原和可以归属的抽象图式。这样一种"问题"是脱离了有明确目的的问题联系的,而只有在这种问题联系中问题才能有清晰的意义。所以这种问题(Problem)是不能解决的,正如每一个没有明确意义的问题(Frage)一样,因为它并不是真正有明确目的而提出来的。

问题概念(Problembegriff)的起源也证明了这一点。问题概念不属于那种发现事物真理的所谓"善意的反驳"(wohlgemeinte Widerlegungen)[㉔]的领域,而是属于作为一种使对手感到惊奇或难堪的武器的辩证法的领域。在亚里士多德那里,"问题"(Problem)一词指那些表现为明显悬而未决(Alternative)的问题(Fragen),因为这些问题两方面都有证据,并由于它属于重大问题,我们不认为有理由能够决定它们。[㉕] 所以,问题(Problem)并不是那种呈现自身并因而可以从其意义起源处获取其回答模式的真正问题(Frage),而是我们只能丢下不管和只能用辩证法方式加以处理的意见抉择(Alternativen des Meinens)。真正说来,"问题"

I 382

㉔ 柏拉图:《第七封信》,344b。
㉕ 亚里士多德:《论辩篇》,A11。

(Problem)的这种辩证法意义是在修辞学里而不是在哲学里具有其地位。问题概念的性质就是不可能根据理由来得出一个明确的决定。这就是为什么康德把问题概念的使用限制于纯粹理性的辩证法上的原因。问题(Problem)就是"完全从其根芽处起源的任务",也就是说,问题是理性本身的产物,理性绝对不能期望有对问题的完满解决。㉖ 富有意义的是,在 19 世纪随着哲学问题的直接传统的消失和历史主义的兴起,问题概念获得了普遍的有效性——这是一个标志,表明那种对于哲学的实际问题的直接关系不再存在。所以,哲学意识困惑的典型表现就是当其面对历史主义时,躲进抽象的问题概念里而看不到那种问题是以怎样的方式"存在"的问题。新康德主义的问题史就是历史主义的冒牌货。凭藉问答逻辑来进行的对问题概念的批判,必然摧毁那种认为问题的存在犹如天上繁星一样的幻觉。㉗ 对于诠释学经验的思考使问题(Problem)重新回到那些自身呈现的问题和从其动机中获取其意义的问题(Frage)。

㉖ 《纯粹理性批判》,第 321 页以下。
㉗ 尼古拉·哈特曼在其论文"哲学思维及其历史"(《普鲁士科学院论文集》,1936年,第 5 卷;现在收入《N. 哈特曼短篇著作集》,第 2 卷,第 1—47 页)中正确地指出,重要的事情是重新认识伟大思想家曾经认识的东西。但是,如果他为了维护某种固定的东西以反对历史主义的侵蚀,区分了真正问题内容(Problemgehalte)的固定性与它们被问(Problemstelluugen)和被回答(Problemlagen)方式的变更性,那么他就不能看到这一事实,即既没有"变更性"又没有"固定性",既没有"问题"和"体系"的对立,又没有"成就"的标准符合于哲学作为知识的性质。当他写道:"只有当某个人在认识中利用了数世纪的巨大知性经验,只有当他自己的经验基于他已认识并作过很好检验的东西上,……他的知识才能确保他自己的进步"(前引书,第 18 页),他就按照经验科学和认识进步的模式解释了"带有问题的系统接触",而这一模式并不完全量度我们在诠释学意识里已经看到过的那种传统和历史的复杂网络。

Ⅱ 一种诠释学经验理论的基本特征

我们在诠释学经验的结构中所揭示的这种问和答的辩证法，现在能够更进一层规定究竟一种什么样的意识才是效果历史意识。因为我们所论证的问和答的辩证法使得理解关系表现为一种类似于某种谈话的相互关系。虽然一个文本并不像一个"你"那样对我的讲话。我们这些寻求理解的人必须通过我们自身使它讲话。但是我们却发现这样一种理解上的使文本讲话（solches verstehendes Zum-Reden-Bringen），并不是一种任意的出于我们自己根源的做法，而本身就是一个与文本中所期待的回答相关的问题。期待一个回答本身就已经预先假定了，提问题的人从属于传统并接受传统的呼唤（der Fragende von Überlieferung erreicht und aufgerufen ist）。这就是效果历史意识的真理。经验历史的意识由于放弃完全领悟的幻想，所以它对历史经验是敞开的。我们把它的实现方式描述为理解视域的交融，这就是在文本和解释者之间起中介作用的东西。

下面讨论的主导思想是：在理解中所发生的视域交融乃是语言的真正成就。当然，语言是什么乃是人类反复思考的最神秘莫测的难题之一。语言性（Sprachlichkeit）是这样不可思议地接近我们的思想，而在它发挥作用时又是这样少地成为我们的对象，以致它对我们隐藏了它自己本身的存在。可是在我们对精神科学思维的分析中，我们是这样地接近语言这种普遍的先于一切其他事物的奥秘，以致我们能够信赖我们正在研究的对象，让它安全地指导我们进行探讨。我们试图从我们所是的谈话（Gespräch）出发去接近语言的奥秘。

如果我们试图按照两个人之间进行的谈话模式来考虑诠释学现

象,那么这两个表面上是如此不同的情况,即文本理解(Textverständnis)和谈话中的相互理解(Verständigung im Gespräch)之间的主要共同点首先在于,每一种理解和每一种相互理解都涉及了一个置于其面前的事物。正如每个人都试图与他的谈话伙伴关于某事物取得相互理解一样,解释者也试图理解文本对他所说的事物。这种对事物的理解必然通过语言的形式而产生,但这不是说理解是事后被嵌入语言中的,而是说理解的实现方式——这里不管是涉及文本还是涉及那些把事物呈现给我们的谈话伙伴——就是事物本身得以语言表达(das Zur-Sprach-Kommen der Sache selbst)。所以我们首先将考察真正谈话的结构,以便揭示那种表现文本理解的另一种谈话的特殊性。既然我们上面通过谈话的本质着重指出了问题(Frage)对于诠释学现象的构成性意义,现在我们就必须把作为问题基础的谈话的语言性证明为一种诠释学要素。

首先,我们确认,使某物得以表述的语言决不是这一个谈话伙伴或那一个谈话伙伴可以任意支配的财产。每一次谈话都预先假定了某种共同的语言,或者更正确地说,谈话创造了某种共同的语言。正如希腊人所说的,中间放着某种事物,这是谈话伙伴所共有的,他们彼此可以就它交换意见。因此关于某物的相互理解——这是谈话所想取得的目的——必然意味着:在谈话中首先有一种共同的语言被构造出来了。这不是一种调整工具的外在过程,甚至说谈话伙伴相互适应也不正确,确切地说,在成功的谈话中,谈话伙伴都处于事物的真理之下,从而彼此结合成一个新的共同体。谈话中的相互理解不是某种单纯的自我表现(Sichausspielen)和自己观点的贯彻执行,而是一种使我们进入那种使我们自身也有所改变的公共性中的转换(eine Verwandlung ins Gemeinsame hin, in der man nicht bleibt, was man war)。[328]

---

[328] 参见我的论文"什么是真理?"(《短篇著作集》,第 1 卷,第 46—58 页)。[我的著作集,第 2 卷,第 44—56 页。]

第三部分

以语言为主线的诠释学本体论转向

> 诠释学的一切前提不过只是语言。 I 387
> ——F.施莱尔马赫

1.语言作为诠释学经验之媒介

虽然我们说我们"进行"一场谈话,但实际上越是一场真正的谈话,它就越不是按谈话者的任何一方的意愿而进行。因此,真正的谈话决不可能是那种我们意想进行的谈话。一般说来,也许这样说更正确些,即我们陷入了一场谈话,甚至可以说,我们被卷入了一场谈话。在谈话中某个词如何引出其他的词,谈话如何发生其转变,如何继续进行,以及如何得出其结论等等,虽然都可以有某种进行的方式,但在这种进行过程中谈话的参加者与其说是谈话的引导者,不如说是谈话的被引导者。谁都不可能事先知道在谈话中会"产生出"什么结果。谈话达到相互了解或达不到相互了解,这就像是一件不受我们意愿支配而降临于我们身上的事件。正因为如此,所以我们才能说,有些谈话是卓越的谈话,而有些谈话则进行得不顺利。这一切都证明,谈话具有其自己的精神,并且在谈话中所运用的语言也在自身中具有其自己的真理,这也就是说,语言能让某种东西"显露出来"(entbirgen)和涌现出来,而这种东西自此才有存在。

我们在对浪漫主义诠释学的分析中已经发现,理解的基础并不在于使某个理解者置身于他人的思想之中,或直接参与到他人的内心活动之中。正如我们所看到的,所谓理解某人所说的东西,就是在语言上取得相互一致(Sich in der Sprache Verständigen),而不是说使自己置身于他人的思想之中并设身处地地领会他人的体验[275]。我们曾经强调说,在理解中这样所产生的意义经验总是包含着应用(Applikation)。现在我们注意到,这整个理解过程乃是一种语言过程。理解的真正问题以及那种巧妙地控制理解的尝试——这正是诠释学的主题——在传统上都归属于语法和修辞学领域,这一点决不是没有理由的。语言正是谈话双方进行相互了解并对某事取得一致意见的核心(Mitte)。

正是在相互了解受到阻碍或变得困难的情况中,我们才最清楚地意识到一切理解所依据的条件。因此,在两个操不同语言的人之间只有通过翻译和转换才可能进行谈话的这样一种语言过程就特别具有启发性。在这种谈话中,翻译者必须把所要理解的意义置入另一个谈话者所生活的语境中。这当然不是说,翻译者可以任意曲解讲话人所指的意义。相反,这种意义应当被保持下来,但由于这种意义应当在一种新的语言世界中被人理解,所以这种意义必须在新的语言世界中以一种新的方式发生作用。因此,一切翻译就已经是解释(Auslegung),我们甚至可以说,翻译始终是解释的过程,是翻译者对先给予他的语词所进行的解释过程。

所以,翻译这一例子使我们意识到语言性(Sprachlichkeit)是相互了解的媒介,而这种媒介只有通过明确的传达才能被巧妙地制造出来。当然,这样巧妙地制造媒介的活动不是谈话的正常情况,所以翻译也不是我们处理一门陌生语言的正常情况。我们宁

1. 语言作为诠释学经验之媒介

可说,对翻译的依赖就像谈话的双方被剥夺了自我独立性。凡需要翻译的地方,就必须要考虑讲话者原本语词的精神和对其复述的精神之间的距离。但这种距离是永远不可能完全克服掉的。因此,在这些情况中相互了解并非真正地发生在谈话的参与者之间,而是产生于翻译者之间,因为翻译者能在一个共同的相互了解的世界中真正地相遇。(最困难的对话显然莫过于两个操不同语言的人之间的对话,因为这两个对话者虽说理解对方的语言,但却不会说对方的语言。于是,就好像是由于一种更高的力量所迫使,这两种语言中的一种就试图使自己而不是另一种语言成为理解的媒介。)

凡是产生相互了解的地方,那里就无需翻译,而只是说话。理解一门外语的意思就是说,无需再把它翻译成自己的语言。谁真正掌握了一门语言,那就无需再翻译,甚至可以说,任何翻译都似乎是不可能的。理解一门语言本身根本不是真正的理解,而且也不包括任何解释过程,它只是一种生活过程(Lebensvollzug)。我们理解一门语言,乃是因为我们生活于这门语言之中——这个命题显然不仅适用于尚在使用着的活语言,而且也适用于已废弃不用的死语言。因此,诠释学问题并不是正确地掌握语言的问题,而是对于在语言媒介中所发生的事情正当地相互了解的问题。一切语言都是可以学会的,以致完满地使用语言就包含着如下意思,即我们无需再把自己的母语译成另外一门语言,或把另外这门语言译成自己的母语,而是用外语进行思维。为了在谈话中达到相互了解,能这样掌握语言恰是一个前提条件。一切谈话都有这样一个不言而喻的前提,即谈话者都操同一种语言。只有当通过相互谈话而在语言上取得一致理解成为可能的时候,理解和相互了解的问题才可能提出来。对翻译者的翻译的依赖乃是一种特殊情况,它使诠释学过程即谈话双重化了:谈话一方面是翻译者同对方的谈话,另一方面是自己同翻译者的谈话。

谈话是相互了解并取得一致意见的过程(ein Vorgang der Verständigung)。因此,在每一场真正的谈话中,我们都要考虑到对方,让他的观点真正发挥作用,并把自己置身于他的观点中,以致我们虽然不愿把对方理解为这样的个性,但却要把他所说的东西理解为这样的个性。在谈话中需要把握的是对方意见的实际根据,这样我们就能对事情达到相互一致看法。因此,我们并不是把对方的意见置回于他自身之中,而是置于我们自己的意见和猜测之中。如果我们真的把对方视作个性,比如在心理治疗的谈话或对被告的审问等情形中,那么达成相互了解的情况就决不会出现。①

在谈话中作为相互了解情况特征的一切东西,当其涉及文本的理解时就真正地转向了诠释学领域。我们仍然以对陌生语言进行翻译为例。在对某一文本进行翻译的时候,不管翻译者如何力图进入原作者的思想感情或是设身处地把自己想象为原作者,翻译都不可能纯粹是作者原始心理过程的重新唤起,而是对文本的再制作(Nachbildung),而这种再制作乃受到对文本内容的理解所指导,这一点是完全清楚的。同样不可怀疑的是,翻译所涉及的是解释(Auslegung),而不只是重现(Mitvollzug)。对于读者来

---

① 本书前面(第368页)提到的在这种谈话中所提问题的不真实性乃是与这种自我置入(Sich-Versetzen)——这指置入对方而不是置入对方的客观根据——相适应的。

1. 语言作为诠释学经验之媒介

说,照耀在文本上的乃是从另一种语言而来的新的光。对翻译所提出的"信"(Treue)的要求不可能消除语言所具有的根本区别。尽管我们在翻译中力求"信",我们还是会面临困难的选择。如果我们在翻译时想从原文中突出一种对我们很重要的性质,那么我们只有让这同一原文中的其他性质不显现出来或者完全压制下去才能实现。这种行为恰好就是我们称为解释(Auslegung)的行为。正如所有的解释一样,翻译也是一种突出重点的活动(Überhellung)。谁要翻译,谁就必须进行这种重点突出活动。翻译者显然不可能对他本人还不清楚的东西予以保留。他必须明确表示自己的观点。虽然也有难以确定的模棱两可情况,即在原文中(以及对于"原来的读者"来说)也确实有一些含糊不清之处。然而正是这种诠释学的模棱两可状况才使翻译者经常遇到的困境得以清楚显露。翻译者在这里必须丢弃这种模棱两可状况。他必须清楚地说明他自己对此作何种理解。虽然翻译者总可以不把文本的所有意义因素都表达出来,但这对他来说总意味着一种放弃。所有认真进行的翻译总比原文要更为清楚和更为明白。即使这种翻译是一种惟妙惟肖的仿制,它也总会缺少某些原文中所带有的韵味。(只有在极少数绝妙的翻译著作中这种损失才会得到弥补甚或获得新的效果——例如我想到波德莱尔的《恶之花》在施太芬·格奥尔格(Stefan George)的意译中似乎显出一种特有的新活力。)

所以,翻译者经常痛苦地意识到他同原文之间所具有的必然的距离。他处理文本的情况也需要有那种在谈话中力求达到相互了解的努力。只不过翻译的情况乃是一种特别艰难地取得相互了解的情况,因为在这里我们认识到,要排除那种同自己意见相反的意见的距离归根到底是不可能的。正如在存在有这种不可排除的距离的谈话时可能会在交换意见的过程中达到一种妥协一样,翻译者也会在反复斟酌和磋商中寻找最佳的解决办法,不过这种解决也总只能是一种妥协。在谈话中人们为了达到这个目的而置身于对方的立场,以便理解对方的观点,同样,翻译者也要完全置身于他的作者的立场。然而,谈话中的相互了解并不是通过设身处地而取得的,对于翻译者来说,这种设身处地也并不就是再创造的成功。这两者的结构显然是很相似的。谈话中的相互了解既包括使谈话伙伴对自己的观点有所准备,同时又要试图让陌生的、相反的观点对自己产生作用。如果在谈话中这种情况对谈话双方都发生,而且参加谈话的每一方都能在坚持自己理由的同时也考虑对方的根据,这样我们就能在一种不引人注意的、但并非任意的观点交换中(我们称之为意见交换)达到一种共同语言和共同意见。翻译的情况也与谈话完全相同,翻译者必须固守据以翻译的自己母语的权利,但同时也必须让外语对自己发生作用,甚至可以说,必须让原文及其表达方式的那种对立东西对自己发生作用。——不过,对翻译者的工作作如此描述也许太简单。即使是在必须把一门语言翻译成另一门语言的这种特殊情况中,事情还是不能同语言相分离的。只有当翻译者能把文本向他揭示的事情用语言表达出来,他才能惟妙惟肖地再制作,但这就是说:他必须找到一种语言,但这种语言并不仅仅是翻译者自己的语言,而且也是适合于原文的语言。[②]

---

② 这里就产生了"异化"(Verfremdung)问题,沙德瓦尔特(Schadewaldt)在其《奥德赛》译本的后记中(古典作家丛书,1958年,第324页)已对此作了相当重要的论述。

1. 语言作为诠释学经验之媒介

因此翻译者的情况和解释者的情况从根本上说乃是相同的情况。

翻译者必须克服语言之间的鸿沟,这一例证使得在解释者和文本之间起作用的并与谈话中的相互了解相一致的相互关系显得特别明显。因为所有翻译者都是解释者。外语的翻译情况只是表示一种更为严重的诠释学困难,既面对陌生性又要克服这种陌生性。所谓陌生性其实在相同的、明确规定的意义上就是传统诠释学必须处理的"对象"。翻译者的再制作任务同一切文本所提出的一般诠释学任务并不是在质上有什么区别,而只是在程度上有所不同。

当然这并不是说,面对文本的诠释学境况完全等同于两个谈话者之间的境况。在文本中所涉及的是"继续固定的生命表现"。③ 这种"生命表现"应该被理解,这就是说,只有通过两个谈话者之中的一个谈话者即解释者,诠释学谈话中的另一个参加者即文本才能说话。只有通过解释者,文本的文字符号才能转变成意义。也只有通过这样重新转入理解的活动,文本所说的内容才能表达出来。这种情况就像真正的谈话一样,在谈话中共同的东西乃在于把谈话者互相联系起来,这里则是把文本和解释者彼此联系起来。因此,正如口译者在谈话中只有参与到所谈论的事情之中才可能达到理解一样,解释者在面对文本时也有一个不可或缺的前提条件,即他必须参与到文本的意义之中。

因此,说有一种*诠释学的谈话*,这是完全正确的。但这就会引出以下的结论,即诠释学谈话必须像真正的谈话一样力求获得一

---

③ 德罗伊森:《历史学》,休伯纳编,1937年,第63页。

种共同的语言，但这种共同语言的获得过程却并不像在谈话中那样只是为了达到相互了解的目的而对某种工具的准备过程，而是与理解和相互了解的过程本身正好相合。而且，在这种"谈话"的参加者之间也像两个个人之间一样存在着一种交往（Kommunikation），而这种交往并非仅仅是适应（Anpassung）。文本表述了一件事情，但文本之所以能表述一件事情，归根到底是解释者的功劳。文本和解释者双方对此都出了一分力量。

因此，我们不能把文本所具有的意义等同于一种一成不变的固定的观点，这种观点向企图理解的人只提出这样一个问题，即对方怎么能持有这样一种荒唐的意见。在这个意义上我们可以说，在理解中所涉及的完全不是一种试图重构文本原义的"历史的理解"。我们所指的其实乃是理解文本本身。但这就是说，在重新唤起文本意义的过程中解释者自己的思想总是已经参与了进去。就此而言，解释者自己的视域具有决定性作用，但这种视域却又不像人们所坚持或贯彻的那种自己的观点，它乃是更像一种我们可发挥作用或进行冒险的意见或可能性，并以此帮助我们真正占有文本所说的内容。我们在前面已把这一点描述为视域融合（Horizontverschmelzung）。现在我们在这里认识到一种谈话的进行方式（Vollzugsform des Gesprächs），在这种谈话中得到表述的事情并非仅仅是我的意见或我的作者的意见，而是一件共同的事情。

对于谈话的语言性在所有理解里所具有的这种重要意义的认识，我们应当归功于德国浪漫主义派。德国浪漫主义派曾告诉我们，理解（Verstehen）和解释（Auslegung）归根到底是同一回事。正是通过这种认识，解释这一概念才正像我们所见的那样从它在

1.语言作为诠释学经验之媒介

18世纪所具有的教育性的附属意义上升到一个重要的地位,这个地位我们可以说是语言问题对于哲学探究取得根本意义的关键地位。

自从浪漫主义派产生以来,我们不再这样想理解问题,好像当我们缺乏直接的理解时我们是通过一些进行解释的概念而达到理解的,而这些概念是我们按照需要从它们原来所处的语言贮存室中取出的[276]。其实,语言就是理解本身得以进行的普遍媒介。理解的进行方式就是解释。这种说法并非意指不存在特别的表述问题。文本的语言和解释者的语言之间的区别,或者说把翻译者同原文相隔开的语言鸿沟,并不是无足轻重的问题。恰好相反,语言表达问题实际上已经是理解本身的问题。一切理解都是解释（Auslegung）,而一切解释都是通过语言的媒介而进行的,这种语言媒介既要把对象表述出来,同时又是解释者自己的语言。

因此,诠释学现象就表现为思维和讲话这一普遍关系的特殊情况,它们之间谜一般的内在性甚至导致语言隐匿在思维之中。解释就像谈话一样是一个封闭在问答辩证法中的圆圈。通过语言媒介而进行的、因而我们在解释文本的情况中可以称之为谈话的乃是一种真正历史的生命关系。理解的语言性是效果历史意识的具体化。

语言性和理解之间的本质关系首先是以这种方式来表示的,即传承物的本质就在于通过语言的媒介而存在,因此最好的解释对象就是具有语言性质的东西。

a) 语言性作为诠释学对象之规定

传承物的本质通过语言性而得到标志,这具有其诠释学的后果。理解语言传承物相对于理解其他传承物具有特有的优势。虽然语言传承物在直观的直接性这方面不如造型艺术的文物。但语言传承物缺乏直接性并不是一种缺陷,相反,在这种表面的缺陷中,在一切"文本"的抽象的陌生性中却以特有的方式表现出一切语言都属于理解的先行性质。语言传承物是真正词义上的传承物,这就是说,语言传承物并非仅仅是些留存下来的东西,我们的任务只是把它们仅作为过去的残留物加以研究和解释。凡以语言传承物的方式传到我们手中的东西并不是残留下来的(übriggeblieben),而是被递交给我们的(übergeben),也就是说,它是被诉说给我们(uns gesagt)——不管它是以神话、传说、习俗、谚语得以生存的直接重说的形式,还是以文字传承物的形式,在文字传承物中,其文字符号对一切懂得阅读它们的读者都是同样直接确定的。

传承物的本质以语言性作为标志,这一事实显然在传承物是一种文字传承物的情况中达到其完全的诠释学意义。语言在文字中是与其实现过程相脱离的。以文字形式传承下来的一切东西对于一切时代都是同时代的。在文字传承物中具有一种独特的过去和现代并存的形式,因为现代的意识对于一切文字传承物都有一种自由对待的可能性。进行理解的意识不再依赖那种所谓使过去的消息同现代进行中介的重述,而是在直接转向文字传承物中获得一种移动和扩展自己视域的真正可能性,并以此在一种根本深层的度向上使自己的世界得以充实。对文字传承物的精神占有(Aneignung)甚至超过了那种在陌生语言世界中进行漫游和历险的经验。钻研陌生语言和文学的读者每时每刻都保持着返回自身的自由运动,因此,他们总是这样地同时

1. 语言作为诠释学经验之媒介

处于一切地方。

文字传承物并不是某个过去世界的残留物，它们总是超越这个世界而进入到它们所陈述的意义领域。正是语词的理想性（Idealität）使一切语言性的东西超越了其他以往残存物所具有的那种有限的和暂时的规定性。因此，传承物的承载者决不是那种作为以往时代证据的手书，而是记忆的持续。正是通过记忆的持续，传承物才成为我们世界的一部分，并使它所传介的内容直接地表达出来。凡我们取得文字传承物的地方，我们所认识的就不仅仅是些个别的事物，而是以其普遍的世界关系展现给我们的以往的人性（ein vergangenes Menschentum）本身。因此，如果我们对于某种文化根本不占有其语言传承物，而只占有无言的文物，那么我们对这种文化的理解就是非常不可靠的和残缺不全的，而我们也不把这种关于过去的信息称为历史。与此相反，文本却总是让总体得到表述。某些似乎是简直不可理解的无意义的笔划一旦被认作为可解释的文字时，就突然从自身出发表现得最可理解，甚至当其上下文联系被理解为完整的联系时，它们还能纠正不完善传承物的偶然性。

因此，文字固定的文本提出了真正的诠释学任务。文字性（Schriftlichkeit）就是自我陌生性（Selbstentfremdung）。所以，对这种自我陌生性的克服，也就是对文本的阅读，乃是理解的最高任务。甚至可以说，只有当我们能够把文本转换成语言的时候，我们才能正确地理解和解释某种碑文的纯符号成分。但这种把文本转换成语言的活动——我们可以回想到——总是同时也产生一种与被意指的东西、即被谈论的事物的关系。理解过程在此是完全活动于那种由语言传承物所传介的意义域之内。因此,对于某块碑文来说,只有当事先存在有(作为正确前提的)辨译的情况下才提出诠释学的任务。而非文字性的文物则只是在扩展的意义上才算提出一种诠释学的任务。因为这些文物并非从其本身就可理解。它们所意味的东西乃是一个对其进行解释的问题,而不是对其字面的辨译和理解。

语言在文字性中获得其真正的精神性,因为理解的意识面对文字传承物才达到它的完全自主性。理解的意识在其存在中无须依赖任何东西。因此阅读的意识潜在地占据着理解意识的历史。"语文学"(Philologie)这个概念本来的意思是指对说话的爱好,然而随着文字文化的产生,这个概念就完全转变成包容一切的阅读艺术,并丧失了这个概念原本所具有的与讲话和论证的关联。阅读的意识必然是历史的意识,是同历史传承物进行自由交往的意识。因此,当我们像黑格尔一样把历史的开端等同于某种求传承的意愿的产生,等同于某种求"思念持存"的意愿的产生,那是很有道理的。④ 文字性决不只是对于口头传承物的发展在质上并无改变的纯粹偶然的情况或纯粹的补充。追求延续、追求持存的意愿当然也可以无须文字而存在。但只有文字传承物才能同已经成为生命残余物的纯粹持存相分离,虽然现今此在可以从这种残余物出发有所补充地推知以往此在。

碑文这一类传承物并不是从一开始就加入了我们称之为文学的自由传承物形式,因为它依赖于残余物的存在,不管它们是石料

---

④ 黑格尔:《历史中的理性》(拉松版),第 145 页。

1. 语言作为诠释学经验之媒介

的或者是其他材料的残余物。追求持存的意愿要为自己创造固有的延续形式,也就是我们称之为文学的东西,这对于一切通过抄件而到达我们手中的传承物却是完全适合的。文学中所存在的并非仅仅是些纪念碑或符号的东西。所谓文学其实都与一切时代有一种特有的共时性。所谓理解文学首先不是指推知过去的生活,而是指当代对所讲述的内容的参与(gegenwärtige Teilhabe an Gesagtem)。因此,这里根本不涉及两个人之间的关系,例如读者和作者之间的关系(作者也许是读者完全不认识的),而是涉及对文本向我们所作的传达的参与。凡在我们理解的地方,那里文学作品中所讲内容的意义就完全不依赖于我们是否能从传承物中对作者构成一种形象,或者对传承物作某种源泉的历史阐明是否就是我们的愿望。

在此我们回想起一件事实,即诠释学本来的任务或首要的任务就是理解文本。正是施莱尔马赫才降低了文字的固定性对于诠释学问题所具有的本质重要性,因为他在口头讲述中——这是他真正所完成的工作——发现了存在着理解问题。我们在前面已经讲过,⑤施莱尔马赫带进诠释学中的心理学转向如何关闭了诠释学现象原本有的历史度向。实际上,文字性对于诠释学现象之所以具有中心的意义,只是因为在文字中同书写者或作者的分离有如同某个收信人或读者的姓名的分离一样,乃使自己达到了一种自身的此在。因此以文字形式固定下来的东西就在一切人眼前提升到一种意义域之中,而每一个能阅读它的人都同时参与到这个意义域之中。

---

⑤ 参见本书第189页以下、第302页以下。

与言语性相比,文字性显然是第二性的现象。文字的符号语言总要归结到真正的讲话语言。但是,语言能够被书写这一点对于语言的本质却决非第二性的。语言之所以能被书写,其根据就在于讲话本身加入了讲话中所传达的纯粹的意义观念性,而在文字中被讲出的这种意义却是纯粹自为的、完全脱离了一切表达和传告的情感因素。我们将不把某一文本理解为生命的表达,而是对它所说的内容进行理解。文字性乃是语言的抽象理想性。因此,文字记录的意义从根本上说是可辨认的和可复述的。在复述中所同一的只是在文字记录中实际记下的东西。这就同时清楚地表明,这里所说的复述并不是严格意义上的复述。复述所指的并不是归结到最早讲出或写下某种东西的原始意蕴。阅读的理解并不是重复某些以往的东西,而是参与了一种当前的意义。

文字性所具有的方法上的优点在于,在文字这里诠释学问题脱离了一切心理学因素而纯粹地显露出来。在我们眼里和对于我们的目的来说,表现为方法优点的东西当然同时也是一种特殊弱点的表现,这种弱点更多表现了文字的特征而不是讲话的特征。如果我们认识了一切文字的弱点,那么理解的任务就会特别清楚地被提出来。对此我们只要再一次回想到柏拉图这位先驱。柏拉图认为文字固有的弱点在于,如果书写的文字有意或无意地陷入了误解,那就无人能够帮助它。[6]

柏拉图在文字的无助性中显然发现了一种比讲话所具有的还

---

[6] 柏拉图:《第七封信》,341C、344C;《斐德罗篇》,第275页。

1. 语言作为诠释学经验之媒介

更严重的弱点(to asthenes tōn Logōn),当他要求辩证法以帮助讲话的弱点时,他却声称文字是毫无希望的,这当然是一种讽刺性的夸张,借助这种夸张柏拉图掩盖了他自己的文字作品和他自己的艺术。实际上书写与讲话所遇到的麻烦是相同的。正如在说话中存在着现象的艺术和真正思维的艺术——诡辩术和辩证法——的相互对应,同样也存在相对应的两种书写艺术,其中一种书写艺术为诡辩术服务,另一种为辩证法思维服务。确实存在着一种能够帮助思维的书写艺术,归属于这种艺术之下的就是理解的艺术,它也给书写下的东西提供同样的帮助。

I 397

正如我们已经说过,一切文字性的东西都是一种异化了的话语,因此它们需要把符号转换成话语和意义。正因为通过文字性就使意义遭受到一种自我异化,因此把文字符号转换成话语和意义就提出了真正的诠释学任务。所说内容的意义应当纯粹根据依文字符号而传承的字词(Wortlaut)重新表达出来。与所说出的话语相反,对文字的解释没有任何其他的辅助手段。因此,这里在某种特殊的意义上取决于书写的"艺术"。⑦ 被说出的话语以令人吃惊的程度从自身出发解释自身,既可以通过说话方式、声音、速度等等,同时也可以通过说话时的环境。⑧

然而,同样也存在所谓能从自身出发阅读自身的文字写下的东西。两个伟大的德国哲学著作家席勒和费希特所进行的关于哲

---

⑦ "讲话"和"书写"、朗读风格和文字固定物所需的高一级风格要求之间的巨大区别就基于这一事实。

⑧ 基彭贝格(Kippenberg)曾讲过,里尔克[277]有一天朗读一首杜依诺斯哀歌,听众根本未觉察该诗的难度。

学中的精神和字母的重要争论就是从这个事实出发的。[9] 在我看来，很值得我们注意的是，由于这两人所使用的美学标准不同，这场争论是不可能得到平息的。这里所涉及的问题从根本上说并不是所谓优美风格的美学问题，而是一个诠释学问题。如何激起读者的思想并使其取得创造性活动的写作"艺术"很少同传统的修辞学或美学的艺术手段有关。毋宁说，它完全关系到人们如何被引到共同思考文中所想的内容。写作的"艺术"在这里根本不能作如此理解和注意。写作的艺术如同讲话的艺术一样本身并不是目的，因此也不是诠释学努力的根本对象。理解完全是被事情拖入它的轨道的。因此，对于理解的任务来说，含糊地思考以及"糟糕"地写作并不是足以使诠释学艺术得以显示其全部荣耀的卓越例子，而是相反，它们乃是诠释学成功的根本前提、即所指意义的单义性发生动摇的模棱两可情况。

一切文字性的东西都要求能从自身出发被唤入讲说的语言中，这种意义自主的要求得到极大的强调，甚至一种真正的朗读，例如诗人朗读自己写的诗，如果听众的注意力从作为理解者的我们所真正对准的焦点偏离开，也会显出某种疑惑。对文本的解释正因为要依赖于该文本真正意义的传达，所以对文本的这种解释已经受制于一种实际的模式。这就是柏拉图的辩证法所提出的要求，它试图使逻各斯作为这个目的而发挥作用并超越实际谈话的参加者。的确，文字的特殊弱点，亦即文字相对于生动的谈话更加

---

[9] 参见费希特书信，该信收入费希特《论哲学中的精神和字母》(《费希特书信集》，第2卷，第5章)。

1. 语言作为诠释学经验之媒介

需要帮助这种弱点也有其另外的一面，即它使理解的辩证任务加倍清楚地显露出来。因此，在文字中就像谈话时一样，理解必须寻求增强被说出的话的意义。在文本中所说的内容必须同加于它身上的一切关联相分离，并且必须在对它才唯一有效的完全的理想性中被把握。正因为文字的固定化使陈述的意义同陈述的人完全相分离，所以它就使得进行理解的读者重新成为它的真理要求的辩护人。读者也就在它的一切有效性中得知向他诉说和他所理解的东西。读者所理解的已经不仅仅是一种陌生的意见——它总已经是可能的真理。这就是通过把所说的东西同说话者相分离、把文字所赋予的持存同时间延续相分离所产生的结果。如果像本书前面所曾指出过的那样，[⑩]不习惯于阅读的人根本不曾怀疑过写下的东西可能是错的，因为对他们来说一切文字的东西就像一件文献一样本身就是可信的，那么这是有其更深的诠释学根据的。

一切文字的东西实际上是更主要的诠释学对象。我们在外语以及翻译问题等例子中所说明的一切也在阅读的自主性上得以证实：理解并不是心理的转化。理解的意义视域既不能完全由作者本来头脑中的想法所限制，也不能由文本原来写给其看的读者的视域所限制。

我们不该在文本中置入作者和原来的读者未曾想到的内容，这种说法最初听起来好像是一种受到普遍承认的合理的诠释学规则。其实这条规则只有在很极端的情况下才能被应用。因为文本不能被理解成作者主观性的生动表现。某一文本的意义不能从作

---

⑩ 参见本书第 277 页。

者的主观性出发找到它的范围。而且,不仅把某一文本的意义限制在作者"真实的"思想上是大有问题的,就是我们为了试图客观地规定某一文本的意义而把它理解成同时代人之间的谈话并把它关联到它原来的读者——这是施莱尔马赫的基本假定——我们还是不能跳出一种偶然界限。同时代的读者(Adresse)这个概念只能要求某种有限的批判效果。因为究竟什么叫同时代?前天的听众和后天的听众都总是属于我们把他们当作同时代人向之说话的人。我们该如何确定出后天的界限,从而把某个后天的读者划在界限之外?什么叫同时代人?鉴于昨天和后天之间的这种多方面的混淆,某一文本的真理要求又是什么?所谓原来的读者这个概念完全是未经澄清的抽象。

我们关于文字传承物本质的观点还包含着彻底反对原来读者这一概念在诠释学里的合法性。我们已经看到,文学如何通过求传承的意愿所规定。进行抄写和传承的人想的总是他的同时代人。因此,参考原来的读者看起来就像参考作者的意义一样只是表现了一种很粗糙的历史-诠释学规则,这种规则不能真正划定文本的意义域。通过文字固定下来的东西已经同它的起源和原作者的关联相脱离,并向新的关系积极地开放。像作者的意见或原来读者的理解这样的规范概念实际上只代表一种空位(eine leere Stelle),而这空位需不断地由具体理解场合所填补。

b) 语言性作为诠释学过程之规定

我们由此进入语言性和理解之关系得以表现的第二层领域。不仅是传承物这种优越的理解对象是具有语言性的——就是理解

1. 语言作为诠释学经验之媒介

本身也同语言性有着根本的联系。我们据以出发的命题是，理解就已经是解释（Auslegung），因为理解构造了文本的意见得以起作用的诠释学视域。但为能使某一文本的意见以其实际内容表达出来，我们就必须把这种意见翻译成我们的语言，但这也就是说，我们把它置于同我们得以进行语言活动的整个可能意见的关系中。我们已经从适合于诠释学现象的问题这一绝好的角度研究了可能性意见整体的逻辑结构。如果说我们现在研究的是一切理解的语言性，那么我们只是从另外角度重新表达了我们在问答辩证法中业已指明的内容。

这样，我们就进入了历史科学占统治地位的观点所普遍忽视的领域。因为历史学家一般在选择他用来描述其研究对象的历史特点的概念时都未曾对这些概念的来源及其正确性作明确的反思。他只遵循自己的实际利益而没有考虑过，他在由自己选择的概念中所发现的描述能力对他自己的见解可能是极其糟糕的，因为这些概念把历史上陌生的东西混同于熟悉的东西，并在作最不带偏见的解释时已经把对象的异在纳入自己的前概念之中。因此尽管历史学家遵循一切科学的方法论，他还是和一切其他人的态度一样，他们作为时代的产儿无疑是受到自己时代前概念和前见的控制。[11]

只要历史学家不承认他的这种天真性，他无疑就不可能达到事物所要求的反思水平。如果他开始意识到这种疑难因而提出要求，要人们在历史的理解中排除自己的概念而只在被理解

---

[11] 参见本书第 367 页，特别参见《弗里德里希-施莱格尔箴言集》。

时代的概念中进行思维,那么他的天真就真的不可救药了。[12] 这种要求听起来像是历史意识一贯的要求,实际上对每一个有思考能力的读者来说只是一种天真的幻想。这种要求的天真性并不在于说历史意识的这种要求和决心是不可能实现的,因为解释者不可能完全达到把自己排除掉的这一理想。而这将总是还意味着,这种理想只是我们必须尽可能地接近的合理的理想。历史意识想从某个时代本身的概念出发理解这个时代的这一合法要求所真正意味的却完全是另外的意思。所谓排除当代概念的要求所指的并不是天真地使自己置身于过去,不如说这种要求本质上是个相对的要求,只有当其涉及自己的概念时才有意义。如果历史意识为了要达到理解而想排除掉使理解唯一可能实现的东西,那它就搞错了。所谓历史地思维实际上就是说,如果我们试图用过去的概念进行思维,我们就必须进行那种在过去的概念身上所发生过的转化。历史地思维总是已经包含着过去的概念和我们自己的思想之间的一种中介。企图在解释时避免运用自己的概念,这不仅是不可能的,而且显然也是一种妄想。所谓解释(Auslegung)正在于:让自己的前概念发生作用,从而使文本的意思真正为我们表述出来。

我们在分析诠释学过程时已经把解释视域的获得认作一种视域融合。这一点现在也被解释的语言性这一点加以证明。文本应

---

[12] 参见我关于 H. 罗斯(Rose)的著作《作为西方思维形式的古典主义》(格诺蒙,1940 年)第 433 页以下的评论[参见我的著作集,第 5 卷,第 353—356 页]。我后来发现,我在 1931 年的《柏拉图的辩证伦理学》的方法论导论中已含蓄地进行了相同的批判[参见我的著作集,第 5 卷,第 6—14 页]。

该通过解释而得到表述。如果文本或书籍不以其他人也可理解的语言说话,那么它们就不可能说话。因此,如果解释真正地想把文本加以表述,它就必须寻找正确的语言。所以我们之所以决不可能有一种所谓正确的"自在的"解释,就是因为一切解释都只同文本本身有关。传承物的历史生命力就在于它一直依赖于新的占有(Aneignung)和解释(Auslegung)。正确的"自在的"解释也许是一种毫无思想的理想,它认错了传承物的本质。一切解释都必须受制于它所从属的诠释学境况。

同境况相联系决不是说,一切解释都必然会提出的正确性要求将一定消溶于主观性和偶然性之中。我们并没有倒退到浪漫主义的认识观后面去,虽然诠释学问题正是通过浪漫主义的认识观才清除了一切偶然的动机。对我们来说,解释同样也不是一种教育行为,而是理解本身的实现,理解不仅仅对于我们正为之解释的对方来说,同样也对于解释者本人来说,只有在解释的语言表达性中才能实现。由于一切解释都具有语言性,因此在一切解释中也显然包括同他者的可能关系。如果在说话中不同时包括说话者和听说话的人,这就不可能有任何说话。这也同样适用于诠释学过程。但这种关系却并非以有意识地顺应某种教育境况的方式规定解释性的理解过程,相反,这种过程只不过是意义本身的具体化。我想到我们曾经怎样让完全从诠释学中被排除掉的应用因素重新发挥作用的。我们已经看到:所谓理解某一文本,总是指,把这一文本运用到我们身上。我们知道,尽管某一文本总是肯定可以作另外的理解,但它仍是在以前表现为其他面目的同一件文本。于是一切解释的真理要求根本不是相对的这一点就显得很清楚了。

I 402 因为一切解释本质上都同语言性相适应。理解通过解释而获得的语言表达性并没有在被理解的和被解释的对象之外再造出第二种意义。进行解释的概念在理解中根本不是主题性的,而是命定要消逝在由它们解释地表达出来的内容之后。听起来这种说法有点矛盾,即一种解释只有在它能以这种方式让自身消逝才是一种正确的解释。然而它同时又必须以注定要消逝的形式表现出来。理解的可能性就依赖于这种进行中介的解释的可能性。

这也适用于直接产生理解的情况以及不存在明显解释的情况。因为即使在这些理解的情况中也有一点,即解释必须是可能的。但这意味着,解释是潜在地包含于理解过程中。解释只是使理解得到明显的证明。解释并不是借以引出理解的一种手段,相反,解释倒是进入被理解的内容之中。我们可以回忆,这并非仅仅指文本的含义(Sinnmeinung)可以统一地被思考,而是指文本所陈述的事情也将由此得到表述。解释似乎是把事情搁在语词的天平上。——这种论断的普遍性如今经历了一些能间接证明这种普遍性的有特色的变化。凡是我们须理解和解释语言性文本的地方,以语言为媒介的解释就清楚地表明理解到底是怎么一回事:理解就是这样一种对所说的东西进行占有的过程(eine solche Aneignung des Gesagten),以使它成为自身的东西。语言的解释就是一般解释的形式。因此,即使要解释的东西不具有语言的性质,并非文本,而是一件绘画作品或音乐作品,那里也还是存在着解释。我们只要不被那些虽说不是语言性的、但实际上却以语言性为前提的解释形式搞混淆就行了。例如我们可以通过对比的手段来展示(demonstrieren)一些问题,比如我们可以把两幅画并列

1. 语言作为诠释学经验之媒介

在一起,或依次朗读两首诗,从而使其中的一幅画或一首诗对另一幅画或另一首诗进行解释。在这种情况中,指示性的展示似乎是排除语言解释的。但这实际上意味着这种展示乃是语言性解释的另一种形式。在被指示的东西中存在着解释的相反现象(Widerschein),它把指示用作某种直观的缩写。正如翻译概括了解释的结果,对文本正确的朗读必然已经决定了解释问题(因为我们只能朗诵我们已经理解了的东西)一样,指示在同样意义上也是一种解释。理解和解释以一种不可分开的方式彼此交织在一起。

与一切解释(Auslegung)都进入理解这一点相联系的是,解释(Interpretation)概念不仅被应用于科学的解释,同时也被应用于艺术的再现(Reproduktion),例如音乐或戏剧的演出。我们在上面已经指出,这种再现并不是在原作之外的第二种独立作品,而是让艺术品真正达到它的表现。使音乐文本或某个剧本得以存在的符号文字也只有在这种再现中才能得以兑现。朗读也是这一类的过程,亦即在一种新的直接性中唤起文本和转换文本。[13]

但由此可以推知,这一点也肯定适用于一切默读的理解。从根本上看阅读就总是已包含着解释。因此我们就不该说,阅读的理解是一种内心的演出,在这种演出中艺术品就如在众目睽睽的演出中一样地具有独立的存在——虽然留驻于心理内部的秘密性之中。我们倒是应该反过来说,在外部的时间和空间中进行的演出同艺术品相比实际上根本不具有独立的存在,而只有在派生的

---

[13] [关于"阅读"和"再现"的区别请参见我的著作集第 2 卷"在现象学和辩证法之间——一种自我批判的尝试",第 3—23 页;以及该卷中刊登的论文"文本和解释",第 330 页以下。]

审美区分中才能获得这种存在。从诠释学观点来看，音乐或诗歌通过演出而得到的解释与通过阅读对文本的理解并没有什么区别；理解总是包含着解释。语文学家所做的工作同样在于使文本变得可以阅读和理解，也就是说，确保我们正确阅读和理解文本。因此，在一件作品通过再现而得到的解释与语文学家所作的解释之间并无原则差别。进行再现的艺术家尽管可以把语文学家以语词所作的解释的正当性感受为无足轻重的，并作为非艺术性的解释加以否认——但他决不可能想去否认再现性的解释从根本上说具有这种正当性。进行再现的艺术家必然也希望自己的观点是正确的、令人信服的，他也不会否认自己与眼前的文本之间的联系。但这种文本也就是给科学的解释者提出任务的文本。因此，进行再现的艺术家决不可能从根本上反对以下的说法，即他自己的、以再现性的解释表现出来的对作品的理解可以被重新理解，亦即可以通过解释而得到证明，而且这种解释将以语言的形式进行。这种解释也不是意义的新创造。与此相应的是，它作为一种解释又将重新消逝并在理解的直接性中保持它的真理性。

对解释和理解之间内在关联性的认识也将导致去摧毁以天才说美学为标志的艺术家和认识者所曾进行并正在进行的那种错误地对待直接性的浪漫主义观点。解释不可能替代被解释的作品。例如它不可能通过自己陈述的诗意力量而吸引别人对自己的注意。我们宁可说解释具有一种根本的偶然性。这一点不仅适用于作解释的语词，同样也适用于再现性的解释。解释的语词总具有某些偶然因素，因为它受诠释学的问题所推动，这不仅是由于在启蒙时代人们曾经把解释限制在教育的目的上，而且也因为理解总

1. 语言作为诠释学经验之媒介

是一种真正的事件。⑭ 同样,作为再现性的解释从某种根本意义上说来也是偶然的,这就是说,并非唯有当人们为了教导的目的而过分夸张地进行表演、示范、翻译或朗读时它才显出偶然性。因为在这种情况中,再现在特殊的、指示的意义上就是解释,也就是说它在自身中包括了一种故意的夸张和重点的突出,而这一点实际上与其他一切再现性的解释并未构成根本性的不同,而只形成程度的差别。尽管诗歌或音乐作品是通过演出才获得戏剧性的表现,但每次演出都有其重点。因此,这种故意的强调与为了教育目的而进行的强调之间区别并不大。一切演出都是解释。在一切解释中都有重点的突出。

只是因为演出并没有持续性的存在,并将消逝在它再现出的作品之中,故这个事实就显得不很明显。不过,如果我们从绘画艺术中举出一些相似的例子,例如由一个伟大的艺术家临摹某个古典大师的绘画,我们就会在其中发现同样突出重点的解释。同样我们也可以在重放老电影时判断出这种特有的效果,或者在一部对某人说来记忆犹新的电影直接重放时产生这种特有的效果:电影的一切情节都显得特别清楚。——这就很好地证明,我们在每一次再现时都谈论着作为这种再现之基础的某种观点,而这种观点肯定能够表明其正确。这种观点从总体上说是由上千种都愿成为正确的小决定组成的。论证性的证明和解释无须成为艺术家自己的事情;此外,语言解释的明显性基本上只具有大致的正确性,并将在本质上不及"艺术家的"再现所能达到的完整表现——不过

---

⑭ 参见本书第 312 页以下[以及我的著作集第 2 卷第 4 部分的论文]。

一切理解同解释的内在联系以及语词解释的基本可能性在这里都未触及。

我们声称语言性所具有的根本优越性必须正确地加以理解。语言显然很少能够表达我们的感觉。面对着艺术品动人心魄的存在,用语言去把握它向我们诉说的内容这个任务显得好像是从毫无希望的远方所进行的一项无止境的工作。这样就能激起一种对语言的批判,即我们的理解欲望和理解能力总是不断地超出业已达到的任何陈述。但仅仅这一点却无法改变语言性所具有的根本优越性。我们的认识能力看起来比语言赋予我们的表达能力更具有个体性。面对语言据以强迫理解纳入束缚我们的确实图式这种社会所造成的统一倾向(Einebnungstendenz),我们的求知意志试图批判地摆脱这种图式化和前把握性(Vorgreiflichkeit)。但我们对于语言所要求的批判性考虑却与语言表达的习惯根本没有关系,而是同反映在语言中的意见的习惯有关。因此它根本不反对理解与语言性之间的本质联系。实际上它倾向于证明这种本质联系本身。因为一切这样的批判,即为了理解而超越我们陈述的图式都在语言形式中再一次找到它的表现。就此而言,语言胜过了所有对它管辖权的反对。语言的普遍性与理性的普遍性同步。诠释学意识在这里只涉及那种构成语言和理性一般关系的东西。如果一切理解都与其可能的解释处于一种必然的等值关系,如果理解根本就没有界限,那么理解在解释中所经验到的语言性把握也必然会在自身中具有一种克服一切限制的无限性。语言就是理性本身的语言。

这种说法肯定会使人感到犹豫。因为这就使得语言同理性、

1. 语言作为诠释学经验之媒介

但也就是说同它所命名的事物之间的关系如此密切,从而使以下事实变得扑朔迷离,即为何还会存在许多不同的语言,而且这些语言都似乎同样与理性和事物有着密切的关系。谁在语言中生活,谁就被他使用的语词与他意指的事物之间不可超越的适应性所充满。看起来陌生语言的其他语词决不可能同样恰当地命名同一个事物。合适的语词似乎总只能是自己的语词和唯一的语词,这样所意指的事实才可能是同样的事实。翻译的烦恼归根到底就在于,原文的语词和所指的内容似乎不可分离,因此为要使某一文本可以被人理解,我们就必须经常对它作详尽的解释性的改变,而不是对它翻译。我们的历史意识越是敏感,就越能感觉到外语的不可翻译性。但这样一来所谓语词和事物间的内在一致性就成了一种诠释学丑闻。因为,假如我们以这样的方式被关闭在我们所说的语言中,那怎么可能去理解一件陌生的传承物呢?

我们有必要识破这种论证过程的假象。实际上我们历史意识的敏感性所证明的恰好相反。理解和解释的努力总是有意义的。在这种努力中显示了理性借以超越一切现存语言之限制的高超的普遍性。诠释学经验是调整的经验,思维的理性正是通过这种调整经验而摆脱语言的樊篱,尽管理性本身乃是语言性地构造出来的。

从这种观点看,则语言问题立刻就不具有语言哲学(Sprachphilosophie)所追问的那种意义。当然,语言科学所感兴趣的语言的多样性也给我们提出了一个问题。但这个问题仅仅是问,尽管每一种语言都与其他语言有着千差万别,它为何还能够讲述它想讲述的一切东西。语言科学所教导我们的就是说,一切语言都以

I 406

它自己的方式做到这一点。从我们这方面所提的问题则是,在说话方式的这种多样性中是如何会到处具有思维和说话之间的这种一致性,以致一切文字传承物都可以从根本上得到理解。因此,我们感兴趣的与语言科学试图研究的恰好相反。

语言和思维的内在一致性同样是语言科学据以出发的前提。只有通过这个前提,语言科学才能成为一门科学。因为只有存在这种一致性,研究者借以使语言成为对象的那种抽象对于他们来说才有意义。正是通过同传统的神学偏见和理性主义偏见决裂,赫尔德和洪堡才能把语言看作世界观。由于他们承认思维和语言之间的一致性,他们才提出比较这种一致性的各种形式的任务。我们现在也从同样的观点出发,但我们走的却是相反的道路。我们试图不顾说话方式所具有的千差万别而坚持思维和语言之间不可消解的统一性,这种统一性在诠释学现象中则表现为理解和解释的统一性。

因此,我们在这里所追问的问题就是一切理解的概念性(Begrifflichkeit)。这个问题只有从表面看来才是个不关紧要的次要问题。我们已经看到,概念性的解释就是诠释学经验本身的进行方式。因此,这里所提的问题也是很困难的。解释者并不知道他把自己和自己的概念都带入了解释之中。解释者的思想完全成为语言表述的一个部分,因此他根本不会把语言表述作为一个对象。这样我们就可以理解,诠释学过程的这一个方面何以一直未曾被人注意。而且更有甚者,不恰当的语言理论还混淆了实际真相。显而易见,把语词和概念看作现存准备好的工具这种工具主义的符号理论误解了诠释学现象。如果我们固守语词和话语中所发生

1.语言作为诠释学经验之媒介

的,尤其是精神科学同传承物进行的谈话中所发生的情况,则我们就必须承认,在这些过程中不断地进行着概念的构成。这并不是说,解释者使用了新的或不习惯的语词。但运用习惯的语词却不产生于逻辑归属活动,而个别性就是通过这种逻辑归属而归到概念的一般性之中的。我们可以回想到,理解总是包括一种运用因素,因此理解总是不断地继续进行概念的构成。如果我们想把与理解相连的语言性从所谓语言哲学的偏见中解放出来,我们就必须考虑到这一点。解释者运用语词和概念与工匠不同,工匠是在使用时拿起工具,用完就扔在一边。我们却必须认识到一切理解都同概念性具有内在的关联,并将拒斥一切不承认语词和事物之间内在一致性的理论。

而且情况可能还更为困难。我们所问的是,现代语言科学和语言哲学据以出发的语言概念究竟是否符合实际情况。最近,从语言科学方面所作的研究正确地指出,现代语言概念以一种语言意识为前提,而这种语言意识本身乃是一种历史的结果,它并不适用于历史开端时的语言概念,尤其不适用于希腊的语言概念。[15] 从古希腊时期对语言的完全无意识开始一直走到了近代把语言贬低为一种工具,这种同时包括了语言行为变化的意识产生过程才第一次有可能达到对"语言"本身进行独立的考察,也就是说,按照语言的形式,脱离一切内容,对语言进行独立的考察。

我们可以怀疑,语言行为和语言理论之间的关系是否这样就

---

[15] J.洛曼(Lohmann):《读书——语言哲学、语言历史和概念探究的研究》,第3卷,以及其他地方。

得到了正确的刻画——但无可怀疑的是,语言科学和语言哲学的工作前提是,只有语言形式才是它们唯一的论题。这里所说的形式这个概念是否恰当?语言难道真的如卡西尔所说只是一种象征形式?如果我们说语言性包含了被卡西尔称为象征形式的一切东西,即神话、艺术、法律等等,这是否就算正确地评价了语言的特点呢?[16]

我们在分析诠释学现象的过程中遇到了语言性的普遍作用。诠释学现象通过揭露其语言性而获得绝对普遍的意义。理解和阐释都以特定的方式被归置到语言传承物之中。但与此同时它们又超越了这种关系,这不仅是因为一切人类文化的创造物,也包括非语言性的创造物,都可以用这种方式得到理解;更根本的是,一切合理智的东西一般都必然可以理解和阐释。这一点不仅适用于理解,同样也适用于语言。这两者不能仅仅被当作人们可以经验地研究的一种因素。这两者决不是纯粹的对象,相反,它们包括了一切可以成为对象的东西。[17]

如果我们认识了语言性和理解之间的根本联系,那我们就不可能把那种从语言无意识经由语言意识再到低估语言价值的发展[18]认为是对历史过程的明显正确的描述。据我看来,这种图式

---

[16] 参见恩斯特·卡西尔:《象征概念的本质和作用》,1956年(首先包括在瓦尔堡图书馆出版的论文)。R.荷尼希斯瓦尔德(Hönigswald)的《哲学和语言》(1937年)附有对他的批判。

[17] 荷尼希斯瓦尔德这样说:语言并非仅仅是事实,它同时也是原则(《哲学和语言》,第448页)。

[18] J.洛曼在《读书——语言哲学、语言历史和概念探究的研究》中这样描写这种发展。

不仅如它表明的那样，并不适合于语言理论的历史，它更不适合于活生生实现的语言生命本身。存在于讲话之中的活生生的语言，这种包括一切理解、甚至包括了文本解释者的理解的语言完全参与到思维或解释的过程之中，以致如果我们撇开语言传给我们的内容，而只想把语言作为形式来思考，那么我们手中可思考的东西就所剩无几了。语言无意识并未中止成为说话真正的存在方式。因此让我们把注意力转向希腊人，当语词和事物之间统治一切的统一性在他们眼中显得问题百出、疑虑重重时，他们对于我们称为语言的东西还没有找出一个词汇。我们还将把注意力转向中世纪的基督教思想，它从教义神学的兴趣出发重新思考了这种语词和事物统一的神秘性。

2."语言"概念在西方思想史上的发展

a) 语言和逻各斯（Logos）[278]

语词和事物之间的内在统一性对于一切远古的时代是这样的理所当然，以致某个真正的名称即使不被认为是这个名称的承载者的代表的话，它也至少被认为是这个名称的承载者的一个部分。对此富有特征的是，希腊文中指"语词"（Wort）的这个词 Onoma 同时也包含有"名称"（Name）的意思，尤其包含有"名字"（Eigenname）即称呼（Rufname）的意思。语词首先被人们从名称的角度来理解。但名称乃由于某人这样称呼或他的名字就这样称呼，所以才成其为名称。名称附属于它的承载者。名称的正确性就是通过某人这样被称呼而得到证明。因此名称似乎属于存在本身。

希腊哲学正是开始于这样的认识,即语词仅仅是名称,也就是说,语词并不代表真正的存在。哲学问题正是通过名称而突破了原本的无争论的因袭观点。对语词的相信和怀疑就是希腊启蒙思想据以观察语词和事物之间关系的两种问题情况。通过这两种情况,名称从范例作用(Vorbild)走向了反面(Gegenbild,即从表现事物变成了替代事物)。[279] 名称是由人所给出,并且人可以对之进行改变,这引起了对语词的真理性的怀疑。我们究竟能否谈论名称的正确性?难道我们肯定不能谈论语词的正确性?也就是说,我们肯定不能要求语词和事物的一致性?难道赫拉克利特这位所有古代思想家中最深邃的思想家不曾发现语词游戏的深刻含义?这就是柏拉图的《克拉底鲁篇》(Kratylos)得以产生的背景,柏拉图这篇著作是古希腊人关于语言问题的基本著作,它包含了该问题的全部范围,因此,我们仅仅不完整地认识的后期希腊人关于该问题的讨论几乎没有增加什么本质上不同的东西。[19]

在柏拉图的《克拉底鲁篇》中所讨论的两种理论试图用不同的方式规定语词和事物的关系。传统的理论认为,通过协定和实践所取得的单义性的语言用法就是语词意义的唯一源泉。与之相反的理论则主张语词和事物之间具有一种自然的相符关系,而正确

---

⑲ 赫尔曼·施泰因塔尔(Hermann Steinthal)对这个问题的表述很有价值,参见《特别顾及逻辑学的希腊和罗马语言科学史》,1864年。[目前最有代表性的著作是K.盖塞尔(Gaiser)的著作《柏拉图的〈克拉底鲁篇〉里的名称和事物》,海德堡,1974年,同时参见《海德堡科学院论文集》,哲学历史学卷,1974年,第3卷。]

2."语言"概念在西方思想史上的发展

性(orthotēs)这个概念所指的就是这种相符关系。显然,这两种观点都比较极端,因此,在实际情况中,这两种观点根本不必互相排斥。不管怎样,说话的个人是并不知道作为这种观点前提的语词的"正确性"这个问题的。

被我们称为"一般语言用法"的语言的存在方式给这两种理论都划定了界限,约定主义的界限在于:如果语言要想存在,我们就不能任意地改变语词的含义。"特定语言"的问题指出了这种重新命名所需的条件。《克拉底鲁篇》中的赫墨根尼自己举了一个例子:重新命名一个奴仆。[20] 奴仆生活世界的内在依赖性、奴仆个人同他的职能的联系使得这种重新命名成为可能,而这种命名由于人对自己自为存在的要求、由于人要保全自己荣誉的要求本来是不可能做到的。孩子和情人同样也有"他们的"语言,通过这种语言,他们在只属于他们的世界中达到相互理解,但这也并不是由于任意的约定,而是由于一种语言习惯的形成。唯有世界的共同性——即使只是一个假扮的世界——才是"语言"的前提。

但是,相似性理论(Ähnlichkeitstheorie)的界限同样也是很明显的:我们不可能看着所指的事物而想着对语言进行批判,说语词并没有正确地反映事物。语言根本不像是一种我们可以操起使用的单纯工具,我们制造它是为了用它进行传达或作出区分。[21] 对语词的这两种解释都从语词的此在和使用上手(Zuhandensein)出发,并让事物作为事先意识到的自为存在。因此这两种解释从一

---

[20] 《克拉底鲁篇》,384d。
[21] 同上书,388c。

开始就起步太晚。所以我们有必要追问,当柏拉图指出了这两种极端的论点内在的无根据性时,他是否想对这两种论点的共同前提提出疑问。在我看来,柏拉图的意图是很清楚的——由于人们一直把《克拉底鲁篇》误认为系统地讨论语言哲学的问题,因而这一点未能得到足够的强调:柏拉图想用当时关于语言理论的讨论指出,在语言中、在语言对正确性的要求中(orthotēs tōn onomatōn),是不可能达到实际真理的(alētheia tōn ontōn),因此我们必须不借助于语词(aneu tōn onomatōn)而纯粹从事物自身出发(auta ex heautōn)认识存在物(das seiende)。[22] 这样,问题就可以彻底地深化到一种新的层次。柏拉图所欲达到的辩证法显然要求思维单独依据于自身,并开启思维的真正对象,亦即"理念",从而克服语词的力量(dynamis tōn onomatōn)和语词在诡辩术中恶魔般的技术作用。语词的领域(onomata)被辩证法所超过,这当然不是说,真的有一种与语词没有关系的认识,而只是说,并不是语词开辟了通向真理的道路,恰好相反,语词的"恰当性"(Angemessenheit)只有从事物的知识出发才能得到判断。

我们将承认这一点,但同时又将感到有些不足:柏拉图显然在语词和事物的真正关系面前退缩了。柏拉图在这里解释了人们何以能知道某物是一个最根本的问题,而在他真正讲到这种关系的地方,在他描述辩证法真正本性的地方,如在第七封信的附录里,[23]语言性只被说成是一种具有可疑的含糊性的外在因素。正

---

[22] 《克拉底鲁篇》,438d—439b。

[23] 参见《第七封信》,第 342 页以下。

2."语言"概念在西方思想史上的发展 573

如事物的感性现象一样,语言乃属于突出自身的表面之物(proteinomena),真正的辩证法家必须对它弃置不顾。理念的纯粹思维,即所谓的 Dianoia,作为灵魂同自己的对话因而是沉默的(aneu phōnēs)。逻各斯[24]就是从这种思维出发通过嘴而发出的声音之流(rheuma dia tou stomatos meta phthongou)。声音的可感性(Versinnlichung)并不要求自己的真理性,这是很显然的。毫无疑问,柏拉图并未考虑到,他视为灵魂自我对话的思维过程自身就包括一种语言的束缚性,而且当我们在第七封信中读到关于语言的束缚性时,它是同认知辩证法相联系的,亦即同认识的整个运动都指向一(auto)这种方式相联系的。如果说在第七封信中语言的束缚性得到了彻底的承认,那么它并不是真正在它的意义中出现。这种语言束缚性仅只是认识的一个因素,这种因素完全是从认识所指向的事物本身出发而显露在它的辩证的暂时性中的。因此,我们必须得出以下的结论,即柏拉图所谓的发现理念过程比起诡辩派理论家的工作还更为彻底地掩盖了语言的真正本质,因为诡辩派理论家是在语言的使用和误用中发展他们自己的技巧(technē)的。

不管怎样,即使在柏拉图鉴于他的辩证法而最初超出《克拉底鲁篇》的讨论范围的地方,我们也未读到任何其他的同语言的关系,我们所读到的只是在这个范围内已经讨论过的关系:即语言是工具,是对来自于原型、事物本身这一类东西的描摹、制作和判断。因此,虽说柏拉图并未赋予语词的领域(onomata)以独立的认识功能,但他由于要求越出这个领域,他便进入了一种问题视域,而名称的"正确性"的探

I 412

---

[24] 《智者篇》,263e、264a。

究就是在这一视域中得以提出的。柏拉图(例如在第七封信中)虽然也许对于名称的某种自然正确性并不想知道些什么,但他却在那里坚持把相等关系(homoion)作为尺度;摹本(Abbild)和原型(Urbild)对他来说甚至成为形而上学的模式,他用这种模式思考一切有关认识论范围内的事物。不管是工匠的艺术还是神圣的创世者的艺术,不管是演说家的艺术还是哲学辩证法家的艺术,都在用各自的工具描摹理念的真实存在。不过,距离(apechei)总是存在的——尽管真正的辩证法家要为自己克服这种距离。真正的谈话要素总是语词(onoma 和 rhēma)——相同的语词,真理把自己隐身于这种语词之中,直至使自己变得不可辨认和完全的虚无。㉕

如果我们从这种背景来考察《克拉底鲁篇》试图解决的关于"名称的正确性"的争执,那么在那里所讨论的理论就会突然具有一种超越柏拉图和他自己观点的兴趣。因为柏拉图笔下的苏格拉底证明无效的那两种理论并未在其完全的真理性中得到衡量。约定论把语词的"正确性"归结为一种称谓的给定(Namengeben),把它等同于用一个名称来给事物命名。对这种理论说来,名称中显然不存在有对实际知识的要求——苏格拉底是这样论述这种较为冷静观点的辩护者的:他从真的逻各斯和假的逻各斯的区别出发,把逻各斯的成分,即语词也区分为真的和假的,并把命名(Nennen)作为说话的一个部分同在讲话中所发生的对存在(ousia)的发现相联系。㉖ 这种论断同约定论的论点极为矛盾,因此很容易

㉕ [关于摹仿请参见本书第 118 页以下,以及亚里士多德在其《形而上学》A6,987b10—13 中所证明的从"摹仿"(Mimesis)到"参与"(Methexis)的重要转变。]

㉖ 《克拉底鲁篇》,385b,387c。

2."语言"概念在西方思想史上的发展

由此出发相反地演绎出一种对于真名称和正确给定名称具有标准性的"自然本性"。苏格拉底自己也承认,对名称的"正确性"作这样的理解,将会导致词源学的陶醉和最荒谬的结果。——不过,在他处理相反论点时(按照这种观点,语词具有自然属性)情况也是如此。如果我们期望这相反的理论将通过揭露它错误地从讲话的真理推断出语词的真理(对此我们在《智者篇》中可以读到实际的改正)而遭到反驳,那么我们将会感到失望。这种解释完全停留在"自然属性"理论的基本前提之内,亦即它依赖于相似性原则,而这种相似性原则只有通过逐步的限制才会清除:如果说名称的"正确性"真的只能以正确的、也就是说同事物相符合的名称找出过程为依据,那么就会像所有这种符合性一样,也会存在正确性的程度和层次。因此,如果一种只有较少正确性的名称仍然能描摹事物的概貌(typos),那么这个名称作为使用就已经足够了。[27] 但我们必须更为宽宏大量一些:如果某个词所发的声音同事物绝无丝毫相似之处,那么显然只有出自于习惯和约定才能被理解。——这样,相似性理论的整个原则就发生了动摇,并被比如表示数字的词这种例子所驳倒。在表示数字的词中根本不存在相似性,因为数字并不属于可见和可动的世界,因此,只有约定原则才对它适用。

这种对于自然属性理论(Physei-Theorie)的放弃显得很有和解性,也就是说,凡相似性原则(Ähnlichkeitsprinzip)不能适用的地方,约定原则(Konventionsprinzip)就必须作为补充而出现。柏拉图似乎认为,虽说相似性原则在应用时只是一种运用很自由的

---

[27] 《克拉底鲁篇》,432a 以下。

原则,但它却是一种理性的原则。在实际的语言运用中表现出来并单独构成语词正确性的约定和惯例虽然可能使用相似性原则,但它却未束缚于这一原则。[28] 这是一种很适中的观点,但它却包含着这样一个基本前提,即语词并不具有实际的认识意义——这种结论超越了整个语词的领域以及关于语词的正确性的问题而指向了事物的知识。显然,这才是柏拉图唯一所关心的东西。

然而,苏格拉底反对克拉底鲁的论证由于坚持找出名称(Namenfindung)和设立名称(Namensetzung)的格式,从而压制了一系列不可能实现的观点。所谓语词是一种人们为了有教导性地并有区别地同事物打交道而设立的工具,也即一种或多或少地同其存在相符合、相适应的存在物,这种说法已经把探究语词本质的问题以一种很成问题的方式规定下来。这里所谈到的同事物打交道是把所意指的事物显现出来。语词只有把事物表达出来,也就是说只有当语词是一种表现(mimēsis)的时候,语词才是正确的。因此,语词所处理的决不是一种直接描摹意义上的摹仿式的表现,以致把声音或形象摹仿出来,相反,语词是存在(ousia),这种存在就是值得被称为存在(einai)的东西,它显然应由语词把它显现出来。但我们要问的是,我们为此而在谈话中所使用的概念,即 mimēma(描摹),亦即被理解为 mimēma(描摹)的 dēlōma(开启)这个概念是否正确[280]。

命名一个对象的语词之所以能按对象所是而命名,这是因为语词本身具有一种可以借以命名所意指东西的意义,但是这并非

---

[28] 《克拉底鲁篇》,434e。

2. "语言"概念在西方思想史上的发展

必然包含一种描摹关系。在 mimēma(描摹)的本质中肯定具有这一性质,即除了它表现自身之外,在它之中还表达了某种其他的东西。所以,纯粹的摹仿、"相像"(sein wie)总是已经包含了对摹仿和样本之间的存在距离进行反思的可能开端。但是,语词对事物的命名所用的方式比起相似性距离,即或多或少正确的描摹要更为内在、更具有精神性。当克拉底鲁对此表示反对时,他是非常正确的。当克拉底鲁说,只要一个词是词,它就必定是"正确的"词,正确的"合适的"词,他这种说法同样非常正确。如果情况不是这样,也就是说,如果词根本没有意义,那么词就只是一块单纯会发声音的矿石。㉔ 在这种情况下,再谈论什么错误显然是毫无意义的。

当然,我们也很可能没有用正确的名称称呼某人,因为我们弄错了人,同样,我们也可能对某事未能使用"正确的词",因为我们认错了这件事。但这并不是说语词错了,而是语词的使用不当。语词只是从表面看来才适合于它所描摹的事物。其实语词适合于另外的东西,而且只有这样它才是正确的。同样,如果有谁学习一门外语,并为了学习外语而去记词汇,亦即去记他所不认识的词的意思,那么这就假定了,语词自有其真正的意思,这种意思是百科辞典从语言用法中获知并告知的。我们可能会搞错这种意思,但这不过说明:错误地使用了"正确的"语词。这样,谈论语词的绝对完满性就有了意义,因为在语词的感性现象和意义之间根本不存在感性的关系,根本不存在距离。因此,克拉底鲁似乎根本没有理

㉔ 《克拉底鲁篇》,429bc、430a。

由使自己置于摹写论(Abbildschema)的桎梏之中。虽然对于摹本来说可以不必成为原型的纯翻版而同原型相肖,亦即作为某种另外不同的东西,并通过它并不完全的相似而指示出它所表现的另外东西。但对于语词和它的意义之间的关系来说显然却不是这么回事。因此,当苏格拉底认为语词同绘画(zōa)不一样,语词不仅具有正确性,而且具有真实性(alēthē)时,这就像在完全黑暗的真理领域中的一道闪电。㉚ 语词的"真理性"当然并不在于它的正确性,并不在于它正确地适用于事物。相反,语词的这种真理性存在于语词的完满的精神性之中,亦即存在于词义在声音里的显现之中。在这个意义上,我们可以说一切语词都是"真的",也就是说,它的存在就在于它的意义,而描摹则只是或多或少地相像,并因而——就事物的外观作衡量——只是或多或少地正确。

正如在柏拉图那里的通常情况一样,苏格拉底对他所反驳的东西茫然无知也具有实际的根据。克拉底鲁自己并不清楚语词的意思同其所命名的事物并非只是同一,而且他更不清楚的是——这正是柏拉图笔下的苏格拉底沉默的优越性的原因——逻各斯、演讲和说话以及在它们之中实现的对于事物的开启不同于存在于语词之中意义的表达(Meinen)——以及语言传达正确的和真实的东西的真正可能性只有在后者这里才算得其所。如果认错了话语所固有的这种真实可能性〔即隶属于相反的可能性,即本质的错误、虚假(pseudos)〕,就会产生出对它诡辩派的误用。如果我们没有把话语的这种真理功能同语词的意义性质彻底区别开来,而把

㉚ 《克拉底鲁篇》,430d^5。

逻各斯理解为事物的表现(dēlōma),理解为事物的显现,那么就会造成一种语言所特有的混乱可能性。这样人们就能说,在语词中具有事物。于是,固守着语词就会显得像是合法的认识之路。然而,相反的道路也同样适用:凡人们取得知识的地方,话语的真理肯定就像从它的要素中构成一样是从语词的真理中构成的,而且正如我们是以这些语词的"正确性"作为前提,亦即以语词自然地适合于由语词所命名的事物为前提,我们也将能够用它们对于事物所具有的描摹功能而解释这些语词的要素,即字母。这就是苏格拉底迫使他的对话者接受的结论。

但在所有这些说法中都忽视了这一事实,即事物的真理存在于话语之中,亦即特别存在于对事物统一的意见的讲说之中,而不存在于个别的语词之中——甚至也不存在于某种语言的整个词库中。正是这种忽视使得苏格拉底有可能对克拉底鲁的反驳进行驳斥,尽管那些反驳对于语词的真理即语词的意义性来说是恰当的。苏格拉底利用语词的用法,亦即利用话语、即具有真假可能性的逻各斯来反对克拉底鲁。名称和语词的真或假,似乎是就它们被真实地或错误地使用来说的,也就是就它们正确地或不正确地配列于事物来说的。但这样一种配列(Zuordnung)已经根本不再是语词的配列,而已经是逻各斯(判断关系),并能在这样的逻各斯当中找到与之相适合的表达。例如,称呼某人为"苏格拉底",这就是说,这个人叫做苏格拉底。

因此,作为逻各斯的配列已经不再仅仅是语词和事物之间的符合——就像它最终与爱利亚派存在学说相符合并作为描摹理论的前提那样。正因为在逻各斯之中的真理并不是纯听取(noein)

的真理,不是存在的单纯表现,而是把存在置于某种关系(Hinsicht)之中,赋予和归于存在以某物的东西,所以真理(当然也是非真理)的负载者就不是词语(onoma),而是逻各斯。由此就必然会得出如下结论:与逻各斯把事物归置于其中并据以对事物进行解释的关系结构(Beziehungsgefüge)相比,表述性(Ausgesagtheit)和语言联系性(Sprachgebundenheit)完全是次要的。——我们可以发现,并不是语词,而是数才是认识论(Noetischen)的真正范例,数的命名显然是纯粹的约定,数的"精确性"也只是在于每一个数都由它在数列中的位置而得到规定,因此,数是一种纯粹理智的产物,是一种并非在削弱它的存在效用意义上,而是在它完美的合理性意义上的理智存在物(ens rationis)。这就是与《克拉底鲁篇》有关的真正结果,这种结果具有一种最富有成效的后果,它在事实上影响着后来一切关于语言的思考。

如果说逻各斯的领域表现了处于多种配列关系之中的认识论的(Noetischen)领域,那么语词就完全像数一样成为一种恰当定义了的并预先被意识到的存在的单纯符号(Zeichen)。这样,问题就根本上倒过来了。如今再也不会从事物出发去探究语词的存在和工具存在(Mittelsein),而是从语词工具出发去探究语词对使用它的人传达了什么,以及它怎样进行这种传达。符号的本质在于:它在其运用功能中才有其存在,正因为此,它的能力就唯一在于进行指示(verweisend zu sein)。因此符号必然会在它的这种功能中被它所遭遇的并作为符号使用的环境衬托得更为突出,以便扬弃它自身物的存在,并化成(消失)为它的意义。这就是指示本身的抽象。

因此,符号并不是那种使它自身含义发生作用的东西。符号

2."语言"概念在西方思想史上的发展　　581

同样也无须具有与它所指示东西相似的含义,如果符号具有这种相似性,那么它就只能是图表式的符号。但这就说明,一切可见的本身内容都被缩小到能使它的指示功能发挥出来的最小量。由某个符号物所作的指称越是单义,这种符号就越是纯符号,也就是说,这种符号完全消溶在这种配列关系之中。因此,例如文字符号是同确定的声音相配列,数字符号是同确定的数目相配列,它们是一切符号中最具精神性的符号,因为它们的配列是一种彻底的、使符号完全消溶自身的配列。标记(Merkzeichen)、记号(Abzeichen)、预兆(Vorzeichen)、症象(Anzeichen)等在被作为符号而使用时,亦即按它们的指示存在被抽象考虑时,都具有精神性。符号的此在在这里仅依赖于某些其他的东西,而这些东西作为符号物一方面既有自为的存在而有它们自己的意义,另一方面也有它作为符号所指称的意义。在这种情况下就会产生以下情形:符号意义只有在同使用符号的主体相关时才适合于符号——"符号本身并没有自己的绝对意义,这就是说,主体在它之中并没有被抛弃"[31]:主体总是直接的存在物。符号只有同其他存在物相联系时才有它的存在。例如,即使文字符号在某种装饰情况中也具有装饰价值,并且依据它的直接存在,符号才同时成为指示的符号、观念的符号。符号的存在与符号的意义之间的区别是绝对的。

在语词规定中起作用的另一对立极端即摹本(Abbild)中,情

---

[31]　黑格尔:《耶拿现实哲学Ⅰ》,第210页。[现在收入《著作集》,第6卷,《耶拿体系草稿Ⅰ》,杜塞尔多夫,1975年,第287页。]

况就完全不一样。摹本当然也包括它的存在和意义之间的同样矛盾,但它却借助于它本身具有的相似性而扬弃了这种矛盾。摹本并不是从使用符号的主体那儿获得它的指示功能或表达功能,而是从它自身的实际内容中获得这种功能。摹本并不是纯符号。因为在摹本中被描摹的东西也得到表现、并获得持存和当下存在(zum Bleiben gebracht und gegenwärtig)。正是因此,摹本可以从相似性标准而得到评价,亦即看它能在多大程度上使并不当下存在的东西(das Nichtgegenwärtige)在当下表现出来。

语词是否仅仅只是"纯符号",或者自身也具有某种"图像"(Bild)这个合理的问题被《克拉底鲁篇》彻底地破坏掉了。因为在《克拉底鲁篇》中已经表明,说语词是一种摹本的说法是荒谬的,因此剩下的唯一可能就只能说语词是一种符号。这种结果产生于《克拉底鲁篇》的消极的讨论——尽管它没有得到特别的强调——并通过知识的指示而占据了理智领域,以致从此之后,在整个关于语言的反思中,图像(eikōn)概念就被符号(sēmeion 即 sēmainon)概念所代替。这不仅是一种术语的变化,而且表现了对于语言到底为何物的思维的决定,这种决定是划时代的。[32] 事物的真实存在应该"无须名称"地加以研究,这说明,在语词的自身存在中并没有通向真理的通道——虽然一切探究、询问、回答、教导和区分都显然不能没有语言的工具。这样就应该说,思维根本地摆脱了语词的固有存在而把语词作为纯粹的符号,通过这种符号而使被指

---

[32] J. 洛曼强调了斯多葛派的语法学和旨在模仿希腊概念语言的拉丁概念语言的建立具有何等的意义,参见他编辑出版的《读书——语言哲学、语言历史和概念探究的研究》第 2 卷(1949—1951 年)。

2."语言"概念在西方思想史上的发展

称物、思想和事物显现出来,以致语词和事物的关系就完全处于一种次要的地位。语词只是纯粹的传达工具,它通过声音媒介让所意指的东西显现出来(ekpherein)和报道出来(logos prophorikos)。由此引出的结论就是:理想的符号系统——其唯一的意义就是单义的配列——让语词的力量(dynamis tōn onomatōn)这种存在于具体历史发展着的语言中的偶然变化因素作为对它们有用性的单纯障碍表现出来。正是在这里产生了所谓普遍语言(characteristica universalis)的理想。[281]

对语言越出其作为一种符号标志的职能进行排除,亦即语言通过一种人工的、清楚地定义了的符号系统进行自我克服,这种18世纪和20世纪的启蒙理想同时也描绘了理想的语言,因为一切可知的、作为绝对可支配的对象的存在都与它相适应。如果说一切这样的数学符号语言离开了一种采用它的约定的语言都是不可设想的,那么这也并不能作为一种彻底的反驳。这种"元语言的"问题也许是不可解决的,因为它包含着一种反复的过程。但这种过程不可能完全实现这一点对于彻底承认它所趋向的理想却不意味着什么否定。

我们也必须承认,一切科学术语的创立,不管它的用途是怎样的狭窄,它总是表现为这种过程的一个阶段。什么叫一个术语?术语就是一种语词,只要它所指的是一个确定的概念,它的意义就受到清晰的限定。术语总是具有某些人工的因素,这或者是因为语词本身就是人工构造的,或者是因为——这是更多的情况——我们往往是把一个已经通用的语词从它的意义关联的领域中提取出来,并使其置于一种确定的概念意义之中。威廉·冯·洪堡曾经正确地指出,⃝³³谈话语言中的语词的生动意义在本质上具有一种灵活性,而与此相反,术语则是一种意义固定的语词,对语词作专业术语的使用则是对语言所行使的一种强制行动。术语的使用同逻辑演算的纯符号语言不同,它总是融入一种语言的说话之中(虽说总是以陌生语词的方式)。根本不存在纯专业术语的谈话,而人工地、与语言精神相违背地造出的技术表述(现代广告世界的艺术表述即为一种代表)也总是要返回到语言的生命中去。对此我可以提出一种间接的证明,即某些时候某种专业术语的区分并不能进行,而且它还经常被语言普通用法所拒斥。这显然表明,术语的使用必须遵从语言的要求。例如,我们可以想一下新康德学派对于"先验的"(transzendental)一词用作为"超验的"(transzendent)的错误做法所作的软弱无力的吹毛求疵,或者想一下在积极的、教条意义上使用的"意识形态"(Ideologie)一词,尽管它带有原本的论争性、工具性的印记却仍然被广泛采用。[282]因此,作为科学文本的解释者,我们总是必须考虑到一个语词在专业术语方面的使用和自由的使用之间的相互关联。⃝³⁴古代文本的现代解释者很容易倾向于低估这种要求,因为概念在现代科学用法中比起古代用法更加人工化和固定化,古代根本不知道有外来词,并且很少有人为制造的混合词。[283]

  ⃝³³ W. v. 洪堡:《论人类语言构造的多样性》,§9。
  ⃝³⁴ 例如,我们可以想一下亚里士多德关于 φρόνησις(实践知识)这个词的语言用法,正如我以前试图向 W. 耶格尔(Jaeger)指明的,该词非专业术语性的存在危及了那种按发展史进行的推论的确实性(参见"亚里士多德的告诫",载《赫尔默斯》,1928 年,第 146 页以下)。[参见我的著作集,第 5 卷,第 164—186 页。]

2."语言"概念在西方思想史上的发展

也许只有通过数学符号学(symbolik)才可能彻底超越历史语言的偶然性及其概念的不确定性:按照莱布尼茨的想法,通过某种这样的符号系统的排列和组合,我们就能获得具有数学确定性的新的真理,因为由这样一种符号系统所模拟的秩序(ordo)将在一切语言中都找到一种对应。[35] 很清楚,这样一种普遍语言的要求,就如莱布尼茨所提出的,作为一种发明的技术(ars inveniendi)正是依据于这种符号学的人造性(künstlichkeit)。这就是使演算成为可能的东西,亦即从组合系统的形式规则中发现关系——而不管经验是否为我们提供事物之间的相应这种组合的关系。因此,由于预先思考了可能性领域,思维着的理性本身就被置于其绝对的完善性之上。对于人类的理性来说,根本不存在比已知的数字序列(die notitia numerorum)还更高的认识恰当性(Adäquatheit),[36] 所有演算都是按照它的模式进行的。然而一般说来,人类的不完善性并不允许有一种先天的恰当的认识,而经验则是不可缺少的。通过这样的符号(Symbole)而进行的认识并不具有清楚明晰性,因为这种符号并不代表直观的给定,相反,只要这种符号处于某种真正知识的地位,这种认识就是"盲目的",因为真正的认识只有通过指明(anzeigend)才能获得。

因此,莱布尼茨所追求的语言理想就是一种理性的"语言",一种概念的分析(analysis notionum),它从"第一级"概念出发而发展出整个真概念系统,并成为对一切存在物的摹写,有如上帝的理

---

[35] 参见《莱布尼茨哲学著作集》,爱德曼编,第 2 卷,第 77 页。
[36] 莱布尼茨:"论认识、真理和理念"(1684 年),见同上书,爱德曼编,第 79 页以下。

性所做的。㊲ 作为上帝谋划的世界的创造,亦即上帝在存在的可能性中计算出的最好的一种世界的创造,就将以这种方式由人类的精神来进行核算了。

实际上,我们从这种理想中看得很清楚,语言并非仅仅是指称对象整体的符号系统。语词并非仅仅是符号。在某种较难把握的意义上,语词几乎就是一种类似摹本的东西。我们只需要考虑一下纯人工语言的极端相反可能性,以便在这样一种混乱的语言理论中认识一种相对的合理性。语词以一种谜一般的方式同"被描摹的对象"相联结,它附属于被描摹对象的存在。这有一种根本性的意义,这并非仅仅指摹仿关系在语言构造中具有某种参考作用。因为这一点是无容争议的。柏拉图显然已经在这种意义上进行过考虑,当今天的语言研究使象声词在语言史上保持某种功能时,它们也是这样思考的。但人们在进行这样的思考时却在根本上把语言想得同被思考的存在完全分离,作为主观性的一种工具。这就是说,人们遵循一种抽象的思路,在这条思路的尽头则是一种人工语言的理性结构。

据我看来,人们这样做实际上已经同语言的本质背道而驰。㊳ 语言性和关于事物的思想是这样紧密相连,以致如果我们把真理的系统想象成一种存在可能性的先定系统,被操纵符号的主体所

㊲ 众所周知,笛卡尔在 1629 年 11 月 20 日写给梅斯纳(Mersenne)的信中(莱布尼茨是知道这封信的)已经根据数字符号图形的范式提出了这样一种理性符号语言的思想,它包括了整个哲学。其实,在库萨的尼古拉那里,这种思想的前期形式已经出现,当然是在柏拉图主义的限制中出现的,参见库萨的尼古拉:《理解的谎言》,第Ⅲ卷,第Ⅵ章。

㊳ 《后分析篇》,第 2 章,第 19 节。

2. "语言"概念在西方思想史上的发展

运用的符号则归属于这种系统,那么这种想法就是一种抽象。语言性的语词并不是由人操纵的符号,它也不是人们造出并给予他人的符号,语词甚至于也不是存在物,人们可以拿起它并使其载以意义的观念性,[284] 以便由此而使其他存在物显现出来。这种观点从两方面看都是错误的。毋宁说意义的观念性就在语词本身之中。语词已经就是意义。但从另一方面看,这并不是说,语词先于一切存在者的经验而存在,通过它使经验屈服于自己,从而从外部加入到一个已经形成的经验之中。经验并非起先是无词的(wortlos),然后通过命名才成为反思的对象,例如通过把经验归入语词的普遍性的方式而后才成为反思的对象。相反,经验的本性就在于:它自己寻找并找到表达出它的语词。我们寻找正确的语词,这就是说,寻找真正属于事物的语词,从而使事物在语词之中表述出来。即使我们坚持认为,以上说法并不意味着简单的描摹关系——只要语词仍然属于事物本身,语词就不是作为符号而在事后配列于事物。我们在上面讨论过的亚里士多德关于概念经由归纳而构成的分析对此提出了一种间接的证据。虽然亚里士多德自己并未明确地将概念的构成同语词的构成以及学会语言的问题相联系,但泰米斯修斯(Themistius)在他的解释中却能直接把概念的构成同儿童学习语言的例子相比喻。㉝ 语言就这样深深地植根于逻各斯之中。

如果说希腊哲学不愿承认语词和事物、说话和思想之间的这

㉝ 〔我并不否认,"语言学的转向"(lingustic turn)——我在 50 年代对此尚未认识——已经认识到这一点。参见我在我的论文"现象学运动"(《短篇著作集》,第 3 卷,第 150—189 页;现收入我的著作集,第 3 卷)中对此的论及。〕

种关系，其理由也许就在于思想必须抵御说话人生活于其中的语词和事物之间的紧密关系。这种"一切语言中最能说的语言"（尼采）对思想的统治是这样强大，以致哲学最根本的任务就在于努力使自己摆脱语言。因此，希腊哲学家很早就开始在"Onoma"（名称）中同搞错和弄混思维进行斗争，并且坚持经常在语言中实现的理念性。巴门尼德就已开始采取这种观点，他从逻各斯出发考虑事物的真理，到柏拉图转向"讲话"时则使这种观点臻于完成，亚里士多德把存在的形式指向陈述的形式（schēmata tēs katēgorias）也是遵循这种转向。因为对理念（Eidos）的指向在这里被认作逻各斯的规定物，所以语言的本身存在就只能被认作为迷惑（Beirrung），而思想的努力就在于排除并控制住这种迷惑。因此，在《克拉底鲁篇》中所进行的对名称正确性的批判已经表现为在这个方向上迈出的第一步，而处于这个方向尽头的则是近代关于语言的工具理论和理性的符号系统的理想。挤在图像和符号之间的语言的存在只能被认作纯符号存在。

b) 语言和话语（Verbum）[285]

然而另外却还存在一种并非希腊的思想，这种思想更适合于语言的存在，从而使西方思想不至于完全遗忘掉语言。这就是基督教的道成肉身（Inkarnation）思想。道成肉身显然并不是外入肉体（Einkörperung）。与基督教的道成肉身概念相吻合的，既不是灵魂的观念，也不是上帝的观念，因为这些观念只同这种外入肉体相联系。[286]

在这种理论中以及在柏拉图-毕达哥拉斯哲学中所思考并与

2."语言"概念在西方思想史上的发展

灵魂轮回的宗教观念相适合的关于灵魂和肉体的关系,是把灵魂置于同肉体完全对立的地位。灵魂在一切外入肉体中都保持着它的自为存在,灵魂同肉体的分离则作为一种净化,也就是说重新获得它的真实的、真正的存在。使希腊宗教带上浓厚人间味道的神以人的形象的出现,也与道成肉身毫无关系。在希腊宗教中,神并未变成人,而是以人的形象向人显示自己,因为神总是使自己同时完全保持着超人的神性。与此相反,基督教所教导的上帝人化(die Menschwerdung Gottes)理论中却包括着牺牲,这种牺牲是以作为人类之子的耶稣受难于十字架上而实现的,但这却是一种充满秘密性的另外的关系,它的神学解释表现在三位一体的理论中。

基督教思想中这种最为重要的观念之所以对我们尤为重要,是因为在基督教思想中道成肉身同样是与话语的问题紧密相联系的。中世纪基督教思想所面临的最重要任务是对三位一体之秘密进行解释,而这种解释自教父时期以来并最终在经院哲学奥古斯丁主义系统的精心制作中一直依靠人类关于说话(Sprechen)和思想(Denken)的关系。因此,教义神学首先遵循的是约翰福音的前言。虽然教义神学是在试图利用希腊思想作为工具来解决自己的神学问题,但哲学思想却通过这种工具而获得一种希腊思想所不理会的度向。如果话语变成了肉,而圣灵的现实性只是在这种道成肉身中才得以实现,那么逻各斯就由此从同时也意味着它宇宙潜能的精神性中解放出来。拯救事件的一次性把历史本质引入西方思想,并把语言现象从它在意义理念性的沉溺中解脱出来,从而把它提供给了哲学反思。因为同希腊的逻各斯不同之处在于:话语是纯粹的事件(verbum proprie dicitur personaliter tantum,话语真正说来是为人说话而创造的)。㊵[287]

显然,人的语言在这里只是间接地被提升为思考的对象。神学上的语词问题,verbum dei(上帝的话语)的问题,亦即圣父和圣子的统一,只有在与人类话语的对照下才能出现。然而对我们说来最为重要的却在于,这种统一的神秘性被反映在语言的现象上。

教父时代关于道成肉身之神秘的神学思考怎样同后期希腊思想相联系的方式,对于其以后所追求的新趋向是富有特征的。所以人们开始试图使用了斯多葛派关于内在逻各斯和外在逻各斯的对立概念(Logos endiathetos-prophorikos),㊶这种区分原本乃是使斯多葛派的逻各斯世界原则从单纯模仿的外在性中区分出来。㊷但对于基督教的启示信仰说来则刚好是相反的方向具有积极的意义。内在话语同讲话时发出声音的外在话语之间的相似性现在就获得一种示范的价值。

世界的创造曾是通过上帝的话语而实现的。因此,早期教父为了使这种非希腊的创世观念可以想象就早已使用了语言的奇迹。然而在《约翰福音》的前言中,真正的拯救行为,即上帝之子(圣子)的创生这种道成肉身的神秘却首先是用话语来描写的。[288]《圣经》注释家把话语的发声(das Lautwerden des Wortes)同样解释为如同上帝的肉化(das Fleischwerden Gottes)一样的奇迹。在话语的

㊵ 托马斯·阿奎那:《神学大全》,第1部,问题34及其他地方。
㊶ 我在以下的讨论中将引证《天主教神学辞典》里的"语词"这一富有教益的词条以及莱布雷通(Lebreton)的《三位一体教义史》。
㊷ 参见塞克斯都·恩彼里柯:《反数学家》,第8卷,第275页中关于鹦鹉的论述。

2. "语言"概念在西方思想史上的发展

发声和上帝的肉化这两者中所涉及的生成(Werden)并不是从某种东西中生出其他东西的生成。这里所涉及的既不是某种东西从其他东西中的分离(kat'apokopēn),也不是内在话语通过它在外在性中的出现而导致的减少,更不是内在话语被消耗掉的某种其他东西的生成。[43] 在最早的对希腊思想的应用中我们就已经可以认出一种新的探究圣父与圣子、精神和话语之间神秘统一的倾向。如果说同话语的发声、外在话语直接的关联在基督教的教义中——由于对等级从属说(Subordinationismus)[289]的摈弃——最终被摈弃了,那么恰好在这种决定的基础上我们有必要对语言的神秘性及其与思维的关系重新进行哲学的阐明。语言更大的奇迹并不在于话语变成了肉并表现为外部的存在,而是在于,凡是这样出现并取得外部表现的东西就总已经是[意义和声音相统一的]话语。话语与上帝同在,并来源于永恒性,这是教会在抵御从属主义中获胜的理论,它把语言问题完全导回到思想的内在性中。

奥古斯丁——他总是不断地讨论语言问题——已经很明确地贬低了外在话语的价值,从而贬低了关于语言多样性这整个问题的价值。[44] 外在话语就如只能内在地复制的外在话语一样,都同某种确定的舌头相联系(lingua)。在每一种语言中话语(verbum)

---

[43] Assumendo non consumendo(通过吸收,而不是通过消耗),参见奥古斯丁:《三位一体论》,第15章,第11节。

[44] 以下所述首先参见奥古斯丁的《三位一体论》,第15章,第10—15节。[最近 G.理彭迪(Ripanti)在一篇富有见识的研究著作中指出,在基督教的三位一体学说中已有了某种《圣经》诠释学的基本特征,这种《圣经》诠释学不是神学的方法论学说,而是描述了阅读《圣经》的经验方式。参见 G.理彭迪:《奥古斯丁作为解释的理论家》,布雷西亚,1980年。]

都有不同的发音这一事实只说明,话语不能通过人类的舌头表明它的真实的存在。奥古斯丁完全用柏拉图那种贬低感官现象的方式说：non dicitur, sicuti est, sed sicut potest videri audirive per corpus（我们不能说出事物本身是什么,而只能说出事物就我们肉体所看和所听是什么）。"真正的"话语,das verbum cordis（内心中的话语）是完全独立于这种感性现象的。话语既不可外在地表现出来（prolativum）,又不可用与声音的相似性去思考（cogitativum in similitudine soni）。因此,这种内在话语就是上帝话语的镜子和图像。当奥古斯丁和经院哲学研究话语问题,以便获得概念工具去解释三位一体的秘密时,他们所讨论的唯一只是这种内在话语、内心的话语及其与理智（intelligentia）的关系。

这样就使语言本质中的某种非常确定的方面显现出来。三位一体的秘密在语言的奇迹中得到反映,因为真实的话语,即说出事物本身怎样的话语,并没有自为的成分而且并不想成为自为的存在：nihil de suo habens, sed totum de illa scientia de qua nascitur（话语并没有出自自身的东西,一切东西是由它们所从之产生的那种知识中得到的）。话语是在它的显示（Offenbarmachen）中有其存在。这也恰好适用于三位一体的神秘。这里也同样不牵涉到救世主的那种尘世的现象,而是涉及他完全的神性,涉及他同上帝的同一本质性。在这种同一本质性中去思考基督自身的个人存在,这就是神学的任务。人类的关系正是为此被召唤出来的,这种关系在精神的话语中,在理智的话语（verbum intellectus）中是可见出的。这里所涉及的并非一种纯粹的图像,因为人类关于思想和说话的关系尽管有其不完善之处却适合三位一体的神性关系。

2."语言"概念在西方思想史上的发展

精神的内在话语与思想完全是同本质的,就如圣子与圣父是同本质的一样。

也许有人会问,这样是否是用不可理解性来解释不可理解的东西。如果说有一种话语一直保持着作为思想的内在讲话而从不发声,那么它究竟是怎样的一种话语?真的会有这样的话语吗?难道所有我们的思想不是早已循着某种确定语言的轨道,难道我们不是很清楚地知道,如果我们真的想说某种语言,我们就必须以这种语言进行思考?尽管我们可以想起我们的理性面对我们思维所受的语言束缚性仍为自己保留自由,不管这种自由是通过发明并使用人工的符号语言所获得的,抑或因为理性能够把某种语言译成另外的语言,即假定自身有能力超越语言束缚性而达到所指的意义,但是每一种这样的超越本身却都是语言性的超越,正如我们已经见到的那样。"理性的语言"并不是自为的语言。当我们面对我们语言束缚的不可扬弃性时谈论一种"内在的话语",一种好像以纯理性语言所述说的话语时,这到底有什么意义?如果并没有任何实际有声音的话语,甚至也没有对这样一种话语的想象,而是只有由这种话语用符号所标明的东西,亦即所意指和思想的东西本身,那么理性的话语(如果我们在这里以理性来代替理智)如何证明自己为一个真正的"话语"呢?

由于内在话语的理论本是通过其类推而对三位一体进行神学阐明的,所以这些神学问题对我们不可能有进一步的帮助。相反,我们必须探究的事实是,这种"内在话语"究竟该是怎样的东西。它不可能就是希腊的逻各斯,不可能是灵魂同自己进行的谈话。"逻各斯"既可以由"理性"(ratio)、又可以由"话语"(verbum)替换这一单纯事实倒是证明:当经院哲学在对希腊的形而上学进行加工时,语言现象比起在希腊人那儿时更为有力地起着作用。

使经院哲学的思想对我们的探究有所帮助的特别困难在于,(正如我们在教父们部分地依靠后期古代思想、部分地改造后期古代思想的工作中所发现的)基督教对话语的理解随着后期经院哲学吸收亚里士多德哲学而重又接近了古典希腊哲学的逻各斯概念。所以托马斯就曾经系统地用亚里士多德的思想传达了从《约翰福音》的前言中发展出来的基督教理论。[45] 值得注意的是,托马斯根本没有谈到语言多样性的问题,这个问题却是奥古斯丁一直讨论的问题,虽说他为了"内在话语"的缘故而排除了这个问题。对于托马斯说来,"内在话语"的理论正是他研究形式(forma)和话语(verbum)之关系的不言而喻的前提。

然而,即使在托马斯那里,逻各斯和话语也并非完全相符。虽然话语并不是陈述的行为,并非那种把自己的思想不可收回地交付给另一个他者的行为,但话语的存在特性却仍然是一种行为。内在的话语总是同它可能的表述相联系。它被理智把握的那种事实内容同时也为着可发出声音(Verlautbarung)而被安置。(similitudo rei concepta in intellectu et ordinata ad manifestationem vel ad se vel ad alterum,在理智中所把握和安置的事物或者由于自身或者由于他物而在现象上具有一种相似性)。因此,内在话语显然并不是同某种特定的语言相关,它甚至根本不具有从记忆

---

[45] 参见《〈约翰福音〉注释》第一章"关于神性词和人间词的区别",以及由托马斯原文汇编的相当晦涩但内容丰富的小册子《论理性词的本性》,这两篇著作是我们以下论述的主要依据。

2."语言"概念在西方思想史上的发展

中产生的话语的浮现特性(charaktereines Vorschwebens),相反,它是一直要想到底的内容(forma excogitata)。只要它所涉及的是一种想到底的思维(ein Zuendedenken),那我们就可以在内在话语之中承认一种过程的因素,它是通过外在方式(per modum egredientis)而进行。虽然内在话语并不是表述出来的话语,而是思想,但它是在这种自我讲话(Sich-Sagen)中所达到的思想的完善。内在话语由于表述了思想同时也可以说描摹了我们推论性的理智的有限性。因为我们的理智不能仅以一种思维的眼光把握它所知道的东西,所以它必须从自己产生出它所思考的东西,并且像一种内心的自我谈话那样把它置于自己面前。在这种意义上可以说一切思维都是一种自我说话(Sichsagen)。

希腊的逻各斯哲学也显然知道这一切。柏拉图把思维描写成灵魂同自己的内部谈话,㊺而他对哲学家要求的辩证法努力的无限性就是对我们有限理智的推论性(Diskursivität)的表述。不管柏拉图怎样要求"纯思维",在根本上他仍然经常承认 onoma(语词)和逻各斯作为思维事物的媒介是不可或缺的。如果说内在话语的理论所指的只是人类思维和谈话的推论性,那么"话语"又怎么能对三位一体理论所说的神性位格过程(Prozess der göttlichen Personen)构成一种类似呢?难道不正是直觉和推论这种对立一直在起着作用?而在直觉的"过程"和推论的过程中何处又有共同性呢?

显然,对于神性位格的关系说来,时间性是不适合的。然而作为人类思维推论之特征的相继性(Nacheinander)从根本说来也不是

㊺ 柏拉图:《智者篇》,263e。[290]

一种时间关系。当人的思维从一件事转到另一件事时,亦即先想某件事然后再想另一件事时,它并不是从一件事被带到另一件事。人的思维并不是按照先想某件事、然后再想另一件事这种前后相继的顺序进行的——这种相继性只意味着思想本身总是由此而经常地发生变化。如果我们说人的思维既想这件事又想另一件事,那么这意思是说,思维知道该如何对待这两件事,这就意味着人的思维懂得如何把一件事和另一件事联系起来。因此,这里根本不存在时间关系,它所涉及的只是一种精神的过程,一种 emanatio intellectualis(理智的流射)。[291]

托马斯试图用这种新柏拉图主义的概念像描写三位一体的过程那样来描写内在话语的过程性质。这样就出现了某些在柏拉图的逻各斯哲学中并未包含的东西。新柏拉图主义中的流射(Emanation)概念包含的意思很多,它并非仅指作为运动过程的流溢这种物理现象。它是最早出现的源泉(Quelle)的图像。㊼ 在流射过程中,流射出其他东西的太一本身并未因此而受到损失或减少。这也适用于圣父产生出圣子,圣父并未因此而消耗掉自身的任何东西,而是把某些东西补充到自身中来。这对于在思维的过程中,亦即在自我讲话过程中实现的精神的出现(das geistige Hervorgehen)同样适用。这样一种出现同时也是一种完全的自我保存(Insichbleiben)。如果话语和理智之间的神性关系可以作如是描述,即话语并非部分地,而是整个地(totaliter)从理智中获得它

㊼ 参阅克里斯多夫·瓦格纳(Christoph Wagner)未发表的海德堡博士论文《多种比喻及一种柏罗丁式的形而上学模式——对柏罗丁具有本体论意义之比喻的探究》(1957年)。[292]关于"源泉"概念参见补注V(我的著作集,第2卷,第383页以下)。

的起源,那么对我们来说,则一个话语是整个地从另一个话语产生出来的,但这也就是说,话语的起源在于精神之中,就如推论的结果是从前提产生出来一样(ut conclusio ex principiis)。因此,思维的过程及其产生并非一种改变的过程(motus),也不是从潜能向现实的转化,而是一种 ut actus ex actu(从现实到现实)的产生:话语并非在认识完成之后才产生,用经院哲学的术语说,话语并非是在理智通过类(species,即理念)而纳入形式(Information)之后才被构成,相反,话语就是认识过程本身。因此,话语也就与这种理智的构成(formatio)是同时的。

这样我们就可以理解话语的产生何以被理解为三位一体的真实摹本了。这里虽然在生产者之旁并不存在一个接受者,但却是真正的产生(generatio)、真正的诞生。正是话语的产生所具有的这种理智特性对于它的神学示范功能具有决定性的作用。在神性位格的过程以及思想的过程之间确实存在着某些共同之处。

然而,对我们说来更为重要的并非神性话语和人间话语之间的相似性,而是它们之间的区别。从神学方面看,这是非常清楚的。借助于与内在话语的相似而阐明的三位一体的神秘从人类思维角度看最终必定仍然是不可理解的。如果说在神性话语中说出了整个神性的精神(圣灵),那么在这种话语中的过程因素就意味着某些对我们来说根本不具有类似性的东西。如果神性精神(圣灵)通过认识自身的方式同时也认识了一切存在物,那么上帝的话语也就是在直观中(intuitus)观看并创造一切的精神的话语。发生过程(Hervorgang)消失在神的全知性的现实中。即使是创造也并非是真正的过程,而仅仅是在时间的框架中展示世界整体的秩序结构。㊽ 如果我们想要更详细地了解话语的过程因素——它对于我们探究语言性和理解之间的关系十分重要——那么我们就不该停留在与神学问题的相似处之上，相反我们必须驻足于人类精神的不完满性及其与神性精神的区别之上。在这方面我们也可以遵循托马斯的观点，因为他提出了人类精神和神性精神之间的三点区别。

1. 首先，人类的话语在被实现之前只是潜在的。人类的话语可以塑造成形，但它尚未成形。思想的过程只是当我们从记忆中想起某些东西时才开始进行。这已经是一种流射（Emanation），因为记忆并未因此而受到损害或丧失什么东西。然而，我们所想到的东西却并不是完成了的或想到底了的东西。也许真正的思维运动只是到此刻才算开始。在这种思维运动中精神忙碌地从此到彼、来回翻动、思考这一和那一问题，并以研究（inquisitio）和思索（cogitatio）的方式寻找它思想的完整表述。因此，完成了的话语只有在思维中才能构成，在这种意义上可以说话语就像一种工具，然而，当话语作为思想的至善至美存在于那里的时候，它就生产不出任何东西。宁可说事物已经存在于话语之中。因此，话语并不是真正的工具。托马斯对此发现了一个很好的例子。话语就像一面镜子，在这面镜子中可以看到事物。但这面镜子的特殊性却在于，它从不会越出事物的图像。在镜子中映

㊽ 不可忽视的是，教父哲学和经院哲学关于本源的解释在某种意义上只是重复那种在柏拉图门徒中所进行的关于正确把握《蒂迈欧篇》的讨论。[参见我的研究论文"柏拉图的《蒂迈欧篇》中的理念和实在"（《海德堡科学院会议文件》，哲学历史卷，论文集2，海德堡，1974年；现收入我的著作集，第6卷，第242—270页。)]

2."语言"概念在西方思想史上的发展

出的只是这映在其中的事物,因此整个镜子只不过映出它的图像(similitudo)。这个例子的深刻之处在于,话语在这里只是作为事物完善的反映,也就是被理解为事物的表达并超越了思维的道路,虽然话语的存在乃只是由于思维。但在神性精神中却不存在这种情况。

2. 与神性话语相区别,人类的话语就其本质说是不完善的。没有一种人类的话语能够以完善的方式表达我们的精神。但正如上面关于镜子的例子所说明的,这并不真正是这种话语的不完善性。话语可以完全地转述精神所意指的内容。毋宁说这是人类精神的不完善性,因为人类精神从不具有完全的自我在场(Selbstgegenwart),而是分散在这种或那种意见之中。从人类精神的这种本质上的不完善性出发可以得出如下结论,即人类的话语并不像神性的话语那样是唯一的,而必然是许多种话语。因此,话语的多样性并不意味着个别的话语因为不能完满地表达出精神所意指的东西就具有一种我们可以去除掉的缺陷。相反,正是因为我们的理智是不完善的,亦即它并不能完满地居于它所知道的东西之中,所以它才需要话语的多样性。我们的理智并不真正知道它所知道的是什么。

3. 这样就联系到第三个区别。如果说上帝在话语中是以纯粹的现实性完善地讲述出他的本性和实质,那么我们所思考的一切思想,以及使这些思想得以实现的一切话语都只是精神的偶然事件。虽说人类思想的话语是指向事物的,但它却不能把事物作为一个整体包含在自身之中。于是,思维就不断开辟通向新概念的道路,并且本质上是完全不可能完成的。思维的不可完成性也有其相反的一面，即它积极地构成了精神的无限性，从而使精神不断地在新的精神过程中超越自己，并在其中找到通向愈来愈新的设想的自由。

现在让我们概括一下我们从话语的神学中所获得的思想，首先，我们应该坚持一种观点，这种观点在以往的分析中几乎未曾显露，在经院哲学的思想中也几乎未得到表现，但它对我们所研究的诠释学现象却尤其具有特别的重要性。思想与那种同道成肉身的三位一体神秘相适应的自我说话的内在统一包含着如下结论：精神的内在话语并不是由某种反思活动构成的。谁思维某物，亦即对自己讲某物，这里某物就是指他所思维的东西，即事物。因此，如果他构成了话语，则他并非返身指向他自己的思想。我们宁可说话语就是他精神工作的产物。只要他把思想思索彻底，他就在自身中继续构成了话语。话语同一般产品的区别就在于它完全停留在精神性之内。这样就产生了一种假象，似乎这里涉及的是同自身的关系，而自我说话则似乎是一种反思。实际情况并非如此，而且正是在这种思维的结构中证明，为什么思维能够反思地指向自身并使自己成为对象。正是这种构成思维和说话之间内在统一的话语的内在性，才是导致"话语"的直接的、非反思的特性容易被人误解的原因。我们在思维的时候并不是从某件事进到另一件事，从思维进到自我说话。话语并非存在于一个与思维无关的精神领域（in aliquo sui nudo）。这样就引起一种假象，即话语的构成来自于精神的某种自身指向自身的活动（einem Sich-auf-sich-selbst-Richten des Geistes）。实际上在话语的构成中根本没有反思活动。因为话语所表达的根本就不是精神，而是所意指的事物。

2. "语言"概念在西方思想史上的发展

话语构成的出发点是那种充满精神的事情内容（die species）。寻找其表达的思维并非同精神相关，而是同事情有关。因此，话语并不是精神的表达，而是涉及 similitudo rei（事物的相似）。被思考的事情（die species）和话语是紧密联系的。它们之间的联系极为紧密，以致话语并不是在精神中作为第二位的东西列在事情的旁边，相反，话语是认识得以完成的场所，亦即使事物得以完全思考的场所。托马斯指出，话语就像光一样，而颜色正是在光里才能被人看见。

然而，这种经院哲学的思想告诉我们的还有第二点。神性话语的统一性和人类话语的多样性之间这种区别并没有把实际情况完全说清楚。倒不如说统一性和多样性具有一种根本的辩证关系。这种关系的辩证法支配着话语的整个本质。即使神性话语也并不是完全摆脱多样性概念。虽然神性话语确实只是一种唯一的话语，它只是以拯救者的形态才来到世界上，但只要它仍然是一种事件——正如我们看到，尽管对等级从属观点（Subordination）有各种拒斥，但情况还是如此——这样就会在神性话语的统一性和它在教会中的表现之间产生出一种本质联系。作为基督教福音内容的拯救宣告（Verkündigung）本身就是在圣礼和布道中的一种固有的事件，并且只是述说基督的拯救活动中所发生的事。但不管怎样它还是一种唯一的话语，布道时总是不断重复地宣告这种话语。显然，作为福音，则它的特性中已经指示出它宣告的多样性。话语的意义同宣告事件不可分离。毋宁说这种活动的特性就属于意义本身。这就像在诅咒的时候诅咒既不能同诅咒的人分离，又不能同被诅咒的人分离。在诅咒中能被理解的东西并不是所说话语的抽象的逻辑意义,而是在诅咒中所发生的联系。⑭ 这对于由教会所宣告的话语的统一性和多样性也同样适用。基督被钉死在十字架并且重新又复活,这是在一切布道中所宣告的拯救的内容。复活的基督和布道所讲的基督是同一个人。尤其是近代新教神学详细论述了信仰的末世论特性,这种特性就以这种辩证关系作为其基础。

相反在人类的话语中,话语的多样性和话语的统一性的辩证关系则以新的光亮表现出来。人类的话语具有说话的特性,亦即通过话语的多样性的组合而把一种意见的统一体表达出来,这一点柏拉图已经认识到,并以辩证的方法展开了这种逻各斯的结构。然后亚里士多德又指出了构成命题、判断或命题组合以及推论的逻辑结构。但这样并未把实际情况揭示殆尽。以话语的多样性解释自身的话语的统一性,这使某些在逻辑学的本质结构中并未展开的东西展现出来,并使语言的事件性质(Geschehenscharakter der Sprache),亦即概念的构成过程产生作用。当经院哲学思想家发展话语理论(Verbumlehre)时,他们并没有停留在把概念的构成只看成对存在秩序的描摹上。

c) 语言和概念构成(Begriffsbildung)

与语言齐头并进的概念的自然构成并非总是跟从本质的秩序,相反,它总是根据偶然性和关系而发生,这种观点在柏拉图的

---

⑭ 在汉斯·李普斯(Hans Lipps)的《诠释学逻辑研究》(1938年)以及奥斯丁的《如何用词做事》(牛津,1962年)中可以找到极好的说明。

概念分析和亚里士多德的定义中都起着作用，这是任何明眼人都能发现的。然而由实体概念和偶性概念所规定的逻辑本质秩序的优先性却使语言概念的自然构成仅仅表现为我们有限精神的一种不完满性。人们认为，因为我们只认识偶然性，所以我们在概念的构成中只能遵循偶然性。但即使这一点是正确的，从这种不完满性中也可以推出一种特有的优越性——似乎托马斯已经正确地认识到了这一点——亦即进行无限的概念构成的自由以及不断地深入到所意指内容中去的自由。㊿ 由于思维过程被看成用语词进行解释的过程，这就使语言的逻辑成就显现出来，这种成就从事实秩序的关系出发就像面对一种无限的精神一样，是不可能完全把握的。亚里士多德和跟随他的托马斯所教导的那种观点，即把语言中出现的自然的概念构成置于逻辑的本质结构之中，只具有相对的真理性。当希腊逻辑思想被基督教神学所渗透时，某些新的因素产生了：语言中心(Die Mitte der Sprache)，正是通过这种语言中心，道成肉身活动的调解性(Mittlertum)才达到它完全的真理性。基督学变成一种新的人类学的开路者，这种人类学以一种新的方式用神的无限性调解人类精神的有限性。我们称之为诠释学经验的东西正是在这里找到它真正的根据。

所以我们就必须把我们的注意力转向语言中所发生的自然的概念构成。尽管说话包含着把所意指的东西置于已有的词义的普遍性中去的意思，但却不能把说话认作是这样一种把特殊事物置

㊿ 我认为 G. 拉柏奥(Rabeau)的托马斯解释《语词的类别》(巴黎，1938 年)正确地强调了这一点。

于普遍概念中去的归类活动的组合，这一点是显而易见的。说话的人——也就是说，使用普遍的词义的人——是如此地指向对事物进行直观的特殊因素，以致他所说的一切都分有了他正在考虑的环境的特殊本质。⑤

这反过来又意味着，通过语词构成而被意指的一般概念自身也通过每次的对事物的直观而得到充实，从而最终也产生出一种更适合于直观事物特殊性的新的、更专门的语词构成。因此，说话尽管是以使用具有普遍意义的前定词为前提的，但它同时又确实是一种经常的概念构成过程，语言的意义生命就通过这种过程而使自身继续发展。

然而归纳和抽象的逻辑图式对此却起着错误引导的作用，因为在语言的意识中并不存在对不同物之间的共同性的明确反思，而对语词在其普遍意义中的使用却并不把通过这种意义所命名和指称的东西理解成某种归入普遍性的事情。类的普遍性和分类的概念构成对于语言意识完全是风马牛不相及。即使我们撇开同类概念无关的一切形式普遍性：如果某人把某种表述从一种事物转用到另一种事物上去，虽说他注意的是某些共同性的东西，但这肯定不是一种类的普遍性。不如说他遵循着自己扩展着的经验，这种经验发觉相似性——不管它是事物显现的相似性，抑或它的重大意义对我们具有的相似性。这里就存在着语言意识的天才性，即它知道如何表达这种相似性。我们把这称作它彻底的比喻性(Metaphorik)，关键的东西在于要认识到，

---

⑤ 特奥多·利特(Theodor Litt)正确地强调了这一点，参见《精神科学认识构造中的普遍性》(《萨克森科学院报告》，第93卷，第1期，1941年)。

2. "语言"概念在西方思想史上的发展

如果把某个语词转义的用法认为是非本质的使用,那么这就是某种与语言相逆的逻辑理论的偏见。㉜

不言而喻,经验的特殊性是在这样的转义中找到它的表达,它根本不是某种通过抽象而进行的概念构成的结果。但同样不言而喻的是,通过这种方式同样也能达到对共同性的认识。所以思维就能够趋向语言为其准备的贮存,以达到自己的阐明。㉝ 柏拉图曾经用他"逃入逻各斯"的说法做到了这一点。㉞ 然而,即使是分类逻辑(klassifikatorische Logik)也同语言为它做好的逻辑准备(Vorausleistung)相联系。

只要看一下概念构成的前史,尤其是看一下柏拉图学派的概念构成理论就能证明这一点。我们甚至看到,柏拉图那种超越名称的要求是以理念宇宙原则上独立于语言为前提的。然而,只要这种对名称的超越是鉴于理念而产生并被规定为辩证法,亦即作为一种对所观世界之统一的洞见,作为一种从不同的现象中找出共同性的观看,那么它所遵循的仍然是语言自身构成的自然方向。对名称的超越仅仅说明,事物的真理并非存在于名称之中。这并不是说,对于思维说来似乎可以无须使用名称和逻各斯。相反,柏拉图经常承认需要这种思维的中介,只要它们也必须被看作可以

㉜ L.克拉格斯(Klages)首先看到这一点。参见 K.勒维特:《常人角色中的个人》,1928 年,第 33 页以下。[以及我的评论,载《逻各斯》,第 18 卷(1929 年),第 436—440 页;现收入我的著作集,第 4 卷。]

㉝ 这种情况是不自觉地产生的,它还证明了海德格尔所指出的 λέγειν = 说话和 λέγειν = 共同读之间的意义相似(首先在他为 H.扬岑写的纪念文章"赫拉克利特的逻各斯学说"中)。

㉞ 柏拉图:《斐多篇》,99e。

不断改进的。作为事物之真正存在的理念不能以任何其他方式被认识,而只能通过这些中介被认识。但是否存在有一种本身作为这种确定和个别东西的理念的知识呢?事物的本质不正如语言是一种整体一样也以同样的方式作为一种整体?正如个别语词只有在话语的统一性中才有它的意义和相对的单义性一样,事物的真正知识也只有在理念之相关结构的整体中才能达到。这就是柏拉图《巴门尼德篇》的课题。但由此就产生出以下问题:人们为了仅仅定义一个单一的理念,亦即为了能把它同其他事物相区别,难道不是必须要了解整体吗?

如果我们像柏拉图一样把理念的宇宙当作存在的真正结构,那我们就很难避开这种结果。事实上,柏拉图学院的接替者,柏拉图主义者斯鲍锡普(Speusipp)[293]曾经讲过,他确实得出了这种结论。⑮我们从他那里知道,他特别关注于找出共同性(homoia),他把类似性(Analogie),亦即按比例的相应性作为研究方法,从而远远超越了在类逻辑意义上的普遍化。发现共同性以及从多中看出一这种辩证的能力在这里非常接近于语言的自由普遍性和语言的语词构成原则。斯鲍锡普到处寻找的类似的共同性——种类的相应性,如与鸟类所相应的是翅膀,与鱼类相应的则是鱼鳍——是为概念的定义服务的,因为这种相应性同时也表现为语言中语词的最重要的构成原则之一。从一个领域到另一个领域的转换不仅具有一种逻辑功能,而且还同语言彻底的比喻相吻合。已知比喻的

---

⑮ 参见 J. 斯坦策尔(Stenzels)在《古典文化实用百科全书》中关于斯鲍锡普所写的重要词条。

2. "语言"概念在西方思想史上的发展

样式只是这种普遍的、同时又是语言和逻辑的构成原则的修辞学形式。因此亚里士多德才可以说"好的转换就意味着认识共同性"。⑯ 一般来说,亚里士多德的《论辩篇》(Topik)为概念和语言之间联系的不可消除性提供了大量的证明。对共同的类进行定义设定,很明显是从对共同性的观察而引导出来的。⑰ 因而类逻辑的开端处就有语言事先所做的工作。

同这种情况相符的是,亚里士多德到处都对那种如何在关于事物的谈话中使事物秩序显现出来的方式赋予最重要的意义。(《范畴篇》——而不仅是那些亚里士多德曾明确说是陈述的形式的东西。)由语言引导的概念构成不仅被哲学思维所利用,而且在某些方向上得到继续发展。我们在上面已经提到,亚里士多德关于概念构成的理论,即 Epagoge(归纳)理论,可以通过儿童学习说话来加以解释。⑱ 实际上,对于亚里士多德来说,尽管他自己的"逻辑学"的修养起着决定性的作用,尽管他也努力有意识地使用定义逻辑,尤其是在自然的分类描述中对本质的秩序进行描摹,并力求摆脱语言的偶然性,但他还是完全受到说话和思维之间统一性的束缚。

因此,在亚里士多德一般讲到语言的少数地方都没有使语言的意义域从由语言所命名的事实世界中孤立出来。当亚里士多德说到声音和文字符号只有成为"象征"(symbolon)然后才能进行"指称"时,这意思正是说,声音和文字符号并非自然东西,

---

⑯ 《诗学》,22,1459a8。

⑰ 《论辩篇》,A18,108b7—31 详尽地论述了 τοῦ ὁμοίου δεωρία(共同的类理论)。

⑱ 参见本书第 421 页。

而是按照某种协定(kata synthēkēn)。但这里并不是一种工具式的符号理论。毋宁说,使得语言声音或文字符号能意指什么东西的这种协定(Übereinkunft),并不是关于某种相互理解手段的约定——这样一种约定总是已经以语言作为前提——这种协定是人类共同体及其关于什么是善和正当的一致意见以之为基础的协议(Übereingekommensein)。(59) 在声音和符号的语言应用中所作的协议只是对那种何为善和正当的东西所作的基本协定的表述。尽管希腊人喜欢把善和正当以及他们称为 Nomoi(规范)
I 436 的东西理解为神性人的决定和成就。但对于亚里士多德说来,这种 Nomos(规范)的起源更多地是刻画了它的效果而不是它真正的产生。这并不是说,亚里士多德根本不重视宗教的传统,相反,宗教传统以及每一种关于起源的探讨对于亚里士多德乃是通向存在知识和效用知识的道路。因此,亚里士多德对于语言所说的协定刻画了语言存在方式的特征,而不是讲它的起源。

我们回忆一下关于 Epagoge(归纳)的分析也可以证明这一点。(60) 正如我们所知,亚里士多德在那里以最机智的方式阐明了一般概念的构成究竟是如何实现的。我们现在知道,亚里士多德已经考虑到语言概念的自然构成总是一直在进行的情况。按照亚里士多德的观点,语言的概念构成具有一种完全非教条性的自由,因为从所遇到的经验中所看到的共同性并成为一般性的东西具有纯粹前准备工作(Vorleistung)的特征,这种前准备工作虽说处于

(59) 因此我们必须借助于《政治学》来看《解释篇》περὶ ἑρμηνείας 中专门术语性的表述(《政治学》,A2)。

(60) 《后分析篇》,B19。参见本书第 356 页以下。

科学的开端,但却并非科学。这就是亚里士多德所强调的。如果科学把有说服力的证明作为理想,那它就必然要超越这种程序方法。因此,亚里士多德既批判了斯鲍锡普关于共同性的理论,又从他的证明理想角度出发批判了柏拉图二分的辩证法。

但是这种用逻辑的证明理想进行衡量的结果是,亚里士多德的批判使语言的逻辑成就丧失了科学合法性。语言的逻辑成就只有从修辞学的角度才能获得承认并在修辞学中才被理解为**比喻**的艺术手段。正是对概念进行上下归属的逻辑理想,现在成了君临于生动的语言比喻之上的东西,而一切自然的概念构成则都是以语言的比喻为基础的。因为只有一种以逻辑学为指向的语法才能将语词的**自身**意义同它的**转换意义**相区别。以前构成语言生命之根据并构成它逻辑创造性的东西,亦即天才而富有创造性地找出那种使事物得以整理的共同性的活动,现在却作为比喻而被排挤到一边,并工具化为修辞学的形态。围绕希腊青年的教育而进行的哲学和修辞学之间的斗争(这种斗争以阿提克[294]哲学的取胜而告终)也具有这方面的因素,即关于语言的思维变成了一种语法学和修辞学的事情,而这两门学问早就认可科学的概念构成的理想。这样就开始把语言的意义域同以语言形态而出现的事物相分离。斯多葛派的逻辑学最早谈到那种非物质的意义。关于事物的 I 437
谈话正是借助于这种意义才得以进行(to Lekton)[295]。最值得注意的是,这种意义同 topos 亦即空间被置于同一层次。(61) 正如空的空间只有用思维撇开在其中并列安置的事物才能成为思维的对象

(61) 《早期斯多葛派著作残篇》,阿尼姆(Arnim)编,第 2 卷,第 87 页。

一样,⁶²这种"意义"也只有当我们用思维撇开借助于词义而命名的事物才能被认为是一种自为的"意义",并为这种意义形成一个概念。所以意义就像一个空间,事物可以并列安置在其中。

只有当说话和思维之间的内在统一性这种自然的关系受到干扰时,这种思想才可能显示出来。我们可以在这里像洛曼(Lohmann)曾经指出的那样,⁶³提及斯多葛派思想和拉丁语的语法-句法构成之间的相应性。两种语言开始普遍使用希腊语的 Oikumene(共同性)对关于语言的思维起着一种促进的作用,这一点是无可争议的。也许其产生的根源更为久远,并且正是科学本身的产生才造成了这个过程。这样,这个过程的开端就被追溯到希腊科学的早期。对于这一点,可以由音乐、数学和物理学中的科学概念的构成得到证明,因为在这些学科中都须标出一个理性的对象领域,要构造这种对象领域就必须有相应的关系,而我们却根本不可能把这种关系称作语言。从根本上可以说,凡在语词取得一种纯符号功能的地方,则说话和思维之间的本来联系(我们的兴趣也正在此)就会转变成一种工具式的关系。这种关于语词和符号之间改变了的关系正是科学的概念构成的全部基础,而且它对我们来说已经是这样不言而喻,以致我们甚至需要一种巧妙的回想才能记起,在科学的单一

---

⑥² 参见被亚里士多德鄙弃的 διάστημα(并列存在)理论(《物理学》,A4,211b14 以下)。

⑥³ J. 洛曼报道了他最近有趣的观察结果,按照他的看法,"理想的"声音形象和数的世界的发现都有其固有的构词方式,并由此而第一次引起了语言意识。参见 J. 洛曼:《音乐科学文献》,第 XIV 卷,1957 年,第 147—155 页;第 XVI 卷,1959 年,第 148—173 页、第 261—291 页;《读书——语言哲学、语言历史和概念探究的研究》,第 4 卷,第 2 集;以及"论希腊文化的范例性质"(载《伽达默尔纪念文集》,1960 年)。[现在斯图加特 1970 年出版了一卷《音乐和逻各斯》,但是这卷本想收集洛曼最重要论文,却只有很少一部分令人满意。]

2. "语言"概念在西方思想史上的发展　　　*611*

指称的理想旁边尚有语言本身的生命未加改变地继续存在着。

如果我们注意一下哲学史,那自然不会缺少这种回忆。我们曾经指出,在中世纪的思想中,语言问题的神学重要性如何总是又回溯到思维和说话的统一性的问题,并由此使一种在古典希腊哲学中尚未想到的因素起作用。语词是一种过程,意义的统一性就在这种过程中达到完全的表达——正如在关于语词的思考中所考虑的——这种观点相对于柏拉图关于一与多的辩证法指明了某些新的因素。因为对于柏拉图来说,逻各斯本身只是在这种辩证法的内部进行运动,它只不过是理念所遭受到的辩证法。这里并不存在真正的解释(Auslegung)问题,因为作为解释工具的语词和话语总是被思维着的精神所超越。与此相区别,我们在三位一体的思辨中发现,神成人的过程包含了新柏拉图主义关于展开(Entfaltung)、亦即关于如何从一中产生(Hervorgang)的探究,从而第一次表明了语词的过程特性。然而,只是当经院哲学在调解基督教思想和亚里士多德哲学时用一种新的因素作了补充,而这种因素使神性精神和人性精神的区别转变成具有积极意义的区别,并对新的时代具有最重要的意义,只是到了那时,语言问题才完全表露出来。这种因素就是创世的共同性。我认为,库萨的尼古拉[296]这位近来常被人们讨论的哲学家的地位自有其根本的突出之处。⑭

Ⅰ 438

---

⑭ 参见 K. H. 福尔克曼-施鲁克(Volkmann-Schluck),他试图首先从"图像"(Bild)的思想去规定库萨的尼古拉在思想史上的地位,参见他的《库萨的尼古拉》,1957年,尤其参见第 146 页以下。[另外请参见 J. 柯赫(Koch)的《库萨的尼古拉的揣想技巧》(《北莱茵-威斯特伐伦研究协会会刊》,第 16 卷)以及我自己的论文"库萨的尼古拉与当代哲学"(《短篇著作集》,第 3 卷,第 80—88 页,现收入我的著作集,第 4 卷)和"库萨的尼古拉在认识问题史中的地位"(《库萨的尼古拉学会会刊》,第 11 卷,1975 年,第 275—280 页,现收入我的著作集,第 4 卷)。]

两种创世方式之间的类似性自然有其界限。这种界限同上面提到的神的话语和人的话语之间的区别相对应。虽说神的话语创造了世界,但并非以一种具有时间顺序的创造思想和创造日来创造世界的。与此相反,人类的精神却只有在时间的相继性中才能把握它的思想整体。——当然这并非纯粹的时间关系,正如我们在托马斯那儿所看到的。库萨的尼古拉特别强调了这一点。人类精神的这种关系就像数列一样。因此人类精神的创造根本不是一种时间性的事件,而是一种理性的运动。库萨的尼古拉在语词的属(Gattungen)和种(Arten)如何从感觉中形成并在个别概念和语词中展开的活动中发现同一种理性的活动。所以这两种语词(即属和种)同样也是理性存在物(entia rationis)。不管这种关于展开的说法听起来如何带有柏拉图-新柏拉图主义的味道,实际上库萨的尼古拉在关键之处克服了新柏拉图主义解释理论的流射说框架。他用基督教的话语理论来反对这种新柏拉图主义的观点。⑥对他说来,语词只不过是精神的存在,而并不是精神被缩小或削弱了的显现。对这一点的认识构成了基督教哲学家优越于柏拉图主义者的高明之处。与此相适应,人类精神得以展开的多样性也决不是对真实统一性的背离,决不是丧失了自己的家。相反,尽管人类精神的有限性总是同绝对存在的无限统一性相关,但却必然会

---

⑥ Philosophi quidem de Verbo divino et maximo absoluto sufficienter instructi non erant... Non sunt igitur formae actu nisi in Verbo ipsum Verbum... De docta ignorantia II,9.["哲学家并不十分了解神性的最绝对的话语……假如(神性的)话语本身存在于话语之中的话,那么形式只存在于现实之中",载《论有学识的无知》,第2卷,第9章。]

2."语言"概念在西方思想史上的发展

找到它积极的合法性。这种观点被包含在 complicatio（综合、概括）这个概念之中，从这个角度出发则语言现象也获得了一种新的因素。这就是既进行概括（Zusammenfassen）又进行展开（Entfalten）的人类精神。在谈话的多样性中进行的展开并非只是一种概念的展开，这种展开而是一直延伸到语言性之中。这就是可能命名的多样性——根据语言的不同性——这种多样性增强了概念的差异性。

随着古典本质逻辑的唯名论的消除，语言问题也进入了一个新的阶段。于是人们能够用各种方式（虽然不是以任意的方式）说出事物的一致性和区别处，这一点突然取得了积极的含义。如果属和种的关系不仅可以从事物的本性——即按照自我建造的富有生命的自然中的"真实的"种——得到证明，——而且同样也可以另外的方式而同人及其命名的主权相关，那么历史地生长起来的语言，其意义史及其语法和句法就能作为一种经验逻辑的、亦即一种自然的、历史的经验（这种经验本身又包含超自然的东西）的变化形式而发生作用。事物本身本来是清楚明白的。[66] 每一种语言以自己特有的方式对语词和事物所进行的划分（Aufgliederung）到处都表现了一种最初的自然的概念构成，这种自然的概念构成同科学的概念构成系统相距甚远。它完全遵循事物的人为方面，遵循人的需求和利益的系统。如果语言共同体只掌握所有事物的相同的、本质的方面，那么对于一种语言共同体来说是某种事物本质的东西就能用另外的、甚至完全是另外种类的事物把它归属到

---

[66] 参见本书第 431 页。

一种统一的命名之中。命名(impositio nominis)同科学的本质概念及其属和种的归类系统根本不相吻合。相反,同这种科学的属和种的归类系统相比,常常是偶然性引导着某个语词的一般意义。

于是我们就可以考虑到科学对语言的某种影响。例如我们今天已不再说鲸鱼(Walfisch),而只说鲸(Wal),因为我们都已知道,鲸是一种哺乳动物。另一方面,大量民间关于确定事物的称呼部分地通过现代交往生活,部分地通过科学-技术的标准化而渐渐地趋向一律,正如我们实际所使用的语言词汇根本不是增多,而是逐渐减少。也许会有某种非洲语言具有 200 种关于骆驼的不同表述,这些表述都是根据骆驼同沙漠居民的生活关联而作出的。根据"骆驼"在所有这些表述中所保留的占支配地位的意义来看,骆驼就好像是另一种存在物。[57] 我们可以说,在这种情况中,属概念和语言的称呼之间的距离是很显著的。然而我们也可以说,追求概念的普遍性和追求实用的意义这两种倾向之间的平衡,是任一种有生命力的语言都不可能完全达到的目标。因此,如果我们用真实的本质秩序衡量自然概念构成的联系(Kontingenz),并把它理解为纯粹的偶然,那么这就包含某种人为的并且违背语言本质的东西。实际上这种联系是通过必要而又合法的变化范围而产生的,正是在这种变化范围中,人类精神才能表述出事物的本质秩序。

尽管人类语言的混淆自有其《圣经》上的意义,但拉丁语的中世纪却并未真正追随语言问题的这个方面,这一事实也许首先应

---

[57] 参见卡西尔:《象征形式的哲学》,第 1 卷,1923 年,第 258 页。

该从拉丁语在学者之间具有不言而喻的统治地位而得到解释,同时也可从希腊逻各斯理论的继续影响得到解释。只是到了俗人的作用变得重要起来而民族语言进入了学者的教育之中的文艺复兴时期,则这种民族语言与内部话语即同"自然"词汇的关系才得到富有成果的反思。但我们必须注意,不要在进行这种反思时把现代语言哲学的立场及其工具式的语言概念作为前提。语言问题之所以到了文艺复兴时期才出现,其意义乃在于那时希腊-基督教的遗产仍然以不言而喻的方式起着作用。这在库萨的尼古拉身上表现得最为明显。作为精神统一的展开而用语词表达的概念同样也同一种自然词(vocabulum naturale)保持着关系[这种自然词反映在概念之中(relucet)]而不管个别的命名可能是任意的(impositio nominis fit ad beneplacitum)。⑱ 我们也许可以问,这是一种怎样的关联和怎样的一种自然词。然而,就一切语言都是某种精神统一的展开而言,一种语言中的个别词同所有其他语言中的个别词都具有某种最终的一致性,这种观点在方法论上具有正确的意义。

库萨的尼古拉用自然词所指的也并非一种始于人类语言混乱之前的原始语言的语词。这样一种原始状态理论意义上的亚当的语言对于库萨的尼古拉是很陌生的。相反,他是从一切人类认识之彻底的不精确性出发的。众所周知,他的认识论乃是柏拉图主

---

⑱ 我们在下文中所援引的最重要证据是库萨的尼古拉的《理解的谎言》,第3卷,第2章:"Quomodo est vocabulum naturale et aliud impositum secundum illud citra praecisionem..."("正如一个自然词一样,并且一个其他词是按照自然词而超出精确性的……")。

义的动机和唯名论的动机相互交杂的结果：一切人类的知识都只是纯粹的揣想和意见(coniectura, opinio)。[69] 这就是他应用于语言上的理论。这样他就可以承认民族语言的差异性及其词汇表面上的任意性，而无须接受一种纯约定的语言理论以及一种工具性的语言概念。正如人类的知识本质上是"不精确的"，亦即可以允许有出入的，同样，人类的语言也是不精确的，允许有出入的。凡在一门语言中具有其固有表述(propria vocabula)的东西，则在另外的一种语言中也会有一种更粗疏、更冷僻的表述(magis barbara et remotiora vocabula)。因此，或多或少地存在着一种固有的表述(propria vocabula)。一切实际的命名在某种意义上都可以说是任意的，但它们却必然同相应于事实本身(forma)的自然表述(nomen naturale)相关。一切表述都是恰当的(congruum)，但并非每一种表述都是精确的(precisum)。

这种语言理论的前提是，即使是附有语词的事物(formae)也不隶属于人类认识逐渐趋近的前定的原型秩序，相反，这种秩序是通过区别和概括从事物的给定性中构成的。这样，在库萨的尼古拉的思想中就产生了唯名论的转向。如果属和种(genera et species)本身就是理智存在物(entia rationis)，那就很可以理解，尽管我们使用了不同语言中的不同的语词，但语词还是能够同它所表述的事物直观取得一致性。正因为所涉及的并不是表述的变化，而是事物直观的变化以及随之而来的概念构成的变化，所以这里涉及一种本质的不精确性，这种不精确性并不排除在一切表述

---

[69] J. 柯赫：《富有见识的表述》，参见本书第 438 页的注释[64]。

中都有一种事物本身(der forma)的反映。显然，只有当精神被提升为无限的精神时，这种本质的不精确性才能被克服。在无限的精神中只存在一种唯一的事物(forma)和一种唯一的语词(vocabulum)，亦即在一切事物中反映(relucet)出来的不可说出的上帝的话语(verbum Dei)。

如果我们把人类的精神看作对神性原型的摹仿，这样我们就可以让人类语言的变化域起作用。正如一开始在柏拉图学院中对类比研究的讨论一样，在中世纪关于共相讨论的末尾也考虑到语词和概念之间真实的相近性。但这里离开现代思想从语言的变化而为世界观引出的相对论的后果还很遥远。库萨的尼古拉在一切区别之中仍然保持着下面这一点的一致性，而基督教的柏拉图主义者就依赖于这一点：正是一切人类语言中的事物联系，而并非人类事物认识的语言束缚性才对他是根本性的。人类事物认识的语言束缚性只是表现了一种光谱的折射，真理就在这种折射中显现。

3. 语言作为诠释学本体论的视域

a) 语言作为世界经验

如果我们特地深入到语言问题史的某些阶段之中，语言是世界经验这一点就会在某些与现代语言哲学和语言科学相距甚远的观点中被认识到。现代关于语言的思维自赫尔德和洪堡以来就受到一种完全不同的兴趣的支配。它希望要研究一下，人类语言的自然性——这是一种很难与唯理论和正统教义截断的观点——是如何在人类语言构造多样性的经验范围内展开的。它在每种语言中都认出一种有机的结构,从而试图在比较的观察中研究人类精神为行使其语言能力而使用的丰富的手段。这种经验比较的研究方法对于库萨的尼古拉是很陌生的。他在以下这点上可以说仍然是个柏拉图主义者,即不精确东西的区别并不包含固有的真理性,因而,只有就这种区别与"真实的东西"相一致而言,他才对这种区别感兴趣。库萨的尼古拉对生成着的民族语言的民族特性根本没有兴趣,而洪堡则受这种兴趣所推动。

如果我们想正确地对待威廉·冯·洪堡这个现代语言哲学的创始人,我们就必须在他那儿提防由他开创的比较语言研究和民族心理学所造成的过度共鸣。"语词的真理性"问题[70]在洪堡那里尚未完全搞颠倒。洪堡并不只是探究人类语言构造的经验多样性,以便在这种可以把握的人类表达领域中深入到不同民族的个体特性中去。[71]洪堡对个体性的兴趣正如他同时代人的这种兴趣一样,根本不能被理解为对概念的一般性的背离。对他来说,毋宁说在个体性和一般的本性之间存在着一种不可分离的联系。个体性的感觉总是具有对某种全体性的预感。[72]因此,深入到语言现象的个体性中就意味着一种通向认识人类语言整体状况的道路。

洪堡的出发点是,语言是人类"精神力量"(Geisteskraft)的产物。凡有语言的地方,都有人类精神原始的语言力量在起作用,而每一种语言都懂得如何达到人类的这种自然力所追求的普遍目

---

[70] [参见我的著作集第 8 卷中同一题目的论文。]

[71] 下面请参见《论人类语言构造的多样性及其对人类精神发展的影响》(首次于 1836 年发表)。

[72] 同上书,§6。

标。但这并不排除而且正是证明语言比较所探究的是语言自身得以区别的完善性尺度。因为"力求使语言完善的理念得以实现的努力"对一切语言都是共同的,而语言研究者的工作就在于探究,各种语言到底以何种手段在何种程度上接近这种理念。因此,对洪堡说来,在语言的完善性中完全存在着区别。但这并不是一种预先存在的尺度,从而他可以把现象的多样性置于这种尺度之下,相反,他是从语言本身的内部本质及其丰富的现象中才获得这种尺度的。

洪堡据以比较各种人类语言的语言构造的规范兴趣并未取消对个体性的承认,也就是说,这种兴趣并未取消对每种语言的相对完善性的承认。众所周知,洪堡曾经说过要把每一种语言都理解为一种特有的世界观(Weltansicht),因为他研究了人类语言构成的原始现象据以区别的内在形式。这一观点的基础并非只是那种强调主体在把握世界时的突出作用的唯心主义哲学,而且还有由莱布尼茨首次创立的个体性形而上学。这不仅表现在精神力这个概念有语言现象归属于它,而且还特别表现在,洪堡除了通过声音区别语言之外还要求把精神力作为内在的语言意识而对语言进行区别。他谈到"现象中的内在意识的个体性",并用它来指"力量的能"(die Energie der Kraft),内在意识就以这种能来对声音行使影响。[73] 当然,他认为这种能不可能到处都一样的。正如我们看到,他还分享了启蒙运动这样的形而上学原则,即在对于真实的和完满的东西的接近中看出个体化原则。这正是莱布尼茨的单子论

I 444

---

[73] 参见 W. v. 洪堡的《论人类语言构造的多样性及其对人类精神发展的影响》。

宇宙,人类语言构成的多样性就借这种单子论宇宙而得以标明。

这样,洪堡所开创的研究道路就受到形式抽象(die Abstraktion auf die Form)的规定。因此人类语言的意义虽然被洪堡解释成民族精神特性的反映,但语言和思维之联系的普遍性却被限制到一种能力(Können)的形式主义。

洪堡看到了语言问题的根本意义,他说:"语言乃是与一种无限的、真正无穷无尽的领域,与一切可思维事物之总和完全相对应的。因此,语言必须对有限的手段进行无限的使用,并且是通过产生思想和语言的力量之同一性而可能做到这一点。"[74]能够对有限的手段进行无限的使用,这就是语言所特有的力量的真正本质。语言的力量能够把握所有它能对之进行作用的东西。这样,语言的力量就超越一切内容的应用。作为一种能力的形式主义,语言就同一切所说之内容规定性相脱离。洪堡甚为受惠于这种天才的观点,尤其是因为他没有认错,个体的力量相对于语言的力量显得极为微小,因而在个体和语言之间存在着一种变换关系,这种关系赋予人以相对于语言的某种自由。洪堡同样也没有认错,这种自由只是一种有限的自由,因为每一种语言都相对于每次所说的内容而构成一种特有的此在,从而使人们能在语言中特别清楚而生动地感觉到"遥远的过去如何同现在的感觉相联系,因为语言是通过我们前辈的感受而流传下来并保存了他们的情调"。[75] 洪堡还在被作为形式而把握的语言中看到了精神的历史生命。以语言

---

[74] 参见 W. v. 洪堡的《论人类语言构造的多样性及其对人类精神发展的影响》。
[75] 同上书,§9。

力量这个概念为基础而建立语言现象，这赋予内在形式概念以一种特有的合法性，而这种合法性可以由语言生命的历史活动性得以证明。

尽管如此，这种语言概念同时也表现了一种抽象，而这种抽象我们为着我们的目的是必须要考虑的。语言形式和传承的内容在诠释学经验中是不可分离的。假如每一种语言都是一种世界观，那么语言从根本上说首先就不是作为一种确定的语言类型（就如语言学家对语言的看法），相反，语言是由在这种语言中所述说的内容而流传下来的。

通过承认语言和传承物的统一性如何深化了问题或使问题变得更为恰当，也许在下面这个例子中表现得很清楚。威廉·冯·洪堡曾经说过，学会一门外语肯定是在迄今为止的世界观中获得一种新的角度，他继续说道："只是因为人们总是或多或少地把他自己的世界观，或者说他自己的语言观带入外语之中，所以这种结果很少被人纯粹而完全地感觉到。"(76)在这里作为一种限制和缺点而谈的东西（从带有其自己认识方法的语言研究者的观点看，这是正确的），实际上表现了诠释学经验的实现方式。把一种新的角度引入"迄今为止的世界观之中"，并不是对某门外语的领会，而是对这门外语的使用，不管这种使用是在同外国人的生动交谈之中，抑或在对外国文学的研究之中。尽管我们会很深地置身于陌生的精神方式，但我们决不会因此而忘掉我们自己的世界观，亦即我们自己的语言观。也许我们所面对的其他世界并非仅是一个陌生的世

(76) 参见 W. v. 洪堡的《论人类语言构造的多样性及其对人类精神发展的影响》。

界，而是一个与我们有关联的其他世界。它不仅具有其自在的真理，而且还有其为我们的真理。

在外语中所体验到的其他世界甚至并非就是研究、熟识（Sichauskennen）和了解（Bescheidwissen）的对象。谁对某门外语的文学传承物采取消极等待的态度，从而只是用这门外语说话的人，就不会对这种语言具有对象性的关系，其情形就如使用这门外语的旅游者一样。旅游者的行为举止与语文学家完全不同，对于语文学家说来，语言传承物就是语言史和语言比较的材料。我们仅从外语的学习和学校借以把我们引入外语中的文学作品所特有的死灭情况中才能很好地认识到这种材料。如果我们形式地对待语言，我们显然就不能理解传承物。如果这种传承物不是以一种必须用文本的陈述来传达的熟悉性（Bekanntes und Vertrautes）加以表现，那么我们同样不能理解它所说的和必然所说的内容——这是并非不值得注意的问题的另一方面。因此，学会一门语言就是扩展我们能够学习的东西。只有在语言研究者的反思层面上，这种联系才会取得这种形式，即学会某门外语的后果"未被纯粹而完全地感受到"。诠释学经验本身则恰好相反：学会一门外语和理解一门外语——这种能力的形式主义——只是指能够使在语言中所说的东西自己对我们说出来。这种理解的完成总是指所说的东西对我们有一种要求（Inanspruchnahme），而如果我们没有把"我们自己的世界观，亦即自己的语言观"一起带入的话，则这种要求就不可能达到。洪堡自己对不同民族的文学传承物实际的熟悉性究竟在多大程度上影响了他对语言抽象方向的研究，这个问题也许是很值得研究一下的。

3. 语言作为诠释学本体论的视域

这个问题对于诠释学问题所具有的真正意义是在另外方面：在于它证明了语言观就是世界观。洪堡把生动的说话过程、语言的活动能力（Energeia）认作语言的本质，从而克服了语法学家的教条主义。从指导他关于语言所有思考的力的概念出发，洪堡特别地纠正了关于语言起源的问题，该问题曾经被神学的思考弄得特别困惑。他指出，这个问题非常错误，因为它包括了一个无语言的人类世界的结构，而其向语言性的提升则是在某时某地来到我们这里的。针对这样一种结构，洪堡正确地强调了语言从一开始就是人类的语言。[77] 这种论断不仅改变了语言起源这个问题的意义——它还是一种影响深远的人类学观点的基础。

语言并非只是一种生活在世界上的人类所适于使用的装备，相反，以语言作为基础，并在语言中得以表现的是，人拥有世界。世界就是对于人而存在的世界，而不是对于其他生物而存在的世界，尽管它们也存在于世界之中。但世界对于人的这个此在却是通过语言而表述的。这就是洪堡从另外的角度表述的命题的根本核心，即语言就是世界观。[78] 洪堡想以此说明，相对附属于某个语言共同体的个人，语言具有一种独立的此在，如果这个人是在这种语言中成长起来的，则语言就会把他同时引入一种确定的世界关系和世界行为之中。但更为重要的则是这种说法的根据：语言离开了它所表述的世界则没有它独立的此在。不仅世界之所以只是世界，是因为它要用语言表达出来——语

I 447

---

[77] 参见 W.v.洪堡的《论人类语言构造的多样性及其对人类精神发展的影响》，§9，第60页。

[78] 同上书，§9，第59页。

言具有其根本此在，也只是在于，世界在语言中得到表述。语言的原始人类性同时也意味着人类在世存在的原始语言性。我们将必须探究语言和世界的关联，以便为诠释学经验的语言性获得恰当的视域。⑦

拥有世界的意思是：对世界采取态度（sich zur Welt verhalten）。但要对世界采取态度却要求我们尽可能地同由世界而来的相遇物（Begegnenden）保持距离，从而使它们能够如其本来面目那样地出现在我们之前。而这种能够也就是拥有世界和拥有语言。这样，世界（Welt）概念就成为环境（Umwelt 或译周遭世界）的概念反义词，环境是为一切在世界上存在的生物所拥有。[297]

的确，环境概念首先是为人类环境而使用，而且也只为人类环境而使用。环境就是人们生活于其中的"周围世界"（Milieu），而环境对生活于其中的人的性质和生活方式的影响就构成了环境的意义。人并非独立于世界向他显示的特殊方面。因此，环境概念最初是一个社会概念，这个概念试图揭示个体对于社会世界的依赖性，因此这个概念只同人类相关联。环境概念可以在广义上应用于一切生物，以便概括出这些生物的此在所依赖的条件。但在这种情况下我们也可以清楚地看出，人类同所有其他的生物不同，因为人拥有"世界"，而生物则并不具有同样意义上的同世界的关系，它们似乎是被置于它们的环境之中。因此，把环境概念扩展到所有生物身上实际上就改变了这个概念的意义。

因此，同一切其他生物相反，人类的世界关系是通过无环境

---

⑦ ［参见我的著作集第 2 卷在"Ⅲ补充"这一栏里的论文，在该卷第 121—218 页。］

3. 语言作为诠释学本体论的视域   625

性（Umweltfreiheit）[298]来表现其特征的。这种无环境性包含了世界的语言构造性（die sprachliche Verfaßtheit der Welt）。这两者是相互隶属的。使自己超越于由世界涌来的熙熙攘攘的相遇物就意味着：拥有语言和世界。最近的哲学人类学在同尼采的争辩中就以这种形式提出了人类的特殊地位，并指出世界的语言构造性根本不是指人的世界举止被闭锁于一种用语言框架编制起来的环境之中。⑧ 相反，只要有语言和人存在，那就不仅有超越（Erhebung）或脱离（Erhobenheit）世界之压力的自由——而且无环境性也同我们赋予事物的名称的自由相联系，正如深刻的宗教注释所说，亚当就是以此为根据而从上帝那儿接受了制定名称的全权。

如果我们认识到这一点的重要意义，那就很可以理解，为什么同人类普遍的语言世界关系相对还存在着各种语言的多样性。由于人的无环境性，因此他的自由的语言能力一般是给定的，从而也就具有了历史多样性的根据，人的说话就以这种多样性而同世界交往。当神话谈到一种原始语言以及一种语言混乱的产生时，这种神话观虽说以富有意义的方式反映了那种语言多样性对理性所表现的真实的谜，但按其实际所理解的则这种神话报道是把事实头足倒置了，因为它认为人类在使用一种原始语言时的原始一致性被一种语言混乱摧毁了。实际情况是，由于人总是能够超越他所处的每一偶然环境，而他的讲话又总是能把世界表达出来，所以人从

---

⑧ 马克斯·舍勒（Max Scheler）、赫尔姆特·普利斯纳（Helmut Plessner）、阿诺德·格伦（Arnold Gehlen）。

一开始就具有行使其语言能力的变化性。

　　超越环境在这里从一开始就具有一种人类的意义,亦即具有一种语言的意义。动物也能够离开它的环境并漫游整个世界,而无须摆脱它的环境束缚。与此相反,对人类说来,超越环境就是越向世界(Erhebung zur Welt),它指的并不是离开环境,而是指用另外的态度对待环境,指一种自由的、保持距离的举止,而这种态度或举止的实现总是一种语言的过程。说有动物的语言只是 per aequivocationem(由于含糊性)。因为语言是一种在其使用中自由而可变的人的能力。语言对人的可变性并不仅是指还存在着我们可以学习的其他陌生语言。对于人说来,语言本身就是可变的,因为它对于同一件事为人准备了各种表述的可能性。即使是在特殊情况下,例如在聋哑人那里,语言也并非是一种真正的非常明显的手势语,而是通过清楚的手势使用而对同样清楚的默语的一种替代性的模仿。动物之间的相互理解可能性则不知道这种可变性。这种说法的本体论意义在于,虽然动物能够相互理解,但并不能理解构成世界的事实情况。亚里士多德已经非常清楚地看到这一点:动物的叫唤是向同类指示出某种举止,但由逻各斯而进行的语言理解则揭示了存在物本身。㉛

　　从语言的世界关系中引出了语言特有的事实性(Sachlichkeit)。语言所表达的是事实情况(Sachverhalte)。一个具有如此这般情况的事实——这种说法就包含着对其独立他在性的承认,

---

㉛　亚里士多德:《政治学》,A2,1253a10 以下。[也可参见我的著作集,第 2 卷,第 146 页。]

3. 语言作为诠释学本体论的视域

这种他在性以说话者同事物的距离作为前提。[299] 以这种距离作为基础，就可以有某些东西作为真正的事实情况而衬托出来并成为某种陈述的内容，这种陈述是其他人也能理解的。在衬托出来的事实情况的结构中显然也总是有否定性的因素一起存在。正是某些因素的显现而不是另一些因素的显现，这才构成一切存在物的规定性。因此，从根本上说也存在否定性的事实情况，这种否定性的事实情况是希腊思想首先想到的。早在对爱利亚派关于存在（Sein）和非存在（Noein）的配列这个基本命题默默的重复中，希腊思想就遵循了语言的根本事实性，而柏拉图在克服爱利亚派的存在概念时又把存在中的不存在认作谈论存在物的根本可能性。当然，正如我们所看到，在对理念（Eidos）逻各斯的精心表述中，对语言本身存在的探讨是不能得到正确展开的，因为希腊思想充满了语言的事实性。希腊思想在其语言的形成中遵循自然的世界经验，从而把世界设想为存在。一直被希腊思想认作存在物的东西从构成语言世界视域的包罗万象的总体中作为逻各斯、作为可陈述的事实情况而区别出来。如此被认作存在物的东西其实并不真是陈述的对象，而是"在陈述中得以表达"。从而希腊思想就在人类思维中获得了它的真理性和可显现性。所以希腊的本体论就建筑在语言的事实性之上，因为它从陈述出发思考语言的本质。

与此相对当然应该强调，语言只有在谈话中，也就是在相互理解的实行中才有其根本的存在。但这并不能理解成，似乎语言的目标已经由此而确定。相互理解（Verständigung）并不是纯粹的活动，不是实现目的的行动，有如造出某种我可以把自己的意见告知他人的符号。毋宁说，相互理解根本不需要真正词义上的工具。

相互理解是一种生活过程（Lebensvorgang），在这种生活过程中生活着一个生命共同体。在这一点上可以说人类通过谈话达到的相互理解与动物相互照料的相互理解并没有区别。因此，人类的语言就"世界"可以在语言性的相互理解中显现出来而言，必须被认作一种特别的、独特的生活过程。语言性的相互理解把它的论题放到相互理解的人面前，就像党派之间的争论对象被置于它们之间一样。世界这样就构成一块公共的基地，谁也未曾踏上过它，但谁都认可它，这种公共基地把所有相互说话的人都联结在一起。一切人类生活共同体的形式都是语言共同体的形式，甚至可以说：它构成了语言。因为语言按其本质乃是谈话的语言。它只有通过相互理解的过程才能构成自己的现实性。因此，语言决不仅仅是达到相互理解的手段。

因此，由人发明的人工理解系统根本不是语言。因为人工语言，例如秘密语言或数学符号语言都没有语言共同体和生活共同体作为它们的基础，而只是作为相互理解的手段和工具而被引入和使用。这就说明，人工语言总是以生动地进行的相互理解作为前提，而这正是语言性的。显然，某种人工语言据以成立的协议必然附属于另一种语言。与此相反，在一种真正的语言共同体中我们并不是尔后才达到一致，而是如同亚里士多德所指出的，已经存在着一致。⑫ 在共同生活中向我们显现的、包容一切东西的并且我们的相互理解所指向的正是世界，而语言手段并不是语言的自为对象。对一种语言的相互理解并不是真正的相互理解情况，而

---

⑫ 参见本书第 435 页以下。[以及我的著作集，第 2 卷，第 16、74 页。]

3. 语言作为诠释学本体论的视域

是约定一种工具、一种符号系统的特殊情况,这种工具或符号系统并不在谈话中具有它的存在,而是作为报道目的的手段。人类世界经验的语言性给予我们关于诠释学经验的分析以一种扩展的视域。在翻译的例子以及超越自己语言界限而可能达到相互理解的例子中所指出的东西证明:人所生活于其中的真正的语言世界并不是一种阻碍对自在存在认识的栅栏,相反,它基本上包含了能使我们的观点得以扩展和提升的一切。在某个确定的语言和文化传统中成长起来的人看世界显然不同于属于另一种传统的人。因此,在历史过程中相互分离的历史"世界"显然互相不同,而且也与当今的世界不同。不过,在不管怎样的传承物中表现自己的却总是一种人类的世界,亦即一种语言构成的世界。每一个这样的世界由于作为语言构成的世界就从自身出发而对一切可能的观点并从而对其自己世界观的扩展保持开放并相应地向其他世界开放。

Ⅰ 451

这一点却具有根本的意义。因为这就使"自在世界"(Welt an sich)这个概念的使用产生了疑问。衡量自己世界观不断扩展的尺度不是由处于一切语言性之外的"自在世界"所构成。相反,人类世界经验无限的完善性是指,人们不管在何种语言中活动,他们总是只趋向一种不断扩展的方面,趋向一种世界"观"(Ansicht)。这种世界观的相对性并不在于,似乎我们可以用一个"自在世界"与它对置;好像正确的观点能够从一种人类-语言世界之外的可能方位出发遇见这个自在存在的世界。世界没有人也能够存在,也许将存在,这一点绝对没有人怀疑。它的相对性乃在于所有人类-语言地把握的世界观生活于其中的感官意义部分。一切世界观中都提到世界的自在存在。世界就是语言地组织起来的经验与之相关的整体。这样一种世界观的多样性根本不意味"世界"的相对化。相反,世界自身所是的东西根本不可能与它在其中显示自己的观点有区别。

这种关系同感觉事物时的情况相同。从现象学的观点看,"自在之物"只在于它的连续性,由于这种连续性,感觉事物在感觉上的细微差别(die perspektivischen Abschattungen)[300]才能相互连结起来,胡塞尔曾经指出过这点。⑧ 谁若是把"自在存在"(An-sichsein)同这些"观点"(Ansichten)对置,那他就必须或者是神学地思考——这时自在存在就不是对他而言,而仅仅是对上帝而言了——;或者是撒旦式地思维,即像那个妄图使整个世界都必须服从他来证明他自己的神性的魔鬼一样——这样,世界的自在存在对于他就是其想象的全能的限制。㉞ 我们可以在像感觉这样的相似的意义上谈论"语言的细微差别",这种细微差别是世界在各种不同的语言世界中所经验到的。但在两者之间仍然有一种显著的区别,对事物感觉的每一种"细微差别"都和其他感觉绝对不同,并且一起构成作为这种细微差别之连续性的"自在之物",反之,在语言世界观的细微差别中,每一种语言世界观都潜在地包含了一切其他的语言世界观,也就是说,每一种语言世界观都能使自己扩展

---

⑧ 《纯粹现象学和现象学哲学的观念》,第1卷,§41。

㉞ 如果人们援引世界的自在存在来反对唯心主义——不管是先验唯心主义还是"唯心主义的"语言哲学,那就纯属误解。因为他们认错了唯心主义的方法意义,而其形而上学形态自康德以来就已经一般被克服了。(参见康德《纯粹理性批判》第274页以下"对唯心主义的反驳")

3. 语言作为诠释学本体论的视域

到其他的语言世界观中。它能使在另一种语言中所提供的世界的"观点"从自身而得到理解和把握。

因此,我们确信,我们世界经验的语言束缚性(Sprachgebundenheit)并不意味着排外的观点;如果我们通过进入陌生的语言世界而克服了我们迄今为止的世界经验的偏见和界限,这决不是说,我们离开了我们自己的世界并否认了自己的世界。我们就像旅行者一样带着新的经验重又回到自己的家乡。即使是作为一个永不回家的漫游者,我们也不可能完全忘却自己的世界。即使我们作为具有历史意识的学者很清楚人类对世界之思考的历史条件性以及自己的条件性,那我们也并未由此而达到了一种无条件的立场。如果说接受条件性这件事本身是绝对而无条件地真的,从而把它运用于自己身上不能没有矛盾,那这也决不是对接受这种彻底条件性的反驳。对条件性的意识本身决不会扬弃条件性。这正是反思哲学的一种偏见,它们把根本不在同一逻辑层次上的东西理解成命题的关系。因此,反思哲学的论据在这里是不合适的。因为这里涉及的根本不是无矛盾地保持判断关系,而是涉及生活关系。只有我们世界经验的语言构造性才能把握多种多样的生活关系。⑧

因此,尽管哥白尼对于世界的解释早已成为我们知识的一个

---

⑧ K.-O. 阿佩尔(Apel):"一种指向内容的语言科学的哲学真理概念",载《威斯盖伯纪念文集》,第 25 页以下。[现在收入阿佩尔的《哲学的转变》,两卷本,法兰克福,1973 年,参见该书第 1 卷,第 106—137 页。]阿佩尔正确地指出,人们关于自身的谈话根本不能被理解成是对这样一种存在(Sosein)进行对象性确定的论断,因此,通过指出某种陈述的逻辑自身相关性和它的矛盾性从而驳斥这种陈述乃是毫无意义的。

部分，但我们仍然可以说太阳落山。显然，我们既确认观察的印象（Augenschein），同时又了解这种印象在理智世界中另外的一面，这两者是完全可以互相结合的。难道不正是语言在多层次的生活关系中起着促进和调解的作用？我们关于太阳落山的说法显然不是任意的，而是说出了一种实在的现象。正是现象在向那自身不动的人进行显现。正是太阳把它的光线投射给我们复又离开我们。因此，太阳落山对于我们的直观来说乃是一种实在。[它是"此在的相对性"（daseinsrelativ）]。然而我们又能通过另一种模式结构而从这种直观证据中思维地摆脱出来，并且正因为我们能够做到这一点，所以我们同样能够讲出哥白尼理论这种理智的观点。但我们不能用这种科学理智的"眼光"去否认或驳斥自然的观察印象。这不仅因为观察印象对我们是一种真实的现实，因而这种驳斥是无意义的，而且因为科学所告诉我们的真理本身只是相对于某种确定的世界定向（Weltverhalten）而根本不能要求自己成为整体的真理。也许正是语言才真正解释了我们世界定向的整体，而在这种语言整体中，不光科学找到自己的合法性，观察印象也同样保持了自己的合法性。

当然这并不是说，语言是这种精神惰性力的原因，而只是说，我们对世界的直观和对我们本身的直观的直接性（我们就保持在这种直观的直接性中）在语言之中被保存和发生变化，因为我们这些有限的生物总是承上启下、有生有灭。在语言之中，超越一切个体意识的实在才会显现。

因此，在语言现象中不仅恒定物有其住所，而且事物的变化也能找到它的场所。从而我们就可以例如在语词的衰亡中认出道德

3. 语言作为诠释学本体论的视域

和价值观的变化。例如,"德行"(Tugend)这个词在我们的语言世界中几乎只具有讽刺的含义。[36] 如果我们不用德行这个词而代之以其他的词,而这种词在其标志出德行的谨慎考虑中使道德规范以一种同固定的习俗世界背道而驰的方式继续生效,那么这样一种过程就是实际现实的反映。即使诗歌所用的词也经常成为对真实东西的检验,因为诗歌在似乎已显得过时不用的词中唤醒了秘密的生命,并使我们对于自己有所知晓。所有这一切都使语言能够具有开放性;因为语言并不是反思思想的创造物,而是与我们生活于其中的世界举止一起参与活动的。

这样就从总体上证实了我们在上面所提出的观点:世界本身是在语言中得到表现。语言的世界经验是"绝对的"。它超越了一切存在状态的相对性,因为它包容了一切自在存在,而不管自在存在在何种关系(相对性)中出现。我们世界经验的语言性相对于被作为存在物所认识和看待的一切都是先行的。因此,语言和世界的基本关系并不意味着世界变成了语言的对象。一切认识和陈述的对象都总是已被语言的世界视域所包围。这样一种人类世界经验的语言性并不意指世界的对象化。[37]

Ⅰ 454

与此相反,科学所认识并据以而保持其自身客观性的对象性却属于由语言的世界关系所把握的相对性。构成"认识"本质的"自在存在"(Ansichsein)概念在对象性中获得一种意志规定(Willensbestimmung)的特性。自在存在的事物独立于我们的愿

---

[36] 参见马克斯·舍勒"为德行恢复名誉"一文,载《价值的起源》,1919年。
[37] [在下面三页内正文有些较小的改动。对此部分请参见"在现象学和辩证法之间——一种自我批判的尝试",载我的著作集,第2卷,第3页以下。]

望和选择。然而因为这种事物是在它的自在存在中被认识的,因此它也由此而受到人的支配,以致人们可以打它的算盘,即可以把它编入人自己的目标之中。

正如我们所见,这种自在存在概念只是在表面上像是希腊的 kath'hauto(从自身)概念的等值物。后者首先指的乃是这样一种本体论的区别,即某种按其实质和本质而存在的存在物在本体论上不同于那种能自身存在并变化的东西。凡属于存在物之持存本质的东西显然在一种突出的意义上是可知的,这就是说,它总是预先已隶属于人类的精神。然而,现代科学意义上所谓"自在"的东西却同这种本质的和非本质的东西之间的本体论区别毫不相干,而是把自己规定为准许我们控制事物的确实知识。确实事实就是像人们必须要考虑的对象和阻力。正如马克斯·舍勒特别指出的,自在的事物对于某种特定的认识和意愿方式来说也是相对的。⑧

这并不意味着有一种确定的科学,它以特定的方式指向对存在物的统治并从这种统治意志出发规定相应的自在存在的意义。虽说舍勒正确地强调过,机械学的世界模式以特定的方式同制造事物的能力(Machenkönnen)相关。⑨ 但这显然是一种太片面的模式。"统治知识"(Herrschaftswissen)乃是现代自然科学的综合知识。这一点既适合于刚刚发展起来的关于生命的介于物理学-

---

⑧ 虽然舍勒把先验唯心主义的意义误解成生产唯心主义(Erzeugungsidealismus)并把"自在之物"当作主观地制造对象的反义词,但他这种观点仍然是正确的。

⑨ 首先参见舍勒的论文"认识和劳动",载《知识形式和社会》,1926 年。[现在收入他的《著作集》,第 8 卷。]

3. 语言作为诠释学本体论的视域

化学之间的科学研究的自我理解,也适合于重新发展了的进化论。这一点特别明显地表现在那样一些具有与某种新的研究观点相联系的新的研究目标的领域。

所以,例如生物学家冯·于克斯科尔[301]的环境研究讲到了某种似乎不是物理世界的生命宇宙:在其中有多种多样的植物、动物和人的生命世界进行相互联系的宇宙。

这种生物学的立场要求克服以往动物观察在方法论上的天真的人类中心主义(Anthropozentrik),因为它研究生物生活于其中的环境的具体结构。人类的生活世界也像动物的环境一样以同样的方式从适用于人类感官的标记建造起来。如果"世界"以这种方式被认作生物学的计划方案,那就当然是要以经由物理学而造成的自在存在的世界为前提,因为人们订出了物竞天择的原则,各种生物就按这种原则从"自在存在"的材料中构筑它们的世界。生物学的宇宙就这样从物理学宇宙中通过重新塑造而获得,并间接地以物理学宇宙作为前提。显然,这里涉及的是一种新的立场。这是一种今天一般承认为行为生物学(Verhaltensforschung)的研究方向。这种研究方向当然也包括了人类这个特殊的种类。这种研究方向发展了一门物理学,人们借助于这门物理学把人类所发展的时-空观理解成相当复杂的数学结构的一种绝妙的特以人为定向的特殊情况——例如,当我们今天能够把蜜蜂的定向能力归属到它们的紫外线感觉后,我们就能了解蜜蜂的世界。

因此,物理学世界似乎既包括了动物世界又包括了人类世界。这样就产生一种假象,好像物理学"世界"就是真实的、自在存在的世界，同时又是生物各以自己的方式共同对待的绝对实在。

难道这种世界真是一个自在存在的世界？它真的超越了一切此在的相对性，而关于它的知识则可以被称作绝对的科学？某种"绝对的对象"这个概念本身岂不已经是一种自相矛盾（einhölzernes Eisen）？无论生物学的宇宙还是物理学的宇宙实际上都不可能否认它们各自特定存在的相对性。因此，物理学和生物学具有同样的本体论视域，作为科学，它们根本不可能越过这个视域。正如康德所指出的，它们对事物的认识只是意味着这些东西如何在空间和时间中存在，并且只是经验的对象。这恰好规定了在科学中所设定的知识进步的目标。即使是物理学世界也根本不可能想成为存在物的整体。因为即使是描绘一切存在物的世界方程式，以致体系的观察者也出现在体系的诸方程式中，也是以作为计算者而不是作为被计算的对象的物理学家的存在为前提。如果说有一种物理学既是进行计算同时又是自身计算的对象，这种说法是自相矛盾的。对于研究一切生物的生活世界以及人类的行为方式的生物学也是如此。生物学所研究的当然也包括研究者的存在——因为他本身也是一种生物和一个人。但决不能由此而认为，生物学只是一种人类的行为方式因而只能作为人类的行为方式被观察。因此生物学乃是认识（或错误）。生物学恰如物理学一样研究存在的东西，但本身却不是它所研究的对象。

不管是物理学还是生物学所研究的自在存在，都是相对于在它们的研究领域中设置的存在设定。不存在哪怕最微小的理由可以正确要求物理学超出这种存在设定而认识自在存在。无论物理学还是生物学，作为科学它们都预先设定了自己的对象领域，对这种对象领域的认识则意味着对它们的统治。

与此相反,人类的世界关系如其在语言过程中所处的那样在总体上所指的却是一种完全不同的情况。语言地表现并被语言地把握的世界,并不像科学的对象那样在同一意义上是自在的和相对的。它不是自在的,因为它根本不具有对象性的特性。就它作为包罗万象的总体而言,它根本不可能在经验中被给出。就它作为世界而言,它也并不相对于某种特定语言。因为在一种语言世界中生活,就像我们作为语言共同体的成员所做的那样,这并不意味着进入一种环境,就像动物进入它们的生活世界一样。我们不可能用相应的方式从上面观察语言世界。因为根本不存在外在于语言世界经验的立场,似乎可以从此出发把语言本身变成对象。物理学并不能给出这样的立场,因为物理学作为其对象进行研究和考虑的根本不是世界,亦即存在物的总体。同样,研究语言构造的比较语言学也不可能找出一种同语言相脱离的立场,仿佛从这种立场出发就能认识存在物的自在,而语言世界经验的各种形式对于这种立场就可以作为从自在存在物中所得出的概括选择而重新构造的——就如人们研究其构造原则的动物的生活世界一样。其实在每种语言中都同存在物的无限性具有一种直接的联系。拥有语言意味着一种同动物的环境束缚性完全不同的存在方式。由于人类学会了陌生的语言,所以他们并不改变他们的世界关系,有如变成了陆地动物的水中动物那样,相反,由于人类坚持其自己的世界关系,所以他们通过陌生的语言世界反而扩充和丰富了这种世界关系。谁拥有语言,谁就"拥有"世界。

如果我们坚持了这一点,我们就再也不会把语言的事实性同科学的客观性相混淆。在语言的世界关系中存在的距离并不像自然科学通过清除认识中的主观因素而达到的客观性那样起作用。距离和语言的事实性显然也是一种并非由自身造成的真正的成就。我们知道,对经验的语言把握对于经验的掌握起了怎样的作用。它是成比例地出现、间接地构成并由此而受到限制,似乎它那紧迫的茫然不知所措的直接性已被推到遥远的地方。这样地掌握经验当然不同于科学对经验的加工,科学把经验客观化并使其服务于有利的目的。当自然研究者认识了某种自然过程的规律性的,他就能掌握某物,并能试验他是否能重新构造它。但在语言所渗透的自然的世界经验中却根本不涉及这类现象。讲话根本不是指使对象可以支配、可以计算。这不仅是说陈述和判断乃是语言举止多样性中的一种纯粹的特殊形式——它们总是交织在生活举止之中。客观化的科学把世界的自然经验的语言可塑性当作一种偏见的源泉,正如培根的例子教导我们的,新科学必然会用其精确的数学衡量的方法既反对语言的偏见又反对它天真的目的论,以便为它自己的建设性研究计划腾出地盘。⑩

　　另一方面,在语言的事实性和人类的科学能力之间也存在一种积极的实际联系。这一点在古代科学那儿显得尤其明显。古代科学起源于语言的世界经验,这既是它的特别突出之处,同时也是它特有的弱点。为了克服它的弱点,亦即克服它天真的人类中心主义,现代科学同时也放弃了它的突出之处,即加入自然的人类世界定向之中。理论(Theorie)这个概念可以很好地表明这一点。

---

　　⑩　参见本书第 354 页以下。

3. 语言作为诠释学本体论的视域

在现代科学中，理论的含义就如它所表现的那样，同希腊人用以接受世界秩序的观看和认识行为几乎完全无关。现代理论是一种建设手段，人们通过理论而统一地概括经验并能够统治经验。正如语言所说，人们是"构造"理论。这就包含了以下的意思，即一种理论会取代另一种理论，而每一种理论从一开始只要求有条件性的有效性，亦即并不劝导前进着的经验改变观点。但古代的理论（Theorie）却并不是同样意义上的手段，而是目的本身，是人类存在的最高方式。[51]

尽管如此，两者之间还是存在着紧密的联系。无论古代理论还是现代理论都克服了实际-实用的利益，这种利益把一切所发生的事都从自己的观点和目的去看待。亚里士多德告诉我们，只有当一切生活必需品都已齐备时，才可能出现理论的生活态度。[52]现代科学的理论态度对自然所提的问题也并不是为着特定的实际目的。虽说现代科学的问题和研究方式都针对着对存在物的统治因而可以在自身中被称为实践的科学。但是，对于个别研究者的意识而言，他的知识的应用在以下意义上只是第二位的，即虽说这种应用是从知识而来，但这种应用只是尔后的事情，因此，任何认识者都无需知道被认识的对象是否被应用或将派何种用场。然而，尽管有这种种相符性，但在"理论"和"理论性的"这两个词的词义中已经有了区别性。在现代语言用法中，"理论性的"这个概念几乎是一种否定的概念。所谓理论性的东西仅仅指那些同行动目

---

[51] ［参见我的论文"赞美理论"，载我编辑出版的同名书，法兰克福，1983年，第26—50页；也见我的著作集，第10卷。］

[52] 《形而上学》，A1。

的不具备可行的、确定的联系性的东西。反之,被设想出的理论本身却从应用的可能性出发被评价,也就是说,理论知识本身将从对存在物的有意识统治出发并且不是被当作目的,而是当作手段。相反,古代意义上的理论却完全不同。古代理论不仅观察现存的秩序,而且理论的含义还超出这种活动而指加入到秩序整体之中去。㉝[302]

据我看来,希腊的理论和现代科学之间的这种区别可以在对待语言的世界经验的不同关系中找到它真正的根据。正如我们在上面强调的,希腊知识在语言的世界经验中自有它的位置,并深深地受到语言的诱惑,因此,它反对 dynamis tōn onomatōn(语词力)的斗争从来不会导致产生一种必须完全克服语言力量的纯符号语言的理想,而这种理想正是现代科学及其旨在统治存在物的方向所追求的。无论是亚里士多德在逻辑学中使用的字母表示方法,还是他在物理学中使用的对运动过程作比例的、相对的描述方式,都显然完全不同于数学在 17 世纪所应用的方式。

所有援引科学起源于希腊的人都不能忽略这一点。这个时代终于应当结束了,因为人们已把现代科学的方法作为标准,用康德来解释柏拉图,用自然规律来解释理念(新康德主义)或者称赞在德谟克利特那里已经具有了真正"力学的"自然知识富有希望的开端。只要回想一下黑格尔以生命理念作为主线彻底克服理智观点

㉝ 参见本书第 129 页以下。

3.语言作为诠释学本体论的视域

的做法就可以指明这种看法的界限。㉞ 据我看来，只有海德格尔在《存在与时间》中才获得这样一种立场，站在这种立场上不仅可以思考希腊科学和现代科学的区别，同样也可以思考它们之间的联系。当海德格尔把"现成在手状态"（Vorhandenheit）这个概念证明为一种有缺陷的存在样式，并把它认作是古典形而上学及其在近代主观性概念中的连续影响的根据时，他所遵循的是希腊理论和现代科学之间本体论上正确的联系。在他对存在进行时间解释的视域中，古典形而上学整个来说是一种现成在手东西的本体论，而现代科学则不知不觉地是这种本体论的遗产继承人。但在希腊的理论中则当然还存在着另外的因素。理论与其说领会现成在手的东西，毋宁说把握具有"物"之尊严的事物本身。物的经验同纯粹现成在手东西的单纯可固定性毫不相关，同所谓经验科学的经验也不相干，这一点后期海德格尔已经作过强调。㉟ 因此，我们必须把物的尊严和语言的事实性从源于现成在手东西的本体论 Ⅰ 460 的偏见以及客观性概念中解放出来。

㉞ 按照事实看来，黑格尔对理智观点的同期性的表述，即把柏拉图的理念当作静止的规律领域而同现代力学的自然知识一起看待的做法完全适合于新康德主义的观点。（参见我为纪念保罗·纳托普的演讲："保罗·纳托普"，载《哲学分类学》，ⅩⅦ 附注，以及《哲学见习》，第 60 页以下。）——当然也有区别，即新康德主义当作最终方法理想的东西，对于黑格尔则只具有将被超越的真理。[关于原子理论，请参见我在 1934 年所写的短文"古代原子理论"，载我的著作集，第 5 卷，第 263—279 页。]

㉟ 关于"物"，参见《讲演和论文》，第 164 页以下。最初在《存在与时间》中所采取的用"现成在手东西的科学"来对"理论"所作的概括式的综观，被后期海德格尔的探究丢弃了（参见该书第 51 页以下）。[也可参见我在 M. 海德格尔的《艺术作品的起源》里所写的后记，斯图加特，1960 年（雷克拉姆版），第 102—125 页，现在收入《海德格尔之路——后期作品研究》，蒂宾根，1983 年，第 81—92 页；以及我的著作集，第 3 卷。]

我们的出发点是，在对人类世界经验的语言把握中，不是现成在手的东西被考虑和衡量，而是存在物被表述，它作为存在着的和有意义地向人显示的东西。正是在这里——不是在统治着现代数学自然科学的理性构造方法理想中——才能重新认识在精神科学中所进行的理解。如果说我们在前面通过语言性来刻画效果历史意识进行方式的特征，那么这里也是同样，因为语言性完全表现了我们人类世界经验的特征。所以，正如"世界"在语言中并未被对象化，效果历史也不是诠释学意识的对象。

正如通过适用（Eignung）和意义而建立起来的我们世界经验之统一体这种物得到表达一样，那些递交给我们的传承物也通过我们的理解和解释而重新得到表述。这种表述的语言性就是一般人类世界经验的语言性。这就是我们对于诠释学现象的分析最终所引向的关于语言和世界之关系的讨论。

b) 语言中心及其思辨结构

人类世界经验的语言性显然是自柏拉图"逃入逻各斯"（Flucht in die Logoi）以来希腊形而上学发展关于存在的思想所依据的主线。因此我们必须探究，在希腊形而上学中存在的回答——它一直继续到黑格尔——在多大程度上适合于指导着我们的提问。

这种回答是一种神学的回答。在思考存在物的存在时，希腊形而上学把这种存在认为是在思想中实现自身的存在。这种思想就是奴斯（Nous）的思想，奴斯被设想为最高和最本真的存在物，它把一切存在物的存在都聚集于自身之中。说出逻各斯

3. 语言作为诠释学本体论的视域

(Artikulation des Logos)就是把存在物的结构带入语言,这种来到语言(Zursprachekommen)对于希腊思想无非只是存在物本身的在场(Gegenwart),即它的 Aletheia(真理)。人类思想把这种在场的无限性理解为其自身被实现的可能性,即其自身的神性。

我们并不跟随这种思想彻底的自我遗忘性,并且必将再探究,我们究竟能在多大程度上在黑格尔绝对唯心主义所表现的近代主观性概念的基础上重新恢复这种思想。因为我们是被诠释学现象所引导。但诠释学现象规定一切的根据就是我们历史经验的有限性。为了正确对待这种有限性,我们继续抓住语言的线索,因为在语言中存在结构(Seinsgefüge)并不是单纯地被摹仿,而是在语言的轨迹中我们经验的秩序和结构本身才不断变化地形成。

语言是有限性的轨迹,这并不是因为存在着人类语言构造的多样性,而是因为每种语言都不断地构成和继续构成,它越是把自己的世界经验加以表达,这种构成和继续构成就越频繁。语言是有限的,这并不是因为它并不同时就是所有的其他语言,而是因为它就是语言。我们曾经探究了西方关于语言思想的重要转折点,这种探究告诉我们,语言现象在比基督教关于"话语"的思想所产生的效果还更彻底的意义上是与人的有限性相适应的。我们的整个世界经验以及特别是诠释学经验都是从语言这个中心(Mitte der Sprache)出发展开的。

语词并不像中世纪思想所认为的只是"类"(Species)的完善化。如果说存在物是在思维着的精神中被表现的,那么它并不是一种预先存在的存在秩序的摹写,这种存在秩序的真实关系只能被一种无限精神(创造者的精神)所认识。语词也不是一种工具,有如数学语言可以建造一种经由计算而可支配的对象化的存在物宇宙。无限的意志与无限的精神一样都不能超出同我们的有限性相适应的存在经验。唯有语言中心,这种同存在物的总体相关的语言中心,才能使人类有限的-历史的本质同自己及世界相调解。

这样,柏拉图作为逻各斯事件(Widerfahrnis)抓住不放并在中世纪三位一体思辨中得到神秘证明的一和多的辩证法之谜才获得它真正的基础和根据。当柏拉图认识到语言的语词既是一同时又是多,他只迈出了第一步。我们讲给他人和他人讲给我们的语词(神学上:上帝的语词)都只是一种语词——但正如我们所看到的,这种语词的统一总是在语词所发出的声音中发展。柏拉图和奥古斯丁的辩证法所发现的这种逻各斯和语词(Verbum)的结构只是其逻辑内容的单纯反映。

但是还存在着另一种语词的辩证法,它给每一个语词都配列了一种内在的多重性范围:每一个语词都像从一个中心进出并同整体相关联,而只有通过这种整体语词才成其为语词。每一个语词都使它所附属的语言整体发生共鸣,并让作为它基础的世界观整体显现出来。因此,每一个语词作为当下发生的事件都在自身中带有未说出的成分,语词则同这种未说出的成分具有答复和暗示的关系。人类话语的偶缘性并不是其陈述力的暂时不完善性——相反,它是讲话的生动现实性(Virtualität)的逻辑表述,它使一种意义整体在发生作用,但又不能把这种意义整体完全说出来。[96] 一切人类的讲话之所以是有限的,是因为在讲话中存在着

---

[96] 这是汉斯·利普斯的功绩,他在《诠释学逻辑》中冲破了传统判断逻辑的藩篱,并揭示了逻辑现象的诠释学因素。

3. 语言作为诠释学本体论的视域

意义之展开和解释的无限性。因此，诠释学现象只有从这种存在的基本的有限状况出发才能得到阐明，而这种基本有限状况从根本上则是语言性构成的。

如果说我们在前面谈的是解释者对于他的文本的隶属性（Zugehörigkeit），并用效果历史意识概念概括了传统和历史之内在关系的特征，那么现在我们就能从语言性构成的世界经验的基础出发更切近地规定隶属性这个概念。

于是，我们就会像我们所必然希望的那样进入到自古以来哲学就很熟悉的问题领域。隶属性在形而上学中指存在和真理之间的先验关系，这种关系把认识当作存在本身的一种因素而并不首先当作一种主体的活动。这种把认识加入到存在之中的做法是古代和中世纪思想的前提。存在的事物就其本质而言是真实的，这就是说：出现在一种无限精神面前，而只有这样才使有限的人类思维有可能认识存在物。因此，这里思考并不是从一种自为存在的并使一切其他东西成为客体的主体概念出发。相反，在柏拉图那里，"灵魂"存在的规定在于，它分有了真实的存在，亦即像理念一样属于同一种本质领域，而亚里士多德对于灵魂则说，灵魂在某种意义上就是一切存在物。⑰ 在这种思想中根本没有谈到一种与世界无关的精神，这种精神自己意识到必须寻找通向世界存在的通路，相反，精神和存在从根本上互相依存。唯有关系才是根本的。

较早的思想是通过目的论思想所具有的普遍本体论作用来考

---

⑰ 柏拉图:《斐多篇》,72;亚里士多德:《动物学》,Ⅲ,8,431b21。

虑这种关系的。在目的关系中,使某物得以获取的中介并非偶然地证明自身适合于达到目的,相反,它从一开始就被选为和理解为与目的相符合的手段。因此,手段之归属于目的是先行的。我们称它为合目的性(Zweckmässigkeit),当然并非只有理性的人类行为才以这种方式而具有合目的性,它也适合于根本不谈目的的设定和手段之选择的地方,例如在一切生活关系中,生活关系也唯有在合目的性的理念之中才能被看作一切部分彼此间的相互和谐(Zusammenstimmen)。⑱ 所以这里整体的关系也比部分的关系更根本。甚至在进化论中,我们只有很谨慎才能运用适应(Anpassung)概念,因为这种理论是以不适应性作为自然的关系为前提的——似乎生物是被置于一个它们必须在事后加以适应的世界中。⑲ 正如适应性本身在这里构成了生物的生活关系,处于目的论思想支配下的认识概念也把自己规定为人类精神对物之自然界的自然配列(die natürliche Zuordnung)。

在现代科学中,这种把认识主体附属于认识客体的形而上学观点并没有合法性。⑳ 现代科学的方法论理想确保了它每一前进步伐都可以回溯到它的认识由之而建立起来的诸因素——另一方面,"物"类或整个有机界的目的论的意义统一性对于科学的方法论则丧失了它的正确性。特别是我们在前面提到的对亚里士多

---

⑱ 康德的目的论判断力批判也明显地让这种主观必然性存在。
⑲ 参见 H. 利普斯:"论歌德的颜色理论",载《人的现实性》,第 108 页以下。
⑳ [按照我的看法,如果我们把量子物理学中适用的"不精确性"——即由于从观察者出发的"能"(Energie)本身似乎是要测量的,因而对所观察东西所具有的不精确性——认作为是"主体的作用",那么这完全是一种混淆。]

3.语言作为诠释学本体论的视域

德-经院学派科学的言语表达的批判取消了作为逻各斯哲学基础的那种人和世界的古老配列关系。

然而,现代科学却从未完全否认其希腊的起源,尽管自17世纪以来,现代科学已经意识到自身及向它显现的无限可能性。但众所周知,笛卡尔关于方法的真正的论文,即他那本作为现代科学真正宣言的《规则》是到他死后很久才发表的。与此相反,他对于数学自然知识和形而上学之联结可能性的沉思则给整个时代提出了任务。从莱布尼茨到黑格尔的整个德国哲学都不断地试图用哲学和思辨科学来补充新的物理学,而亚里士多德的遗产则在这种哲学和思辨科学中得到更新和保存。我只要提及歌德对牛顿的异议,谢林、黑格尔和叔本华都以同样的方式表示过这种异议。

因此,在经过又一个世纪由近代科学、特别是历史精神科学的自我思考而进行的批判经验之后,我们又一次同这种遗产相联系,这就无须惊奇了。如果我们想要正确地对待事情的话,那么在一开始只是作为次要而附属的论题,作为德国唯心主义庞大遗产中不起眼的一章的精神科学的诠释学就把我们引回到古典形而上学的问题域之中。

辩证法概念在19世纪哲学中所起的作用已经证明了这一点。它从它的希腊起源中证实了问题联系的连续性。如果说问题在于理解统治着历史的超主体的力量,那么希腊人则在某种程度上超过了我们,因为我们深深地陷入了主观主义的困境中。希腊人并不试图从主观性出发并为了主观性而论证认识的客观性。毋宁说,希腊的思想从一开始就把自己视作存在本身的一个因素。巴门尼德在思想中发现了通向存在真理之路上最重要的路标。正如

Ⅰ 464

我们所强调的,作为逻各斯事件的辩证法对于希腊人并非一种完全由思想指引的运动,而是一种可被思想经验的事物本身的运动。虽然这听起来像是黑格尔的话,但这并不说明是一种错误的现代化,而是证明了一种历史的联系。黑格尔在我们所标志的近代思想的情况下有意采纳了希腊辩证法的范式。[⑩] 谁想要研究希腊思想,谁就必须首先从黑格尔学习。黑格尔关于思想规定的辩证法和知识形态的辩证法以一种引人入胜的方式重复了思维和存在的整个中介,而这种中介以前则是希腊思想的自然因素。我们的诠释学理论想要承认事件和理解的相互交织,那它就不仅要回溯到黑格尔,而且也应该一直回溯到巴门尼德。

如果我们这样把我们从历史主义的困境中获得的隶属性概念同一般形而上学的背景相联系,那我们并不是想复活古典的存在可理解性的理论,或者想把这种理论应用于历史的世界。这种做法将是纯粹重复黑格尔,它不仅在康德和现代科学的经验立场面前站不住脚,而且首先在不再受神迹指引的历史经验面前也站不住脚。如果我们超越客体概念和理解之客观性概念而走入主体和客体之相互依存性的方向,那么我们只是追随事物本身的内在必然性。正是美学意识和历史意识的批判必然导致我们对客观性概念的批判并规定着我们离开现代科学的笛卡尔主义基础和复活希腊思想的真理因素。但我们既不能简单地跟从希腊人,也不能简单地追随德国唯心主义的同一哲学:我们是从语言中心出发进行思维。

---

⑩ 参见我在《黑格尔研究Ⅰ》中的论文"黑格尔和古代辩证法",载《黑格尔的辩证法》(1971年/1980年),第7—30页。[现收入我的著作集,第3卷。]

3. 语言作为诠释学本体论的视域

从语言中心出发，则隶属性概念就不能像它在形而上学中所认为的那样被当作精神与存在物之本质结构的目的论关联。诠释学经验具有语言的实现方式以及在传承物和解释者之间存在着对话这一事实表现了一种完全不同的基础。关键的东西是这里有某种东西发生（etwas geschieht）。[102] 解释者的意识并不是作为传承物的词语而到达解释者这儿的东西的主人，人们也不能把这里发生的东西适当地描写成存在东西的进一层认识，从而使一种无限的理智能包容一切从传承物总体才能说的东西。从解释者的观点看，发生的事件意味着解释者并不是作为认识者寻找他的对象，他并非运用方法的手段去"努力找出"（herausbekommen）对象的真正含义以及它本来究竟如何，即使这种工作很容易受到自己偏见的阻碍和欺骗。这只是真正的诠释学事件的外部因素。它引起了人们对待自己的不可缺少的方法原则。但真正的事件只有当作为传承物传到我们手中而我们又必须倾听的语词真正与我们相遇，并且就像在同我们讲话、自己向我们显露意思时才成为可能。我们在前面已经把事物的这个方面作为诠释学的问题逻辑而作了强调，并且指出，提问者如何转变成被问者，以及诠释学事件又如何在问题辩证法中得以进行。我们在这里提到这些，是为了正确地规定隶属性这个概念的意义如何适应于我们的诠释学经验。

因为从另一方面看，即从"对象"方面看，则这种事件就意味着进入表现（Insspielkommen），意味着传承物的内容在它更新的、通过其他接受者而重新扩大的意义可能性和共鸣可能性中的自我表

I 466

---

[102] ［关于对话优于一切陈述，请参见我的著作集，第 2 卷，第 121—217 页"补充"。］

现(Sichausspielen)。通过重新表达传承物的方式,就有一些以前并不存在的东西产生出来并继续生存下去。我们可以在任何一种历史事例中指明这一点。不管传承物是一种诗意的艺术品,或是传达某件重大事件的消息,无论哪种情况下,所传达的东西都以自我表现的形式重新进入此在。如果荷马的《伊利亚特》或亚历山大的《印第安之战》是以重新占有传承物的方式向我们说话,那就不会有只会不断被揭露的自在存在,而是像在一场真正的谈话中一样,总会产生出一些对话双方从自身出发不可能包括的东西。

如果我们想要正确地规定这里所涉及的隶属性概念,那么我们就必须注意存在于倾听(Hören)之中的特定辩证法。[303] 倾听的人并非仅仅被人攀谈。毋宁说,被攀谈的人不管他愿意或不愿意都必须倾听。他不可能像观看时那样通过观看某个方向从而不看对方的方法来不听其他人所讲的东西。在看和听之间的这种区别对于我们十分重要,因为正如亚里士多德早已认识到的那样,倾听的优先性是诠释学现象的基础。⑱ 对于亚里士多德来说,不存在借助于语言的倾听不能达到的东西。如果说其他的一切感觉都无法直接参与语言世界经验的普遍性,而只能开启其专门的领域,那么倾听则是一条通向整体的道路,因为它能够倾听逻各斯。从我们的诠释学立场看,这种倾听优先于观看的古老认识获得了一种全新的重要性。倾听所参与的语言不仅仅是在以下意义上才是普遍的,即一切都能用语言表达。诠释学经验的意义而是在于:语言

---

⑱ 亚里士多德:《论感觉》,473a3,以及《形而上学》,980b23—25。倾听优先于观看是通过逻各斯的普遍性而传达的,它同亚里士多德经常所强调的观看特别优先于其他感觉的说法并不矛盾。[参见《观看、倾听、阅读》,苏纳尔纪念文集,海德堡,1984年。]

3.语言作为诠释学本体论的视域

相对于一切其他世界经验而开启着一种全新的度向,一种深层的度向,传承物就从这种深层的度向达到当下活生生的世界。即使在文字使用之前,这一点也已经是倾听的真正本质,当时倾听者能够倾听传说、神话和古老的真理。我们所认识的传承物的文字传达与此相比并不意味什么新东西,它只是改变了形式并增加了真正倾听任务的难度。

但隶属性概念却以新的方式得到了规定。所谓隶属的东西就是从传承物的诉说而来的东西。谁这样处于传承物之中——正如我们知道,这也适用于经由历史意识而被遗弃在一种新的现象自由中的人——谁就必须倾听从传承物中向他涌来的东西。传承物的真理与直接向感官显现的在场(Gegenwart)是一样的。

传承物的存在方式当然不具有感官直接性。它是语言,而理解传承物的倾听者则通过对文本的阐释把传承物的真理纳入其自身的语言世界关系之中。正如我们所指出的那样,这种在当下和传承物之间的语言交往是在一切理解活动中进行着的事件。诠释学经验必须把它所遇到的一切当下的东西都当作真实的经验。它不具备事先选择和拒斥的自由。它可以对理解显得比较特殊的东西留而不决,但即使这样也不能声称自己具有绝对的自由。诠释学经验不可能使那种就是自己本身的事件不发生。

同科学的方法论思想如此彻底抵牾的这种诠释学经验的结构,从自身来说是依据于我们详细说明了的语言是事件这一特性。这不仅是因为语言用法和语言手段的进展乃是这样一个并没有个别求知和进行选择的意识与之相对立的过程——就此而言,说"语言向我们诉说"(die Sprache uns spricht)比起说"我们讲语言"(Wir sie

I 467

sprechen)在字面上更为正确(因此,比如某一文本的语言用法可比它的作者更为精确地确定它的产生时间)——更重要的东西还在于我们所经常证明的,即构成真正诠释学事件的东西并不是作为语法或辞典的语言的语言,而是在传承物中所说的东西进入语言(Zursprachekommen),这种事件同时也就是占有(Aneignung)和解释(Auslegung)。只有这样才真正可以说,这种事件并非我们对于事物所做的行动,而是事物本身的行动。

这就证明了我们业已预示过的我们的立场向黑格尔和古代思想家立场的靠拢。现代方法论概念的不足之处就是我们研究的出发点。但这种不足却通过黑格尔对希腊方法论概念明显的依赖而得到其最引人注目的哲学证明。黑格尔曾经以"外在反思"(äußeren Reflexion)这一概念批判了那种把自己作为某种同事物相异的行动而进行的方法概念[304]。真正的方法乃是事物本身的行动。⑩ 这种断言当然不是说,哲学认识也并非一种行动,并非一种要求"概念努力"的努力。但这种行动或努力却在于,并非任意地、并非用自己突然产生的想法,运用这种或那种业已存在的观点去侵入思想的内在必然性。事物显然不是在我们并不思维的情况下进行其进程,但思维就意味着:使事物在其自身的结果中得到展开。属于这种过程的还有防止"习于侵入的"(die sich einzustellen pflegen)观念,以及坚持思维的结果。自希腊人以来我们就一直把这称之为辩证法。

黑格尔为了描述作为事物自身之行动的真正方法而援引了柏

---

⑩ 黑格尔:《逻辑学》,第 2 卷,第 330 页(迈纳版)。

3. 语言作为诠释学本体论的视域

拉图,柏拉图喜欢在同青年的谈话中突出苏格拉底,因为这些青年根本没有注意到占支配地位的意见就准备跟从苏格拉底提问所导致的结论。他在这些"可塑的青年"身上展现他自己的辩证发展的方法,因为这些青年人并不炫示自己的想法,而是宁可避免阻碍事物本身的进程。辩证法在这里只不过是引导谈话的艺术,而且尤其是一种通过提问和进一步追问而发现支配某人意见的不恰当性的艺术。因此,辩证法在这里是消极的,它把意见弄得混淆。但这种混淆又同时意味着一种澄清,因为它使对事物的正确观照显露出来。正如在著名的《美诺篇》的情节中那位奴隶在其一切站不住脚的成见都被摧毁之后,就从他的混乱中被引导到向他提出的数学问题的真正答案,所以一切辩证法的否定性包含着一种对真实东西的实际预示。

不仅在一切教育性的谈话中,而且在一切思想中,也唯有跟从事物自身的结果才能产生出属事物本质的东西。如果我们完全依靠思想的力量并且不让直观和意见的不言而喻性发挥作用,那么只有事物才使自身发生作用。这样,柏拉图就把我们在芝诺那儿首先认识到的爱利亚派的辩证法同苏格拉底的谈话术相联系,并在他的《巴门尼德篇》中使爱利亚派这种辩证法提升到一种新的反思层次。事物在思想的结果中悄悄地发生了转变,转变成其对立面,而思想则在"不知道什么中从对立的假设中试验性地引出结果"的情况下获得了力量,[16]这就是思想的经验,黑格尔那种作为纯思想向真理之系统整体自我展开的方法概念就建筑在这种经验

---

[16] 亚里士多德:《形而上学》,M4,1078b25;参见本书第 370 页。

之上。

因此,我们试图从语言中心出发思考的诠释学经验显然不像自称同语言力量完全脱离的概念辩证法那样,在同样的意义上作为思想的经验。同样,在诠释学经验中也会发现类似辩证法的东西,即一种事物自身的行动,这种行动同现代科学的方法论相反,乃是一种遭受(Erleiden),一种作为事件的理解。

然而,诠释学经验也有其后果:即不受外界影响的倾听的后果。对于诠释学经验来说,事物表现自身也并非没有其自己的努力,而这种努力就在于:"否定地对待自身。"谁试图理解某一文本,谁就必须拒斥某些东西,亦即避开那些从其自己的前见出发而作为意义期待起作用的东西,只要这些东西是被文本的意义所避开的话。即使是相反的经验——这作为辩证法的真正经验是在讲话中不断发生的——也在其中找到相适之处。理解所指向的意义整体的展开必然强迫我们作出解释和重新收回这些解释。解释的自我取消(Selbstaufhebung)只有当事物本身——文本的意义——产生作用的时候才算完成。解释的运动之所以是辩证的并不在于每种陈述的片面性都可以从另外一面来补充——正如我们将看到的,这只是解释中次要的现象——而首先在于,适合于解释文本意义的语词把这种意义的整体表达了出来,从而使意义的无限性以有限的方式在语词中得以表现。

这里存在着从语言中心出发考虑的辩证法,这种辩证法如何同柏拉图和黑格尔的形而上学辩证法相区别,这需要更为详细的讨论。依据由黑格尔证明的语言用法,我们把形而上学辩证法与诠释学辩证法之间的共同点称为思辨性(Spekulative)。思辨性在

3.语言作为诠释学本体论的视域

这里意味着映现关系(das Verhältnis des Spiegelns)。⑩ 映现经常是种替换(Vertauschung)。某物在他物中得到映现,例如城堡在池塘中得到映现,就是说,池塘映现出城堡的图像。映像(Spiegelbild)是通过观察者中介而同视象(Augenblick)本身本质地相联。它并没有自为存在,它就像一种"现象",它并不是自身,而是让景象(Anblick)本身映像地表现出来。它是那种只是一个东西之存在的双重化。映现的真正神秘就是图像的不可把握性,以及纯再现(Wiedergabe)的飘浮性。

如果我们现在以 1800 年左右的哲学赋予"思辨"这个词的意义来使用这个词,例如称某人具有思辨的头脑或发现某种思想非常思辨,那么这种语词用法的基础就是映现的思想。思辨性就意味着日常经验之教条的对立面。说某人是思辨的,就是说他并不直接沉溺于现象的坚实性或所意指东西的固定规定性,相反,他懂得反思——用黑格尔的话说就是:他能把自在之物认作为我之物。说某种思想是思辨的,这就是说这种思想并不把它陈述的关系认作是某种单义地指定给某个主体的性质,认作是某种单义地指定给所与物的特性,而是把它看作是一种映现关系,在这种关系中,映现本身就是被映现事物的纯粹表现,如一就是他者的一,而他者就是一的他者。

黑格尔在他对哲学命题的出色的逻辑分析中描述了思维的思

---

⑩ "映现"这个词如何从 Speculum(思辨)中引申出来,可参见托马斯·阿奎那:《神学大全》,第 2 部,第 2 章,问题 180 论证 3,以及谢林对"思辨对象"所作的生动描画,布鲁诺说(Ⅰ,Ⅳ,第 237 页):"你要思考一下对象以及从镜子中反射回来的图像……。"

辨关系。[107] 他指出,哲学命题只是按其外部形式看才是一种判断,也就是说,把一个谓项列在主词概念之后。实际上,哲学命题并非从主词概念转移到另一个与之发生关联的概念,相反,它是以谓词的形式讲出主词的真理。"上帝是唯一者"这个命题并不是说,成为唯一者(Einer zu sein)是上帝的一种特性,相反,它是说,成为一(die Einheit zu sein)就是上帝的本质。规定的运动在这里同主词的坚固基础并无关系,"它在这个基础上来回运动"。主词并没有一会儿被规定为如此,一会儿又规定为那般,用这种眼光看是如此,用另一种眼光看则又是别样。这只是想象思维的方式而并非概念的方式。在概念的思维中,对命题主词的规定通常会出现的离题现象受到了阻碍,"我们甚至可以想象它遭受到一种反击。因为从主词出发,仿佛主词始终可以作为基础,可是当谓词即是实体的时候,它发现主词已经转变成了谓词,因而已经被扬弃了。而且,好像是谓词的东西既然已经变成了完整而独立的尺度,那么思维就不能再自由地到处驰骋,反而是被这种重力所阻碍而停顿下来了"。[108] 这样,命题的形式自身就崩溃了,因为思辨的命题并不是陈述某物具有什么,而是把概念的统一性表现出来。哲学命题这种通过反击而出现的双峰对峙性业已由黑格尔通过同节律所作的出色比较而得到描述,节律也是类似地从韵律和重音这两个因素作为其摆动着的和谐而产生出来的。

当一个命题通过其内容而强迫思维放弃其习惯的认识态度时,

---

　　[107] [对此可参见我的《黑格尔的辩证法——六篇诠释学研究论文》,蒂宾根,1980年第2版;以及我的著作集,第3卷。]

　　[108] 黑格尔:《精神现象学》,前言,第50页(霍夫迈斯特编)。

3. 语言作为诠释学本体论的视域

思维就会经受到不习惯的阻碍(Hemmen),这种阻碍实际上就构成一切哲学的思辨本质。黑格尔所撰写的杰出的哲学史已经表明,哲学如何从一开始就在这种意义上说是思辨的。如果哲学以谓词的形式说话,亦即用固定的观念处理上帝、灵魂和世界,那它就错误理解了哲学的本质并追求了一种片面的"关于理性对象的理智观点"。按照黑格尔的观点,这就是康德以前的独断形而上学的本质,并完全构画出了"最近之非哲学时代的特征。柏拉图则无论如何也不是这样的形而上学者,亚里士多德更不是,虽说有时人们认为他们是"。[109]

按照黑格尔的看法则关键在于,当思维轻易接受观念的习惯被概念打断时所经历的内在阻碍(die innerliche Hemmung),我们应当加以明确的表现。非思辨的思维同样也能够要求这一点。思维具有"那种有效的、但以思辨命题的方式而未被注意的权利"。思维所能要求的,就是说出命题的辩证的自我摧毁。"在其他种类的认识中,证明(Beweis)构成了内在性这个外在陈述方面,然而,当辩证法同证明相分开之后,哲学证明这一概念事实上就已经丧失了。"不管黑格尔用这句话意指什么,[110]他总是想重建哲学证明的意义。这种意义产生于命题的辩证运动的表现里。这种辩证运动才真正是思辨的,而只有对辩证运动的表述才是思辨的表现。[因此,思辨的关系必然转变成辩证的表现。]按照黑格尔的意见,这就是哲学的要求。当然,这里所说的表达(Ausdruck)和表现

---

[109] 黑格尔:《哲学全书》,§36。
[110]《精神现象学》,前言,第53页(霍夫迈斯特编)。黑格尔所指的是亚里士多德还是雅可比或浪漫主义?参见《黑格尔的辩证法》,第7页以下;以及我的著作集,第3卷。关于表达概念,参见本书第341页,以及补注Ⅵ(我的著作集,第2卷,第384页以下)。

(Darstellung)根本不是一种证明的行动,而是事物通过自身表达和表现的方式来证明自身。所以,当思维遭受到向其对立面的不可理解的转化时,辩证法就真正地被经验到了。正是对思想之结果的坚持才导致了转化的迅速运动。因此,寻找公正的人就会发现,死守着公正的观念如何会变得"抽象",从而证明自身是最大的不公正(summum iussumma iniuria)。

黑格尔在此对思辨性和辩证性作了一个确切的区别。辩证法就是思辨性的表达(Ausdruck),是真正存在于思辨性中的东西的表现(Darstellung),因而也就是"真正的"思辨性。但正如我们所见,这种表现并非一种添加的行动,而是事物本身的呈现(Herauskommen),因此,哲学证明本身就属于事物自身。虽然我们知道,这种证明起源于普通想象认识的要求,因而它是理智外在反思的表现。但尽管如此,这种表现其实却并非外在的。只有在思维不知道它最终只不过证明是事物在自身中的反思的情况下,这种表现才显得似乎是外在的。因此,黑格尔只是在《精神现象学》前言中才强调了思辨性和辩证性之间的区别。正因为这种区别事实上是自我扬弃的,因此,后期站在绝对知识立场上的黑格尔就不再坚持这种区别。

正是在这一点上,我们自己的探究与柏拉图和黑格尔的思辨辩证法的亲近处就发现了一种根本的界限。我们在黑格尔思辨的概念科学中发现的对思辨性和辩证性之区别的扬弃表明,黑格尔是如何视自己为希腊逻各斯哲学的完成者。他所称的辩证法和柏拉图所称的辩证法,其实际根据都是把语言置于"陈述"(Aussage)的统辖之下。但是,辩证地发展到矛盾顶点的这种陈述概念

3. 语言作为诠释学本体论的视域

同诠释学经验以及人类世界经验的语言性的本质却截然对立。虽说黑格尔的辩证法实际上也遵循语言的思辨精神，但根据黑格尔的自我理解，他只想考察语言那种规定思想的反思作用，并让思维通过有意识认识整体性的辩证中介过程达到概念的自我意识。这样，他的辩证法就只停留在陈述的领域之中而没有达到语言世界经验的领域。所以我们只需寥寥数笔，就能指明语言的辩证本质对于诠释学问题所具有的意义。

从另一种完全不同的意义上亦可说语言本身就包含着某些思辨的因素——并非只是在黑格尔所指的逻辑反思关系的本能预备性知识这种意义上，而是作为意义的实现，作为讲话、赞同、理解的事件。这样一种实现之所以是思辨的，是因为语词的有限可能性就如被置于无限的方向中一样地被隶属于所指的意义之中。谁需要说某种东西，他就必须找出能使其他人理解的语词。这并不意味着他作了"陈述"（Aussagen）。谁要是曾经经历过审讯——哪怕只是作为证人——谁就都会明白作证到底是怎么回事，并且都知道这种作证极少地表达出作证人所指的意思。在作证时，本该被说出东西的意义域被方法的精确性所掩盖。因此在证词中所剩下的只是所陈述的"纯"意义。这种纯意义就是记录下来的意义。但这种意义因其被缩小到被讲出的话之中，故而总是一种被歪曲了的意义。

说话（Sagen）作为让人理解某人所指的意义的活动正好与此相反，它把被说出的话同未说出的无限性联结在意义的统一体之中并使之被人理解。用这种方式说话的人也许用的只是最普通最常用的语词，然而他却用这些语词表达出未说的和该说的意思。

因此，当说话者并非用他的语词摹仿存在物而是说出同存在整体的关系并把它表达出来时，他就表现出一种思辨性。与此相关，如果谁像记录证词的人那样原封不动地转告所说的话语，那他无须有意识地进行歪曲就会改变掉所说话语的意义。即使在最普通的日常说话中我们也能看出思辨反映的这种本质特性对意义的最纯粹的重述恰是不可理解的。

这一切都以一种强化的意义出现在诗歌所用的语词中。说在诗的领域内我们可以在诗的"陈述"（Aussage）中看到诗的话语的真正现实性，这当然是对的。因为在诗的领域中，诗歌所用语词的意义不带任何附加的偶然知识就被陈述在所说的话语本身中，这不仅是有意义的，而且还被要求这样做。如果说在人们之间的相互理解活动中陈述的意义发生了改变，那么陈述这个概念在这里就达到了它的完成。所说出的话同作者的一切主观意图和个人经历相分离才构成了诗的语词的现实性。那么这种诗的陈述到底说了些什么呢？

首先很清楚，构成日常谈话的一切东西都可以再现在诗的语词中。如果说诗在谈话中向人显示，那么在诗的陈述中就不会重复记录所保存的"陈述"，而是谈话整体以一种神秘的方式出现在那里。以诗的形式由人说出的语词就如日常生活的说话一样变成思辨性的：说话者就像我们上面所讲过的那样在其说话中表达出一种对存在的关系。如果说我们讲到了一种诗的陈述，那么我们所指的并不是某人在诗中所讲出的陈述，而是像诗的语词一样作为诗本身的陈述。只有当诗的语词的语言事件从它那方面讲出其同存在的关系时，诗意的陈述才是思辨的。

如果我们考察像荷尔德林所描写的那种"诗意精神的进行方

3. 语言作为诠释学本体论的视域

式",那就会很清楚地看出,诗的语言事件究竟在何种意义上才是思辨的。荷尔德林曾指出,要找到一首诗的语言乃是以彻底消除一切熟悉的语词和说话方式为前提的。"由于诗人用他原始感觉的纯粹声调感到自己处于其整个内部和外部的生活之中并在他的世界中环视他自己,因此这个世界对他是新的、不熟悉的,他的所有经验、知识、直观、回忆以及表现在他内部和外部的艺术和自然等等都似乎第一次向他涌现,因而都是不可理解的、未规定的、消融在喧嚷的材料和生活之中。最为重要的是,他在这个当口并不接受既成的东西,并不从任何肯定的东西出发,而自然和艺术,尽管像他以前学到过和看到过的那样,在对他来说有一种语言存在于那里之前,甚至都不发一言……"(我们可以注意到这种说法同黑格尔对实证性的批判的接近之处)。作为成功作品和创作品的诗则并不是理想,而是从无限的生活中重新复活的精神(这种说法也使我们想到黑格尔)。诗并不描述或意指一种存在物,而是为我们开辟神性和人类的世界。诗的陈述唯有当其并非描摹一种业已存在的现实性,并非在本质的秩序中重现类(Species)的景象,而是在诗意感受的想象中介中表现一个新世界的新景象时,它才是思辨的。

我们业已不仅指出了日常话语而且也指出了诗意话语的语言事件的思辨结构。在那里所表明并把诗的语词作为日常谈话的强化而同日常谈话相联系的内在吻合性已经从心理学-主观性方面出发在唯心主义的语言哲学和由克罗齐[305]、弗斯勒[306]而导致的语言哲学的复兴中被我们所认识。[⑪] 如果说我们强调的是另外一

---

⑪ 参见卡尔·弗斯勒的《唯心主义语言哲学基本特征》(1904 年)。

面,即把来到语言(Zursprachekommen)作为语言事件的真正过程,那么我们就由此而为诠释学经验准备了地盘。正如我们所知,传承物如何被理解以及如何不断地重新得到表述乃是与生动的谈话同样的真实的事件。其特别处仅在于,语言世界定向的创造性由此而在一种业已语言地传达的内容中发现了新的应用。诠释学关系也是一种思辨的关系,但这种关系同黑格尔的哲学科学所描写的精神的辩证自我展开具有根本的区别。

如果说诠释学经验包含着同黑格尔的辩证表述相吻合的语言事件,那么它也就参与了一种辩证法,即我们前面所提到的问答辩证法。[⑫] 正如我们所知道的,对流传下来文本的理解与对它的解释具有一种内在的本质联系,如果说这种解释总是一种相对的、不完全的运动,那么理解就在这种解释中得到一种相对的完成。正如黑格尔所说,如果哲学陈述的思辨内容要想成为真正的科学,那它就需要与此相应地辩证地表达出其中所存在的矛盾。这里存在着一种真正的吻合关系。解释参与了人类精神的讨论,而这种人类精神又唯有在前后相继之中才能思考事物的统一性。正因为一切解释都必须具有某个开端并力求摆脱掉由解释而引起的片面性,所以解释就具有一切有限-历史存在的辩证结构。对于解释者说来,似乎总有些东西必然要被讲出并被表达出来。在这种意义上可以说一切解释都受动机推动并从其动机联系中获得它的意义。通过这种片面性,解释就使得事物的某个方面得到了强调,以致为了达到平衡,这同一个事物的另外方面必然

---

⑫ 参见本书第 375 页以下。

3.语言作为诠释学本体论的视域

会继续地被讲出。正如哲学辩证法通过矛盾的激化和提升使一切片面的观点得到扬弃,从而使真理的整体得到表现,诠释学的努力也就有这样的任务,即从它所关联的全面性中开辟意义的整体。被意指意义的个别性同一切思想规定的整体性相符合。我们可以回想一下施莱尔马赫,他把自己的辩证法建立在个体形而上学的基础上,而在其诠释学理论中又从相反的思想路线出发建构了解释的过程。

然而,从施莱尔马赫的个体辩证建构和黑格尔的整体辩证建构中似乎得出的诠释学辩证法和哲学辩证法之间的相符关系,并不是真正的相符关系。因为在这样一种联系秩序中,诠释学经验的本质以及作为其基础的彻底有限性被错误地认识了。解释当然必须从某处开始。但它却不能从任意地方开始。它其实根本不是真正的开始。我们已经看到,诠释学经验总是包含着如下事实,即被理解的文本是在由前意见所规定的处境中讲话。这种处境并不是有损理解纯粹性的令人遗憾的歪曲,而是其可能性的条件,我们称其为诠释学处境。只是因为在理解者和其文本之间并不存在不言而喻的一致性,我们才可以在文本上加入诠释学的经验。只是因为文本必须从其陌生性转入被人掌握的东西,所以想理解的人就必须说点什么。只是因为文本这样要求,所以理解者所说的东西就进入了解释,并且仅仅如文本所要求的那样进入解释。解释在表面上所具有的开端其实只是一种回答,而正如所有的回答一样,解释的意义乃是由提出的问题所规定。回答辩证法总是先于解释辩证法而存在。正是它把理解规定为一种事件。

从这种观点可以引出如下结论,即诠释学不可能像黑格尔的逻辑学所认识的科学开端问题那样认识开端问题。⑬ 凡提出开端问题的地方,这个问题实际上就是终结的问题。因为开端从终结来看乃被规定为终结的开端。这也许可以在无限知识以及思辨辩证法的前提下导致一种根本无法解决的问题,即开端究竟从何开始。一切开端都是终结,而一切终结也都是开端。不管怎样,在这种完满的循环中,追问哲学科学之开端的思辨问题从根本上是从它的完成来看才成立。

对于效果历史意识说来情况就完全不一样,诠释学经验乃是在效果历史意识中实现的。效果历史意识知道它所参与的意义事件的绝对开放性。当然,对于所有的理解这里也有一种尺度,理解就是按这种尺度进行衡量并达到可能的完成——这就是传承物内容本身,唯有它才是标准性的并且表达在语言里的。但却不存在可能的意识——我们业已反复强调过这一点,而理解的历史性也正以此为基础——根本不存在可能的意识,尽管它还似乎是这样强烈的无限的意识,好像在这种意识中,流传下来的"事物"就能在永恒之光中得到显现。对传承物的每一次占有或领会(Aneignung)都是历史地相异的占有或领会——这并不是说,一切占有或领会只不过是对它歪曲的把握,相反,一切占有或领会都是事物本身某一"方面"的经验。

一切传承物的内容都具有的矛盾,即既是此一物又是彼一物,这种矛盾证明一切解释实际上都是思辨的。因此,诠释学必须识

---

⑬ 黑格尔:《逻辑学》,第1卷,第69页以下。

3. 语言作为诠释学本体论的视域

破"自在意义"的独断论,正如批判哲学识破了经验的独断论那样。这当然不是说,每个解释者都认为他自己的意识是思辨的,亦即他具有一种存在于他自己解释意向中的独断论意识。相反,它指的是,一切解释都超越其方法的自我意识而在其实际进程中成为思辨的——这就是解释的语言性所显露的东西。因为用以解释的语词是解释者的语词——它并不是被解释文本的语言和词汇。这一事实表明,占有或领会并不是对流传下来的文本的单纯的再思考(Nachvollzug)或单纯的再讲述(Nachreden),而是有如理解的一种新创造。如果我们正确地强调一切意义的自我关联性(die Ichbezogenheit),[114]那么就诠释学现象来说,它就意味着如下意思,即传承物的所有意义都在同理解着的自我的关系中——而不是通过重构当初那个自我的意见——发现那种它得以被理解的具体性。

理解和解释的内在统一可以由以下这一事实得到确实证明,即展开某一文本的含义并用语言的方式使之表达出来的解释,同既存的文本相比表现为一种新的创造,但它并不宣称自己可以离开理解过程而存在。我们在上面业已指出,[115]进行解释的概念在理解完成之后就被抛弃,因为它被规定要消失。这就说明,它并不是任意的辅助手段,人们用时拿起用完又可甩到一边,相反,它属于事物(亦即意义)的内在结构。对于作解释的语词,以及对于所有使思维得以进行的语词说来也一样,它们并不是对象性的。作为理解的进程,这种语词就是效果历史意识的现实性,而作为这种

---

[114] 参见斯坦策尔的出色著作《论意义、意思、概念和定义》,现在由于有新版本,此书很容易得到(科学书籍协会,达姆施塔特,1958年)。

[115] 参见本书第402页以下。

现实性,它们才是真正思辨性的:它们没有确切的自身存在,而是反映对它们所呈现的图像(ungreifbar seinem eigenen Sein nach und doch das Bild zurückwerfend, das sich ihm bietet)。

也许同人们之间相互理解的直接性以及诗人的语词相比,解释者的语言只是一种第二性的语言现象。它仍然同语言性有关。但解释者的语言同时又是语言性的全面展现,它把语言用法和语言形态的所有形式都包括在自身之中。我们研究的出发点就是理解的这种全面语言性及其同理性的相关性,现在我们看到,我们整个的研究如何在这个方面联系起来。我们业已说明的诠释学问题从施莱尔马赫经由狄尔泰到胡塞尔和海德格尔的发展从历史角度证明了我们现在所得到的结论:语文学的方法论自我思考进入了一种重要的哲学提问。

c) 诠释学的普遍性观点

语言是联系自我和世界的中介,或者更正确地说,语言使自我和世界在其原始的依属性中得以表现,这种观点引导着我们的研究。我们业已说明,语言这种思辨的中介如何相对于概念的辩证中介而表现为一种有限的事件。在我们所分析的一切情形中,不管是谈话的语言或是诗歌的语言或者解释的语言,语言的思辨结构都并不表现为对一种固定既存物的摹仿,而是一种使意义整体得以说明的语言表述(Zur-Sprache-Kommen)。我们也正因此而靠近了古代的辩证法,因为在古代的辩证法里存在的不是主体的方法上的主动性,而是思维所"遭受"的事物本身的行动。这种事物本身的行动就是攫住说话者的真正的思辨运动。我们已经研究

3. 语言作为诠释学本体论的视域

过这种思辨运动在说话中的主观反映。我们现在认识到,这种关于事物本身的行动的说法,关于意义进入语言表达的说法,指明了一种普遍的-本体论的结构,亦即指明了理解所能一般注意的一切东西的基本状况。能被理解的存在就是语言(Sein, das verstanden werden kann, ist Sprache)。诠释学现象在此好像把它自己的普遍性反映在被理解对象的存在状况上,因为它把被理解对象的存在状况在一种普遍的意义上规定为语言,并把它同存在物的关系规定为解释。因此,我们就不再仅仅谈论艺术的语言,而且也要谈论自然的语言,甚至谈论引导事物的任何语言。

我们前面已经强调了伴随近代科学开端的自然知识和语文学之间特有的关联。[116] 现在我们仍要对此作深入研究。[决非偶然,有人讲到"自然之书"像书籍之书(das Buch der Bücher)一样包含了同样多的真理。]能被理解的东西只是语言。这就是说,它具有这样的性质,只有从自身出发才能向理解显示。从这个方面也证明了语言的思辨结构。来到语言表达(Zur-Sprache-Kommen)并不意味着获得第二种存在。某物表现自身所是的东西其实属于其自身的存在。因此,在所有这些作为语言的东西中所涉及的是它的思辨统一性:一种存在于自身之中的区别:存在和表现的区别,但这种区别恰好又不应当是区别。

语言的思辨存在方式具有普遍的本体论意义。虽然语言表达的东西是同所说的语词不同的东西,但语词只有通过它所表达的东西才成其为语词。只是为了消失在被说的东西中,语词才有其

---

[116] 参见本书第185页,以及第243页以下。

自身感性意义的存在。反过来也可以说，语言表达的东西决非不具语言的先予物，而是唯有在语词之中才感受到其自身的规定性。

我们现在知道，我们在审美意识批判以及历史意识批判——正是这些批判我们开始了我们关于诠释学经验的分析——中所发现的正是这种思辨的运动。艺术品的存在并不是同它的再现或它显现的偶然性相区别的自在存在——只有在一种派生的对它们两者的理论性处理中才会造成这样一种"审美区分"。同样，凡是提供给我们源自传统或作为传统（历史的或语文学的）的历史认识的东西——某一事件的含义或某一文本的意义——都不是只需我们坚守的固定而自在存在的对象。即使是历史意识实际上也包含着过去和现在的中介。通过把语言性认作这种中介的普遍媒介，我们的探究就从对审美意识和历史意识的批判以及在此基础上设立的诠释学这种具体的出发点扩展到一种普遍的探究。因为人类的世界关系绝对是语言性的并因而是可理解性的。正如我们所见，诠释学因此就是哲学的一个普遍方面，而并非只是所谓精神科学的方法论基础。

从语言作为中介这一观点出发，进行对象化处置的自然知识以及与一切知识意向相符合的自在存在概念就被证明只是一种抽象的结果。自然知识从存在于我们世界经验的语言状况中的原始世界关系抽象出来，试图通过在方法上建立它的知识而证明存在物。因而它也就贬损一切不允许这种证明并不能为日益增长的对自然的统治服务的知识。与此相反，我们则试图把艺术和历史的存在方式以及与它们相符的经验从本体论的偏见中解放出来（这种本体论的偏见存在于科学的客观性理想之中），并鉴于艺术和历

3.语言作为诠释学本体论的视域

史的经验而导向一种同人类普遍世界关系相适合的普遍诠释学。如果我们从语言概念出发表述了这种普遍的诠释学,那么不仅曾强烈地影响过精神科学中客观性概念的错误的方法论主义应该被拒斥——同时也该避免黑格尔式的关于无限的形而上学的唯心论唯灵主义。诠释学的基本经验并非仅仅通过陌生性和熟悉性、误解和理解之间的对立而向我们表现,施莱尔马赫的设想中所充斥的正是这些东西。在我们看来,施莱尔马赫通过其理解完成于预感东西(divinatorischen)这一学说最终也属于黑格尔流派。如果我们从理解的语言性出发,那么我们正好相反强调了语言事件的有限性,而理解则正是在语言事件中得到实现。引导事物的语言——不管它是哪一类事物——并不是 Logos ousias(本质逻各斯),也不是在某种无限理智的自我直观中得到实现——它是我们有限-历史的生物在学会讲话时所熟悉的语言。这适用于引导流传下来的文本的语言,因而就产生了真正历史性的诠释学任务。它也同样适用于艺术经验和历史经验——实际上,"艺术"和"历史"这两个概念本身都是理解形式(Auffassungsformen),它们作为诠释学经验的形式是从诠释学存在的普遍存在方式而形成的。

显然,艺术作品的特殊规定并不是在它的表现中取得其存在,同样,历史存在的特殊性也不是在它的含义中被理解。自我表现(Sichdarstellen)和被理解(Verstandenwerden)并不只是相互隶属,以致可以相互过渡,艺术作品同它的效果历史、历史传承物同其被理解的现在乃是一个东西——使自己同自己相区别的、表现自身的思辨语言,也就是陈述意义的语言,并不只是艺术和历史,而是一切存在物(只要它们能被理解)。作为诠释学基础的思辨存在特征具有与理性和语言相同的普遍范围。

随着我们的诠释学探究所采取的本体论转向,我们就接近了一种形而上学概念,这一概念的丰富含义我们可以通过对它的起源进行考察来指明。这就是美的概念,这个概念在18世纪与崇高概念一起曾在美学问题内占据了中心地位,而在19世纪又由于对古典主义美学的批评而完全地消失。众所周知,美的概念在以前是一个普泛的形而上学概念,它在形而上学内部,亦即一般的存在学说内部,具有一种决非可以限制在严格美学意义上的作用。这就表明这个古老的美的概念也能为包容一切的诠释学服务,为我们说明诠释学如何从对精神科学的方法论主义的批判中产生出来。

甚至对它的词义进行分析就可以看出,美的概念与我们进行的探究具有一种紧密的关系。德文 schön("美")这个词的希腊文是 kalon。虽然德文中没有与这个希腊词完全等值的词,即使把 pulchrum 作为中介词也不能说完全等值。但希腊思想对德语中"美"这个词的词义史却具有确然的影响,以致希腊文的 kalon 和德文的 schön 这两个词根本的含义因素是相同的。例如我们可以说"美"的艺术。由于用了"美"这个修饰词从而我们就把这种艺术同我们称为技术的东西,亦即同生产有用东西的"机械的"艺术相区别。同样,我们也可以说美的习俗、美的文学、美的精神等等。在所有这些组合词中美这个词就像希腊文的 kalon 这个词一样,同 chrēsimon(有用)这个概念处于对立之中。所有不属于生活必需品,而关系到生活的方式,关系到 eu zēn,亦即被希腊人理解为

paideia(人文教育)的东西就叫作 kalon。美的事物就是那些其价值自明的东西。我们不可能询问美的事物究竟用于何种目的。它们之完美全然只同自身相关(di' hauto haireton),而不像有用的事物只是为着其他的目的。因此,语言用法就能使我们认识到被称为 kalon 的事物的存在范围。

即使是通常用来作为美这个概念的反义词的丑(aischron)这个词也证明了同样的含义。所谓 Aischron(丑)的东西就是不忍卒看的东西。美则是任人观赏,亦即最广义上的漂亮(Ansehnliche)。"漂亮"一词在德语用法里又表示伟大。事实上在应用"美"这个词时——不管希腊文抑或德文——总是要求某种可观的伟大。由于漂亮这个词的含义被置于由道德指点的整个恰当东西领域,这样它就同时接近于这样一种概念表达,即由有用物(chrēsimon)的反义词所规定的概念表达。

于是,美的概念就和善(agathon)具有了密切的关系,因为善也是为自身而被选择的东西,是目标,并把其他一切都归属为有用的手段。而美的事物则决不能被看作是为其他事物服务的手段。

所以我们在柏拉图的哲学中可以发现善的理念和美的理念之间具有一种紧密的联系,而且两者经常互用。两者都超越了一切条件性和众多性:爱的灵魂在一条由众多的美所引导的道路的尽头遇到了作为单一的东西、不变的东西、无边际的东西的自在之美(《会饮篇》),正如超越了一切条件性和众多性的善的理念一样,即在某个确定方面才是善的东西(《理想国》)。自在之美表明自己超越了一切存在物,正如自在之善(epekeina)一样。因此,趋向于单

I 482

一的善的存在物秩序就同美的秩序相一致。第欧梯玛(Diotima)所教导的爱之路超越了美的躯体而达到美的灵魂,并由美的灵魂而达到美的制度、道德和法律,并最终达到美的科学(例如达到数学所知道的美的数字关系),达到"美的话语的宽阔大海"[⑩]——而且超越这一切。我们可以自问,感官可见的领域突入"理智的"领域是否真地意味着一种区别以及美的事物之美的程度的提高而并非仅仅是美的存在物。然而,柏拉图显然认为目的论的存在秩序也是一种美的秩序,美在理智领域要比感官领域表现得更纯洁更清晰,因为感官领域受到不同尺度和不完善性的欺骗。中世纪哲学也以同样的方式把美的概念同善的概念(bonum)最紧密地联系起来,由于这种联系极为紧密,以致中世纪的人几乎不能理解亚里士多德关于 kalon 的经典论断,从而中世纪干脆就用善(bonum)来翻译古希腊的美(kalon)。[⑪]

美的理念与目的论的存在秩序的理念之间紧密联系的基础是毕达哥拉斯-柏拉图的尺度概念(Massbegriff)。柏拉图用尺度、合适性和合比例来规定美,亚里士多德则把秩序(taxis)、恰当的比例性(symmetria)和规定性(hōrismenon)称为美的要素(eidē),并发现这一切在数学中以典范的方式而存在。数学的美的本质秩

---

⑩ 《会饮篇》,210d:话语=关系。[参见"走在文字的途中",载我的著作集,第9卷。]

⑪ 亚里士多德:《形而上学》,M4,1078a3—6。参见格拉伯曼关于乌利希·冯·斯特拉斯堡引言,见《论美》,第 31 页(巴伐利亚科学院年鉴,1926 年)以及 G. 桑梯奈洛关于库萨的尼古拉引言"我的女朋友,你是非常美"(Tota pulchra es),见《帕都拉科学院论文和报告》,LXXI。尼古拉的观点源自伪丢尼修和大阿尔伯特,他们规定了中世纪关于美的思想。

3. 语言作为诠释学本体论的视域

序和天体秩序之间的紧密联系具有更广的含义,它说明作为一切可见秩序之典范的宇宙同时也是可见领域内美的最高典范。适当的尺度、对称性就是一切美之存在物的决定性条件。

正如我们所知道的,这样一种关于美的规定乃是一种普遍的本体论的规定。自然和艺术在这里决不是对立的。这当然也说明,正是鉴于美,自然所具有的优先性也是无可争议的。艺术可以在自然秩序的整个形态内部感受到剩留的艺术形态的可能性,并以这种方式完善存在秩序的美的自然。但这决不说明"美"首先并主要出现在艺术之中。只要存在物的秩序被理解为自身就具有神性或理解为神的创造物——直到18世纪存在物的秩序都被当作神的创造物——那么艺术的特例也就唯有在这种存在秩序的视域中才被理解。我们已在前面描述过,美学问题如何只是到了19世纪才转移到艺术的立足点上。现在我们又看到,这是以一种形而上学的过程为基础的。这样一种向艺术立足点的转移在本体论上是以一种被认为无形态的、即由机械规律所统治的存在质(Seinsmasse)为前提的。从机械结构中构造出有用物的人类艺术精神也使一切美的东西最终只能从人自己的精神作品角度来理解。

与此相联系,近代科学只是在存在物的机械可造性的界限中才回想到"格式塔"的独立存在价值,并把格式塔的思想——但也包括形式的对称性——作为一种补充的认识原则而加入到自然的解释之中——首先是对有生命自然的解释之中(生物学、心理学)。近代科学这样做并没有放弃它根本的立场,它只是试图以一种更精巧的方式更好地达到它科学统治存在物的目标。这种观点必须要强调，以便反对现代自然研究的自我观。[119] 但科学同时又让服务于无功利愉悦的自然美和艺术美在它自己的界限处、即由它引导的统治自然的界限处起作用。我们已经在讲到自然美和艺术美的关系被颠倒时描述了这种转变过程，由于这种转变，自然美最终丧失了它的优先地位，从而使自然美被当作一种精神的反射。我们也许还可以补充说，"自然"这个概念本身只有在与艺术概念的对照中才能得到自卢梭以来给它身上打下的印记。它变成了一个颇成问题的概念，变成精神的他在，成了非我，作为这样一种概念，它就不再具有普遍的本体论庄严地位，而这种庄严地位乃是作为美的事物之秩序的宇宙所拥有的。[120]

显然，不会有人想到对这种发展进行简单回溯，而且也不会有人想通过恢复希腊传统的最近形态，即 18 世纪的完美性美学（Vollkommenheitsästhetik），来重新建立我们在希腊哲学中所发现的美所具有的形而上学地位。尽管康德所开创的近代美学向主观主义的发展对我们来说是很不令人满意的，但康德却令人信服地证明了美学理性主义是站不住脚的。它的不正确在于把美的形而上学仅仅建筑在尺度本体论和目的论的存在秩序之上，而理性主义规则美学（Regelsästhetik）的古典形态就是最终建立在这种基础上的。实际上美的形而上学同这种美学理性主义的运用毫无关系。如果

---

[119] ［上述的说明必须要仔细分别。在人的科学中所涉及的不只是有形态的东西。即便从机械构造概念出发，"对称性""秩序形态""体系"也不能被理解。但是，解答研究者的这种"美性"（schönheit）却决不是人同自身的自我照面（Selbstbegegnung）。］

[120] ［参见后来出版的维也纳会议报告"人的哲学和科学"（1984 年）以及龙德会议的报告"自然科学与诠释学"（1986 年）。］

3. 语言作为诠释学本体论的视域

我们追溯到柏拉图,那么美的现象所具有的完全不同的一面就会显露出来,而这一方面正是我们的诠释学探究所感兴趣的。

尽管柏拉图把美的理念同善的理念紧密联系,但他还是认识到两者之间具有区别,这种区别包含着一种特有的美的优先性。我们已经看到,善的不可把握性在美之中,亦即在存在物和附属于它的澄明性(alētheia)之间的和谐性中发现一种相适性,因为美具有一种最终的显明性(Überschwenglichkeit)。但柏拉图又可以补充说,正是在试图认识善本身的过程中,善才逃避进美之中。[121] 因此,美与绝对不可把握的善的区别就在于它是可以被把握的。美的固有本质就在于能表现出来。美就表现在对善的追求之中。对于人类灵魂来说,美首先就是善的一种标志。凡以完善的形态表现的东西就具有了对自身爱的要求。美是直接使人喜爱它,而人类德行的主要形象在昏暗的表现媒介中只能模糊地认出,因为它并不具有自身的光,从而我们经常为德行的不纯的摹仿和假象所欺骗。但在美这儿情况就完全两样。美自身就有光亮度,因而我们不会受到歪曲摹本的欺骗。因为"只有美才享有这一点,即它是最光亮的(ekphanestaton)和最值得爱的东西"。[122]

在柏拉图令人难忘地描绘的这种美的神秘的功能中,我们可以发现美的本体论结构因素以及一种普遍的存在本身的结构。显然,美相对于善的突出之处在于,美是由自身得到表现,在它的存

---

[121] 《斐利布斯篇》,64e5。在我的著作《柏拉图的辩证伦理学》一书中,我更详细地讨论了这个问题(§14)[现收入我的著作集,第5卷,第150页以下],另见G.克吕格尔的《理智和激情》,第235页以下。

[122] 《斐多篇》,250d7。

在中直接呈现出来。这样美就具有一种能够给出美的最重要的本体论功能，即能使理念和现象之间进行中介的功能。这正是柏拉图主义的形而上学难点。这种困难在分有(methexis)这个概念上尤为明显，它不仅涉及现象与理念的关系，而且也涉及理念之间的关系。正如我们在《斐多篇》里所看到的，柏拉图特别喜欢用美的例子来阐明这种有争议的"分有"关系，这决非偶然。美的理念不可分割地、完整地真实存在于美的事物中。因此在美的例子中，柏拉图所指的理念(Eidos)的"感性显现"(Parousie)就得到了阐明，并相对于"生成"分有"存在"的逻辑困难而提供了事物的证明。"在场"(Anwesenheit)以令人信服的方式属于美的存在本身。尽管美就像某种超凡东西的反照那样被人强烈地体验——但它却处于感官可见的领域中。美在感官领域中其实是一种他在，是一种另外秩序的本质，这一点表现在它的显现方式中。美是突然地出现，并且同样突然地、并无中介环节地消失。如果我们必须同柏拉图谈论感官事物和理念之间的裂缝(chörismos)，那么我们就可以说：它存在于此，它又在此被弥合。

美不仅仅在感官可见的事物中表现出来，而且还是以这样的方式，即美只有通过感官可见的事物才真正存在，亦即作为众多中产生的一而突出出来。美自身确实是"最为光亮的"(to ekphanestaton)。在美和不分有美的事物之间存在有明显的界限，这也是从现象学上得到保证的结果。亚里士多德就讲到过"绝妙的作品"，[12]这

---

[12] 《尼各马可伦理学》，B5, 1106b6: ὅθεν εἰώθασιν ἐπιλέγειν τοῖς εὖ ἔχουσιν ἔργοις, ὅτι οὔτε ἀφελεῖν ἔστιν οὔτε προσθεῖναι (因此我们不得不说，人们在完满的作品里既不能去掉什么，也不能增添什么)。

种作品既不能加一分也不能减一毫:美最古老的本质成分就是敏感中心,比例关系的精确性。——我们只要想一下音乐据以产生的声调和谐的敏感性。

"耀现"(Hervorscheinen)并非只是美的东西的特性之一,而是构成它的根本本质。把人类灵魂的要求直接吸引到自己身上的这种美的标志就是建立在它的存在方式上的。正是存在物的相称性使存在物不能只是它所是的东西,而是使其作为一个自身均衡的、和谐的整体而显露。正是柏拉图在《斐利布斯篇》中所说的澄明性(alētheia)才是美的本质。[⑭] 美并非只是对称均匀,而是以之为基础的显露(Vorschein)本身。美是一种照射。但照射就意味着:照着某些东西,并使光亮所至的东西显露出来。美具有光的存在方式。

这并不是说,没有光就不可能有美的东西出现,没有东西可能是美的。它只是说,美的东西的美只是作为光,作为光辉在美的东西上显现出来。美使自己显露出来。实际上光的一般存在方式就是这样在自身中把自己反映出来。光并不是它所照耀东西的亮度,相反,它使他物成为可见从而自己也就成为可见,而且它也唯有通过使他物成为可见的途径才能使自己成为可见。古代思想曾经强调过光的这种反射性(Reflexionsverfassung),[⑮]与此相应,在近代哲学中起着决定作用的反思概念本来就属于光学领域。

光使看(sehen)和可见之物(sichtbares)结合起来,因此,没有

---

⑭ 柏拉图:《斐利布斯篇》,51d。
⑮ 《早期斯多葛派著作残篇》,第Ⅰ编,24,36,36:9。

光就既没有看也没有可见之物，其根据就在于构成光存在的反射性。如果我们思考光同美以及美之概念的意义域的关系，那么这种平平常常的论断就会具有丰富的结果。实际上，正是光才使可见物获得既"美"又"善"的形态。然而美却并非限制在可见物的范围。正如我们所知道的，一般善的显现方式就是存在物应当如何存在的显现方式。不仅使可见之物、而且也使可理解领域得以表现的光并不是太阳之光，而是精神之光，即奴斯（Nous）之光。柏拉图的深刻类比已经暗示过这一点，[126]亚里士多德从这种类比出发提出了奴斯的理论，而追随亚里士多德的中世纪基督教思想则发展了创造之理智（intellectus agens）的理论。从自身出发展现出被思考物之多样性的精神同时也在被思考物里展现了自身的存在。

我们在前面作过详细评价的基督教关于创世话语（verbum creans）的理论正是同柏拉图-新柏拉图主义光的形而上学有联系。如果我们把美的本体论结构描述为一种使事物在其尺度和范围中得以出现的显露（Vorschein），那么它也相应地适用于可理解领域。使一切事物都能自身阐明、自身可理解地出现的光正是语词之光。正是在光的形而上学基础上建立了美之物的显露和可理解之物的明显之间的紧密联系。[127]而正是这种关系在我们的诠释学研究中指导着我们。我想到对艺术作品的存在分析是如何被引

---

[126] 《理想国》，508d。

[127] 从伪丢尼修和大阿尔伯特到经院哲学的新柏拉图主义传统无一例外地都认识到这种关系。关于该传统的前史可参见汉斯·布鲁门伯格的"光作为真理之比喻"，载《一般研究》，1957年第7期。

入诠释学的研究之中,以及诠释学研究又如何扩展到一种普遍的研究。这一切都不是依据光的形而上学而产生的。如果我们现在对光的形而上学与我们的研究之间的关系加以注意,它就会帮助我们认识到,光的结构显然同一种新柏拉图主义-基督教思想风格的感官-精神之光源的形而上学观点相分离。这从奥古斯丁对上帝创世说所作的教义解释中可以看得很清楚。奥古斯丁注意到,[12]光是在物的区分和发光天体的创造之前就被创造了。他特别强调,天地之开初的创造是在没有上帝语词的情况下发生的。[正是随着光的创造,上帝才第一次说话。][307] 奥古斯丁把这种吩咐光和创造光的说话解释为精神性的光之生成(die geistige Lichtwerdung),正是通过光的生成,有形态事物的区别才成为可能。正是通过光,第一次被造出的天地之混沌的无形状才可能取得多种多样的形式。

我们在奥古斯丁对"天地之源"(Genesis)所作的富有才智的解释中认识到语言的思辨解释的前奏,这种语言的思辨解释乃是我们在对诠释学的世界经验所作的结构分析中发展出来的,按照这种思辨解释,被思考物的多样性是从语词的统一性中产生的。我们同时还认识到,光的形而上学使古代美的概念的一个方面发生作用,使它脱离了实体形而上学的联系并和神性无限精神的形而上学相关联而要求自己的权利。我们对美在古代希腊哲学中地位的分析还产生了以下结果,即形而上学的这个方面对我们仍然

---

[12] 在他的 Genesis 注解评论中。

具有一种创造性的意义。[12] 存在就是自我表现,一切理解都是一种事件,这两种观点都以同样的方式超越了实体形而上学的视域,正如实体概念在主观性概念和科学客观性概念中所经历过的那种根本变化(Metamorphose)一样。这样,美的形而上学就对我们的研究产生了结果。如今我们不再像19世纪的讨论那样把艺术以及艺术品的真理要求——或者历史和精神科学方法论的真理要求——加以科学理论的证明作为任务。我们如今处理的任务远为普遍,即要使诠释学世界经验的本体论背景发生作用。

从美的形而上学出发首先能使我们认识到两个要点,这两个要点产生于美之物的显露(Vorschein)与可理解之物的明显(Einleuchten)之间的关系。第一个要点是,美之物的显现和理解的存在方式都具有自成事件性(Ereignischarakter);第二个要点是,诠释学经验,即对传承下来意义的经验,具有直接性,而这种直接性则像真理的一切自明性一样永远是美的经验的特征。

1.首先,让我们在传统的光的思辨和美的思辨为我们准备的背景基础上来证明我们赋予事物的行动在诠释学经验内部所具有的优先性。很清楚,我们在这里既不涉及神话学也不涉及黑格尔式的单纯的辩证转变,而是涉及一种面对近代科学方法论而能坚持的古老真理要素的继续影响。我们所用概念的语词史就已经证明了这一点。我们谈到,美和一切有意义的事物一样都是"恍然闪现的"(einleuchtend)。

---

[12] 在这方面值得注意的是,教父哲学和经院哲学的思想是如何从海德格尔出发而得到创造性的解释,例如,可参见马克斯·米勒的《存在和精神》(1940年)及《当代精神生活中的存在哲学》,第2版,第119页以下、第150页以下。

3. 语言作为诠释学本体论的视域

恍然闪现(Einleuchten)这个概念属于修辞学传统。所谓 eikos(模仿的)、verisimile(似真的)、Wahr-Scheinliche(或真的)以及明显的都属于同一个系列,它们相对于被证明东西(Bewiesenen)和被意识东西(Gewuβten)的真实和确实而维护自己的正确性。我回想到我们曾赋予共通感(sensus communis)以一种特殊的意义。[130] 也许有一种澄明(illuminatio)、顿悟(Erleuchtung)的神秘-虔信的声音对这一概念起着影响(这种声音也可以在共通感里被听到,例如厄廷格尔就这样认为)。[131] 不管怎样,光的隐喻被用于这些领域则决非偶然。关于事件或事物的行动的讲话都是从事物本身出发提供的。恍然闪现的东西总是一种被说出的东西:一项建议,一个计划,一种猜测,一种论据或诸如此类。应该考虑到的是,恍然闪现的东西并不是被证明的,也不是完全确实的,而是在可能和猜想的东西中作为最好的而起作用。甚至我们可以这样说,即使我们正在进行反对某一论据的证明,该论据也有某种自身恍然闪现的因素。它是如何同我们自认为正确的整体联系起来,乃是一个悬而未决的问题,我们只可以说,它"自在地"就是恍然闪现的,亦即有某种东西对它支持的。这样一种说法就把与美的联系清楚地表现出来了。因为美也是令人对它陶醉的,它并不直接归附于我们的定向和价值观整体。确实,正如美也是一种经验,它像一种魔术或一种冒险一样在我们经验整体内部呈现出来并突出出来,并提出一种诠释学综合的固有任务,同样,恍然闪现的东西

I 489

---

[130] 参见本书第 24 页以下。
[131] [对此参见我的论文"作为哲学家的厄廷格尔"《短篇著作集》,第 3 卷,第 89—100 页;现收入我的著作集,第 4 卷)。]

显然也是某种使人惊异的东西,就如一道新的光芒的出现,通过这种光就使被观察的领域得到了扩展。

诠释学经验属于这种情况,因为它也是一种真实经验的事件。所说的东西里总有某种明显的东西,而这种东西却无须在每一细节上加以确保、判断和决定,这种情况实际上在传承物对我们说些什么的任何地方都适合。传承物通过被理解而肯定自身的真理,并且变动了先前一直包围着我们的视域。这在我们所指出的意义上就是一种真正的经验。美的事件和诠释学过程这两者都以人类存在的有限性作为基本前提。我们完全可以问,美对于无限的精神是否像对我们一样得到体验。无限精神是否可能看到一些同它眼前存在的整体美不同的东西?美的"显露"似乎是人类有限经验的专利。中世纪的思想也认识到相同的问题,即美在上帝中如何可能存在,因为上帝是唯一的而并不是众多的。只有库萨的尼古拉关于上帝众多之困难性理论才表现了一种令人满意的解决(参见本书[第452页]所引的他的著作《美的对话录》)。从这种理论看来以下的观点似乎是正确的,即正如在黑格尔的无限知识哲学里那样,艺术乃是在概念和哲学中被扬弃的表象形式。同样,诠释学经验的普遍性基本上也不接近于一种无限的精神,因为这种无限的精神把一切意义、一切 noēton(所思想的东西)都从自身展现出来,并在对它自身的完全自我观照中思考一切可思考的对象。亚里士多德的上帝(以及黑格尔的精神)超越了作为有限存在之运动的"哲学"。柏拉图则说,诸神都不作哲学思考。[13]

---

[13] 《会饮篇》,204a1。

3.语言作为诠释学本体论的视域

我们之所以能够不顾希腊的逻各斯哲学只是相当片面地揭示诠释学经验的土壤即语言中心而不断地援引柏拉图，这显然得归功于柏拉图美学理论的这种另外方面，这个方面在亚里士多德-经院哲学的形而上学历史中就像暗流一样存在着，并在有的时候，例如在新柏拉图主义和基督教的神秘主义以及神学的和哲学的唯灵主义中还得以明确的表现。在这种柏拉图主义的传统中，为人类存在有限性思想所需要的概念词汇被构成了。[13] 在柏拉图的美学理论和普遍诠释学观点之间存在的亲缘关系也证明了这种柏拉图传统的持续性。

2. 如果我们从存在就是语言，亦即自我表现——这是诠释学的存在经验向我们揭示的——这种基本的本体论观点出发，那么由此产生的就不仅是美的自成事件性（Ereignischarakter）和一切理解的事件结构。正如美的存在方式被证明是一种普遍存在状况的标志，从隶属的真理概念中也能表现出一种同样的东西。我们在此也能从形而上学的传统出发，但我们在此也必须问，这种传统对于诠释学经验有何种适用之处。按传统的形而上学，存在物的真（Wahrsein）属于它的先验规定，而且同善（Gutsein）具有最紧密的联系［而在善上又同时显现美（Schönsein）］。所以我们想到了托马斯的说法，按他的说法，美是在同认识的关联中、善是在同欲求的关联中得到规定的。[14] 美就是这样的东西，即在任何人对美的注视中却出现了对安静的要求：cuius ipsa apprehensio placet（领会本

---

[13] 参见《夏尔特学派（Chartres）对库萨的尼古拉的意义》。［这种意义首先是由 R. 克里班斯基所强调。参见 J. 柯赫编的《论推测艺术》，科隆，1956 年。］

[14] 托马斯·阿奎那：《神学大全》，第 1 部，问题 4，5 以及其他地方。

身自我满足)。美不仅越过善而且也给认识能力补充了一种秩序：addit supra bonum quemdam ordinem ad vim cognoscitivam(美越过善给认识力补充秩序)。美的"显露"在这里就像照耀着有形物的光一样出现:Lux splendens supra formatum(照耀有形物之光)。

我们试图通过再一次援引柏拉图把这种说法从它与形而上学的形式学说(Forma-Lehre)的联系中解放出来。柏拉图首先在美之中把 alētheia(显露、澄明或真理)证明为它的本质因素,他这样做的意思很明显:美作为善在其中得以表现的方式是在它的存在中使自身显现的,即表现自身的。这样表现自身的东西因为是表现自身,所以是不能同自身相区别的。它不是对自身来说是一物,而对他者来说是另一物。它也不是通过他物而存在的东西。美并不是从外界照射并倾注在某种形态上的光辉。毋宁说,形态的存在状况本身正在于这样地闪光,这样地表现自身。由此引出的结论是,鉴于美,美之物就必须在本体论上总被理解为"图像"(Bild)。至于它是"自身"抑或它的摹本,那是没有区别的。正如我们所见,美的形而上学标志就在于,它弥补了理念和表现之间的裂缝。很显然,正是"理念"(亦即它属于一种存在秩序)把自己提升为某种不管怎样表现而自身始终是固定的东西。但同样确实的是,美是自己出现的。正如我们所看到的,这决不意味着对理念学说的反对,而是理念学说问题的集中范例。凡在柏拉图呼唤美的证据的地方,他都无须坚持"自身"和摹本之间的对立。正是美本身既设定了这种对立又使这种对立得到扬弃。

对柏拉图的回溯使真理问题再次得到彰明。我们在对艺术品进行分析时曾试图证明,自我表现应该被认为是艺术品的真实存

3. 语言作为诠释学本体论的视域

在。为此目的我们提出了游戏概念,这种游戏概念又使我们进入了一般的联系。因为我们在游戏概念中发现,在游戏中表现自身的东西的真理并非超越对游戏事件的参与而被"相信"或"不相信"。[135]

这在美学领域中对我们是不言而喻的。如果某个诗人被人尊敬为先知,那么这并不是说人们在他的诗中真的发现了一种预言,例如在荷尔德林关于诸神回乡的诗歌中。恰好相反,诗人之所以是先知,乃是因为他表达了曾经存在、正在存在和将要存在的事物,由此,他所宣告的东西自身就得到了证明。确实,诗歌的陈述就像预言一样本身具有某种含糊性。但正是在这种含糊性中存在着它们的诠释学真理。谁在其中看到一种缺乏生存性严肃的审美学上的不受约束性,那他就显然没有认识到,人类的有限性对于诠释学世界经验具有何等根本的意义。预言所具有的含糊性并不是它的弱点,恰好是它的力量所在。如果有人想要以此证明荷尔德林或里尔克是否真的相信他们的上帝或天使,那这种研究肯定也是徒然的。[136]

康德把审美的愉悦基本地规定为无功利的愉悦,其意义并非只是消极的,即趣味的对象既不能当作有用物也不能作为善的东西被人追求,实际上,它也有积极的含义,即"此在"对于愉悦的审美内涵,亦即"纯直观"(der reine Anblick)并不能附加任何东西,因为审美的存在乃是自我表现的。唯有从道德立场出发才会对美

I 492

---

[135] 参见本书第 109 页以下。

[136] 参见本书第 376 页引证的与 R. 瓜尔迪尼关于里尔克的争论。[也可参见我关于 R. M. 里尔克的论文,载《诗学——选文集》,法兰克福,1977 年,第 77—102 页;现收入我的著作集,第 9 卷。]

的此在产生一种功利感，例如对夜莺的鸣唱的兴趣，按照康德的说法，夜莺的骗人模仿乃是一种道德上的侮辱。从这种美学存在观出发是否真会得出如下结论，即这里不能够寻找真理，因为这里不存在认识问题，这种结论还是有问题的。我们在对审美特性的分析中曾经指出了认识概念的局限性，它限制了康德的研究，并从对艺术真理的探究出发找到了通向诠释学的道路，在诠释学中艺术和历史对我们来说是联系在一起的。

如果我们把理解过程仅仅当作对它文本的"真理"是无所谓的一种语文学意识的内在努力，那么这相对于诠释学现象就表现为一种不正确的限制。从另一方面看显然也很清楚，对文本的理解并不是从一种占压倒优势的实际知识立场出发事先决定真理问题，或在理解过程中只是把自己占压倒优势的实际知识灌输到理解中去。相反，诠释学经验的全部尊荣——包括历史对一般人类知识所具有的意义——对我们说来就在于：诠释学并不是把要解释的东西简单地归置到我们熟识的东西之中，相反，我们在传承物中所遇到的东西却向我们诉说着某些东西。显然，理解的满足并不在于对一切所写的东西达到一种技艺精湛的"理解"。理解毋宁是真实的经验，亦即同作为真理而发生作用的东西的照面（Begegnung）。

出于我们业已讨论过的原因，这种照面本身是在语言的解释过程中进行，并由此而证明语言现象和理解现象是存在和认识的普遍模式，这就使在理解中起作用的真理的意义得到更详细的规定。我们把表达事物的语词本身认作一种思辨的事件。真理就存在于用语词所讲出的话中，而不是存在于封闭在主观部分软弱无能之处的

3.语言作为诠释学本体论的视域

意见之中。我们认识到,对某人所说东西进行理解并不是一种猜出说话者内心生活的设身处地活动(Einfühlungsleistung)。显然在一切理解中,所说出的内容往往通过偶然的意义补充而获得它的规定性。但这种由境况和联系所获得的规定(正是这种境况和联系把一句话语补充到意义整体性之中,并使所讲的话真正讲出来)并不适用于讲话者,而是适用于被讲出的内容。

与此相应,诗的陈述表明为一种完全进入陈述和完全体现在陈述中的意义的特例。在诗歌中,来到表达(Zur-sprache kommen)就像进入秩序的关联,通过这种关联,所讲内容的"真理"就有了支持并得到了确保。不仅是诗歌的陈述,而且一切表达都具有某种这样的自身证明性质。"在词语破碎处,无物存在。"正如我们所强调的,讲话从来就不仅仅是把个别置于一般概念之中。在使用语词的时候,可见的所与物并不是作为某个一般概念的特殊情况而出现,而是自身表现在所说出的内容中——正如美的理念就存在于美的东西之中。

在这种情况下什么叫真理,最好还是从游戏概念出发作出规定:我们在理解中所遇到的事物如何使其重点发挥出来,这本身就是一种语言过程,或者说是围绕着所意指内容而用语词进行的一场游戏。所以正是语言的游戏使我们在其中作为学习者——我们何时不是个学习者呢?——而达到对世界的理解。让我们在此回想一下我们关于游戏本质的基本观点,按照这种观点,游戏者的行为不能被理解为一种主观性的行为,因为游戏就是进行游戏的东西,它把游戏者纳入自身之中并从而使自己成为游戏活动的真正主体(Subjectum)。与此相应,我们在此并不说用语言进行的游戏或用向我们诉说的世界经验或传统的内容进行的游戏,相反,我们说的是语言游戏本身,这种游戏向我们诉说、建议、沉默、询问,并在回答中使自身得到完成。

理解是一种游戏,但这并不是说理解者游戏般地保持着自己,并对向他提出的要求隐瞒了自己的意见。能够自己隐瞒的这种自我保持的自由在这里是根本不存在的,这只有通过游戏概念在理解中的运用才能讲出。谁进行理解,谁就总是已经进入了一种事件,通过这种事件有意义的东西表现了出来。所以这就很好地证明了诠释学现象所使用的游戏概念恰如美的经验所用的游戏概念一样。当我们理解某一文本的时候,文本中的意义对我们的吸引恰如美对我们的吸引一样。在我们能够清醒过来并检验文本向我们提出的意义要求之前,文本的意义就已经自己在发挥作用,并自身就已经有一种吸引作用。我们在美的经验以及理解传承物的意义时所遭遇的事情确实具有某种游戏的真理。作为理解者,我们进入了一种真理的事件,如果我们想知道我们究竟该相信什么,那么我们简直可以说到达得太晚。

因此,决不可能存在摆脱一切前见的理解,尽管我们的认识意愿必然总是力图避开我们前见的轨迹。我们的整个研究表明,由运用科学方法所提供的确实性并不足以保证真理。这一点特别适用于精神科学,但这并不意味着精神科学的科学性的降低,而是相

---

⑬ 参见本书第107页以下,以及 E. 芬克的《作为世界象征的游戏》(1960年)和我的介绍,载《哲学评论》,第9卷,第1—8页。

反地证明了对特定的人类意义之要求的合法性,这种要求正是精神科学自古以来就提出的。在精神科学的认识中,认识者的自我存在也一起在发挥作用,虽然这确实标志了"方法"的局限,但并不表明科学的局限。凡由方法的工具所不能做到的,必然而且确实能够通过一种提问和研究的学科来达到,而这门学科能够确保获得真理。

版本

Bibliographische Nachweise

《真理与方法——哲学诠释学的基本特征》

Wahrheit und Methode • Grundzüge einer philosophischen Hermeneutik

1. Erstdruck Tübingen J. C. B. Mohr (Paul Siebeck)1960，XVII，486S.

Exkurse S. 466—476，jetzt in Ges. Werke Bd. 2，(26)S. 375ff.

Register S. 477—486，jetzt in Ges. Werke Bd. 2，S. 513ff.

2. erweiterte Auflage Tübingen 1965，XXVII，512S.

Vorwort zur 2. Aufl，S. XVI — XXVI，jetzt in Ges. Werke Bd. 2，(29)S. 437ff.

3. erweiterte Auflage Tübingen 1972，XXXI，553S.

Nachwort zur 3. Aufl. S. 513—541，jetzt in Ges. Werke Bd. 2，(30)S. 449ff.

4. unveränderte Auflage Tübingen 1978.

5. durchgesehene und erweiterte Auflage Tübingen 1986，XII，495S.

Vorwort [zur 5. Auflage]S. V.

6. durchgesehene Auflage Tübingen 1990，XII，495S.